# 动荡时代

中央銀行
セントラルバンカーの経験した39年

[日] 白川方明 著
裴桂芬 尹凤宝 译

中信出版集团 | 北京

图书在版编目（CIP）数据

动荡时代 /［日］白川方明著；裴桂芬，尹凤宝译
. -- 北京：中信出版社，2021.10（2025.8重印）
ISBN 978-7-5217-3439-3

Ⅰ . ①动… Ⅱ . ①白… ②裴… ③尹… Ⅲ . ①经济—研究—日本 ②货币政策—研究—日本 Ⅳ . ① F131.3 ② F823.130

中国版本图书馆 CIP 数据核字（2021）第 157608 号

CHUO GINKO by Masaaki Shirakawa
Copyright © 2018 Masaaki Shirakawa
All rights reserved. Original Japanese edition published by TOYO KEIZAI INC.
Simplified Chinese translation copyright © 2021 by CITIC Press Corporation.
This Simplified Chinese edition published by arrangement with TOYO KEIZAI INC., Tokyo,
through Bardon-Chinese Media Agency, Taipei.
本书中文简体版版权仅限中国大陆地区发行销售

动荡时代
著者：　［日］白川方明
译者：　裴桂芬　尹凤宝
出版发行：中信出版集团股份有限公司
　　　　　（北京市朝阳区东三环北路 27 号嘉铭中心　邮编　100020）
承印者：　北京通州皇家印刷厂

开本：787mm×1092mm　1/16　　印张：40.25　　字数：533 千字
版次：2021 年 10 月第 1 版　　　　印次：2025 年 8 月第 9 次印刷
京权图字：01-2021-3726　　　　　　书号：ISBN 978-7-5217-3439-3
　　　　　　　　　　　　　　　　　定价：129.00 元

版权所有·侵权必究
如有印刷、装订问题，本公司负责调换。
服务热线：400-600-8099
投稿邮箱：author@citicpub.com

# 译者序

翻译工作历时两年有余的《动荡时代》就要与读者见面了！这本书是2008年至2013年期间担任日本银行行长的白川方明撰写的回忆录，实际上也是以其日本银行职业生涯中的重大事件为线索，基于中央银行的具体业务，探讨和研究中央银行本质的学术性成果。

白川方明1972年日本东京大学经济学部本科毕业后入职日本银行，1975年由日本银行公派赴芝加哥大学经济系学习，受到了弗里德曼等学者的货币主义理论熏陶，1977年获经济学硕士学位；曾在日本银行负责货币政策、金融市场运作、金融体系稳定和金融研究、调查统计等相关部门有过工作经历，2002年担任日本银行理事，任期结束后2006—2008年期间在京都大学公共政策研究生院执教；2008年3月出任日本银行副行长同时兼任代理行长，同年4月升任行长，2013年3月提前两周多辞去行长职务，其后在青山学院大学国际政治学部担任国际经济学科教授。从白川行长的个人履历看，他接受过规范的经济学教育，在日本银行多个重要职能部门获得过轮岗锻炼的机会，并且一直注重研究日本经济和金融相关理论与实践问题，对于入职后所经历的重大事件，基本都能形成自己的政策理念和政策范式，可谓是一个学者型的技术官僚。

白川方明的5年行长任期内经历的是一个"动荡时代"。先是在"扭曲国会"下罕见地以副行长身份代行行长职权，很快升任行长后却连续经历了2008年雷曼兄弟破产引发的全球金融危机、2010年欧洲债务危机、2011年东日本大地震、日本政局两次政权更替等一系列重大事件。其间日本经济态势萎靡不振，通缩压力持续高涨，日元升值趋势难挡。上述的任意一个大事件对日本银行来说都是巨大挑战，更何况是在短短5年内密集出现！面对这些极端棘手的问题，日本银行可谓是竭尽全力采取了所有可能措施，5年间总计75次货币政策决策会议，就有15次出台或追加了货币宽松措施，包括复活零利率政策，设立资产购买等的基金，扩大购买资产范围，等等。[①] 当极力主张通货膨胀目标制的安倍晋三再次出任首相后，日本银行陷入不得不实施"日本版通货膨胀目标制"的境地。但由于日本经济始终表现不佳，让白川方明执掌的日本银行进退维谷，政府、国会层层加码要求日本银行强化货币政策的呼声四起，日本国内的经济学家、经济评论家不断指责日本银行过于保守和谨慎，深受日元升值之苦的企业经营者也抱怨日本银行不理解实体经济的艰难；克鲁格曼批评日本银行的政策应对缺乏力度，作为白川行长的大学老师，时任耶鲁大学经济学教授的滨田宏一发表了公开信，点名批评白川方明的货币政策，[②] 学界的岩田规久男、国会议员山本幸三等更是在不同场合指责日本银行应该采取更加宽松的货币政策，白川行长本人在国会听证会上曾遭遇此起彼伏的喝倒彩声！同时还有来自完全不同方向的批评或建议，共产党议员大门实纪史强烈反对日本银行认购国债，一些媒体针对全面宽松货币政策曾经发表担心和忧虑的文章，国内媒体提到的政策委员会上投

---

① 冯武勇. 日本"白"行长真的错了吗？. 新华每日电讯 世界报道. http://roll.sohu.com/20130320/n369559623.shtml.
② 浜田宏一. 白川方明・日本銀行総裁への公開書簡. http://www.toyokeizai.net/shop/etc/legend_letter.html.

反对票的须田美矢子委员，其实是担心宽松货币政策风险以及"退出"的艰难……长期的内外交困，白川方明俨然一个"孤独的行者"！2013年2月日本银行与日本政府发表共同声明后不久白川就宣布将提前辞职。对于行长的提前辞职引发了各界的种种猜测，很多人都怀疑第二次执政的安倍晋三对日本银行施加了压力，而白川行长给出的理由是下一届正副行长同时到任更便于开展工作。不过金融市场的反应异常强烈，白川行长宣布辞职后的第一个交易日，日经股指上涨超过3%，创下2008年9月28日以来的新高，美元兑日元汇率一度突破94大关！

值得关注的是，接替白川方明执掌日本银行的黑田东彦就任后立即出台了"标准的"通货膨胀目标制，明确了"2%"的物价上涨率目标和两年的完成期限，此后又推出了"量化质化宽松货币政策""负利率下量化质化宽松货币政策"、收益率曲线控制（YCC）等，但直到今天仍然没有实现这一目标，且在连续6次推迟目标达成的时间之后，2018年4月的货币政策决策会议上索性删除了"2019年前后达成2%通货膨胀目标"这句话。[①] 即便是在国际社会上曾风靡一时的通货膨胀目标制也已风光不再。这应该促使我们重新思考和审视白川行长所笃信的货币政策理论和政策观念！

白川方明在日本银行的39年职业生涯经历了那么多重大事件，处理或应对这些事件中有哪些所思所想？与这些事件相关的理论又有哪些值得进一步探讨？这本书重点就在于面对错综复杂、充满不确定性的经济或金融状况，日本银行都做出了什么样的决策，这些决策的依据是什么，作为行长如何向外界进行解释或说明以履行中央银行的问责制。作者并非想借助回忆录替自己辩解，更不是有意批评或指责他人，而是希望通过这本书阐明融入政策实践的相关理论及政策理念，

---

① 马曹冉，钱铮. 日本央行删除2019年前后达成2%通胀目标表述. 新华网. http://www.xinhuanet.com/fortune/2018-04/28/c_1122755594.htm.

使读者知晓政策背后的经济学逻辑。"灯不拨不亮,理不辩不明",这就是这本回忆录的真正价值!

下面先从这本书的特点说起,依结构展开相当于对全书的导读;其次,基于我自身在日本经济和货币金融学方面的学术积累,总结归纳了近些年日本银行在金融货币方面的政策理念创新和超前的政策实践;最后谈谈对我国货币政策的启示。

第一是这本书的特色。从结构上看这本超过 50 万字的巨著包含三个部分。第一部分记录的是 1972 年作者进入日本银行以来的职业生涯生成期,经历的重大事件包括 80 年代中后期的泡沫经济、90 年代泡沫经济崩溃与亚洲金融危机、《日本银行法》修订、21 世纪以来的零利率和量化宽松政策以及次贷危机前全球出现的"大稳健"幻象。第二部分描述的是作者担任行长后经历的 5 年动荡。其中既有雷曼兄弟破产的惊险历程及日本银行的匆忙应对,也有全球金融危机急症退去后日本民主党内阁发布通货紧缩宣言所带来的困扰,还包括超越金融货币领域探究日本经济面临的真正问题,欧洲债务危机爆发后日本银行出台的全面宽松货币政策,东日本大地震再次重创日本经济后的超级日元升值和财政的可持续性问题,全球金融危机后国际金融监管改革趋势以及安倍内阁成立后日本银行与政府发表共同声明的艰难历程,等等。这一系列问题,连同日本国内同时期出现的严重日元升值恐惧症和将宽松货币政策与摆脱通货紧缩画等号的舆论氛围,极大束缚了日本银行的货币政策运作,日本银行无论实施怎样的政策,都很难得到外界的认可,来自国内外的指责,甚至批判,也达到了高潮。第三部分看似有种架屋叠床的感觉,实际上是围绕上述事件,作者通过对一系列有着内在联系问题的剖析探讨了中央银行本质。这些问题包括中央银行在经济运行中应该发挥怎样的作用,"独木撑天"的"唯一玩家"现象是否正常,非传统货币政策是否存在不同于传统货币政策的影响路径、是否可以产生预期效果,建立在新凯恩斯主义理论基础上的中央银行独立性和问责制为什么会带来短视化现象，经济全球化时代是否需要重新审视中央银行独立性问题，海外总结和汲取的所谓"日本的教训"是否真的就是日本的教训，第二次世界大战确立的布雷顿森林体系崩溃后诸多的改革与探索是否能找到最佳的国际货币制度，中央银行应该是一个什么样的组织，货币政策决策机制是否有改进的空间，等等。前两部分内容实则是20世纪80年代以来日本经济和货币政策运行的大事记，而第三部分是对上述大事件相关理论与实践的概括和总结。

近几年国内热销的美联储前主席伯南克、美国前财政部部长保尔森和曾任纽约联邦储备银行行长后继任美国财政部部长的盖特纳的回忆录均是围绕全球金融危机这一事件展开的，作为金融危机的亲历者、货币政策的制定者和金融改革的设计者，完整实录了金融危机进展情况，描述了危机期间的个人感悟和心路历程。[1]而这本书作者之所以将时间跨度延展到中央银行全部的39年生涯，尤其是浓墨重彩地描述泡沫经济膨胀、泡沫经济崩溃及其后的金融危机、"大稳健"幻象，实际是想引出其本人关于泡沫经济的思考以及货币政策效果评价。一是认为"泡沫是一个类似化学反应的复杂现象"，宽松货币政策既不是泡沫生成的唯一原因，泡沫崩溃后宽松货币政策也不可能有效应对经济的长期低迷；二是认为货币政策效果评价需要经历一个完整的经济周期，时间跨度应该包括前期的经济繁荣和后来的金融危机，并提出质疑——如果将评价格林斯潘货币政策的时间跨度延长到金融危机之后，还会在2005年杰克逊霍尔会议上对格氏做出如此高的评价吗？

---

[1] ［美］伯南克. 行动的勇气：金融危机及其余波回忆录［M］. 蒋宗强，译. 北京：中信出版集团股份有限公司，2016.
［美］保尔森. 峭壁边缘：拯救世界金融之路［M］. 乔江涛，译. 北京：中信出版集团股份有限公司，2010.
［美］盖特纳. 压力测试：对金融危机的反思［M］. 益智，译. 北京：中信出版集团股份有限公司，2015.

这本书看似是一部回忆录，其实是以回忆录形式提出问题，系统梳理作者长期以来的学术思考及政策理念，突出的表现就是全书的注释及引用文献数量之多是其他热销的回忆录中所没有的。全书引用英文和日文文献的篇幅整整20页，其中英文文献110篇，日文文献115篇，此外还包含50幅图表。更为突出的是，正文中所有的重要观点都注明了出处，一些文献来源于作者在国内外各种场合的讲演实录（作者在5年间共进行了103次演讲，其中海外演讲24次），还有很多来源于国内外货币金融研究者的学术观点或政策决策者的主张，这些凸显了一个学者严谨的治学态度和实事求是的学术作风。因此，这本书可以说为从事日本经济和货币金融问题研究的研究生或入门者提供了更为清晰可循的研究体系及脉络！

第二是这本书展示了日本在中央银行改革方面的一些创新性政策理念和超前的政策实践。日本泡沫经济崩溃后，"失去的10年"、"失去的20年"甚至"失去的30年"等失败"故事"经国内外媒体广为传播，尤其是有关日本金融改革问题，似乎也是教训多于经验。通过阅读这本书我们可以发现，日本在中央银行改革方面存在许多创新性政策理念和政策实践。其一，2009年白川行长组织安排行内力量调研人口动态变化与日本宏观经济、通货膨胀率、货币政策运作之间的关系，唤起了人们对人口动态变化的关注，直到近几年这一问题才引起一些国际组织及美联储的关注，2015年杰克逊霍尔会议肯定了日本在这一问题上的超前性；其二，就在20世纪90年代英国、澳大利亚等国家将监管金融体系稳定职责从央行剥离时期，1998年生效的新《日本银行法》规定将金融体系稳定与物价稳定并列作为货币政策目标，比2008年全球金融危机后其他发达国家中央银行相应改革潮流超前至少10年；其三，也许具有讽刺意义，日本是非传统货币政策的实验室，几乎所有的非传统货币政策工具都是日本率先实践的，但以政策效果邀功的却是美国，美联储前主席伯南克的回忆录《行动的勇气》

高度评价美国所采取的非传统货币政策效果，并在很多场合批评日本泡沫经济崩溃后日本银行的政策失误；其四，2006年日本银行终止量化宽松政策时提出了运作货币政策过程中的宏观审慎视角，也就是基于物价稳定背景下实现经济可持续发展的角度，排查更长时间跨度货币政策的运作风险，这是日本银行从泡沫经济中总结出来的教训，也成为全球金融危机后《巴塞尔协议》中宏观审慎监管的雏形。

第三是这本书对中国的启示。作者在多个章节提及中国问题，如在第6章提到了中国经济增速换挡问题，第8章讲到了雷曼危机后中国4万亿元投资问题，第14章提及了日元升值与人民币汇率问题，等等。在中文版序中作者提到撰写这本书时心念中国的两个问题：一是希望这本书中的观点能对欧美主导的主流货币政策形成一定的冲击，进而影响中国的货币政策理念；二是基于中国与日本面临（过）共同课题，希望日本过往的经验或教训能对中国有所启发。

首先，作者提出中日面临的三个相同境况分别是经济增长速度的换挡、人口动态变化以及与美国之间的经济贸易摩擦，可以说这三个问题提炼得相当精准。尤其是关于中日两国共同直面的劳动年龄人口减少问题。中国第七次人口普查数据表明，中国大陆人口总规模虽然保持增长，但增速已经相当缓慢，16~59岁劳动年龄人口为8.8亿人，与第六次普查相比减少了4000多万人，2020年60岁及以上的老年人口总数为2.64亿人，已占到总人口的18.7%。这与日本20世纪90年代中期的情况完全相同。20多年来，日本人口动态变化已经影响到了日本经济的方方面面，既有艰难探索后的成功经验，也有改革滞后的失败教训。当然，作者在中文版序中也明确表述，"并不是主张中国面临着与日本完全相同的挑战，就应该采取相同的解决方案"，不过有前车之鉴总是好过于"摸着石头过河"！

其次，对于作者提到的第一个问题，是需要我国的货币政策理论研究者和中央银行政策决策者认真思考的。这是由于在国际资本自由流动的经济全球化时代，任意一国的货币政策都会对他国经济及货币政策产生波及效应，尤其是作为基轴货币国的美国，其货币政策不仅影响了日本银行的货币政策运作，对中国也产生了不小的影响。在美联储持续强化宽松货币政策背景下如何确保中国人民银行货币政策自主性就是一个相当大的课题。中国在2008年全球金融危机之后，经历了货币政策的短暂宽松时期，2011年确定了稳健货币政策基调，2016年采取了稳健中性原则，并在实践中提出了结构性货币政策理念，即放弃总量调控，对不同行业实施差别化、定向性或针对性的货币政策。[1] 中国人民银行自2013年起积极推出了多种结构性货币政策工具，如创设了常备借贷便利（SLF）、抵押补充贷款（PSL）、中期借贷便利（MLF）、定向降准、扶贫再贷款、临时准备金动用安排（CRA）、普惠金融定向降准等。目前对于这类创新性货币政策的学术研究主要集中在新发展格局下货币政策如何组合发力，[2] 结构性货币政策对央行资产负债表的影响，[3] 结构性货币政策运用机理[4]和实施效果[5]等方面。对于结构性货币政策的风险研究还有待深入，尤其是进入2021年以来，中国货币政策基调变为在国际社会预期美联储或将收紧货币政策的背景下，如何根据国内经济形势和物价走势，把握好政策力度和节奏，强力支持实体经济发展。在结构性货币政策实施过程中，中国是否需要借鉴日本的经验，从宏观审慎视角排查货币政策运行中的中长期风

---

[1] 付俊文，赵红．我国窗口指导货币政策工具的理论与实践［J］．中央财经大学学报，2008（9）．
[2] 王涵．结构性货币政策：新发展格局下金融政策工具须组合发力［J］．探索与争鸣，2021（1）．
[3] 李黎，李梅，庄静怡，刘潇潇，张妍，任梦婷，刘婧瑞．结构性货币政策对我国央行资产负债表的影响研究［J］．西部金融，2020（11）．
[4] 胡育蓉，范从来．结构性货币政策的运用机理研究［J］．中国经济问题，2017（5）．
[5] 余振，顾浩，吴莹．结构性货币政策工具的作用机理与实施效果——以中国央行PSL操作为例［J］．世界经济研究，2016（3）．

险，防范可能出现的泡沫现象？这是一个值得研究的重大理论和实践问题。2020年10月23日白川方明教授在中国金融四十人论坛（CF）组织的第二届外滩金融峰会上报告指出，基于日本的教训，货币政策运作需要尽最大努力防止泡沫发生，货币政策最重要目标是形成稳定的经营环境，而不应该去追求不可能完成的任务。[1]

  此外，是关于中国财政赤字货币化问题的讨论。经济下行压力叠加新冠肺炎疫情，造成中国2020年第一季度GDP出现几十年未有的负增长，"赤字货币化"一度成为热议的话题，并引发了"央妈"和"财爸"的隔空喊话。全国政协委员、中国财政科学研究所刘尚希所长在4月27日提出了财政赤字货币化问题，主张在"前所未有的冲击""前所未有的挑战"下可以尝试央行直接承购国债的财政赤字货币化方式。[2] 这一说法首先引起了政策决策者的强烈反对，央行货币政策委员会委员马骏表示，如果打开"财政赤字货币化"这个口子，就从根本上放弃了约束政府财政行为的最后一道防线，央行原副行长吴晓灵认为，中国市场仍有一定的政府债券容纳能力，央行没必要在一级市场直接购买政府债券；也有学者认为中国不存在实施财政赤字货币化的前提条件，而且央行直接购买国债违反《中国人民银行法》规定。[3] 进入2021年以来，这一问题的受关注度似乎有所下降，但学术界对于财政赤字货币化理论基础——现代货币理论（MMT）的研究和争论仍在继续。开启国内对现代货币理论研究序幕的是，2019年中国人民银行货币政策司孙国峰司长发表在《经济研究》和《中国金融》

---

[1] 白川方明：反思日本经济泡沫，中国可以借鉴哪些经验？https：//weibo.com/ttarticle/p/show？id=2309404564354107572321.
[2] 刘尚希. 赤字货币化是风险权衡的选择. https：//www.thepaper.cn/newsDetail_forward_7422003.
[3] "财政赤字货币化"是个啥？学者们因为它"吵"起来了. https：//baijiahao.baidu.com/s？id=1667833921327910727&wfr=spider&for=pc.

译者序

上的两篇文章[①]，其后中国人民大学经济学院副教授、中国经济改革与发展研究院李黎力研究员的商榷文章发表在《学术研究》上。[②] 全国政协委员、中国财政科学研究所原所长贾康等从学理和实践上分析了财政赤字货币化问题，认为赤字货币化并不是源于近20年才出现的现代货币理论，央行在二级市场上买入国债持有到期的话，也应该属于赤字货币化，这在发达国家已经相当普遍，主张所有相关问题的学理讨论与追求，最后需落在服务于解放生产力、实现经济健康均衡发展、服务于2035年基本实现社会主义现代化的远景目标。[③] 很显然，对这一问题的讨论不会就此终结，而白川前行长在书中多处探讨的中央银行独立性政策理念和日本银行竭力防止财政赤字货币化的努力应该有助于澄清这一问题的本质。历史何其相似，"好像谁都很难摆脱'我们不一样'的陷阱"！

我能接触到这本书，也算是机缘巧合。2019年3月就在我即将赴日本创价大学短期学术交流时，接到了小师妹中信出版社王晓春女士的电话，询问我是否愿意翻译白川方明前行长的这部回忆录。当时我正在准备国家社科基金重点项目的结项工作，而且对于我这个只是硕士阶段作为第二外语学习过日语的研究者来说，难免会有些畏难情绪。不过得知是我的博士生导师，南开大学的薛敬孝先生推荐我翻译这本书时，我欣然接受了。我的博士毕业论文研究的是日本金融危机和银行监管问题，[④] 其间还就日本金融自由化与金融监管、美日监管当局处

---

[①] 孙国峰. 货币创造的逻辑形成和历史演进——对传统货币理论的批判［J］. 经济研究，2019（4）. 孙国峰. 对"现代货币理论"的批判［J］. 中国金融，2019（15）.

[②] 李黎力. 政府、银行与现代货币——现代货币理论真的将财政与金融混为一谈了吗［J］. 学术研究，2020（2）.

[③] 贾康，张晶晶. 财政赤字货币化的"真问题"和"落脚点"［J］. 探索与争鸣，2021（1）.

[④] 裴桂芬. 银行监管的理论与模式：兼论日本的银行监管［M］. 北京：商务印书馆，2005.

理金融机构危机方式等问题发表过几篇论文；我曾作为国家留学基金委访问学者赴东京大学学习，师从时任经济学部学部长的崛内昭义教授，其间主要研究的也是日本的金融问题，我想这就是导师推荐我的原因。出于对恩师多年来无微不至关怀以及孜孜不倦教诲的回报，我希望通过翻译这本书也能让恩师为学生感到骄傲和自豪！在试着翻译第3章"泡沫经济崩溃与金融危机"之后，我深深地被这本书所吸引，作者运用通俗易懂的语言和娓娓道来的写作方式让我重温了博士论文研究的那段经历，同时也获得了很多不同于以往的感受！为了完成这个大部头的翻译工作，我邀请了本中心同事毕业于日本神户大学的尹凤宝博士共同参与。初稿的翻译分工是我负责序章、第1章至第3章，第17章至最终章，尹凤宝博士负责第4章至第16章，而后来更多的是两个人的通力合作。记得在2020年上半年新冠疫情肆虐期间，我们利用QQ视频的屏幕分享功能，逐字逐句完成了50多万字翻译稿合体后的首次校对，之后又进行了几轮的反复通读完善，尹博士扎实的日语和中文语法功底与我较为丰富的经济学和金融学知识储备相结合，最终完成了这部巨著的翻译。其间也曾多次出现难以逾越的障碍，所幸的是，同期在日本创价大学从事研究交流工作的天津外国语大学原校长、教育部日语教指委主任修刚教授、广东外语外贸大学日语语言文化学院陈多友院长、深圳大学日语系主任童晓薇教授多次为我答疑解惑，回国后也对我的求助有问必答，中国社会科学院日本研究所《日本学刊》原编辑林昶老师也对译文提出了很多富有建设性的意见和建议。中信出版社的王晓春女士、吴长莘女士和王玲女士为这本书出版做了大量工作。在此一并表示诚挚的谢意！

裴桂芬<br>
于保定，河北大学主楼<br>
2021年8月

# 中文版序

本书是 2018 年日本东洋经济新报社出版的《中央银行——日本银行职业生涯的 39 年》（中央銀行 セントラルバンカーの経験した39年）一书的中文版。该如何向中国读者推介这本书，我也拿不定主意。权且把它看成是一本在日本央行工作多年的职员编写的中央银行论，既有论及日本经济的部分，又带有回忆录的色彩。得知本书的中文版即将由中信出版社付梓，真的令我喜出望外，也真心希望能得到更多中国读者的青睐。

本书虽未系统论述中国经济，但在撰写过程中，始终在以下两个方面心系中国经济和中国读者。

其一，本书对欧美的货币政策主张多少会有一些影响，而这又会影响中国国内的货币政策运作。正如本书序章中所提及的那样，执笔本书的最大动机之一，源自对欧美各国看待日本经济及日本银行货币政策定式思维的强烈违和感。在我看来，诸如"日本的过往教训"的肤浅解读，严重影响了之后欧美诸国的货币政策运作，甚至成为全球金融危机以及"日本化"现象的原因之一。话虽如此，我的书不过是向主流宏观经济学的鸿池中投入的一枚小石子，从未期待欧美学界和政策当局的主张旋即发生改变，倒是希望中国读者不再是透过欧美主流宏观经济学的镜头观察日本经济及货币政策，而是通过亲阅日本政策决策者的著作在观念上有所改变。这是我所期待的。

其二，更为深入地探讨日中两国直面抑或正在面临的问题。日本与中国不仅因同处东亚有着共同的课题，在其他领域也存在着诸多相似的难题。

第一，两国都经历过经济从高速增长向稳定增长的过渡。日本经济的高速增长自20世纪50年代中期持续到70年代初；中国经济真正步入高速增长是在20世纪90年代初，比日本晚了约30年。不过，经济的高速增长不可能一直持续下去，势必会在某个时点开始放缓，于是就会出现如何向稳定增长顺利过渡的挑战性课题。实际上，中国经济增长超10%的时代已然结束，如今增长率维持在6%左右。日本高速增长之后所遭遇的史无前例的经济泡沫，足以表明经济从高速增长向稳定增长的过渡绝非易事。

第二，两国同样面临着应对人口动态变化的课题。就经济增长与人口动态的关系而言，高速增长是通过两条路径实现的：一是农村人口向城市的转移；二是享受劳动年龄人口比率上升的人口红利。目前，日本面临着少子老龄化带来的人口减少问题，劳动年龄人口减少始于20世纪90年代中期，过去曾向城市大量输送劳动力的日本农村地区正在遭受人口严重减少的影响。中国则是在几年前刚刚出现劳动年龄人口减少现象。

第三，两国都与美国发生了贸易和投资摩擦。20世纪70年代以来，日美之间发生了各式各样的经济摩擦，高潮从80年代后半期一直持续到90年代上半期。汇率、商品服务市场以及金融市场的开放问题屡屡成为摩擦的焦点。在此过程中，还经常触及日元国际化的是与非。无独有偶，近年来相似的情景正在中美之间上演。

不过，话虽如此，我并不是主张中国面临着与日本完全相同的挑战，就应该采取相同的解决方案。了解和学习他国的经验固然重要，但每个国家都有其独特的历史、政治体制以及社会契约，完全照搬他国经验，不见得有益处，也未必能获得教训。不过，他国经验中隐含着各式各样的启示却也是事实。从这个意义上说，能否灵活运用这些启示，结果可能会截然不同。

在这方面，我一直对中国政策制定者、学者以及经济学家对日本过往的认知之广、研究之深而感到惊讶。同时，中国专家所总结的"日本的过往教训"也有别于欧美专家所说的"日本的教训"，偶尔我对此也会产生一些不认同感，最典型的就是对1985年"广场协议"的解读，在此不做赘述。无论如何，中国是世界第二大经济体，于日本而言不仅是一衣带水的邻国，也是最大的贸易伙伴国。正因为如此，我热切祈望中国能够平稳实现从高速增长到"新常态"的过渡。

我对中国的认知得益于很多人，中国人民银行同行的赐教令我受益匪浅。因此我想谈谈日本银行与中国人民银行之间的长期友好关系。日本银行的高层一直与中国人民银行的同行保持着亲密互动。在我担任日本银行行长期间，中国人民银行的行长是周小川先生。我在很多场合与周小川行长交换过意见，如BIS行长例会、东亚及太平洋中央银行行长会议组织（EMEAP）行长会议、中日韩三国央行行长会议等。会面地点不限于中国人民银行总行办公大楼，我们还在上海分行、大连培训中心见过面，也在深圳和西安一同参加过学术会议。周行长也曾在日本银行总部为日本银行职员做过演讲，这让我再度折服于周行长对日本经济和社会相关知识的渊博。值得庆幸的是，我们之间的交往在周小川先生卸任行长后仍未中断。中国人民银行现任行长易纲先生当时任副行长，我同他也经常坦率地互换意见，从他简洁明快的讲解中受益良多。

中日两国央行之间友好关系的构筑绝非一朝一夕之功，是双方多年来共同努力的结果。这种友好关系不局限于行长级别的交流互动。日本银行在北京设有代表处，中国人民银行也在东京设有代表处。我至今仍清晰记得，任行长时期中国人民银行驻东京代表处的刘玉苓首席代表在会议期间面带微笑给予我的种种关照。

50多年来，日本银行一直致力于相关人才的培养与培训，以加深他们对中国的了解。他们到中国内地或中国香港的大学留过学，在北京的日本银行代表处或日本大使馆有过工作经历，还有的曾借调到中国人民银行以充实其职业生涯。他们绝不是专门研究中国问题的专家，而是对中国有着很深理解的货币政策和金融监管专家。日本银行凭借他们对中国的了解极大地助力了自身业务的拓展。对日本银行而言，最大限度发挥这些人的才能意义重大。最大的益处莫过于，直接通过汉语而无须英文媒介就能与中国专家就中国经济问题进行深入对话，并从中获得知识和信息。我自身在这方面也受过诸多恩惠。由于篇幅所限，无法一一列出帮助过我的同事名字，在此仅对过去20年间我在北京、上海和西安等地出差期间，针对中国经济方面曾给予我帮助的6人表示感谢：东善明、福本智之、新川陆一、西口周作、冈崎久实子、濑口清之（排名按对应英文字母顺序）。

最后，中文版得以面世主要仰仗河北大学日本研究中心裴桂芬教授和尹凤宝博士这两位优秀的译者。我对中文一窍不通，是上文提到的冈崎久实子女士（现为佳能全球战略研究所的主干研究员）在翻译质量上向我打了保票。冈崎研究员不仅认真通读了中译文全稿、回复了译者提出的疑问，还向我确认了一些原著中表达模糊的地方。冈崎研究员为本书中文版的出版做出了很大贡献，在此向她表示衷心的感谢！另外，东洋经济新报社的岛村裕子女士也和日文版出版时一样，对中文版的出版倾注了很多心血，借此机会一并表示感谢！

白川方明
2021年7月

目录

序章 动荡的5年 1

# 第一部分
# 日本银行职业生涯的形成期

第1章　日本银行职业生涯的起步　19

1972年入职日本银行，在这里度过了我职业生涯中的39年，受到了众多前辈、同事和后辈的关照，学到了重视经济理论、注重与实务工作者交流，形成了以银行业务为出发点的思维方式，并体会到了重视全球关系网络的重要性。

**第 2 章　泡沫经济　36**

过去发生的事件作为集体回忆传承下来，会对这个国家的经济政策运行产生重大影响。20 世纪 80 年代后半期的泡沫经济、其后的泡沫崩溃以及金融危机就是第二次世界大战后日本发生的此类事件。

**第 3 章　泡沫经济崩溃与金融危机　64**

20 世纪 90 年代初，日本泡沫经济崩溃。起初人们并没有充分认识到冲击的严重性，但很快整个经济和社会都受到了极大影响。90 年代后半期又出现了严重的金融危机，导致实体经济衰退。从那时起，以海外学者为中心对日本银行的货币政策展开了猛烈批判。

**第 4 章　修订《日本银行法》　104**

修订《日本银行法》的原动力可以说既有对 20 世纪 80 年代泡沫形成原因的反思，也是顺应了世界范围内出现的中央银行独立性潮流，更重要的是对大藏省权力过度集中的反感。

**第 5 章　零利率政策与量化宽松政策　123**

日本短期利率在 20 世纪 90 年代中期事实上已经降至零，但直到 1999 年 2 月才正式实施字面上的零利率政策。2000 年 8 月，在意见分歧相当大的情形下，日本放弃了零利率政策，而由于互联网泡沫崩溃导致了世界性经济衰退，日本银行于 2001 年 3 月采取了量化宽松政策。

**第 6 章　"大稳健"幻象　158**

2004—2007 年间出现了全球性经济繁荣，其特征是高增长率、物价稳定、低波动性，当时的经济也被称为"大稳健"。依托良好的经济表现，政策当局和经济学家增强了自身对货币政策理论与实践的自信。最终意识到这是反映世界性泡沫膨胀的虚假繁荣时，已经是全球金融危机爆发之后。

# 第二部分　行长时代

**第 7 章　就任日本银行行长　185**

2008 年 3 月 21 日我接受了日本银行副行长任命，同时就任代理行长，约 3 周后的 4 月 9 日就任行长。从就任代理行长起，作为事实上的行长开始了繁忙工作。很快，同年 9 月就迎来了暴风雨般的雷曼危机。

**第 8 章　雷曼兄弟破产　201**

2008 年 9 月雷曼兄弟破产事件导致世界金融系统一时濒临崩溃，由于各国政府和中央银行及时采取了积极的应对措施，总算避免了最坏事态发生。本章将时钟暂时回拨到我就任行长之前，从美国房地产泡沫崩溃说起。

**第 9 章　通货紧缩舆论的高涨　241**

2009 年春季开始全球金融市场状况发生了变化，金融体系渐渐趋于稳定。与此同时，实体经济也停止下滑，而回归到正常增长轨道仍需要时间，其后进入了漫长的"虚幻的黎明"阶段。2009 年 9 月，日本国内民主党政权组阁，11 月发布了"通货紧缩宣言"。

**第 10 章　日本经济面临的真正问题　277**

随着日本经济复苏，围绕通货紧缩的争论有所平息，但总体上还是呈激化态势。外界要求日本银行实施大胆宽松货币政策的呼声与日俱增。日本银行认为，如果不能搞清楚日本经济所面临的真正问题，就很难平息这场要求日本银行实施大胆货币政策来摆脱通货紧缩的无谓争论。

**第 11 章　欧洲债务危机　299**

欧洲债务危机对日本经济乃至世界经济都产生了重大影响。危机的起因是希腊大选后新政府公开宣布前政府的财政收支统计造假。之后危机呈波浪式不断向周边国家扩散，而且愈演愈烈。

### 第 12 章　"全面宽松货币政策"　318

2010 年 10 月日本银行出台了被称为"全面宽松货币政策"的加强版货币宽松框架，以降低"稍长期"利率水平为目的，不仅购买长期国债，甚至破例地开始购买交易型开放式指数基金（ETF）等高风险资产。

### 第 13 章　东日本大地震　344

2011 年 3 月 11 日下午 2 点 46 分，日本发生了本国地震观测史上从未有过的大地震。以三陆海岸为震中的东北地区太平洋海岸地震、其后的海啸以及福岛第一核电站事故是第二次世界大战后日本面临的最大危机。日本银行举全行之力实现了最重要的金融市场稳定并维持了金融系统正常运行。

### 第 14 章　"六重苦"与"货币战争"　365

我担任行长的大部分时间里，日元升值都是重要的政策焦点。虽然外界要求日本银行采取通货紧缩对策的压力很大，不过要求阻止日元升值的政策压力更大。汇率与货币政策的关系问题就像"货币战争"一词所显示的，是国际经济政策讨论中的一个重要主题。

### 第 15 章　财政的可持续性　394

我刚就任行长时，日本就是发达国家中财政状况最为严峻的国家，之后随着全球金融危机导致的经济活动下滑、老龄化带来的社会保障相关支出增加，以及东日本大地震引发的巨额财政支出等，财政状况进一步恶化，国债占 GDP 比重持续上升。

### 第 16 章　谋求金融体系的稳定　422

很多人都是在经历了泡沫经济和泡沫崩溃后的金融危机才意识到金融体

系稳定的重要性。为防范金融危机，或者是预防可能导致金融危机的"金融失衡"，加强金融机构的监管和监督以及出台适当的金融政策都是必不可少的。

### 第 17 章　政府・日本银行的共同声明　447

2012 年 12 月 16 日，日本众议院总选举，安倍晋三率领的自民党取得了压倒性胜利。在选举战中安倍强烈要求政府与日本银行构建协作框架，实施大胆的宽松货币政策。考虑到这一主张获得了国民绝对支持，以及具有独立性的日本银行实现货币稳定的使命，在极度痛苦地权衡后，我判断日本银行不得不与政府联合发表一个共同文件。

# 第三部分　中央银行的使命

### 第 18 章　中央银行的作用　487

前文以日本经济为中心分析了国内外宏观经济方面的种种经历、中央银行政策的影响及其所发挥的作用。当然，其中有成功也有失败，这里想重新思考一下中央银行的作用是什么。

### 第 19 章　非传统货币政策　500

围绕货币政策运作的尖锐意见对立不仅仅出现在我任行长期间，而是贯穿于我在中央银行的整个职业生涯中。在制定货币政策过程中有许多值得研究的问题，特别是在民主社会中中央银行应该发挥什么样的作用是一个非常重要的课题。

### 第20章 　　国际货币制度　523

全球金融危机的经历表明，20世纪90年代以来世界许多地区发生的严重经济动荡，几乎都与国际资本流动所引发的问题有关。当前，比起大刀阔斧地改革国际货币制度，更具有现实性和重要意义的是各国中央银行之间加强意见沟通，强化银行业务方面的合作。

### 第21章 　　"失去的20年"与"日本的教训"　545

20世纪90年代以后的日本经济经常被说成"失去的20年"，且从中总结出"日本的教训"之一就是泡沫经济崩溃后中央银行应该迅速采取大胆的政策措施。但是全球金融危机发生后，很多发达国家就是采取了这样的对策，却还是遭遇了与日本完全相同的境况，可见有必要重新审视"日本的教训"。

### 第22章 　　独立性与问责制　565

中央银行为了适度运作货币政策，独立性与问责制构成的公共治理框架尤为重要。在经济全球化和信息通信技术快速发展的背景下，货币政策时间跨度短期化的压力无处不在，有必要深入思考独立性的真正含义。

### 第23章 　　中央银行组织　587

在适当运作货币政策方面，中央银行必须得到社会的信赖，这是必不可少的。如何构建一个值得信任的中央银行，对于实现货币价值稳定，乃至经济稳定都是十分重要的。

**最终章　　永不终结的挑战　608**
**后记　615**

# 序章　动荡的5年

## 卸任行长第二天的趣事

　　2013年3月20日下午，我和妻子来到艳阳普照的小石川植物园，观赏了早于往年绽放的樱花。这个植物园坐落于东京市中心，占地却是难得一见的广阔且保留了众多自然景观，由于紧邻我的一个住所，所以经常来这里散步。欣赏了一会儿初开的樱花之后，我们来到园内的一家小卖店，拿出一枚500日元硬币买了两个250日元的冰激凌甜筒。这时，年龄与我们相仿的小卖店女店主开口说道："白川行长啊，这5年真的辛苦您了！今天不收您的钱了。"说完又递给了我们两杯温热的咖啡。任职行长期间，为了避免一切可能会产生的误解，我谢绝了所有好意。此时我也想回绝，但最终还是盛情难却。3月19日是我担任日本银行行长的最后一天，众议院财务金融委员会的离任述职答辩、退任前到各部门的走访、与同事告别、记者招待会等活动一个紧接一个。现在品尝着冰激凌和咖啡，前一天的忙乱都抛之脑后，真是无官一身轻啊！在任行长的5年间，局势每一天都很动荡，而我则是全身心地投入工作，5年时间就这样过去了。结束了马不停蹄的奔波生活，又得到了小石川植物园女店主的特殊关照，我感到非常开心。

## 就任日本银行行长

2008年3月11日上午9点，我在国会议事堂待命。自民党福田康夫内阁提名我为日本银行副行长候选人，任命需要得到国会的同意，并要在参众两院常设委员会发表施政演说。在委员会会议室，同时被提名行长候选人的日本银行副行长武藤敏郎演讲之后，我用8分钟时间读完了事前准备好的发言稿，结尾是"日本经济和金融领域正面临着巨大变局，如果能到日本银行工作，我将全心全意忠实地履行我的职责"。[①]

常设委员会的审议结果出人意料，武藤副行长的行长提名及另外一个副行长提名虽通过了众议院表决，却遭到了参议院的否决，两院均获得通过的只有我一人。这反映了当时执政党与在野党错综复杂的相互制衡局面。此前曾看到大众媒体猜测武藤副行长的晋升可能被否决、由副行长代行行长职务的报道，但还是很难想象现实中会出现中央银行行长空缺这样的异常状态。在福井俊彦行长任期届满的前一天，也就是3月18日，内阁提名原财务省高官为行长候选人、日本银行西村清彦审议委员为副行长候选人。西村的提名获得了国会通过，而新任行长候选人继武藤之后再次遭到了否决。我真正意识到作为副行长将代行行长职务是在就任副行长的前几天。

上任的两天前，我收到了两位日本银行前行长的电话鼓励。一位是第26任行长三重野康，他打电话激励我："淡泊名利，堂堂正正地干吧！"另一位是即将退任的福井俊彦行长，记得最真切的一句是："千万别感冒啊！"这是对继任者最实在也最有用的忠告。托老行长的福，5年任职期间我没得过一次像样的感冒。

---

① 参见第169回国会「衆議院議院運営委員会議録」第10号、「参議院議院運営委員会会議録」第5号。

2008年3月21日,我在国会议事堂从福田康夫首相手中接过了日本银行副行长任命书,当时出席仪式的还有官房长官町村信孝、财务大臣额贺福志郎。与在场的朝野两党主要成员简单寒暄之后,我走进了日本银行大楼。从入职日本银行的1972年算起,到4年理事任期届满卸任的2006年为止,我曾经在此工作了34年,没有想到有一天我会做代理行长,更没想到不久后还会作为行长主政日本银行事务。任代理行长期间,日本银行决策层处于异常的缺编状态:行长空缺,审议委员缺一人,定编9名的政策委员会当时只有7名成员。下午6点,我与西村副行长共同出席了就职后的首次记者招待会,并在开场的致辞中强调:"将与日本银行的理事和职员齐心协力,制定适当的政策,确保顺利开展各项中央银行业务。"

在经历了两周左右忙忙碌碌的工作交接之后,2008年4月2日晚,我在家里接到了额贺财务大臣的电话,询问我是否有意担任行长。6日晚,福田首相正式邀请我出任行长。围绕日本银行行长空缺问题,不知道政府内部有哪些议论,不难想象的是,当时严峻的国际金融形势和复杂的政治局面对此产生了很大影响。2008年3月16日,当纽约联邦储备银行(Federal Reserve Bank of New York,缩写为FRBNY,以下简称纽约联储)对救助贝尔斯登投行的JP摩根大通提供紧急贷款后,金融市场暂时恢复了平静,但并没有完全消除人们对未来的担忧。有识之士认为,在这样一种激烈动荡的全球金融形势下,面对将于4月11日召开的G7财政部部长和中央银行行长会议,日本银行行长空缺显然是不合时宜的。我想我的行长任命应该与这种状况有关。数周之前我刚刚以副行长候选人身份在参众两院常设委员会上进行了施政演说,4月8日,作为行长候选人又在同一个地方发表了演讲。次日,参众两院通过了我的行长任命,但再次否决了新任副行长的提名。

4月9日是异常忙碌的一天。我先是第一次以代理行长身份参加了货币政策决策会议(以下也简称为决策会议),并主持了会议,会议结束后马上就会议内容举行了记者招待会，之后立即奔赴首相官邸接受了行长任命，成为第30任日本银行行长。当年我58岁，在第二次世界大战后任命的日本银行行长中属于比较年轻的，[①]当晚7点半出席了就任行长后的首个记者招待会。

为出席G7会议，我于第二天（4月10日）上午赶赴成田机场登机。之前根本没有时间听取职员关于G7会议的说明，也完全没有来得及看相关材料，在飞机上我花了相当长时间阅读主要的会议材料。此次会议由美国财政部主持召开，财政部部长亨利·保尔森（Henry M. Paulson）担任主席，会议主题是全球金融危机对策。之前与美国联邦储备委员会（Federal Reserve Board，缩写为FRB，以下简称美联储）主席本·伯南克（Ben Shalom Bernanke）、欧洲中央银行（European Central Bank，缩写为ECB，以下简称欧洲央行）行长让－克劳德·特里谢（Jean-Claude Trichet）、英格兰银行（英国中央银行）行长默文·金（Mervyn King）有过交往，但与德国联邦银行（德国中央银行）行长阿克赛尔·韦伯（Axel Weber）、法国中央银行行长克里斯蒂安·努瓦耶（Christian Noyer）、加拿大中央银行行长马克·卡尼（Mark Carney）都是初次见面。自此开启了长期、持续与各国中央银行行长沟通和交流的新篇章。

## 5年间的大事件

在卸任行长的记者招待会上，有记者问我在任期间的感受，我的回答是"动荡的5年"，事实也的确如此。在我担任代理行长7个月前的2007年8月，美国发生了次贷危机，并以2008年9月的雷曼兄弟破产为导火索演变成全球性金融危机。此次危机于2009年春季刚趋于平

---

[①] 1946年第18任行长一万田尚登上任时的年龄为52岁。

静，紧接着2010年又爆发了欧洲债务危机。危机从希腊开始，不久爱尔兰、葡萄牙相继被卷入，而后波及了西班牙和意大利。2011年3月11日，发生了东日本大地震。地震后的海啸、福岛第一核电站核泄漏事故对日本社会和经济产生了巨大冲击。

与上述三个突发事件完全不同的是，日本人口动态方面的变化进入加速度阶段。日本总人口在2010年达到顶峰，劳动年龄人口则早在1995年登顶后开始下降，任职行长期间正赶上第二次大战后婴儿潮一代人进入退休阶段，劳动年龄人口减少速度进一步加快。

日本政界也出现了大变局。2009年8月30日自民党在众议院总选举中遭遇历史性败局，拱手让出自1955年建党以来（极个别年份除外）长期执掌的政权，民主党开始执政。2012年12月在众议院总选举中民主党惨败，政权再次回到自民党手中。由于短时间内政权连续更迭，我任行长期间首相和财务大臣频繁更换，每次出席G20会议都是与不同的财务大臣同行，这在其他发达国家是难以想象的。

在这期间，新兴市场国家实现了经济高速增长，尤其以中国的经济增长最为醒目。按市场汇率计算，2000年中国的名义GDP仅为日本的25%，10年后的2010年一举超过日本，2017年更是达到了日本的2.5倍。由于能源消费量巨大的新兴经济体经济增长，大宗国际商品市场价格也出现了几年前难以想象的快速上涨。

如果问我担任行长期间对于这些大事件及事件背后的含义理解到了什么程度，我的回答是，由于经历了日本泡沫经济崩溃后的一系列事件，对于全球金融危机的严重影响是有一定的心理准备的，而现实中全球金融危机的规模和范围还是远远超出了我的预期。对于欧洲债务危机更是如此，虽然我也曾肤浅地讨论过欧元能否持续的问题，但完全没有想到会发生如此严重的危机。说到东日本大地震，我深刻意识到灾害发生时及时有效应对的重要性，但与很多人一样，根本没有想到震后的海啸灾情和福岛第一核电站事故。虽然已经意识到快速老

序章 动荡的5年

龄化和人口减少问题的严重性，但在当时并没有强烈的危机意识。

这是一个动荡的时代！但是不管局势有多么混乱，或充满怎样的不确定性，既然现实如此，就要努力探索和制定最优对策，并必须贯彻执行下去。这不管是对企业、个人等民间经济部门来说，还是对政府、中央银行等公共决策部门而言，都是一样的。对于民间部门来说，左右经营环境的一个重要因素就是政策，因此负责政策制定的政府或中央银行责任重大。同时，政府或中央银行制定的政策，与当时社会的重大事件密切相关，有时又被重大事件所驱策。

**政策制定的艰辛**

作为中央银行行长，制定政策是一项责任重大、历程艰辛，同时也是非常有价值的工作。

此项工作的第一个困难表现为未来经济发展中不确定性非常大。这是中央银行或者讨论货币政策时最常面对的问题。一些事后看来是必然出现的现象，在制定政策时也许仅仅是众多的可能性之一。制定货币政策的工作就像驾驶一辆前挡风玻璃被迷雾笼罩、速度表失灵、油门和刹车操作程序都不熟悉的汽车！而且政策并不会在短短的一两年内就见到实效，有时需要5年、10年甚至更长的时间。尽管如此，还必须有人及时做出货币政策决策。

第二个困难体现在中央银行与政治、社会之间错综复杂的关系。与以前相比，围绕中央银行政策运作的讨论出现了很大变化，这与金融市场扩大、全球化、信息通信技术进步以及社会阶层分化等种种因素密切相关，这些变化都对中央银行的独立性提出了挑战。很多发达国家的中央银行虽然都具有独立性，但并不是都能如其所愿实现独立性。中央银行制定的决策不可能得到全体国民的理解和支持，其实也不应该有这样的奢望。不过，中央银行还是希望得到一些最起码的信任，诸如"中央银行是有点顽固不化，但从长远来看，还是为实现经济稳定做了一些必要的工作"，或"中央银行的工作已经相当果断，充分考虑了预期风险并执行了相关政策"。也就是说，无论是中央银行这一组织，还是代表它的行长，都需要得到社会的"共鸣"。

第三个困难表现在中央银行的决策方式上。与海外众多中央银行一样，日本银行的政策是由政策委员会集体做出的，行长只是9名委员中的一员。当然这并不意味着行长只有1/9的影响力，社会上也不是这么理解的。不管是美国还是日本，当讨论货币政策效果以及中央银行的责任时，很少追究个别政策委员的责任，更多时候都归咎于行长。人们期待行长发挥领导力，同时又不希望行长是个独裁者，其实行长也不可能成为独裁者。人们期待行长作为货币政策委员会主席最大限度地激发每个政策委员的智慧，并做出最佳的货币决策。

## 我的行为依据

自2008年3月21日起，我开始置身于上文所说的艰难决策当中，每天早晨进入行长室时都有一种不可思议的感觉。当然，过去也曾经多次出入行长室，最初一次是在入行15年后，已经忘记当时是为了什么事情，只记得跟着上司为行长做了一些技术性的说明。1990年做了处长之后，进入行长室的机会就更多了，特别是担任计划局审议负责人以及负责货币政策与金融市场的理事后，经常出入行长室。对我来说，当时到行长室是应速水优行长或福井俊彦行长的要求做出解释、提出建议或者接受指示，自己并不是这个房间的主人。而如今我成了这个房间的主人。不管未来多么不透明，日本银行都必须及时做出某种决策，还要说明决策的依据。今后要自己担负起这一职责。

行长需要基于信念发挥必要的领导作用。在充满不确定性的环境下做决策时，最终依据的还是从广义的经验中做出的判断。自己直接经历的各种经济和金融大事件固然重要，间接经验也包含其中。自进入日本银行工作以来，所经历的国内外重大经济事件构成宝贵的直接经验，政治界和社会各界对当时日本银行政策反响的记忆也是经验的组成部分，也包括自己所学的经济理论。虽然经常看到某些曾经在学术界占支配地位的理论被其他理论所取代，但习得这些经济理论的局限性及影响范围的感觉也是宝贵的经验。大学毕业后各式各样的经历，让我掌握了发现问题并解决问题的方法论。与经济理论同等重要的是通过与企业或金融机构从业人员的交流来捕捉信息，从过去的历史发展中获得启发，等等，这些都构成了我进入日本银行工作以来的重要经验。不管怎么说，在日本银行34年的工作经历对于我任行长期间所做的各项决策无疑起到了非常重要的作用。

## 本书写作始末

卸任日本银行行长后，许多政治家、学者、经济学家和日本银行的前辈、同事、后辈以及海外中央银行的朋友都建议我记录一下行长时代的经历。的确，近年来出版了不少海外政策决策者的回忆录，给我留下了深刻印象。如美国财政部部长亨利·保尔森的回忆录，描述了他在拥有巨大影响力的高盛投资银行的经历，这在其他政策决策者回忆录中是很少见到的。美国财政部部长蒂莫西·弗朗兹·盖特纳（Timothy Franz Geithner）的回忆录中，既包括了他担任纽约联储行长的经历，也包括了如何处理陷入经营困境的金融机构这一不受欢迎而又极其重要的课题，从他直面"现实"的率真语气中我学到了很多东西。美联储主席伯南克的著作基于他对大危机时期宏观经济学的研究成果，论述了在经济和政治方面均面临极端困难时期的中央银行政策运作问题，清晰的表述给我留下了极为深刻的印象。还有一些也许不属于回忆录，如英格兰银行行长默文·金的著作，在系统梳理国内外货币发展史和知名学者的货币观点基础上，对带来国际金融危机的理论体系进行了深度评判，视野之广令人折服。印度储备银行（印度中央银行）行长乌尔吉特·帕特尔（Urjit Ravindra Patel）的书是站在新兴市场国家中央银行角度展开的，深思熟虑且直爽的表述让人产生莫名的亲近感。[①] 除此之外，还有很多共事过的海外中央银行或金融监督监管机构决策者的回忆录以及回忆录性质的演讲。

我对于撰写行长时代回忆录的建议并不是完全没有动心，不过起初却没有这个打算。让我犹豫的理由有很多，最担心的是被误解为批评他人或为自己辩护。日本与其他国家，特别是与美国不同，担任中央银行行长的很少有人留下在任期间的记录。[②] 也许这也是受到了日本"沉默是金"这一美德的影响。

我对有关中央银行和货币政策的很多主流观点是不赞同的，在我看来有些观点脱离了中央银行的现实。"这就是我们面临的现实，在此基础上，中央银行应该采取怎样的行动？"我总是提出这个问题，希望汲取更多社会上的智慧，一点点地接近正确答案。考虑到中央银行和货币政策的重要性，更需要努力寻找正确答案。为此，我认为首先应

---

[①] Paulson, Henry M. (2010), *On the Brink：Inside the Race to Stop the Collapse of the Global Financial System*, Business Plus, 2010. （『ポールソン回顧録』有賀裕子訳、日本経済新聞出版社、2010年）；Geithner, Timothy F. (2014), *Stress Test：Reflections on Financial Crises*, Crown, 2014.）（『ガイトナー回顧録——金融危機の真相』伏見威蕃訳、日本経済新聞出版社、2015年）；Bernanke, Ben S. (2015), *The Courage to Act：A Memoir of a Crisis and Its Aftermath*, W. W. Norton & Company, 2015. （『危機と決断——前FRB議長ベン・バーナンキ回顧録』上・下、小此木潔監訳、KADOKAWA、2015年）；King, Mervyn (2016), *The End of Alchemy：Money, Banking, and the Future of the Global Economy*, W. W. Norton & Company, 2016. （『錬金術の終わり——貨幣、銀行、世界経済の未来』遠藤真美訳、日本経済新聞出版社、2017年）；Subbarao, Duvvuri (2016), *Who Moved My Interest Rate？：Leading the Reserve Bank Through Five Turbulent Years*, Penguin Viking, 2016.

[②] 深井英五行长著有『通貨調節論』『回顧七十年』，三重野康行长著有『利を見て義を思う』『赤い夕陽のあとに』。

该提供讨论所必需的信息或资料，这是研究问题的出发点。这样想来，偶尔由日本银行行长记录一下动荡的 5 年期间的经历，也许会有一些价值。20 世纪 90 年代初，为了寻求应对泡沫经济崩溃后的政策措施，我曾研读过一些第一次世界大战后日本经济泡沫及泡沫崩溃后危机应对的相关文献，其中，日本银行井上准之助行长退任后在当时东京商科大学（现在的一桥大学）的系列讲义，让我受益匪浅。①

## 本书特色

经过深入思考之后，我最终决定开始动笔。问题是怎么写。上文提到的海外政策决策者的著作通篇充斥着知识性。与众多学者或政策决策者出版的关于货币或中央银行的著作相比，若要问我这本书有什么特色，那就是本书完全基于我自身的经历，尽可能选取其中重要的部分展开分析。因此，本书特别关注以下 4 个方面的问题。

第一，尽可能从国际视角考察日本经济以及讨论日本的货币政策。目前很多中央银行和货币政策的讨论都受到了美国学术界的严重影响，许多经济理论也都是建立在美国的经济和社会基础上的。然而世界是由众多国家组成的。日本先于其他国家经历了 20 世纪 80 年代后半期的泡沫经济，90 年代以后的泡沫经济崩溃及此后的金融危机，90 年代后半期开始的物价下降、快速老龄化和人口减少问题。我曾经以为这些都是日本独有的现象，现实却是世界范围内很多国家都出现了类似状况。以全球视野分析日本经济和日本货币政策，不论是对日本，还是其他国家，都应该具有重要参考价值。

第二，我的职业生涯几乎都是在中央银行度过的，本书充分利用

---

① 井上準之助論叢編纂会編（1935）「戰後に於ける我国の経済及び金融」『井上準之助論叢』第 1 卷、井上準之助論叢編纂会、1935 年（非売品）。

这一优势，不单分析货币政策，甚至覆盖了中央银行业务的方方面面。中央银行的工作不仅仅包括货币政策，还包括支付清算系统以及对金融机构的监督监管等多项业务。幸运的是，我在中央银行的很多部门都有过工作经历。中央银行货币政策以外的业务对经济发展非常重要，而关乎中央银行的讨论往往只关注货币政策。鉴于这种情况，我将尽可能全面完整地探讨中央银行的所有业务。

第三，以中央银行行长这一组织领导者的立场讲述中央银行。组织是由人组成的。既然是一个组织，那么组织成员的动机、组织内部之间的隔阂以及支配组织的文化等种种因素都会影响组织决策。就任行长之后，我更加强烈地意识到组织方面的问题，诸如行长与其他政策委员会成员的关系、普通职员的职业道德修养、组织文化的传承等。我还注意到了其他许多重要的问题，如中央银行与政府和政治家的关系、与媒体和学术界的关系、与海外中央银行之间的关系等，这些问题是在我担任行长之前根本没有意识到的。本书有意识地加入了这些内容。

第四，力争再现"时代"特征。在实际工作中，即使是在不确定性条件下，都必须及时做出"决策"，当然，什么也不做本身也是一种决策。事后诸葛亮式地评论与当场做出决策有很大差异。但有时"时代氛围"往往会严重影响政策的舆论导向，而随着时间的流逝，"时代氛围"又最容易被遗忘。实际上，"时代"并不是仅靠宏观经济数据就可以再现的。我将一边回顾当时的状况，一边利用报纸、书籍等的记录努力再现"时代氛围"，希望读者能够切身感受到日本银行是在什么环境下被迫做出的决策。

## 目标读者群

行长时代的判断当然会受到任行长之前的经济、金融领域重大事件以及当时关于日本银行政策舆论的影响，因此本书将记录我自1972年入行直到2018年近50年间的日本经济及日本银行政策史。此外，在记录历史的过程中，还涉及一些在中央银行工作期间的个人体会。关于这点，是从野口悠纪雄的名著《战后日本经济史》[①]中学到的，即在描述经济史过程中交叉记录一些当事人的个人感受以增强说服力。在本书的写作中，我争取做到这一点。

从以上内容看，本书有回忆录的性质，但不是"行长时代"回忆录，至少与伯南克和盖特纳的不同。作为回忆录，应该包括任职期间每个重大事件中的个人体验或者更详细的内容，但我并不想这么做。考虑到日本《行政机关信息公开法》等因素，我也不可能像美国政策当局者那样做。日本银行高管退休后也要受到《日本银行法》的约束，还必须遵守相应的保密义务，日本信息公开方面的规定比美国要严格得多。

我当然希望更多的人读到这本书，不过特别献给以下4个方面的读者。

第一，关心民主社会中央银行运作的普通民众。不言而喻，经济发展的源泉来源于民间部门的积极进取，而与此相并列，政府当局制定适当的经济政策同样也是不可或缺的。鉴于此，我希望尽可能多的人关心中央银行事务。本书虽说内容上有一定专业性，不过我会尽可能地做到通俗易懂。其实不仅是对中央银行，如果能借此激发公众对公共政策制定以及政府机构作用等问题的兴趣，对我来说将是莫大的荣幸。

第二，关心货币政策或金融体系的经济学家、金融机构以及一般企业的实务工作者。既然中央银行政策会对经济以及金融产生重

---

① 野口悠紀雄（2015）『戦後経済史——私たちはどこで間違えたのか』東洋経済新報社、2015年。

大影响，这些人士自然会关心中央银行的运作。考虑到他们的声音往往形成中央银行政策制定的舆论氛围，如果能够加深这个群体对中央银行事务的理解，不管是对中央银行还是对整个经济来说，都是一件好事。

第三，对宏观经济学有兴趣的学者。全球金融危机已经清晰地表明，当时占主导地位的若干宏观经济学观点需要重新审视。我终究是一个实务工作者，没有能力进行理论创新，但我可以表达一下我的感受，就是原有的一些理论不能很好地解释现实，还需要进一步发展或完善。因此，在这里我期待日本以及海外众多的经济学家尽快为货币政策或中央银行提供一个全新的理论框架。

第四，从事公共政策制定的实务工作者，特别是在中央银行、金融监管监督部门从事具体工作的职员，或是希望将来从事公共政策事务的学生。在政策的执行过程中，不仅需要专业知识，还需要政策制定者的责任意识。期望更多的人能够认识到公共政策的价值或意义，为制定最佳政策贡献力量。

基于读者的多样化，本书将全方位地论述中央银行。在所涉及的主题中，货币政策当然是最重要的内容，但本书绝不是专门论述货币政策的读物，中央银行对金融机构的监督监管、支付清算系统、国际货币制度等内容也将占据相当的篇幅。在讨论货币政策时，一定会涉及宏观经济学和货币政策理论，而仅仅停留在这个层面也是不够的，还需要从更宽广的视角，如中央银行与政治和社会的关系，以及中央银行与金融市场、媒体之间的相互作用等方面展开分析。此外，还需要关注中央银行治理机制，以及构成组织的管理层与普通职员的主动性和士气等问题。实际上，系统论述上面的所有问题显然已超出了我的能力范畴，也许是我有些贪心，还是想尽可能地覆盖这些内容。因此，若是想深入地了解某一方面内容而阅读本书的话，或许有一定难度，在此希望读者海涵。

## 本书的结构

本书共由3个部分组成。

第一部分是"日本银行职业生涯的形成期",这部分介绍我从1972年入职日本银行到2008年就任行长之前的经历。期间的大事件包括泡沫经济、泡沫经济崩溃和金融危机、《日本银行法》修订、零利率政策与量化宽松货币政策、2004—2007年"大稳健"(great moderation)时期的世界经济繁荣等。这个阶段积累的大量经验以及汲取的教训形成了我作为中央银行职员的底气。

第二部分是"行长时代",重点讲述我就任行长后经济和金融方面的重大事件,日本银行做出了怎样的决策,决策背后又是基于怎样的考虑,真正的问题在哪里,我自身的想法,等等。对我个人来说,按照《日本银行法》规定,努力制定并实施了自己认为正确的政策。不管现实的政策是否正确,作为公共部门的一把手都有责任把当时的判断以及判断的依据留给后人。对于政策效果的评价往往需要相当长的时间,但我认为当初做出决策的人应该对政策的效果负责。

第三部分是"中央银行的使命",以中央银行的应有模式为主线,从若干侧面探索理想的货币管理制度。这部分内容与第一部分和第二部分有着密切联系。回顾日本国内外经济金融领域发生的重大事件,虽然细节上有所差异,本质上却是很多相似的事件不断地重复上演。为了避免这种现象,前人已经对货币管理机制及中央银行的理想模式进行了深入的研究。中央银行应该发挥的作用还很大,需要不断地积累和探索。

本书是在我离开日本银行之后开始写作的。一方面是希望读者尽可能以冷静的心态阅读本书,同时也使得我在确定框架之后有充裕的时间深入思考各式各样的问题。而且，随着时间的推移，也积累了一些必要的可以检验政策效果或政策成本的事实。进一步讲，由于中央银行以及学术界研究的不断深入，毫无疑问，我也有更多机会从包括曾经的中央银行同事的著述或演讲以及学者和经济学家的论文中汲取智慧，进一步丰富本书的内容。

# 第一部分
# 日本银行职业生涯的形成期

# 第1章　日本银行职业生涯的起步

1972年入职日本银行，在这里度过了我职业生涯中的39年，受到了众多前辈、同事和后辈的关照。职业生涯的早期最重要的是学习，这在任何一个机构都是一样的。就我而言，我学到了重视经济理论、注重与实务工作者交流，形成了以银行业务为出发点的思维方式，并体会到了全球关系网络的重要性。年轻时学到的东西成为我后来担任理事及行长期间的工作指南。

## 邂逅经济学

我是1972年3月毕业于东京大学经济学部，并于同年4月1日入职日本银行。那年大学毕业后直接进入日本银行的共有30人。选择在日本银行就职，朦胧的想法就是希望获得一份公职，以便将我在大学期间所学到的经济学知识学以致用。我与经济学的邂逅完全是机缘巧合。1968年4月进入东京大学后，我选择攻读的是法学部专业的文科一类课程①。

---

① 东京大学独有的入学评价体系。东京大学是在二年级下学期选择专业，文科入学考试可选择的主要有三类课程：一类课程是法学部；二类课程是经济学部；三类课程可选择文学部和教育学部等。但满足一定条件可以申请转专业。——译者注

入学不久后的6月学生开始罢课①，直到第二年2月几乎没开设过什么课程。那时班里一个叫黑田康夫（已故，曾入职大藏省）的朋友约我参加萨缪尔森所著的《经济学》的读书会。萨缪尔森是世界著名经济学家，获得过第二届诺贝尔经济学奖（1970年），他的这本书一经问世，风靡几十年，是世界上很多国家广为阅读的经典经济学教科书。在读书会上，一个当时对新生来说非常优秀的老师——东京大学教养学部的村上泰亮副教授（已故）几乎每次都来教室指导我们学习。自参加读书会开始接触经济学后，我逐渐对经济学产生了兴趣，而对本该主修的法律专业却一直没有找到感觉。在最终必须决定所选专业之前，我鼓起勇气来到村上副教授研究室咨询转专业问题，得到的答复是，"如果你在读完希克斯的《价值与资本》②之后还能保持对经济学兴趣的话，就转到经济学部吧"。约翰·希克斯是1972年获得诺贝尔经济学奖的英国经济学家，他的书对于初学者而言理解起来有相当难度，实际上我也没有通篇读完，但体会到了其中逻辑推理的美妙。最终我决定进入经济学部学习。

在东京大学经济学部的传统教学中，研讨课起着非常重要的作用。我在三年级时参加了刚从美国归国不久的滨田宏一副教授的研讨课，四年级时由于滨田老师再次赴美国麻省理工学院（MIT）从事科学研究，我转入小宫隆太郎教授门下。学生时代这两位老师给了我很多帮助，特别是小宫隆太郎教授在我毕业后仍对我帮助很大。当时日本受马克思主义经济学的强烈影响，运用近代经济学③分析现实经济问题和

---

① 第二次世界大战后，为反对日美安保条约以及越南战争而进行的学生运动。——译者注
② ヒックス、J・R（1951）『価値と資本——経済理論の若干の基本原理に関する研究』安井琢磨・熊谷尚夫訳、岩波書店、1951年。（*Value and Capital*: *An Inquiry into some Fundamental Principles of Economic Theory*, Oxford University Press, 1939.）
③ 现在这个词已经不用了，中国国内称庸俗经济学。——译者注

提出政策建议的还很少。在那种环境下，小宫教授运用标准经济学理论灵活生动地分析日本所面临的种种经济问题，并提出了政策建议。他的逻辑非常清晰，重视现实经济中的细枝末节，因此被称为"传统观念的破坏者"。学生时代读了不少小宫教授的著作，也曾对经济学能够如此一针见血地分析问题而兴奋不已。我最感兴趣的还是国际金融，当时正处在布雷顿森林体系濒临崩溃时期，小宫教授就此问题发表的一系列论文给我留下了很深印象。[1] 当时日本国内热议的是在贸易收支盈余不断增加的背景下，日元要不要升值（当时汇率 1 美元兑换 360 日元），还有就是放眼世界，什么是最佳的汇率制度等问题。

作为教师的小宫是一位让人难以接近的"严厉先生"，在研讨课上，我和其他很多同学一样经常受到他的严厉评判。但是，学生时代从小宫教授身上学到了很多东西，包括基于经济理论进行逻辑分析、认真调研事实真相、书写条理清晰的文章，这三点可以说已经融入了我的灵魂深处。

## 入职日本银行

入职日本银行的另一个理由是因为初试时面试官非常有魅力，如果不是遇到这个人，我也不会入职日本银行，从此人生轨迹或许会完全不同。

我最初被安排到日本银行外国局（现在的国际局）总务处调查科，这个部门最重要的工作之一是跟踪国际货币基金组织（International Monetary Fund，缩写为 IMF）理事会议题，提供讨论所需要的各

---

[1] 该系列论文被收录到小宫隆太郎（1988）『現代日本経済——マクロの展開と国際経済関係』東京大学出版会、1988 年；其他论文请参考小宫隆太郎（1975）『現代日本経済研究』東京大学出版会、1975 年。

项材料。IMF 是 1944 年在美国新罕布什尔州布雷顿森林召开的会议上决定成立的国际组织。日本于 1952 年加入 IMF，大藏大臣（现在的财务大臣）担任理事、日本银行行长作为副理事参加会议。设在华盛顿总部的理事会负责处理 IMF 的日常事务，而向理事会报送的海量资料中的一部分就是由日本银行外国局提供的。

当时的重要议题之一是国际货币制度改革。那时是大藏省负责国际货币制度的相关事务，日本银行则是站在中央银行角度跟踪货币制度的相关议题。我入职日本银行之前的 1971 年 8 月，曾出现过一次震惊世界的国际货币体系动荡，就是所谓的"尼克松冲击"，由此导致了布雷顿森林体系崩溃，包括日元在内的主要国家货币转向浮动汇率。同年 12 月，达成了以调整多边汇率平价为核心的《史密森协定》（Smithsonian Agreement），第二次世界大战后长期维持的 1 美元兑换 360 日元汇率降至 308 日元，日元升值 16.88%。

《史密森协定》签署几个月之后我进入日本银行，并在似懂非懂状态下开始了这项工作。对于刚入职的新人来说，所谓工作，其实都是些单纯的辅助性事务，诸如每天早上上班的第一件事是将前一天主要国家的汇率变化绘制成一个图表。我还清楚记得从 1972 年 6 月开始，联邦德国、法国、意大利等欧洲六国试图将汇率变动控制在一定的范围内，即所谓的"蛇形浮动"。对于大学刚毕业学过国际经济学的人来说，我认为只要各国的物价上涨率存在差异，任何维持固定汇率的尝试都是不现实的。事实上，"蛇形浮动"果真失败了，之后多次类似的尝试也没有成功。欧洲货币一体化的协商过程异常艰难，1992 年终于签署了面向统一货币的《马斯特里赫特条约》。欧元于 1999 年诞生，之后近 10 年间的表现超出了人们的预期，但 2010 年以后却出现了严重的欧洲债务危机（见第 11 章"欧洲债务危机"）。当然，在我刚参加工作的 1972 年不可能预知此后的曲折历程。

在外国局调查部门工作约半年后，我被调到同为外国局下属的管理外汇储备的业务处应用科，从事外汇储备运用的相关工作。当时日本外汇储备增长迅速，1972年3月末达到了167亿美元，但如果与现在动辄超万亿美元的外汇储备规模相比，这只能算是个零头①。20世纪70年代初之前的货币制度是维持美元与黄金挂钩的固定汇率体制，只有在国际收支出现重大"结构性失衡"时才会调整汇率，当时还没有形成管理货币制度。回望过去，我入职中央银行时，正是发达国家试图全面启动人为控制货币的管理货币制度时期，沿着这一线索，此后出现了诸如调控货币供应量目标、通货膨胀目标制等多种理念，这些理念也转化为现实的政策。②

在外国局工作一年多以后，1973年5月我被调到冈山分行。这对中央银行职员来说是广义上的轮岗锻炼阶段，虽然在此期间并没有做出什么值得称道的业绩，不过幸运的是，我在年轻的时候就实际接触到了国际货币制度和国际金融市场相关工作。

## 中央银行的培育

任行长前我曾在日本银行工作34年。前30年是作为一般职员，后面4年是作为管理岗位的理事。工作时间最长的部门是制定货币政策的计划局（由于经过多次机构改革，各个时期的名称各异），在那里度过了9年，其次是在负责金融市场运作的金融市场局（前身是营业局）工作了7年，在负责金融体系稳定的信贷机构局（现在的金融机构局）工作了3年，在从事研究事务的金融研究所工作了两年半，在调查统计局工作了一年半。与其他国家的中央银行相比，日本银行

---

① 1971年3月末外汇储备为55亿美元。
② 白川方明（2015）「中央銀行とは何か——教科書、実際、挑戦」、早稲田大学産業経営研究所『産研アカデミック・フォーラム報告書』第23号（「日本21世紀の中央銀行」）、2015年。

在人事制度上的一大特色就是经常让职员在不同部门之间轮岗。

2002年7月我被任命为理事，主要负责计划局和金融市场局工作。理事是经政策委员会推荐、由财务大臣任命的职务，相当于民间企业的执行董事。2006年7月理事任期届满后，我受聘到京都大学刚成立不久的公共政策研究生院担任教授并从事教学工作，主讲中央银行论和货币政策。2008年3月担任日本银行副行长，4月出任行长，5年后的2013年离开日本银行。

我职业生涯的大半时间都是在日本银行度过的。长期的中央银行工作经历，无疑影响了我任行长期间的决策或判断，无论这个影响是正面的还是负面的。在我任行长期间，同时期很多其他国家的中央银行行长或副行长在就任行长前，都有在中央银行长期工作的经历，如意大利银行行长伊格纳齐奥·维斯科（Ignazio Visco）、澳大利亚储备银行行长格伦·史蒂文斯（Glenn Robert Stevens）、马来西亚中央银行行长洁蒂·阿齐兹（Zeti Akhtar Aziz）、泰国银行行长塔莉莎·瓦塔纳格斯（Tarisa Watanagase）、新加坡金融管理局的常任理事孟文能（Ravi Menon）、墨西哥银行行长阿古斯汀·卡斯滕斯（Agustin Carstens，现任国际清算银行行长）等。备受同行尊敬的美联储副主席唐纳德·科恩（Donald Kohn）和英格兰银行的副行长保罗·塔克（Paul Tucker）也是中央银行出身。有些行长虽然不能说是"中央银行出身"，但之前也曾有过较长时期中央银行工作的经历，如欧洲央行的特里谢、英格兰银行的默文·金等。学者出身的本·伯南克和珍妮特·耶伦（Janet L. Yellen）在任职美联储主席前都曾担任过美联储理事或地方联邦储备银行行长职务，他们都是在中央银行积累了工作经验后才担任了中央银行行长职务。

回顾自己的职业生涯，我是从入职中央银行后的种种经历中理解了中央银行，也逐渐形成了作为中央银行人的精神特质。这里的"精神特质"一词有两层含义。一是从经历的具体经济或金融事件以及组织或自身在应对这些事件过程中习得的中央银行应有作用的认知。特别是亲身经历的泡沫经济、泡沫经济崩溃、其后的金融危机和量化宽松政策等一系列事件对我的观念产生了很大影响。二是中央银行处事的方式方法。与其他职业相同，入职早期所学到的处事的方式方法会影响其后的整个职业生涯。另外，年轻时跟随什么样的上司也很重要。在这点上，我有幸得到了众多前辈、同事和后辈的关照。

我在中央银行工作期间主要有4点心得体会：一是基于经济理论思考问题的重要性；二是通过与实务工作者交流获得启发的重要性；三是根据中央银行具体业务制定政策的重要性；四是中央银行之间加强国际交流的重要性。

**基于经济理论的思考**

入职日本银行大概3年后，我有幸得到了赴芝加哥大学经济系留学的机会。留学目的地并不是我自己选择的，而是由人事部门指定的。1975年7月我到达美国，最初的一个月是在科罗拉多大学暑期补习班接受语言培训，在那里我认识了以伊藤元重（东京大学研究生）、伊藤隆敏（一桥大学研究生）、浅子和美（东京大学研究生）、吉野直行（东北大学研究生）、本多佑三（日本开发银行）为代表的后来引领日本经济学研究前沿的许多朋友。

我在芝加哥大学的学习开始于1975年9月。去之前曾有耳闻，"芝加哥大学经济系的黄金时代已经过去了"。想想也是，我上大学时正是芝加哥大学经济系的黄金时代。那时的经济系可以说拥有非常豪华的教授阵容，若将一些既属于商学院同时也在经济系授课的教授包括在内的话，获得诺贝尔经济学奖的就有米尔顿·弗里德曼（Milton Friedman）、乔治·斯蒂格勒（George Stigler）、加里·贝克尔（Gary S. Becker）、小罗伯特·卢卡斯（Robert E. Lucas Jr.）、罗纳德·科斯（Ronald Coase）、西奥多·舒尔茨（Theodore W. Schultz）、詹姆斯·赫克曼（James J. Heckman）。芝加哥大学经济系的微观经济学和宏观经济学（在芝加哥大学这两门课程分别被称为"价格理论"和"货币理论"）这两门基础课程在同一学期开设，学生只需注册其中一门课程计算学分，另一门课程也要求学生听课，但不计算学分。我注册的是贝克尔教授讲授的价格理论，旁听了弗里德曼教授的货币理论课程。在芝加哥大学对我影响最大的教授是贝克尔。贝克尔教授最突出的学术成就是人力资本理论，精彩诠释了价格理论的犀利，并总能从简单的理论中引出丰富的启示，这种分析方式令我十分着迷。他不仅研究传统经济学所涉及的领域，还扩展到以生育和结婚为代表的方方面面的问题。当时只是觉得分析这些问题很有趣，并不理解为什么要研究这些问题，直到数十年后，少子老龄化已经成为日本经济的重大问题时，才更加佩服贝克尔教授的远见，同时也体会到精准选题的重要性。

我在芝加哥大学学到的东西可以分为三大类。一是像以贝克尔教授所代表的那样，探究激励机制在多大程度上可以合理解释人类行为变化。激励可以是金钱激励也可以是非金钱激励，研究旨在通过运用经济学最基本的逻辑，说明人类行为的变化轨迹，即研究"预算、资源、信息和时间等约束以及在此约束条件下的最佳行为选择"。一旦习惯了这种思维方式，对于一些缺乏基于激励机制的研究，特别对于搬出"文化差异"或"结构"等因素笼统解释经济现象的研究，总会产生很强的违和感。

二是运用数据进行实证研究。在这点上我想起了卢卡斯教授的宏观经济学课程。卢卡斯的"理性预期"从根本上改变了宏观经济学。根据他写的论文，我曾猜测他的课程一定会十分重视数学知识，而实际上，最初的几次课程只是让学生基于韦斯利·米切尔（Wesley Mitchell）等在美国国家经济研究局（National Bureau of Economic Research，缩写为NBER）进行的经济周期相关问题的研究，通过画图显示生产和库存的变化趋势，使学生接受经济周期的"直观事实"。基于这个经历，我深刻体会到分析经济问题时要准确把握经济事实的重要性。

三是简单直观地解释说明问题。这里有一个难忘的场景，弗里德曼每次上课都会向学生提问。有一次一个非常优秀的学生刚开始准备用数学语言作答时，马上被老师纠正，"别用数学语言，请直观、通俗地解释"。直观表达的训练也体现在了考试环节。要取得博士学位必须通过的"核心"资格考试中，出现了大量"真的、假的、还是无法判断，其理由是什么"诸如此类的选项，这种考试旨在训练学生简单明快地解答问题的能力。

与哈佛大学及 MIT 不同，芝加哥大学采取的是宽进严出模式，即接收众多学生的注册，在严格考试过程中不断淘汰。取得博士学位的第一道难关是第一学年结束时的"核心"资格考试，我顺利通过了该资格考试。日本银行批准的留学期限只有两年，而要完成获取博士学位要件的博士论文往往需要更长时间，因此我向日本银行人事部递交了延期一年的申请。总共递交了三次延期申请均被驳回。当时面临着是辞去日本银行工作继续在芝加哥大学学习，还是按照预定计划回到日本银行的抉择。那时由于我已经成家，考虑到孩子尚不足两岁，没有收入来源就难以兼顾家庭和求学，最终还是在 1977 年 6 月取得了芝加哥大学硕士学位后按时回到日本银行工作。

虽然没有获得博士学位，但在人生中的 26 岁和 27 岁能在经济学殿堂之一的芝加哥大学学习真的是非常幸运，在此特别感谢为我提供这一机会的日本银行。当时说到芝加哥大学，肯定会提到最著名的经济学理论——货币主义和理性预期学说，我自然也受到了这些理论的影响。实际上我回到日本银行在特别研究室（现在的金融研究所）工作的两年期间，也曾写过有关货币主义和理性预期学说方面的论文。之后再也没有读过当时写的论文，在经历了许多事情之后，自己的很多想法都发生了变化，但也有至今基本没有改变的想法。

回顾自身思想或观念的变化过程，我再次感受到了理论模型在政策制定中的作用。理论模型当然不是真实世界本身，而是通过将复杂问题简单化处理后得到的，这一点还会在后面章节进行详细说明。虽然在实际工作中很多人对理论模型持不同意见，但它的确是聚焦本质问题时不可或缺的工具。另一方面，在基于理论模型提出政策建言时，重要的是要清楚究竟舍去的是复杂现象中的哪些内容。当然，一旦接受了某个特定模型，有时又会陷入通过理论取景器观察现实世界的危险。最重要的是根据现实问题准确地选择和灵活运用模型，而这在实践中并不容易。为了准确地选择模型，必须仔细深入地观察现实经济与社会现象。在日本银行积累了大量实际工作经验之后，我才渐渐明白了这个道理。

**努力与实务工作者交流以获得启发**

第一次体会到与一线实务工作者或专家接触的重要性是在我入行第二年，即1973年5月开始的冈山分行锻炼期间。当时大学毕业刚入职的员工全部要到分行锻炼，这种做法在欧美的中央银行中大概不多。现在冈山分行的职员大概有40人，当时由于还没有像现在这样的自动化办公，因此需要的人手要多一些，职员大概有90人。

在冈山分行工作大概半年以后，我被安排到调研当地经济发展趋势的部门。为了了解最新的行业动态以及预测经济走势，我走访了很多企业，包括位于水岛工业园区的大型钢铁厂、石油化工厂，但更多的还是当地企业。这些企业的规模如果以东京标准衡量，多属于中小企业或者小微企业。刚到企业调研时完全不知道怎么提出问题，提出精心准备的第一个问题后，却很难根据对方的回答接着提出有针对性的第二个或第三个问题。我负责的是当时冈山市的耐火砖这一主导产业。受第一次石油危机冲击和抑制恶性通胀的金融紧缩政策影响，当地经济一落千丈，耐火砖的生产受到严重冲击，产量急剧下降。我还经常走访当地农协，由于日本银行对民间银行实施了强有力的抑制贷款政策，即"窗口指导"①（现在很难想象），民间银行的贷款对象从大企业转向了抑制对象以外的农协以及作为农协上级组织的县农协信用联合会。我的职责就是将在当地发现的金融问题汇总并报送总行。当时并没有考虑这些报告会对总行的货币政策产生多大影响，但对我来说，最重要的是通过与一线实务工作者或专家的交流，有机会接触到地方经济和金融的发展状况，并获得了许多启发。

当然，单凭与一线实务工作者或专家的交流并不能把握经济全貌。虽然有"现场是座宝山"的说法，但完全依靠一线感受往往又可能会陷入"僵化的现场主义"陷阱②。不过，通过与一线人员的交流确实可以洞察到很多东西。最初是在分行锻炼期间从事经济调查工作时形成了这一认知，之后回到总行，随着与各式各样的人群交流机会的增多，这种感受变得越发强烈。在入行的第10个年头，我开始负责与包括钢铁企业和商社（综合贸易公司）在内的总行所辖大企业的定期联络工作，对接触的企业经营者所讲的问题越发关注。入行第11至13年期间我在营业局③工作，成为10多名职员的负责人，日常与金融机构交流频繁，最难能可贵的是可以定期听取负责金融机构资金周转和融资企划部门中层职员的意见。日本泡沫经济崩溃后这种感受更加强烈。实际上，一旦意识到现场沟通的重要性，不管到哪个岗位，都会自然而然地将之付诸实践。

---

① 窗口指导指中央银行通过劝告和建议来影响商业银行信贷行为的一种温和的、非强制性的货币政策工具，是一种劝谕式监管手段。——译者注
② 白川方明＊（2011）「公共政策を遂行するという仕事」（京都大学公共政策大学院、法学研究科・法学部での講演）2011年7月15日。著者后面带"＊"的文献，如果内容上是与日本银行相关的，可在日本银行主页查阅到，如果是与BIS、IMF、美联储、欧洲央行相关的，则可在各机构的主页上查阅。
③ 当时的营业局现已分拆为金融市场局和金融机构局，其原有职能由金融机构局承担。

第1章　日本银行职业生涯的起步

**根据中央银行的实际业务制定政策**

"本质寓于细节。"随着中央银行工作经验的积累,我越加体会到中央银行日常业务的重要性。以前是通过法律课本知道了支票和票据,直到在冈山分行工作期间才第一次见到实物。日本银行要贴现商业票据时,必须先审查出票人的信用程度;仅凭资产负债表和损益表不能全面了解企业的实际状况,当然如果没有这方面的常识,也无法把握企业的真实状态。

第一次意识到资金流问题是在冈山分行国库处工作期间。政府税收等方面收入、公共部门和公共养老金的支付都是通过政府设在中央银行的活期账户进行的,因此中央银行也被称为"政府的银行"。国库处的业务之一就是为政府收入做账。各种税金的缴纳期限因税种而异,如法人税是月末,个人所得税的源泉扣缴①则是每月 10 日。现在的业务处理已经发生了很大变化,当时是通过民间金融机构将所有凭证递交日本银行柜台,自然就会联想到国库资金的流向。单件所得税源泉扣缴涉及的金额并不大,但总量非常庞大;法人税是在 5 月末出现井喷式增加,因为这是法人税中占比最大的 3 月决算部门的法人税缴纳期限。这些资金将在两个工作日后的上午划入日本银行的政府存款账户。在冈山分行期间体会到金融市场也有季节性,一个月,甚至一天内的业务也是有忙有闲。

宏观经济教科书说明货币政策时一般都是以货币供应的增加或减少为切入点,这在中央银行从业者看来有点脱离实际,此种现象直到最近才有一些改变。另外,教科书仍在讲信用乘数理论,即中央银行通过控制中央银行发行的货币(称为基础货币或高能货币),就可以

---

① 所得支付者为扣缴义务人,在每次向纳税人支付有关所得款项时,代为扣缴税款。——译者注

产生一定倍率的货币供应量。实际上货币供应，也就是企业和个人持有的现金和活期存款总量，是金融机构、企业和个人行为选择的结果，而信用乘数理论却假定金融机构像机器人那样行事。现实中的金融机构不是机器人，它是根据利益最大化原则选择行动。比如中央银行降低政策利率促使金融机构增加贷款的重要机制就是扩大存款和贷款之间的利差。从金融机构的负债方面看，主要的资金来源是存款或从其他金融机构的借款，这些都是短期的，而从资产方面看，主要的资金运用是发放贷款或购买有价证券，期限都比负债要长。因此，中央银行降低短期利率会扩大金融机构存贷利差，促使金融机构增加贷款或购买有价证券，当然在这个过程中也会扩大资产负债的期限错配。

虽说货币政策是控制货币供应，但实际上是控制银行间市场（也就是日本所说的同业市场）的隔夜拆借利率。银行间市场是银行或证券公司等金融机构之间进行无担保大额资金融通的市场，交易最多的是隔夜拆借信贷，也就是第二个交易日到期的资金拆借。中央银行通过改变中央银行活期存款供给量，影响中央银行活期存款的供给和需求，进而控制隔夜拆借利率变化。中央银行每天都会根据预估的活期存款需求，增加或减少活期存款，以维持预期利率水平。这种操作不属于货币政策范畴，叫作公开市场操作。

货币政策是为了实现预期的物价上涨率等而设定目标利率水平的行为。公开市场操作则是实现货币政策所确定的目标利率过程。虽然日本银行的公开市场操作与其他发达国家并无差异，但遗憾的是，日本银行的公开市场操作经常被揶揄为"日银流货币理论"（the bank of Japan's monetary economics）[①]。而且，日本银行越是从技术上解释金融操作流程，就越容易被外界误解为日本银行不愿意对货币供给乃至宏

---

① 批评日本银行政策的人士使用的语言，意指日本银行否认基础货币与物价之间的关系。——译者注

观经济有所作为。

不过，就公开市场操作而言，其他国家的中央银行也出现过被误解的状况，即便是在后来雷曼兄弟冲击过后的中央银行会议上，其他国家的中央银行官员也经常提到这个问题。回想起来，我自己刚入职时对公开市场操作一无所知，认为货币供给是可以自动调节的。还记得当初参加了很多次公开市场操作的讲座，也没能透彻理解。我认为在金融市场调节这一实际业务中，应该基于金融市场的供求均衡说明价格（利率）波动，而当时日本银行恰恰就是缺乏这种思维。[①] 通过这样的亲身体验，我更加意识到解释说明在连接理论与现实过程中的重要性。

在中央银行的实际业务中，我还从事过支付清算工作，虽然时间并不长，但对我来说也是积累了许多宝贵经验。在金融学教科书中，通常会讲到货币的三种职能，即交换手段、价值尺度和贮藏手段。讲得最多的是前两者，尤其对价值尺度的分析最多。而在中央银行工作的过程中，我切身感觉到，中央银行所提供的最重要服务是支付清算（交换手段）。在我入行15年后到总务局（现在的计划局）工作期间，中央银行对支付清算系统由单纯的实务层面操作上升到了政策层面。1987年纽约联储的行长杰拉德·科里根（Gerald Corrigan）带队访问日本，在日本银行大楼内双方举行了座谈。当时科里根行长提出了两个问题，一个是关于设定银行最低资本充足率标准问题，希望美国、英国与日本能达成实质性协议，另一个是有关支付清算系统改革问题。当时日本金融机构的美元结算是通过美国大通银行东京分行的美元账户进行的，这种支付清算方式的风险非常大，纽约联储就此提出了改革方案。此后，我们与纽约联储、英格兰银行召开了三国中央银行支付清算会议，我有幸成为最年轻的参会成员。

---

① 小宫隆太郎（1988）『現代日本経済——マクロの展開と国際経済関係』東京大学出版会、1988年、第1章。

当时全世界几乎没有哪个国家将支付清算问题上升到"政策"层面，只是在不久之前美国才明确意识到降低支付清算风险的重要性。日本银行内部并没有具体负责支付清算业务的政策部门，当时我所在的负责货币政策的计划局接手了此项工作。具体来说，就是要求民间金融机构缩短国债从签订合同到资金入账的时间，建立商业票据（Commercial Paper，缩写为 CP，为筹措短期资金而发行的无担保公司债）的转账清算系统，实现资金和国债的同时结算。当时日本民间金融机构对提高支付清算系统安全性问题的认知还比较滞后。当然，民间金融机构普遍还是理解改革支付清算系统的重要性的，不过在日本存在一个广泛共识，即只要金融机构不破产，现实中就没有必要改革支付清算系统。为此需要说服金融机构，强调从长期看提高支付清算系统的安全性和效率将有助于提升金融机构的自身利益。

支付清算系统改善也需要获得大藏省的支持。日本银行在 20 世纪 80 年代初开发了日银网络，这是连接中央银行与民间金融机构的在线支付清算系统。令人难以置信的是，大藏省甚至担心日本银行会将日银网络作为工具对民间金融机构施加影响，以至于在 1988 年，投入大额预算开发成功的日银网络即将运营之际，大藏省提出了异议。为此日本银行不得不专门向大藏省斡旋日银网络的重要性，强调它将如何有助于降低支付清算风险等问题。作为当时赴大藏省斡旋的团队成员之一，我强调利用日银网络，将来可以实现实时全额结算（Real Time Gross Settlement，缩写为 RTGS）[①]，非常有助于金融体系稳定。

我直接从事支付清算系统工作的时间并不长，但这段经历非常重要，极大地影响了我对于中央银行应有职能的认知。

---

① 实时全额结算是与定时净额结算相对应的结算方式。定时净额结算指在指定时点上中央银行对各金融机构账户之间的转账差额进行结算的方式，与此相对，实时全额结算是只要中央银行接到转账请示，立即进行全额结算的方式。

**中央银行之间的国际交流**

每个国家都仅有一家中央银行,所以中央银行只有国外同行。与国外的中央银行职员交流时会发现,尽管不同国家的文化以及语言差异很大,但往往问题意识和烦恼都是相同的。我第一次出席的中央银行国际会议是上文提到的与纽约联储和英格兰银行商讨有关支付清算问题的会议。在1997年我47岁以后参加国际会议的次数开始增多,特别是参与了国际清算银行(Bank for International Settlements,缩写为BIS)主办的一系列会议,对于形成我作为中央银行职员的认知发挥了重大作用。

BIS的主要作用之一是为各国中央银行提供讨论问题的平台。其中以每两个月一次在瑞士巴塞尔召开的行长例会最为知名。汇聚在巴塞尔的不只有各国的中央银行行长,负责各项具体业务的中央银行部门主管及事务主管也会参加各种委员会的讨论。主要委员会包括巴塞尔银行监管委员会(Basel Committee on Banking Supervision,缩写为BCBS)、全球金融体系委员会(Committee on the Global Financial System,缩写为CGFS)[①]、支付和市场基础设施委员会(Committee on Payments and Market Infrastructures,缩写为CPMI)。

包括日本银行在内的很多公共部门的海外相关事务,一般都是由专门负责国际关系或国际谈判的部门以及部门内有丰富工作经验的职员来处理。因此在机关内素有"国内派"和"国际派"之分,稍微夸张地说,政策往往由"国内派"制定,"国际派"负责在国际会议上做出解释或说明。因为我长期在计划局工作,被视作"国内派",不过自20世纪90年代后期也开始频繁出席各类国际会议。

参与国际会议收获颇多。好处之一就是拓展了人脉。我刚开始参

---

① 1999年欧洲货币常务委员会改名为全球金融体系委员会。

与国际会议时，出席最多的是全球金融体系委员会会议。1997年福井俊彦副行长担任这个委员会的主席，1998—2003年山口泰副行长接替福井副行长任主席，因为这层关系，我经常与这个委员会的常设事务局联系。时任事务局局长、后来担任调查部门主管的克劳迪奥·博里奥（Claudio Borio）对我影响很大。此外，我还在BIS活动中结交了很多朋友。我就任行长之后，在一起共事的其他国家的中央银行行长、副行长的人数就更多了。

另一个好处就是形成了看待问题的全球视角。具体地说，不仅要考虑海外形势变化对国内经济和金融所产生的影响，还要关注各国中央银行、金融机构与企业行为选择以及世界经济和金融的未来走势。在前面说过的国内派和国际派分工体制下，无论如何也很难形成这样的视角。国内派缺乏的是如何为世界做出贡献以及如何去影响世界的意识，往往只能被动地应对国际事件的冲击；国际派参与国内政策的经验不足，仅仅向国际解释或说明本国的政策，难以实现与世界的互动。我在国际会议上做出过多大贡献还不好说，只是随着参加国际会议次数的增多，逐渐形成了我作为中央银行职员的自信，这是最为幸运的。

# 第 2 章　泡沫经济

任何国家都会出现一些给后人留下巨大心理阴影的事件。比如，美国 20 世纪 30 年代的大萧条、德国第一次世界大战后的恶性通货膨胀，就属于此类事件。过去发生的事件作为集体回忆传承下来，会对这个国家的经济政策运行产生重大影响。20 世纪 80 年代后半期的泡沫经济、其后的泡沫崩溃以及金融危机就是第二次世界大战后日本发生的此类事件。虽说从泡沫经济以后的种种事件中应该汲取怎样的教训因人而异，但可以说这些事件影响了同时代很多从业者的意识和行动，我也不例外。

## 前所未有的泡沫规模

1985 年 9 月到 1988 年 11 月中旬期间，我在负责制定货币政策的总务局（现在的计划局）工作，之后进入调查统计局，直到 1990 年 5 月初。调查统计局是专门负责调查经济状况、为制定货币政策提供决策依据的机构，这也意味着泡沫经济时期的大半时间我都在从事货币政策相关工作。泡沫经济时期的体验相当深刻，极大地影响了我对宏观经济和货币政策的认知。

纵观世界经济发展史，虽已数度出现泡沫，但 20 世纪 80 年代后半期的日本经济泡沫的规模却是历史上前所未有的。为方便叙述，将1986—1990年定义为日本泡沫经济时期，这一阶段日本平均经济增长率为5%，最高纪录是1988年的6.4%。从表现现实GDP与潜在GDP之差的GDP供求缺口来看，20世纪80年代末曾出现6%这一异常高企的超额需求。[1] 根据日本银行发布的《全国企业短期经济观测调查》（以下简称日银短观）的景气判断扩散指数（Diffusion Index，缩写为DI，以下简称景气判断指数）[2]，1986年12月和1987年3月出现了创纪录的负17点，而1989年6月则出现了正41点[3]。仅仅两年半时间，景气判断指数改善近60个百分点也是极为罕见的。单纯从景气判断指数看，之后的最大峰值出现在2018年3月，只有正17点，可想而知，当时高得有多离谱！

泡沫经济之前银行贷款年增长率已超过10%，自1986年开始，贷款增速进一步提高，1987年升至14%，之后增长有所放缓，但到1990年再次冲顶14%的最高纪录[4]（见图2-1）。日经平均股价在1985年9月20日，即"广场协议"签署的前一个交易日，为12 666日元，到1987年2月初达到2万日元，同年8月末升至26 000日元，10月受世界股价下跌的"黑色星期一"影响一度下降，1988年1月开始触底反弹，同年12月突破3万日元大关，1年后的1989年年末达到创历史纪录的38 915日元。与"广场协议"时期相比，仅仅4年多一点的时间，股价上升了3.1倍。东京都心地区的不动产价格自1983年开始上升，1987年后涨势迅猛，上升势头一直持续到1991年年初。地价上升从东京开始，不久就波及大阪以及名古屋都市圈（见图2-2）。

---

[1] 参考2017年10月日本银行的「展望レポート」。「展望レポート」在日本银行主页的「金融政策」与「经济・物价势势の展望」栏目中。
[2] "乐观判断"（%）减去"悲观判断"（%），是表示信心的指标。
[3] 这是涵盖所有规模企业和所有产业类型的数值。
[4] 此数据包括日本海外金融分支机构对日本国内居民提供的贷款。

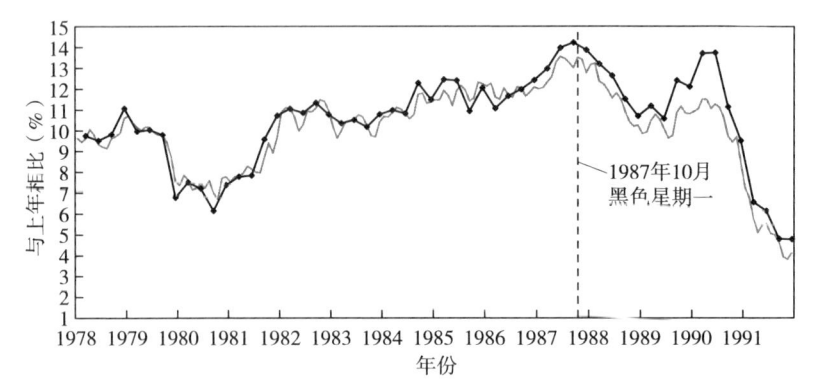

图 2-1 金融机构的贷款变动率

注：银行贷款（5类机构贷款合计）来源于资产负债表。每月贷款同比增长率使用的是上月末与当月末的平均数据，包括国内机构贷款（向居民和非居民提供的日元贷款/外币贷款、离岸贷款），不包括海外金融机构的贷款。国内不指定用途的欧洲日元贷款是外汇银行海外分行向国内提供的贷款，显示的是3月末和9月末的数值，6月末和12月末的数值是通过线性插值法获得的。5类机构是指城市银行、长期信用银行、信托银行、地方银行和第二地方银行（1988年之前叫互助银行）。

资料来源：伊藤・小池・鎮目（2014）図表5。伊藤正直・小池良司・鎮目雅人 *（2014）「1980年代における金融政策運営について——アーカイブ資料等からみた日本銀行の認識を中心に」日本銀行金融研究所ディスカッションペーパーシリーズ、No. 2014 – J – 14（『金融研究』第34巻第2号にも収録）、2014年9月。

在国际范围内很难精确判断不动产价格的高低，但可以比较股价上涨程度，有效的指标是市盈率（Price Earnings Ratio，缩写为PER），即股价收益比率。根据经济学家罗伯特・席勒（Robert J. Shiller）提出的评价方法，在调整了经济周期和物价上涨率差异之后，日本泡沫经济时期市盈率达到90倍，比美国互联网泡沫时期的45倍整整高出了一倍。[①] 可

---

[①] 参考 BIS（2017）"A Paradoxical Tightening?"，BIS Quarterly Review，December 2017. p11, Graph8. 根据物价上涨率的差异对企业收益和股价都进行了调整，企业收益是10年间的平均值。

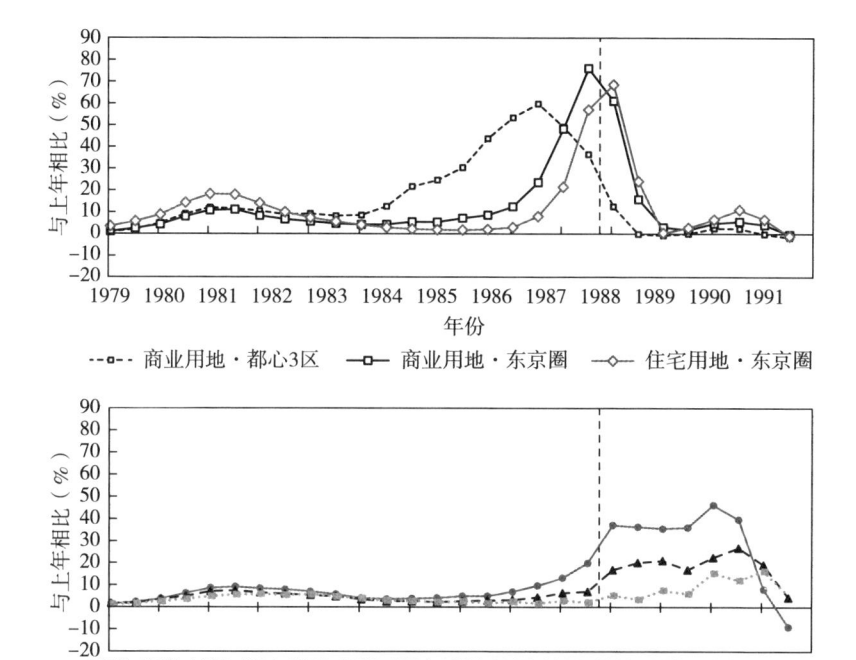

图2-2 日本的地价上涨率

注：分别是1月初与7月初的同比数据（1月价格是基于国土厅发布的公示地价，7月价格是根据都道府县的调查数据）。

资料来源：伊藤·小池·镇目（2014）图表6。伊藤正直·小池良司·镇目雅人＊（2014）「1980年代における金融政策運営について——アーカイブ資料等からみた日本銀行の認識を中心に」日本銀行金融研究所ディスカッションペーパーシリーズ、No. 2014－J－14（『金融研究』第34巻第2号にも収録）、2014年9月。

见泡沫膨胀到什么程度！将日本股票和不动产的资本收益与GDP相比，1986—1990年间资本收益是GDP的4.5倍，远高于美国2003—2007年间的比值（3.0）。能够反过来证明泡沫膨胀程度的是泡沫崩溃以后的资本损失。根据内阁府统计，1991—2000年间日本的资本损失是 GDP 的 2.3 倍。① 从微观层面看，日本泡沫经济时期很多企业扩大了被称为"财技术"的金融交易。典型的就是信托银行推出的"信托基金""特定信托基金"以及完全委托证券公司运作的"营业特金"等，这些金融商品在泡沫经济崩溃后都出现了巨额的损失赔偿问题。②

## 泡沫形成的原因

异常的泡沫是怎样形成的？对于这个问题，我与日本银行的同事翁邦雄（后来很快就任金融研究所所长）和白塚重典（本书写作时任金融研究所所长）合著了一篇相当详细的论文。这是1996年受山口泰理事（后曾任副行长）的委托而做的研究。山口理事很早就有一种问题意识，认为有必要系统研究日本出现的这场前所未有的泡沫的生成机制，梳理货币政策在其中发挥的作用，为日本银行提出某些原则性建议。于是，我与翁邦雄、白塚重典通力合作，三人边讨论边写作，1997年春季完成了初稿。后来由于爆发了严重的亚洲金融危机，此稿暂时没有公开发表，直到2000年5月才以金融研究所工作论文的形式发表。③ 2001年12月该论文经过若干次修改后收录到香西泰、翁邦雄和我编写的《泡沫经济与货币政策——日本的经验与教训》④ 一书中。

---

① 白川方明*（2012）「日米の経済関係——互いに何を学ぶことができるか」（在米国日本大使館広報文化センター（JICC）での講演）2012年4月19日。
② 永野健二（2016）『バブル——日本迷走の原点』新潮社、2016年。
③ 翁邦雄・白川方明・白塚重典*（2000）「資産価格バブルと金融政策——1980年代後半の日本の経験とその教訓」日本銀行金融研究所ディスカッションペーパーシリーズ、No. 2000 – J – 11（『金融研究』第19巻第4号にも収録）2000年5月。
④ 香西泰・白川方明・翁邦雄編（2001）『バブルと金融政策——日本の経験と教訓』日本経済新聞社、2001年。

从上述论文发表到现在已经过了将近20年，我对于泡沫形成以及泡沫膨胀机制的理解一直没有改变。当年研究这个问题时，发达国家中只有日本及瑞典等北欧国家经历过如此严重的泡沫，但由于北欧国家比较迅速地成功摆脱了金融危机，人们更倾向于将日本泡沫经济作为特殊案例开展研究。不过，这种看法在21世纪初美国发生大规模住房泡沫并在2007年引发全球性金融危机之后有了一定转变。对我而言，通过观察21世纪最初几年海外的泡沫和全球金融危机现象，开始注意到一些以前从没有注意到的重要问题，不仅对日本泡沫经济，对一般性泡沫现象也有了更加深入的理解。关于这些问题，我将在本书接下来的各章依次提及，这里先探讨一下日本泡沫的生成原因。

谈到泡沫形成的因素，人们总是希望找到导致泡沫发生的直接导火索，其实并不存在这种意义上的单一诱因，因为泡沫是一个类似化学反应的复杂现象。但如果这样说的话，好像又意味着放弃对泡沫原因的探究。我和同事发表的论文将泡沫发生与发展机制分为泡沫形成的初期因素和泡沫膨胀的加速因素。初期，两个相互关联的因素发挥了重要作用，即极端的乐观预期和信贷的显著增加。而推动泡沫进一步膨胀的要因有3个，分别是长期的宽松货币政策、金融与经济活动之间形成的顺周期效应，以及促进地价上涨的土地税制。最后还分析了监控泡沫膨胀治理机制的缺陷问题。

## 极端的乐观预期

20世纪80年代后半期日本经济中存在许多"极端乐观预期"，现在看来令人难以置信。究其原因有以下几方面，最主要的是从国际比较来看，日本宏观经济表现相当好。80年代日本经济增长率为3.8%，居发达国家之首，①物价上涨率在80年代后半期仅为1%，远低于其他发达国家。②当时很多人还都笃信通货膨胀与经济增长之间存在着此消彼长的关系，从这个角度来说，日本的宏观经济表现属于优等生，良好的经济形势就像多年后伯南克所形容的"大稳健"那样。弗里德曼在1982年的论文中也提到了日本抑制通货膨胀的成功经验，盛赞当时的日本经济和日本银行的货币政策运作，"在发达国家中日本最为成功"。③

从企业和产业层面看，也出现了一些增强日本人自信的事件。一方面，以汽车、半导体为核心的产品出口竞争力不断提升，其产量在20世纪70年代末到80年代初超过了美国。④日本企业的经营者逐渐对"日本式经营"笃信不疑，美国学术界也开始探讨日本企业的经营优势，一段时间内日本式经营模式好评如潮。另一方面，出口竞争力上升引发了日美之间的贸易摩擦，美国国会出现了强烈的贸易保护主义思潮。最能代表当时美国愤怒情绪的是一张有名的底特律参议院议员用铁锤砸毁日本汽车的图片。1986年日本经常项目盈余与GDP之比高达4.1%，成为世界上最大的债权国。

不仅在贸易方面，日本金融机构热衷于扩大贷款规模，在国际金融市场上的"过度表现"（over presence）也演变为摩擦的火种。1989年9月公布的BIS年报明确指出，1988年国际金融市场的最大特征是

---

① 白塚重典・田口博雄・森成城＊（2000）「日本におけるバブル崩壊後の調整に対する政策対応——中間報告」日本銀行金融研究所ディスカッションペーパーシリーズ、No.2000-J-12（『金融研究』第19巻第4号にも収録）2000年5月、表1。
② 当时各国的物价上涨率为：美国4.3%、英国4.1%、德国1.3%、瑞士2.1%、瑞典5.6%、加拿大4.3%。物价问题参见「物価の安定」についての考え方」（2006年3月）の図表17（日本銀行主页）。
③ Friedman, Milton (1982), "Monetary Policy: Theory and Practice", *Journal of Money, Credit, and Banking*, Vol.14, No.1, February 1982, pp.98-118.
④ 野口悠紀雄（2015）『戦後経済史——私たちはどこで間違えたのか』東洋経済新報社、2015年、第4章。

"日本金融机构势不可挡的发展态势"。在国际银行资产中，1988年日本金融机构贷款增加额占全球贷款增加额的90%，贷款余额占比达38%，位居世界第一位（位居第二位的美国仅为15%）。[①]

综上所述，良好的宏观经济形势、企业竞争力提升、经常项目盈余以及日本金融机构国际地位的提升等，都增强了日本企业和国民的信心。

## 信贷的显著增加

日本早期泡沫形成的另一个原因是金融机构的过度激进行为导致的"信贷显著增加"。实际上金融机构的激进行为与其说源于经济状况的良好预期，倒不如说反映了当时金融机构的焦虑。从现在来看，当时金融机构的收益率还算很高，但出现了趋势性下降苗头，至少收益有下降的预期。一方面，从金融机构的贷款环境看，除了潜在经济增长率下降，也就是经济由高速增长转向稳定增长这种宏观经济因素，由于金融自由化政策的实施，大企业可以直接从资本市场筹措资金，金融机构的优良贷款客户也不断减少。另一方面，在资金来源上，随着存款利率自由化的逐步推进，金融机构对未来资金成本上升的担忧越发强烈。在这种背景下，城市银行[②]一般都将业务重心转向中小企业或面向个人的住房贷款，而由于贷款审查能力的局限，贷款增加最多、最快的反而是不动产行业、建筑业和非银行金融机构（即所谓"面向三业态贷款"）。1985年年末国内银行面向不动产的贷款为20.1万亿日元，到1989年年末增长至48.8万亿日元，年增长率达到25%（其中1987年增长率高达33%）。

---

① BIS（1989），59th Annual Report，1st April 1988 – 31st March，1989.
② 总部设在大城市，在全国各地拥有众多分支机构的大型银行。——译者注

## 泡沫加速膨胀的原因

"极端乐观预期"和信贷膨胀形成了泡沫，而下文所述因素则促使泡沫进一步膨胀。

第一，长期持续的宽松货币政策。回顾泡沫经济时期的货币政策，自1986年1月起央行贴现率从4.5%高点下降，到1987年2月降至当时史上最低的2.5%，其间总共下调了5次。2.5%的超低利率保持至1989年5月，持续了近两年半时间。在这个过程中受日本国内低通胀和后文还要分析的"国际政策协调"的影响，形成了长期持续低利率预期，随时可以筹集到所需资金的安心感不断蔓延。这种持续低利率预期从金融方面助长了泡沫膨胀。

第二，金融机构的行为以及金融市场动向与经济活动之间形成了顺周期效应（pro-cyclical effect）。金融的独特性在于一旦通过信贷供给带来不动产价格上升，不仅会增加不动产相关项目的贷款，而且由于整体盈利能力改善，也会带来其他项目的贷款，进而增加信贷供给。另外，随着借款方现金流改善和担保价值提升，金融机构也会更积极地提供贷款。这种机制可以称为"金融体系的弹性"，也正是这一机制产生了上述顺周期效应。具有讽刺意味的是，顺周期效应因实施资本充足率规制而得到进一步强化。之所以出台资本充足率规制，其动机之一就是抑制日本金融机构的"过度表现"，但由于日本政府允许将持股溢价的45%计入自有资本，结果股价的持续上升进一步刺激金融机构增加贷款。[①]

第三，加速不动产价格上涨的土地税制。在日本土地税制中，持有土地的税率相对较低，而买卖土地的税率相对较高。就买卖土地的

---

① 軽部謙介（2015）『検証バブル失政——エリートたちはなぜ誤ったのか』岩波書店、2015年。

资本利得税来说，持有的时间越长，税率越低。结果，当出于某种原因预期土地价格上升的情况下，由于持有土地的税制成本很低，即使地价上涨也不会增加土地供给，反而因预期未来地价会进一步上升，鼓励土地持有者捂盘惜售，直至极限高点出手。这种税制设计不但不能增加土地供给，反而导致地价进一步上升。总之，可以说日本的高地价是追加了以未来经济增长为前提的税制优惠贴现值的结果。

## 泡沫膨胀的监控机制薄弱

要综合分析泡沫生成和膨胀机制，不仅要说明为什么会出现这种现象，而且有必要解释为什么监控泡沫膨胀的机制没有发挥作用。在泡沫经济膨胀过程中，无论对未来多么看好，企业、个人及金融机构等经济主体不可能完全没有考虑到未来资产价格下降带来的最坏结果。对于过度冒险行为未能及时踩刹车，薄弱的公司治理机制也助长了泡沫膨胀。

在经济高速增长时期，针对企业，日本实施的是主银行（main-bank）监控机制。而在20世纪80年代后半期，大企业普遍直接从金融市场上筹集资金，主银行监督机制失效。那么作为资金提供者的股东或公司债投资家是否能替代银行行使监督职能呢？实际上并没有发挥这种作用。由于企业之间以及银行和企业之间广泛存在着交叉持股关系，除非遇到极端恶劣状况，否则股东都只是"沉默的股东"。另外，即使投资家愿意客观评估所投资企业的风险，也会因企业会计信息披露不充分而作罢。还有，大多数董事会成员都是企业内部董事。对于一般经营性企业来说，由于存在现实的破产清算风险，它们一旦意识到破产风险，还可以及时终止冒险行为；而金融机构则不同，第二次世界大战后根本没有出现过破产案例，因此这一机制也没能发挥作用。

那么对金融机构实施监管、监督的相关部门为什么没能抑制金融机构的冒险行为呢？在日本，对金融机构实施行政监管的是大藏省银行局，我作为局外人并不清楚它们是怎么考虑的。虽然日本银行可以对具有业务关系的金融机构进行现场监督或检查，但由于存在保密原则，从任何金融机构获取的检查信息和数据都受到严格管控，当时我作为局外人是不能看到相关数据的。不过，通过与参加检查的职员交流，能知晓他们的一些问题意识。另外，通过营业部内的日常交流，也可以经常接触到金融机构的一些信息。① 回想起当时的情况，我认为几乎没有人觉察不到日本金融机构的冒险行为。② 可以想象大藏省银行局一定也对金融机构的行为有所警戒。问题是即使检查或监管当局有了警戒感，也指出其危害性，但在金融机构笃信不动产价格持续上升的背景下，还是难以扭转或纠正不动产融资乱象。

## 执笔并发表地价论文

在这种状况下，日本银行为了向外界传递泡沫对日本经济可能带来的负面影响，1990 年 4 月《调查月报》发表了题为《日本近年来地价上升背景及其影响》的论文。回顾这一时期，股价早在几个月之前就已经达到顶峰，而地价还在持续上涨，高点出现在一年半之后。这篇论文和当时《调查月报》中的其他论文一样，并没有标注执笔者姓

---

① 参考了植村对于"基于自身的经验，怎样看待日本银行营业局在泡沫经济时期对金融机构所采取的行动？"这一问题的答复。植村修一（2017）『バブルと生きた男——ある日銀マンの記録』日本经济新闻出版社、2017 年。
② 1990 年 4 月时任稽核局局长的舟山正克在金融类杂志上发表了长文，该文指出日本金融机构过于"依赖股价和地价体制"，称其为"延伸的银行经营"。舟山运用特殊案例发出了警告，"补给线太长必然导致战败，瓜达尔卡纳尔岛战役和印缅边境的英帕尔战役就是活生生的例子"。舟山正克（1990）「株と土地に依存した経営のリスク自覚が求められる」『週刊金融財政事情』1990 年 4 月 30 日号。

名，实际上我是执笔人，早川英男（后来成为理事）和长野聪（后来的金融机构局审议负责人）等同事也对论文做出了很大贡献。当时我所在的调查统计局强烈主张，不管与外界舆论存在多大抵触，作为中央银行，都应该发布地价问题相关的研究成果，以唤起人们的问题意识。这里援引论文开头"摘要"中的一些内容：[①]

> 从各经济主体的行为看，很多人暗地里都相信地价只会持续上升而不会下降的"土地神话"。而从近年来的海外各国情况看，英美等国已经出现了地价下降引发金融机构经营恶化的案例，这些海外案例共同的教训分为3个方面：一是如果地价短时期急剧上升，之后反转的可能性非常大；二是这种情况不仅会影响到个别金融机构的健全经营，有时甚至会导致整个金融系统崩溃；三是中小金融机构和非银行金融机构最容易出现不动产相关贷款的违约。
>
> ……
>
> 从维持货币稳定的角度来看，地价急剧上升和总体物价趋势并非没有关系。而根据前面提到的海外各国的教训，从保持信用秩序稳定的角度来说，防范地价急剧上升所引起的巨大混乱也是非常重要的。
>
> 最后，金融机构在提供不动产相关项目贷款时，重要的是要进行充分的事前风险评估和全程风险管控。毋庸置疑，金融机构风险管理不仅仅限于不动产相关贷款，对于所有的银行业务来说都是十分重要的。如果不动产相关贷款的风险敞口过度扩大，就很容易受到地价变动的影响。日本银行也是基于这个观点，通过与往来金融机构之间的日常接触和实地检查等机会，强调风险管

---

① 日本銀行調査統計局＊（1990）「わが国における近年の地価上昇の背景と影響について」『調査月報』1990年4月号、35～36頁。

理的重要性。

当时针对地价、股价急剧上涨和银行贷款异常增加等现象，主张立即采取行动强化对金融机构监管监督或者变更货币政策的只是少数人。虽然这么说，但并不意味着没有人感知日本金融和经济状况已经严重过热，其实，相当多的人隐约觉察到了异常。特别是在东京都内，由于房价上涨导致购房困难，从社会分配公平性角度讨论地价上升的话题也开始升温。

单纯传递这种模糊的担心或感觉其实并不困难，而我的感觉是，要在此基础上采取一些有效的政策措施，将面临相当大的难度。当时我这样一个与政策决策毫无瓜葛的年轻职员都有这种感觉，对于那些实际担任决策事务的中央银行骨干成员来说，无疑更能感受到难以逾越的屏障。本书后续章节还会反复强调，货币政策也好，加强金融机构的监督检查也好，或者重新修订法制或税制也好，要采取某些具体的政策措施，至关重要的是，改革的行为逻辑能在多大程度上得到社会的理解或支持。说到货币政策，当时日本国内占压倒多数的经济评论家或经济学家都反对退出宽松货币政策，国际机构也持这种观点，在 IMF 一年一度就成员国经济形势和政策的磋商（即"第四条款磋商"）中，也表示不能理解日本银行为何终止了宽松货币政策。

## 纠正宽松货币政策的必要性

如果要变更宽松货币政策基调，最熟悉的逻辑是，倘若持续实施宽松货币政策，最终将引发通货膨胀。但在现实物价状况非常稳定的背景下，这种观点是站不住脚的。当时受"广场协议"后日元大幅升值以及石油价格急剧下降（逆向石油危机）的影响，日本消费者物价指数（生鲜食品除外）在 1986—1988 年间分别为 0.8%、0.3% 和

0.4%的低水平（见图2-3）。如果按照2000年之后流行的通货膨胀目标制标准，这种状况应该属于不正常的低通货膨胀现象。非常有趣的是，当时还是学者的本·伯南克在1999年杰克逊霍尔会议[①]上发表了与马克·杰特勒（Mark Gertler）共同撰写的论文《货币政策与资产价格变动》[②]。这篇论文基于建立在供求缺口和预期通货膨胀率基础上的政策利率变动规律，模拟了短期利率上调到10%左右的状况，主张日本银行的宽松货币政策加速了1987—1989年的股价上升。当时日本银行副行长山口泰针对这篇文章的结论，指出"在完全不存在通货膨胀的状况下，中央银行不可能将利率从8%提高到10%"。[③] 对此我也有同感。

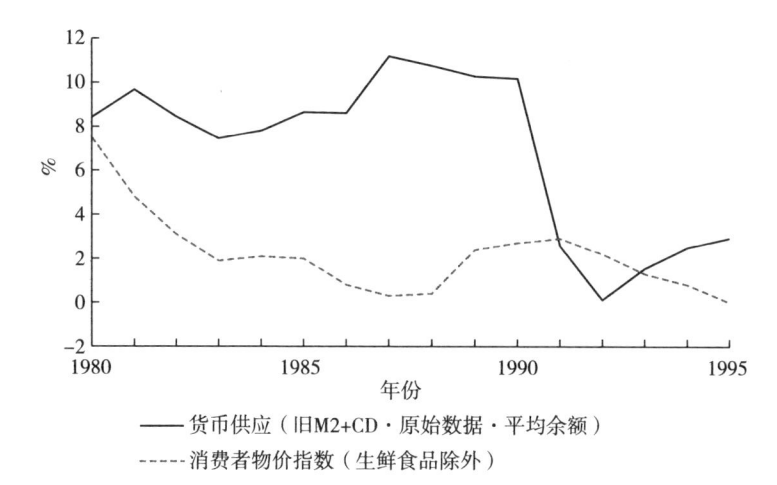

图2-3 货币供应与消费者物价上涨率（与上一年相比）
资料来源：货币供应量来源于日本银行，消费者物价来源于总务省。

---

[①] 每年8月召开，堪萨斯联邦储备银行主办，世界各国的中央银行行长、政治家、学者、经济学家参加。——译者注
[②] Bernanke, Ben S. and Mark Gertler (1999), "Monetary Policy and Asset Price Volatility", Proceedings-Economic Policy Symposium-Jackson Hole, 1999, Federal Reserve Bank of Kansas City, pp. 77-128.
[③] Yamaguchi, Yutaka (1999), "Asset Price and Monetary Policy: Japan's Experience", Proceedings-Economic Policy Symposium-Jackson Hole, Federal Reserve Bank of Kansas City, 1999, pp. 171-176.

与担心通货膨胀相并列的，就是对年率超过10%的货币供应量增长的担忧。但是，当时重视货币供应量的过快增长完全是为了抑制通货膨胀，正如上文所说的，在物价持续稳定的背景下，这根本没有任何说服力，提出警戒货币供应量增长过快的人反倒被人们视为那个喊"狼来了"的孩子。说到底，如果不能有理有据地揭示将来可能出现的状况，仅仅发出警告是没有任何意义的。

　　许多人认为资产价格上涨加剧了社会不公正现象。的确，地价上升扩大了有无土地家庭之间的财产收入差距，另外，年轻阶层的购房比例也在不断下降。[①] 在这种背景下，国民的不满情绪明显高涨，国会也经常讨论这一问题。但在经济学的正统理论中，货币政策并不能解决收入或资产分配不公平问题，而借助社会不公平舆论名正言顺地调整货币政策，自然也会被视为机会主义倾向。

　　如今回看，当时的关键问题是债务过度增加以及过度冒险。当初警戒货币供应量增长过快的观点，或者与此密切相关的货币主义政策言论，都着眼于银行负债一侧的存款，关注的重点是存款流向实体经济还是服务业部门。但是，如果我们关注银行资产负债表的资产一侧，看法就会截然不同。银行资产的核心是贷款，对企业来说就是债务。企业既可以将借款用于实体经济和服务业，也可以用于购买不动产或股票等金融资产。如果企业购买不动产或股票的需求增加会带来资产价格上升，那么通过自有资本的增加或担保价值的提升，又会促使借贷双方的行为更加激进。问题是某种原因引发泡沫崩溃会导致资产价格下降。如果不减少企业借款，银行贷款就会成为不良债权。从中央银行以及监督监管部门政策角度来说，问题的关键是企业债务显著增加，也就是信用膨胀带来金融体系动荡，阻碍经济的可持续增长。

---

① 日本銀行調査統計局＊（1990）「わが国における近年の地価上昇の背景と影響について」『調査月報』1990年4月号、60~61頁。

乍一看，担心货币供应量过快增长与忧虑债务或信贷膨胀的观点并没有太大差异，但从经济或金融角度来看差异却是很大。典型的就是凯恩斯的IS-LM理论，在货币政策传导机制中重点关注"存款渠道"，并没有充分理解"信用渠道"的重要性。当时从不良债权增加降低经济增速角度讨论经济和金融问题，还是属于比较前沿的，第3章"泡沫经济崩溃与金融危机"还会就此展开详细分析。我自己在1987年以前也没有抓住问题的核心，当时只是意识到以抑制通货膨胀为目的而调整紧缩货币政策是缺乏说服力的。这里我所依据的观点是如果设备投资过度增加，其后的存货调整成本就会非常高，因此最好能够事前防范这种过度的经济扩张行为。毫无疑问，从经济可持续性发展角度关注这个问题本质上是没有错误的，但并没有充分意识到过剩债务会通过金融体系稳定影响实体经济这一传导路径的重要性。

我的想法发生明显转变是在1988年11月转岗到调查统计局之后。当时调查统计局局长南原晃（已故）对通货膨胀压力增大的舆论始终持怀疑态度，经常在局内会议上就金融机构的过度冒险行为表达强烈担忧。现在看来，南原局长的直觉判断是准确的。我也是从那个时候开始逐渐理解从金融机构行为角度认识地价上升和银行贷款增加的重要性。[①] 前面讲过的地价论文是在向世人传递一个信号，提醒人们当时的地价上升就是泡沫，泡沫崩溃后会通过金融系统对实体经济产生严重的负面影响。但考虑到当时的环境，作为中央银行对外发布这样的信息还属例外，便提前为公开发布做了周密的准备工作。首先是为配合地价论文的观点，日本银行1990年1月的《调查月报》以调查统计局外国调查处名义发表了题为《20世纪70年代初英国中小金融机构

---

① 当时日本银行以调查统计局的名义发表过年度经济回顾的论文。在我执笔的1989年5月发表的论文中指出，"今后要充分注意资产价格变化对金融机构收益和资产内容的影响"。日本銀行調査統計局＊（1989）「昭和63年度の金融および経済の動向」『調査月報』1989年5月号、2頁。

经营危机（次级银行危机）——不动产融资与中小金融机构经营破产》①的论文。这篇论文主要分析了英国地价下跌引发的银行业危机，特别强调了对日本的启示。在此基础上，同年4月《调查月报》发表了这篇地价论文。不过，与内参版本相比，公开发表版本的语气相对缓和，但作为政策当局发表的论文，也算是传递了一个极强的信号。在包括行长在内全体高层出席的内部会议上讨论这篇论文时，三重野康行长力压行内一些慎重派人士的意见，主张公开发表这篇论文。考虑到当时的"时代氛围"，这的确是一个需要勇气的决定。

## 宽松货币政策的作用

泡沫经济与货币政策的关系始终是一个饱受争议的话题，即使是在全球金融危机爆发后的今天仍未能形成共识。我认为20世纪80年代后半期日本的泡沫经济是一个复杂的化学反应现象，并不是单纯源于宽松货币政策，但毫无疑问，长期的宽松货币政策成为泡沫加速膨胀的原因。

关于泡沫经济与货币政策关系的这种理解，与美国主流经济学家或美联储货币政策效果有限的主张存在很大的差异②③。为什么会形成

---

① 日本銀行調査統計局 * （1990）「1970年代初頭における英国中小金融機関の経営危機（Secondary Banking Crisis）について——不動産融資と中小金融機関の経営破綻」『調査月報』1990年1月号。
② Blanchard, Olivier and Lawrence Summers（2017）, "Rethinking Stabilization Policy. Back to the Future", Peterson Institute for International Economics, October 8, 2017. (https://piie.com/system/files/documents/blanchard-summers20171012paper.pdf.)
③ "21世纪初期美国的货币政策，为实现美国的就业增长和物价稳定目标，是相当宽松的，同时还能兼具抑制住房泡沫的紧缩性质吗？这是绝对不可能的。泰勒法则表明，适度高利率对住宅价格不会产生很大影响，但会削弱经济复苏。"Beranake（2015）, *The Courage to Act: A Memoir of a Crisis and Its Aftermath*, W. W. Norton & Company, 2015.（『危機と決断——前FRB議長ベン・バーナンキ回顧録』上・下、小此木潔監訳、KADOKAWA、2015年、97頁。）

这种差异呢？这取决于他们在讨论货币政策影响时，是否将资产价格上涨认定为泡沫。如果有了这种认知，讨论的重点就归结为针对资产价格上涨而采取的紧缩货币政策会对宏观经济产生怎样的影响。的确，任何人都难以准确判定基于经济基础面的理论意义上的资产价格均衡值，即使能够估计，也很难准确把握货币政策变更对资产价格的影响程度。若单纯采取上调利率方式，则需要大幅度提高利率，这将导致实体经济极度萎缩。

我认为这种观点是站不住脚的。① 首先，重要的不是资产价格上升本身，而是债务增长问题。在泡沫经济时期，伴随资产价格急剧上涨的是债务大幅度增长，泡沫崩溃后，在资产价格大幅下跌的同时，债务却没有减少，过剩债务带来了沉重的还债负担。因此，导致泡沫崩溃后经济低迷的原因在于过剩债务。问题的关键是泡沫经济时期是否意识到了债务增长不可持续及其转化为过剩债务的可能性。当然这也绝非易事，难以预测的还有未来的物价上涨率。其次，未来利率的变化趋势是影响债务增长速度的主要原因。因此，根据某一时点的利率边际调整与资产价格变化的相关性，来判断泡沫经济与货币政策之间的关系，可以说不是一个正确的分析思路。对于这个问题，我将在第18章"中央银行的作用"中展开分析。

## 为何迟迟未能升息

针对泡沫经济时期的货币政策，许多批评者认为利率大幅度下调导致了泡沫。实际上，这期间总共有5次降息，其中最后两次从某种

---

① Shirakawa, Masaaki (2015), "Excessive Debt and the Monetary Policy Regime". Remarks at 13th BIS Annual Conference, June 27, 2014, BIS Papers, No. 80, January 2015.

意义上说是发达国家货币政策决策中的特殊案例，这一点后文还会分析，但我不认为这种降息本身会带来经济泡沫。"广场协议"签订之后，在日元急剧升值和景气迅速恶化的背景下，降息是一个适当且合理的选择，问题不在于利率下降，而在于低利率为何维持了这么长时间。

为什么宽松货币政策能得以长期维持呢？其实在1989年5月首次升息之前，日本银行曾以多种方式试图提高利率。时任日本银行副行长的三重野康在非正式的记者采访等场合经常表达"如同坐在干柴上的感觉"，暗示终止宽松货币政策的紧迫性。① 实际上，日本银行自1987年8月末开始引导短期市场利率上升，试图以追随市场利率方式来提高中央银行贴现率。② 而这些尝试在1987年10月19日"黑色星期一"引发的世界性股价暴跌后不得不终止。"黑色星期一"第二天，东京股票市场日经平均股价下降了3 836日元，降幅达14.9%。1988年1月4日股份降至谷底，与"黑色星期一"之前相比股价下跌了17.6%。与此同时，外汇市场上日元开始持续升值。"黑色星期一"之后的一段时间日元汇率稳定维持在1美元兑换140~145日元，然后急剧升值，1988年1月2日达到了创纪录的1美元兑换121日元。

国际金融市场不稳定行情持续到1988年年初，之后渐渐趋稳，同年春季开始美国及联邦德国相继升息。在这种背景下，日本也考虑转向升息，而国内却是慎重派占了上风。慎重派经常举出的理由是升息

---

① 三重野康『利を見て義を思う——三重野康の金融政策講義』中央公論新社、2000年、195頁。此外，1986年5月20日《日本经济新闻》中报道，"某个日银领导""担忧货币供应增长"，"好像坐在干柴上，感觉很不舒服"。伊藤正直・小池良司・鎮目雅人*（2014）「1980年代における金融政策運営について——アーカイブ資料等からみた日本銀行の認識を中心に」日本銀行金融研究所ディスカッションペーパーシリーズ、No. 2014 - J - 14（『金融研究』第34巻第2号にも収録）、2014年9月、43頁。
② 軽部謙介（2015）『検証バブル失政——エリートたちはなぜ誤ったのか』岩波書店、2015年、208~210頁。

可能会招致国际金融市场动荡，实际上我认为这反映了政府及企业界唯恐上调利率会触发日元升值的担忧。日本就是这样迟迟不能转变货币政策基调！对此，三重野副行长在 2000 年出版的著作中有过明确记载，"政策是由效果来评价的。长期宽松货币政策自然也不能逃避外界的批判，对此空留懊悔"。①

与这点相关联，经常提到迟迟不能升息的原因还有日本政府对日本银行施压以及旧《日本银行法》时代中央银行独立性低下问题，而我认为这些都不是问题的全部。从当时的经济状况看，1988 年夏季消费者物价上涨率为 0.2%，1989 年 3 月开征消费税之前，物价上涨率仅为 1.1%，如此低的物价水平也是升息的极大障碍。同时，日本社会以企业经营者为核心，患有严重的日元升值恐惧症，对于日元再次急剧升值抱有强烈的警戒感。另外，日本潜在经济增长率攀升，用后来的话说就是"新经济"也阻止了升息，这点与 21 世纪最初几年美国"大稳健"时期的舆论氛围如出一辙。除此之外，我认为财政当局为了顺利开征消费税，也强烈要求推迟货币政策转型。至今记忆犹新的是我作为非重要成员曾参加了一次经济企划厅和调查统计局举办的例行交流会，会上的主流观点是担心开征消费税会导致"搭便车的通货膨胀"（不是通货紧缩）。这种舆论导向我们在今天也许无论如何都难以理解。但在当时的舆论背景下，经济企划厅官员反对加息，"如果现在提高利率，会被外界认为政府及中央银行担忧未来的物价上涨趋势，导致开征消费税引发通货膨胀的舆论进一步升温"。也就是说，为了顺利推进开征消费税这一"国家工程"，经济企划厅也希望推迟调整货币政策。

由于当时我并不负责货币政策，也没有参与这项工作，不清楚日本银行是否承受了政治压力，以及如果有压力的话，这份压力又有多

---

① 三重野康（2000）『利を見て義を思う——三重野康の金融政策講義』中央公論新社、2000 年。

大影响。不过，政治压力恐怕是存在的。① 经历了1986年10月和1987年2月两次政策利率的突然下调，作为参与货币政策决策的中央银行职员来说，有一种束手无策的感觉。1988年1月，在竹下登首相和里根总统会谈后的共同声明中有这样一段表述：

> 日本银行为了实现经济的可持续增长和汇率市场稳定，同意在物价稳定局面下维持现行政策基调，并努力维持较低的短期利率水平。②

在两国首脑会谈的共同声明中提到中央银行的政策基调，也是不同寻常的现象。即使如此，也不能将长期持续宽松货币政策单纯归结为这种政治方面的压力。除了政治压力，我认为下文要分析的"政策理念"、"时代氛围"及"政策机制"等因素也发挥了重要作用。20世纪80年代后半期日本实施宽松货币政策的过程，具有国际经济政策协调、阻止日元升值、扩大内需来压缩经常项目盈余等相互关联的三大特征。从货币政策的运作角度来说，上述的任何一个方面都使货币政策转型变得异常艰难。应该说，就是"政策理念的诅咒"。下文将依序做出说明。

## 货币宽松的政策理念

第一，国际政策协调是指美国时间1985年9月22日 G5③ 签署的

---

① 船桥洋一（1993）『通貨烈々』朝日文庫、1993年；軽部謙介（2015）『検証バブル失政——エリートたちはなぜ誤ったのか』岩波書店、2015年。
② 『朝日新聞』1988年1月14日夕刊。
③ 当时主要的国际论坛还不是G7，而是G5（包括法国、美国、英国、联邦德国和日本）。——译者注

"广场协议"。"广场协议"明确了纠正美国的经常项目赤字以及日本和联邦德国的经常项目盈余的必要性，成员国一致同意为此进行必要的汇率协调行动。日本作为经常项目盈余最大的国家承诺扩大国内需求。按照今天的常识，许多国家都是将物价稳定作为货币政策目标，恐怕很难理解只有日本政府"承诺"灵活运用货币政策满足汇率变动的需求。联邦德国与日本一样也是经常项目盈余国，却没有这样的承诺。当时日本驻美公使内海孚曾表示"日本非常乐意参与"。[1] 为纪念"广场协议"签署30周年，召开了以美国前财政部部长詹姆斯·贝克（James Baker）为首的当时参与"广场协议"人士参加的会议。会议纪要显示，美国当局当时最为担心的是国会中贸易保护主义抬头。[2] 贝克的发言更是直截了当，"这是我们对它们（美国以外的其他G5国家）施加的影响力，如果我们不采取行动，美国国会的保护主义者会立即筑起一道贸易屏障"。

其实日本并不是在"广场协议"后才开始纠正美元升值，1985年2月美元升值达到高点后就开始贬值，"广场协议"只是明确了美元贬值趋势。日元汇率由"广场协议"之前的1美元兑换242日元，到第二年（1986年）1月升至200日元以下，同年7月创下150日元区间的纪录，1987年3月进一步升至140日元区间。起初日本国内非常欢迎纠正美元的过度升值，而不久后，随着日元的不断升值，担心国内经济不景气的呼声开始高涨。结果阻止日元过度升值又成为国家的大政方针。在1987年2月达成的"卢浮宫协议"上，日本方面强烈要求在共同声明中加入了"G7绝不容许日元进一步升值"这段文字。为了

---

[1] Utsumi, Makoto (2016), "The Plaza Accord Viewed from Japan", in Bergsten and Green (2016).
[2] Bergsten, C. Fred and Russell A. Green, eds. (2016), *International Monetary Cooperation: Lessons from the Plaza Accord After Thirty Years*, Peterson Institute for International Economics, 2016.

使美国接受这个协议，日本政府承诺"采取有助于扩大内需、缩小经常项目盈余的财政货币政策"，[①] 同时，将日本银行的官方降息也作为该协议的催化剂。

第二，如果站在阻止日元升值的角度，一般来说就更难转向紧缩货币政策，加之，从承诺阻止日元进一步升值的"卢浮宫协议"来看，日本上调利率将被视为是破坏国际协调机制。

第三，对长期宽松货币政策产生最大影响的是通过扩大内需压缩经常项目盈余的思维范式。内需扩大带来进口增加，的确可以缩小经常项目盈余。但是，即使经济实现了充分就业状态，也很难指望大幅度缩减经常项目盈余。要理解这一问题，需要关注储蓄和投资的均衡关系。经常项目不平衡既反映货物及服务的进出口差额，也反映一国经济中储蓄和投资的不平衡，应该同时从这两个方面分析经常项目问题。外国的经常项目也是如此。实际利率水平是由世界范围内储蓄和投资的均衡关系所决定的，资本从储蓄充裕的国家流向储蓄不足的国家，从货物及服务流动的角度来看，这就是经常项目盈余或赤字。所以应该从世界经济整体理解资本的流出流入以及经常项目的赤字或盈余。更重要的一个问题是，经常项目的基本格局依赖于一国投资和储蓄规模，而储蓄和投资又受到各国技术创新及人口动态变化等实体经济因素影响，并不是由货币政策在内的宏观经济政策所能左右的。当时日本正处在劳动年龄人口的高峰时期，也是养老储蓄增长最快时期，出现较高的趋势性经常项目盈余也是很正常的。尽管如此，希望通过扩大内需压缩经常项目盈余的主张，也就等同于日本政府同意长期维持宽松的货币政策。

---

[①] 参见财务省主页的「ルーブル合意声明文」。

## "广场协议"和"卢浮宫协议"

应该如何评价"广场协议"和"卢浮宫协议"？在前面说过的纪念"广场协议"30周年庆祝大会上，美国方面许多与会者从应对国会贸易保护主义的角度评价"广场协议"是成功的。[①] 对于美国当局来说，两个协议，特别是"广场协议"，确实具有抑制国会保护主义抬头的实用主义目的。虽然日本国内以国际政策协调为挡箭牌强烈反对提高利率，严重推迟了日本银行的政策转型，但对美国人而言，这些问题都是日本自身的事情，与他们毫不相干！

两个协议在日本国内形成的上述3个政策理念，所带来的后遗症就是日本银行不能调整货币政策，令日本银行深受其苦。若考虑到日本政府想方设法希望缓解与美国的贸易摩擦，以及包括《日美安保条约》在内日本所面临的种种境况，作为一项政治决策也并非不可理解，但一想到这些决策所带来的宏观经济后果，心情就会变得异常沉重。

我想起了在"广场协议"签署20多年后参加的一次BIS行长会议上，午餐期间与邻座的德国中央银行前行长汉斯·蒂特迈尔（Hans Tietmeyer，时任BIS理事会副主席，已故）的一段对话。他曾作为联邦德国财政部副部长参与了"广场协议"的一系列谈判。或许是有心点拨一下我这个新任职的日本银行行长，他非常热心地提到日本因屈服美国压力导致了其后的泡沫经济。他所讲的关于"广场协议"及"卢浮宫协议"的幕后真相已经无从查证，却使我对一国宏观经济政策决策者的重大责任肃然起敬。

---

[①] Bergsten, C. Fred and Russell A. Green, eds. (2016), *International Monetary Cooperation: Lessons from the Plaza Accord After Thirty Years*, Peterson Institute for International Economics, 2016.

## "前川报告"

泡沫经济时期，通过扩大内需来压缩经常收支盈余，是政府、学者和经济学家的主流观点。当然，一个重要的原因是来自因对日贸易赤字增加而愤怒的美国的强人压力，日本国内强烈支持扩大内需也是一个理由。最能代表当时舆情的是1986年4月中曾根康弘首相的私人咨询机构"国际协调的经济结构调整研究会"发布的报告书，即"前川报告"。[①] 我在此引用部分相关内容：

> 今后，政府应从国际协调角度，将切实缩小经常收支不平衡作为中期国民政策目标，并要向国内外表明实现这一目标的决心。
>
> 经常收支的大幅度盈余，就本质而言源于日本出口导向型产业结构，今后日本将采取划时代的政策措施调整产业结构，当务之急是转变为国际协调型产业结构。
>
> 在实现这一目标的过程中，要以提升国民生活质量为目的，并且还应该认识到，这个变革的成功与否，将决定日本在未来世界中的走向。
>
> 通过这些措施，履行与日本经济地位相适应的国际责任，实现世界经济的协调发展，同时，不仅在经济上，还要在科学技术、文化、学术领域为世界做出应有的贡献。
>
> ……
>
> 实施上述倡议时，财政货币政策应该发挥重要的作用。
>
> ……
>
> 在货币政策运作过程中，在确保国内外币值稳定的同时，为

---

① 国際協調のための経済構造調整研究会（1986）「国際協調のための経済構造調整研究会報告書（前川レポート）」1986年4月7日。

实现内需主导型的经济发展，有必要采取更加灵活机动的政策措施。

我认为报告中内需主导型经济的基本理念是正确的，我也完全同意为实现这一目标所提出的放松政府规章制度的主张。但问题不在于此，而是在于将扩大内需与缩小经常收支盈余联系在一起。正如前面分析的，日本经常收支盈余的基本格局是受到了日本人口动态发展和技术革新等的影响，反映的是趋势性储蓄与投资的关系。同样，美国经常收支赤字也是由美国储蓄和投资所决定的，日本内需扩大并不会减少美国赤字。尽管如此，作为国家既然承诺了通过扩大内需来压缩经常收支盈余，那么必然会出现景气刺激政策的长期化趋势。这个承诺的代价实在太大了，而当时及时并明确指出这一问题的据我所知只有小宫隆太郎一人①。

## 泡沫经济留下的教训

日本银行最终在1989年5月30日开始加息，比美国加息（1988年8月）以及联邦德国加息（1988年6月）晚了9个月还多，② 此时日本经济已经处于严重狂热状态。尽管如此，面对这种为时很晚的升息，第二天报纸的社论还是表达了强烈的警戒感，担心日本升息会破

---

① "美国经常收支问题的根本原因在于美国经济自身，要改善也应该是美国纠正自身的宏观经济政策，多少读过经济学的人都明白这个道理。尽管如此，只有日本单方面制订了'行动计划'，并承诺调整经济结构，而美国却未承诺采取任何积极措施。这种状况本身就是严重的'不均衡'。"引自小宫隆太郎（1986）「日米経済摩擦と国際協調（上）（下）」『週刊東洋経済』1986年6月7日号・14日号、59頁。
② 美国联邦基金利率在"黑色星期一"后降低了1个百分点，1988年降至6.5%，之后迅速转为上升趋势，1989年年初攀升到将近10%。

坏"卢浮宫协议"所建立的国际协调机制。①

对于20世纪80年代后半期的日本泡沫经济，我总结了以下几条教训。

第一，现实中泡沫现象可能发生，而且泡沫一旦生成，就会对经济产生巨大影响。此前对泡沫的了解仅限于书本知识，根本没有想到会在自己生活的社会中出现泡沫。虽然1989年发表的地价论文曾明确指出当时的地价水平就是泡沫，而在两年前的1987年，若让我断言当时的市场价格脱离了经济基本面，我觉得还是超出了我的认知范畴。

第二，仅靠中央银行的努力无法阻止泡沫发生，尽管如此，中央银行必须为防止泡沫发生做出最大努力。很多国家的中央银行不仅负责制定货币政策，还拥有对金融机构的监管监督权。虽然至今对宽松货币政策在泡沫经济中的作用仍未达成共识，但至少没人否认过于宽松的监管监督带来的负面影响。日本对金融机构的监管监督权属于大藏省（现在的日本财务省），日本银行也承担了一定的监督检查责任。站在国民的角度，日本银行也是监管当局的一员。对于未能有效制止金融机构的过度冒险行为，日本银行是负有责任的。就货币政策而言，虽然不能将泡沫生成完全归咎于宽松货币政策，但若没有长期的货币宽松，也不至于出现如此严重的泡沫，从这个角度说，货币政策肯定负有责任。此外，我也切身感受到了世间舆论风向的多变。泡沫经济后期，民众曾强烈反对退出宽松货币政策，泡沫经济崩溃后，却立即将货币政策失败的责任全部推给日本银行。对于仍然记得那场争论的人来说，可能觉得有点不公平，但既然法律上规定货币政策的决策主体是日本银行，那么成为被批判的对象也在所难免。正因为如此，才

---

① 1989年5月31日的《日本经济新闻》的社论中有如下记载："无视欧美国家接二连三地升息，一直发挥稳定器作用的日本银行宣布提高利率，这对市场的影响很大，特别是当世界金融和资本市场对G7的协调机制表现出质疑情绪时，担心会给市场带来不稳定因素。"

使我更深刻地体会到作为中央银行，不被"时代氛围"所左右而做出准确判断并付诸行动的重要性。

第三，政策理念在制定适当货币政策过程中的重要性。一旦接受了与货币政策最终目标相抵触的政策理念或逻辑、机制，即使从不同角度微调货币政策，也不过是一场"局部战争"，要在现实中完全改变货币政策基调是相当困难的。另外还有必要关注这种政策理念是如何形成的，它并不是由少数的政治家或政策决策者等所谓精英所决定的。尽管他们参与了政策理念的形成过程，但他们同时也受到了学者、媒体、企业经营者和公众舆论的极大影响。从这个意义上说，将泡沫的责任归咎为政策决策者而国民是受害者，这样的说法存在片面性。而我对"精英失误"的所谓"精英受挫论"或者"众人皆有错"的"一亿总忏悔"观点也持有不同意见。虽然时代风向过于强大，但政策决策者还是应该站稳立场，恪尽职守，我相信这才是政策决策者的存在价值。

## 第3章 泡沫经济崩溃与金融危机

20世纪90年代初,日本泡沫经济崩溃。起初人们并没有充分认识到冲击的严重性,但很快整个经济和社会都受到了极大影响。90年代后半期又出现了严重的金融危机,导致实体经济衰退。从那时起,以海外学者为中心对日本银行的货币政策展开了猛烈批判。1990年5月我就任刚刚成立的信贷机构局信贷机构处处长,专门负责处理90年代最初3年间泡沫经济崩溃后的不良债权问题。这一阶段的经历对之后我的许多想法产生了重要影响。

### 泡沫开始崩溃

很难准确说出泡沫崩溃是从什么时候开始的,实际上人们是在进入20世纪90年代后才逐渐意识到泡沫已经崩溃。日经平均股价在1989年12月末达到38 915日元的高点,而后开始快速下降,半年后跌至32 817日元,一年后跌至23 848日元,1992年8月18日创下了14 309日元的超低纪录,与顶峰时期相比,下降超过60%。由于人们对1989年年末股价冲顶的印象特别深刻,因此不大留意地价的情况,地价下跌远滞后于股价下跌。① 同样很难说出地价下跌的准确时间。根据日本不动产研究所每半年公布一次的市街地价格指数，地价高峰出现在 1991 年 9 月，而建设省（现在的日本国土交通省）公布的年度公示地价显示高点出现在 1991 年 1 月。近年来地价上升最快的大阪圈商业用地在 2005 年左右的公示价格仅仅是巅峰时期的 10%（见图 3-1）。凄凉之态可见一斑！虽然我也曾在地价论文（见第 2 章"泡沫经济"）中指出存在地价泡沫，但未曾预料到跌幅会如此之大。1990 年夏季之后，访问日本银行的海外政府官员和经济学家开始表达他们对日本未来地价暴跌的担忧，当初我还做出了否定的回应。

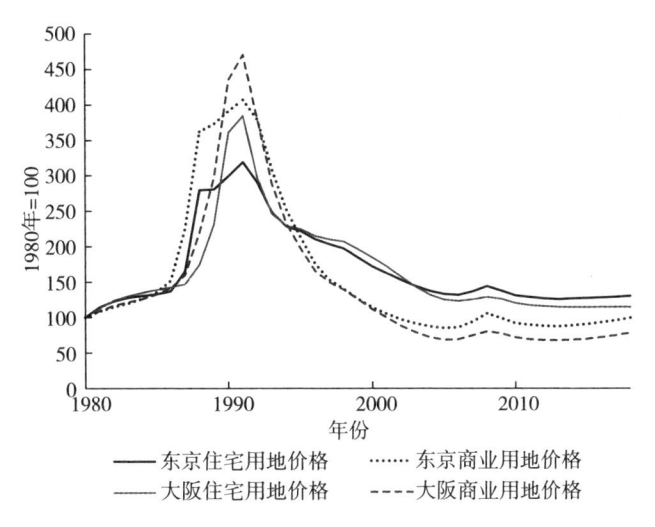

图 3-1　东京圈及大阪圈的不动产价格变动
资料来源：日本国土交通省网站中的"地价公示"。

根据日本政府发布的景气基准日②，经济景气高峰出现在 1991 年

---

① 21 世纪初期美国房地产泡沫的情况是房地产价格首先下降，过了两年左右股价才开始下降，这与当年日本的情况截然相反。
② 经济周期过程中由扩张向收缩过渡或由收缩向扩张过渡的分界点，即到达波峰或波谷的日期。——译者注

第 3 章　泡沫经济崩溃与金融危机

2月，处于股价峰值和地价峰值之间。实际GDP增长率从1990年的5.1%急速下降，1991年降至3.8%，1992年降至1.1%，1993年进一步降至0.3%。作为泡沫经济崩溃的原因，经常提及的是1990年3月大藏省银行局向金融机构发布的"总量控制"行政指令。总量控制就是要求金融机构提供给不动产行业的贷款增长率不得超过总贷款增长率，同时要求定期汇报面向不动产、建筑业和非银行金融机构"三业态"的贷款执行情况。[①] 总量控制指令的发布无疑成了地价暴跌的导火索，但不能将其视为泡沫经济崩溃的原因。要知道，不动产关联贷款增加以及地价上涨得如此离谱，地价或早或晚一定会下降。不动产价格暴跌在很大程度上是泡沫崩溃后经济增长率下降的结果，正是泡沫经济时期税制优惠的贴现值抬升了不动产价格，暴跌也反映了税制优惠的终止。

紧缩性货币政策也常常被视为泡沫经济崩溃的原因。1989年5月贴现率提高0.75%，到1990年8月为止连续5次上调贴现率，总共提升了3.5%。对于何时开始升息，以什么节奏升息，虽然有不同的观点，但我认为如果1989年5月不提高利率，或者只提升一次，而市场没有再加息的预期，泡沫规模还会扩大，泡沫崩溃造成的破坏会更加严重。包括总量控制指令利弊在内的根本性问题是：当经济脱离可持续发展轨道时，一国的政策当局应该如何应对？

## 乐观的景气预测

20世纪80年代后半期日本经济出现的是不可持续的经济增长与信

---

① 关于总量控制政策的开始和终止请参考植村（2017）以及轻部（2015）。植村修一（2017）『バブルと生きた男——ある日銀マンの記録』日本経済新聞出版社、2017年；軽部謙介（2015）『検証バブル失政——エリートたちはなぜ誤ったのか』岩波書店、2015年、第2章、第3章。

贷膨胀。泡沫经济崩溃后，日本政府、日本银行、民间经济学家、市场参与者，甚至国际组织对日本未来的景气预测还普遍持乐观态度，[①]民间企业经营者的态度同样如此，反映民间企业经营者心理感受的日银短观景气判断指数，大型制造业企业峰值出现在1989年6月（正53点），大型非制造业企业峰值出现在1990年6月和9月（正52点）。上述两类企业数据在峰值后维持了相当一段时间的高位，两年后的1991年6月，相应数值分别为正33点和正47点。日本银行的景气判断同样乐观，1991年7月公布的《形势资料》[②]一方面指出当时经济放缓，一方面又判断"由于企业和家庭相对良好的收入环境，日本经济还会持续保持增长"。[③] 对于未来预期也是乐观的，"虽然经济减速，但由于基础牢固，未来还是值得期待的"。

与乐观的景气预测一样，当初也低估了不良债权问题的严重性。泡沫崩溃导致金融机构逐渐出现了大量不良债权，最终演化为金融危机。1992年5月，英国《金融时报》报道日本金融机构不良债权规模将达到42万亿~53万亿日元，这个报道在当时被认为是危言耸听，而实际处理的不良债权远远超出了这个规模，达到了100万亿日元。金融机构的破产从中小金融机构开始。存款保险机构启动的第一笔资金援助是1992年4月伊予银行救济合并东邦互助银行案例。不久，破产

---

[①] 有关经济预期的调整情况请参考 Ahearne et al.（2002）。关于日本银行对于物价预期的修正情况请参考木村・藤原・原・平形・渡邊（2006）。Ahearne, Alan, Joseph Gagnon, Jane Haltmaier, Steve Kamin, Christopher Erceg, Jon Faust, Luca Guerrieri, Carter Hemphill, Linda Kole, Jennifer Roush, John Rogers, Nathan Sheets and Jonathan Wright（2002），"Preventing Deflation: Lessons from Japan's Experience in the 1990s", FRB International Finance Discussion Papers, No. 729, June 2002；木村武・藤原一平・原尚子・平形尚久・渡邊真一郎＊（2006）「バブル崩壊後の日本の金融政策——不確実性下の望ましい政策運営を巡って」日本銀行ワーキングペーパーシリーズ、No. 06 - J - 04、2006年2月。

[②] 全称是《经济金融形势的相关资料》。——译者注

[③] 「わが国金融経済の分析と展望——情勢判断資料（平成3年夏）」。日本銀行主页。

蔓延到大型金融机构，终于在 1997 年至 1998 年期间爆发了严重的金融危机。

要理解泡沫崩溃后的日本经济，仅仅分析经济运行机制是不够的，还需要从经济、政治和社会相互作用的角度综合把握。从经济运行机制看，也不能单纯依赖宏观经济学教科书中的短期分析，还应该从第二次世界大战后日本经济运行模式以及日本企业经营模式等结构性层面展开分析。① 要理解泡沫崩溃和金融危机的全部过程，需全方位展开分析，这不仅是一个很不容易的工作，而且是一项让人心情非常沉重的工作。在泡沫崩溃和金融危机过程中，很多人的命运发生了极大改变，有的自行结束了生命，有的引咎辞职，还有的成了民事或刑事被告被审理或收监多年。也有很多为防止金融系统崩盘做出了巨大贡献却并不为人所知就离开人世的无名英雄，其中有与我私人关系很密切的日本银行行内或行外的朋友，也有直率地向我说明不良债权问题严重性、让我大开眼界的原金融机构负责人。泡沫经济崩溃后，大多数企业和金融机构的经营者，以及曾坚守在一线的政策决策者都选择了沉默！

## 信贷机构局的成立

1990 年 5 月日本银行进行了大规模机构改革，改革的重要一环就是成立了信贷机构局②。信贷机构局负责金融体系稳定相关的政策规划职能，第一任局长是本间忠世（后成为理事、青空银行行长，已故）。信贷机构局下设信贷机构处和支付清算处，前者负责金融监管监督以

---

① 野口悠紀雄（2015）『戦後経済史——私たちはどこで間違えたのか』東洋経済新報社、2015 年。
② 现由日本金融机构局承担相应职能。——译者注

及今天所说的宏观审慎政策（见第 16 章"谋求金融体系的稳定"），后者负责制定支付清算系统的相关政策。我被任命为信贷机构处的首任处长，担任该职务整整 3 年直至 1993 年 5 月，这也是我的第一个处长职务。

在信贷机构局工作的 3 年恰好是泡沫经济刚刚崩溃后的那段时期。如果与金融危机最为严重的 20 世纪 90 年代后半期相比，这一时期的状况还算平稳，但与之前相比却是一个异常动荡的阶段。我在信贷机构局工作的这段时间，连同 20 世纪 80 年代后半期泡沫经济期间的经历，对于塑造我对中央银行作用的认知发挥了重要作用。如果没有这段担任信贷机构处处长的经历，或许我会与后文中批判性评论的那些主流宏观经济学家持有相同的观点。

不管法律如何规定，任何国家的中央银行都在维持金融体系稳定方面发挥着重要作用。当时大藏省银行局是在法律上拥有监管和监督金融机构权限的主体，[①] 与大藏省的监管不同，日本银行只对在本行开立活期存款账户的金融机构拥有监督检查的权力。经历了第一次世界大战后的金融危机，日本银行在得到当时大藏省金融制度调查会的批准后，开始对金融机构开展监督检查。稽核局负责监督检查工作，检查的对象不限于银行，还包括证券公司。除了稽核局的检查，营业局（现由金融市场局和金融机构局承担相应职能）通过与金融市场上重要市场主体——金融机构的日常接触，可以获得金融市场以及金融机构的相关信息（非现场监控）。而且，为了维持金融体系稳定，日本银行在必要的场合还要对金融机构提供流动性，发挥"最后贷款人"职能。现实中需要发挥"最后贷款人"职能的典型情景是，如果放任暂时陷入流动性不足的金融机构违约，则会对整个金融系统产生连锁效应，即爆发系统性风险。

---

① 信用互助合作社由都道府县负责，农林系统的金融机构则是由农林水产省监管。

第 3 章 泡沫经济崩溃与金融危机

信贷机构局刚刚成立后的1990年6月，三重野康行长将本间局长和我叫到行长室，指示我们为预防可能出现的金融机构破产危机，制定日本银行的应对方策。当时，股价登顶后开始回落，地价还在持续上涨，日本经济仍处在泡沫膨胀阶段。我至今无法准确知晓三重野行长当时是基于怎样的考虑做出的这一安排，也许与应对泡沫经济崩溃后的金融危机相比，更主要的是为了解决利率自由化后竞争加剧而带来的金融机构经营困境。不管怎么说，考虑到其后数年的金融系统动荡，这一部署非常具有先见之明。

起初我对于如何完成行长交给的任务没有一点思路，甚至是不知所措。日本在昭和（1926—1989年）初期曾经历过大规模金融危机，第二次世界大战后根本没有出现过金融机构破产，我不仅缺乏对金融机构破产事态的想象能力，更不具备应对破产事件的具体操作知识。为完成行长布置的任务，我们所做的第一项工作是赴海外调研金融机构破产案例，这是信贷机构局副局长黑田严向本间局长提出的建议。本间局长和我于1990年6月下旬到7月初访问了美国以及欧洲的4个国家，进行了为期两周的调研。[①] 新设机构的局长和处长同时离岗两周，这也实属罕见。也许这样说有点牵强，此次调研对我来说简直就像日本银行版的明治维新后的岩仓使节团出访[②]。

我们在美国走访了美联储、纽约联储、联邦存款保险公司（FDIC）和整理信托公司（RTC），得到了许多专家热情细致的指点。在欧洲我们先后走访了英格兰银行、法兰西银行、荷兰银行和BIS等机构。在最后的访问地阿姆斯特丹，与时任巴塞尔银行监督委员会主席的荷兰银行理事结束会面后，我和本间局长二人坐在运河边长椅上

---

① 关于海外调研的相关内容，请参考白川方明＊（2009）「経済・金融危機からの脱却——教訓と政策対応」（ジャパン・ソサエティでの講演）2009年4月23日。
② 1871—1873年日本明治政府首次派出考察美国和欧洲的使节团，考察报告确定了日本近代以来的发展方向和政治体制模式。——译者注

休息，还记得本间局长说，"我觉得我已经知道今后该怎么做了"，这也是我当时的感受。

通过这次海外调研，我体会到防止系统性金融风险、确保金融体系稳定的重要性，同时还学到了许多处理金融机构破产的具体操作方法。说到处理金融机构破产，在当时很多人的印象中就是采取"存款赔付"方式。采取这种方式，存款人在存款保险机构赔付上限（当时是 1 000 万日元）以内的存款得到保护，余下部分进入通常的破产处理程序。但在美国，运用这种处理方式的仅限于小型金融机构，规模类似于日本农协下属的分支机构。美国处理金融机构破产的主要方式是资产负债承继方式（Purchase and Assumption，缩写为 P&A）。该方式是指负责救助的金融机构承继破产金融机构的健全资产和负债，不足部分由存款保险机构提供资金援助。在这种情况下，经营者失去工作，股东承担股票减值损失，相关责任人也算得到了相应惩罚。从这个意义上说，虽然金融机构"破产"了，但金融机构的存款和债务均得到了保护，维持了金融体系稳定。这是美国占压倒多数的处理破产金融机构的方式。

## 破产金融机构处理原则的制定

返回日本后，以信贷机构局为核心，围绕可能发生的金融机构破产处理问题进行了反复讨论。日本处理金融机构破产问题的是 3 个政府部门，大藏省银行局为主，外加日本银行和存款保险机构。[①] 当时法律规定存款保险机构理事长由日本银行一名副行长担任，因此吉本宏副行长兼任了存款保险机构的理事长。存款保险机构事务局设在日本

---

① 此外，都道府县负责信用互助合作社的破产问题，农林水产省参与处理农林系金融机构的破产问题。

银行总部办公大楼内，职员只有十几个人，多数是来自日本银行的借调人员或退职官员（OB）。得益于土田正显银行局局长的前瞻性和协调能力，1990年夏季成立了由大藏省银行局（中小金融处）、日本银行信贷机构局和存款保险机构三方参加的例行协调会，从实务角度探讨如何有效发挥各机构职能，为可能出现的危机事态提供预案。同时，为完成三重野行长委托的任务，在日本银行计划局（现计划室）、信贷机构局、营业局（原有机构）、稽核局（原有机构）之间展开了讨论，参与成员包括四个局的主管理事、局长还有我，每次都是在信贷机构局事前准备好的纸质议案基础上反复斟酌推敲。根据讨论结果制定了处理金融机构破产问题的基本原则，1991年1月获得了行长以及副行长的首肯。基本原则包括以下4点。

第一，"处理"实质上陷入资不抵债的金融机构。"实质上"是指尽管从会计报表上看金融机构还没有出现资不抵债，但如果进行适当的核销或提取呆账准备金后将陷入危机的情形。这个原则在今天看来也许是理所当然的，但在当时属于非常超前的理念，很多人对此持慎重态度。因为这种方式意味着通过检查或稽核评估金融机构的贷款质量，根据评估结果确定金融机构是否需要"破产"。有些不良债权是属于明眼人都能识别出来的，但有很多贷款处于灰色地带。不过，要监管当局判断金融机构属于实质上资不抵债并责令其"破产"，可想而知必然会遭到经营者、股东、存款人、政治界以及当地居民的强烈反对。

第二，处理破产机构的方式方法。实质上资不抵债意味着金融机构没有能力偿还债务。当时，在学者以及大众的意识中，处理破产金融机构的主流方式是存款保险机构进行存款赔付，之后按照一般企业破产程序进行清算（即清算论）。也就是说，清算论是"正统"观点，以任何形式所进行的"救助"都会带来道德风险。而在以信贷机构局为中心提出的处理金融机构危机的基本方针中，将存款保险机构的存款赔付作为例外措施，原则上是保护所有存款者的存款。

当时日本不适合采取清算方式的原因有两个。一是正如前面所讲的，就算在金融机构破产案例较多的美国，主要的破产处理方式也是资产负债承继方式；二是后面还要分析的，日本金融机构不良债权规模相当庞大，如果采取清算方式，则很可能导致整个金融系统瘫痪。因此，对于陷入实质性资不抵债的金融机构，如果制订了重组计划并增加自有资本后还存在经营困难，将利用存款保险机构的资金援助，协调其他金融机构进行救济合并。

第三，为防止金融机构的道德风险，追究相关责任者的经营责任。具体包括更换经营者、股东承受股价下降损失等惩罚措施。

第四，在处理破产过程中，必要时日本银行提供信贷资金。对于这一原则，也许有人会说中央银行作为"最后贷款人"，这不是理所当然的吗？但当时舆论对于日本银行参与金融机构破产问题而引发的道德风险心存戒备。现实中更是很难定位这种带有援助性质的贷款。当时日本银行的政策利率，也就是贴现率低于市场利率，而以政策利率提供贷款本身就具有援助性质。在经济学教科书般的"最后贷款人"理论中，中央银行的职能纯粹是提供流动性而不是提供信贷资金。而现实却是，如果日本银行固守这一传统观念，就难以推进破产处理工作。这一方针意味着中央银行为推动金融机构破产处理工作，在判断确实有必要时，不排除提供信贷资金的可能性。

日本银行内部通过了上述四个原则后，本间局长、黑田副局长和我拜访了大藏省银行局，说明了日本银行的基本思路。对方对于灵活运用存款保险制度没有异议，对于第一个原则中提出的尽早处理实质上陷入资不抵债的金融机构问题，大藏省表现得非常慎重，甚至是高度戒备。对此我们虽然感到遗憾，但在景气状况还没有彻底恶化、资产泡沫记忆依然清晰的状况下，考虑到日本政治和社会的现实，且不论慎重观念的对错，都是可以理解的。而很快，日本银行就超越了是否接受"原则"的理念交锋阶段,进入了处理金融机构破产的实践探索阶段。

## 金融机构的现实破产

不久,日本金融机构状况急剧恶化。以"不良债权""不良资产"为关键词检索日本四大主要报纸[①],报道数量从1991年、1992年左右开始明显增多,当然报道频率远不如90年代后半期(见图3-2)。营业局和稽核局收集到的金融机构不良债权详细数据也集中到信贷机构局。在这种状况下,信贷机构局一方面继续讨论处理破产金融机构的对策,另一方面开始深度参与具体金融机构的破产处理,逐渐有了"临战"的感觉。

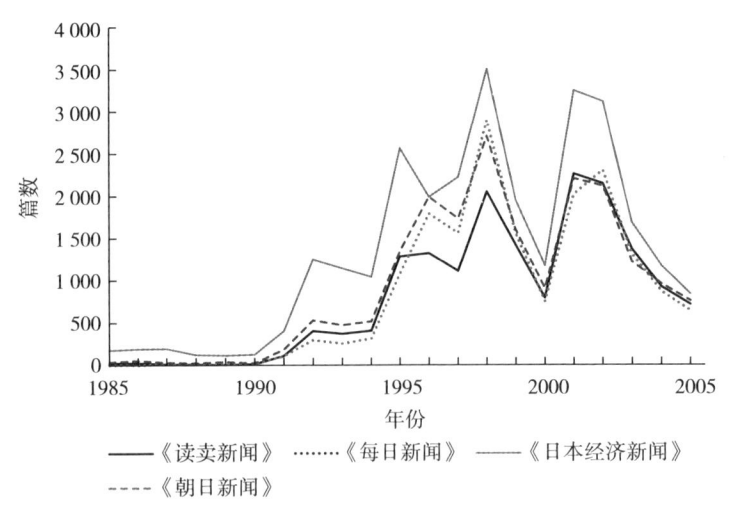

图3-2 日本四大主要报纸报道"不良债权""不良资产"的篇数
资料来源:読売「ヨミダス歴史館」、毎日「毎策」、日経「日経テレコン」、朝日「聞蔵Ⅱ」。

---

① 《读卖新闻》《每日新闻》《日本经济新闻》《朝日新闻》。——译者注

这个时期信贷机构局的工作与我在20世纪90年代后半期所负责的工作相比，可以说还不能称之为真正的"野战医院"，尽管如此，"金融机构不破产"的神话时代已经远去，破产案件接踵而至。最初只是关注少数几个被视为问题对象而列入"重点监管名单"的机构，如东邦互助银行、大阪府民信用合作社、釜石信用金库等面向中小企业或小微企业贷款的规模相对较小的金融机构。随后问题对象扩大到以兵库银行、太平洋银行为代表的规模稍大的金融机构。

1991年7月首家破产的存款金融机构完全出人意料，它是国际信贷商业银行（Bank of Credit and Commerce International，缩写为BCCI）东京分行。BCCI总部设在卢森堡，其业务范围覆盖全世界。由于外国银行设在日本的分行不受日本存款保险制度的约束，该机构的破产清算是在存款保险体系外进行的。对日本银行来说，将破产金融机构从支付清算系统中顺利剥离以维系金融系统稳定是一项重要的任务，也是一个全新的体验。同年8月，大阪东洋信用金库伪造巨额存单事件浮出水面。针对这两起事件，大藏省和日本银行进行了通力协作。在7月和8月两个月期间，这两家金融机构的破产处理问题让我们费尽了心思。① 存款保险机构参与的首个案例是1992年4月东邦互助银行的破产清算，在该案例中，伊予银行对东邦互助银行实施了救济合并。第二个案例是1992年10月东阳信用金库的破产清算，第三个案例是1993年5月的釜石信用金库。

泡沫经济崩溃后的最初几年，基本是以处理规模相对较小的金融机构破产为中心，但随着景气恶化和地价、股价的持续下跌，处理对象逐渐扩大到了大型金融机构。通过稽核局的实地考察以及营业局的日常监控和数据收集，日本银行努力把握金融机构的资产运行状况，

---

① 日本経済新聞社編（2000）『金融迷走の10年——危機はなぜ防げなかったのか』日本経済新聞社、2000年。

第3章 泡沫经济崩溃与金融危机　　75

结果显示资产恶化状况令人震惊。城市银行、长期信用银行、信托银行等大型金融机构在泡沫经济时期增加了大量贷款，特别是向建筑业、不动产和非银行金融机构的贷款增速最为显著。面向非银行金融机构贷款可分为旧财阀系和独立系的企业集团两个渠道①，但最终资金都流向了建筑业以及不动产行业。问题最为严重的是后文要讲的住宅金融专业公司，也就是"住专"。随着泡沫经济崩溃，这些公司的大量贷款成了呆坏账。千叶银行行长玉置孝（原日本银行理事，已故）大概是在1992年曾对我说："你们的工作不要只盯着中小金融机构，大型金融机构、非银行金融机构和住专问题才是重点。"这句话振聋发聩，令我至今记忆犹新。

在讨论大型金融机构破产处理问题时，经常听到的一句话就是"太大了不能破产"，其表达的意思是"规模太大的金融机构如果破产，会给其他健全的金融机构带来严重的负面连锁效应，因此不能破产"。而现实是，几乎日本所有大型金融机构受不动产价格下降影响均出现了巨额不良债权，也就是说，所有大型金融机构都面临着同样严重的问题，已经远远超出了连锁反应的范畴。

## "武器""弹药"的绝对短缺

当时大藏省和日本银行面临的课题是，在法律尚未修订的背景下如何维持金融体系稳定，同时顺利处理不良债权问题。而在这种情况下推进，不仅损失规模过于庞大，而且破产金融机构还会大量增加。为避免这种状况发生，就需要足够的"武器"（顺利处理破产机构的法律和实务框架）和"弹药"（填补损失的资本），我痛感既缺枪更少弹的现实。

---

① 旧财阀系是指第二次世界大战后日本在财阀解体基础上经过重组和兼并而形成的企业集团，独立系则是战后以重化工业大企业为核心形成的企业集团。——译者注

为改变这种状况，首先要使人们认识到"武器"和"弹药"的必要性。当时在大众媒体、政治界甚至经济学家之间存在一个拥有广泛共识的"正统"理论，即认为泡沫经济崩溃时间不长，应该及早处理和清算有问题的金融机构，处理方式就像前面所讲过的那样，存款保险机构保护 1 000 万日元以下存款，剩余存款根据债权顺序从清算财产中支付。但是，破产清算方式恐怕不是现实的选择。正如前面分析的，不良债权规模过于庞大，陷入经营危机的金融机构众多，一家金融机构的破产清算，会立即成为其他金融机构破产的导火索，必定会引发系统性金融危机。[1] 曾任美国财政部部长的盖特纳在回忆录中提到，当时在美国以预防道德风险为由，主张破产清算的呼声极为高涨，他将这种观念称作"旧约式民粹主义"（Old Testament Theory）[2]，对此他相当直率地表达了愤慨。虽然时代有所不同，美国社会的反应却与泡沫崩溃后的日本完全相同。

必要的"武器"和"弹药"就是顺利处理破产金融机构的法律框架和填补贷款损失的财源（财政资金）。日本银行以信贷机构局为中心，一边充分利用营业局和稽核局所提供的信息，一边从实际业务方面积极探索必要的应对方案。关于财源问题，首先是有效利用存款保险机构的保险基金。而截至 1992 年年末，累计保费收入仅有 7 075 亿日元。此外，如果考虑让健全金融机构去救济合并有问题的金融机构，一部分民间金融机构的自有资本是可以作为"财源"的，而问题是整个日本金融系统是否拥有充足的自有资本。要回答这一问题，仅仅彻

---

[1] 如果一家银行破产，不会导致构成整个银行体系的大部分银行同时破产，池尾和人称之为"太多而不破产"（Too Many to Fail，缩写为 TMTF）。池尾和人（2009）「銀行破綻と監督行政」、池尾和人編集『不良債権と金融危機』（内閣府経済社会総合研究所企画・監修「バブル/デフレ期の日本経済と経済政策」第 4 巻）慶應義塾大学出版会、2009 年所収、160 頁。

[2] 也称为道德风险原教旨主义，主张追究经营者的责任。——译者注

第 3 章　泡沫经济崩溃与金融危机　　77

查某一时点上各个金融机构的资产负债状况是不够的。其原因在于，所有金融机构都受到了资产价格下降的影响，每个金融机构努力避免破产的行为都将对整体经济产生影响。从这个角度来说，自有资本不是一个静态概念，必须动态把握。如果用全球金融危机后常用的一个词来表述的话，那就是宏观审慎视角（见第16章"谋求金融体系的稳定"）。遗憾的是，当时并没有充分注意这一问题。这个问题后文再作解释。

## 反对投入公共财政资金的主张

反对投入公共财政资金的主张并不仅限于前面说过的道德风险，主流的观点认为，金融机构贷款减少不是由于自有资本不足带来的消极放贷，而是借款需求的匮乏。不仅是银行经营者，一些很有影响力的宏观经济学家也持这种观点。金融机构的智库也展开了类似研究，这就是当时"惜贷"和"慎借"问题的大讨论。但问题的本质是，在资产价格大幅下降过程中，由于存在泡沫经济时期积累的高额债务，整体层面呈现资本不足。民间企业资本不足或者使得企业更加谨慎投资，或是引发银行对企业破产风险的担忧而减少贷款。因此，不管贷款减少的原因是来自需求还是供给，既然两者就如同硬币的正反两面，强调任何一方都不足以说明问题。

当时日本社会已经意识到金融机构问题的严重性，但只要意识还停留在金融机构经营困难这个层面，就很难改变泡沫时期表现过于激进的金融机构理应破产的主流舆论，也就无法投入财政资金。当初在经济学家之间也没有认识到不良债权问题会通过宏观经济反过来影响到每一个国民的现实生活。[1]

---

[1] 高尾义一是为数不多例外的经济学家之一。参见高尾義一（1994）『平成金融不況——国際経済危機の中間報告』中公新書、1994年。

最早明确讨论投入公共财政资金问题的是1992年8月在轻井泽召开的财界人士座谈会。会上首相宫泽喜一明确提出投入财政资金的必要性，但由于民间企业依赖财政资金违背自由主义的市场经济原则，财界和大众媒体强烈反对，最终这个构想破产。实际上，当时明确表态反对投入财政资金的经济团体联合会（简称经团联）会长平岩外四曾担任东京电力董事长，东京电力当时是民间企业中得到日本开发银行贷款最多的企业，也是对公共财政资金依存度最高的企业。这真具有讽刺意义！

### 不良债权与宏观经济之间的关系

"武器"与"弹药"的必要性没能得到共鸣的原因，除了已经数度提及的道德风险问题，另一个在本质上更为重要的原因是没有在不良债权与宏观经济关系问题上达成共识，即没有意识到如果不处理巨额不良债权问题，必然会带来经济低速增长。学术界也没有形成这种认识，我想这主要是受到了没有完整理论框架的影响。我当时也没有这种宏观经济层面的意识，对"惜贷论"还有过怀疑。自1991年夏季开始，我逐渐意识到原来的认知可能是错误的，不仅要考虑经济景气对金融的影响，更要考虑金融对经济景气的影响。之所以这么说，是因为如果不这样的话，就不能全面理解不良债权不断累积、金融机构经营者避险意识增强和宏观经济疲软之间的关联性。为此，我研究了日本第一次世界大战后的经济泡沫及其崩溃过程、1929年美国金融危机、20世纪80年代后半期美国新英格兰地区商业不动产价格下跌等案例。当时读过的文献中至今还牢记在心的有一段，那就是日本银行前行长井上准之助首次任期[①]结束后，于1925年在当时东京商科大学制

---

① 井上准之助曾于1919年和1927年两次出任日本银行行长。——译者注

作的题为《战后日本的经济与金融》的讲义。井上将第一次世界大战后的经济泡沫及其崩溃过程比喻为攀登富士山：①

> 第一次世界大战开始时日本经济就像在箱根的汤本站②，其后在1918年登上了乙女山③。也就是说，从1914年开始由汤本出发登山，5年后的1918年登上乙女山。第一次世界大战结束后，一下子跌到了御殿场④。以为就这样一直跌下去的时候，没想到的是，1919年，仅仅10个月的时间又飞奔到了富士山顶（海拔3 776米），在第10个月，即1920年3月从富士山顶加速坠落，这次恐怕不是坠入富士河底，而是琵琶湖底⑤。

读着井上的讲义，我思考的是，虽然当时不良债权问题看起来已经比较严重，但未来很可能会更为严峻，或许会像"洪峰"一样。

在进行国内外案例研究的同时，我还委托信贷机构局的年轻职员，以日本金融机构不良债权和持股数量等数据为基础，对未来不动产价格变化状况进行了大量模拟研究。模拟结果显示，考虑到已经出现的自有资本损失额、预期损失发生额，以及金融机构融资能力下降所带来的种种负面影响，即使出现不动产价格回升的乐观趋势，未来10年间银行总资产也几乎不会增加。通过研究，我们确信有必要高度重视金融对实体经济的影响。而这里最为关键的是能否形成一个对未来宏观经济前景的一致预期。一旦有了一致预期，人们就可以理解不管投

---

① 井上準之助論叢編纂会編（1935）「戦後に於ける我国の経済及び金融」『井上準之助論叢』第1卷、井上準之助論叢編纂会、1935年（非卖品）。
② 箱根城的中心车站，是前往箱根温泉一带观光的出发站，海拔96米。——译者注
③ 箱根附近的一处海拔1 105米的山脊，著名的欣赏富士美景的观景点之一。——译者注
④ 静冈县东部知名的观光都市，是前往富士山和箱根观光的交通要冲，海拔455米。——译者注
⑤ 日本第一大湖，位于滋贺县，最深处为103.6米。——译者注

入财政资金这一主张在政治上多么不受欢迎，但没有它就不能解决问题这一事实。遗憾的是，当时日本国内持这种观点的人少之又少。1993年4月，在信贷机构局说服大藏省投入财政资金的过程中，大藏省财政金融研究所（现在的日本财务综合政策研究所）委托当时有影响力的经济学家以及经济评论家组建了一个研究会，并发布了《资产价格变动机制与经济效应》为主题的报告书。[①] 该研究的结论完全不同于信贷机构局的分析，报告书的"要点"摘录如下：

> 迄今为止，长期支撑日本经济发展的高技术实力、高教育水平、勤劳工作者、高储蓄率以及高投资率等因素，在此次危机过程中并没有受到很大影响。
>
> ……
>
> 日本经济自1991年出现包括资产价格快速下降的经济衰退。但这基本属于修正80年代后半期的过度繁荣，是资产价格从过度上涨回归到正常轨道的过程……

## 顺利处理金融机构破产问题所必需的制度框架

再次强调，当时亟须的是建立顺利处理金融机构破产问题的法律、

---

① 参见大藏省财政金融研究所编（1993）。"资产价格变动相关机制及其经济效果研究会"的成员如下（给出的是当时的所属情况）：馆龙一郎（会长、东京大学名誉教授）、石弘光（一桥大学教授）、贝塚启明（东京大学教授）、香西泰（日本经济研究中心理事长）、铃木淑夫（野村综合研究所理事长）、中谷严（一桥大学教授）、野口悠纪雄（一桥大学教授）、堀内昭义（东京大学教授）以及蜡山昌一（大阪大学教授）。大藏省财政金融研究所编（1993）「资产価格変動のメカニズムとその経済効果——資産価格変動のメカニズムとその経済効果に関する研究会報告書」『フィナンシャル・レビュー』第30号、1993年11月。

第3章　泡沫经济崩溃与金融危机

实务框架以及投入财政资金。前面已经说到，为防范系统性风险，最好的处理方式还是资产负债承继方式①。要采取这种方式，需要有通过吸收合并等方式承继破产金融机构资产和负债的施救金融机构，同时还要对施救的金融机构提供一些资金激励。当时不仅难以寻觅这种这些金融机构，而且在法律层面也存在很大障碍。日本《存款保险法》规定，资金援助的上限是预期理赔所需要的费用（赔付费用），不能超出这个上限。即便废除了这一限制，存款保险机构的资金也是远远不够的。

要解决财源不足问题，就必须修改《存款保险法》以提高保费，而在所有金融机构都面临自有资本不足的状况下，仅靠提高保费无法解决问题，大规模投入财政资金仍是不可或缺的。此时出现了进退两难局面。要在投入财政资金问题上得到政治家及国民的理解和支持，就必须如实说明金融系统问题的严重性，而当时在缺乏处理金融机构破产财源的情况下，若如实说明金融系统的恶化状况，就会立即引发系统性风险，导致实体经济进一步恶化。怎么操作都不是解决问题的良策！

财源不足问题固然严重，不过更加紧迫的是建立顺利处理金融机构破产问题的法律和实务框架。当时处理金融机构破产问题的法律框架与一般企业相同，非常脱离现实。随着对处理中小金融机构破产问题研究的深入，我们遭遇了很多实务操作方面的难题。基于这些经历，1992年年初，以日本银行信贷机构局和金融研究所为中心启动了金融机构破产程序问题对策研究。当时还邀请了学习院大学法学部的松下淳一助教授（现为东京大学教授）和长岛·大野法律事务所的藤绳宪一律师参与了实务操作方面的讨论，并于同年7月完成了日本银行的内部讨论稿。

---

① 日本银行在1995年简单明了地介绍了美国当时对破产金融机构的处理方式。参见日本银行（1995）「米国預金保険制度の概要と運用」『日本銀行月報』1995年8月号。

## 说服大藏省银行局的工作

日本银行内部经过对包括实务操作等内容的全面研讨之后，将完整详细的讨论文稿送交大藏省银行局的相关部门，并于1993年春季形成了综合提案。提案基于前面说过的模拟实证研究结果，强调如果不采取对策，将会大大降低日本金融机构的长期信贷供给能力，并针对处理金融机构破产问题，提出了3个"方向性"措施。第一，努力促进民间层面的重组和增加自有资本等的自救行为；第二，对于无法依靠自身力量重建的金融机构，先由存款保险机构提供资金援助，得到援助后自有资本仍不能达到标准的，注入财政资金；第三，推进合并或业务转让型的处置方式，同时为顺利管理和回收不良债权成立过渡性金融机构（承接破产金融机构的资产和负债业务的特别银行）。而且，日本银行明确表示提供资金，包括向金融机构注入的财政资金和向过渡性金融机构的直接出资。

这些设想体现在了1995年成立东京共同银行和整理回收机构等的过程中，大多最终都转化为了现实政策。但在1993年春季，大藏省银行局并没有接受上述提案。对大藏省的说服、动员工作不仅仅局限于日本银行的处长层面，局长和理事们都在为此努力，三重野行长也在试图说服大藏大臣宫泽喜一，但当时日本银行未能如愿。[①] 另外，三重野行长在演讲等场合也多次强调为尽早处理不良债权问题需要完善必要的制度环境，但始终没能直接提出注入财政资金问题。[②]

我认为大藏省不同意注入公共财政资金的最大理由，是从政治角

---

① 在三重野行长去世两年前非公开出版的回忆录中，能感受到他对于没能成功说服宫泽大臣的遗憾。
② 1993年2月以「最近の内外金融経済情勢と金融システムの課題」为主旨的演讲，收录在三重野康（1995）『日本経済と中央銀行——前日銀総裁講演録』東洋経済新報社、1995年。

度认为直接注资不能得到国民的理解。客观而言，这个判断本身并没有错，1996年的"住专国会"完全证实了这个判断。围绕处理住专公司不良债权问题，政府提出了投入6 850亿日元财政资金的提案，遭到了在野党和社会舆论的强烈反对。最终法案虽然获得国会通过，但由于当时反对势力太过强大，此后注资问题成了政府和政治家们的心病，认为对大型金融机构提供巨额财政资金的构想是绝对不可能实现的。

虽然是后话，在本间退任日本银行理事前的1998年4月，我们二人一边吃饭，一边聊起了在信贷机构局的往事，那场景让我至今记忆犹新。当时我问道："回过头来看，您认为日本金融体系问题的转折点是在哪个时期？"本间的回答是1992年年末到1993年春季与大藏省的斡旋期间。本间在卸任信贷机构局局长之后荣升为日本银行理事，在金融危机最严重的时期一直担负着这一艰巨的任务。我的感觉与他不谋而合。可见，日本银行向大藏省递交了一个多么重要的提案！

## 金融危机的深化

在此期间，金融危机进一步深化，不过当时我已经离开了具体处理金融机构破产问题的部门。1994年12月大藏省公布了东京协和信用合作社与安全信用合作社的处理方案，1995年1月成立了旨在处理两家信用合作社问题的东京共同银行，同年7月对宇宙（Cosmo）信用合作社、8月对木津信用合作社发出了业务整改指令，8月还对兵库银行提出了破产处理方案。1996年6月通过了向住专公司注入财政资金的《住专处理法》（全称是《促进对特定住宅金融专业公司的债权债务处理的特别措施法》）。

住专公司成立于1971年，原本是以提供住房贷款为目的依托母体银行成立的住宅贷款专业公司，而随着大企业资金需求的下降，以及母体银行直接开展住宅贷款业务之后，住专公司增加了不动产行业贷款。泡沫经济崩溃后，这些巨额贷款成了呆坏账，所有住专公司都陷入了资不抵债的状况。问题的核心在于债权者之间的损失分担问题。一方面，如果依据《破产法》规定的"债权者平等"这一基本原则，必然导致实力相对薄弱的农林系金融机构破产（贷方责任）；另一方面，从重视住专公司母体大银行"介绍客户责任"的角度出发，应强烈主张追究"母体银行责任"。如果这样的话，作为母体行的大银行损失会比较严重。但如果母体行代农林系金融机构受过，母体行的股东就会追究经营者的责任。正如前面所讲过的，由于政治家和大众舆论强烈反对向住专公司注入财政资金，经过激烈的国会讨论，最终在母体大银行承担大部分损失的前提下，通过了注入6 850亿日元财政资金的法案。对住专公司注入财政资金实质上具有"救济农协"性质，但大众舆论却不这样认为，批判的矛头直指大藏省、日本银行和大型银行。国会上，在野党发起了激烈的抗议行动，大众媒体也连日进行炮轰式报道。其结果是，之后的两年多时间内，向不良债权问题大本营的大型金融机构注入财政资金的主张也被打入了冷宫。

金融危机的高潮出现在1997年11月的下旬到整个12月期间，日本金融体系几近崩溃。造成这场危机的直接诱因是11月3日三洋证券提出《破产法》适用申请，第二天银行间市场发生了第二次世界大战后首次同业贷款违约事件，这一事件影响巨大。如果要问20世纪90年代日本金融危机最具标志性的事件，我会毫不犹豫地回答说是三洋证券的同业贷款违约。这就像在说到2007年以后的全球金融危机时，雷曼兄弟公司破产是一个标志性事件一样。

以此为契机，同业资金市场上出现了信用收缩，问题金融机构出现了存款大量流出现象。结果北海道拓殖银行很快陷入资金周转困难；11月24日山一证券巨额表外债务曝光，决定自主停业；同月26日德阳城市银行破产。在此期间，日本金融机构的美元资金筹措成本迅速上升，必须支付的附加利率（即日本溢价）在1997年11月达到了100

个基点（1.0%）。

## 破产金融机构处理框架的形成

在金融危机不断深化这一巨大代价下，处理破产金融机构问题的制度框架逐渐形成。[1] 第一个重要决策是 1995 年 12 月金融制度调查会发布的全额保护存款方针，规定此后 5 年间暂停存款赔付制度。在此基础上改革了《存款保险法》，自 1996 年 6 月起在存款保险机构一般账户基础上设立特别账户，为超过保险基金的资金援助制定了法律框架。具体来说，是在存款保险费（一般保费）基础上征收特别保险费，当财源不足时，允许存款保险公司运用政府担保方式筹集资金。但这种形式的财政资金注入仅限于处理信用合作社破产，不能向银行部门实施注资。

第二个重要决策是 1998 年 2 月《存款保险法》的再次修订和《金融机构再生紧急措施法》（以下简称《金融再生法》）的出台。这不仅使总额超过 30 万亿日元的财政资金投入成为可能，还可以对金融机构提供超过存款赔付额度的资金援助。同年 3 月，日本政府对 21 家大型金融机构注入了 18 156 亿日元资金。在此次注资中，各大金融机构因担心市场的负面舆论致使申请的注资额度普遍偏低，有点雷声大雨点小的感觉，没能彻底解决金融机构资本不足问题。日本长期信用银行经营恶化问题的暴露就说明了这点。因此，1998 年秋季国会再次讨论金融体系稳定框架，10 月出台了包括总额 60 万亿日元财政资金投入在内的破产处理方案，这是第三个重要决策。这个破产处理机制包括

---

[1] 关于制度改革的描述，参考了池尾和人（2009）「銀行破綻と監督行政」、池尾和人编集『不良債権と金融危機』（内閣府経済社会総合研究所企画・監修「バブル/デフレ期の日本経済と経済政策」第 4 巻）慶應義塾大学出版会、2009 年所収。

《金融再生法》和《金融机能早期健全化紧急措施法》（以下简称《金融早期健全化法》）两部分。前者引入了金融破产接管人和过渡银行（Bridge Bank）以及临时国有化等措施；后者是通过购买金融机构发行的优先股等方式，增强金融机构的资本实力。1999年3月，政府再次对15家大型金融机构注入了7.5万亿日元资金。

## 日本银行的应对

在建立处理破产金融机构的法律和实务框架的过程中，日本银行与大藏省通力合作，竭尽全力预防金融体系崩盘。这方面最重要的举措，是日本银行作为"最后贷款人"提供了充足的资金供给。日本银行提供的特别贷款（就是所谓的"特融"①）余额在1998年达到近40万亿日元。

最能凸显"最后贷款人"重要性的是1997年11月24日对山一证券破产提供的特别融资。山一证券是一家资产规模达3.7万亿日元、日本国内排名第四的证券公司。作为证券公司，该公司在欧洲也拥有银行子公司。在整个社会对日本银行业的信任大幅降低背景下，日本银行非常担心该公司破产会给金融体系带来沉重打击。当时日本不仅没有形成有序处理银行业破产问题的法律程序，更不存在证券公司破产方面的法律安排，也没有找到愿意承继该公司资产和负债的金融机构，注入财政资金处理金融机构危机的机制还没有形成。更糟糕的是，并不清楚该公司的问题到底是出在资产方，还是负债方。如果是资不抵债的状况，日本银行若对其进行融资就可能蒙受损失，将会减少向

---

① "特融"是日本银行为了维持金融系统的稳定而提供的贷款。利率虽然比通常的贷款利率高，但抵押等方面的条件比通常的贷款要宽松。日本银行金融研究所编（2011）『日本銀行の機能と業務』有斐閣、2011年。

国库缴纳的利润，并最终转化为国民负担。① 此外，正如前面反复提及的，来自政治方面对投入财政资金的抵制非常强烈。在这种状况下，日本银行决定根据当时的《日本银行法》第二十五条对山一证券实施无限制、无担保的流动性供给。修订之前的旧《日本银行法》第二十五条规定："为维持信用制度稳定，日本银行经主管大臣许可，可以开展必要的业务。"根据这项规定，将包括海外市场参与者在内的对山一证券的信用转换为山一证券对日本银行的信用，于是，有序对该公司实施了破产处理，规避了系统性风险。②

虽然我本人并没有直接参与这一事件，但我认为这对日本银行来说实际上是一个非常重大的决断。在2005年1月山一证券公司走完破产程序后，确认该公司的问题源自过度债务，日本银行的"特融"最终导致了1 111亿日元损失。③ 即使这样，我认为没有发生系统性风险也是一个了不起的功绩，与后来发生的雷曼兄弟破产相比，日本既没有因自身原因给世界经济和国际金融市场带来重大冲击，也将对国内经济活动的负面影响降至了最低程度（见第8章"雷曼兄弟破产"）。

日本银行在20世纪90年代金融危机中，提供了大量具有援助性

---

① 1997年11月24日，大藏大臣三塚博发表了讲话，称"包括本案的最终处理方式在内，对于证券公司的破产处理模式，要通过预托证券（DR）补偿基金制度的法制化、完善该基金的财务基础、强化其功能等措施，建立健全一个完善的处理机制，采取适当的应对措施"。在此基础上，日本银行对外发布的关于山一证券的"特融"公告中指出："日本银行认为这些资金的最终回收是没有问题的。作为日本银行，强烈希望在政府的协调下，按照大藏大臣的讲话精神，最终完成山一证券问题的妥善处理。"之后，宫泽喜一担任大藏大臣时，在国会发言中虽然在表达上有些含糊，但表示了"政府有必要承担责任"。
② 关于日本银行对山一证券破产问题的处置措施，参见白川方明*（2012）「デレバレッジと経済成長——先進国は日本が過去に歩んだ「長く曲がりくねった道」を辿っていくのか？」（London School of Economics and Political Science での講演）2012年1月10日。
③ 日本銀行金融機構局（2005）「金融システムレポート金融システムの現状と評価——銀行セクターを中心に」2005年8月、3~4頁。

质的资金供给，① 不仅向山一证券提供了流动性，还向东京共同银行出资，向绿色（Midori）银行②提供后偿贷款，为住专处理基金出资1 000亿日元，等等。这些措施对于中央银行而言都是极不寻常的，但为了防止金融体系崩溃，只能在当时法律框架允许的范围内做出一定"创新"。大约在10年后雷曼兄弟破产之际，美联储为防止美国金融体系崩盘也采取了一些特殊做法，后来被称为"第一次量化宽松"（QE1）。面临危机时各国中央银行所采取的对策与日本当年的方式惊人的相似。后来，时任美联储主席的伯南克出版了回忆录《行动的勇气》（*The Courage to Act*）③，这一书名同样也适用于20世纪90年代面临严重金融危机时的日本银行。由于当时日本没有向外界发布系统性信息，尤其是用英文发布的信息更少，外界并没有意识到日本银行政策当局所表现出的"行动的勇气"，对此我感到有点儿遗憾。

## 金融危机的终结

如果要问日本泡沫经济崩溃后不良债权问题何时得到了解决，其实并没有一个准确的时间节点。不过，大型银行不良债权比例在2001年达到顶峰的8.7%，贷款损失率④也于同年到达2.5%高点后

---

① 关于日本银行在金融危机中的活动，参见 Nakaso, Hiroshi（2001），"The Financial Crisis in Japan during the 1990s: How the Bank of Japan Responded and the Lessons Learnt"，BIS Papers, No. 6, October 2001.
② 这是前面提到的处理兵库银行破产时的过渡金融机构，1999年4月被阪神银行吸收合并，成为港银行（Minato Bank）。
③ Bernanke Ben S. (2015), *The Courage to Act: A Memoir of a Crisis and Its Aftermath*, W. W. Norton & Company, 2015.（『危機と決断——前FRB議長ベン・バーナンキ回顧録』上・下、小此木潔監訳、KADOKAWA、2015年。）
④ 贷款损失率是指信贷损失占贷款总额的比例，信贷损失通常包括核销贷款和提取呆账准备金的净额等。

开始下降。[①] 到 2003 年为止，国际评级公司对日本银行业评级一直呈下降趋势，2004 年开始评级提升件数超过了下降件数，银行股价也在 2003 年上半年筑底回升。从结果看，自泡沫经济崩溃开始算起已经用了 10 多年时间。[②] 终结日本不良债权问题的要因大致有以下 3 个方面。

第一，单纯的时间因素。经济要回归正常轨道，需要消除"人、财、物"的"三个过剩"，即过剩人员、过剩债务和过剩设备。特别是过剩人员问题，日本大企业占支配地位的还是终身雇用、年功序列和企业内工会等独具特色的雇佣惯例，劳动者作为固定生产要素的色彩还很强烈。因泡沫经济形成的过剩现象非常严重，要解决这些问题，自然需要相当长的时间。

第二，受到 21 世纪最初几年整个世界经济持续高速增长的影响，日本经济得以复苏（见第 6 章"'大稳健'幻象"）。

第三，前面讲过的注资和处理金融机构破产的法律框架有助于不良债权问题的解决。2002 年，竹中平藏在担任金融大臣仅 1 个月后的 10 月末，就推出了所谓"金融再生计划"，为促使民间金融机构尽快处置不良债权问题，明确提出要在 2005 年之前的两年半时间内使主要银行的不良债权比率减半。[③] 这个计划可以说是非常成功的，而成功的原因在于之前财政资金投入的合法化以及破产处理机制的形成和发展。

---

[①] 日本銀行金融機構局（2005）「金融システムレポート金融システムの現状と評価——銀行セクターを中心に」2005 年 8 月。
[②] 不良债权对 GDP 之比在 2001 年达到顶点，超过 8%。通过存款保险机构资金援助处理的金融机构破产数量在 2001 年达到最高的 56 件，2002 年以后降为零。
[③] 当时的情况请参考五味廣文（2012）『金融動乱金融庁長官の独白』日本経済新聞出版社、2012 年。

## 处理不良债权问题"拖延"了吗

　　针对日本政府处理不良债权问题的对策，大众媒体、评论家和国内外学者经常指责是"拖延问题"或采取了"延缓策略"。我是1993年5月由信贷机构局转岗至计划局开始从事货币政策工作的，在金融危机最严重的20世纪90年代后半期并没有参与金融系统稳定工作，因此，并不能从亲历者的角度评价这个问题。但每当听到"拖延问题"这个说法，心情就会非常复杂。我认为，为了顺利处理破产金融机构问题，日本银行可以说提出了种种措施，现实中也是不遗余力地从实务操作层面进行了各种探索。当时中央银行同事们的想法与我一样，大家甚至暗自有一些自豪。另一方面，我们又为这些政策措施不能顺利实施感到焦虑，这也是事实。当时决策者面对的是，在无法实现最优的情况下，如何退而求其次或者再次的问题，作为专家群体为此可谓是竭尽了全力！

　　从这个意义上来说，将一系列复杂的工作程序简单地说成"拖延"是不恰当的。有些必要的对策，尤其是在注入财政资金问题上出现延迟是不争的事实，这让我也感到非常遗憾。重新梳理一下，我认为这里有4个方面的原因。

　　一是从财务会计角度识别不良债权的滞后。最大的原因是，与21世纪欧美金融危机不同，日本的不良债权不是源自市场性资产，而是源于非市场性资产的坏账，因此不能及时运用公允价值做出损失认定。[①] 当客户不能如期还本付息时，金融机构要对该项贷款提取呆账准备金或者进行核销。而在日本，金融机构在提取呆账准备金或运用呆账

---

① 这里提到的"公允价值评估"，并不是指晚几年才讨论的是否采用现金流量折现法（DCF）之类的精密测算方法，而是指当时在核销或提取呆账准备金业务中使用公允价值问题。

准备金核销不良债权方面有许多硬性规定。金融机构要进行免税核销（tax-free write-offs），需要相关检查负责人的核销证明，这反映了税务当局针对免税核销的慎重态度。不良债权的信息披露也存在一些不完善的地方。总之，并没有形成妥善处理不良债权问题的"信息基础设施"。

二是没有形成宏观经济层面的共识。就像前面分析的那样，人们没有意识到如果对巨额不良债权问题放任不管，必然会带来经济的低速增长和低效率。

三是没有出现一个让政治家和舆论界感到不得不注资的契机或事件。美国是在雷曼兄弟破产之后，金融体系即将崩溃、问题变得极端严重的背景下，国民和政治家才意识到不得不投入财政资金，没有这类事件是绝不会同意注资的。对于这点，像后面还将分析的那样，日本政府成功防范了大规模危机，国民并没有及时意识到事态的严重性，带来的副作用就是延迟了对金融机构的注资。

四是很难就大型金融机构的破产处理方式达成共识。换句话说，在采取硬着陆方式还是软着陆方式上存在分歧。硬着陆是指彻底剥夺原有股东的权力，典型的做法是对破产金融机构实施国有化；而软着陆是指对破产金融机构注入充足资金，通过最大化民间金融机构的营业价值实现重建。如果破产金融机构规模较小或数量较少的话，采取硬着陆是有效的，但如果几乎所有的大型金融机构都面临巨额不良债权问题时，采取这种方式只会加重金融体系与宏观经济之间的负面连锁效应，事态将进一步恶化。

经济学家池尾和人在2009年，也就是不良债权处理工作结束很长时间之后，回顾了日本不良债权处理的滞后问题，发表了以下感想。[1]

---

① 池尾和人（2009）「銀行破綻と監督行政」、池尾和人編集『不良債権と金融危機』（内閣府経済社会総合研究所企画・監修「バブル/デフレ期の日本経済と経済政策」第4巻）慶應義塾大学出版会、2009年所収、107～108頁。

我同意池尾的观点，故引用部分段落：

> 在某种意义上，指责当局"拖延"是很容易的，而严峻的现实是，在不具备处置问题的能力时，只能暂时搁置。……毕竟，能够事前避免整个银行体系陷入危机（采取适当的宏观经济政策）才是最好的政策。然而，一旦金融体系陷入这种状态，不管在政治上多么不聚人气，也不能完全排除"太多而不能破产"的可能性，虽然在经济上并不可取。这是本文的一个结论。
>
> 另外，日本监管当局……对金融危机是毫无防备的。没有相应的制度（法律框架），组织机构和人员配备也极为有限。在这种情况下，监管当局必须在处置现实金融机构破产问题的同时，努力完善金融机构破产相关的体制和机制这两大难题。……在这个过程中，不能否认存在某些监管机构不作为或明哲保身行为，不过总的来说，在给定的约束条件下他们付出了艰辛努力，虽然花费了10年左右时间，但建立起了一个完善的破产处理制度。

## 政治家的领导力与专家群体的判断

那么，20世纪90年代前半期日本能否避免处理不良债权的"拖延问题"呢？对这个问题，颇有意思的是曾经提出注入财政资金构想的宫泽首相说出了以下感想。这是东京大学御厨贵教授等人在2001年12月到2002年11月期间进行的"口述历史"采访中的一段内容：[1]

> 后来有人问我那时候想做些什么，仔细想想，当时条件还不

---

[1] 御厨貴・中村隆英編（2005）『聞き書宮澤喜一回顧録』岩波書店、2005年。

成熟。虽然我也提出了所发现的问题，但得到的反应经常是，"是啊？""是这样啊！"现实情况是当时还没有形成大家一起努力解决问题的舆论环境。

针对宫泽首相如此淡漠的表述，我也听到了一些批评意见，认为首相应该发挥更大的领导力，但我认为这种批评有点苛刻。之所以这么说，是因为当时对于投入财政资金问题，且不说专家之间正反两方面意见的尖锐对立，就连本应作为专家的大藏省相关事务部门官员也是明确反对的。

日本政府内部的基本分工体系是下属官员根据自己的专业知识向上级官员提出政策选项，供上层或大臣做出政治决策。当时很多经济学家在投入财政资金问题上也并不积极。记得1992年左右，我根据信贷机构局内部讨论稿，向当时的多名宏观经济学家说明了金融机构面临的严重不良债权问题以及今后拟采取的对策，那些当时代表日本学术前沿的宏观经济学家提出的对策都是启动存款保险机构的存款赔付，直接对金融机构进行破产处理。首相如果无视这些支持自己政权的官员的建议和众多经济学家的意见，仅凭直觉去做决策，这在民主社会中有时是非常危险的。首相的领导能力是以政府及中央银行的专家、学者们提出的合理政策建议为前提的。从这个意义上说，我认为更加切实的问题是，为什么众多专家做出了如此严重的误判？所以我的结论是，财政资金投入决策的延迟缘于政治家缺乏果断，以及专家们未能做出正确的分析和给出合理的建议。

## 泡沫经济崩溃后的货币宽松政策

接下来谈谈泡沫经济崩溃后的货币政策。1991年7月日本银行开始实施宽松货币政策，贴现率从6.0%降至5.5%。当时我还在信贷机构局工作，不知道具体负责货币政策的部门内部有哪些议论，由于自己所在岗位事务繁忙，也就没有特别留心关注外界对于货币政策问题的讨论。只记得那时泡沫经济余温尚存，很多批评者认为不应该过早地实施宽松货币政策。顺便说一下，从下调贴现率后各报纸的社论来看，整体上认为"选择正确"的居多，但同时除了有警惕泡沫经济死灰复燃的声音，还有提及超越"伊弉诺景气"①的景气预测，等等，就是没有人对经济可能放缓表达担忧。

1993年5月末的人事调整中，我被调到计划局任计划处处长，开始从事货币政策工作。在1991年7月的降息之后，又经历了同年11月、12月，1992年4月、7月和1993年2月的连续5次利率下调，到我调任计划局时贴现率已降至2.5%。刚调到计划局，山口泰局长就把我叫到办公室，听取了我对经济形势和货币政策运作方面的看法。我想我是受到了之前在信贷机构局工作的影响，提出由于资产负债表的修复，经济景气会趋向疲软，有必要立即降低利率。我的这个说法与山口局长的判断不谋而合。三重野行长经过深思熟虑后同意了计划局提出的进一步降低贴现率的建议，并于1993年9月将贴现率降至1.75%。之后，1995年4月下调至0.75%，同年9月降至0.5%，到1999年2月，采取了所谓"零利率政策"（见图3-3）。

像前文所讲过的那样，还有主张认为泡沫经济崩溃后经济增长率下降是由于"宽松货币政策的滞后"。利用当时可获取的经济增长率和物价上涨率数据，针对贴现率下调速度是否过快问题进行了一些实证研究。对照货币政策理论中标准的泰勒规则②，整体而言，日本银行

---

① 日本经济史上自1965年到1970年期间的经济景气扩张。
② 斯坦福大学约翰·泰勒提出的货币政策规则，即应该根据目标物价上涨率和现实物价上涨率缺口以及供需缺口调整政策利率，当两个缺口为零时，政策利率等于目标物价上涨率与均衡利率之和。

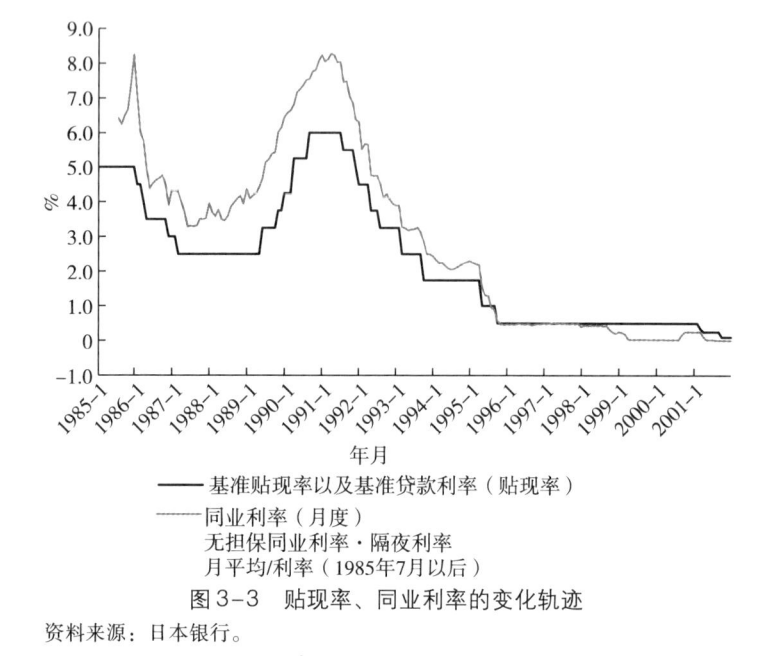

图3-3　贴现率、同业利率的变化轨迹

基准贴现率以及基准贷款利率（贴现率）
同业利率（月度）
无担保同业利率·隔夜利率
月平均/利率（1985年7月以后）

资料来源：日本银行。

的降息基本上遵从了这一规则。[①] 不过我认为，即便日本银行更早或更大幅度地下调利率，现实的经济增长率也不会有太大改观。美国在房地产泡沫崩溃后，政策利率的下调幅度远超泰勒规则，但泡沫经济崩溃后GDP的变化趋势与日本20世纪90年代相比并没有明显差异（见第19章"非传统货币政策"）。

因此，泡沫经济崩溃后积极货币政策能否有效防止经济下滑，是研究泡沫形成时期中央银行应对方式的重要问题。关于这一点，美联储经济学家就泡沫经济崩溃后日本经济相关问题向联邦公开市场委员会（Federal Open Market Committee，缩写为FOMC，简称公开市场委员

---

① 白塚重典・田口博雄・森成城＊（2000）「日本におけるバブル崩壊後の調整に対する政策対応——中間報告」日本銀行金融研究所ディスカッションペーパーシリーズ、No. 2000 – J – 12（『金融研究』第19巻第4号にも収録）2000年5月、20頁。

会）提供了详细的研究报告，2002年在讨论稿基础上公开发表了论文。该论文阐述了以下观点：[1]

> 在我们看来，宽松货币政策不能支撑资产价格及刺激经济增长的原因，多半不是因为货币政策传导机制堵塞，而是出现了抵消货币政策效果的冲击。资产价格崩溃所带来的金融方面的"逆风"在一定程度上抑制了货币政策刺激经济效果。特别是1995年之后日本已经出现了"流动性陷阱"迹象。即使如此，也没有证据表明1991—1995年期间货币政策传导渠道受阻，以致快速有力的宽松货币政策完全失效。

我也认为，对于泡沫经济崩溃后的景气下降，即使中央银行更早、更大幅度地降低利率也不能避免。不过，回顾日本泡沫经济崩溃后和第8章要分析的全球金融危机后各国的经历，无一例外地都出现了认知和应对的迟缓，这是令人遗憾的。纵使中央银行有"千里眼"，可以看到未来景气恶化趋势，在那个时点上，也很难大幅度地降低利率。不管怎样，实际上泡沫经济崩溃后金融方面的"逆风"影响远比上述论文作者们估计的要严重得多，即使能够更早、更大幅度降低利率，我认为也不会对经济活动产生明显影响。

## 海外专家对日本银行货币政策的批判

20世纪90年代后半期，日本银行的货币政策受到了欧美经济学家

---

[1] Ahearne, Alan, Joseph Gagnon, Jane Haltmaier, Steve Kamin, Christopher Erceg, Jon Faust, Luca Guerrieri, Carter Hemphill, Linda Kole, Jennifer Roush, John Rogers, Nathan Sheets and Jonathan Wright (2002), Preventing Deflation: Lessons from Japan's Experience in the 1990s", FRB International Finance Discussion Papers, No. 729, June 2002.

为主要势力的猛烈批判。其中，最典型的就是可与保罗·克鲁格曼（Paul Krugman）相媲美、言辞锋利地表达观点的学者、后来成为美联储主席的普林斯顿大学教授伯南克。伯南克在卸任美联储主席后出版了回忆录《行动的勇气》，其中记录了2000年他对日本银行货币政策的批判：[1]

> 在2000年1月召开的波士顿会议上，我质问日本当局者是否已经陷入"自我麻痹状态"，指责他们"为了回避必要的行动，拿一些琐碎的制度性或技术性难题作为挡箭牌"，批评他们对包括我在内的学者们提出的建议做出"混乱的、前后缺乏一致性"的回应。最后指责他们不愿意大胆尝试新政策，并有些武断地说道，"日本恐怕有必要拿出一些罗斯福式的决断了"。

几乎从那时起，日本国内经济评论家也开始批评日本银行没有更大胆地采取积极货币政策，通常是引用那些海外经济学家或媒体的观点。而在全球金融危机之后，外界对于日本货币政策的讨论出现了微妙变化。如伯南克继上述言论之后，又做了如下描述：

> 几年后，在受够了来自政治家、新闻专栏作家以及经济学家同行愚蠢的、违背本意的批评之后，我想收回以前的观点。2011年在回答日本新闻特派员提问时，我坦言，"与10年前相比，我现在有点同情日本银行了"。

我并不清楚伯南克想"收回"的是以前发言中的哪些内容，又是

---

[1] Bernanke, Ben S. (2015), *The Courage to Act: A Memoir of a Crisis and Its Aftermath*, W. W. Norton & Company, 2015.（『危機と決断——前FRB議長ベン・バーナンキ回顧録』上·下、小此木潔監訳、KADOKAWA、2015年、41頁。）

基于什么理由，不管怎么说，一旦形成了对日本经济和日本银行的负面认知，就会对日本银行产生长期而持久的负面影响。

## 泡沫经济崩溃后日本经济的低速增长

泡沫经济崩溃后的日本经济常常被说成是"失去的10年"。当然，尽管总体上处于低速增长，也并非意味着没有周期性的经济衰退和复苏。最初的经济景气波峰出现在1991年2月，1993年10月又落入低谷；之后的波峰是1997年5月，低谷为1999年1月。一旦经济进入景气恢复阶段，乐观情绪就会抬头，进而推迟结构性改革。前面已经分析了20世纪90年代前半期的经济衰退，关于1997年5月开始的经济衰退存在不同的观点，这里简单梳理一下。一般来说，经常讲到的原因有三个，分别是1997年秋季达到高潮的日本国内金融危机、1997年7月爆发的亚洲金融危机，以及1997年4月消费税率从3%提高到5%。我认为前两者的影响更大，当然也有观点强调上调消费税率的影响。如果从财政角度分析经济衰退，提高消费税率自然会有影响，而我认为影响更大的应该是同时期进行的社会保障制度改革（关于财政因素的影响，见第15章"财政的可持续性"）。

从20世纪90年代初期日本泡沫经济崩溃后的GDP走势看，与21世纪以来欧美国家泡沫崩溃后GDP增长态势的明显差异是，日本的GDP规模并没有降至泡沫时期之前的顶峰水平以下。[1] 这或许与前面讲过的"拖延问题"有关，金融危机的严重性并没有立即显露出来。不过，金融体系的剧烈动荡局面没有改变，1997—1998年日本实际

---

[1] 关于泡沫崩溃后10年间日本的经济走势，参考白塚重典・田口博雄・森成城（2000）「日本におけるバブル崩壊後の調整に対する政策対応——中間報告」日本銀行金融研究所ディスカッションペーパーシリーズ、No. 2000 – J – 12（『金融研究』第19巻第4号にも収録）、2000年5月。

GDP 低于上一年水平。

日本在金融危机最为严重的 1997 年开始推进真正意义上的雇佣制度改革。面对金融危机带来的巨大需求冲击，很多大企业将削减正式员工作岗位为最终的调节手段，所以他们最先采取的应对措施就是削减应届毕业生录用规模和增加非正式员工数量。这就是所谓的"就业冰河期"，年轻人就业受到了雇佣制度改革的严重影响。这时进入就业季的大学毕业生正是被称为第二次婴儿潮的一代人。这一代人在年轻的时候时没能积累必要的经验或技能，收入水平较低，导致非婚比例上升，最终带来人口出生数量的下降等，这些问题正逐渐演变为社会问题，并开始影响日本的未来发展。① 在经济学上将某个时期形成的冲击对未来产生长期影响的现象称为"滞后效应"，日本泡沫经济崩溃后，滞后效应非常严重（这个问题将在第 10 章 "日本经济面临的真正问题"中分析）。

我们该如何理解日本泡沫崩溃后 10 年间经济增长率长期低下的问题？②

第一个原因是泡沫经济的直接后遗症。最典型的就是前面分析过的对泡沫时期积累的人、财、物 "三个过剩" 的调整。在调整过剩过程中，抑制了企业和家庭的支出，降低了经济增长率。另外，受之前持续乐观情绪的驱使，泡沫经济时期上马了大量投资项目，过后这些项目都成为效率低下的存量资本，拖累了经济增长。③

---

① 山崎史郎（2017）『人口減少と社会保障——孤立と縮小を乗り越える』中公新書、2017 年、59～60 頁。
② 白川方明＊（2009）「経済・金融危機からの脱却——教訓と政策対応」（ジャパン・ソサエティでの講演）2009 年 4 月 23 日。
③ 翁邦雄・白川方明・白塚重典＊（2000）「資産価格バブルと金融政策——1980 年代後半の日本の経験とその教訓」日本銀行金融研究所ディスカッションペーパーシリーズ、No. 2000 – J – 11（『金融研究』第 19 巻第 4 号にも収録）、2000 年 5 月；Borio, Claudio (2018), "A Blind Spot in Today's Macroeconomics?", Remarks at the BIS-IMF-OECD Joint Conference on "Weak Productivity: The Role of Financial Factors and Policies", January 10 – 11, 2018. ( https://www.bis.org/speeches/sp180110.pdf. )

第二个原因是日本企业未能有效应对20世纪90年代以来世界经济出现的巨大变化。1989年11月柏林墙倒塌，90年代初许多原来的社会主义国家转向市场经济，这意味着通过国际贸易途径向世界经济输送了庞大的劳动力大军。而且，90年代也是信息技术迅速发展的时期。在经济全球化和信息技术革命浪潮中，国际市场一体化程度进一步增强，扩大了全球范围内的生产分工体系。海外企业通过优化生产布局和销售渠道获取附加价值的同时，还能有效利用外包降低生产成本。信息技术的进步还催生了各式各样的创新。对于这些变化，日本企业的应对相对迟缓。其中的一个原因是，日本企业传统商业模式的最大优势是加工组装型产业的高生产效率，而这一优势本来就不适用于新的分工模式。[①] 即使是能够适应这种变化，在终身雇佣制度下也难以灵活地配置劳动力资源。并且泡沫经济崩溃后企业实力下降，生存成为第一要务，在应对新形势的挑战方面自然会更加谨慎。我当时也没有意识到社会主义国家转型和信息技术革命会给世界经济带来如此巨大的影响。现在回想起来不得不说，我几乎把所有精力都用在了处理不良债权问题上，根本没有注意到同时代发生的另一个重大经济现象。

第三个原因是经济低迷背景下采取的政策反而带来经济效率的进一步降低。就像前面讲过的政府"拖延"的结果，保护了原有低效率企业，虽然在短期内避免了GDP的急剧下降，但从长远来看实际是降低了经济效率。此外，正如一些批评者所说的，金融危机后强化了对金融机构的监督检查，致使资金更加难以惠及新创立的中小企业，出现了所谓的"监管萧条"。

在这些因素中，随着时间的推移，我最想深入研究的还是第二个原因。不管在什么时代，企业创新能力都是决定生产效率的重要因素。

---

[①] 从这个角度分析第二次世界大战后日本经济，参考野口悠纪雄（2015）『戦後経済史——私たちはどこで間違えたのか』東洋経済新報社、2015年。

泡沫崩溃通过各种途径带来了经济的低速增长，而要理解10年或20年长期跨度的经济增长格局，必须关注实体经济因素，还要考虑与此相关的民间经济主体激励机制以及左右激励机制的制度性因素。[1] 任何国家所固有的经济运行模式都反映了本国历史发展特征，而且所有制度都是相互关联的。这就是青木昌彦（已故）教授强调的战略互补性。青木教授表示泡沫经济崩溃后不是"失去的20年"，而是"转型的30年"。[2] 我也认为，20世纪90年代以后日本正处于应对经济与社会巨大环境变化的"制度变革期"。

泡沫刚崩溃时我在一定程度上认识到了制度变革的滞后性，但几乎没有意识到老龄化所带来的劳动年龄人口减少的影响。日本劳动年龄人口高峰出现在20世纪90年代中期，人口的动态变化开始影响日本经济的方方面面。

## 泡沫崩溃及金融危机的教训

我对泡沫经济崩溃及此后金融危机的感受，与泡沫形成和膨胀阶段的感受同样深刻。

对我来说，第一个教训就是泡沫一旦崩溃，其后的长期经济低迷是难以避免的。事后我才发现，解读泡沫崩溃后经济低速增长的原因比我当初想象的要复杂得多。无论是就任日本银行行长期间，还是在雷曼兄弟破产告一段落之后，我对世界经济前景的预期一贯秉持慎重态度，就是由于这个教训已经深深印刻在我的脑海里。这个"前景预期"并不一定是通常景气预测所假定的1~3年左右的时期。若以这种

---

[1] 从这个视角分析日本企业，参考野口悠纪雄（2015）『戦後経済史——私たちはどこで間違えたのか』東洋経済新報社、2015年。
[2] 青木昌彦（2014）『青木昌彦の経済学入門 制度論の地平を広げる』ちくま新書、2014年。

短期预期来说,在整个20世纪90年代,即便是在泡沫崩溃后,日本经济也并不是一直在衰退,1993年10月经济到达谷底之后开始,一直到1997年5月都呈现出增长态势。问题是超越短期经济波动的趋势性经济增长率在缓慢下降,以及应对金融危机冲击能力的下降。而这些问题在短期经济景气讨论中最容易被忽视。这也意味着在货币政策的决策过程中,应该有意识地从中长期角度考虑问题。

第二个教训是维持金融体系稳定的重要性。泡沫崩溃后出现了对经济增长态势的不满情绪,这是不可避免的,如果金融体系稳定出现了问题,经济超出这种不满阈值就会立即陷入巨大混乱,不仅对经济,对整个社会都会产生严重的负面影响。像前面分析的"滞后效应"那样,这种负面影响会长期持续下去。为了防患于未然,政府和中央银行无论如何都必须维持金融体系的稳定。

第三个教训是中央银行要准确把握本国经济面临的根本性问题,还必须努力向外界做出说明或解释,争取更多的理解和支持。从泡沫经济崩溃到金融危机的进程中,最令我感到遗憾的是,未能在早期阶段让国民理解巨额不良债权可能带来的危害。我痛感到,一国经济运营的失败往往并非源于短期景气预测的错判,而是对经济所面临根本性问题的误判。仅靠中央银行的努力不足以改变国民的整体意识,但中央银行拥有宏观视角,与金融机构和金融市场联系密切,还拥有众多优秀的经济学家,至少在研究领域可以说是一国最具专业性的组织。正因为如此,中央银行有必要继续鼓励调查研究,并努力将研究成果运用到政策制定和广泛的政策建言中去。当然,并不是只有中央银行才拥有调查研究和基于调查研究的咨政建言职能。遗憾的是,日本很少有独立于金融机构的智库,虽然这种状况正在逐渐改善,但我认为,至关重要的是要有不受"时代氛围"左右的独立智库和以调查研究为基础的开放性政策平台。

我就任行长之后在进行重大决策时,始终牢记着上述3个方面的教训。

第3章 泡沫经济崩溃与金融危机

# 第4章 修订《日本银行法》

1942年颁布的旧《日本银行法》带有浓厚的国家管控色彩，修订该法是日本银行多年的夙愿，这个夙愿以一种意外的方式实现了，而且是在金融危机最为严重的1998年4月迎来了修订后的《日本银行法》生效。修订《日本银行法》的原动力可以说既有对20世纪80年代泡沫形成原因的反思，也是顺应了世界范围内出现的中央银行独立性潮流，更重要的是对大藏省权力过度集中的反感。此次修订《日本银行法》是确保货币政策正常运作的重要制度改革之一。不过，与海外各国中央银行获得独立性的背景不同，由于日本在修订该法之前已经成功抑制了通货膨胀，并且政策利率几乎没有下调空间，修订后的《日本银行法》的举步维艰。

## 《日本银行法》的历史

1997年11月达到高潮的日本金融危机在1998年并未有所缓解，这一年无论对整个日本还是对日本银行来说都是极为动荡的一年。该年4月，随着修订后的《日本银行法》生效，日本银行获得了货币政策独立性。当时与修订《日本银行法》同时进行的机构改革是从大藏省剥离金融监管和监督职能，移交给 6 月新成立的金融监督厅。2000年 7 月金融监督厅更名为金融厅，并在 2001 年 1 月的中央省厅机构改革中成为内阁府的外设局，一直延续至今。

1882 年日本银行成立后，相关法律框架曾经历过三次修订。第一次是在 1942 年，模仿德国纳粹政权下 1939 年颁布的《德意志帝国银行法》，加强了政府对日本银行的管理和控制。第二次修订是在 1949 年，根据驻日盟军总司令部（GHQ）的指令，为实现日本银行民主化而修订了《日本银行法》。在这次修订中，模仿美联储引入了政策委员会制度，政策委员会的专门职责就是决定或变更法定贴现率，保留了大藏省之前广泛行使的干预权，包括对日本银行的监督权、业务指导权、预决算批准权与人事任免权等。此后，1959 年和 1964 年曾有过两次修订意向，最终都不了了之。第三次就是 1997 年 6 月通过、1998 年 4 月生效的最近一次《日本银行法》修订。

旧《日本银行法》第一条规定，"日本银行是以适当提高国家的综合实力，根据国家政策调控货币、调节金融以及维持和培育信用制度为目的的机构"，足以体现出浓厚的国家管控色彩。此外，像前面讲过的那样，旧《日本银行法》保留了政府对日本银行的广泛业务指导权（该法第四十三条）和人事任免权（该法第四十七条）。第二次世界大战后，由于一些条款与时代严重脱节，为了适应环境变化，不得不在实践中做出一些适当变通，即使如此，在很多方面都需要进行根本性改革，这是不言自明的。旧《日本银行法》运行期间，担任日本银行行长的三重野康对该法做出了如下评价：①

> 修订之前的旧《日本银行法》……作为中央银行法是极不完

---

① 三重野康（2000）『利を見て義を思う——三重野康の金融政策講義』中央公論新社、2000 年。

第 4 章　修订《日本银行法》

善的，在运行中不得不通过适当变通才勉强能弥补其部分缺陷。

因此，我在任时最大的愿望就是如果有机会将彻底修订法律使之符合现实需求，却成为留给继任行长的最重要一项任务……现在《日本银行法》修订提上了日程，简直就像葫芦里跑出小马驹，一个意外的惊喜。①

## 《日本银行法》的修订背景

与其他发达国家的中央银行法相比，旧《日本银行法》甚至可以用"屈辱"一词来形容，我与日本银行的所有职员一样，都迫切期待修订《日本银行法》。但若冷静地审视日本政局，又觉得近期很难实现，而突然之间法律修订就提上了日程。第一次听到这个消息，还是在我担任日本银行驻纽约派出机构的参事期间，当时既对实然进入法律修订环节感到吃惊，同时又充满了热切期待。

由于我并没有参与《日本银行法》的修订工作，也就无法详尽地描述具体过程，不过，现在回过头来看，我认为在1997年之前或之后都不可能实现法律修订。《日本银行法》得以修订的原因有很多，第一个就是对20世纪80年代后半期前所未有的泡沫的反思。虽然长期持续的宽松货币政策并不是导致泡沫的唯一原因，但人们普遍认为这是最主要的原因之一。人们越来越意识到，为了防止类似事件再度发生，必须排除政府对货币政策的过度干预，赋予日本银行货币政策的独立性。

其次，赋予中央银行独立性已经成为世界性潮流。换句话说，20世纪70年代以来的恶性通货膨胀与低速经济增长，也就是所谓"滞

---

① 来源于中国张果老的传说，在日本室町时代（1392—1573年）流行的一套漫画中，张果老骑着白马仙游，休息时将马装进葫芦里。——译者注

胀"，使人们逐渐意识到，有必要赋予中央银行独立性，以中长期视角的物价稳定为目的运作货币政策。这种观点首先在经济学家之间广泛传播，继而成为政治家们的共识。实际上，在新《日本银行法》开始实施的1998年前后，海外也相继进行了中央银行制度改革。1992年，欧洲缔结了包括成立欧洲央行相关条款在内的《马斯特里赫特条约》，1998年成立了欧洲央行。英国也在新执政的劳动党政权下，1997年赋予了英格兰银行货币政策独立性，并于1998年修订法律，明确了中央银行的职责。所有这些赋予中央银行独立性的举措，最大的动机都是为了抑制通货膨胀。

上述两个理由固然重要，但我认为仅凭这些还不足以促使日本修订《日本银行法》。像中央银行法这种事关经济、金融大局的基本法律框架的修订，通常情况下，若没有政治方面的巨大动能是很难实现的。旧《日本银行法》得以修订的第三个理由，我认为是以泡沫经济和金融危机为契机，日本社会对拥有巨大管理权限的大藏省不信任和反感情绪突然爆发的结果。20世纪90年代中期大藏省发生的一系列丑闻，加剧了这种情绪的爆发。

上述因素都只是铺垫，修订《日本银行法》的直接契机是1996年2月自民党、民主党、新党三党联合执政后成立"以金融行政为主的大藏省改革项目小组"。同年6月，该小组发表了题为《构筑新的金融监管和货币政策》的报告书，针对修订《日本银行法》，提出"在政府内部应该营造一个透明且公正的研讨环境"。在此基础上，1996年7月，作为首相桥本龙太郎的私人咨询机构，成立了以庆应义塾大学校长鸟居泰彦为会长的"中央银行研究会"，该研究会在当年11月发布了"中央银行制度改革——寻求开放的独立性"的报告[①]。此后，经

---

① 中央銀行研究会（1996）「中央銀行制度の改革——開かれた独立性を求めて」、1996年。http：//www.kantei.go.jp/jp/singi/cyugin/hokokusyo.html.

过东京大学名誉教授馆龙一郎为会长的金融制度调查会下设的"《日本银行法》修订小委员会"的讨论完善,法律修正案送交国会①。该修正案于1997年6月获得通过,并于1998年4月开始实施。

如上所述,修订工作中最大的焦点是日本银行的独立性。虽然在这个根本方向上达成了共识,但在修订过程中,对具体赋予日本银行哪些独立性还存在意见分歧。

## 日本银行的职能

中央银行独立性设计中焦点问题是如何规定中央银行的职能或者货币政策的目的。新《日本银行法》第一条规定了日本银行职能,第一是发行货币;第二是调节货币及金融,也就是运作货币政策;第三是通过稳定支付清算系统维持金融体系稳定。新《日本银行法》第二条明确了货币政策的目的,"将通过实现物价稳定促进国民经济的健康发展作为理念",规定物价稳定就是货币政策的目的。

> 第一条　日本银行作为我国的中央银行,其职能是发行货币,同时调节货币与金融活动。
> 2. 除前项规定外,日本银行还要确保银行与其他金融机构之间结算畅通,从而维持信用秩序稳定。
> 第二条　日本银行在调节货币及金融活动时,其理念是通过实现物价稳定促进国民经济的健康发展。

第一条和第二条规定从以下两个方面看具有划时代意义。第

---

① 金融制度調査会(1997)「日本銀行法の改正に関する答申」、1997年2月6日。https://www.fsa.go.jp/p_mof/singikai/kinyusei/top.htm.

一，明确规定了日本银行在实施货币政策时要发挥稳定金融体系的作用。就中央银行到底是应该以实现物价稳定为目的，还是以实现金融体系稳定为目的，或者是两者兼顾，到现在为止还没有形成共识。至少在20世纪90年代世界范围内日渐盛行的单纯强调物价稳定为中央银行目标的时代，新《日本银行法》无疑是领先于时代的。

第二，在表达货币政策目的时，不是仅仅停留在"物价稳定"上，而是"通过实现物价稳定促进国民经济的健康发展"。这意味着像日本泡沫经济时期那样，即使表面上物价稳定，或者物价上涨率非常低，当判断已经出现严重的金融失衡时，也必须及时纠正宽松货币政策。对于这项规定我想会有多种不同的解释，我的理解是，在货币政策运作中要始终意识到物价稳定最终服务于实现可持续经济增长目标。

## 与《日本国宪法》第六十五条的关系

新《日本银行法》赋予了日本银行货币政策上的独立性。而到底赋予多大程度的独立性一直存有争议。在讨论修订方案时，经济学家和经济评论家展开了激烈辩论，最重要的争议点在于，从法律意义上说，在日本的国家治理体制中如何定位中央银行的独立性。简单地说就是应该由谁赋予中央银行独立性问题。当然，在民主社会中，中央银行完全独立于任何政府部门也是不可能的。美国的情况亦是如此，20世纪30年代成立了许多独立行政委员会性质的机构，围绕这些机构在宪法中的定位问题也曾有过争论。关于美联储的独立性，第二次世界大战后也经历了一段争论颇多的时期。经过反复讨论，目前对美联储的独立性界定为"政府内部的独立"（independence within government)[①]。美联储在公开发布的手册中明确表示联邦储备制度理事会是联邦政府的"独立机构"（independent agency），"可以直接向议会汇报且负有说明责任"。[②] 议会制定了《联邦储备法》，并负责监督联邦储备制度运行，美联储在这一法律框架下独立行使职责。欧洲央行和英格兰银行等中央银行组织也都有不同的治理机制，如何设计独立性也是很大的问题。这里不再赘述。

与第二次世界大战后前两次修订《日本银行法》相同，此次修订的一个争论焦点还是如何处理与《日本国宪法》第六十五条的关系。《日本国宪法》第六十五条规定日本银行"行政权属于内阁"。[③] 对此，政府（内阁法制局）主张为了确保日本银行的独立性不违背宪法规定，政府有必要控制中央银行的预算权和人事任免权。而在中央银行研究会提出的报告书中则没有明确政府是否必须控制预算权。[④] 此外，在金融制度调查会的听证答辩中，也有观点认为政府没必要一定控制中央银行的预算权，同时还表示"希望今后就包括中央银行独立性宪

---

[①] Meyer, Laurence H. (2000), "The Politics of Monetary Policy: Balancing Independence and Accountability", Remarks at the University of Wisconsin, October 24, 2000; (https://www.federalreserve.gov/boarddocs/speeches/2000/20001024.htm.) Bernanke, Ben S. (2004), "The Great Moderation", Remarks at the Meetings of the Eastern Economic Association, February 20, 2004. (https://www.federalreserve.gov/boarddocs/speeches/2004/20040220/default.htm.)
[②] Federal Reserve System (2016), The Federal Reserve System Purposes & Functions, The 10th ed., 2016. pp. 2 – 3.
[③] 关于独立性的法律方面讨论，东京大学名誉教授盐野广（研究会会长）的报告很有参考价值，本书的相关内容参考了该报告。「公法的観点からみた日本銀行の業務の法的性格と運営のあり方」『金融研究』第 18 巻第 5 号、1999 年 12 月。
[④] 中央银行研究会（1996）做出如下论断："就日本银行的独立性与宪法之间的关系而言，需要专业判断的领域如旨在稳定物价的货币政策方面，中央银行有足够理由要求独立于政府；另一方面，如果保留政府的人事任免权，即使在行政上赋予中央银行独立于内阁的职能，也不能说是违背了宪法第六十五条。"中央銀行研究会「中央銀行制度の改革——開かれた独立性を求めて」1996 年。(http://www.kantei.go.jp/jp/singi/cyugin/hokokusyo.html.)

法定位问题在内的理想中央银行民主治理模式，在国民之间形成共识"。在最终修订法案中，关于人事任免权的具体规定是，行长、副行长以及审议委员的提名得到两院表决同意后由内阁负责任命。

关于日本银行的预算方面，规定除货币政策相关的预算之外，均需获得财务大臣批准。目前为防备将来可能出现的损失提取准备金等事项仍需获得财务大臣认可，这一点与海外发达国家存在很大差异。1996年11月，正值修订《日本银行法》的讨论处于高潮时期，美联储主席艾伦·格林斯潘（Alan Greenspan）来到日本，在记者招待会上他表示："对于我们来说，没有100%的预算决策权，就不能维持100%的独立性。"[1] 其他发达国家的中央银行无一例外都拥有预算独立性，而日本银行仅拥有货币政策相关的预算权限。[2] 从整体来看，在1998年日本银行独立性的大讨论中，更多问题都集中在货币政策制定这一"上层结构"上，不可否认对于组织独立性等的"下层结构"的讨论还存在很大缺陷。

## 货币政策决策中日本银行与政府的关系

货币政策运作的独立性具体指什么？一般而言，如果政府能够推翻中央银行做出的决策，比如政府对货币政策委员会做出的决策拥有投票权、货币政策需要获得政府批准等，很显然这样的中央银行是不具有独立性的。根据新《日本银行法》规定，货币政策由政策委员会决定，委员会成员包括日本银行行长、2名副行长和6名审议委员，共计9人。由于旧《日本银行法》时代政府拥有广泛的业务指导权和人

---

[1] 三重野康（2000）『利を見て義を思う——三重野康の金融政策講義』中央公論新社、2000年、108頁。
[2] 从2013年度日本银行预算来看，总计为1 895亿日元的经费预算中，需财务大臣审批的高达1 812亿日元。参见「平成24年度業務概況書」（日本银行主页）。

事任免权,从这点来说,新法可谓是极大提高了日本银行在货币政策运作方面的独立性。而且,新《日本银行法》第三条第一款规定,"必须尊重日本银行在货币及金融调节方面的自主性"①。

在中央银行独立性问题上,有两个问题引起的争论最多。其一就是政府的经济政策与货币政策之间的关系。新《日本银行法》第四条规定了中央银行与政府在经济政策上的关系:

> 鉴于日本银行的货币及金融调节属于政府经济政策的一部分,所以日本银行的政策应该与政府经济政策的基本方针保持一致,并经常与政府保持密切的联系,进行充分的意见交流。

一般来说,"经常与政府保持密切联系,进行充分的意见交流"是理所当然的。但新法既然要求日本银行"通过实现物价稳定促进国民经济的健康发展",那么,在贯彻货币政策时如果偏离这一根本理念就属于违背《日本银行法》。从这个意义上讲,这条规定归根结底应该理解为中央银行与政府之间需要进行充分的意见沟通,但并不是所有人都这样理解。实际上,朝野政治家在向日本银行提出一些特殊政策要求时还经常援引这一条(见第17章"政府·日本银行的共同声明")。

为确保日本银行与日本政府进行充分的意见沟通,所设计的制度框架就是政府可以派代表参加货币政策决策会议,并拥有议案提交权和延期表决请求权。从海外发达国家情况看,美国政府不能派代表参

---

① 为何在这里使用"自主性"而非"独立性"的问题,当时大藏省银行局局长在国会审议时做出如下说明:"在使用'日本银行独立性'表述时,容易让人理解为'日本银行是完全独立于内阁和国会的实体',所以,这种用词可能并不恰当。从实质上讲,虽然使用的是'自主性'一词,但贯穿整个新《日本银行法》的宗旨是提升日本银行在货币政策上的独立性,至于表述的问题,就看你怎么理解了。"(1997年4月25日、衆議院大蔵委員会)第140回国会「衆議院大蔵委員会議録」第17号。

加美联储制定货币政策的公开市场委员会会议，欧洲央行和英格兰银行虽然有政府代表出席会议，但发言仅限于说明财政运营等与宏观经济有直接关系的议题。与此不同的是，日本政府代表每次参加决策会议时都会对货币政策发表意见。21世纪初期我访问美联储时，对公开市场委员会的运作进行了实地调查，并同许多高管和职员进行了座谈。在谈到日本银行决策会议时，我记得其中一位高管曾质疑："政府代表一直在场，讨论货币政策时委员们还能畅所欲言吗？"新《日本银行法》中政府具备的议案提交权和延期表决请求权也是日本的特色，美联储以及欧洲央行都不会存在这种现象。

## 日本银行的独立性提高了吗

客观地比较各国中央银行独立性并不是一件容易的事情。从国际比较看，如果运用"中央银行独立性指数"进行测度，《日本银行法》修订后的日本银行独立性指数也并不算高。[①]"中央银行独立性指数"是基于各种表现法律独立性的指标计算得来的。但在现实世界中，既有法律规定的中央银行独立性很高，现实中却得不到贯彻的情况，也有法律上中央银行未被赋予足够的独立性，实际却享有相当独立性的情形。旧《日本银行法》修订之前，日本银行的法律独立性很低，而物价上涨率在发达国家中却处于最低水平行列。[②] 从这个意义上说，通过赋予中央银行独立性实现物价稳定的目标在日本已经实现。

---

[①] 参见白川方明（2008）『現代の金融政策——理論と実際』日本経済新聞出版社、2008年。根据该书第5章引用的 IMF 经济学家阿诺尼等人的研究（Arnone et al. 2006），日本银行的政治自治指数（political autonomy）在 OECD 成员国的中央银行中排名最低。Arnone, Marco, Bernard J. Laurens and Jean – François Segalotto (2006), "The Measurement of Central Bank Autonomy: Survey of Models, Indicators, and Empirical Evidence", IMF Working Paper, No. 06/227, 2006.

[②] 参见「「物価の安定」についての考え」（2006年3月）の図表17（日本銀行主頁）。

我也有过在旧《日本银行法》时代从事货币政策工作的经历，但那时又是个处长或者还只是个科员，不能很详细讲述当时货币政策的决策过程。如果让我推测的话，我认为当时日本银行和大藏省相互拥有否决权，日本银行无法单凭自己的意愿制定紧缩性货币政策，日本政府（大藏省）也无法独自确定宽松货币政策。但是，如果日本银行执意主张紧缩性货币政策，通常政府也很难一直反对下去。因此，虽然需要一定的时间，日本银行的主张好像最终都可以落地。也就是说，虽然法律上日本银行的独立性较低，不过现实中的独立性比法律规定的要高一些。

但是，如果出现了过去从未有过的状况，或者个性极强的政治家成为首相或大藏大臣，上述机制就会失效，导致紧缩性货币政策难以出台。这是从1973—1974年"恶性通货膨胀"和20世纪80年代后半期经济泡沫过程中总结出的教训。因此，如果法律上的独立性很低，仅仅凭借实践中的灵活运用获得事实上的独立性还是存在很大局限性，获得法律上的独立性才是至关重要的。

## 问责制

无论被赋予怎样的独立性，中央银行都必须服从民主社会背景下的某种治理机制，否则，中央银行就会成为一个独善其身的机构，自身也可能成为经济问题的根源。中央银行的治理机制实际上就是社会如何监控中央银行。对政治家而言，监控手段最终是国民进行的选举；对股份公司经营者而言，最终是接受资本收益或股价水平等经营绩效的评判，在经营绩效恶化时，他们可能会被迫辞职，甚至被免职。

与这些相比，中央银行治理机制的设计就不那么容易了。这主要是因为货币管理工作的特殊性决定很难通过绩效做出评价（见第18章"中央银行的作用"）。即使就带来经济剧烈动荡的泡沫经济和泡沫经济崩溃这样的重大事件而言，在货币政策或中央银行的作用问题上仍存在着意见分歧。当然，经济状况在很大程度上还受到中央银行调控之外其他许多因素的影响。而且，由于货币政策效果需要相当长时间才能显现，短期效果评价和中长期效果评价经常存在差异。另外，货币政策并非由行长一人决定，是通过政策委员会这一合议制方式决定的，而这个组织的成员定期更换。

目前，许多国家采取的中央银行治理模式是要求独立的中央银行履行"问责制"（アカウンタビリティ，英文为 accountability）。根据日文词典《广辞苑》第 7 版，"アカウンタビリティ"是指"企业、行政单位等就自己从事的各项活动有向社会公众及利害关系者进行说明的责任和义务，即说明责任"。

对中央银行而言，"问责制"就是要向公众精心解释自己做出的判断以及判断的依据。为此，要求日本银行必须在国会履行说明义务。除了每半年提交一次货币政策报告书供国会集中审议，应议员要求还必须出席各类委员会听证会并回答问题。同时，还要通过记者招待会、演讲、论文等形式努力说明货币政策的相关信息。在中央银行履行问责制的过程中，重要的是提高透明度，要求及时披露决策过程中的所有相关信息。为此，法律规定货币政策委员会会议纪要和会议记录要公开向社会发布。

## 围绕货币政策的相关规定

各国中央银行法规定的货币政策目标不相同，这是由于每个中央银行法都体现了制定法律时各国不同的时代特征。以前的中央银行法一般都会提出较多目标，而从 20 世纪 90 年代以后出台的中央银行法看，像欧洲央行和英格兰银行那样，大多以物价稳定为政策目标。而新《日本银行法》的提法是"通过实现物价稳定促进国民经济的健康发展"。这一提法汲取了20世纪80年代后半期泡沫经济的经验和教训——即使消费者物价稳定，随着资产价格上升和信贷的显著膨胀，也会带来经济的巨大波动。我认为，新《日本银行法》中货币政策目标的提法是相当精彩的。

关于货币政策的目标，除了物价稳定，是否应该包含经济景气或就业等经济活动的稳定，也是争论的一个焦点，这就是经常提到的单一目标制还是多重目标制问题。前者的例子如欧洲央行和英格兰银行，仅将物价稳定作为货币政策目标；后者如美联储，主张货币政策目标是兼顾物价稳定和充分就业。我任行长期间，针对是否应将充分就业目标加入《日本银行法》也展开过激烈讨论，但从各国中央银行货币政策的实际运作看，单一目标或多重目标的差异并不是很大。据我所知，现实世界中并不存在单纯追求物价稳定而无视经济景气状况的中央银行。各国货币政策的具体规定都受到了该国一些重大事件的影响，美国之所以重视就业稳定，是由于20世纪30年代大萧条的经历，而德国强调物价稳定缘于第一次世界大战后恶性通货膨胀导致纳粹主义抬头的经历。因此，各国货币政策运作上的微妙差异，并非源于中央银行法规定的货币政策目标差异，而是反映了国民对相关历史事件的认知差异。

由于货币政策是通过金融机构的贷款和买卖金融资产来实施的，与上述货币政策目标同样重要的是货币政策手段的具体规定。同美联储相比，新《日本银行法》规定的日本银行买卖金融资产的范围多少有些宽泛。例如，日本银行2003年购买了资产支持商业票据（Asset-Backed Commercial Paper，缩写为ABCP）[①]，2009年还购买了商业票据（CP）和公司债券，这些资产都在法律允许的范围内。此外，对于未

---

① 这是一种具有资产证券化性质的商业票据，大型企业、金融机构或多个中小企业把自身拥有的、将来能够产生稳定现金流的资产出售给受托机构，由受托机构将这些原资产作为基础发行商业票据。——译者注

列入法律规定的证券，如果日本银行认为是履行职责所必需的，只需得到财务大臣的许可就可以购买。实际上，根据这些具有灵活性的规定，2012 年以后，股票、房地产信托投资基金（Real Estate Investment Trusts，缩写为 REITs）、交易型开放式指数基金（也称交易所交易基金，即 Exchange Traded Funds，缩写为 ETFs）都成了日本银行购买金融资产的对象（见第 5 章"零利率政策与量化宽松政策"以及第 12 章"'全面宽松货币政策'"）。

## 金融体系稳定

如上所述，新《日本银行法》明确了日本银行在稳定金融体系中的作用，这是一个很大进步。具体而言，第一，明确日本银行通过稳定支付清算系统实现金融体系稳定（第一条）；第二，认可日本银行与在日本银行开立活期存款账户的金融机构签订的检查合同（第四十四条）；第三，为维持金融体系稳定，明确了日本银行作为"最后贷款人"提供流动性的法律框架。① 新的框架需要具备政府要求和日本银行判断这两个方面要件。也就是说，为了维持金融体系稳定，当政府判断有必要时，可以要求日本银行开展相关业务；另一方面，日本银行政策委员会会议决定是否实施此项业务。新《日本银行法》明确日本银行对金融机构所开展的监督检查是作为"最后贷款人"提供流动性的一个必要环节。

在旧《日本银行法》时代，日本银行需要与金融机构签订检查合

---

① 日本银行作为"最后贷款人"提供资金，是以票据和国债等作为担保而实施的（《日本银行法》第三十三条）。另外，对系统故障等金融机构偶发且暂时性资金不足提供贷款（该法第三十七条）以及为维持信用秩序稳定而提供流动性（该法第三十八条）时，根据货币政策委员会的决议确定的适度利率水平和方式实施，可以不要求担保。根据该法第三十八条，对于来自首相（实际上是受首相委托的金融厅厅长）及财务大臣提出的贷款请求，以及其他为维持信用秩序而提供资金供给的"特融等"业务，日本银行依据"特融等"四原则判断是否实施。

同后才能进行检查,而在大藏省银行局检查基础上再加上日本银行的检查,金融机构经常抱怨应付检查的负担过重。另外,日本银行检查的法律依据也曾受到质疑。主流的观点是,中央银行应该专注于维持稳定物价的货币政策,不应参与金融监管和监督工作。就在旧《日本银行法》修订期间,英格兰银行获得了货币政策的独立性,与此同时,将执掌多年的金融监管与监督业务移交给了新成立的金融服务管理局(Financial Services Authority,缩写为 FSA)。

这种将物价稳定和金融体系稳定视为两个相互独立目标的观点,在 20 世纪 90 年代的学术界和部分中央银行官员中间具有相当大的影响力。日本银行主张,两者难以区分开来,货币政策运作过程中对金融机构的检查更是不可或缺。最终,新《日本银行法》明确规定日本银行可以与金融机构签订检查合同。全球金融危机后,正如英格兰银行重新获得金融监督监管权,货币政策当局参与金融体系稳定工作的重要性得到了认可,中央银行开始在金融体系稳定方面发挥重要的作用(见第 16 章"谋求金融体系的稳定")。

## 外汇市场的干预权限

修订旧《日本银行法》过程中也讨论了汇率问题。其中一个争论焦点是,汇率稳定是否应该包含在货币政策目标中。对此,金融制度调查会得出了以下结论:[①]

> 有观点认为,货币政策的目标不应是物价稳定而应是货币价值稳定。而货币价值包含两个方面,对内价值是物价,对外价值

---

① 金融制度調査会(1997)「日本銀行法の改正に関する答申」1997 年 2 月 6 日。(https://www.fsa.go.jp/p_mof/singikai/kinyusei/top.htm.)

就是汇率。从理论和过去的实践看，以货币政策一个手段去追求两个方面目标，必然会出现利益冲突。因此，货币政策目标不应是货币价值稳定，而应该是物价稳定。

因此，才出现了前面说过的货币政策目标就应该是物价稳定。另一个争论焦点是围绕汇率政策主体展开的。无论哪个国家，不管是采用固定汇率制度还是浮动汇率制度，一国汇率制度的决定权都在政府。而关键在于，谁该拥有以影响汇率变动为目的的外汇买卖权限，即干预外汇市场的决定权限属于谁的问题。这提出了在全球化背景下思考货币政策时的关键点，尤其在面临零利率约束下显得尤为重要。

日本干预外汇市场的权限属于政府（当时为大藏大臣，现在是财务大臣）。在国会委员会审议中，经常讨论外汇市场的干预问题，但政府（大藏省）基于下面的两个理由，认为干预外汇市场事务应由政府一元化负责：第一，由于中央银行无法同时实现物价稳定和汇率稳定两个目标，所以中央银行不应拥有干预外汇市场的权限；第二，以美国为首的海外各国干预外汇市场的主体都是政府，因此政府应该全面负责。① 结果，修订后的新《日本银行法》与之前相同，外汇市场干预权仍属于大藏省，在新《日本银行法》第四十条第二款中明确规定，日本银行是以大藏省（后为财务省）代理人身份从事以稳定汇率为目的的外币资产买卖。再有，从海外例子来看，美国外汇市场的干预权归属财政部，而在美国以外的国家，中央银行拥有干预外汇市场权限的非常普遍。比如欧洲的欧洲央行、瑞士国家银行（SNB，即瑞士中央银行）和亚洲大多数国家的中央银行，都有权干预外汇市场。②

---

① 参考1997年5月21日众议院大藏委员会会议上，新进党谷口隆义议员的提问和政府委员对此做出的答复。（第140回国会「衆議院大蔵委員会議録」第21号。）
② 近年来美国没有干预外汇市场，若干预的话，财政部和美联储对半承担所需资金。

从世界范围来看，虽然法律上规定中央银行不能干预汇率市场的并不多见，但考虑到日本的状况，即汇率问题常常成为政治讨论的话题，这种安排也是一个现实的解决方案。而问题在于，尽管法律上规定日本银行不能干预外汇市场，但海外投资者却不一定能完全理解这种体制上的差异（这一点将在第14章"'六重苦'与'货币战争'"中再次提及）。

## 新《日本银行法》生效

日本在较短时间内完成了《日本银行法》修订工作，从前面讲过的联合执政党项目小组成立到法律的通过仅仅用了一年半时间。也许是考虑到如果用更多时间讨论，修法的势头会难以持续，结果又会不了了之。但是反过来说，在修订《日本银行法》过程中，对于中央银行为何要有独立性、需要什么样的制度保证独立性、发挥独立性需要哪些条件等问题并没有进行深入细致的讨论，这是令人遗憾的地方。

1998年4月1日，日本银行在非常沉闷的气氛中迎来了新《日本银行法》生效。就在同年1月，日本银行因职员涉嫌渎职接待遭到了检察机关的搜查；3月，1名职员被逮捕，松下康雄行长和福井俊彦副行长于同月引咎辞职。速水优成为新任行长，藤原作弥和山口泰担任副行长。在这种体制下，新《日本银行法》开始运行。

此时，日本银行面临着几个重大课题。

第一，如何在保证中央银行独立性的基础上，建立日本政府和日本银行之间顺畅的协调沟通机制。第二次世界大战后，美联储为恢复货币政策独立性，在1951年与财政部签署了一项废除美联储维持长期国债利率的"协议"①。然而，这也并不意味着美联储完全获得了货币

---

① 在第二次世界大战期间，美国政府为低成本筹措军费，要求美联储通过购买各种期限的资产维持长期国债的低利率。——译者注

政策独立性，此后也常常会因来自总统或财政部部长的干涉而苦恼。[①] 真正使美联储获得独立性并具有划时代意义的事件，是1979年美联储主席保罗·沃尔克（Paul Volcker）推出的抑制通胀的新金融调节方式[②]。强力的紧缩货币政策虽然推高了失业率，但最终抑制了通货膨胀，为此后的经济增长奠定了基础，也使美联储的独立性逐渐得到了保障。

第二，日本银行获得独立性时日本的物价稳定目标已经实现，由此带来了很多困难。这是由于在很多情况下，独立性效果都是通过物价稳定来评价的。20世纪80年代日本消费者物价上涨率（年率2.5%）不仅低于中央银行独立性最高的联邦德国（2.9%），与其他发达国家相比则更低（见表4-1）。换句话说，许多其他中央银行都是通过获得独立性或采用通货膨胀目标制来实现物价稳定的，而日本在20世纪80年代中央银行还没有取得法律上的独立性之前，就已经实现了物价稳定。从这个意义上说，至少在短期内很难看到独立性的"红利"。

表4-1　20世纪80年代主要国家的物价上涨率

|  | 1980 | 1981 | 1982 | 1983 | 1984 | 1985 | 1986 | 1987 | 1988 | 1989 | 年均上涨率 |
|---|---|---|---|---|---|---|---|---|---|---|---|
| 日本 | 4.9 | 2.7 | 1.9 | 2.3 | 2.0 | 0.6 | 0.1 | 0.7 | 2.3 | 3.1 | 2.5 |
| 美国 | 10.4 | 6.2 | 3.2 | 4.4 | 3.5 | 1.9 | 3.6 | 4.1 | 4.8 | 5.4 | 5.4 |
| 联邦德国 | 6.3 | 5.3 | 3.3 | 2.4 | 2.1 | -0.1 | 0.2 | 1.3 | 2.8 | 2.7 | 2.9 |
| 英国 | 12.2 | 8.5 | 5.2 | 4.4 | 5.2 | 3.6 | 4.1 | 4.6 | 5.2 | 7.0 | 6.4 |

注：下划线标明的是该年物价上涨率最低国家的数据；日本1989年的数据包含了消费税率提高带来的影响。

资料来源：BIS主页（Consumer Price Statistics）。

---

① 参见Kettl, Donald F.（1986），*Leadership at the Fed*, Yale University Press, 1986.
② 美联储不再是由公开市场委员会委员投票决定基准利率，转而通过直接制定货币供应量目标，由货币供应量变化决定利率水平，联邦基准利率曾高达20%。——译者注

第三，经济不景气状况下货币政策手段的匮乏。一方面，新《日本银行法》实施时，日本银行的贴现率为0.5%，隔夜拆借利率为0.46%，10年期国债利率为1.86%。虽然还不是字面意义上的零利率，但利率下调的空间非常有限。同业隔夜拆借利率水平可以说就是事实上的零利率状态。另一方面，1997年秋季金融系统出现了剧烈动荡，金融机构处于自有资本严重不足状况。打个比方，这就像美联储不是在1951年，而是在2008年雷曼兄弟破产之后才完全拥有独立性一样。当然，运用非传统货币政策是可以实现一定程度的宽松效果，但与正常时期相比，效果也是相当有限的。

然而，不论多么艰难，作为中央银行都必须凝聚一切可以利用的智慧，履行自己应承担的职责，这是无须赘言的。我想，现实中的日本银行从高管到普通职员，上上下下都是以这种心态全力以赴地投入工作的。1998年4月，日本银行进入了新《日本银行法》时代。

# 第5章 零利率政策与量化宽松政策

日本短期利率在20世纪90年代中期事实上已经降至零,但直到1999年2月才正式实施字面上的零利率政策。2000年8月,在意见分歧相当大的情形下,日本放弃了零利率政策,而由于互联网泡沫崩溃导致了世界性经济衰退,日本银行于2001年3月采取了量化宽松政策。之后,世界经济快速摆脱互联网泡沫崩溃带来的经济衰退,复苏速度远超预期,紧接着出现了被称作"大稳健"的经济繁荣期。在这种情况下,2006年3月日本银行解除了量化宽松政策,同年7月政策利率提高至0.25%。在此期间,日本银行的货币政策遭到了种种批评与责难。

## 新《日本银行法》下货币政策决策机制

2000年6月,我被调至负责货币政策的计划室(现为计划局)担任审议负责人(相当于现在的计划局局长)。这是我自1994年5月以来,时隔6年再次直接参与货币政策工作。在此之前,我在计划室的前身工作过3次,合计7年,不过那些都是在旧《日本银行法》时代的工作经历,法律修订后还是第一次参与这项工作。时任行长为速水优,副行长为藤原作弥和山口泰,主管理事为增渊稔,处长为雨宫正佳（现任副行长）。我于 2002 年 7 月晋升为理事，担任这一职务一直到 2006 年 7 月。作为理事，除计划局外，还负责主管货币政策执行部门的金融市场局和从事基础性调查研究的金融研究所。

随着《日本银行法》的修订，货币政策决策机制也发生了很大变化。最大的变化莫过于日本银行拥有了货币政策独立性，政策委员会真正成为决策主体。在法律修订之前，货币政策名义上也是由政策委员会决定的，但实际上最后由行长定夺，为了帮助行长做出合理判断，整个系统从计划局主管理事、计划局局长到处长都发挥了重要作用。银行法修订后，新成立的货币政策决策委员会成为货币政策的决策机构。货币政策决策委员会由 9 名成员组成，包括行长、两名副行长以及 6 名审议委员。除了这些成员以外，法律上也允许代表政府的财务大臣和经济财政政策担当大臣或者这些大臣的代理人参加会议，政府代表有权提交议案或申请延期表决提案，但只有政策委员会成员才有投票权。出席会议的除上述人员外，还包括负责计划局（主管货币政策）、金融市场局（主管金融调节、金融市场）、调查统计局（主管国内经济）、国际局（主管海外经济）的理事、局长和处长，以及政策委员会办公室主任等十几名职员。

## 货币政策决策委员会会议日程

货币政策决策会议目前每年召开 8 次。1998 年刚开始时的政令规定，"每月召开 2 次，以适当的间隔召集会议并形成惯例"，因而每年决策会议的次数将近 20 次，频次远高于其他国家的中央银行。许多国家的中央银行一般每月召开 1 次会议，不可否认，日本决策会议的次数的确太多。① 由于大多数重要的经济数据都是每个月公布 1 次，频繁

---

① 目前，包括日本银行在内主要国家的中央银行召开决策会议的次数已经变更为每年 8 次。

召开决策会议容易使委员过于关注经济和金融方面的细微变化，反而会忽视根本性问题，而且会大大增加会务负担，因此，大多数委员都认为像其他国家的中央银行那样每月召开1次会议最为理想。鉴于此，在上述政令允许的范围内，逐渐减少了决策会议的频次。我任行长期间，原则上每月1次，4月份和10月份各增加1次，每年共计14次左右。① 其中，例行的12次会议的会期是2天，增加的2次会议会期只有1天。

根据新《日本银行法》规定，每次决策会议都要明确判断未来的经济金融走势，同时，确定下次会议之前的"金融调节方针"。所谓"金融调节方针"，是对负责执行货币政策职能的金融市场局做出的具体行动指令。之所以这么做，是由于货币政策的目标是实现物价稳定，而如果只有最终目标的话，金融市场局并不清楚在实际工作中具体应该怎么操作，因此有必要明确给出直接的操作目标。操作目标多为短期利率，但随着短期利率逐渐接近于零，如后文所述，也开始使用其他操作目标。不管操作目标是什么，接到指令的金融市场局要么从银行或证券公司等机构买入金融资产，要么在担保基础上提供贷款所需资金。这里所说的"资金"就是上述金融机构在日本银行的活期账户存款。金融机构通过提取在中央银行账户上的存款来获取货币（纸币）。中央银行提供的货币就是中央银行活期存款和纸币，也称为基础货币或高能货币②。中央银行通过调整活期存款规模和贷款利率影响中央银行活期存款供求平衡，并通过各种传导机制实现具体的效果。从这个意义上来说，货币政策传导机制的出发点就是金融调节。

货币政策决策会议日程随着时代变化而有所改变，但基本日程几乎是固定的。第一天从下午2点开始，各局工作人员汇报经济、金融

---

① 不过，正如后面章节所提及的，临时决策会议召开得相当频繁。
② 基础货币的定义因国家而异，在日本，硬币也包含在基础货币之内。

的形势变化，以及回答委员们的问题。① 第二天政策委员会成员之间展开讨论。讨论由两个部分组成，前半部分委员们就经济与金融形势发表意见并进行讨论；后半部分委员们就货币政策运作提出建议并讨论。第一轮发表意见的委员顺序是事前确定的，之后每次轮换，作为委员会主席的行长按惯例是在其他委员发言之后再发表意见，主要是考虑到如果行长先发言，可能会导致之后其他委员无法充分表达自己的观点。在每个人都发表过意见后的自由讨论环节，没有规定发言顺序。拥有表决权的委员们讨论结束后，政府代表可以发表意见。最后就下次会议之前的货币政策运作方针进行表决。

按照《日本银行法》规定的透明性原则，货币政策决策会议上的说明以及讨论的内容需要向外公布。当天会议结束后会发布一份简短的公告。从下午3点半开始，由主席召开记者招待会，时长大约为1小时。会议纪要在下次决策会议上获得一致通过后公开发布，因此，我任行长期间一般会在1个月后公布，而完整的会议记录将在10年后公开。日本银行的信息公开机制与其他发达国家相比，整体上还是比较完善的。顺便提一下，在写作本书时，主要国家的中央银行中每次决策会议之后都召开记者招待会的，只有日本银行和欧洲央行，而公开过会议记录的也只有日本银行、美联储。美联储是在会议的5年后公开会议记录，相比之下，日本银行在10年后公开，时间上显得长些，不过欧洲央行的会议记录是在30年后才公开（写作本书时尚未公开过），而英格兰银行从不公开会议记录。

## 零利率政策的实施和解除

我调到计划室时，围绕要不要解除零利率政策已经展开了激烈讨

---

① 会期为1天的决策会议每年只召开2次，会议开始时间为上午9点。

论。零利率政策是在上一年即1999年2月的决策会议上确定的。在那次会议上，明确将同业拆借利率实质上降为零，并决定在消除通货紧缩忧虑之前一直实施这一政策。这项政策的目的是在短期利率降为零之后，通过承诺未来将持续实施零利率政策引导长期利率下降，以此达到货币宽松效果。现在将这种政策手段称为"前瞻性指引"，当时称为"时间轴政策"。在用尽所有操控短期利率的传统政策手段后使用的货币政策被称为"非传统货币政策"。在不断摸索的过程中，日本银行成为世界上第一个采用非传统货币政策的中央银行。[①] 当时我没有想到的是，10年后大多数发达国家的中央银行都采取了非传统货币政策，恐怕没有人能预想到这一点。

2000年上半年日本经济进入周期性复苏阶段。4月份日本银行公布的基本判断为："日本经济复苏态势明显。民间需求方面出现了一些复苏迹象，设备投资持续增加。"日银短观的大型制造业企业景气判断指数，从1998年12月的负51筑底开始，2000年6月恢复为正3。由于日本银行当时承诺在通货紧缩担忧消除之前持续实施零利率政策，这使得在讨论货币政策时，是否消除了"通货紧缩担忧"就成为问题的焦点，经济评论家们围绕要不要解除零利率展开了激烈讨论，政府对取消零利率持谨慎态度。

最终在2000年8月的货币政策决策会议上以7票赞成、2票反对的结果解除了零利率，政策利率从0上调至0.25%。[②] 在那次决策会议上，虽然政府代表就解除零利率问题提出了延期表决请求，但该请求以1票赞成、8票反对被否决，最终还是解除了零利率政策。会议结束后的公告描述了解除零利率的政策宗旨：

---

① 关于量化宽松政策时期的非传统货币政策，参考植田和男『ゼロ金利との闘い——日銀の金融政策を総括する』日本経済新聞社、2005年。
② 持反对意见的是中原伸之委员与植田和男委员。

此次采取的措施是根据经济恢复状况对宽松货币政策进行的微调，是从长远发展角度为促进经济的可持续增长而实施的。

此次措施实施后，同业拆借利率仍然处于非常低的0.25%水平，还是维持在大幅宽松状态。日本银行在确保物价稳定的基础上，将继续执行以适度灵活的货币政策支持景气恢复的方针。

我怀着相当复杂的心情参与了解除零利率政策的工作。作为计划室审议负责人，在货币政策事务上的职责就是根据政策委员会成员做出的判断，承担执行货币政策的具体工作，并负责对外说明。我调到计划室时，政策委员会内部已经大致确定要解除零利率，我的工作就是使之得以顺利推进。但是，基于我自身对经济形势的判断和运作货币政策的理念，我认为这个时候应该慎重解除零利率。其最大的理由是，从我20世纪90年代上半期在信贷机构局的经历来说，金融机构不良债权问题尚未解决，整个经济层面的资产负债表修复工作尚未完成，日本经济很难回归到可持续增长轨道。

对于这次解除零利率的决策，今天多数人认为是失败的。一些批评论者甚至认为"解除零利率导致了日本经济衰退和通货紧缩"，我并不同意这一看法，解除零利率不过是"根据经济恢复状况对宽松货币政策进行的微调"，日本银行内部在零利率解除后，并没有大幅提升政策利率的意图，金融市场的参与者也没有这样的预期。事实上，截至2000年7月末，10年期国债利率仍为1.65%，上升幅度最大的9月6日也仅为1.95%，进入10月份以后一直保持在1.5%~1.8%区间，极其宽松的金融环境并没有发生实质性改变。既然金融市场是这样的反应，那么就很难说解除零利率对其后的景气变动和物价变动有多大的影响。但是，将解除零利率视为之后日本经济衰退以及通货紧缩的原因，无疑是为批评日本银行的人士提供了口实。政府在应对通货紧缩问题上是存在很多问题，然而，不管怎样，批判日本政府应对而形成的海内外对日本银行的负面评价，都使得其后日本银行很难就货币政策运作进行顺畅沟通。①

## 关于物价稳定的讨论

解除零利率时最大的焦点是通货紧缩担忧是否已经消除，围绕这一问题，政治家和经济学家强烈要求日本银行对物价稳定给出明确的界定，就是要求日本银行明确，作为货币政策目标，所追求的物价稳定到底是一种什么状态。部分是为了应对这些呼声，2000年3月日本银行宣布将针对物价稳定问题进行研讨，在经过货币政策决策会议充分讨论的基础上，同年10月发布了报告书，即《关于"物价稳定"的思考》②。根据报告的结论意见，日本银行以后在每年4月和10月各发布一次《经济与物价的未来展望和风险评估》报告，展望未来的经济形势和物价走势。这就是延续至今的《展望报告》，相当于其他国家中央银行发布的通货膨胀报告或货币政策报告。③

当时，这份报告还就具体数值表示的物价指标进行了深入探讨。经济学家和部分政治家强烈主张应该采取"2%"的数字指标。但当时并没有公布具体的数值或指标，只给出了一个关于物价稳定的定义，即"家庭和企业等各类经济主体，不受物价变动的困扰，能够做出消费、投资等经济活动决策的状况"。这个表述与沃尔克和格林斯潘担任

---

① 从这时算起大约10年后，在欧洲债务危机最严重的时期，欧元区国家和瑞典等国家的中央银行也出现了短期内政策利率上调后又下调事态。次贷危机发生后，在国际商品行情看涨过程中，欧洲央行因为担心通货膨胀复燃，于2008年7月上调了政策利率，3个月后又做出了下调。此外，在欧元危机告一段落的2011年7月，欧洲央行上调了政策利率，4个月后的11月份再次下调利率。瑞典中央银行也从2010年7月开始上调利率，并于2011年12月之后开始下调利率。
② 参见日本银行主页。
③ 从2016年开始，每年发布4次《展望报告》。

第5章 零利率政策与量化宽松政策

美联储主席时对物价稳定的定义基本一致。①

之所以没有采用某个具体数值表示物价稳定，最主要的原因是政策委员会委员之间的分歧太大，根本不可能形成一个大家都认可的数字。更关键的是，2%的物价上涨目标在短期内根本不可能实现，而目标一旦公布，为实现物价指标，就会要求日本银行机械地采取更为激进的货币政策，结果可能会出现引发泡沫膨胀在内的诸多新问题，因此日本银行对此抱有强烈的警戒感。总而言之，从长远来说，委员们的共识都是希望多少有点儿通货膨胀。这一报告非常慎重地考虑了委员们的意见分歧，正如下面所表述的物价稳定，概括了其后讨论的所有主要观点。

- 物价指数存在偏差，要给出一个值得信赖的偏差范围并不是件容易的事。而且偏差范围还存在波动的可能性。
- 考虑到名义利率不能降至零以下，运作货币政策需要十分慎重，避免经济陷入螺旋式通货紧缩。从这个角度来说，运作货币政策时应以若干正的物价上涨率为目标，这个观点值得进一步探讨。
- 物价变动是源自需求方面，还是源自供给方面，影响路径的不同有可能改变货币政策的应对方式。
- 根据泡沫经济时期的教训，即使消费者物价指数稳定，资产价格的波动也可能酿成重大的经济动荡。

---

① Volcker, Paul A. (1983), "We Can Survive Prosperity", Remarks at the Joint Meeting of the American Economic Association – American Finance Association, December 28, 1983. (https://fraser.stlouisfed.org/content/?item_id=8287&filepath=/files/docs/historical/volcker/Volcker_19831228.pdf.) Greenspan, Alan (1994), Testimony before the Subcommittee on Economic Growth and Credit Formation of the Committee on Banking, Finance and Urban Affairs, U.S. House of Representatives, February 22, 1994. (https://fraser.stlouisfed.org/content/?filepath=/files/docs/historical/greenspan/Greenspan_19940222.pdf&item_id=8500.)

在上述4个观点中，前两个观点在分析物价上涨率数字目标时非常重要，后两个观点，正如第2章"泡沫经济"和第3章"泡沫经济崩溃与金融危机"所分析的，在思考货币政策运作中的物价作用问题时相当重要。遗憾的是，当时这些观点并没有引起关注，在经历了全球金融危机之后，人们才意识到现实中这些问题的重要性。后续章节将对这些观点逐一进行详细解释。

## 启动经济财政咨询会议

2001年，日本政府做出了对之后日本银行货币政策运作产生巨大影响的两项决定：一项是1月份设立了"经济财政咨询会议"；另一项是3月份发布了"通货紧缩宣言"。

经济财政咨询会议（以下简称咨询会议）[①] 是在桥本龙太郎执政时期的1997年决定设立的。该会议的目的在于"根据首相的咨询，调查审议整体经济运行、财政运营、预算编制基本方针以及其他重要的经济财政政策事项"。

启动咨询会议之际，日本银行行长该不该出席这个会议，对于日本银行是个非常重要的抉择。咨询会议是以首相为议长，除了财务大臣、经济财政担当大臣等与经济政策相关的重要内阁成员，还有4名民间有识之士参加，目的是围绕"整体经济运行基本方针"等问题进行调查审议和建言献策。根据设置经济财政咨询会议的相关法律，参会的相关机构负责人必须经首相任命（《内阁府设置法》第二十二条），日本银行行长应该在此之列。虽然该咨询会议不是政策决策场所，但在讨论"整体经济运行基本方针"时，是不能排除货币政策的。新《日本银行法》规定，在货币政策决策会议上，政府代表可以

---

① 由内阁府设置的合议制机构。——译者注

参加会议，有意见时也可以发表意见，目的自然是以透明方式运作货币政策。尽管如此，作为政策委员会成员的日本银行行长，在政策委员会以外的场合与政府内阁成员一起讨论货币政策问题，这在体制上是相互矛盾的，至少在海外的发达国家中不会存在这种状况。

而现实中，日本银行行长又很难拒绝出席这个会议，尤其考虑到解除零利率政策时日本政府和日本银行之间的尖锐对立，就更加难以拒绝。最终，在得到日本银行政策委员会的同意后，行长参加了咨询会议。在首次咨询会议上，当时速水优行长率先提出"货币政策决策是由货币政策委员会决定的"，试图牵制咨询会议对货币政策的干预，但参会的民间人士本间正明（时任大阪大学教授）主张，对所有金融问题"不应视为禁忌，有必要进行讨论"。这一发言足以让人预想到未来经济财政咨询会议的走势。[1] 我从第二届咨询会议开始陪同速水行长出席，直至2002年7月当选为日本银行理事。后来，在我就任行长后的自民党执政时期也持续召开了这个会议，在经济处于危难之时，该咨询会议给日本银行的货币政策运作施加了许多有形或无形的影响及压力。在货币政策方面，的确需要政府首脑与中央银行首脑之间进行坦诚对话，而在咨询会议那样的场合讨论货币政策，至少在成熟的发达国家是绝无先例的。第一届咨询会议的民间议员牛尾治郎与我私下交流时，从一开始就反复强调，日本银行行长不应该参加这样的咨询会议。

## 政府的"通货紧缩宣言"

消费者物价指数在1998年出现负增长，之后一直呈现缓慢的负增长态势。2000年8月解除零利率政策时确认，当年6月的消费者物价

---

[1] 参见2001年1月6日第1回経済財政諮問会議の議事録（内閣府主页）。

上涨率（生鲜食品除外）同比下降了0.3%。

在此之前也曾讨论过通货紧缩问题，一般认为通货紧缩不单纯是物价下降，而是指物价下降的同时出现景气恶化状况。可以想象，背后的逻辑是，物价下降是经济景气恶化的结果，而不是引起景气恶化的原因。

2001年3月政府发布的"通货紧缩宣言"一举颠覆了这种认知。在内阁府提交给编制月度经济报告的内阁阁僚会议（以下称为月度经济报告阁僚会议）的书面资料中，提出了一个与经济景气毫无关系、单纯将物价持续下跌认定为通货紧缩的概念，并在此基础上发布了"通货紧缩宣言"，称"日本经济处于缓慢的通货紧缩状态"。当时日本银行已经决定采取宽松政策，"通货紧缩宣言"并没有立即影响到货币政策基调，只是将物价下降视为日本经济所面临的一系列问题根源的主张，严重束缚了日本银行的货币政策运作。

如果说政府发表这个宣言是希望唤起国民的问题意识，我认为日本的老龄化、少子化、财政危机等问题的重要性远远超过物价下降，此后也没有针对这些重要问题发表过任何宣言。正如本书第10章"日本经济面临的真正问题"要详细分析的，我们不能把消除物价下降、摆脱通货紧缩当作日本经济的最大问题，我认为这个观点是不正确的。从含糊地做出判断这点而言，我认为没有哪一个事件能像2001年3月政府发布的"通货紧缩宣言"那样，为日后的经济运行带来如此严重的影响。

## 学术界的观点

从这个时期开始，主张通货紧缩具有危害性的经济学家开始增多。日本宏观经济学的代表人物、时任东京大学教授的伊藤隆敏在2001年11月出版的著作中，判断"日本已经陷入螺旋式通货紧缩"，并极力主张实施通货膨胀目标制。① 他在书中提议将物价上涨率目标定为"1%~3%",完成期限是"2年"。正如书中的小标题所显示的,"日本银行下决心吧!""改变通货膨胀预期吧!"并且,在"必须制造通货膨胀"为小标题的一节中,开头是这样写的:②

> 金融当局应该采取以前通货膨胀状态下不能做或被视为"不适当"的政策,如大规模的量化宽松政策、扩大购买长期债券规模,甚至购买股票等。

伊藤所提的这些主张,是国外主流经济学家的标准观点。因此,不赞同此类主张的日本银行,屡屡遭到以伯南克为首欧美著名宏观经济学家的猛烈抨击,并被他们视为保守的中央银行。

## 实施量化宽松政策

这期间,世界经济因互联网泡沫崩溃而急剧恶化,恶化速度远远超出了包括日本银行在内的许多中央银行的预期。从互联网泡沫崩溃的"震源地"——美国的公开市场委员会做出的货币政策判断看,截至2000年11月,公开市场委员会对通货膨胀的担忧还是多于景气衰退,一进入12月就意识到了经济衰退的风险,短时期内判断上发生了很大变化。

世界经济的变化也影响到了日本经济。日本银行调整了景气判断预期,2000年12月发出了出口疲弱的警示,2001年1月明确下调了

---

① 伊藤隆敏(2001)『インフレ・ターゲティング——物価安定数値目標政策』日本経済新聞社、2001年、48頁。
② 伊藤隆敏(2001)『インフレ・ターゲティング——物価安定数値目標政策』日本経済新聞社、2001年、70頁。

经济增长率。由于经济形势恶化，日本银行货币政策基调从 2001 年 2 月转向宽松，政策利率由 0.25% 下调至 0.15% 后，在 3 月 19 日的货币政策决策会议上决定采取"量化宽松政策"。

"量化宽松政策"由 3 个支柱构成。第一，将货币政策操作目标由之前的同业拆借利率变更为日本银行活期存款账户余额，目标金额为 5 万亿日元。第二，"承诺"量化宽松政策持续实施，直至消费者物价同比上涨率稳定在 0% 以上。由于提供充足的日本银行活期账户余额意味着同业拆借利率将变为零，这个"承诺"等同于继续实行零利率政策。这就是所谓的时间轴政策或者前瞻性指引。第三，判断有必要增加日本银行活期存款规模时，可以增加购买长期国债额度。当时明确日本银行购买长期国债并不是为了支持政府筹措财政资金，从这个观点出发，购买国债的额度控制在了日本银行发行的银行券（货币）范围内，即所谓"银行券规则"。

该措施实施的第二天即 2001 年 3 月 20 日，《读卖新闻》刊登了社论，《量化货币宽松，日本银行应对危机果断出击》，文章的开头写道："货币政策上拉起了阻止通货紧缩的'警戒线'。"《日本经济新闻》的社论标题是《仅凭货币宽松无法解决日本的问题》。可以说，这两家报纸都发出了不要过度依赖货币政策的警告。《朝日新闻》像是预见到了之后的发展态势，"这才是日本着手推进的经济结构改革。为了缓和改革所产生的冲击，需要金融从侧面提供支持……但如果政府和经济界没有这种信念与决心的话，零利率政策只会被白白'吃'掉"。时任美国财政部副部长的著名宏观经济学家、斯坦福大学教授约翰·泰勒（John Taylor）在回忆录中写道："听到日本银行采取量化宽松政策，我很兴奋。"[1]

---

① Taylor, John B. (2007), *Global Financial Warriors: The Untold Story of International Finance in the Post-9/11 World*, W. W. Norton & Company, 2007, p.285.（『テロマネーを封鎖せよ——米国の国際金融戦略の内幕を描く』中谷和男訳、日経 BP 社、2007 年。）

## 关于"数量"效果的判断

当时采取的政策通常被称为"量化宽松政策",从设定的货币政策效果传导机制上看,包含两种不同的方式。一个是扩大活期存款规模,这是与"数量"相对应的机制;另一个是承诺持续实施零利率政策(时间轴政策),这与"数量"含义并不相关。前者是假定活期存款规模扩大可以增加贷款和货币供应,对经济景气和物价产生正面影响,这使我想起了货币数量论的观点。后者是假定通过时间轴效应降低中长期利率水平,从而助推经济景气和提升物价。

关于后者的影响机制,且不论效果大小,在实施零利率政策时就有过尝试,货币政策委员会成员之间已经就政策有效性达成了共识,很容易就通过了。与零利率政策时期的差异在于承诺的方式更为具体,即一直持续到消费者物价同比上涨率稳定在0%以上。而对于扩大"数量"效果的争论一直持续到最后。将"数量"作为金融调节操作目标也有过先例,美联储前主席沃尔克在任期内于1979年采用的"新金融调整方式"就是以此来抑制通货膨胀,而用"数量"抑制通货紧缩尚无先例。说到"量化宽松政策",听起来就是不通过利率而通过扩大数量规模发挥效用,但政策委员会的许多成员还是对数量增加所带来的预期效果持怀疑态度。其中只有中原伸之委员重视数量增加的预期效果,在实施零利率政策时就曾提出设定活期存款余额目标。政策委员会的不少成员认为,如果向公众说明扩大货币数量有很大效果,势必会增加未来货币政策的沟通难度。在货币政策决策会议上,山口泰副行长的发言就代表了这种担忧:[①]

---

[①] 2001年3月19日の「金融政策決定会合議事録」97頁。后续内容中,决定会合の議事録(議事要旨)参考日本银行主页(「金融政策」「金融政策決定会合の運営」)。

我想这将涉及某种准备金目标制（reserve targeting）问题，那就尽量不要去改变它，不过我认为有必要进一步讨论若干注意事项。首先这种政策与之前以利率为中心制定货币政策的思维方式完全不同，我也不知道这样轻易地转向数量是否正确。刚才植田委员指出在数量效果问题上利用了某种幻想因素，而要希望数量对预期产生影响，某种程度上的幻想也是很难避免的。最终我想就这样吧，不过，只利用幻想进行说明的话，越解释风险就越大，……我想我们必须充分牢记这种可能性。

尽管有这些担忧，最终还是采取了量化宽松政策，我想委员们的判断是，考虑到未来经济的严峻预期，已经到了需要一边讨论政策效果、副作用或成本，一边进行政策尝试的阶段。作为备选项，也有恢复零利率政策方案，并对零利率政策的持续时间做出更加具体的承诺，这在理论上是可行的，之所以没被采用，是由于预期未来经济可能继续恶化的情况下，进一步采取追加宽松货币政策的空间已经很小。加之，可能也因为速水优行长对于恢复半年前刚刚解除的零利率政策有一定的抵触，这也是不难想象的。

日本银行活期存款余额目标规模从当初的 5 万亿日元开始不断提高，截至 2003 年 3 月速水优行长卸任时，已经提升至 17 万亿～22 万亿日元。虽然一般都认为速水行长不怎么热心量化宽松政策，但在他任期内活期存款规模却有了大幅度增加。速水行长任期届满卸任后，福井俊彦出任了行长，就职那天恰逢美国对伊拉克发动军事行动。福井行长上任伊始就积极提高活期存款规模，从继任时已确定的"17 万亿～22 万亿日元"提升到"30 万亿～35 万亿日元"。由于当初法定准备金余额不足 5 万亿日元，意味着最终存在超过 30 万亿日元的超额准备金。如果与 2018 年 7 月末的日本银行活期存款余额（394 万亿日元）相比，这一数字显得微不足道，而在当时却是相当大的规模。

第 5 章　零利率政策与量化宽松政策

日本银行增加活期存款余额的方式主要有两种：向民间金融机构提供短期资金供给（贷款）和购买长期国债。其中，在购买长期国债方面，从当初每月4 000亿日元额度增加到后来的每月1.2万亿日元。在速水优和福井俊彦两位行长任期内，两种方式的运用存在一定差异。速水行长是增加对民间金融机构的短期资金供给，同时购买长期国债。与此相对，福井担任行长期间只增加对民间金融机构的短期资金供给，而没有增加长期国债的购买规模。当时，为了激励民间金融机构响应这种资金供给操作方式，逐渐延长了供给期限，到2005年中期，短期资金供给操作的平均期限超过了6个月。

## 实现政策效果的举措

如上所述，政策委员会的大多数成员认为宽松货币政策效果是通过降低利率来实现的。从理论上来说，中长期无风险利率就是在未来预期短期利率平均值之上追加若干的溢价（期限溢价）。另外，民间利率是处于无风险利率加信用风险溢价的水平。

因此，降低民间中长期利率水平的方式有三个：第一是以降低未来无风险利率为目标的时间轴政策；第二是通过购买中长期国债影响国债供求，从而降低期限溢价；第三是通过购买民间部门的风险资产降低信用风险溢价。在量化宽松政策期间日本银行运用了以上全部的政策手段，但最重视的还是时间轴效应。购买中长期国债始终被视为提供资金供给的手段，最终是通过影响国债供求发挥作用。

要通过政策起到刺激经济和影响物价的效果，不能仅靠降低利率，还必须使政策有效地传导到银行及其他中介市场。基于这一思路，日本银行推出了两项非传统政策措施。

第一项是从2002年11月开始购买金融机构持有的股票。这种购买不是作为货币政策手段，而是为稳定金融体系实施的，其目的就是切断金融机构持有股票的价格下降与银行惜贷之间的恶性循环。截至2002年3月末，日本大型银行的持股余额约为25万亿日元，比银行自有资本（一级资本）高出约1.4倍。[①]其中大部分是银行和企业之间相互持有的股票，即所谓"相互持股"。在不良债权问题尚未得到全面解决、金融机构意识到自有资本严重不足的情况下，一旦经济状况恶化，就会形成股票价格下跌、银行放贷行为更加慎重的恶性循环。虽然经济学家、政府和政治家强烈要求中央银行购买长期国债以及增加活期存款规模，但在中长期利率已经很低的状况下，我认为这些政策措施并不会产生效果。

在日本经济处于极端严峻的状况下，我赞成日本银行采取相应的政策措施。但是，判断标准是所采取的应对措施是否符合新《日本银行法》的规定，且有助于完成日本银行的使命。如果满足这一标准，尝试非传统的政策措施就是有价值的。2002年9月18日召开货币政策决策会议之前，我和山口广秀计划局长一起拜访了山口泰副行长，并提出了我们的建议，山口副行长当场表示赞同。估计山口副行长此前也有过同样的考虑。由中央银行购买金融机构持有股票的想法，早在三谷隆博理事和稻叶延雄稽核局局长负责金融体系稳定工作期间，就曾提出作为今后处理不良债权问题的备选方案之一，但当时也因为这种操作的极端"不传统"，在行内多数人看来永远都不会付诸实施。

当时的货币政策决策会议认为，"有一点应该引起充分注意，股价下跌不仅会通过各种途径影响企业和家庭支出，而且在当前严峻的经济金融形势下，可能会导致金融市场和金融系统的动荡"。[②]基于此，在讨论货币政策以外议题的通常委员会会议上，决定为了稳定金融系

---

① 日本銀行金融機構局（2005）「金融システムレポート金融システムの現状と評価——銀行セクターを中心に」2005年8月。
② 2002年9月18日的货币政策委员会会议纪要。

统而购买金融机构持有的股票。其根本目的在于，由日本银行承担金融机构所持股票的股价变动风险，切断股价下跌与实体经济的联系。起初设定的购买额度为2万亿日元，福井俊彦行长就任后将额度提高至3万亿日元。

这项措施一经发布，引起了极大震动。对于中央银行购买金融机构持有的股票，我认为无论是在切断股价下跌与银行惜贷之间的恶性循环方面，还是在谋求宏观经济稳定方面，都是一个有效措施，也表明了货币政策和金融体系稳定政策之间存在着密不可分的关系。伯南克主席曾将雷曼兄弟冲击时美联储采取的宽松货币政策描述为"信用宽松"，而当时购买金融机构持有股票正是日本银行版的"信用宽松"。

第二项是从2003年7月开始购买资产担保证券（Asset Backed Securities，缩写为ABS）和资产支持商业票据。这项措施是在金融机构面向中小企业贷款过于慎重的背景下，有意识地拓展中小企业银行贷款以外的其他信用中介渠道。当时我们关注的是正处于发展摇篮期，被称为"证券化商品"的资产担保证券和资产支持商业票据。在买入证券化商品的同时，为消除阻碍证券化商品市场发展的制度障碍，我们与相关市场参与者协作共同创立了"证券化市场论坛"，探讨包括证券化产品信息公开在内的各项制度改革。①

## 干预外汇市场

量化宽松政策实施之后，作为宽松效果的传导路径，讨论最为活跃的就是汇率。这反映了一种认知，即在零利率约束状况下，能够期

---

① 全球金融危机发生后，欧洲央行也开始购买资产担保证券。日本与欧洲国家的共同点都是银行在信贷中占有很大比重，我觉察到具有相同金融结构的中央银行，其思维方式也是很相似的。

待的宽松政策传导路径就是日元贬值,除此之外别无他途。2000年7月,普林斯顿大学教授拉尔斯·斯文森(Lars Svensson,后曾担任瑞典中央银行副行长)在日本银行召开的国际研讨会上发表的论文就是其中的代表,[1]他主张日本应采取钉住汇率,通过无限制地购入外汇,实现大幅度的日元贬值。

要诱导汇率贬值,最直接的手段就是财务省干预外汇市场。事实上,在量化宽松政策期间,日本曾频繁干预外汇市场。特别是2003年1月至2004年3月期间,外汇市场干预规模高达35.3万亿日元。虽然我对干预外汇市场的效果心存疑虑,但无论如何,外汇市场干预是在财务省授权下进行的,日本银行只不过是作为财务省代理人进行外汇交易操作而已。问题在于,与"开放的小国"情况不同,日本这样的大国是否应该进行以本币贬值为目的彻底地大规模干预市场,我认为大部分人都会持否定态度。

基于这种考虑,有一种观点非常活跃,就是不由财务省干预外汇市场,而要日本银行买入外汇资产。这种观点的依据是,因上述理由财务省难以干预外汇市场时,日本银行买入外债也可以实施干预。但是,正如第4章"修订《日本银行法》"中所讲的,日本银行不能进行以诱导汇率为目的的外汇买卖,这是《日本银行法》修订过程中日本政府和国会共同做出的决定。因此,日本银行要购买外汇时,也必须说明是为了实现物价稳定目标。即使将购买外汇主体由财务省改为日本银行,本质目的也是不能改变的。需要向公众说明大量购入外币是为了维持物价稳定而不是试图影响汇率变动,至于这种解释能在多

---

[1] Svensson, L. E. O. * (2001), "The Zero Bound in an Open Economy: A Foolproof Way of Escaping from a Liquidity Trap", *Monetary and Economic Studies*, Vol. 19, No. S-1 (special edition), February 2001.(「開放経済下における名目金利の非負制約——流動性の罠を脱出する確実な方法」日本銀行金融研究所ディスカッションペーパーシリーズ、No. 2001-J-6、2001年1月。)

大程度上被认可，则取决于该国经济形势的严峻程度、经济规模，乃至全球的经济形势。从 20 世纪 90 年代后半期到 21 世纪初期间，由日本银行购入外债并不是完全没有可能，但我认为仅仅通过将购买外汇主体由财务省变更为日本银行，是不可能得到国际社会理解的（见第 14 章"'六重苦'与'货币战争'"）。

## 基础货币与汇率的关系

经常有观点认为，如果日本银行实施量化宽松、增加基础货币，就可以带来日元贬值。这一观点依据的是国内外基础货币比率与汇率的关系图。当然，如果外汇市场参与者相信存在这种"关系"，也许会观察到短期内基础货币增加与日元贬值并存的现象，但是从稍微长期的数据来看，在美元与日元、美元与欧元、日元与欧元的汇率之间都不存在这种关系。日元贬值最严重的 2006 年年初至 2007 年 7 月，正是后文要讲的解除量化宽松政策后活期存款余额大幅压缩期间。尽管如此，无论是速水优任行长时期、福井俊彦任行长时期，还是我担任行长时期，将基础货币与汇率联系在一起的主张一直不绝于耳。

这种主张还是系统性的，每当干预外汇市场时，日本银行都会陷入"非冲销"干预的舆论漩涡。所谓"非冲销"干预，是指政府进行买入外汇的操作时，不采取措施回收日元资金，而是让大量资金滞留在市场上的方式。主张"非冲销"干预的人士认为，释放大量日元资金却不回收的"非冲销"干预会带来日元贬值，而"冲销"干预则不会带来日元贬值。[1] 也就是说，由于"冲销"和"非冲销"决定了基础

---

[1] 约翰·泰勒的回忆录中也有提及，"由于日本对外汇市场的干预没有遭到反对，这让其增加基础货币变得更加容易"。Taylor, John B. (2007), *Global Financial Warriors: The Untold Story of International Finance in the Post-9/11 World*, W. W. Norton & Company, 2007. P286.

货币的规模差异，中央银行增加活期存款账户余额和基础货币可以带来日元贬值。但是，从实际数据看，也没有出现这种关系（见图14-5）。而且，日本干预外汇市场的日元资金是财务省通过发行短期国债筹集的，本来就具有自动"冲销"性质。① 宽松货币政策对汇率的影响，只有预期国内外利差扩大时才能出现，单纯增加日本银行的活期存款规模是不会达到这一效果的。

总之，干预外汇市场的"冲销"与"非冲销"都是技术性很强的问题，非专家人士很难理解，而日本银行越是正面讨论这个问题，越被认为是消极对待日元升值问题。因此，福井行长极力回避正面谈论这一问题，他惯用的说法是"日本银行对市场提供充裕的资金，包括干预汇率市场的日元资金在内"，就是为了避免卷入这种毫无意义的争论。

## 日元套利交易

实施量化宽松货币政策后，现实中的日元汇率总体呈升值趋势，从2004年中期开始缓慢转向贬值（见图5-1）。日元贬值态势反映了日本国内外货币政策基调改变后呈现出的利率差扩大特征。

随着国际资本流动的活跃，汇率主要是由投资者在众多不同货币计价的金融资产中的选择来决定的，而对金融资产选择具有重大影响的就是国内外利率水平差异。具体来说就是从现在到将来国内外货币

---

① 不管有无外币的买入，日本政府每天都会通过开设在日本银行的政府存款账户与民间金融机构进行庞大的收支交易，民间金融机构在日本银行的活期存款账户余额也会出现增减。即使进行冲销，民间金融机构的活期存款账户余额也可能增加。因此，虽说是"冲销"，也很难判断哪个水平的日本银行的活期存款余额是冲销的结果，也不可能做出这样的判断。详细内容参考白川方明『現代の金融政策——理論と実際』日本経済新聞出版社、2008年。

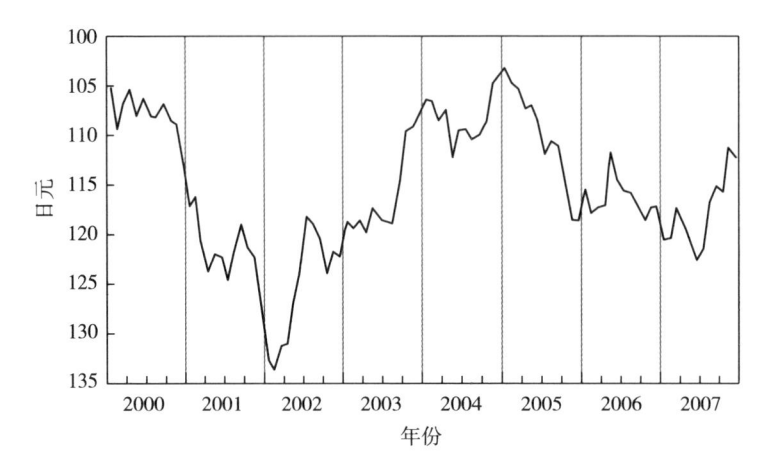

图 5-1　日元兑美元汇率

注：月平均汇率。
资料来源：日本银行主页（統計検索サイド）。

政策基调变化，即国内外政策利率的预期差异。日本实施量化宽松政策初期，世界各国均处于经济衰退期，政策利率呈下降趋势，而日本的政策利率为零，不可能指望扩大国内外利率差。相反，当国外进入经济复苏阶段、政策利率预期上升之时，就会扩大日本的国内外利率差。2004年中期以后的日元贬值，正是这种机制发挥作用的结果。从贸易加权平均的主要国家货币有效汇率看，2004年至2007年间日元贬值幅度最大（见图5-2）。

在这一时期，被称为"日元套利"的交易特别活跃。日元套利交易（carry trade）是指"运用低利率货币筹集资金，投资高利率货币资产"的交易。[1] 根据标准的汇率决定理论，投资货币和筹资货币之间

---

[1] 关于日元的套利交易参考塩沢裕之・古賀麻衣子・木村武＊（2009）「キャリートレードと為替レート変動——金利変動が市場参加者のリスク認識に与える影響」日銀レビュー、No.2009-J-5、2009年6月。

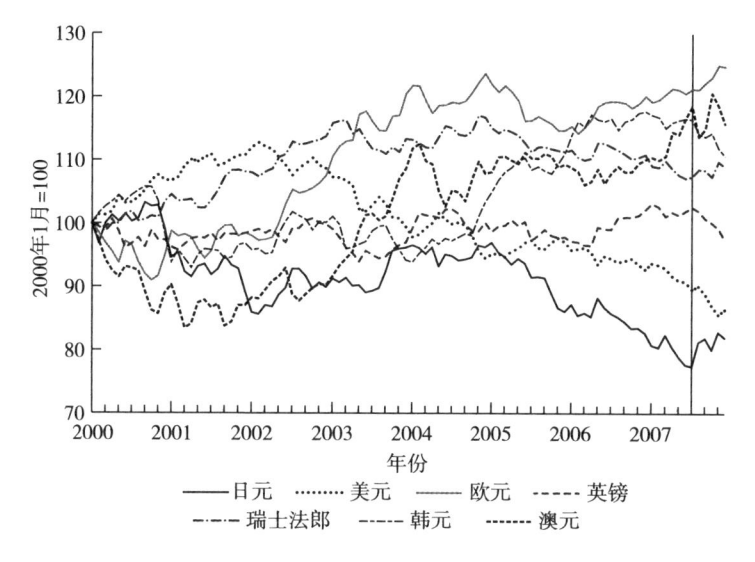

图 5-2　主要货币名义有效汇率的变动（2000—2007 年）
资料来源：BIS 主页（月度有效汇率）。

的利差收益会因投资货币的贬值而抵消，套利交易超额收益率的期望值应该等于零。但是在现实生活中，这种现象至少短期内不会出现，套利交易还是会产生超额收益。如果预期国内外利率差足够大，并且由于某种原因，预期将来汇率变动的概率很小，就更容易出现套利交易。2005 年前后日本短期利率几乎为零，相反随着海外经济景气的恢复，主要国家利率不断攀升，出现了大规模日元套利交易。[①] 其实，当时国内外很多投资家都在进行日元套利交易，并不仅限于日本个人投资者。但由于象征日本个人投资者的"渡边太太"出镜率很高，还出现了专门面向日本个人投资者以高利率货币计价的公司债券，被

---

① 澳大利亚学者视角的日元套利交易论文，参考 Debelle, Guy（2006），"The Australian Foreign Exchange Market", Speech at Insto's Foreign Exchange Conference, November 17, 2006. http://www.rba.gov.au/publications/bulletin/2006/dec/pdf/bu-1206-3.pdf.

第 5 章　零利率政策与量化宽松政策

冠以"奇异果债券"（Kiwi bonds）[①]、"卖出债券（Uridashi bonds）"等名称。[②]

## 量化宽松政策后的经济金融形势

日本经济自2000年11月以后开始衰退，并在量化宽松政策实行10个月后的2002年1月触底。而在当时，很少有人意识到经济已经复苏，到处弥漫着悲观气氛。其主要原因之一是大型金融机构不良债权处理问题尚未完全结束，自有资本不足问题的忧虑还没有散去。福井行长就任的2003年3月，经济触底已经过了一年有余，但明确认为经济回暖的人并不多。而从日银短观发布的大型制造业企业景气判断指数看，与景气指数最差的2002年3月的负38相比，2003年3月已经上升到负10。2003年5月日经平均股价触底反弹后对未来景气的乐观情绪才开始蔓延。[③] 房地产价格在泡沫经济崩溃后长期持续下跌，而公示价格（每年年初）数据显示，东京圈的商业地价自2002年触底后开始反弹，与上一年相比的上涨率在2006年为1.0%、2007年为9.4%、2008年为12.2%，呈逐年增长态势。根据日本内阁府公布的景气基准日，自2002年1月开始经济景气持续扩张了6年零1个月，直到2008年2月，创下了第二次世界大战后最长的经济增长纪录。

经济复苏的第一个原因，21世纪初日本完成了泡沫经济崩溃后的过剩库存调整，即消除了人、财、物"三个过剩"，为经济恢复奠定

---

[①] 在新西兰发行的以非本国居民（如日本国内的公司）为主要对象的外汇债券。——译者注
[②] Bollard, Alan (2007), "Easy Money: Global Liquidity and Its Impact on New Zealand", Speech to the Wellington Chamber of Commerce, March 15, 2007. (https://www.rbnz.govt.nz/research-and-publications/speeches/2007/speech2007-03-15.)
[③] 东证股票价格指数的波谷值出现在2006年3月11日。

了基础。其中，关于雇佣制度调整需要做一些说明。在美国，过剩劳动力是通过裁员（临时解雇）方式比较迅速地得到解决，而在日本大企业中，终身雇佣制仍然占主导地位，劳动力还具有很强的固定生产要素色彩。受这种雇佣制度的影响，为调整过剩劳动力，日本用了10年以上时间。第二个原因是海外经济景气复苏。2004—2007年世界经济平均增长率达5.2%，大大超过了2004—2018年3.8%的平均增长率。第三个原因是日元贬值带来的出口和设备投资增加。回过头来看，这三大原因在很大程度是受到了全球信贷泡沫引发的空前繁荣的影响（见第6章"'大稳健'幻象"）。第四个原因是各种微观层面的制度改革。日本许多领域的改革都取得了进展，比如会计制度、信息披露制度、公司治理、企业破产及重组等相关的法律与实务。虽然改革措施常常有些矫枉过正，甚至失败，但改革方向是正确的。宏观经济学家大多喜欢运用宏观经济因素解释经济复苏，我却想强调微观层面的制度改革在经济复苏中发挥了重要作用。

在此期间，泡沫经济崩溃以后长期困扰日本经济的不良债权问题终于在2003—2004年间得到彻底解决，这对日本经济复苏做出了巨大贡献，也有助于2002年以来各大金融机构扩充自有资本。以不良债权减半为目标的"金融再生计划"（"竹中计划"）成为增资的诱因，而使增资成为可能的是20世纪90年代后半期以来日本银行在相关部门共同努力下包括投入财政资金在内安全网的构筑与完善，以及得益于世界性经济景气复苏（见第3章"泡沫经济崩溃与金融危机"）。我认为日本银行所采取的货币政策，也通过为金融机构营造安全的资金周转环境和减轻股价变动风险等方式，支持了相关经济主体的行动。

**量化宽松政策的解除**

伴随着经济复苏感的逐渐明朗，消费者物价指数（生鲜食品除外）同比下降幅度不断缩小，2005年11月以后转为正值。在这种状况下，围绕要不要解除量化宽松政策展开了激烈讨论。日本银行确认2006年1月消费者物价指数同比增长0.5%后，在3月9日召开的货币政策决策会议上，判断消费者物价指数同比增长率已稳定为正数，解除了量化宽松政策（见图5－3）。其结果是，日本银行货币政策操作目标从数量指标重新回到同业市场隔夜拆借利率，并诱导该利率继续维持在大致零利率水平。

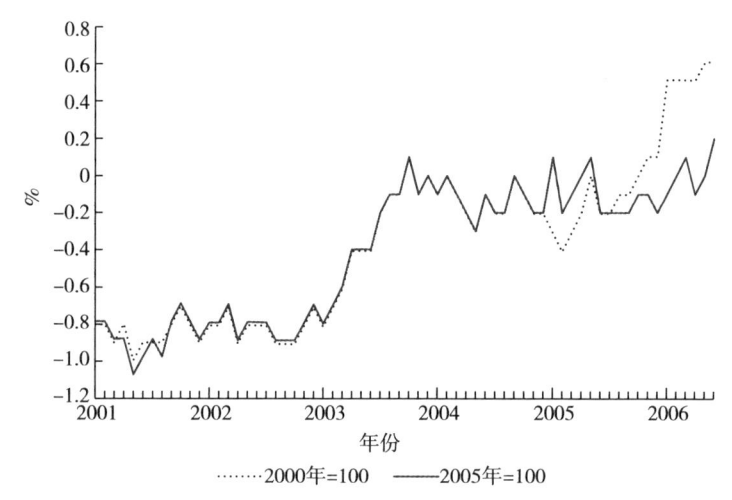

图5－3 2001—2006年消费者物价指数同比增长率走势图
资料来源：总务省"消费者物价指数"。

围绕如何解除量化宽松政策，也就是所谓的"退出战略"，是先削减数量还是先提高利率，有许多不同观点。日本银行在解除量化宽松政策时，无法选择后者。在量化宽松政策解除之前的活期存款规模已经高达32.1万亿日元，只要存在巨额超额准备金（约26万亿日元），短期利率基本都会处在接近于零的水平。因此，金融操作的现实课题是，削减准备金规模直至接近法定准备金水平，然后顺利过渡到利率传导机制。当时，短期公开市场操作余额约为60万亿日元，期限相对较短，平均为3个月多一点，因此对短期公开市场操作采取了到期终止方式，顺利实现了数量削减。[①] 在此基础上，2006年7月14日召开的货币政策决策会议上，将隔夜拆借利率的诱导目标上调至0.25%。虽然我为利率上调做了充分的准备，但是我的4年理事任期在会议召开的两天前到期，因此没有出席此次会议。

另一个重要问题就是退出量化宽松政策后如何设计新的货币政策运作框架。大多数批判日本银行的经济学家主张，解除量化宽松政策后应该采取通货膨胀目标制。这一主张包括两个方面：一是设定物价上涨率目标，采用2%的国际标准；二是明确在短时间内达成物价上涨率目标，主张设定2年期限的居多。关于通货膨胀目标制，如果能正确理解为弹性的货币政策框架是没有问题的，但遗憾的是，日本所提出的通货膨胀目标制并不是这个含义。特别是考虑到日本社会的一般倾向，一旦提出具体的数字目标，就很容易执着于这一数字目标（即所谓"数字独行"），让人担心的是机械地追求数字目标可能会带来经济不稳定。如果物价上涨率能够集中反映所有影响经济可持续发展的不平衡因素，只钉住物价上涨率来运作货币政策是没有问题的，而日本所经历的泡沫经济、泡沫崩溃以及随后的金融危机告诉人们并非如此，如果忘记了这些教训，将机械地追求2%的物价上涨率作为货币政策的运作目标，我认为是不合时宜的。新《日本银行法》规定"将通过稳定物价促进国民经济的健康发展作为理念"，并不是要机械地追求2%的物价上涨率。

同时，我们必须意识到作为一个拥有独立性的中央银行履行问责制的必要性。我想当时政策委员会的多数成员都认为，即便担心"数字独行"现象，不提出一个数字目标恐怕也是说不通的。我的判断也是如此。因此，日本银行在2006年3月解除量化宽松政策时，做出了

---

① 参见「2005年度の金融市場調節」（2006年5月）。日本银行主页。

第5章 零利率政策与量化宽松政策

两个对随后的货币政策运作产生重大影响的决策：一个是发布"中长期物价稳定的理解"，明确了日本银行对物价上涨率目标的思考；另一个是后文将要分析的"两个支柱"。

### "中长期物价稳定的理解"

关于具体的物价上涨率目标，政策委员会成员之间的分歧很大，因此设定一个能凝聚共识的数字目标是相当困难的。在这种情况下，作为日本中央银行要负责任地运作货币政策，最自然的方法是让委员们将各自理解的"物价稳定"状态用数字表现出来，然后汇总公布。这就是2006年3月发布的"中长期物价稳定的理解"。[①] 具体表述如下：

> 消费者物价指数同比增长率应控制在0%~2%的范围内，委员们给出的预期值，以1%左右居多。

这种表述一方面表明日本银行不容许物价下降的姿态，另一方面也尊重了政策委员会成员之间对物价稳定的理解差异，我认为在当时这是最佳的决策。[②] 但外界对"中长期物价稳定的理解"的批评纷至沓来，大部分人认为"多数"委员给出的1%的物价上涨目标过低。也有人批评说，从"理解"一词完全感受不到日本银行达成目标的强烈意愿。此后这样的批评反复出现，我担任行长之后，特别是2009年

---

① 参见「「物価の安定」についての考え方」（2006年3月）。日本银行主页。
② 就连多年来一直主张日本银行应采用通货膨胀目标制的岩田一政副行长也高度评价了"中长期物价稳定的理解"。这里重要的是，"中长期物价稳定的理解"不仅在政策委员会成员之间，而且在市场参与者之间也成为"共同知识"（common knowledge）。"共同知识"的存在可以为市场提供"吸引关注的焦点"，并成为促进人与人之间达成共识的催化剂。参见岩田一政＊（2006）「新たな枠組みの下での金融政策運営」（秋田県・金融経済懇談会の挨拶要旨）、2006年6月。

日本政府发布"通货紧缩宣言"之后，这样的批评变得更加猛烈（见第9章"通货紧缩舆论的高涨"）。

## "两个支柱"的引入

在货币政策运作中，引入了运用"两个支柱"来判断经济和物价形势的新框架。第一个支柱是对于未来1~2年可能性最大的经济与物价形势预期，从是否符合物价稳定下经济可持续发展的角度出发做出判断或调整。这是通常通货膨胀目标制框架下的标准程序。第二个支柱是基于更长期的视角，从物价稳定下实现经济可持续发展的角度出发，排查货币政策运作中应该重视的各种风险。比如，虽然发生概率不大，但是一旦发生就会对经济和物价产生重大影响的风险因素，或者是在超过1~2年的更长期间内可能出现的经济动向，都是需要排查的内容。第二个支柱是从日本泡沫经济中汲取的经验教训，旨在弥补通货膨胀目标制的缺陷。

## 对解除量化宽松政策的反应

对于解除量化宽松政策，不知道当时的小泉纯一郎首相、谷垣祯一财务大臣、与谢野馨经济财政政策担当大臣、安倍晋三官房长官等政府首脑是如何考虑的。我认为并非所有的官员都赞成解除量化宽松政策。而无论是2006年3月决定解除量化宽松的决策会议，还是同年7月终止零利率时的决策会议，都与2000年8月那次解除零利率政策时的决策会议不同，政府代表在会上并没有提出异议。[①] 作为负责货币政策的理事，我向财务省和内阁府相关官员说明解除量化宽松的政策环

---

① 参见2006年3月以及同年7月的货币政策决策会议的会议记录。

第5章 零利率政策与量化宽松政策

境正在逐步形成，还与自民党内对日本银行批评最为激烈的政调会长中川秀直议员、货币政策小委员会委员长山本幸三议员进行了面谈，并做了相同的背景说明。特别是以号称"批判日本银行的急先锋"而广为人知的山本幸三议员，此时的态度也与过去截然不同。在日本银行宣布解除量化宽松政策后不久，山本议员做出了罕见的正面评价，称"这个决定具有划时代意义，值得高度评价"，还指出"由于向国民展示了通俗易懂的数字，因此市场预期比较稳定，政策的透明性也得以提高"。① 报刊的评论也很冷静，认为问题的核心并不是活期存款规模，而是今后的短期利率走势。在 2006 年 9 月发布的政府月度经济报告中，也是时隔 5 年半没有出现"通货紧缩"一词。金融市场也没有出现特别的反响。② 此时，我的感觉是外界对量化宽松政策的理解在不断深化。

而改变这种局面的是 2006 年 8 月末总务省调整了消费者物价指数基准年份（每 5 年一次），并公布了新基准下的物价上涨率。根据新基准，消费者物价指数同比上涨率平均向下调整约 0.5 个百分点（即所谓的"CPI 冲击"），改变了量化宽松政策解除之前人们的印象。③ 由于解除量化宽松政策的前提是消费者物价指数同比上涨率稳定在正值，包括山本议员在内，对日本银行的谴责声浪再次兴起。

## 量化宽松政策效果的评价

量化宽松政策由数量扩大和承诺持续零利率政策（时间轴）两方

---

① 参见山本幸三议员在个人主页上发表的评论。http：//www.yamamotokozo.com/2006/03/20060313/. 2018 年 3 月 19 日阅览。
② 参见「2005 年度の金融市場調節」（2006 年 5 月）。日本银行主页。
③ 在一定程度上也考虑了新标准带来的物价上涨率降低因素，但没有考虑到移动通话费等部分商品价格指数计算方法改变的影响。参见 2006 年 10 月发行的「展望レポート」，第 21 页。

面组成，结合2001—2006年5年的经历，应该如何评价其政策效果？当时我做出了以下评价。

作为数量效果，比较明显的是维持了金融体系稳定。21世纪最初几年日本已经从金融危机最糟境况中脱身，但由于金融机构自有资本不足问题没有得到完全解决，量化宽松政策带来的充裕资金供应，使金融机构在资金周转方面获得了安全感，有助于稳定金融体系。[1]

对经济景气起到刺激作用的是承诺持续零利率政策，即时间轴效应。在这里必须注意的是，时间轴效应并不是靠政策自身发挥作用的，它是由于海外经济景气恢复带来的日元汇率转向贬值的"顺风"策略，而不是"自主运行"的策略。另一方面，并没有观察到量化宽松政策支持者所强调的货币数量论传导机制，即通过扩大活期存款规模、增加货币供应量和贷款，以此刺激经济增长的现象。

由此可见，量化宽松政策的传导还是通过降低利率这一传统的机制。全球金融危机后，时任美联储主席伯南克在说明美联储宽松政策时，为避免人们误以为货币数量扩大本身就是目的，没有使用"量化宽松政策"一词，而是使用的"大规模资产购买"（Large-Scale Asset Purchase，缩写为LASP），这与日本银行实施量化宽松政策时的理解基本一致。[2] 不过，当时日本银行采取量化宽松政策时，社会上还没有正确理解"数量"的含义。布什总统时期的白宫经济顾问委员会主席格伦·哈伯德（Glenn Hubbard）当时负责宏观经济政策工作，他每次访问日本银行，我们都会交换意见。他的关注点都集中在活期存款余额和基础货币上，而且我记得他每次都会提出很多与数量有关的技术性问题。

---

[1] 鵜飼博史＊（2006）「量的緩和政策の効果——実証研究のサーベイ」日本銀行ワーキングペーパーシリーズ、No. 06‑J‑14、2006年7月。

[2] Bernanke, Ben S. (2015), *The Courage to Act: A Memoir of a Crisis and Its Aftermath*, W. W. Norton & Company, 2015.（『危機と決断——前FRB議長ベン・バーナンキ回顧録』上・下、小此木潔監訳、KADOKAWA、2015年。）

第5章 零利率政策与量化宽松政策

## 宽松货币政策的收益与成本

围绕量化宽松政策的有效性，自20世纪90年代末开始就展开了激烈讨论，量化宽松政策解除后依然争论不休。"通货再膨胀派"的经济学家主张量化宽松政策有效（见第10章"日本经济面临的真正问题"）。对这一观点做出最强有力反击的是我大学时代的恩师小宫隆太郎教授。小宫教授曾在1976年针对20世纪70年代前半期的"奔腾式通货膨胀"，发表了题为《1973—1974年通货膨胀原因分析》的论文来批评日本银行，这是广为人知的。[1] 同样是小宫教授，强烈反驳和抨击了"通货再膨胀派"的主张，认为20世纪90年代以来围绕货币政策的讨论是在"群殴日本银行"。不管是赞成还是反对日本银行的政策，小宫教授一直认为，需要以明确的观点展开"论辩"，基于这一出发点，他组织编写并出版了《货币政策讨论的焦点》[2] 一书。

实际上，对于量化宽松政策这种具有实验性质的政策效果，很难得出一致的结论。因此，还是应该根据最终收益与成本进行分析考量。据此，小宫老师认为量化宽松政策是"微害微益"[3]。从这个观点来说，也许到2006年为止的量化宽松政策的效果还可以说是在"微害微

---

[1] 小宫隆太郎（1988）「昭和四十八、九年インフレーションの原因」『経済学論集』（東京大学経済学会）第42卷第1号、小宫（1988）所收。
[2] 参见小宫・日本経済研究センター（2002）。执笔者除了小宫之外，还包括伊藤隆敏（东京大学教授）、岩田一政（内阁府政策统括官、后任日本银行副行长）、岩田规久男（学习院大学教授、后任日本银行副行长）、新保生二（青山学院大学教授）、深尾光洋（庆应义塾大学教授）、吉川洋（东京大学教授）以及我本人等共计8人。我除了参加座谈会以外，还投稿了两篇论文。关于出版的经过，参考小宫隆太郎（2013）第200~201页。小宫隆太郎・日本経済研究センター編『金融政策論議の争点——日銀批判とその反論』日本経済新聞社、2002年。小宫隆太郎『経済学わが歩み——学者として教師として』ミネルヴァ書房、2013年。
[3] 小宫隆太郎・日本経済研究センター編（2002）『金融政策論議の争点——日銀批判とその反論』日本経済新聞社、2002年、273頁。

益"的范围内。不过当初虽然是在这个范围内，不久后就可能会超出"微害"的范畴。全球金融危机爆发后，这种可能性变成了现实。自我担任行长以后，始终面临着这个问题。

## 围绕独立性与问责制的争论

关于量化宽松政策，除上述热议的货币政策成本与收益，在中央银行独立性与问责制问题方面还触及了以下几个难题。

第一是财政政策与货币政策的关系问题。在零利率约束下，要想追求货币宽松效果，不仅要降低无风险利率，还必须降低信用风险溢价。这意味着中央银行通过购买民间企业债务等方式参与了个别微观领域的资金配置。而政府当局参与微观领域的资金配置，是由经国会表决通过的财政政策实施的，这是民主制国家的基本原则。从中央银行的独立性角度出发，中央银行负责提供经济整体的流动性和制定一般利率水平，个别领域的资金配置则由市场机制决定。而如果中央银行购买个别企业的公司债或股票等风险资产，所采取的货币政策就会近似于财政政策，从长远来看，恐怕会动摇中央银行独立性的根基。当然，这也并不是要截然区分财政政策与货币政策，可究竟二者的界限在哪里，却是一个令人苦恼的问题。①

第二是结构改革与货币政策的关系问题。尽管经济学界对于货币政策的有效性存在分歧，但政策委员会成员之间对于结构改革已达成共识，即对日本经济来说，放松规制等的结构改革政策非常重要，如果不推进结构改革，日本经济就难以回归到正常增长轨道。2001年3月采取量化宽松政策时，日本银行在货币政策决策会议公告中明确提

---

① 山口泰＊（2001）（JCIF 国際金融セミナーでの講演）2001 年 10 月 17 日。

第 5 章　零利率政策与量化宽松政策　　155

出，强烈希望政府推进结构改革。① 但是，从开始结构改革，到改革生效从而提升潜在经济增长率，往往需要相当长的时间，而且也难以判断现实的经济增长率下降是源于潜在增长率下降，还是反映短周期波动的增长率下降。在这种情况下，日本银行如何强调结构改革的重要性，也是一个很棘手的问题。如果日本银行积极主张推动结构改革，会让人误以为消极对待宽松货币政策，如果不主张结构改革，就要面对没完没了地要求大胆宽松的压力。另一方面，反对宽松货币政策的专家也批评日本银行，认为是宽松货币政策阻碍了结构改革进程。

第三是关于货币政策沟通方面的问题。福井行长在任时，我想他也许是有意识地发出了提高活期存款目标的呼吁。因为我对数量增加效果一直持怀疑态度，所以对这样的信息发布感到很不舒服。同时我也意识到存在另一种指责——既然将活期存款规模作为货币政策操作目标，那么再去否定数量规模的有效性，这在逻辑上不是自相矛盾吗？我当时担心的是，由于活期存款规模增加本身没有太大效果，最终又不得不无休止地扩大规模，结果就会陷入"财政支配"（fiscal dominance）状态。值得庆幸的是，2004年以后世界经济取得了快速增长，日本银行并没有陷入我所担心的状况。这在很大程度上归功于世界范围内出现的信贷泡沫。日本银行如实地说明了量化宽松政策的收益和成本，而对于成本问题的说明，又被指责为降低了量化宽松政策的有效性。

第四是货币政策委员会体制下理想的沟通方式问题。关于量化宽

---

① "公告"的内容如下："要希望这个措施充分发挥货币宽松效果，并借此实现日本经济回归持续增长轨道，推进一系列的结构改革是不可或缺的条件，如以解决不良债权问题为代表的金融系统、经济产业方面的改革。结构改革本来就是伴随阵痛的过程，如果不克服这些痛苦推进改革，就很难提高生产效率、实现经济的可持续增长。作为日本银行，强烈期待在国民对结构改革的深刻认识和政府强有力的领导下，迅速推进各方面的彻底改革。"「金融市場調節方式の変更と一段の金融緩和措置について」（2001年3月19日）。日本银行主页。

松政策，委员之间的分歧非常大。另外，即使可以对未来货币政策基调做出某种承诺，不过现任的政策委员会成员能否对超出自己任期的未来货币政策做出承诺呢？这也是焦点问题之一。

上述问题以前并没有引起人们的足够注意，其理由在于，针对传统货币政策，在某种程度上能够合理评价其效果，而对于零利率约束下的货币政策，其效果是很难评价的。另外，以前日本银行没有足够的独立性，完全由政策委员会决定的货币政策并不多，这也是理由之一。关于独立性与问责这些棘手问题，在全球金融危机后变得更加突出。不仅仅是日本银行，多数国家的中央银行都面临着相同的困境。关于这些问题将在第22章"独立性与问责制"中进行详尽叙述。

# 第6章 "大稳健"幻象

以美国为震源的全球性互联网泡沫崩溃开启了21世纪第一个10年。从结果来看，泡沫崩溃的影响仅持续了很短时间，2004—2007年间出现了全球性经济繁荣，其特征是高增长率、物价稳定、低波动性，当时的经济也被称为"大稳健"。依托良好的经济表现，政策当局和经济学家增强了自身对货币政策理论与实践的自信。最终意识到这是反映世界性泡沫膨胀的虚假繁荣时，已经是全球金融危机爆发之后。在此期间，世界范围内的良好经济态势通过海外市场扩大和日元贬值，成为日本在第二次世界大战后持续时间最长的景气扩张期的重要推动力。日本与其他国家一样，并没有意识到本国经济扩张得益于世界性的泡沫膨胀，也没有认识到失衡因素正不断蓄积。

## 21世纪最初几年的世界经济

21世纪初发达国家出现了世界性互联网泡沫崩溃，与泡沫刚刚崩溃后的悲观预期相反，作为"震源地"的美国经济在很短时间就走出了衰退。根据美国国家经济研究局对经济周期的判断，从2001年3月开始的经济衰退，到11月就已经结束，衰退仅仅持续了8个月。不过，美国当初并没有感受到经济复苏，2002年秋季到2003年夏季期间，还出现了物价下降背景下担心陷入"日本式通货紧缩"的倾向。这种担心从结果来看，纯粹是杞人忧天。自2001年11月至2007年12月期间，美国的经济景气扩张持续了6年零1个月。从世界经济整体看，也是持续高增长，2003—2007年4年间世界经济平均增长率为5.2%，远远超过了1998—2007年4.0%的平均增长率（见图6-1）。

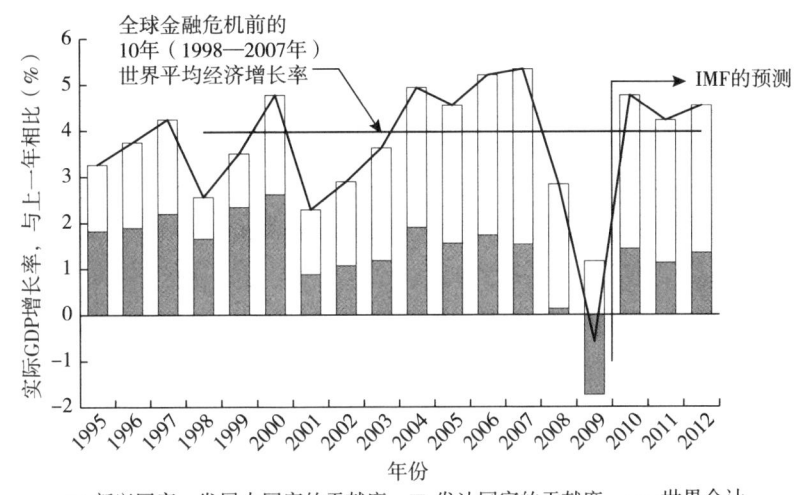

图6-1 世界经济增长率（2010年10月统计）

资料来源：白川（2010）图表1。白川方明*（2010）「最近の金融経済情勢と金融政策運営」（名古屋・各界代表者との懇談での挨拶）2010年11月29日。

在这期间，增长尤为显著的是新兴市场经济体。经济学家吉姆·奥尼尔（Jim O'Neill）在2001年11月的报告中提出了"金砖四国"[BRICs，是由增长显著的巴西（Brazil）、俄罗斯（Russia）、印度（India）、中国（China）四个新兴市场国家的首字母组成的新词]一词，这些新兴市场经济体强劲的经济增长态势给许多人留下了深刻印象。

在"金砖四国"中，中国的经济增长尤为醒目。2007年中国实际

第6章 "大稳健"幻象

GDP 是 1990 年的 7 倍，年均增长率达到 10.2%。如果把时间跨度缩短为从 2000 年到美国迎来景气衰退的 2007 年年底的 7 年间，中国年均增长率更是高达 10.5%。中国如此高的经济增长速度，是包括我在内的很多国家政策决策者和经济学家在世纪之初怎么也想象不到的。比较中日两国名义 GDP，1990 年中国仅为日本的 13%，2010 年却仅超日本。回过头来看，日本自经济高速增长时期超过联邦德国以来，一直是世界排名第二位的 GDP 大国，因此，这也使得很多日本国民以一种非常复杂的心态看待邻国的高速增长。

中国经济高速增长的最大原因与 20 世纪 50 年代中期到 70 年代初的日本高速增长期一样，主要是有效发挥了市场机制的作用。[①] 90 年代初中国转向了改革开放的市场经济体制，以低人工成本为基础，增加了劳动密集型工业制成品的出口。与此同时，随着中国国内工资水平的提高，形成了劳动力从低效率的农业部门向高效率的工业部门转移，以及从农村向城市的大规模转移。这正是发展经济学家阿瑟·刘易斯（Arthur Lewis）的经济发展模型中所描绘的景象。结果是，以城市为中心的实际购买力水平提升的同时，推升了对公路、铁路等的基础设施需求；城市地区收入水平提高后，家庭对住宅和耐用消费品的需求也随之提高。这种高速增长机制，只要存在劳动力由农村向城市的转移，并在整体上存在劳动年龄人口的增加态势，就会持续发挥作用。但这种机制的效应是一次性的，而且，如果收入水平提高导致出生率下降，劳动年龄人口也会减少，经济增长逐渐放缓也是难以避免的。

经济转型期面临的最大挑战是能否顺利实现从高速增长向中低速

---

① 关于日本经济的"高度成长"机制，参考白川方明＊（2011）「高度成長から安定成長へ——日本の経験と新興国経済への含意」（フィンランド中央銀行創立 200 周年記念会議での発言）2011 年 5 月 5 日。

增长的过渡。日本在 20 世纪 70 年代初结束了年均 10% 的高速增长，增长率逐步下降。中国由高速增长向中低速增长的转变开始于全球金融危机爆发前的一段时间。截至 2007 年，即雷曼兄弟冲击的前一年，中国经济持续保持高速增长。在这种情况下，随着基础设施投资和住房需求的增加，对原油、铁矿石和煤炭等为代表的资源需求呈爆发式增长，并且，国民收入水平的提升，更是增加了对食品的需求。结果促使资源价格和食品价格上升，带来了产油国和资源国的高速增长，进一步促进了整个世界的经济增长。

日本经济从世界经济高速增长中受益匪浅，2002 年 1 月至 2008 年 2 月期间出现了 6 年零 1 个月的第二次世界大战后最长经济扩张期。话虽如此，当时实际 GDP 在增加，日银短观的景气判断指数所表示的企业信心也呈现出改善迹象，但来自国民及企业经营者的更多声音却是"没有实感的经济复苏"。

造成这种反差的第一个原因就是劳动分配率的下降。在亚洲金融危机最为严重的 1998 年，日本的劳动分配率曾攀升到 52%，到 21 世纪初期降至 48%。一直以来，由于日本大企业以长期雇佣为主，在经济萧条期就会出现工资相对增高和劳动力过剩状况，从而抬高劳动分配率；而在经济扩张时期，相反的作用机制会带来劳动分配率下降。这在以往的经济扩张时期也曾出现过，不过伴随全球竞争的日益加剧，日本企业比以往更加重视净资产收益率（ROE）、抑制工资水平上升，也对其产生了一定影响。

第二个原因是贸易条件的恶化。贸易条件是指（一定时期内）本国的一单位商品可以交换多少单位外国进口商品，表示为出口价格与进口价格之比。与 21 世纪初相比，日本的贸易条件在 2007 年和 2008 年分别恶化了 20% 和 30%（见图 6-2）。贸易条件恶化意味着实际购买力增长低于以 GDP 测度的经济增长。统计数据中的"贸易福利损失"代表了购买力下降的程度，进入 21 世纪以来，贸易福利损失规模占GDP之比已超过5%。[①]由于日本几乎所有重要资源都依赖进口，以新兴市场国家经济发展为背景，21世纪以来国际商品市场行情上涨是贸易条件恶化的重要因素之一。而这种状况出现在美国和加拿大以外的大多数依赖资源进口的发达国家。日本贸易条件恶化的另一大原因就是出口价格下降。这体现为在全球竞争日益激化的背景下，日本企业拥有价格控制能力的商品正逐渐减少。决定日本整体实际购买力水平的不是GDP，而是调整了贸易条件恶化带来的购买力下降（贸易福利损失）之后的收入。如此看来，这个收入的增长没有达到实际GDP的增长速度，也是日本国民没有感受到经济复苏实惠的原因之一（见第10章"日本经济面临的真正问题"中的贸易条件国际比较）。

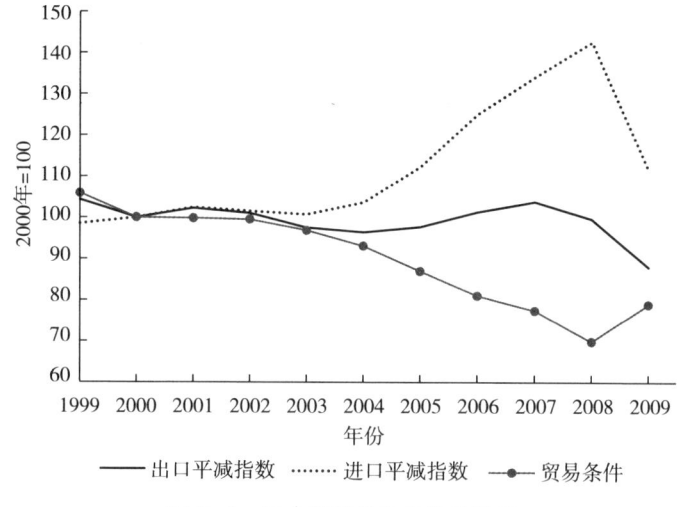

图6-2 日本贸易条件的变化轨迹

资料来源：内阁府「2009年度国民经济计算」。

---

[①] 齐藤（2014）的第10章详细解释了贸易条件，同时对其变化所具有的宏观经济意义进行了深入的分析。齊藤誠（2014）『父が息子に語るマクロ経済学』勁草書房、2014年。

## 美国的通货紧缩忧虑

2002—2003 年是第二次世界大战以来发达国家首次实质性担忧陷入通货紧缩的时期。标志性事件就是 2002 年 11 月时任美联储理事的伯南克进行的题为《通货紧缩：确保"它"不在这里发生》的著名讲演。① 这一讲演的中心思想是牢记日本通货紧缩的教训，决不能让通货紧缩在美国发生，并认为实际发生的可能性也不大。这在当时引起了强烈反响。

在担忧通货紧缩的背景下，2003 年 6 月公开市场委员会将作为政策利率的联邦基金利率（FF 利率②）诱导目标降至 1.0% 的当时历史最低水平。尽管声明中言辞谨慎地避开了"通货紧缩"，但提出降低利率的目的就是通过宽松货币政策改善通货膨胀预期。③

伯南克在公开市场委员会做出这一决策前的 2003 年 5 月出访日本，并在东京召开的日本金融学会上做了题为"关于日本货币政策的若干思考"的报告。虽说报告内容和他学者时代的激烈言辞相比有些收敛，但还是对日本银行的货币政策进行了相当严厉的评论。具体来说，基于伯南克一贯秉持的理念——通货紧缩是日本经济停滞最大的原因之一，主张要摆脱通货紧缩，就要在限定时间内使财政政策与货币政策协同发力，这就是著名的"直升机撒钱"提案④。演讲的前一

---

① 演讲的原标题是"Deflation：Making Sure 'It' Doesn't Happen Here"。
② FF 利率是美国银行业同业拆借市场的利率，相当于日本的同业利率。在银行间资金市场上是通过中央银行活期存款进行借贷的。
③ "由于预期通货膨胀正在降低，美国政策委员会认为有所扩张的货币政策会对经济增长产生一定的效果，并判断经济状况在不久就会得到改善"（公开市场委员会的声明，参见美联储主页）。
④ Bernanke, Ben S. (2003), "Some Thoughts on Monetary Policy in Japan", Remarks at the Japan Society of Monetary Economics, May 31, 2003.（「日本の金融政策、私はこう考える」『リフレが正しい。——FRB 議長ベン・バーナンキの言葉』高橋洋一監訳、中経出版、2013 年所収。）具体包括日本应该进一步增加购买国债的规模，最好与减税或其他的财政刺激政策配套实施。

天，我出席了福井俊彦行长招待伯南克理事的午餐会，这是我同伯南克的初次见面。午餐会后，在我的办公室里，我们继续就日本经济和货币政策进行了面对面交谈。我第一次阅读学者时代伯南克的著作，是在执笔写作日本泡沫经济论文期间。对于日本泡沫经济崩溃及其以后发生的事情，可以用伯南克针对美国大危机提出的"金融加速器"①来解释，当时我对这个观点颇有同感。虽然我不赞同伯南克在学者时代对日本银行货币政策的批评，还有所谓的"直升机撒钱"观点，但若不考虑这种意见分歧，我认为伯南克的讲话冷静且富有逻辑，相互交换意见的气氛也很融洽。与伯南克初次见面留下的印象，在后来伯南克成为美联储主席，我就任日本银行行长之后，依然没有改变。

## 美国房地产泡沫的形成

美国国内出现的通货紧缩讨论无非是为了应对最坏事态的发生，现实中美国并没有陷入通货紧缩。随着对通货紧缩的担忧逐渐减轻，经济复苏迹象明显。与以往经济复苏不同，这次的最大特征是进入了"无就业复苏"（jobless recovery）。在此期间，货币政策主基调也随着景气恢复做出了调整，公开市场委员会宣布将"有规律"（measured pace）地加息。在 2004 年 6 月到 2006 年 6 月的 2 年时间内，公开市场委员会对联邦基金目标利率连续进行了 17 次加息，每次加息幅度为 0.25%，最终达到了 5.25%。当初我认为这种方式不是有意识的，不过后来我想采取这种方式加息为投资家带来的安全感，既降低了预期利率的不确定性，也会让人认为美联储不会实施激进的紧缩货币政策，但同时也会淡化投资者的风险意识，成为信

---

① 金融加速器是指由信贷市场变化导致的初始冲击被放大的机制。——译者注

贷泡沫的原因之一。

在美国利率上调过程中,一个热议话题是如何应对住宅价格迅速上涨问题。1996—2006年10年间全美住宅价格翻了一番。根据代表性的住宅价格指数——凯斯-席勒房价指数(Case-Shiller Home Prices Index,缩写为CSI)[1] 观察的住宅名义价格的变化轨迹,如果将2000年1月的价格设定为100,那么顶峰的2006年7月则创下了206.52的纪录,6年间价格快速提高2倍以上!住宅价格攀升和建设热潮在亚利桑那、加利福尼亚、佛罗里达、内华达等州表现得尤为突出。反映这种状况的是,在我例行出席的BIS和OECD等的货币政策专家会议上,几乎每次都会讨论美国房价急剧上升以及货币政策的应对方式问题。惯常的情景是欧洲和日本的与会者对美国房价的快速上涨表示强烈的担忧,而美国方面对这种担忧不以为然。

当时美国参会者的主张可以归纳为以下三点。第一,美国并没有发生全国性的房地产泡沫。2005年6月9日,美联储主席格林斯潘在关于住宅价格上涨的国会证词中表示,虽然出现了区域性的"浮沫"(froth),但还没有形成泡沫。[2] 所谓"浮沫",给人以香槟酒泡泡那样的感觉。第二,判定有没有泡沫是一件非常困难的事情。即使可以确认是泡沫经济,如果想用货币政策来解决,就必须将政策利率提高到相当高的水平,而这又会过度抑制实体经济增长。之所以这么说,是因为住宅价格基本上就是未来房租的折现值。第三,即使存在泡沫,在泡沫经济崩溃后如果中央银行积极地采取宽松货币政策,仍可以避免经济的大幅下滑。

---

[1] 美国主要20城房价指数。

[2] "虽然我认为不会出现全国性的房地产泡沫,不过,起码在房价似乎已上涨到不可持续水平的一些地区,出现了浮沫的迹象。" Greenspan, Alan (2005), "The Economic Outlook", Testimony before the Joint Economic Committee, U. S. Congress, June 9, 2005. (https://www.federalreserve.gov/boarddocs/testimony/2005/200506092/default.htm.)

## 2005年6月的公开市场委员会会议

在格林斯潘发表国会证词的3周之后，2005年6月29日和30日美联储召开了公开市场委员会会议。会议第一天大部分时间都在讨论"住宅价格高低与货币政策"问题，总体状况与格林斯潘的证词同样乐观。[①] 现在重读当时的会议记录，我并不想做事后诸葛亮式的评论，若要说感想的话，我对当时讨论的焦点集中在评价住宅价格水平高低问题感到震惊。与日本的泡沫经济时期一样，问题的本质并不是资产价格高低，而是债务累积的程度，当时对这点的认知相当薄弱。当然，当时的公开市场委员会完全没有谈及大概2年后显现的影子银行和全球性资本流动问题。

这些主张背后的逻辑是，即使出现经济泡沫，对泡沫崩溃后宽松货币政策的有效性也抱有极大信心。基于这一理念，最重要的是泡沫经济崩溃后中央银行能够执行多大程度上的宽松政策。按照这个思路，屡屡提及日本泡沫崩溃后的长期经济低迷，原因之一就归结为日本银行没有及时实施大胆宽松的货币政策。美国方面的这种自信，底气应该源自其21世纪初迅速摆脱了互联网泡沫崩溃的影响。互联网泡沫与日本泡沫经济，或者21世纪最初几年美国房地产泡沫的最大区别在于有无债务的累积问题。正是过度债务对泡沫崩溃后的经济增长产生了重大不利影响，这个问题当时没有得到重视。我读到当时的公开市场委员会会议记录，有一种似曾相识的感觉。这是由于美国出现的问题，以及针对这些问题美联储所采取的应对措施，与20世纪80年代后期的日本非常相似。我一直有一个朴素的疑问，那就是已经有了日本泡

---

[①] 亚特兰大联邦储备银行主席杰克·盖恩（Jack Guynn）是个例外，他认为佛罗里达地区的房地产市场显然是泡沫。参见公开市场委员会的会议记录。（https://www.federalreserve.gov/monetarypolicy/files/FOMC20050630meeting.pdf.）

沫经济崩溃后经济长期低迷这一宝贵的前车之鉴，为何像美联储这样拥有一众优秀经济学家的组织未能从日本的经历中汲取一些教训？归根到底，我想还是过于迷信泡沫破灭后积极宽松货币政策的有效性。

## "大稳健"

21世纪最初的几年发达国家的经济表现普遍良好。以此为背景，发达国家的经济评论家和政策决策者对货币政策和支撑货币政策的经济理论愈发自信。最能表征当时氛围的莫过于2004年2月美联储理事伯南克在自己的演讲中使用的"大稳健"[①]一词。该词最早并不是用于描述21世纪初发达国家经济状况的，而是用来表现20世纪80年代中期以来大约20多年间发达国家经济发展的事实，即经济增长率总体高企、物价上涨率较之前走低、经济增长和物价上涨的波动幅度收窄的良好经济状态。[②] 2004—2007年"大稳健"时期的宏观经济乐观情绪达到了高潮。

21世纪初发达国家的"大稳健"与20世纪80年代后半期日本经历的泡沫经济膨胀有诸多共性特征。第一，经济增长率偏高，物价上涨率稳定在较低水平；第二，房地产价格大幅上涨；第三，债务显著增加，美国的住房贷款就是典型例子，杠杆效用（以贷款为杠杆，增大对实物资产和金融资产投资）显著扩大；第四，每个人对于描述良好经济状况的故事都深信不疑。"新经济到来"就是其中的故事之一。

---

[①] "大稳健"这个词并不是伯南克提出的。Bernanke, Ben S. (2004), "The Great Moderation", Remarks at the Meetings of the Eastern Economic Association, February 20, 2004. https://www.federalreserve.gov/boarddocs/speeches/2004/20040220/default.htm.

[②] 伯南克提出日本是"大稳健"的例外。Bernanke, Ben S. (2004), "The Great Moderation", Remarks at the Meetings of the Eastern Economic Association, February 20, 2004. https://www.federalreserve.gov/boarddocs/speeches/2004/20040220/default.htm.

这种自信不仅存在于民间经济主体中，而且逐渐在政策决策者、经济学家以及经济评论家中间蔓延。当时主流经济学的政策理念，简单来说，就是中央银行若以稳定物价为目标实施货币政策，就可以实现宏观经济稳定。虽然我充分意识到了物价稳定的重要性，但对这一政策理念却不敢苟同。不过，如果当时被问及美国经济是否存在泡沫，我那时也不是很有自信。事后看来，我未能意识到的问题有两个，一个是影子银行的扩大，另一个是与之相关的全球资本流动的影响。关于这些问题我将在后面章节中论述，这里先就全球金融危机之前的主流政策理念做一些介绍。

## 杰克逊霍尔会议

2005年8月在美国堪萨斯城召开了杰克逊霍尔会议，该会议是由堪萨斯联邦储备银行主办的。会议记录生动地再现了当时政策决策者和经济学家们的讨论氛围。这一届会议的主题是"格林斯潘时代：未来的教训"（The Greenspan Era: Lessons for the Future）。现在重读该会议记录，让我惊叹的是，里面充满了对半年后即将卸任的格林斯潘主席货币政策运作的溢美之词。普林斯顿大学的艾伦·布莱德（Alan Blinder，美联储前副主席）教授与里卡多·雷斯（Ricardo Reis）教授合作发表了题为《对格林斯潘标准的解读》的论文，分析了格林斯潘时代宏观经济良好表现的货币政策基础，并提出了下一届美联储主席应该重视的11项原则。[1]有很多原则我是感同身受的，不过对照日本的经历，有一些原则我并不认同，如第6项：

---

[1] Blinder, Alan S. and Ricardo Reis (2005), "Understanding the Greenspan Standard", Paper presented at the Federal Reserve Bank of Kansas City Symposium, The Greenspan Era: Lessons for the Future, August 25 – 27, 2005. ( https://www.kansascityfed.org/publicat/sympos/2005/pdf/Blinder – Reis2005.pdf.）

风险管理，与其说是理论上的最优化，不如说是在实践中实现最优化——尤其是在预防极端突发事件方面。……因此，有人认为格林斯潘在2002—2003年期间过于拘泥通货紧缩风险。但他是决意避免联邦准备制度（FED）重蹈日本银行零利率陷阱的覆辙。

为了防止陷入零利率陷阱，该原则建议实施风险管理型的货币政策运作模式，美国虽然采取了这一政策，但其政策利率还是在该论文发表的3年后陷入了零利率。第9项原则表述如下：

不要试图刺破泡沫，等泡沫崩溃了再收拾也不迟。

首先，如果试图刺破经济泡沫，也许会失败，就是经济在泡沫破裂之前先行崩溃。……再者，刺破泡沫并不在联邦储备制度立法授权的范围内，不仅没有好处，甚至还有害处。最后，泡沫经济崩溃后中央银行大规模提供流动性的"善后处理战略"看起来非常有效。

作为应对泡沫经济的货币政策，这一原则主张的不是事前应对，而是事后处理的有效性。当时，国际会议上屡屡谈到日本政策的失败，我都是以非常复杂的心情参与讨论的。就像前面讲到的那样，一方面我对于日本处理不良债权问题上的应对迟缓感到非常不满，但另一方面，结合日本的实际，也无法接受如果日本银行实施更加积极的宽松货币政策就可以避免泡沫经济崩溃后经济低迷的言论。在第3章中提及的由多位美联储经济学家共同执笔发表的分析泡沫崩溃后日本经济的论文就是其中的典型。[①] 美联储相关人员的演讲经常援引这篇论文的

---

[①] Ahearne, Alan, Joseph Gagnon, Jane Haltmaier, Steve Kamin, Christopher Erceg, Jon Faust, Luca Guerrieri, Carter Hemphill, Linda Kole, Jennifer Roush, John Rogers, Nathan Sheets and Jonathan Wright (2002), "Preventing Deflation: Lessons from Japan's Experience in the 1990s", FRB International Finance Discussion Papers, No. 729, June 2002.

观点，但作为一名泡沫崩溃时期艰难战斗在第一线的政策制定者，我的读后感是，这是真正的教训吗？都说前事不忘后事之师，即使存在这样的智慧，我觉得如果不是自己的亲身体会，有些智慧也是很难分享的。① 借用肯尼斯·罗格夫（Kenneth Rogoff）和卡门·莱因哈特（Carmen Reinhart）2009年出版的《这次不同》（This Time Different）② 的观点，好像谁都很难摆脱"我们不一样"的陷阱。

当时，与我持相同观点的有BIS的行长安德鲁·科罗克特（（Andrew Crockett）以及首席经济学家威廉·怀特（William White）和克劳迪奥·博里奥（Claudio Borio）等。他们反复执着地警告说，即使物价稳定，随着资产价格的急剧上升，债务也会大幅度增加，如果放任不管，不久就会通过泡沫崩溃给宏观经济带来严重影响。为防止这种事态发生，加强金融监管与监督是不言而喻的，他们还认为也不应该排除紧缩货币政策。怀特发表的论文《物价足够稳定了吗？》③ 直截了当地表达了这一主张。概括来说，针对泡沫经济，美联储的主张是"事后应对"（mop-up strategy）或"善后处理策略"（clean-up the mess

---

① 阅读伯南克评论《格林斯潘传》（The Man Who Knew: The Life and Times of Alan Greenspan）的博客，会发现他暗示了互联网泡沫以相对温和的衰退方式结束，可能是受到了美联储关于金融体系与货币政策关系的思维方式的影响。"恐怕，格林斯潘时代金融危机中最大的宏观经济冲击就是互联网泡沫的崩溃，这也是造成2001年经济相对缓慢衰退的主要原因。对于怎样判断货币政策在这次衰退中的表现，因人而异，但这里关键的一点是，格林斯潘、公开市场委员会以及2005年杰克逊霍尔会议上褒扬格林斯潘的人们都相信应对是成功的，就是都没有预测到这是导致2007年这场包括主要资金市场和证券市场崩溃的史无前例的毁灭灾难的主要原因。"（https://www.brookings.edu/blog/ben-bernanke/2016/11/03/sebastian-mallabys-biography-of-alangreenspan/.）
② Reinhart, Carmen M. and Kenneth S. Rogoff（2009）, This Time Is Different: Eight Centuries of Financial Folly, Princeton University Press, 2009.（『国家は破綻する——金融危機の800年』村井章子訳、日経BP社、2011年。）
③ White, William R.（2006）, "Is Price Stability Enough?", BIS Working Papers, No.205, April 2006.

strategy），而 BIS 则是强调"事前应对"或"逆风策略"（lean against the wind strategy）的必要性。①

## 全球金融危机前的主流宏观经济政策理念

上述主流经济学的政策理念形成于 20 世纪 80 年代末，最初是在政策决策者和学术界范围内传播，自 90 年代开始广泛扩散，21 世纪以来得到进一步巩固。用一句话概括这一主张，就是宏观经济稳定可以通过追求物价稳定的货币政策实现。这里存在以下的经济逻辑。第一，经济发展路径是由增长性趋势和围绕这一趋势的周期性波动两方面决定的。前者取决于劳动年龄人口增长率和生产效率等实际因素，后者则被看作由需求冲击或供给冲击所引发的"干扰"。第二，货币政策通过平抑此类冲击带来的经济波动，实现低水平且可预测的物价上涨率，有助于实现社会福利的最大化。对于为何要平抑经济波动，无须多做解释，而之所以期望价格稳定，是由于只有在这种环境下，才能最大限度地发挥价格的资源配置功能，有助于经济增长。② 在物价上涨率过高、无法预测未来的环境下，企业会非常谨慎地进行经济增长所必需的长期设备投资和研发活动，作为储蓄主体的家庭和机构投资者也会要求提高回报率，结果会带来投资下降并拖累经济增长。

基于这个观点，最佳宏观经济政策运作框架是赋予独立的中央银行稳定物价的职能，并通过货币政策实现物价稳定目标。此时，作为独立性的对等交换条件，就是要求中央银行履行问责制，通货膨胀目

---

① 参考翁（2011）第 6 章关于美联储观点和 BIS 观点的解释。翁邦雄『ポスト・マネタリズムの金融政策』日本経済新聞出版社、2011 年。
② 关于为何物价稳定对实现资源的最佳配置来说至关重要，另一个原因请参考第 18 章的"新凯恩斯主义关于货币政策作用的视角"。

标制就是这种政策运作机制。该机制最早于20世纪80年代末在新西兰和加拿大开始实施，进入90年代后为许多国家的中央银行所接受。通过以低水平且稳定的物价上涨率为目标的货币政策来实现宏观经济稳定的主张，不仅存在于实施通货膨胀目标制的国家，在没有采取这种机制的美国和欧元区也成为占主导地位的政策理念。

这一政策理念的另一大特征是，把物价稳定与金融体系稳定看作两个独立的目标，物价稳定依靠货币政策，金融体系稳定则是通过对各金融机构的适度监管和监督（微观审慎监管政策）来实现。当然，在这种思维方式下，也并不是完全没有意识到物价稳定对金融体系稳定的影响，而是因为占据支配地位是所谓"预定和谐"理念，即认为如果通过物价稳定实现了宏观经济稳定，就会对金融体系稳定产生正面影响。如果这种想法是正确的，那么中央银行不仅没有必要拥有金融监管和监督权限，若有了反而被认为是危险的。其理由之一是权限过度集中，而且，同时追求金融体系稳定和物价稳定两个目标，有时会引起利益冲突。现实中一些国家也进行了金融监管监督制度改革。20世纪90年代后半期，英国、澳大利亚等不少国家都设立了独立的监管监督部门，承接原来隶属于中央银行的该部分职能。

除上述体制上的改革外，中央银行政策决策者内部也蔓延着区别对待物价稳定和金融体系稳定的倾向。从组织层面来看，货币政策由金融政策局负责，在这里工作的职员主要是从事宏观经济研究的经济学家。而在负责金融体系稳定部门工作的职员，与其说他们是经济学家，不如说是实务工作者或法律专家，但即使是学术出身，其所学也不是宏观经济学，而是金融学。虽然不同的中央银行存在一定差异，但总体来说，两部门的交流并不活跃。《金融时报》的记者吉莉安·泰德（Gillian Tett）认为全球金融危机之前的中央银行和学术界的"筒仓文化"（silo culture）是泡沫发生的原因之一，除了少数例外，大多数中央银行和国际机构都存在这样的问题。[1]

而日本在这种世界潮流中多少显得有些与众不同。就像前面讲过的那样，1998年实施的新《日本银行法》明确了日本银行负有稳定金融体系的职能。与其他主要国家的中央银行相比，为减少条块分割的负面影响，日本银行在组织运营方面付出了很多努力。日本银行内部早就存在定期轮岗制度，大多数职员都有机会在多个部门工作历练。进入21世纪以来，日本银行还有意识地进行了金融系统相关部门（主要是稽核局，即机构改革后的金融机构局）与货币政策相关部门（计划局、调查统计局等）的人员换岗。我认为这种刻意的努力起到了一定作用，条块分割的不良影响已大大降低。这样做的最大理由在于，经历了泡沫经济、泡沫经济崩溃和金融危机的痛苦，整个组织对这个过程仍然记忆犹新。即便如此，我们还是没能完全规避条块分割的影响。

## 货币政策万能论盛行

21世纪最初几年也是"货币政策万能论"达到顶峰的时期。伯南克理事演讲中将"大稳健"的形成原因归结为结构变化（库存管理技术提高、金融市场趋于成熟、全球化取得进展等）、宏观经济政策改进（特别是货币政策）与运气三个方面，特别强调，"货币政策当然不是带来'大稳健'的唯一因素，但恐怕是最重要源泉"。[2] 伯南克不见得

---

[1] Tett, Gillian (2015), *The Silo Effect: The Peril of Expertise and the Promise of Breaking Down Barriers*, Simon & Schuster, 2015. （『サイロ・エフェクト——高度専門化社会の罠』土方奈美訳、文藝春秋、2016年。）

[2] 参见 Bernanke, Ben S. (2004), "The Great Moderation", Remarks at the Meetings of the Eastern Economic Association, February 20, 2004. (https://www.federalreserve.gov/boarddocs/speeches/2004/20040220/default.htm.) 关于当时的政策思想，更详细的讨论请参考翁（2011）第5章。翁邦雄（2011）『ポスト・マネタリズムの金融政策』日本経済新聞出版社、2011年。

是货币政策万能论的支持者，但上述言论辅之以美国经济的良好表现，使得现实中货币政策万能论的影响不断放大。在宏观经济学领域也是如此。芝加哥大学教授罗伯特·卢卡斯在2003年全美经济学会的会长发言中，自信满满地表示"预防恐慌的核心问题已经得到实质性解决"。[①]

货币政策万能论盛行期与格林斯潘主席被神化过程完全重合。美国著名记者鲍勃·伍德沃德（Bob Woodward）于2000年出版了一本关于格林斯潘的著作《别了，格林斯潘》（*Maestro*），这本书披露了格林斯潘作为美联储主席巧妙驾驭美国经济的思想。那些主张实行通货膨胀目标制的人也未必认为，基于这一框架运作货币政策就能自动实现宏观经济稳定，但由于美国长期、持续的良好经济表现，结果使货币政策万能论大行其道，看起来就像中央银行终于发现了一个理想的货币政策运作框架一样。新凯恩斯主义经济学派将货币政策万能论视为一种理论，并建立了计量经济模型，即动态随机一般均衡模型（DSGE）。DSGE模型可以将复杂的经济现象表现为线性方程组，与传统的计量模型相比，它可以有效应对"卢卡斯批判"[②]，而且可以进行政策模拟实验。因此，很多国家的中央银行和国际机构都对其加以开发，并应用到实际工作中。2000年开始，日本银行根据不同用途开发了一些模型，季度日本经济模型（Quarterly-Japanese Economic Model，缩写为Q-JEM）就是其中之一。

但当时开发使用的DSGE模型存在重大缺陷，其中最致命的是在影响实体经济运行机制中完全没有考虑金融部门的作用。经济不过是"代表性行为人"（representative agent）的集合，没有区分债权人和债

---

[①] Lucas Jr., Robert E. (2003), "Macroeconomic Priorities", *American Economic Review*, Vol. 93, No. 1, March 2003, pp. 1–14.
[②] 卢卡斯批判是指不能仅根据历史宏观统计数据（例如，GDP和消费）之间的关系（例如，计量经济模型）来预测经济政策效果。这是因为宏观统计数据之间的关系是以过去政策规则为前提的最优化行动的结果。

务人这些不同实体之间的差异。此外，由于这是一个线性模型，可以分析偏离均衡趋势较近的冲击，却无法分析像经济泡沫以及金融危机等非连续性冲击的影响，这也是该模型的主要缺陷之一。尽管存在这些不足，但决策者和学术界仍然广泛使用这一模型，究其原因，我觉得是没有充分认识到金融系统在其中发挥的重要作用。我对新凯恩斯主义经济学和 DSGE 模型所依赖的经济理论并不认同，但同时，作为日本银行决策者和经济学家，如果不理解世界范围内普遍使用的被视为"共同语言"的计量模型，就很难与海外同行进行对话，这是我通过参加国际会议体会到的。基于这一观点，我们从未反对调查统计局和计划局的经济学家进行 DSGE 模型的开发和运用，只是对模拟分析的结果及局限性保持了充分的清醒。

## 各种失衡因素的蓄积

我对美国政策当局针对房地产泡沫的主张以及主流经济学家秉持的应对泡沫经济的货币政策主张持强烈的怀疑态度。但是，如果要问我是否及时地觉察到 21 世纪最初几年世界经济范围内蓄积的各种重大问题，遗憾的是，我不得不说还真没有。更准确地说，在房价不断上涨和债务持续增加的背景下，我是有一般意义上的警觉，尽管不相信积极的宽松货币政策足以应对泡沫经济崩溃后的经济衰退，但当时并没有认识到不断累积的各种"失衡"的具体形态。

正如 2007 年以后全球金融危机不断蔓延，21 世纪初期，世界经济与金融市场中已经积累了各式各样的"失衡"因素。首先是杠杆效应的扩大。不单是次级抵押贷款的证券化，复杂证券化商品的杠杆率之高也出人意料。在这个过程中，以欧洲金融机构为中心，扩大了期限错配和货币错配规模。期限错配是指以短期负债（借款）持有长期资产（贷款），即"借短贷长"；而货币错配是指资产和负债的币种结构差异。这两个方面的不匹配一旦扩大,包含外币在内的流动性风险就会显著增加,当时并没有充分关注这种风险。其次,没有认识到银行以外的部门(影子银行)也在广泛从事期限错配与货币错配的金融交易。再次,对1999年启动的欧元存续性缺乏警觉。最初美国很多学者和政策制定者都对财政没有实现统一背景下的货币一体化表示怀疑,而欧元发行后,随着欧元汇率上升与以欧元计价资本市场的扩大,也开始相信欧洲货币联盟(EMU)的可持续性(见第11章"欧洲债务危机")。

泡沫每次都会以不同的形式出现,要想查明具体的"失衡"并非易事。即使能对"失衡"有所觉察,但如果不能具体指出问题所在,单凭觉察也是无济于事的。我想起了2003年的一段经历,当时日本银行正在探讨是否购入资产担保证券。为了具体确定收购方案,日本银行从大量市场参与者那里征集信息。有工作人员告诉我,当时美国的单一险种保险公司(monoline)承保,发行"最高等级"(super senior)的债券,并获得了3A的信用评级。对此我多次请教,却始终没有理解其中的奥秘,只好不了了之。依据大数定律,即使是较低信用等级的债券,如果只是个别冲击的话,违约概率也会下降,但大数定律并不适用于共同冲击。关于"最高等级"债券的评级问题,我的质疑不是没有道理的,但不得不说我对美国证券化商品市场还是缺乏深入理解。

## 制造业回流国内

世界经济高速增长不仅带来了日本经济繁荣,也带来了某些方面的"失衡"。提到宏观经济的失衡问题,人们通常先想到的是物价,不过,日本消费者物价指数(生鲜食品除外)在全球金融危机爆发的2007年7月之前的4年间,几乎处于平稳态势(仅下跌0.3%),物价方面没有出现任何意义上的失衡。而"失衡"形态是多种多样的，我认为以下4种最需要关注。

第一种失衡形态是日元贬值带来的出口相关的制造业生产能力的大幅提升。随着世界经济景气上扬，加上日元套利交易后日元贬值带来的企业盈利能力的改善，出口相关的制造业企业在增加国内生产的同时，大幅扩大了机器设备生产能力。这就是所谓的"制造业回流国内"现象。扩大生产与设备投入最为显著的是汽车与电器行业。根据经济产业省的调查，2001年日本国内新建企业降至最低点，2007年新增1 791家，工厂面积为345公顷，较2001年分别增加了140%和84%。① 从地区来看，特别是出口企业相对聚集的静冈县、群马县、爱知县和兵库县，增长最为显著；从产业来看，增长最快的是运输机械和电器行业。这些地区甚至出现了严重的劳动力短缺状况，在每季度召开一次的日本银行分行长会议上，拥有许多大型汽车和电器制造企业的大阪和名古屋地区的分行行长，每次都提到当地劳动力短缺问题。全球金融危机爆发后，日元套利交易逆转带来了日元的不断升值，这些地区受前几年日元贬值时设备投资过度增长的影响，进一步加重了企业的调整负担。大规模投资的典型案例就是电器制造商大幅提升了LCD面板及平板电视的设备生产能力。

## 首都圈房地产的"迷你泡沫"

第二种失衡形态是以首都圈为中心的房地产市场"迷你泡沫"现象。日本不动产价格在泡沫经济崩溃后曾长期持续下跌，而后下跌幅度逐渐缩小，2006年东京都止跌企稳，全国范围则出现在

---

① 参见经济产业省「平成19年工場立地動向調査結果」，调查对象为1 000平方米以上的工业用地。

2007年。① 当然，虽说日本不动产价格转为上涨，其幅度还是相当小的，住宅用地和商业用地分别上涨了0.1%和2.3%，不过东京都的上涨率却远高于这些数字，分别达到了8.0%与13.9%。从东京、大阪、名古屋三大都市圈来看，商业用地涨幅高达8.9%。另一方面，大都市圈以外的地方不动产价格却在持续下跌，住宅用地下跌了2.7%，商业用地则下跌了2.8%。如此看来，到21世纪最初几年，日本房地产价格上涨只局限在特定地区。而在这些上涨地区，不同市区的表现也有很大差异，如东京的千代田、中央与港区3区，涨幅高达20%。② 反映这种状况的是大量资金以私募基金和房地产投资信托基金等形式流入了不动产市场。从东证日本房地产投资信托基金（J-REIT）指数来看，自2006年下半年开始，上涨节奏明显加快。

当时，某大型房地产公司高管在定期交流会上曾向我表示，"作为业界团体的代表不能在公开场合说，但是作为一家企业负责人，我想说，为了防止房地产市场过热，请日本银行尽早解除量化宽松政策"。幸运的是，以首都圈为中心的迷你泡沫，最终没有发展成像美国和欧洲部分国家所经历的那样大规模的房地产泡沫。最主要的原因是20世纪80年代后半期日本泡沫经济的经历记忆犹新，以及在货币政策方面，日本银行进行了小幅利率上调，③ 金融厅也加强了对金融机构在房地产融资方面的行政指导。④ 当然，也有人批评，2006年3月解除量化宽松政策及之后合计0.5%的政策利率上调的货币政策微调

---

① 根据国土交通省公布的公示地价。
② 从商业用地来看，上涨幅度分别为千代田区17.6%、中央区20.9%、港区23.2%。
③ 日本银行基于"必须密切关注房地产市场前景及其对金融系统方面的影响"立场，监控房地产市场动向。日本银行金融機構局（2007）「金融システムレポート」2007年3月。
④ 金融厅：《金融厅的1年（平成18年事务年度版）》中记载，"听取有关不动产基金融资方面的各种意见，并汇总整理成'监督方针'附录（第97页）"。金融厅主页。

是失败的。① 但我认为，假如不调整货币政策基调，全球金融危机后的日本经济将会变得更加困难。

## 金融机构对证券化商品的投资

第三种失衡在于是金融机构对证券化商品的投资。全球金融危机爆发后，随着这类证券化商品的大幅减值，日本金融机构也不得不面对损失处理问题。不过，与其他主要国家相比，日本金融机构的损失还是很小的。原因在于，到2003年为止，日本不良债权处理工作还没有完全结束，以及与房地产"迷你泡沫"问题类似，经历泡沫经济崩溃后的日本，对于泡沫现象变得非常敏感。另外，日本先于欧美国家采用了《巴塞尔协议Ⅱ》，即对金融机构持有证券化商品提出更高资本要求的资本充足率规则，此举也产生了一定影响。②

第四种失衡表现在金融机构筹措外汇资金方面。当时，日本大型银行预见到了日本国内信贷市场的长期萎缩趋势，试图在海外市场扩大融资和增加有价证券投资，而资金来源中来自稳定性高的普通客户的美元存款所占比例很低。因此，在海外业务不断拓展的过程中，加大了对同业美元市场的无担保资金和外汇掉期市场的美元资金③的依赖程度。在全球金融危机爆发之前，美元市场流动性非常高，而危机爆发后，人们才意识到美元市场的高流动性也是不可持续的。④

---

① 比如，在刚刚公布解除量化宽松政策和零利率政策的决策会议的会议记录后，2017年1月21日《日本经济新闻》刊登了专题报道，标题是《前功尽弃的"摆脱通货紧缩"》。
② 日本从2006年度开始实施，美国最终也没有采用《巴塞尔协议Ⅱ》。
③ 即以日元资金为担保筹集美元资金的交易。具体来说，就是在现货市场上出售日元筹集美元，在期货市场上出售美元，进而对冲外汇风险。
④ Caruana, Jaime (2016), "Credit, Commodities and Currencies", Lecture at the London School of Economics and Political Science, February 5, 2016. (https://www.bis.org/speeches/sp160205.pdf.)

## 哪里出了问题

在全球金融危机发生前,处于支配地位的经济理论和政策哪里出了问题?经济增长水平是由潜在的趋势性增长以及短期冲击所决定的,最佳货币政策是平抑经济增长过程中的短期冲击。这个逻辑表面上听起来非常合理。不过,如果运用货币政策实现了物价稳定,降低了经济的波动性,各经济主体就会放松风险意识,采取更加激进的行动承担风险,其结果必然会带来更大的金融体系动荡。

关于这一点,2009年6月我在BIS演讲中提道:[①]

> 在物价稳定和金融体系稳定之间好像存在着一个当期的权衡取舍关系。然而,真正的权衡取舍倒不如说是跨期的,即在今天的经济稳定与明天的经济稳定之间选择。这样看来,物价稳定和金融体系的稳定,与其说是独立的目标,不如说只是时间维度的不同。在这种情况下,我认为中央银行并没有必要运用两种政策手段去分别追求两个目标,应该说是只需要一个大的工具箱去实现一个大目标。

换句话说,带来经济波动的,与其说是被视为随机"扰动"的需求冲击或供给冲击,倒不如理解为相当长时间背离均衡增长轨道、不可持续的波动,这样更符合现实。以前提到不可持续的波动,都是理解为需求过剩或作为其结果的通货膨胀。但是,不可持续的状况,即"失衡",并不仅限于此,经济泡沫也是典型的例子。当所有经济主体

---

[①] 白川方明*(2009)「危機を未然に防止するためのミクロ・マクロ両レベルでのインセンティブを巡る考察」(第8回国際決済銀行年次コンファレンスでの講演)2009年6月26日。

对未来收入增长过于乐观，债务规模显著增加超过偿还能力时，某一时点上就会出现调整，使债务回归到可偿还的程度。有趣的是，如果将物价稳定作为一种理想状态，却可能带来下一个失衡。也就是说，以稳定物价为目标的货币政策运作本身，可能影响经济主体的风险判断和认知，从而造成新的经济失衡。

作为主流学派的新凯恩斯主义经济理论认为，如果把注意力集中在供求缺口和物价上涨率上，就可以掌控大的经济波动。然而，20世纪80年代后半期日本泡沫经济的教训，以及全球金融危机之前21世纪最初几年的世界经济发展趋势表明，各种因素都可能造成不可持续的经济增长。要理解"不可持续"状态，至少应该从以下两个方面展开。

首先是各部门之间的不均衡。为了说明这一点的重要性，需要了解供需缺口的概念。供需缺口就是总需求与总供给之间的差距，但这个概念排除了商品和服务部门之间的不均衡。在许多情况下，不均衡就发生在不同部门之间，如消费品和投资品、住房支出与非住房支出、贸易和非贸易商品，以及借款人和贷款人等。

其次是现在和将来之间的不均衡。泡沫经济时期，如果基于未来过高的经济增长预期而进行大量支出，泡沫崩溃后就不得不大量削减开支。正是信贷的存在使过度支出成为可能，而经营信贷正是金融的作用。

主流学派经济理论为什么会忽视金融的作用呢？[①] 当然，理论上也并非完全没有考虑金融的作用，就像前面讲过的伯南克的"金融加速器"理论。原因之一是，很多经济学家脑子里只有美国经济，并为此提出经济理论。近年来宏观经济学研究充满了实证，不说明"现实"的理论就无法生存。这种"现实"在很多场合就是指美国的经济数

---

① 以下内容要感谢东京大学青木浩介教授在讨论时发表的看法。

据。因此，即使北欧和日本发生了严重的金融危机，只要美国不发生金融危机，就不会有积极性去研究这些问题。这其中有若干理由，美国是世界上最大的经济大国，本身就容易成为人们的研究对象；数据的可得性这一实际因素也是不可忽视的；与其他国家相比，美国统计数据更容易获取，对于世界上的众多经济学家而言，以美国经济为对象的研究也更容易展开。鉴于此类研究通常聚焦在与"产业"相关的"市场结构"和"产业组织"等方面，只要美国金融体系不发生严重问题，那么就容易忽视金融的作用。以幻想而告终的"大稳健"经历给我们带来了种种教训，与日本泡沫经济时期相同，它告诉我们政策理念有多重要，支撑政策理念的经济理论又将发挥多么巨大的作用。

## 第二部分

# 行长时代

## 第 7 章　就任日本银行行长

2008年3月21日我接受了日本银行副行长任命，同时就任代理行长，约3周后的4月9日就任行长。从就任代理行长起，作为事实上的行长就开始了繁忙工作。几年前，作为负责货币政策的理事，经常可以近距离地观察行长工作了，当然，行长和理事的职责是不同的，全都是新的体验。很快，同年9月就迎来了暴风雨般的雷曼危机。

### 就任政策委员会主席

出任代理行长当天下午召开的政策委员会上，我被选为政策委员会主席。政策委员会是日本银行的最高决策机构，由行长、2名副行长及6名审议委员组成。行长虽然是执行货币政策的负责人，但并不意味着行长能自动成为日本银行决策机构——"政策委员会"的主席。如果以民间股份公司为例，行长相当于总经理（CEO），主席相当于董事会的董事长。根据新《日本银行法》规定，政策委员会主席由委员会成员选举产生。日本银行历来是由行长担任委员会主席，按照这个惯例，我就任代理行长后也被选为主席。行长和主席由同一人担任的情况并不仅限于日本银行，美联储、欧洲央行、英格兰银行等许多海外的中央银行也都是如此。

由于日本银行政策委员会被冠以"政策"一词，所以经常让人误认为仅仅是决定货币政策的委员会。其实根据新《日本银行法》规定，政策委员会是日本银行决定所有重要事项的平台，除了负责制定货币政策，还负责制定面向金融机构的监督检查方针、作为"最后贷款人"启动特别融资程序[①]、开发完善支付清算系统、确定日本银行预结算以及所有员工的工资水平等事项。从这个意义上来说，政策委员会这个名称是容易产生一些误导。在政策委员会中，决定货币政策的政策委员会被称为"货币政策决策会议"，法律详细规定了该委员会的运作方式（见第5章"零利率政策与量化宽松政策"）。讨论和决定货币政策以外事项的政策委员会一般被称为"通常委员会会议"，原则上每周召开两次，分别在星期二和星期五。

2008年4月9日我刚任行长时的政策委员会成员有副行长西村清彦，审议委员须田美矢子、水野温氏、野田忠男、龟崎英敏、中村清次，加上我，共有7人。审议委员是从"在经济、金融领域具有较高学术造诣或其他学识经验的人士"中选拔出来的（《日本银行法》第二十三条第二款）。从当时审议委员的背景来看，须田委员是大学的经济学教授，水野委员是证券公司的经济评论家，野田委员是一家大型银行副行长，龟崎委员是一家大型商社副社长，中村委员曾是大型海运公司副社长。政策委员会成员是经众议院和参议院两院同意后由内阁任命的。当时定编9人的委员会缺编2人，这是由于我晋升为行长后还没有任命新的副行长，以及西村清彦从审议委员晋升为副行长后没有任命新的审议委员。作为候补审议委员得到提名的是庆应义塾大学教授池尾和人，2008年6月众议院通过了提名，但在参议院受到了与民主党组成统一会派的国民新党的反对，结果政府撤回了人事安排。

---

① 这就是前面说过的"特融"。

因此，在2008年10月山口广秀理事被任命为副行长之前，日本银行政策委员会一直维持7人体制。

审议委员的任期与行长、副行长一样，都是5年。行长、副行长和审议委员的最大区别在于是否具有执行职能。制定政策的是政策委员会，而执行政策的是行长、副行长以及理事以下的"执行部门"。

与民间企业相比，日本银行政策委员会召开会议的次数要远远超过民间企业的董事会。此外，由于需要频繁参加各种主题的说明会，审议委员基本上都是专职的，需要阅读许多资料，一般周末都不能好好休息。从这个意义上说，把货币政策审议委员等同于政府审议会成员那样的委员，实际上是一种误解。

上述5名审议委员分别任期届满后，新任命的委员有宫尾龙藏、森本宜久、白井早由里、石田浩二、佐藤健裕、木内登英。

## 政策委员行为规范

由于日本银行是肩负公共使命而履行职责的组织机构，公众对组织机构的信赖极为重要。为此，日本银行对管理层和普通职员都制定了严格的职业行为规范。包括行长在内的政策委员会成员在就任和离任时都要披露个人财产，同时对财产的运用也做出了严格限制，基本上只能以现金、存款和个人国债的形式运作资产，还对交易时机做出限制。此外，每个季度还有义务向行内设置的"合规委员会"报告金融交易情况。政策委员会还就决策会议之前的信息发布做出了约定，即禁言规则（blackout rule），规定从会议召开的2个营业日之前到会议结束当天行长召开的记者招待会结束为止，除了按要求在国会答辩，不能对货币政策以及金融经济形势发表任何言论。因此，在决策会议之前的禁言期内，自然也不能与媒体或相关金融机构人员会面。为了避免外界的误解，与外界的接触均需要慎重应对。

对于日本银行政策委员会成员来说，获得现实经济、金融一线的信息和反馈，以及听取外界对于日本银行货币政策的意见或看法都是非常重要的，如果在与外界交往过程中出现不透明或不公正现象，也会降低外界对日本银行的信任。除了禁言期，基本上我都会积极地与金融机构、一般企业经营者以及海外客人接触，同时也会十分用心地安排会面地点和时机。海外很多中央银行在这方面做得不如日本银行，因与市场相关人士见面或会谈的发言存在不当现象而遭到外界批评的情况增多，而如何维系上述两者之间的平衡，也是一个非常现实的问题。

## 第一次货币政策决策会议

首次以主席身份参加货币政策决策会议是在2008年4月9日。主席的最大作用是在委员之间存在意见分歧的情况下，促成委员会就货币政策的运作方针达成共识。在决策会议上，中央银行职员做形势说明时偶尔有使用"日本银行用语"的情形，为便于那些没有日本银行工作经验的审议委员的理解，要求职员做出通俗易懂的解释也是主席的职责之一。同时，由于主席也是行长，需要听取各方面意见、发挥领导作用，加之行长也是执行货币政策的最终责任人，所以在组织讨论过程中，不仅要有概念性问题的讨论，还要兼顾货币政策执行过程中实务操作方面的细节。

我就任代理行长稍前的2008年3月7日，日本银行做出了如下景气判断:[1]

> 由于受住房投资下降和能源、原材料价格上升的影响，日本

---

[1] 「金融経済月報（基本的見解）」(2008年3月)。日本银行主页。

经济增长正在减速，但总体呈缓慢增长趋势。

……

此外，需要继续密切关注海外经济和国际金融资本市场的不确定性，以及能源和原材料价格上涨等问题的影响。

当时虽然没有意识到日本经济已经进入衰退，但根据后来内阁府公布的"景气基准日"，在召开此次决策会议一个多月前的2008年2月，经济景气就达到了峰值。① 我作为主席首次参加决策会议时的政策利率为0.5%，10年期国债利率是1.34%。由于量化宽松解除后的两次加息（2006年7月与2007年2月），政策利率多少有点下调空间，但也只有0.5%。关于未来货币政策基调，2007年10月末公布的《展望报告》指出，"将根据经济或物价形势的改善程度，逐步调整利率水平"。然而，由于《展望报告》公布后世界经济形势不断恶化，金融市场上调政策利率的预期有所下降。

透过纽约联储向收购贝尔斯登的JP摩根大通提供紧急融资这一事件，我已经深刻觉察到欧美各国金融体系的脆弱性，金融体系和实体经济之间的负面连锁效应正在增强。基于此，我认为有必要下调经济增长预期，但对于在第一次决策会议上就唐突地提出下调议案还是非常慎重。主要原因是，货币政策决策是通过合议制方式集体做出的，日本的中央银行与其他发达国家的中央银行不同，由于9名委员中，行长和两名副行长共3人同时任期届满，本来制度上就难以保持连续性，况且我上任时缺编2人，7名成员中只有我是新人。我认为在第一次决策会议上，日本银行政策委员会有必要尊重一个负责任的组织之

---

① 2008年3月政府月度经济报告表明，"经济复苏，最近处于停滞状态。……关于前景，在修订版《建筑基准法》的影响逐渐减弱的过程中，出口呈现出增加趋势，经济景气有望缓慢复苏。但是，因次级抵押贷款问题，美国经济开始减速，股票、外汇市场以及原油价格发生变动，因此有必要注意经济的下行风险"。内阁府主页。

前所做出的经济判断和政策基调。最重要的是，如果强行改变议事程序，还可能会损害政策委员会成员之间的信任关系。并且，如果这次出现非连续性变化，那么无论是公众还是市场参与者，可能都会认为将来每次更换行长都会出现类似状况。这会降低中央银行发声的可信度，从长远来看也会影响货币政策的有效性。另一方面，由于下调景气预期的必要性越发显著，我想借助每半年1次审议《展望报告》的机会，也就是4月末的决策会议，在全面评价整体经济状况的基础上再明确下调经济景气预期。按照这一思路，4月9日决策会议后的记者招待会上，我强调了经济前景的不确定性，但并没有对基本预期做出调整。

在记者招待会上，除了与当前景气判断相关的问题，还有几个颇有意思的问题。有一个记者提到我在担任副行长之前出版的教材——《现代货币政策：理论与实践》与今后实际货币政策运作之间的关系。我想这个记者的提问肯定是考虑了某个具体情形，不过想到以后可能还会面对此类问题，所以我做出了一般性的解答：[①]

> 我认为，作为一名学者或教师，自然不同于中央银行的政策决策者。学者的真正价值在于他们总是提出新的观点，即使有些观点从结果看是错误的，他们还是会根据形势变化继续提出新的见解。与此相对的是，政策决策者并不是解决所有理论问题之后才去制定政策，而是要在各种理论基础上，依据当时事态的发展及时做出决策。因此，就我自己而言，我在书中所写的是当时作为教师和研究人员的真实感受，我一直告诫自己，不能固执于自己所写的那些东西，否则就会遮蔽观察经济现象和审视经济政策的双眼。

还有一个提问也是没有想到的，就是关于前面说过的国际社会针

---

① 参见2008年4月9日记者招待会纪要（日本银行主页）。

对泡沫的两种不同应对方式，即美联储的事后补救和 BIS 的事前应对，作为货币政策的启示，问我更倾向于哪个观点。对于这个问题，我的回答如下：①

如果是在我大学时代让我回答更倾向于 BIS 观点还是美联储观点……相对于赞同哪个观点，我更倾向于中立。也就是说，单纯采取美联储的事后补救方式难以应对危机，而单纯用 BIS 事前预防方式制定政策也是非常困难的。我想表达的是，有必要在充分考虑上述问题的基础上制定货币政策以及金融体系的相关政策。

正如第 6 章分析的，作为理念，我倾向于 BIS 观点，而就任行长后又认识到，仅凭这一理念很难出台具体的货币政策。这是为应付记者的意外提问而做出的即席回应。这两个提问好像都预示了之后 5 年我所经历的状况。

## 下调经济增长预期

2008 年 4 月末的货币政策决策会议审议了《展望报告》，与半年前相比，下调了经济增长预期。虽说是"下调"预期，但怎样给出合议制方式下决定货币政策的中央银行预期，实际上并不是一个简单的事情。作为预测对象的经济指标变化，既可能是随着时间推移按照原来预期而出现的变化，也可能判明原来的预期本身就是错误的。另外，每个委员对于各个数字上下波动概率的判断也有差异，判断的逻辑也各不相同。因此，当意见分歧很大时，通过合议制方式确定某个一致预期是很困难的。对于这一点，我想在任何国家的中央银行，只要从

---

① 参见 2008 年 4 月 9 日记者招待会纪要（日本银行主页）。

事过货币政策委员会工作的人都会有切身感受，而这又是普通人难以理解的。

在日本银行向外公布《展望报告》时，说明的重点并不是具体的预期数字，而是根据多数委员的见解得出的经济和物价预期背后的基本机理。但经济学家和市场参与者关注的往往都是具体数字。一般来说，参加决策会议的委员会前都会做出自己对经济增长率和消费者物价上涨率的初步预期，经过决策会议讨论后再提出自己的最终预期。以中位数表示的2008年4月末《展望报告》中的预期增长率，2008年的预期值由半年前的2.1%下调至1.5%，2009年为1.7%。一言以蔽之，就是"当前经济减速，未来仍是减速，不过，平均来看经济增长率与潜在增长率基本持平"。造成日本经济下滑的主要原因是以美国为中心的海外经济增长放缓，以及能源、原材料价格暴涨。在上一次即3月的货币政策决策会议做出的景气判断中，我觉得最需要修正的判断是"基本维持生产、收入、支出的良性循环机制"这一说法，4月末的决策会议以后，无论是在《展望报告》还是记者招待会上，都没有再使用过这个表述①。

另外，就消费者物价而言，当时已经发布的2008年3月数据比上年同期增长了1.2%，如果去除受消费税上调影响的1997年度，这是1993年8月以来的最高物价上涨率。②至于未来物价走势，没有将国内供需缺口推动的物价上涨估算在内，不过根据能源和原材料价格上涨趋势上调了预期。从消费者物价上涨率预期的中位数来看，2008年由半年前的0.4%上调至1.1%，2009年为1.0%。③

可以肯定的是，仅凭这些数字并不能充分表现未来经济不确定性

---

① 参见2008年4月30日记者招待会纪要（日本银行主页）。
② 由于消费者物价指数标准每5年修改一次，因此当时可用的物价指数（以2005年为标准）与目前的物价指数（以2010年为标准）不同。这里使用的是当时的数字。
③ 参见2008年4月的《展望报告》。

增大的状况，因此从这次的《展望报告》开始，根据各个委员事先做出的预期上浮或下沉概率分布，制成了"风险平衡图"，并向社会公布。新发布的风险平衡图显示，委员们判断经济增长率和物价上涨率的下行风险更大。

在4月末的决策会议上，还更新了"中长期物价稳定的理解"（见第5章"零利率政策与量化宽松政策"），即各政策委员理解的代表中长期物价稳定的数字指标。由于所理解的物价稳定是政策委员会全体成员预期值的汇总，只要有新的委员加入，就需要更新，而且当初还约定要定期核验以保证其准确性。经过委员会讨论，更新了2006年3月公开发布的内容。在货币政策运行方针上，提出"事先明确一个特定方向是不适当的"，修正了此前逐渐上调利率的方针。做出调整的最大理由是，委员们判断特别需要关注经济下行风险。《展望报告》公布后，在日本记者俱乐部的演讲中，我就美国经济表达了强烈的担忧，"目前，房价没有停止下跌，金融市场动荡没有平息迹象。而且，金融机构信贷还有进一步收紧的可能，金融资本市场、资产价格、实体经济之间的负面连锁效应何时以及怎样收敛？最大的不确定性是，看不到未来的发展趋势"。

结果，由于雷曼兄弟危机爆发，日本实际经济增长率下降幅度远远超过下调预期。这种经济下行预期原本也是国际组织、海外中央银行以及大部分民间经济学家的一致判断。中央银行不能将雷曼兄弟危机这样的典型事件作为运作货币政策的核心预期。我认为在下调经济增长预期时，正确的分析思路是强调风险因素。

现在重温当时的《展望报告》，感觉认识不到位的原因是我们乐观地假定2008年下半年潜在经济增长率仍会延续1%以上的走势。潜在增长率是根据设备运转及劳动力投入状况运用一定方法推算出来的，当时日本银行估计的数字与民间经济学家的估计相比并不算高，我不记得当时是否质疑过这个过高的数字。

回过头来看，人们对日本经济前景过于乐观的原因在于，几年前已经解决了长期困扰日本经济下行的"三个过剩"，如果没有海外经济的巨大波动，经济增长率必然会上升。但是，正如后来所显示的，"三个过剩"现象并非得到了真正意义上的解决，而是直接或间接地受到了世界经济高速增长、日元套利交易导致的日元贬值等全球性信贷泡沫的影响。另外，当时更没有意识到日本潜在增长率正因快速老龄化而导致的劳动年龄人口减少而逐渐降低，真正认识到这个问题的严重性是在稍晚时期（见第10章"日本经济面临的真正问题"）。

关于物价上涨率预期，由于与"中长期物价稳定的理解"保持了一致，公布之后并没有受到"过低"的批评。相反，由于能源、原材料价格的上涨，在记者招待会上，更多提问关心的是未来物价是否会进一步上升。

## 景气下行，物价上扬——2008年夏季为止的经济形势

2008年4月末发布《展望报告》后，经济正如预期那样加速下滑。因此，在7月以后的货币政策决策会议上，连续下调了对当时经济形势的判断，8月份对经济形势的判断是"停滞"。在8月的决策会议上，作为核心预期是假定"物价稳定背景下经济复归可持续增长路径"（第一支柱），强调国内经济景气的下行风险（第二支柱）。左右国内经济景气的主要因素是海外经济景气，特别是美国金融市场与实体经济的负面连锁效应。另一方面，消费者物价上涨率在7月和8月连续两个月创下2.4%的纪录。物价上涨的主要原因是一段时期内国际商品市场的上涨行情，原油价格（WTI原油期货）从2008年2月7日的每桶88美元飙升至7月11日的146美元。因此，在7月举行的记者招待会上，有许多提问都是针对日本经济是否会陷入经济衰退和物价上涨并存的滞胀局面。

在此期间，海外中央银行采取的货币政策各不相同。出于对物价上涨的担忧，欧洲央行在7月4日将政策利率提高了0.25%，此外，许多新兴国家和资源型国家的中央银行也大幅提高了政策利率。① 与之相对，作为金融危机"震源地"的美国和英国，自春季以来始终维持稳定的政策利率。由于日本银行对未来经济形势持谨慎态度，所以没有提高政策利率，甚至都没有这方面的考虑。

## 出席国际会议

担任行长职务后的主要变化之一是出席国际会议次数的增多。上任后的第一次国际会议是2008年4月在华盛顿召开的G7，之后的5月4日到5日首次以行长身份出席了在瑞士巴塞尔举行的BIS行长例会。我任行长的5年间，海外出差达70次，年均14次，BIS总部的所在地巴塞尔是我出访次数最多的目的地。成立于1931年的BIS，可以说是各国中央银行的俱乐部。BIS主页登载的该机构的使命共有5项，列在首位的是"促进各国中央银行之间的讨论与合作"。为方便起见，一般将中央银行行长参加的BIS会议统称为BIS行长会议，实际上因会议主题或出席会议的中央银行不同，存在若干的"行长会议"。此外，还有旨在广泛讨论整体经济与金融议题的全球经济会议（Global Economic Meeting，缩写为GEM）。此前，BIS重要委员会的主席任命和委员会协调工作是由10国集团（Group of Ten，缩写为G10）② 中央银行

---

① 2008年4月到8月各国政策利率的上调幅度分别是2.0%（智利）、1.25%（印度）、1.5%（土耳其）、1.0%（南非、以色列、印尼、秘鲁、菲律宾）、0.75%（巴西、墨西哥、俄罗斯）、0.5%（挪威、泰国、匈牙利）、0.35%（丹麦）、0.25%（瑞典、韩国、哥伦比亚）。

② 1962年成立，包括比利时、荷兰、加拿大、瑞典、法国、德国、英国、意大利、美国和日本，1964年瑞士加入，仍称G10。——译者注

行长会议负责，自 2010 年起，这一职能移交给 GEM。由于 GEM 参会者人数众多，为准备讨论材料及决策草案，新成立了"经济咨询委员会"（Economic Consultative Committee，缩写为 ECC）。我担任行长后第一次出席 BIS 会议时，还是 G10 行长会议体制，2010 年以来，在 G10 的基础上新纳入了中国、印度、墨西哥等国，形成了由 18 个成员国组成的 ECC。

自 1997 年开始的大概 3 年时间里，作为 BIS 主要委员会之一的全球金融系统委员会（CGFS）成员，我曾频繁出访巴塞尔，并作为工作人员出席过几次 G10 中央银行行长会议。不过，2008 年是我第一次以行长身份发言。虽然各国财政部门之间也存在着同行意识，但由于中央银行行长一般任期较长，全球中央银行集体形成了独特的同行氛围，也许可以称之为跨越国境的专家团队意识。当时欧洲央行的特里谢行长在我就任行长之前的一次理事会后的记者招待会上，对日本记者的提问做出了如下回答：[①]

> 我知道白川，以前也有过接触。在之前的职位上，他不仅在欧洲央行有很多朋友，而且与其他中央银行圈内的重要人物也有很多交往。因此，我希望继续与他及日本银行保持密切的联系，这很重要。之所以这样说，是因为在非常困难时期中央银行家之间的同行意识相当重要，应该延续下去。

我担任日本银行审议负责人时，特里谢正担任法国银行行长，我们曾在 BIS 年会的午餐会上有过交流，但当时对他个人并不十分熟悉。感谢特里谢行长在记者招待会上如此用心的表述，在我担任

---

① 参见 2008 年 4 月 10 日记者招待会纪要。欧洲央行主页（Introductory Statement with Q&A）。

日本银行行长成为这个重要的国际政策团体的一员后，深感责任重大。

## 出席国会听证会

出席国会听证会接受质询次数的增加，也是就任行长后的重大变化。我第一次以行长身份参加国会听证会是在就任代理行长第 5 天，即 3 月 25 日召开的众议院财务金融委员会会议。担任理事时期也有过几次国会质询，就任行长后次数明显增多。在 5 年任职期内，我共参加过 117 次国会听证会，年均近 24 次，接受过 91 名议员的质询。根据每年经济形势的不同，接受质询的频次也有差异，2012 年 2 月的一个月内有 9 次。所参加的听证会组织方几乎都是众议院的财务金融委员会、参议院的财政金融委员会、众参两院的预算委员会，偶尔也参加其他委员会。其中，预算委员会的质询因首相及内阁成员全体参加，并且有电视转播，所以有一种特殊的紧张感。

根据新《日本银行法》规定，日本银行必须每半年向国会提交一次货币政策报告书，同时为了配合议员审议报告，需要在国会听证会接受质询。这是仿照美国模式实施的。日本银行要定期完成并提交半年度报告，而国会实际审议的时间却并不固定。每次审议半年度报告一般需要 3~4 个小时，要求行长长时间集中精力地回答议员提出的各类问题。我任期的第一个半年度报告于 2008 年 5 月 22 日提交给了参议院财政金融委员会，当天只说明了报告的主要内容，相应的审议质询则安排在了 5 天之后的 27 日。

国外中央银行行长也要接受国会质询，但与日本相比，参加的频次要少得多。我接受质询次数最多的是 2012 年，全年共计 29 次，与之相对应的是，美联储主席在同期内仅为 5 次。作为具有独立性的中央银行代表，日本银行行长有义务在国会上如实地回答议员的提问，新《日本银行法》中也明确规定了这一点。① 但问题是次数太多，而且接受质询的时间也不固定，有时会妨碍行长的正常工作。例如，在计划海内外出差时，不得不精心安排行程以避开国会的质询时间。我总是觉得应该像国外的许多中央银行那样，原则上将国会的质询时间集中在例行货币政策报告审议期间，建立一个集中且系统性的质询体制才更有效率。

## 会客

就任行长后的变化也包括来访客人的增加，与金融机构负责人、企业经营者、海外在任及离任政策决策者、权威经济学家等的会面机会明显增多。此外，海内外专家也经常莅临我的办公室，他们带给我大量的信息以及看问题的独特视角，让我深感作为中央银行行长的荣幸。在就任行长后不久会见的一位海外前中央银行要员曾建议说："中央银行行长的职责之一，是应该成为一国的首席经济教育家（educator）。"对此我的理解是，中央银行行长不仅要准确制定短期货币政策，而且有义务认真研究一国宏观经济所面临的问题，并用通俗易懂的语言向国民做出解释。虽然我并不喜欢"教育家"这个词，它给人一种高高在上的感觉，但考虑到中央银行的目标（营造与中长期可持续经济增长相协调的金融环境）与中央银行的优势（拥有众多优秀并被认为持中间立场的经济学家），这个建议可谓是至理名言。

---

① 新《日本银行法》第五十四条第三款规定："应国会两院或委员会要求就日本银行业务及财产状况做出说明时，日本银行行长或政策委员会主席或他们指定的代理人必须出席国会两院或委员会的会议。"

## 演讲

就任行长以来，公开场合演讲的机会也开始增多。由于日本银行行长经常被要求在各种场合发言，所以有时很难区分哪些属于演讲，哪些不属于演讲。从日本银行主页显示的数量来看，在任行长 5 年间我共演讲 103 次（不包括仪式性较强的致辞，也不包括行内的分行行长会议以及新员工入职仪式等的致辞），其中在海外演讲 24 次。在国会接受质询或在记者招待会上回答问题固然很重要，但由于时间有限，而且是问答方式，并不适合主动发布一些系统性信息。因此，各国中央银行都十分重视包括行长在内的高管演讲，为了加深外界对日本银行各项政策的理解，我也精心选择了一些话题进行演讲。

首次在媒体的公开演讲，是上文提过的 2008 年 5 月 12 日在日本记者俱乐部的演讲。[①] 演讲之前，在休息室俱乐部负责人告诉我，按照惯例受邀演讲者都要在签名簿上写个寄语，我一时想不起什么"高大上"的话，只写下了"诚实与专业性"几个字。演讲的大部分内容是以刚发布的《展望报告》为核心，对日本经济景气、物价形势和货币政策运作进行了讲解，并在最后部分针对中央银行这一组织强调了以下两点。

第一，"持续学习"这一中央银行组织文化的重要性。

> 在全球化不断深化和信息通信技术迅猛发展的背景下，我们置身于不断变化的环境当中。因此，对我来说，更加珍视中央银行的组织文化，即常怀谦虚之心、持续学习。与此同时，中央银行必须以易于理解的形式解释货币政策的依据，即确保政策的透明度。最终支撑货币政策独立性的是精准分析以及在精准分析基

---

① 白川方明＊（2008）「最近の金融経済情勢と金融政策運営」（日本記者クラブでの講演）2008 年 5 月 12 日。

础上的货币政策积累，我认为这就是货币政策的透明度。

第二，中央银行业务的重要性。

就拿2007年夏天以来的国际金融市场动荡来说，各国均采取了直接或间接提供流动性的所有可能措施，而在确保货币政策有效传导的基础上，非常重要的就是这些灵活运用了中央银行机能的各项业务措施。从2007年夏天以来的金融市场状况看，即使是在市场功能严重削弱的情况下，支付清算系统都没有出现混乱。……中央银行的重要工作之一就是应对以地震、恐怖袭击、计算机系统瘫痪为代表的各种危机或混乱局面。近年来，外界对于货币政策的关注日益高涨，这对中央银行来说值得高兴，同时，我也希望外界对中央银行作为"银行的银行"业务给予更多的关注。对我来说，将努力通过利率政策和银行业务两个抓手，实现"物价稳定"和"金融体系稳定"这两个目标。

## 到地方出差

我通常要求将演讲安排在东京以外的城市，这样一来就会有更多机会和各地方自治体（县、市、町等）官员、相关地方企业经营负责人面谈或到工厂参观，每次都有很大收获。2008年8月25日到26日，担任行长后的第一次出差是到大阪，第二次是同年9月2日到3日去了名古屋。在大阪参观了因巨额投资等离子电视项目而闻名的松下尼崎工厂。每次参观工厂，负责人都会非常认真地进行讲解和说明，这次也完全一样。后来该公司退出了等离子电视机生产，每当回想起当年参观时规模宏大、设备齐全的工厂生产景象，深感企业投资决策的艰难。

# 第 8 章　雷曼兄弟破产

2008 年 9 月雷曼兄弟破产事件导致世界金融系统一时濒临崩溃，由于各国政府和中央银行及时采取了积极的应对措施，总算避免了最坏事态发生。本章将时钟暂时回拨到我就任行长之前，从美国房地产泡沫崩溃说起。雷曼兄弟破产后的数月动荡，与 2011 年 3 月发生的东日本大地震以及 2013 年 1 月日本政府·日本银行发表共同声明前的交涉并列，成为我任行长期间深深印刻在脑海中的重大事件之一。

## 从房地产泡沫崩溃到次贷危机

21 世纪最初几年的"大稳健"渐渐改变了模样。最早出现变化的是美国住宅价格。从代表性的住宅价格指数——凯斯－席勒房价指数（基于美国 20 个城市的数据）看，2006 年 7 月创下峰值纪录后，持续下降了近 5 年半，到 2012 年 2 月的低谷下降大约 35%。面向低收入者的次级住房抵押贷款拖欠率从 2006 年年末开始逐渐上升，进入 2007 年进一步提高。

房地产泡沫崩溃的影响很快波及住宅投资，一段时间后就影响到了整个实体经济。根据美国国家经济研究局（NBER）的经济周期判断,2007年12月开始美国经济进入衰退。在美联储主席每年2月和7月例行参加的半年一次国会听证会证词中,2007年7月开始明显表现出对经济增长的担忧。在住宅价格转向下降的差不多1年时间里,美国针对泡沫崩溃对金融体系的影响还一直保持着乐观情绪。例如,美联储理事弗雷德里克·米什金(Fredcric Mishkin)在2007年1月的一次演讲中提到了日本的教训并做出了以下预判:①

> 资产价格泡沫崩溃根本不会带来金融体系动荡。……而更难想象房地产泡沫崩溃会给金融体系带来不稳定。……20世纪90年代包括日本在内很多国家出现的金融体系动荡,不是住宅价格下降,而是商业用地价格暴跌引发的不良债权问题。……很多人误读了日本的教训,问题不在于泡沫经济崩溃,而是之后的货币政策应对。

2007年5月伯南克主席的演讲中也表现出了乐观心态:②

> 虽说如此,如果存在支撑住宅需求的基础面因素,我们相信次级抵押贷款市场的问题对整个房地产市场的影响是有限的,更无法想象会对其他实体经济或金融体系产生严重的冲击。

当时美国政策决策者的发言,与日本泡沫经济崩溃后政策决策者

---

① Mishkin, Frederic S. (2007), "Enterprise Risk Management and Mortgage Lending", Speech at the Forecasters Club of New York, January 17, 2007. (https://www.federalreserve.gov/newsevents/speech/mishkin20070117a.htm.)
② Bernanke, Ben S. (2007), "The Subprime Mortgage Market", Speech at the Federal Reserve Bank of Chicago's 43rd Annual Conference on Bank Structure and Competition, May 17, 2007. (https://www.federalreserve.gov/newsevents/speech/bernanke20070517a.htm.)

的发言惊人地相似（见第3章"泡沫经济崩溃与金融危机"）。不过公平地说，日本或美国政策当局的这些发言，部分是基于他们对当时形势的实际认知，部分也是由于作为政策决策者，不能轻易地做出悲观的预测，我想这两个方面因素都是存在的。这种乐观情绪不仅存在于政府当局者之间，民间经济评论家也是如此。

## 巴黎银行冲击

金融危机爆发前，"岩浆"正在缓慢蓄积。2006年8月美国住宅价格转为下降，股价仍在持续上升。股价是反映市场参与者预期未来企业收益状况的重要指标，而金融危机是现世报，资金链条断裂的金融机构马上就会陷入破产。直接"爆雷"的是同业美元资金市场。伦敦同业市场拆借利率（London Interbank Offered Rate）与隔夜指数掉期利率（Overnight Index Swap）的利差（缩写为Libor-OIS利差）是表示同业市场资金紧张程度的指标，并受到市场参与者的广泛关注。这个指标表示在一定期间内（例如3个月）伦敦同业市场拆借利率（Libor）与隔夜指数掉期利率之间的利差。在隔夜市场上，如果放款方意识到借款方存在违约风险，自然就会提高利率。2007年8月9日发生了"巴黎银行冲击"，明眼人都能看出同业市场上美元Libor-OIS利差扩大所显示的同业市场的资金紧张程度（见图8-1）。

2007年8月9日当天，作为法国大型金融机构的法国巴黎银行（BNP Paribas）宣布停止赎回其旗下的投资信托基金。以此为契机，同业美元资金市场资金紧张程度迅速上升。当时我在京都大学公共政策研究生院工作，不清楚各国中央银行如何看待这一事件，至少在学者和民间经济评论家之间，我认为很少有人意识到这一事件会导致其后如此严重的全球金融危机。在巴黎银行冲击10年后的2017年10月，两位世界顶尖级经济学家奥利维尔·布兰查德（Olivier Blanchard）和

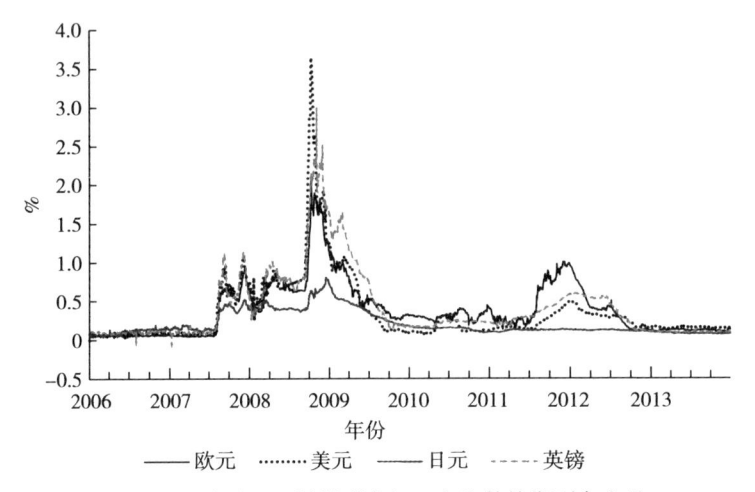

图 8-1 伦敦同业拆借利率与隔夜指数掉期利率息差
资料来源：彭博资讯。

劳伦斯·萨默斯（Lawrence Summers）在以"稳定性政策再思考"（Rethinking Stabilization Policy）为主题的研讨会上，提出了以下观点：①

> 10年前，绝大多数人都没有想到之后将发生的事情——世界上最大的金融机构出现挤兑、利率处在流动性陷阱水平上、物价上涨率低于预期目标，以及许多发达国家存在巨大的供需负缺口。

巴黎银行冲击之后，银行间资金市场随即陷入动荡。最早动摇金融体系稳定的是英国。2007年9月，以住房贷款为主要业务的中型银行诺森罗克银行②出现了存款挤兑，这是英国自1866年以来首次发生

---

① Blanchard, Olivier and Lawrence Summers (2017), "Rethinking Stabilization Policy. Back to the Future", Peterson Institute for International Economics, October 8, 2017. (https://piie.com/system/files/documents/blanchard-summers 20171012 paper.pdf.)
② 也译为北岩银行。——译者注

的银行存款挤兑事件，9月17日，英国政府宣布全额保护该银行存款。房价下跌后仍持续上涨的美国股票市场也于2007年10月9日达到峰值后开始下降。

在此，我想说明一下本书所使用的术语。巴黎银行冲击后逐渐扩散的金融危机最初被称为"次贷危机"（次级抵押贷款危机），后来才发现，次级贷款市场所发生的危机其实只是一个契机，这次危机已经远远超出了次级贷款市场范畴，"次贷危机"的说法并不准确。因此，本书一般使用"全球金融危机"这个术语，但2010年开始恶化的欧洲债务危机是否应该包含在"全球金融危机"中呢？从广义来说，应该作为全球金融危机的一部分。不过，欧洲债务危机虽说也对欧洲以外的实体经济造成了严重影响（见第11章"欧洲债务危机"），但从它对金融体系和金融市场的整体影响来看，与始于巴黎银行冲击、在雷曼兄弟破产后迎来高潮的金融危机还是存在差异的。因此，本书将2007年至2009年期间的金融危机称为"全球金融危机"[1]，并将此后的危机称为"欧洲债务危机"。

## 美联储救济贝尔斯登

稍早于我出任代理行长的2008年3月16日，JP摩根大通宣布从美联储获得紧急贷款，用于收购陷入资金周转困境的美国第五大投资银行贝尔斯登。这一紧急贷款是根据《美国联邦储备法》第十三条第三款启动的特例措施。尤其重要的是，还为之设立了用于购买贝尔斯登公司持有的非流动性资产的特殊目的基金，美联储向其提供财源。

---

[1] 伯南克使用了"2007—2009年危机"（crisis）的叫法，参见Bernanke（2015）Author's Note. Bernanke, Ben S.（2015），*The Courage to Act: A Memoir of a Crisis and Its Aftermath*，W. W. Norton & Company，p. 351.（『危機と決断——前FRB議長ベン・バーナンキ回顧録』上・下、小此木潔監訳、KADOKAWA、2015年。）

美联储的这种做法虽然遭到政治家和经济学家相当激烈的批判，但若不能消除贝尔斯登资产的不确定性，JP摩根大通可能就无法收购贝尔斯登。我认为，如果不采取这种措施，立即就会发生诸如后来雷曼兄弟冲击那样的大规模金融危机。从这个意义上来说，我对美联储向贝尔斯登提供紧急融资予以高度评价。

当然，由于金融机构问题的本质是资本不足，只要这一问题得不到解决，自然还会形成金融体系与实体经济之间的负面连锁效应，上述措施只是暂时缓解了金融市场的紧张。实际上，2008年4月11日G7会议结束后举办的与民间金融机构负责人的座谈会中，也听到了"最糟糕的时期已经过去"的言论，当然这只是少数人的观点。

但正如很多人担心的，不久之后，金融市场紧张局势再度升温。特别是2008年9月7日，专门从事住房贷款的政府系金融机构——房利美（Fannie Mae）与房地美（Freddie Mac）两家公司被政府接管，全球金融市场的紧张局面再度升级。在贝尔斯登事实上破产之后，金融市场上就猜测下一个倒下的应该是美国第四大投资银行雷曼兄弟公司（以下简称雷曼兄弟）。9月15日雷曼兄弟依照《美国破产法》（American Bankruptcy Act）第11章规定，向联邦破产法院提出破产保护，世界金融市场旋即陷入了20世纪30年代以来从未有过的危机，金融系统濒临崩溃。[①]在雷曼兄弟破产前后，各国财政部部长和中央银行行长之间频繁沟通，召开了多次多边或双边的电话会议，当然也包括只有中央银行行长参加的电话会议。[②]

---

[①] 关于2008年秋季的美国金融市场，参见Bernanke, Ben S. (2008), "Economic Outlook and Financial Markets", Testimony before the Committee on the Budget, U. S. House of Representatives, October 20, 2008. ( https://www.federalreserve.gov/newsevents/testimony/bernanke20081020a.htm.)

[②] 关于从2007年夏季巴黎银行冲击到雷曼兄弟破产以及其后的国际金融市场，参见BIS (2009), 79th Annual Report, 1st April 2008 - 31st March, 2009.

## 雷曼兄弟破产前的周末

雷曼兄弟破产前的周末，也就是日本时间 9 月 12 日星期五晚，召开了 G7 国家财政部部长及中央银行行长电话会议。会上，美国财政部部长亨利·保尔森通报寻找买家收购雷曼兄弟的谈判陷入了僵局，美国当局正竭尽全力避免最坏事态的发生。当时欧美金融系统处于极不稳定状态，显而易见的是，如果雷曼兄弟陷入无秩序清算，必然引爆系统性风险，国际金融市场陷入极度混乱的可能性相当高。因此大家都以为，就像半年前救济贝尔斯登那样，美联储即使再次提供紧急贷款，也要守住金融体系稳定的底线，并且一定要这样做。我的看法是，不管为寻找雷曼兄弟买家的谈判多么艰难，最终美国当局也不会准许，或者说不能容许该公司的无序破产，我想这也是美国以外很多国家的政策决策者当时的想法。[1] 然而，现实情况是，周末相关人员进行的最后一次谈判还是以失败而告终。[2] 9 月 13 日（星期六）和 14 日（星期日）又召开了多次电话会议，美国当局最后通报雷曼兄弟公司不得不适用《美国破产法》进入破产处理程序。这是一个令人难以置信的决定，但从那一瞬间开始，我们也不得不接受现实。鉴于这个严峻的现实，各国政府都在不遗余力地防范周一开市可能出现的市场混乱，日本银行也与金融厅合作，为应对可能出现的最坏事态做了充分准备。

---

[1] 特里谢代表了美国以外国家的担忧，实际上在 12 日的 G7 电话会议上，他就明确表示"这种结局后果很严重！"参见 Irwin（2013）p.143. 另外，在 13 日的会议上，他发出了"整体崩溃"的警告。Irwin, Neil（2013）, *The Alchemists: Three Central Bankers and a World of Fire*, Penguin Press, 2013.（『マネーの支配者——経済危機に立ち向かう中央銀行総裁たちの闘い』関美和訳、早川書房、2014 年.）

[2] Paulson, Henry M.（2010）, *On the Brink: Inside the Race to Stop the Collapse of the Global Financial System*, Business Plus, 2010.（『ポールソン回顧録』有賀裕子訳、日本経済新聞出版社、2010 年）; Geithner, Timothy F.（2014）, *Stress Test: Reflections on Financial Crises*, Crown, 2014.（『ガイトナー回顧録——金融危機の真相』伏見威蕃訳、日本経済新聞出版社、2015 年。）

## 雷曼兄弟破产后的全球金融市场

美国时间 2008 年 9 月 14 日,雷曼兄弟向联邦破产法院提出了破产保护申请,世界各地雷曼兄弟集团旗下的营业网点也进入了破产程序。由于 2008 年 9 月 15 日是日本法定假日(敬老日),雷曼兄弟公司日本法人于次日,即 9 月 16 日,根据日本《破产法》提出破产申请。①

虽然事前预料到国际金融市场会出现混乱,但实际混乱程度还是远远超出了预期。9 月 16 日,美国大型的货币市场基金(Money Market Fund,缩写为 MMF,当天可兑换的短期投资信托)跌破票面价值,此后又陆续出现了解约。17 日,大型保险公司美国国际集团(AIG)由美国政府接管,美联储宣布为该公司提供 800 亿美元的巨额资金授信额度。就在美联储明确不向雷曼兄弟提供紧急贷款的几天后,AIG 获得了巨额资金援助,这一消息让很多人感到震惊。此后,美国发布了一系列危机信息:19 日,美国财政部对货币市场基金提供了临时保障措施;22 日,高盛集团和摩根士丹利银行两家投资银行向美联储申请转型为银行控股公司;② 25 日,美国最大储蓄金融机构、资产规模约 3 000 亿美元的华盛顿互惠银行(WaMu)被联邦存款保险公司(Federal Deposit Insurance Corporation,缩写为 FDIC)接管,等等。华盛顿互惠银行破产事件是美国金融史上最大的银行倒闭案,该公司的

---

① 日本时间 9 月 15 日中午,雷曼兄弟的美国法人根据《美国破产法》提出了破产申请,因为日本当天是法定假日,金融厅对雷曼兄弟旗下的日本公司发出暂停营业的指令,节后第一个工作日,即 9 月 16 日,日本公司申请民事破产重组(是指经济陷入困境的债务人,如果得到了大多数债权人的同意,并且得到了法院的许可,可以制定一个重组计划,目的是使该债务人的事业或经济生活能够重新开始。——译者注),19 日,东京地方法院批准了申请,开始清算程序。
② 日本的情况与美联储不同,证券公司大多是日本银行的活期存款和贷款客户,也是实地检查的对象。

债券投资者遭受了巨大损失，金融系统受到进一步冲击。尽管出现了这些状况，9月29日旨在使投入财政资金合法化的问题资产救助计划（the Troubled Asset Relief Program，缩写为TAPP）法案还是遭到了国会众议院的否决。当天美国道琼斯工业平均指数创下了暴跌778美元、跌幅接近7%的记录。在美元资金市场上，交易对手风险[①]增加导致市场流动性极度匮乏，金融机构的资金筹措变得更加困难。从Libor-OIS利差来看，美元资金利差从雷曼兄弟破产之前的1.3%上升至10月10日的3.6%，欧元资金利差从1.2%上升至2.1%。

资金市场的动荡，当然不仅会影响金融机构，普通企业也受到了直接冲击。在危机的震源地美国，货币市场基金公司由于遭遇赎回危机，不得不卖出商业票据，并停止购买新的商业票据。结果，即使是最高信用评级的企业，也难以发行超出隔夜期限的新商业票据。因此，以汽车销售金融公司为首的那些通过商业票据和公司债券筹集资金的企业资金周转状况急剧恶化。美国以外的国家也都出现了资金市场动荡和极端的规避风险行为，国际金融市场陷入瘫痪状态。

## 华盛顿召开的G7会议

在全球金融市场持续混乱的状况下，美国时间2008年10月10日星期五，在华盛顿召开了G7会议。我与9月24日刚组建的麻生太郎内阁的财务大臣中川昭一（已故）一同出席了会议。在担任行长期间出席的众多国际会议中，这次的G7会议是最为紧张，也是目的性最强的一次，所有参会人员都有一个明确的共同目标，就是要绝对避免20世纪30年代大萧条的再度发生。伯南克在回忆录中写道，"我们自知

---

① 交易对手风险是指交易对手（counterparty）不履行合同规定上的支付条款而产生的风险。

我们是可以止血的少数人",事实也的确如此。[①] 出于这个原因,会议在财政部部长保尔森的主持下,将例行 G7 会议中占用较多时间讨论宏观经济的环节压缩到最低限度,重点讨论了会议结束后计划发布的 G7 声明。[②] 此次发布的共同声明仅 266 个单词,比上次即 4 月的 1 350 声明(1 350 个单词)短了很多,但信息非常明确,宣布了 G7 各国政府和中央银行的 7 项行动计划。G7 共同声明的开头部分彰显了政策当局者的坚定决心:[③]

> 今日,七国集团一致认为,鉴于目前的形势有必要采取紧急且非同寻常的行动。为促进世界经济增长,我们承诺将持续为稳定金融市场、恢复信用秩序而共同努力。为此,我们就以下事项达成了共识。

下面介绍 7 项行动计划中的前三项:第一,"支援具有系统重要性的金融机构,为防止其破产,要采取果断行动,运用一切可以利用的手段";第二,"为恢复信贷市场以及短期金融市场功能,确保银行以及其他金融机构能够广泛获取流动性和所需资金,可以采取一切必要手段";第三,"银行以及其他主要金融中介机构要重铸市场信心,继续向家庭和企业提供充足的贷款,必要时可以利用财政资金和民间资金两条途径增强资本实力"。

---

① Bernanke, Ben S. (2015), *The Courage to Act: A Memoir of a Crisis and Its Aftermath*, W. W. Norton & Company, p. 351. (『危機と決断——前 FRB 議長ベン・バーナンキ回顧録』上・下、小此木潔監訳、KADOKAWA、2015 年。)
② Paulson, Henry M. (2010), *On the Brink: Inside the Race to Stop the Collapse of the Global Financial System*, Business Plus, 2010. (『ポールソン回顧録』有賀裕子訳、日本経済新聞出版社、2010 年。)
③ 声明中的日文译文来自财务省主页的「7か国財務大臣・中央銀行総裁の行動計画」、2008 年 10 月 10 日。

这些计划成为雷曼兄弟破产后各国政府、中央银行、金融监管监督机构各自采取的或计划采取的行动宗旨，在这个时点上显示出G7国家的坚定信心，具有非常重要的价值。

## 日本银行的行动

在雷曼兄弟破产之后，日本银行一直在全力以赴地保持国内金融体系及经济稳定。其中的首要工作就是顺利推进雷曼兄弟公司日本法人的破产程序。从负责金融实际业务的中央银行立场出发，日本银行向东京地方法院、金融厅提供了许多必要的材料和信息。日本银行职员在处理20世纪90年代后期国内金融危机过程中积累的大量处理破产的实际经验，对顺利推进破产工作起到了重要作用。

另一项重要工作是畅通资金和国债的清算结算渠道，确保金融市场稳定。日本银行为了明确自身的态度，在雷曼兄弟破产后的首个营业日，即9月16日发表了行长讲话，强调"日本银行的方针是，一方面密切关注最近美国金融机构的发展态势及其影响，另一方面继续通过进行适当的金融市场调节等，努力确保资金结算畅通和金融市场稳定"。

在上述应急措施之后，日本银行相继采取了以下三项举措：一是以确保金融市场稳定为目的提供充足的流动性；二是以支撑经济增长为目的下调政策利率；三是采取措施恢复受损的信用中介职能。①

另外，雷曼兄弟破产事件后发生了一件意想不到的事情，尽管有点偏离主题，但对于日本银行来说是很重要的，即由于全球金融危机，使得一直空缺的日本银行副行长人事问题得以解决。在首相官邸讨论

---

① 参见「2008年秋以降の金融危機局面において日本銀行が講じた政策」。日本銀行主頁。

完雷曼兄弟破产影响之后，在2008年8月2日改组后的福田康夫内阁中担任经济财政大臣的与谢野馨向我表示，雷曼兄弟破产事件是打破日本银行副行长人事任命问题上朝野僵局的难得机会。并且与谢野大臣直接与执政党以及在野的民主党内重要人物协调沟通，强调增补副行长的必要性，并为实现我所力荐的山口广秀理事升任副行长一事积极斡旋。副行长的最终正式任命是在2008年10月27日。至此，终于满足了副行长编制为2人的《日本银行法》规定，这要特别感谢与谢野大臣。

## 举措一，充足的流动性

在金融危机过程中，中央银行应该做的首要工作就是作为"最后贷款人"为本国金融市场提供充足的资金（流动性）。雷曼兄弟倒闭后，日本银行也向金融市场提供了充足的日元资金。其实，与欧美各国不同，日本金融机构因对复杂的证券化商品投资相对较少，金融机构自身相对稳健，所以短期资金市场非常稳定。从当时的Libor-OIS利差来看，日元资金利差即使在增幅最大时也不过是0.7%，远低于同期的美元和欧元（见图8–1）。

对于日本来说，流动性不足问题不是表现为日元资金而是美元资金的短缺。日本的金融机构，特别是大型金融机构都在海外进行了大量的外币资产投资，需要在金融市场上筹集巨额外币资金。金融危机之后，外币资金筹集突然变得异常困难。以车企为代表的日本大型企业也陷入了同样困境。例如，丰田在日本并没有实质性负债，合并报表的销售收入77%来自海外，包括海外子公司在内的合并资产负债表上，流动负债为11万亿日元，固定负债也高达6万亿日元。[①] 如上所

---

① 根据2008年度末丰田公司的合并结算资料。

述，商业票据市场和公司债券市场已处于停摆状态，从日本金融机构获取美元资金贷款也变得越来越困难，因此美元资金紧张情绪迅速在拥有大量海外业务的大型企业中间蔓延。

当时，日本外汇储备约为1.0万亿美元，其中95%是由政府掌管的外汇资金特别账户管理，日本银行持有的外汇储备换算成日元仅有5.5万亿。与美国以外的其他发达国家的中央银行一样，由于持有美元资金有限，日本银行要发挥向本国金融机构提供美元资金"最后贷款人"职能，唯一的方法就是从美联储的执行部门纽约联储筹集资金，为此，日本银行与纽约联储签署了美元互换协议，这是一项通过向该行提供本国货币为抵押筹集美元的机制。在这个机制下，美国提供美元资金，但基本上不承担违约风险。与纽约联储达成美元互换协议的中央银行，可以自行决定向本国的金融机构提供美元资金。

巴黎银行冲击之后的2007年12月，纽约联储与欧洲央行和瑞士中央银行之间已经达成了美元互换协议。当时日本的金融机构还没有出现美元资金周转问题，因此日本银行并没有参加这一协议，不过雷曼兄弟破产后情况发生了突变，日本银行与英格兰银行和加拿大银行同时加入了这个协议。由于这项协议须在全球范围内同步进行，日本银行于日本时间2008年9月18日午夜召开了临时货币政策决策会议，决定参加美元互换协议，随即所有参加协议的中央银行同时发布了公告。日本银行在取得国内金融机构提供的国债等抵押品基础上，向金融机构提供通过互换协议获得的美元资金。

该措施事前没有走漏任何风声，并在短短数日内得以出台，这使我感受到中央银行同行之间构筑的信赖关系是一笔巨大的财富！随后协议范围不断扩大，澳大利亚、瑞典、挪威、新西兰、巴西、墨西哥、韩国、新加坡等国的中央银行先后加入，参加这个互换协议的中央银行数达到了14个。日本银行的美元资金额度最初是600亿美元，之后上调至1 200亿美元，在美元资金市场功能严重受损的2008年10月13

日以后，取消了额度上限，处于无上限状态。① 截至2008年12月末，日本银行向民间金融机构实际提供的美元资金达到1 276亿美元。这可以说是中央银行发挥了"全球最后贷款人"功能。

日本银行在全球金融危机阶段采取的所有措施中，得到民间金融机构和企业经营者感谢最多的就是基于互换协议提供的美元资金。由于人们平时很少意识到金融体系稳定的重要性，中央银行在这方面的贡献也很难得到正面评价，中央银行职员也鲜有机会体会到自己对整个社会的价值。作为中央银行，日本银行所做的这些工作都是应尽职责，而对于那些不眠不休与海外进行交涉、踏踏实实从事银行业务的中央银行职员来说，这种感谢也算是辛苦付出后获得的瞬间回报。

## 举措二，下调政策利率与引入活期存款付息制度

雷曼兄弟冲击发生后，日本银行紧接着采取的措施就是下调政策利率水平。在危及金融机构和企业生存的雷曼兄弟冲击下，降低利率刺激经济的作用相当有限，尽管如此，为了延缓经济衰退的速度，作为中央银行，有必要表现出尽最大努力的姿态。根据上述判断，日本银行于2008年10月31日和12月19日分两次各下调政策利率0.2%，合计下调0.4%。关于10月份的利率下调，政策委员会成员在下调方向上没有异议，但围绕下调幅度出现了意见分歧，而且赞成票与反对票完全相同，最后采取了特例的主席裁决方式（详见后述）。第二次即12月份的决议以7票赞成、1票反对获得通过。在两次下调利率后，政策利率水平由雷曼兄弟破产之前的0.5%降至0.1%。

与欧美诸国相比，日本这两次政策利率的下调幅度均很小，主要

---

① 美元交换协议机制于2010年2月起曾暂停了一段时间，但后来由于欧洲债务危机恶化，2010年5月重新启动，2013年10月后成为常设安排。

是由于雷曼兄弟破产前日本 0.5% 的政策利率水平远低于美联储（2.5%）、欧洲央行（3.75%）和英格兰银行（5.0%）。假设日本的政策利率与欧美中央银行的水平相当，无疑日本银行也会更大幅度地下调利率，遗憾的是，日本银行几乎没有这样的操作空间。

2008 年 10 月 31 日下调政策利率时，引入了中央银行对活期存款付息这一具有重要意义的"超额准备金制度"（活期存款付息制度）。如上所述，雷曼兄弟破产之后，日本银行为维持金融体系稳定，提供了大量流动性。金融机构要将法律规定的法定准备金存入中央银行活期存款账户，由于中央银行对活期存款不支付利息，意味着对于超过法定准备金额度的活期存款金融机构也不能获得利息收入，因此金融机构一般将多余资金投放到同业拆借市场。结果，同业市场上的短期利率水平下降至零。这里的问题是，从维持金融体系稳定角度提供充足流动性后形成的利率水平，并不一定是维持宏观经济稳定所需要的最佳利率水平。因此，活期存款付息制度登上了历史舞台。如果引入活期存款付息制度，日本银行就可以一方面为应对金融系统动荡提供充裕的流动性，另一方面在货币政策上可以实现宏观经济增长所需的利率水平。换句话说，活期存款付息制度的设计，割断了现实利率与政策利率的联系，既可以实现最佳流动性的供给，还可以追求后面要分析的最佳信贷政策。

当时引入活期存款付息制度的契机是美国率先实施了这一制度。多年来美联储一直请求议会赋予其对活期存款付息的权限，终于在 2006 年法律修订时获得了认可，[1] 并决定自 2011 年开始实施。雷曼兄弟破产后，美联储考虑到美国金融系统严重动荡的现实，认为有必要尽早实施这一制度，美国国会接受了美联储的主张，在 10 月 3 日美国

---

[1] 正式名称为《2006 年放松金融服务监管法案》（Financial Services Regulatory Relief Act of 2006）。另外，欧洲央行、英格兰银行也实施了活期存款付息制度。

议会审议通过问题资产救助计划（TARP）法案[①]中，增列了将实施活期存款付息制度提前到 2008 年 10 月的内容。中央银行对活期存款支付利息，这是一般人并不熟悉的制度，在正常情况下是很难实现的。之所以这么说，是因为不难想象民众可能会指责过于优惠金融机构，财政部也会因中央银行向国库上缴利润减少而提出抗议。当美国开始实施这一制度时，我认为日本不能错过这个时机，有必要立即引进这一制度。

实施这一制度有两方面的理由，一是从自 2001 年 3 月至 2006 年 3 月实施量化宽松政策的历程看，为了稳定宏观经济，最佳短期利率水平并不是字面上的零利率，而应该是少许为正的水平，也就是说，存在一个下限利率。当时，由于隔夜拆借利率已是 0.001% 的极限零利率水平，在考虑交易成本的情况下，同业市场的交易激励机制完全失灵，结果带来交易极端萎缩、同业市场功能严重下降，其产生的副作用是金融机构随时可以从市场上筹集到所需资金的安心感彻底消失。[②] 换句话说，短期利率一旦低于某个临界值，货币政策的经济刺激效果就有可能由正转负。

银行的贷款行为也是如此。从银行资产负债结构来看，由于存款期限是短期的，而资产方面的贷款和有价证券期限都是长期的，短期利率下降过程中往往负债利率先行下降，由此带来利差扩大，刺激银行积极增加信贷。但是，如果短期利率进一步下降，资金筹集成本的下降空间完全消失，加之长期投资收益率降低，金融机构就会失去增加贷款的积极性，也就不会产生经济刺激效果。而且，收益率下降还会弱化金融体系，降低货币政策的有效性。

---

① 2008 年 10 月 1 日法案在参议院获得通过，10 月 3 日在众议院获得通过，并于当天下午总统签署。
② 白川「短期金融市場の機能度と中央銀行の金融調節」（金融調節に関する懇談会での挨拶）2008 年 11 月 25 日。

从这个角度来说，虽然不清楚货币政策有效运作的利率下限到底在什么水平，但我认为绝不是字面上的零。利率下限水平因国家和经济状况而异。例如，英国在 2009 年 3 月将利率下调至 0.5%，此后虽然扩大了资产购买规模，但政策利率一直都维持在这一水平，直至脱欧公投通过后的 2016 年 8 月才下调至 0.25%。美国政策利率下调至 0.25% 后也是一直维持在这一水平。为发挥货币政策效果，需要维持一个适当的下限利率，这个观点在当时并没有得到认同。直到 2016 年 7 月，欧洲央行理事贝诺瓦·科尔（Benoît Coeuré）开始使用"经济的下限利率约束"（economic lower bound）或"反转利率"（reversal rate）[①] 等术语，该观点才受到一定程度的关注。[②] 下限利率的含义与我在雷曼兄弟冲击刚发生后的想法几乎完全一致。

有必要实施活期存款付息制度的另一个重要理由，与将来终究要面对的"退出"宽松货币政策有关，虽然当时并未对外公布。2006 年退出量化宽松政策之际，是通过停止到期的公开市场操作方式压缩了货币规模，并在此基础上提高了政策利率（见第 5 章"零利率政策与量化宽松政策"）。当时，公开市场操作的期限相对较短，压缩货币规模在大约 4 个月的时间内基本完成，而这次在活期存款余额大幅增加以及公开市场操作长期化的背景下，压缩货币规模需要相当长的时间，想要灵活机动地调高利率也会变得非常困难。当然，也曾考虑过在临近"退出"量化宽松政策时引入活期存款付息制度，但只要提出这个问题就会引发各种猜测，金融市场陷入混乱的可能性很大。假定出现这种状况，就必须先行选择提高短期利率，而要使提高利率成为可能，还须对活期存款实施付息制度。实际上，2015 年 12 月以后美联储在持

---

[①] 即当宽松货币政策效果从刺激增长转为抑制增长时的利率水平。——译者注
[②] Coeuré, Benoît（2016），"Assessing the Implications of Negative Interest Rates", Speech at the Yale Financial Crisis Forum, July 28, 2016.（https://www.ECB.europa.eu/press/key/date/2016/html/sp160728.en.html.）

有巨额活期存款背景下调高了政策利率，就是归功于活期存款付息制度。

## 赞成与反对票数相同的利率下调表决

2008年10月末下调政策利率时，正如上文所讲的，政策委员会成员就下调幅度是0.2%还是0.25%产生了意见分歧，出现了4票赞成、4票反对——赞成与反对票数完全相同的状况，最终只能采取特例的主席裁决方式。两者的下调幅度之间仅差0.05%，其实并不是政策效果理念上有多大差异。毕竟，两种观点都不主张立即将政策利率下调至接近零的水平，而且都意识到，须给将来经济进一步衰退时预留一定的利率下调空间。假设将0.1%设定为政策利率下调下限，前者可以有两次0.2%幅度的下调，若以后者的幅度同样下调两次的话，利率就会降为字面上的零。因此，设定下限利率限制了未来利率下调的幅度。说到赞成票和反对票相同，容易让人联想到是货币政策运作上基本观念的对立，而实际上并不存在这样的问题，如果再多花点时间讨论，也许就会避免这种事态的发生。只是当时也不得不考虑会议结束后预定在下午3点半召开的记者招待会。我之所以最终行使主席权力做出决策，是因为如果不能按时召开记者招待会，招致的各种猜测可能会对金融市场产生负面影响。

这件事也说明了主持货币政策决策会议的难度。新《日本银行法》禁止政策委员会成员在决策会议以外的场合谈论货币政策，虽然行长可以就政策运作单独与各委员交换意见，但不能事先将政策委员会成员召集在一起议定降息幅度。在这点上，海外中央银行则有所不同。比如欧洲央行，据说在会议前一天的非正式晚餐会上都要讨论一些重要事项。美联储也与日本银行不同，政府代表不能参加决策会议。与海外央行相比，日本银行货币政策决策机制缺乏弹性是不可否认的，但既然法律这样规定，也只能在这个框架下采取应对措施。

## 举措三，信贷宽松

雷曼兄弟冲击后，为恢复受损的信用中介机能、确保企业融资的正常运行也采取了一些措施。正如前面所讲过的，雷曼兄弟破产事件后，商业票据、公司债券的发行变得更加困难，企业的资金筹措迅速转向银行贷款。金融机构贷款同比增长率从2008年9月的1.8%快速攀升到12月的4.1%（见图8-2）。

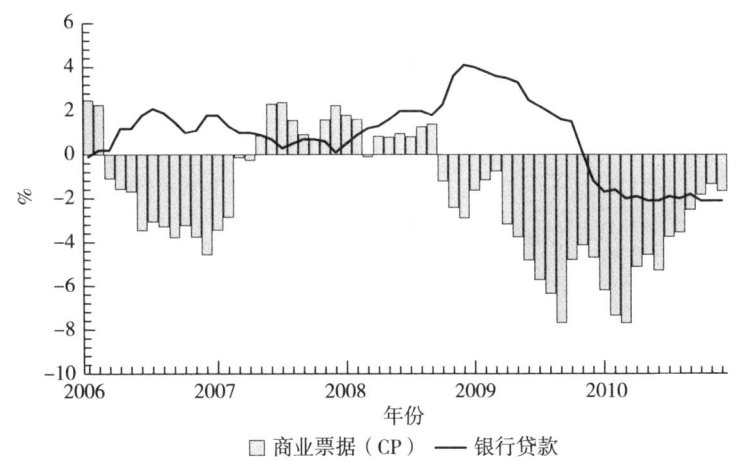

图8-2　银行贷款及商业票据同比增长率
资料来源：日本银行、证券保管转账机构。

日本银行一方面通过提供充裕资金，竭尽全力维持金融机构充足信贷的宽松环境，同时判断，有必要采取更为直接的方式，以满足企业的融资需求，2008年10月以后包括临时召开在内的决策会议，逐步制定了具体措施并加以实施。这个时期美联储开展的宽松货币政策被称为"信贷宽松"（credit easing），日本银行的措施也基本属于这个范畴。

最先推出的是"企业融资特别支持计划"。这一措施旨在放宽日本银行向民间金融机构提供资金时作为抵押接受的民间企业债务要件标准，金融机构按照与政策利率相同的固定利率水平全额满足企业的资金需求。

日本银行当时难以判断的是，要不要买进商业票据及公司债券。雷曼兄弟破产后，在未来不确定性极端高涨的背景下，金融机构和投资者均将生存作为第一要务，不管发行方的信用等级如何，投资者都不愿再购买商业票据或公司债券，结果商业票据和公司债券市场陷入完全瘫痪状态。在这种状况下恢复市场职能的一个途径，就是由公共机构购买商业票据、公司债券，以恢复市场流动性。问题是，谁来购买。

由日本银行买入也是一个选项，不过现实中日本存在其他发达国家所没有的规模庞大的政府系金融机构。因此，论及承担信用风险、购买个别企业发行的商业票据或公司债券，日本政策投资银行等政府系金融机构是最为适合的。实际也是如此，自2008年12月起日本政策投资银行开始购买商业票据。

只是当时日本政策投资银行在法律上的定位多少有些模糊。该行虽然是由政府全额出资成立的，但作为政策金融机构改革的一环，2008年10月1日改组为日本政策投资银行股份公司，最终方向是民营化。因此，改革后的日本政策投资银行对大规模购买商业票据方面显得犹豫不定，这在某种程度上是可以理解的。另一方面，日本银行也存在着民主社会中中央银行与政府职责分工这一本质性的问题。在全球金融危机之前，包括日本银行在内，发达国家的中央银行作为一般业务都接收商业票据及公司债券等这些民营企业的债务作为担保，但接受担保与"买断"相比，中央银行在其中所承担的信用风险存在很大差异。[1]中央银行买入企业发行的商业票据或公司债券，意味着中央

---

[1] 日本银行从2003年开始作为临时性措施，将资产支持商业票据、资产担保证券列为购买对象并取得一定进展。

银行直接承担个别发行企业的信用风险。换言之，万一发行企业倒闭，中央银行的收益将相应减少，并通过减少向国库上缴的利润而将负担转嫁给纳税人。另外，根据中央银行制定的购买标准，企业还分为适格企业和非适格企业，中央银行直接参与微观的资源分配，这些措施就带有财政政策性质。而财政政策须由政府、议会等政治程序决定，这是民主社会的原则。尽管如此，如果中央银行以货币政策名义采取类财政政策措施，则会损害中央银行的财务健全性和中立性，最终会损害国民对货币政策的信任。

日本之所以拥有其他发达国家不可比拟的政府系金融机构规模，就是为了在出于某种政策目的需要向民间企业提供伴随信用风险的贷款时，作为政府应对的财政政策而预备的。此外，这一时期企业的融资状况非常严峻。综合考虑了这些因素，最终，日本银行在2008年12月19日的货币政策决策会议上公布了限时购买商业票据的方针，同时也研究了购买其他金融商品的问题。于是，从第二年也就是2009年2月起，日本银行开始购买商业票据，3月开始购买公司债券。购买金融机构的商业票据或公司债券与传统的"最后贷款人"职能不同，其目的在于使中央银行成为金融资产买卖（实际上是购买方）当事人维持市场运行，这也是"最后贷款人"的一种形式，有时也被称为"最后做市商"（market maker of last resort）。日本银行购买商业票据规模在2009年2月末达到12 536亿日元，3月末增至15 569亿日元，累计购买金额高达6.9万亿日元。① 我认为，无论哪一种购买，都对雷曼兄弟破产后稳定日本企业融资发挥了重大作用。

除了购买商业票据和公司债券，2009年2月日本银行决定再次恢复购买民间金融机构持有的股票，② 其目的在于切断股票市场上的恶性

---

① 日本政策投资银行的收购项目数为68项，总计金额3 610亿日元。
② 这项措施一直持续到2010年4月底。

循环，即在股价急剧下跌时，金融机构所持股票贬值导致其自有资本减少和贷款能力下降，金融机构能力下降带来股价的进一步下跌。另外，2009年3月日本银行开始研究作为金融机构筹措资金的安全阀，即向金融机构提供后偿贷款，4月份制定了实施方案。[①]

自雷曼兄弟破产以来，以"百年一遇的危机"为由，要求日本银行实施"大胆货币政策"的呼声迅速高涨。[②] 在全球金融危机中，作为中央银行负责人，我的观点是，不论是否"百年一遇"，中央银行该做的事就必须坚决执行，即使完全没有先例可循。关于这点，我认为在政策委员会成员之间也达成了共识。另一方面，从政府方面的应对看，以"百年一遇的危机"为由，出现了严重的"一切皆有可能"倾向。美国也相继采取了一些特殊的政策措施，但与日本不同，如它们在进行资金援助时适用了足够高的利率等，设计了一套危机结束就会自动减少资金供应的周密机制。

## 政府和中央银行的角色分工

2008年秋季至2009年全球金融危机期间，对于购买商业票据和公司债券，不同国家采取了不同的应对方式。日本银行、美联储与英格兰银行实施了购买，欧洲央行则没有采取这种方式。另外，在购买资产的中央银行中，所购资产的损失分担方面也存在很大差异。英国成立了名为资产购买便利（Asset Purchase Facility，缩写为APF）的基金公司，并作为英格兰银行的子公司，英格兰银行负责为其筹措资金，同时，英国政府对于公司购买资产给予明确的损失补偿（indemnity）。

---

① 实际于2009年5月开始实施。
② 例如，参见2009年2月19日民间议员向经济财政咨询会议提交的资料（「経済復興に向けて政策の総動員を」）。内阁府主页。

美国的机制是,纽约联储以手续费等充足的信用保证为条件,向特殊目的机构(SPV)提供资金,美国财政部承担在此基础上出现的损失风险。与之相对,日本银行在购买资产问题上虽然得到了日本政府认可,但是具体购买对象都是基于自己的责任和判断,也没有要求日本政府给予任何损失补偿。①

政府提供损失补偿为中央银行承担个别企业信用风险的类财政政策提供了合法性,从这点来说是比较理想的。然而,另一方面,资产损失补偿措施也可能带来降低购买标准或购买行为长期化,甚至会扭曲长期金融资产的价格形成机制,阻碍经济的健康发展。还有,无论购买损失是否得到政府补偿,购买资产出现损失时,批判的矛头首先都会对准日本银行。中央银行虽然拥有无限制提供流动性的特权,但它必须符合整个社会所期待的"良好的公共资金管理者"形象。② 我认为,中央银行应对危机方式的差异,是其在综合考虑了所在国家(或地区)的金融机构、法律规定的中央银行权限和经济状况等诸多因素的基础上,探索最佳对策的结果。

## 日元大幅快速升值

雷曼兄弟破产后,与商业票据、公司债券市场失灵问题同样严重

---

① 有关购买商业票据和公司债券的基本观点,参见 2009 年 1 月的决策会议上决定的「企業金融に係る金融商品の買入れについて」。日本银行主页。
② 长期担任纽约联邦储备银行法律顾问的托马斯·巴克斯特(Thomas Baxter)明确表示,从中央银行借款的"不还款行为是应该受到处罚的违法行为,这也等于说,(中央银行)没有履行良好的财政资金管理者职责"。参见 Baxter Jr., Thomas C. (2013), "From Bagehot to Bernanke and Draghi: Emergency Liquidity, Macroprudential Supervision and the Rediscovery of the Lender of Last Resort Function", Remarks at the Committee on International Monetary Law of the International Law Association Meeting, September 19, 2013. (https://www.newyorkfed.org/newsevents/speeches/2013/bax130919.)

的是日元快速升值。雷曼兄弟破产前日元对美元汇率是1美元兑换107.45日元。进入2008年10月，日元开始升值，10月27日1美元兑换92.78日元，到12月中旬突破了90日元。日元对欧元汇率在雷曼兄弟破产前是1欧元兑换153.42日元，此后开始急速上升，10月24日创下118日元的纪录。与美元相比，日元对欧元升值幅度更大（见图8-3）。从名义有效汇率来看，日元汇率在巴黎银行冲击一个月前的2007年7月创下贬值新低后转为升值，2008年4月由于全球金融市场出现了短暂平静，日元升值一度停止，而在2008年9月以后，日元再次进入升值通道，升值速度也急剧加快。不过，与后来的日元升值时期相比，在我的印象中，这个时期直接要求日本银行采取措施抑制日元升值的呼声相对较小，或许是雷曼兄弟危机之后日本的美元资金短缺以及商业票据、公司债券市场问题更加严重的缘故。

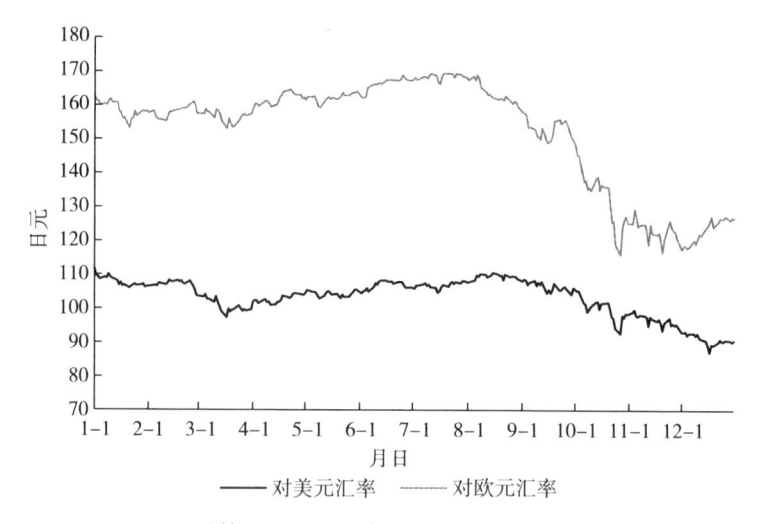

图8-3 日元对美元和日元对欧元的汇率波动（2008年的数据）
资料来源：彭博资讯。

日本银行因没有参与2008年10月7日（美国时间）主要国家采取的联合降息行动而屡屡遭受批评。当时参加联合降息的中央银行给出的理由是，以能源及原材料价格显著下降为背景，物价的上行风险降低。① 日本银行之所以没有参与此次联合降息行动，是因为与欧美国家相比，日本金融体系处于非常稳定状态，加之物价方面根本就没有出现过上行风险。10月7日临时召开的决策会议结束后，美联储曾照会日本银行是否愿意参加联合降息行动，并不是要求日本参加，其后的G7电话会议上也没有提出过此类要求。这可能是由于它们也意识到日本当时的政策利率仅为0.5%，等同于事实上的零利率，几乎没有下调空间。而作为日本银行，有必要表现出与主要发达国家保持同步的姿态，在其他主要国家发布联合降息公告的同时，日本银行也发表声明强烈支持联合降息。②

有一种观点认为，日本银行当时没有参加联合降息是带来日元升值的原因，而我认为这种观点忽略了国内外利率差这一简单的事实。首先，让我们确认一下雷曼兄弟破产之后主要国家货币的汇率走势。从雷曼兄弟破产前的2008年8月以后的名义有效汇率走势看，雷曼兄弟破产这一剧烈冲击发生后，国际金融市场对避险货币（safe-haven currency）的需求显著增加（见图8-4）。一些金融系统不稳定或具有脆弱性的国家的货币，如欧元、英镑、韩元等，汇率呈现下降趋势；另一方面，被公认为避险货币的日元和瑞士法郎则在上升。作为金融危机震源地货币的美元也因"有事儿买美元"定律而呈升值趋势。

问题是日本银行没有办法扩大国内外利率差。决定汇率变动的主要因素是国内外利率差以及左右国内外利率差的未来货币政策基调。从日本长期国债利率来看，3年期利率大致为1.1%、10年期利率为1.7%，与美国利率差为3.5%、与德国和英国的利率差为3%左右。在这种情况下，因为日本政策利率已经降至0.5%，下调空间有限，而

---

① 由于担心通胀，欧洲央行在2008年7月份上调利率0.25%。
② 参见「主要国中央銀行による本日の措置について」。日本银行主页。

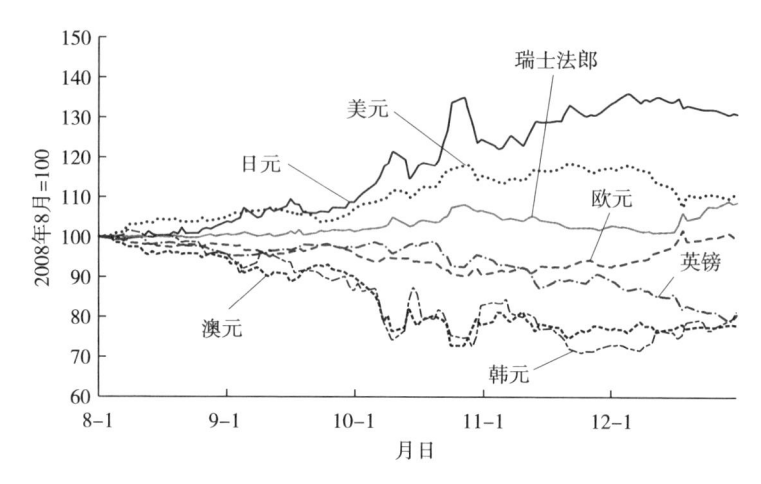

图8-4 主要货币名义有效汇率变化轨迹（2008年8月至12月）
资料来源：BIS有效汇率的日度数据（narrow-base）。

长期利率水平又是世界上最低的，为了抑制日元升值，即使下调政策利率，也不可能扩大国内外利率差。日元之所以能成为避险货币，与日本拥有世界上最大的对外净资产以及经常收支盈余有关，也许还缘于国内外利率差因素使日元容易升值这一事实。

日元是世界避险货币，同时日本的利率水平在零利率约束下处于世界最低水平，几乎很难理解这两种现象并存的现实含义。此后日本银行一直被指责消极货币政策导致了日元升值，这令日本银行深受其苦（关于这一点将在第14章"'六重苦'与'货币战争'"中详细说明）。

### 政府的政策措施

在此期间，为应对雷曼兄弟冲击后经济活动的剧烈滑坡，日本政府也采取了一些政策措施。第一是扩大财政支出。从GDP（基于第二次速报）的环比变化率看，2008年第四季度为负2.7%，2009年第一季度大幅下降至负3.6%，同期财政支出的贡献度分别为正的0.2%和

0.3%。第二是对购买轿车和家用电器等产品推出了财政刺激措施，前者是"环保车减税"，后者是"环保积分制度"。第三是推出了面向中小企业融资的"紧急担保制度"和旨在实现中小企业就业稳定的"就业调整补助金制度"，为中小企业的融资和雇佣构筑了安全网。紧急担保制度是指中小企业从金融机构获取贷款时，由各地政府系信用担保协会提供全额担保的制度，如不能偿还借款，则由信用担保协会代为偿还。就业调整补助金制度是对企业停业期间的部分员工给予援助的政策措施。[1]

## 金融市场的相对稳定

从雷曼兄弟刚破产后的日本经济运行与金融市场、金融系统状况看，两者的表现差异显著。与其他发达国家相比，日本金融市场和金融系统相对稳定，代表同业资金市场紧张程度的 Libor-OIS 利差波动也很小（见图 8 – 1）。2008 年 2 月《金融时报》刊登的报道将日本的金融系统形容为"日本堡垒"（Fortress Japan）。这种相对稳定显示，日本金融机构基于 20 世纪 80 年代后期泡沫经济崩溃和不良债权问题的经验教训，在欧美金融机构积极增加证券化商品等的投资过程中，整体上采取了谨慎经营方式。

由于欧美各国金融系统动荡严重，中央银行作为"最后贷款人"被迫提供巨额资金，造成欧美各国中央银行资产负债规模迅速膨胀。与此相对，受惠于日本相对稳定的金融体系，日本银行的资产负债表扩容比欧美国家要小得多。而具有讽刺意味的是，这也成为日本银行货币政策招致误解的因素之一。尽管日本银行最为成功地为企业和家

---

[1] 作为雷曼兄弟冲击后的对策，政府不仅放宽了认证条件，而且进一步提高了企业停业期间的工资补贴率，大企业达到了 2/3，中小企业为 4/5。

庭创造了宽松的融资环境，但还是因被误认为不积极采取宽松货币政策而饱受批评。①

## 经济活动萎缩

与金融市场和金融体系的相对稳定相比，日本实体经济受到了较大冲击。为了重现当时的紧张局面，我决定采用当时的 GDP 和工矿业生产速报数据进行说明，尽管当初的速报数据与后来的统计数据出现了较大变化。GDP（第一次速报②）在 2008 年第四季度比前一季度下降 3.3%（换算成年率之前），2009 年第一季度创下负 4.0% 的跌幅纪录。③ 其中，在这半年间，出口减少 35.0%，设备投资减少 9.6%，工矿业生产指数下降幅度更大，2008 年第四季度与上一季度相比下降 11.9%，2009 年第三季度跌幅进一步扩大到 22.2%④⑤。特别是汽车、电机电器、建设机械行业降幅更大。从日银短观的景气判断指数看，受全球金融危机影响最大的大型制造业企业从 2008 年 9 月的负 3 下降至 12 月的负 24，第二年的 3 月则进一步降至负 58。

日本银行景气判断方面的用词同样反映了日本经济状况的严峻性。

---

① 我认为以中央银行资产负债表规模或基础货币增长率来评价中央银行的货币宽松程度是不合适的，原因在于日本和美国的货币调控方式存在差异。在全球金融危机之前，美联储很少运用法定准备金进行调控，2007 年 8 月 1 日美联储的活期存款余额仅为 170 亿美元，占 GDP 的 0.1%。而同期（2007 年 7 月 31 日）日本银行的活期存款余额为 8.8 万亿日元（约合 740 亿美元），占 GDP 的 1.7%。
② 季后 45 天左右发布。——译者注
③ 最终核算（在两年后的 12 月份。——译者注）显示，2008 年第四季度和 2009 年第一季度分别下降了 3.1%、5.4%。此后，GDP 的计算方法有所变更，最新数据（2017 年 11 月 15 日公布）显示分别下降了 2.1% 和 4.8%。
④ 初步核算（在下一年的 12 月份。——译者注）显示，同期工矿业生产指数分别下降了 12.0% 和 22.2%。
⑤ 根据当时的工矿业生产指数，1953 年以来的最大跌幅为 1975 年 1 月到 3 月的 6.7%。

货币政策决策会议结束后的公告中，关于经济状况的判断从"停滞中"（2008年9月）到"停滞色彩浓厚"（10月末）再到"恶化中"（12月）。到2009年1月，对现状的判断是"大幅度恶化"，对未来的判断是"目前看，持续恶化的可能性很大"。

从国际比较看，与2008年第三季度相比，2009年第一季度日本实际GDP增长率下降了7.0%，降幅略高于德国（-6.3%），远远高于美国（-3.5%）和英国（-3.9%），如图8-5所示。另一方面，失业率虽有上升，但与其他海外发达国家相比，上升幅度要小得多（见图8-6）。当出现需求下降时，外国的企业往往采取裁员（下岗）方式，立即会导致失业率上升，与此相对的是，日本企业采取的降低现有员工工资方式，缓解了外部冲击压力，起到了降低失业率的效果。

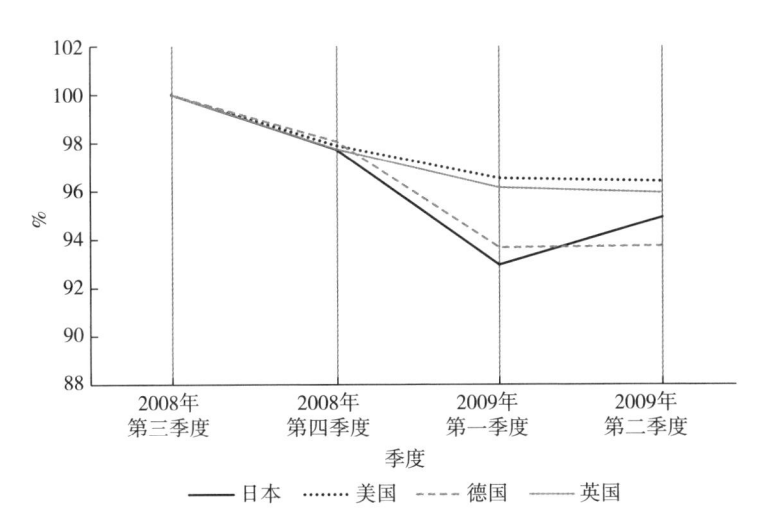

图8-5　雷曼兄弟冲击后主要发达国家GDP的变动情况
资料来源：圣路易斯联邦储备银行经济统计网站（FRED）。

关于日本GDP急剧下降的原因，有人归结为日元升值的影响。但是，很难想象本季度的日元升值会立即带来当季出口数量的减少。德国是发达国家中GDP跌幅仅次于日本的国家，而欧元汇率在雷曼兄弟

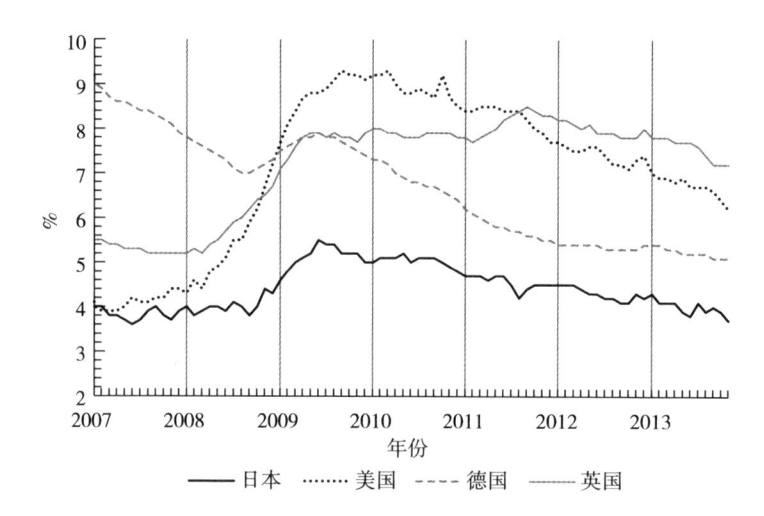

图 8-6　雷曼兄弟冲击前后主要发达国家的失业率变动
资料来源：圣路易斯联邦储备银行经济统计网站（FRED）。

破产后出现了大幅度贬值。另外，也有人指出日本对外贸易依存度较高是 GDP 大幅下降的原因，但在发达国家中，日本进出口总额占 GDP 的比重与美国并列，都属于较低的行列，这个说法也没有说服力。

我认为，雷曼兄弟破产后的 GDP 下跌，很大程度上反映了各国产业结构的差异。当时出现了世界性的"需求蒸发"现象，一个明显标志就是国际贸易迅速萎缩。全球贸易规模从 2008 年第三季度至 2009 年第二季度缩水约 15%。当然，越是那些生产需求蒸发商品比率高的国家，受危机的影响也就越大。如果问哪些商品属于需求蒸发商品，第一类就是像汽车这样的高档耐用消费品，第二类是与企业设备投资相关的资本货物。当未来的收入和就业不确定性非常高时，消费者不会再购买高档消费品，企业也不会投入大量资金建设新工厂。如果在不确定性较高的时候投巨资建造新厂，若事后判断投资决策是错误的，建厂的代价将十分巨大。考虑到这些沉没成本，在不确定性很高的情况下，推迟投资决策的效用最大。当然，这时还面临着贷款难问题。

此外，在美国商业票据市场上，汽车销售金融公司是最大的发行商，由于商业票据和公司债券市场瘫痪，难以从市场上筹集到所需资金，直接打击了汽车销售行业。日本的运输机械（汽车等）、电气机械（电子零部件及设备、电气设备、信息通信设备）、一般机械（建筑机械、设备器械）等三个行业占工矿业生产总值的比重约为50%。正是由于日本在汽车等耐用消费品和生产资料领域具有很强的竞争实力，受到全球金融危机的正面冲击也最大（在美国，这三个行业占比仅有两成左右）。[①] 另外，在生产这些产品过程中，来自日本国内的零部件和中间产品采购比率也较高，最终需求减少给整个日本国内生产带来更大的负面冲击，也是导致经济活动严重滑坡的重要原因。再者，德国在雷曼兄弟破产后GDP跌幅仅次于日本，同样是缘于德国拥有与日本相似的产业结构（见图8-5）。

## 避免大萧条的再度发生

世界范围内的经济活动进入急剧萎缩阶段，而金融市场逐渐恢复平静，2009年春季开始出现了企稳迹象。鉴于雷曼兄弟破产后数月内世界经济下滑状况几乎与20世纪30年代大萧条后的经济衰退没什么两样，那么金融市场企稳无疑是一个巨大的成就。造成这种现象的最大原因在于，为防止金融系统崩溃，各国政府以及中央银行在此次危机中积极采取了行动，表现出各国强烈决心的就是前面提到的2008年10月在华盛顿发表的G7联合声明。当金融系统处在崩溃边缘时，政府与中央银行积极采取行动是至关重要的。说到政府的对策，包括向金融机构注入财政资金、为金融机构提供债务担保、实施压力测试等；中央银行就是作为"最后贷款人"采取果断行动。使这些成为可能

---

① 参见日本银行的「金融経済月報」（2009年2月）中收录的文章。

的，除了从20世纪30年代大危机惨痛教训中认识到了金融体系稳定的重要性，还有就是在汇率制度上废除了金本位制度而采取了浮动汇率制度。

在防止经济下滑方面，宏观经济政策也发挥了重要作用，各国都实施了积极的财政货币政策。除了发达国家，中国的积极行动也发挥了重要作用。2008年11月9日中国发布了超过GDP 10%的4万亿元经济刺激计划，这不仅促进了中国经济增长，也为世界经济复苏做出了贡献。[①] 不过，中国的经济刺激计划虽然显著刺激了短期需求方面，但正如随后发现的，长期来看带来了一些严重问题，即导致了钢铁、化学、水泥等原材料产业供应能力的大幅增加和巨额债务，这成为中国经济由高速增长向中低速增长转型的障碍之一。而且，对资源需求的过度增长，导致了国际商品行情上扬以及巴西等资源型国家的经济增长，这也为日后出现的问题埋下了伏笔。

## 雷曼兄弟破产时的美联储

回顾全球金融危机的演进，尤其是雷曼兄弟破产后的历程，若将它与20世纪90年代后期的日本金融危机相比，心中可谓五味杂陈。两者最大的共同之处是，美日两国政府及中央银行都是从某一阶段开始意识到了应对危机过程中"武器和弹药"的重要性，而现实情况却是武器和弹药的绝对匮乏。有关日本的状况已在第3章谈及，美国的情况也完全相同。在这一点上，保尔森、伯南克以及盖特纳各自的回忆录里都有所涉及。读到三人一同出席全球金融危机10周年纪念大会接受记者采访时的发言，让人印象深刻的是频繁出现了权限（authori-

---

① 中国的"4万亿元"计划，并非单纯的财政支出，还包括金融机构融资，所以并不是单纯的财政政策。

ty)、工具（tool）、可行选项（viable option）等词汇。① 正如前面所讲过的，由于雷曼兄弟破产后出现了巨大混乱，才使他们获得了必要的权限和工具，这个时间只有短短的16天。正如他们所言，考虑到之后美国议会党派之间的激烈对立，当时的超党派合作应对显得格外引人注目。

那么，如何看待美国当局没有向雷曼兄弟提供援助这一事件呢？发达国家的中央银行在直面雷曼兄弟刚破产危机时，作为"最后贷款人"所采取的果断行动是值得大书特书的，但在引发全球金融危机的雷曼兄弟破产前，作为"最后贷款人"的美联储未施以援手也是不争的事实。人们自然会有这样的疑问，如果美国当局像对待贝尔斯登和AIG一样对雷曼兄弟提供政府援助的话，事态演变是否会发生变化呢？事实上，出席雷曼兄弟破产后的中央银行行长会议时，包括我在内的其他主要国家的中央银行行长都对美国处理雷曼兄弟的方式提出了批评。关于这一点，伯南克主席在雷曼兄弟刚破产后的国会证词中做出如下陈述：②

> 财政部和美联储都曾努力寻找金融机构来收购雷曼兄弟，但没有找到买家。在AIG事件中，美联储在财政部支持下紧急提供信贷，顺利实现了有序清算处理。鉴于当时的金融市场状况以及AIG的规模和债务结构，美联储认为，若AIG无序破产，将危及全球金融体系稳定，进而严重影响美国的经济走势。……在雷曼兄弟事件中，主要投资银行、美联储和财政部都拒绝施予援手，雷曼兄弟的破产的确带来了风险，但大家之前都知道雷曼兄弟的

---

① 参见 https：//features.marketplace.org/bernanke-paulson-geithner/.
② Bernanke, Ben S. (2008), "Economic outlook", Testimony before the Joint Economic Committee, U.S. Congress, September 24, 2008. ( https：//www.federalreserve.gov/newsevents/testimony/bernanke20080924a.htm.)

严峻状况，正如运用信用违约掉期（Credit Default Swap，缩写为CDS）[①]担保雷曼兄弟债务时所显示的高成本，投资家已经充分认识到了该公司的破产风险。因此，投资家和交易对手都有充裕时间采取防范措施。

此时伯南克的证词给人的印象是，美联储断定即使雷曼兄弟破产，金融市场也不会出现大的混乱。而在其后的国会证词和演讲中，美联储强调没有施以援手是由于没有相应的法律权限。伯南克在回忆录中做了如下说明：[②]

> 雷曼兄弟深陷资不抵债困境，单纯指望联邦储备制度贷款是无法解决问题的。即便是启动《联邦储备法》第十三条第三款规定的紧急贷款权限，也需要雷曼兄弟提供贷款所需要的充足担保要件。美联储没有注入财政资金的权限，（与此相类似）也没有权限提供不能确保可以正常返还的贷款。

《联邦储备法》第十三条第三款规定，在"异常紧急状况"下，联邦储备制度理事会可以授权联邦储备银行向个人、合作伙伴、企业提供信用，这相当于日本银行的"特融"。不过这不是没有担保的信用贷款，而是需要提供担保，并且要求是"保证令美联储满意的安全抵押品"。美联储就是利用这一条款采取了各种稳定金融体系的措施，包括对收购贝尔斯登的JP摩根大通进行紧急融资。之所以没有对雷曼兄弟提供融资，到底是由于真的没有找到有收购意愿的金融机构，还

---

① 不进行债权转移，仅转移信用风险，类似对发行体不履行债务的保险。——译者注
② Bernanke, Ben S. (2015), *The Courage to Act: A Memoir of a Crisis and Its Aftermath*, W. W. Norton & Company, 2015.（『危機と決断——前FRB議長ベン・バーナンキ回顧録』上・下、小此木潔監訳、KADOKAWA、2015年。）

是由于它不能提供必要的担保而无法实施融资呢？

我没有具体根据，无法给出判断，也不具备足够的专业知识评判《联邦储备法》的解释是否正确。关于这点，所有当事人回忆录中的说法基本相同，但也似乎能感受到一些微妙的差异。[①] 核心点之一就是中央银行贷款回收的可能性问题。有趣的是，盖特纳在他的回忆录中指出，"我担心所有主张不能救济的舆论，都会有损我们寻找雷曼兄弟买家的能力"。[②] 基于日本的教训，我认为在金融危机期间，不能"静态地"判断贷款回收的可能性。中央银行是否提供贷款来防控系统性风险，会给宏观金融和经济形势带来巨大差异，也会影响相关金融机构的金融资产价值。换句话说，中央银行提供贷款时能否"获得令其满意的担保"，也只取决于中央银行自身的判断。

最终美联储没有援助雷曼兄弟，我觉得最大的理由恐怕是国民和政治家基于道德风险强烈反对提供救助，而美联储很难采取违背民意的行为。[③] 正如保尔森等三人在回忆录中所述，当时纽约联储在2008年3月对收购贝尔斯登的JP摩根大通进行了紧急融资，9月份财政部又对房利美和房地美这两家政府系住房金融机构采取了国有化措施，此时国民和议会的反感情绪已经达到顶点。日本在20世纪90年代的情况也是如此，在政治家、国民以及媒体的强烈反对下，虽然1996年国会通过了对"住专"注入财政资金的法案，但此后对大型金融机构

---

[①] Geithner, Timothy F. (2015), *Stress Test：Reflections on Financial Crises*, Crown, 2014. p178.（『ガイトナー回顧録——金融危機の真相』伏見威蕃訳、日本経済新聞出版社、2015年。）

[②] Geithner, Timothy F. (2015), *Stress Test：Reflections on Financial Crises*, Crown, 2014，p180.（『ガイトナー回顧録——金融危機の真相』伏見威蕃訳、日本経済新聞出版社、2015年。）

[③] Ball (2018) 在对公开信息进行深入研究之后也做了同样的推测。Ball, Laurence M. (2018), *The Fed and Lehman Brothers：Setting the Record Straight on a Financial Disaster*, Cambridge University Press, 2018.

注入财政资金的提案就好像被贴上了"封条"。

## 雷曼兄弟破产与山一证券破产的异同

美国当局对雷曼兄弟破产的应对，总让我想起1997年秋季日本发生的三洋证券和山一证券破产事件。正如第3章"泡沫经济崩溃与金融危机"中所叙述的，由于三洋证券破产，发生了第二次世界大战后首次债务违约事件。虽然违约的绝对金额算不上很大，但影响却非常恶劣。[①] 很快，同业拆借市场上金融机构之间的借贷陷入停顿，连锁性的金融系统动荡迅速蔓延。山一证券是由于国外子公司的账外债务突然暴露而陷入严重流动性危机。

山一证券和雷曼兄弟有很多共同点。首先两者都是位居国内行业第四的证券公司（投资银行）。1997年11月的日本金融系统和2008年9月的美国金融系统都处于相当脆弱状态，都不存在愿意收购这两家陷入经营困境的金融机构的机构，也不存在有序处理证券公司（投资银行）破产清算的法律框架，而且缺乏顺利处理金融机构破产所需要的财政资金注入机制。此外，政治上两国都对注入财政资金存在严重的抵抗情绪。

但日本银行果断地对山一证券提供了无上限的流动性供给。如第3章所述，当山一证券破产程序结束后，确定山一证券存在的问题是资不抵债，日本银行为此蒙受了巨额损失。当然，在评价对山一证券特别融资的损失之际，应同时诘问日本政府或日本银行放任三洋证券破产的决策是否正确。不过，日本银行对山一证券的特别融资至少阻止了系统性风险爆发，我认为此举意义重大。

---

① 軽部謙介・西野智彦（1999）『検証経済失政——誰が、何を、なぜ間違えたか』岩波書店、1999年。

另外，关于20世纪90年代以后日本政府应对金融危机的方式，也有观点认为是"拖延"。在金融危机时，中央银行作为"最后贷款人"必须采取积极行动，但单纯的流动性供给又解决不了问题，应该动用公共资金，更准确地说就是投入政府财政资金。在这一点上，日本银行提供的流动性避免了日本引发雷曼兄弟冲击那样的大范围金融危机，但同时，也可以说影响了人们对问题严重性的认知。

相反，由于美国没有作为"最后贷款人"对雷曼兄弟提供流动性，致使金融系统濒临崩溃边缘，导致包括美国在内的全球性经济危机。具有讽刺意义的是，正是由于出现了这种状况，最终促使美国国会批准了向金融机构注入公共财政资金的法案（TARP），这是不可否认的。该法案使得总额高达7 000亿美元的财政资金投入成为可能，虽然有意识地模糊了这一资金额度是作为"资本"还是作为"购买资产"，但最大的意义就是注入了"资本"。[①]

运用财政资金援助金融机构在政治上是极其敏感的问题，既然是经过民主程序决策后实施的，出现一定的混乱或许也是必要的代价。20世纪90年代以后日本处理不良债权问题有可能被说成是"拖延"，2008年以来的美国给世界带来了极大的经济混乱，从结果看，却可以说促成了金融系统问题的早日解决。

## 美国压力测试的成功

对比2008—2009年全球金融危机与20世纪90年代后期日本的金融危机，我还有一个很深刻的感受，就是美国当局为尽早终结金融危

---

① Geithner, Timothy F. (2015), *Stress Test: Reflections on Financial Crises*, Crown, 2014. p224.（『ガイトナー回顧録——金融危機の真相』伏見威蕃訳、日本経済新聞出版社、2015年。）

机所做决策的精准性。具体而言，就是它们实施了严格的压力测试，而没有采取银行国有化。政府当局提出了极其严格的压力测试方案，供金融机构评估自有资本的不足程度，并促使金融机构自主从市场上筹集资金以增强自有资本。当金融机构仅凭自己的力量难以达到资本充足率标准时，可以向政府申请财政资金。由于有政府财政资金作为后盾，消除了金融机构生存问题上的不确定性。而日本在金融危机过程中，金融机构资本不足是显而易见的，但一直也没弄清楚到底不足到什么程度，这也是迟迟没有达成注入财政资金框架的原因。美国前财政部部长盖特纳将回忆录的书名定为《压力测试》(Stress Test)，而恰恰是压力测试的实施成为重要的转折点。另外，没有采取银行国有化策略也是极为正确的决策。日本在金融危机时，好几家大型银行破产后实施了国有化，而在美国，盖特纳和萨默斯就国有化方式出现了意见对立。实际上，最大限度地发挥民间金融机构的特许权价值，实现金融机构的再生，才是更有效率的。

## 努力改善支付清算系统的成果

金融体系稳定的重要性已经得到国民一定程度的理解，但日本银行为了降低支付清算系统风险所做的扎实努力以及取得的重大成果，却几乎不为人所知。[1] 尽管雷曼兄弟破产带来了世界金融市场的异常动荡，外汇市场却运转正常。外汇交易往往涉及众多货币对之间的支付清算，只要相关货币未能即时结算，就会出现时差风险。事实上，直到雷曼兄弟冲击事件发生的 6 年前，外汇交易都面临着这种风险，现实中也出现过时差风险暴露的案例。值得庆幸的是，2002 年 9 月日本

---

[1] 白川方明＊ (2009)「頑健な決済システムの構築に向けて」(金融情報システムセンター 25 周年記念講演) 2009 年 11 月 13 日。

针对包括美元和日元交易在内的主要货币外汇交易结算，引进了两种货币同时结算的持续联系结算（Continuous Linked Settlement，缩写为CLS）系统，才没有出现大的混乱。如果当时没有这种机制的话，很难想象雷曼兄弟破产事件会对汇率市场和金融市场造成多大的混乱。

在支付清算系统方面，除了外汇交易结算，还引入了包括实时全额结算（RTGS）系统以及资金和证券同时结算在内的结算体制，在过去的1/4个世纪大大降低了支付清算风险。日本在降低支付清算系统风险上所取得的成就，是民间金融机构和中央银行共同努力的结果。包括日本银行在内的各国中央银行，经过在BIS支付清算系统委员会等场合超过6年的反复讨论，在引入CLS系统方面发挥了主导作用。而在讨论雷曼兄弟破产后的应对措施时，关注的焦点都是积极的财政货币政策，几乎没有人提到中央银行为削减支付清算系统风险而付出的种种努力。从某种意义上说，人们更容易关注危机发生后轰轰烈烈的"灭火作业"，但踏踏实实的"防火作业"同样重要，甚至更为重要。中央银行不仅仅是货币政策的运作主体，也是通过银行业务为经济和金融稳定做出重要贡献的经济主体，人们更应该熟知这一点。[①]

## 防止泡沫生成的重要性

为防止20世纪30年代大危机的重演，政府和中央银行采取了积极行动。在强调这种事后补救措施的重要性时，需要重新诘问的是，为什么会出现前所未有的全球信贷泡沫。巨大的泡沫一旦生成，随后发生的一定是金融危机和经济的长期停滞，无非是影响程度不同而已。

---

① Caruana, Jaime（2015），"The Role of the CPMI as Part of the Basel Process"，Keynote Speech at the CPMI 25th Anniversary Conference，June 30，2015.（https://www.bis.org/speeches/sp150702.pdf.）

因此，防止泡沫发生才是最为重要的课题。泡沫和金融危机的发生原因和机制相当复杂，有人指出美国房地产泡沫崩溃和次级抵押贷款坏账是引发全球性金融危机的原因，而我认为这种观点过于狭隘。

如果说雷曼兄弟破产的直接诱因是美国房地产泡沫和证券化产品，那也是民间金融机构脆弱性和政府应对机制不完善两个方面共同作用的结果。[①] 民间金融机构存在的问题，主要包括过度杠杆化、过度依赖短期融资，以及风险测度和管理体制的不完善等。这些问题不仅存在于美国的金融机构，欧洲的金融机构也同样如此。巴黎银行冲击后全球金融危机呈波浪式蔓延，正说明了这一点。

政府当局应对机制不完善，譬如系统重要性金融机构没有得到充分的监管和监督，也就是"影子银行"问题，对于应监管的金融机构也没有实施有效的监管，也可以说缺乏掌控系统整体风险的宏观审慎视角。当然，长期的宽松货币政策对泡沫的生成和膨胀也产生了一定影响。

当所有这一切都出现后，总是要经过相当长时间才能看清楚实体经济与金融体系之间以及金融体系内部存在的复杂的相互依存关系。日本的泡沫是这样，全球金融危机也是这样。从这个意义上说，我们必须认识到自身知识的局限性，必须要以更谦卑的姿态观察经济和金融现象。

---

[①] Bernanke, Ben S. (2013), "Monetary Policy and the Global Economy", Remarks at the Department of Economics and STICERD (Suntory and Toyota International Centres for Economics and Related Disciplines) Public Discussion in Association with the Bank of England, March 25, 2013. (https://www.federalreserve.gov/newsevents/speech/bernanke20130325a.htm.)

## 第 9 章　通货紧缩舆论的高涨

2009年春季开始全球金融市场状况发生了变化，金融体系渐渐趋于稳定。与此同时，实体经济也停止下滑，但回归正常增长轨道仍需时间，其后进入了漫长的"虚幻的黎明"阶段。2009年9月，日本国内民主党政权组阁，11月发布了"通货紧缩宣言"。此后，围绕通货紧缩的舆论异常高涨，到我辞去行长职务为止，一直不绝于耳。

**虚幻的黎明**

2009年2月13日到14日，我与中川昭一财务大臣一同出席了在罗马举行的G7会议。与2008年11月在圣保罗召开的G20会议一样，各国与会者都表示经济状况严重堪忧。会议结束后发表的联合声明指出，"世界经济和金融市场的稳定依然是我们的优先课题"。基于日本泡沫经济崩溃后长期修复资产负债表的教训，我也表达了对未来世界经济前景的强烈担忧。关于已经开始讨论的强化资本充足率规制问题，我认为是非常必要的，但又警告说如果过度强化监管，可能会带来景气的进一步恶化。G7会议后不久，中川昭一财务大臣辞职，还特意到我办公室辞别，给我留下了深刻的印象。

2009年4月24日在华盛顿召开的G7会议上，虽然与会者整体上仍对经济形势持谨慎态度，但在全球金融危机后首次提到经济出现向好迹象，"最近的数据显示，世界经济衰退速度减缓并出现一些企稳迹象。在经济预期持续疲软的状况下，经济活动将在年内开始复苏，但下行风险仍然存在"。

从美国道琼斯平均股价看，最低值为2009年3月9日的6 547美元，与全球金融危机前的峰值14 164美元相比，缩水超过一半。住房贷款市场也在此时触底并逐渐趋稳。美联储主席伯南克使用"景气恢复的绿芽"（green shoots）一词形容当时的情景。[1]

不过，这只是提到金融市场上出现了改善迹象，并不是说经济就此会迅速好转，尽管如此，我注意到了一些乐观情绪。根据日本泡沫破灭后修复资产负债表的教训，我认为此时应该发布一些警惕乐观倾向的信息。2009年4月借出席在华盛顿召开的IMF例行国际会议的机会，我在纽约的日本协会做了以"摆脱经济和金融危机——教训与政策应对"为主题的演讲，表明了对世界经济未来前景的担忧。我在演讲中提到，日本泡沫经济崩溃后曾经历数次"虚幻的黎明"，强调经济要回归到正常增长轨道，还需要相当长的时间：[2]

> 虽说日本经济在20世纪90年代处于长期萧条阶段，但也是经历过几次短暂的景气复苏。而这种短暂复苏总是让人贸然地以为经济已经恢复如初。此种情形应该称之为"虚幻的黎明"，而人们往往一看到状况有所改善，就会形成乐观的预期。

---

[1] Bernanke, Ben S. (2015), *The Courage to Act: A Memoir of a Crisis and Its Aftermath*, W. W. Norton & Company, 2015. p.416.（『危機と決断——前FRB議長ベン・バーナンキ回顧録』上・下、小此木潔監訳、KADOKAWA、2015年。）
[2] 白川方明＊（2009）「経済・金融危機からの脱却——教訓と政策対応」（ジャパン・ソサエティでの講演）2009年4月23日。

>……
>
>就日本而言，在彻底解决企业债务、设备、雇佣三方面的过剩之前，经济不可能回归到可持续增长轨道。这次全球金融危机也是如此。而美国经济方面，不仅需要解决金融机构高杠杆以及居民家庭的过剩债务问题，恐怕还需要控制金融服务业的过度扩张。改革会伴随痛苦，但这是一个无法回避的过程。从日本长达10年的改革历程看，没有不伴随痛苦的捷径。

在这个演讲之后，我在其他不同场合也表达了相同的观点，包括在华盛顿召开的国际会议上。实际上，回顾此后的世界经济动向，国际机构以及世界各国中央银行对世界经济增长率的预测，总是重复着年初乐观估计、下半年又下调预期的范式（见图9–1）。不过，当时对这种现象的认识还非常不到位。

2009年9月4日到5日在伦敦召开的G20发表的联合声明中，虽然继续对世界经济前景保持警惕，但首次提及了财政货币政策的"退出战略"。①

>我们一致认为，随着经济景气的稳定恢复，有必要通过一个透明、可靠的程序取消特例的财政政策、货币政策和支持金融部门的政策。我们将与IMF以及金融稳定理事会（FSB）一道，充分考虑各国以及不同政策手段所带来的行动规模、时间和顺序的差异性，通力合作，制定协调一致的退出战略。

在货币政策方面，大部分发达国家继续维持宽松基调，自

---

① 联合声明内容可查阅财务省主页。（https：//www.mof.go.jp/international_policy/convention/g20/g20_210905_1.htm。）

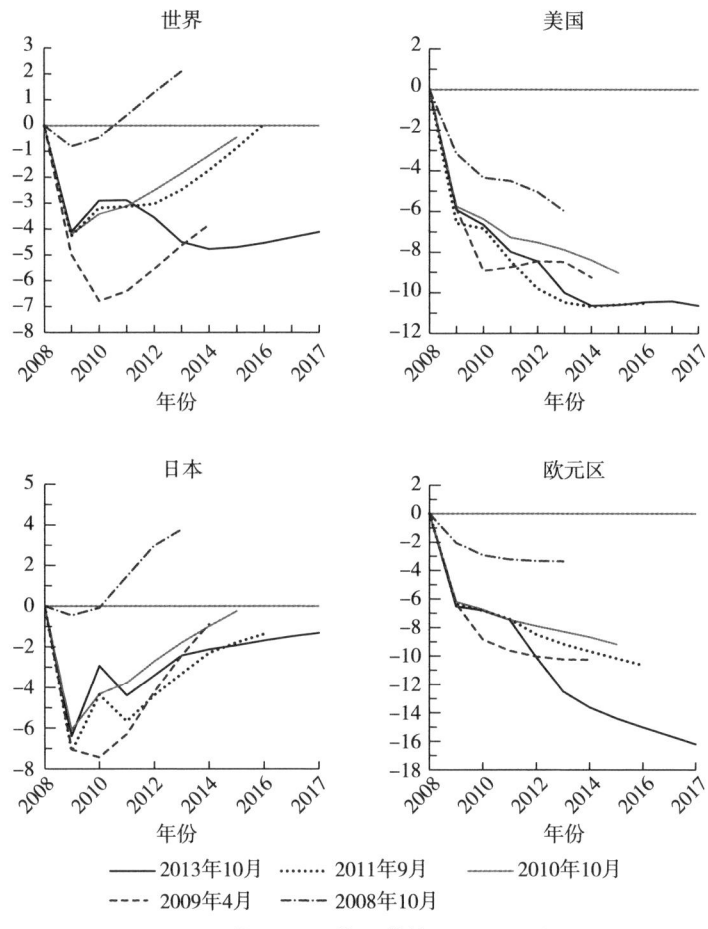

图 9-1　IMF 的 GDP 预期调整情况（2008 年 =100）

注：从危机前的趋势发生的偏离。

资料来源：IMF《世界经济展望报告》（2013 年 10 月）。

2009 年下半年开始，以资源型国家及新兴国家为中心出现了上调政策利率动向。在发达国家中，率先上调政策利率的是作为资源大国的澳大利亚，从伦敦召开 G20 会议的第二个月，也就是 2009 年 10 月开始升息。2010 年 6 月，同属资源大国的加拿大也提高了政策利率。

## 国内经济的复苏态势

伴随着全球经济触底反弹，日本国内经济也在 2009 年春季停止下滑。根据内阁府公布的景气基准日，2009 年 3 月 10 日景气触底，当天日经平均股价创下最低纪录（7 054 日元），回过头来看，这也是泡沫经济崩溃以来股价的最低点。在 2009 年 4 月末召开的决策会议上，对经济前景的判断是"经济恶化的速度放缓，逐渐停止下滑"，并在雷曼兄弟冲击后首次略微上调了增长预期。自 2009 年夏季开始，劳动力市场也有所改善，7 月份失业率开始下降，8 月份有效求人倍率[①]开始上升。

但是，日本此次经济复苏的速度非常缓慢，与通常意义上的经济复苏相去甚远。2009 年 5 月份召开的决策会议指出，"在国内外库存调整取得进展的背景下，出口及生产已经停止下滑"，这是全球金融危机后首次给出景气状况向好的评价。此后，日本经济逐渐复苏，在 9 月的决策会议上，做出的判断是"日本经济正在转向恢复"。顺便说一下，从日银短观的大型制造业企业景气判断指数看，2009 年 3 月创下了负 58 的最低纪录，到 9 月份恢复到负 33，一年后的 2010 年 9 月转为正 8。

## 民主党政权成立

在日本经济逐步转向复苏的过程中，日本政局发生了重大变化。在 2009 年 8 月 30 日举行的众议院议员大选中，当时的民主党获得了接近总席位 2/3 的 308 个议席，取得了压倒性胜利。9 月 16 日，以民主党党首鸠山由纪夫为首相，民主党、社会民主党、国民新党三党组

---

[①] 有效求人倍率是劳动力市场需求人数与求职人数之比。——译者注

成的联合内阁正式成立。长期稳坐政权宝座的自民党自1955年成立以来，除了1993年8月至1994年4月由日本新党的细川政权短暂执政，再次成为在野党。民主党政权是在众多国民的强烈期待中诞生的，如今很难想象当时的热度。

鸠山内阁成立之初，不少熟人都说："白川先生是在民主党支持下上任的，日本银行的政策运作应该好做一些了！"不管当时就任行长时的细节如何，我认为中央银行和政府的关系不会因此而改变，实际上此后3年零3个月的经历与我的预期完全一致。"通货再膨胀派"（见第10章"日本经济面临的真正问题"）的政策主张比之前自民党执政时期还要强硬。与其说这是执政党的差异，倒不如说反映了当时日本经济形势的变化。不管是哪个政党执政，一旦经济形势出现恶化，都会要求中央银行实施宽松的货币政策，这已经成为一种惯例。不同的政治家会有一些差异，如果要说民主党执政期间的总体感觉，按照要求日本银行实施"通货再膨胀派"政策的态度从强到弱排序的话，依次是在野的自民党议员、非内阁成员的民主党议员、日本政府。此外，政府与中央银行的关系也因首相、官房长官、财务大臣及经济财政担当大臣的个性差异而有所不同。

大选结束两天后的2009年9月1日，我到自民党总部附近的民主党总部拜访了鸠山由纪夫党首，就经济形势和日本银行的货币政策进行了简短汇报。中央银行行长访问政党总部也许是不同寻常的，不过，通过美联储前主席伯南克的回忆录得知，他也曾经与上任前的奥巴马总统会面并汇报了当时的经济状况。我认为，在就任首相已成既定事实阶段主动与其接触，寻求基本观点上的认同是非常重要的。9月16日，鸠山内阁成立，藤井裕久和菅直人分别担任财务大臣和经济财政大臣。

虽然民主党在选举期间提出了"从混凝土转向人"[①]的口号，主

---

[①] 即减少无用的公共事业开支，将预算转向社会保障和育儿体系等。——译者注

张大幅增加财政支出,但三党派组成的联合政府成立伊始就面临着财源不足问题。在日本银行强烈关注的宏观经济方面,日本政府提出了两个具有重大意义的方案,一个是国民新党的金融邮政改革大臣龟井静香提出的"中小企业融资便利化措施",另一个是"通货紧缩宣言"。

龟井大臣强势推出的"中小企业融资便利化措施",旨在响应"防止银行惜贷、抽贷"的三党联合政权共识,通常被称为"延期偿付"法案。在此构想下,日本政府于2009年12月颁布了《促进中小企业等融资的临时措施法》,同时公布了金融厅监管方针和金融检查手册。当中小企业或房贷借款人等向金融机构提出申请时,该法要求金融机构努力变更延期还款、减免利息、放弃债权等贷款条件,同时要完善和健全机制并要上报和公开信息。[1]

这项法律对于促进中小企业融资不能说完全没有意义,而考虑到正在寻求基于风险和回报确定贷款利率的日本经济和金融状况,从稍微长远的角度看,我认为这项法律并不能强化日本经济的增长实力。

### "通货紧缩宣言"

民主党政权刚执政的那段时间,货币政策运作方面并没有太大变化,但不久后通货紧缩就成为经济政策运作的最大焦点。与此同时,要求日本银行实施宽松货币政策的呼声也迅速高涨。

日本消费者物价指数同比增长率在2009年3月转为负值。之后由于受2008年同期国际大宗商品价格上涨的影响,同比物价下降幅度进一步扩大,10月末公布的8月份消费者物价指数同比跌幅达到2.4%(见图9-2)。此期间物价下跌的主要原因是雷曼兄弟破产后世界经济急剧下滑带来的国际大宗商品价格暴跌。从影响最大的原油价格看,

---

[1] 日本銀行金融機構局「金融システムレポート」2010年3月。

最具代表性的美国西得克萨斯轻质原油（West Texas Intermediate，缩写为WTI）原油期货价格从2008年7月3日峰值的每桶145.29美元，急剧下跌至12月22日的31.41美元。此外，雷曼兄弟事件后，日元升值导致进口成本普遍下降，这也是消费者物价下跌的要因之一。当此次物价进入下降通道时，最为重要的政策性课题是如何防止金融体系崩溃，而物价下降本身没有成为政策焦点。

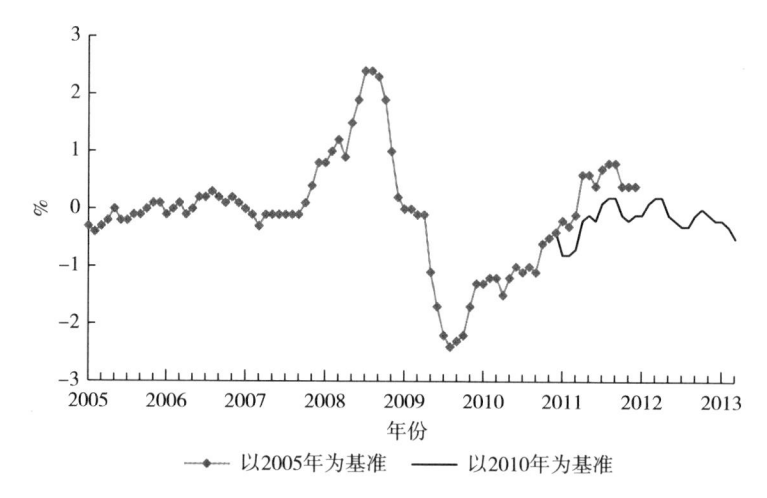

图9-2　2005—2013年消费者物价指数同比上涨率变化趋势
注：不包括生鲜食品。
资料来源：总务省主页「消費者物価指数」。

关于物价下降问题，自民党执政时期的2001年3月曾发表过"通货紧缩宣言"，但自2006年7月开始，月度经济报告中就删除了"处于通货紧缩状态"的表述。民主党执政初期也没有就物价下降问题发布过任何特别信息，但在2009年11月20日举行的月度经济报告阁僚会议上，内阁府突然提出"从综合物价形势看，处于温和的通货紧缩状态"，这一判断获得了会议通过。在阁僚会议召开3周前的10月30日举行的行长记者见面会上，与通货紧缩问题相关的提问仅有一例，说明当时在记者中间并没有特别关注通货紧缩问题。以"通货紧缩"

为关键词搜索三家主要报纸的报道，到 2009 年 10 月底之前也并没有多少，11 月份内阁发表宣言之后才显著增加。① 虽然不清楚为何政府会贸然发表"通货紧缩宣言"，但从金融危机这种"急症"已经过去的 2009 年秋季开始，日本银行货币政策的两个最大关切转成如何应对通货紧缩和日元升值，史无前例的争论持续发酵。

## 过去半个世纪日本物价的变动轨迹

为了详细讨论当时的通货紧缩现象，我想从较长的时间跨度回顾一下日本物价的变动轨迹。在我入职日本银行的 1972 年，那时只要提到物价话题，占压倒性的都是通货膨胀。第一次石油危机后，日本消费者物价指数（不包括生鲜食品）大幅攀升，1974 年 10 月同比增长率达到峰值的 24.7%。从年平均值来看，1973 年为 11.3%，1974 年为 22.5%（见图 9-3）。当时，日本经历着比其他发达国家都要高得多的通货膨胀。在深入反思第一次石油危机的基础上，第二次石油危机期间日本银行采取了预防性的货币紧缩措施，工会也做出了抑制工资提升的姿态，使日本成功避免了高通胀与低增长并存的滞胀威胁。从 20 世纪 80 年代以来的消费者物价指数看，日本消费者物价同比增长率远低于美国和英国，比价格变动相对缓慢的德国和瑞士等也要低大约 2 个百分点。② 特别是 80 年代后半期的泡沫经济时期，消费者物价上涨率平均不到 1%，有时甚至出现了负值。

泡沫经济的最后阶段（1990 年 12 月），消费者物价上涨率（消费

---

① 从《读卖新闻》《朝日新闻》《日本经济新闻》（晨・晚报）等报纸的合计来看，有关通货紧缩的报道篇数：2009 年 9 月 66 篇，10 月 64 篇，而 11 月突然增至 272 篇，12 月进一步攀升为 567 篇。
② 日本银行＊（2013）「「物価の安定」についての考え方に関する付属資料」2013 年 1 月。図表 4。

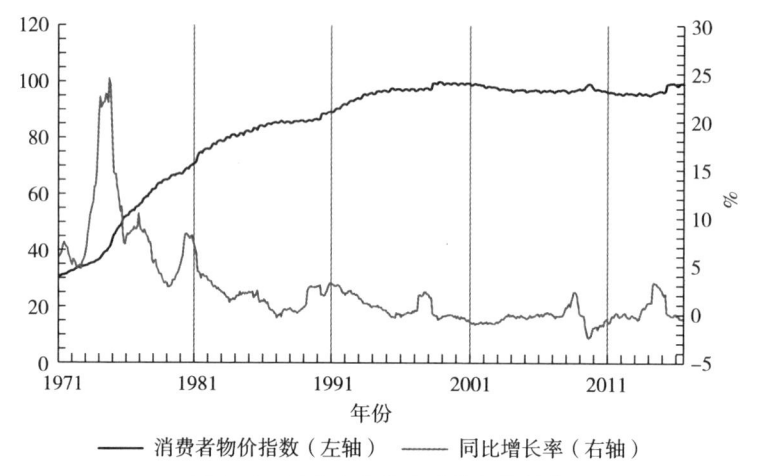

图 9-3 消费者物价变动的长期趋势

注：消费者物价（生鲜食品除外）；为年平均值；对消费税率的变化未做调整。
资料来源：总务省。

税率上调后）达到了 3.3%，此后逐渐回落。如果要问日本银行当时是否及时、准确地预测到物价会降到如此程度，答案是否定的。在每季度发布的"形势判断资料"中，自 1992 年 7 月开始，不再提及消费者物价未来走势的上行压力风险。[①] 不仅日本银行对物价前景保持乐观，经济学家和民间经济评论家也是如此。[②] 对于当时物价呈现出的下降态势，政府、经济学家以及媒体的反应与现在截然不同。当时，"纠正国内外价格差"成为重要的政策性课题，人们认为应该欢迎日元升

---

① 木村武・藤原一平・原尚子・平形尚久・渡邊真一郎 * （2006）「バブル崩壊後の日本の金融政策——不確実性下の望ましい政策運営を巡って」日本銀行ワーキングペーパーシリーズ、No. 06 - J - 04、2006 年 2 月。図表 6。
② Ahearne, Alan, Joseph Gagnon, Jane Haltmaier, Steve Kamin, Christopher Erceg, Jon Faust, Luca Guerrieri, Carter Hemphill, Linda Kole, Jennifer Roush, John Rogers, Nathan Sheets and Jonathan Wright (2002), "Preventing Deflation: Lessons from Japan's Experience in the 1990s", FRB International Finance Discussion Papers, No. 729, June 2002.

值及改革限制性商业惯例所带来的物价下降，这种观点甚至占据了支配地位。[1]

消费者物价年平均上涨率的第一次下跌是在1998年，之后有些年份出现过上涨，不过总体呈现持续缓慢下降趋势。1998—2012年期间累计下跌近4个百分点，折算为年率的话，平均每年下降约为0.3个百分点。速水优及福井俊彦担任行长时期通货紧缩就已成为政策焦点。速水优行长充分考虑了当时的通货紧缩舆论，任期内实施了量化宽松政策，并承诺该政策将一直持续到消费者物价同比上涨率稳定在0%以上。5年后，福井行长任职期间的2006年3月，解除了量化宽松政策。其实，当时通货紧缩仍是一个重要问题，按当时的统计标准，消费者物价同比上涨率是0.5%，而按修订后的新标准计算仅为0.1%。2008年上半年，受世界范围内经济繁荣、国际商品市场行情上扬、日元贬值等因素影响，日本消费者物价开始上升，到雷曼兄弟冲击前，同比上涨率达到峰值的2.4%。

从1998年开始到2018年为止的20年间，从物价水平下降角度来说，日本是处在通货紧缩期。而这个时期的通货紧缩不同于20世纪30年代典型的通货紧缩，那时的情况是短短数年间物价下跌达到20%~30%。并且日本不同物价指数的下降时间也不尽相同。如反映企业间商品交易价格走势的生产者物价指数，从20世纪80年代后半期的泡沫经济时期开始下降，21世纪第一个10年后半期由于国际商品市场行情上扬等因素，反而呈现出整体上升趋势。GDP平减指数也呈现下降趋势，这是受到了国际商品市场价格上涨导致的日

---

[1] 例如，在1993年7月发行的《经济白皮书》中有这样的描述："尽管以美元计算的日本收入水平在世界上屈指可数，而从实际生活水平看，富裕程度并不一定能称得上世界上屈指可数。造成这种差距的最大原因是国内外的价格差。……假设消除了国内外价格差后日本物价再出现下降的话，与之前相比消费者效用会明显提高。"（第4章、第3節「1 所得と生活水準とのギャップ」。）

本贸易条件恶化的影响。①

## 通货紧缩概念的模糊性

"通货紧缩"一词早在20世纪80年代后半期的泡沫经济时期就已经出现，正如当时惯用的一个提法"日元升值的通货紧缩效果"，专门用来表示经济活动低迷，当时日本政府也并未将物价下降视为通货紧缩，而是将物价下降与经济低迷并存的状况理解为通货紧缩。② 2001年3月日本政府发布的"通货紧缩宣言"彻底改变了这一观念，从那时起，政府不再考虑具体经济景气状况，仅将物价持续下跌定义为通货紧缩，判断日本经济"处于温和通货紧缩"状态，并一直延续到2006年6月。

日本政府的这个界定按照通货紧缩的经济学含义也许并没有错误，却招致了舆论上的混乱。第一个问题，国民、企业经营者以及媒体是从更广义的角度理解通货紧缩的。很多人从一般意义上认为通货紧缩既可以指物价下降，也表示景气恶化或企业业绩不佳；还有人认为价格下降不仅包括商品或服务价格下降，还包括资产价格下降；更多的人认为它是对整体经济状况不满意时的一句口头禅。③ 第二个问题，"通货紧缩"一词源于20世纪30年代大危机，是容易让人心生恐惧的概念。因此，尽管不同的人对通货紧缩有不同的理解，但在人们心目中，无论如何都要防止通货紧缩，这就让人难以做出冷静的思考。

还有一点也很有意思，日本银行每季度都要进行以一般公众为对

---

① 参见齊藤誠（2014）『父が息子に語るマクロ経済学』勁草書房、2014年。
② 参见上野・関根・西崎（2016）第43页引用的"経済企画庁物価局「ゼロインフレ下の物価問題検討委員会報告書」1999年6月"。上野陽一・関根敏隆・西崎健司「慢性デフレはなぜ起こったか——仮説のレビューと複合的実態の把握」、渡辺努編『慢性デフレ真因の解明』（シリーズ現代経済研究）日本経済新聞出版社、2016年所収。
③ 参见2009年11月20日的记者招待会（日本银行主页）。

象的《关于生活意识的问卷调查》,结果显示,无论是对物价现状的判断,还是对其前景的估计,占压倒多数受访者的回答历来都是物价上涨而非物价下降。这种现象也容易解释,日本与其他国家相同,一般公众都是以频繁购买的日用消费品价格来判断价格走势,对于消费者物价上涨率所表示的整体价格走势,普通消费者并没有一个准确的认知。在这个调查中还设计了一个很有意思的选项,即"物价上涨是否令人满意",超越性别、年龄与职业等的差异,回答最多的都是"不满意"(见图9-4)。实际上,许多国民认为通货紧缩意味着就业不稳定以及对未来生活的担忧,而所说的"摆脱通货紧缩",就是希望改变上述状况。

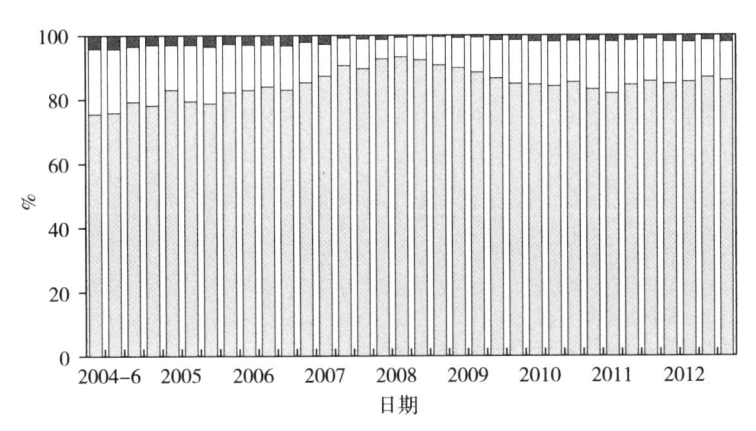

■ 总体来说,令人满意 □ 很难说满意或不满意 □ 总体来说,很苦恼

图9-4 一般家庭对物价上涨的理解

注:2005年的调查是于3月、9月、12月进行的,2006年以后均是在3月、6月、9月、12月进行的。

资料来源:日本銀行「「物価の安定」についての考え方に関する付属資料」。

"摆脱通货紧缩"与防止日元升值一样,是以经团联会长、商工会议所会长、经济同友会为代表的经济团体及业界团体负责人经常向政府提出的重要政策议题。企业经营者使用"通货紧缩"一词时,表达的都是本企业商品或服务价格下降挤压了企业利润。在这种情况下,企业经营者希望创造"自家商品或服务价格上涨的经济环境",这是很自然的,大概是从这个角度"希望阻止通货紧缩"。而政府所指的"摆脱通货紧缩",不仅仅是提升一家企业生产的商品或服务的价格,而是各企业、各行业销售的全部商品和服务的价格,我认为这并不是企业经营者所期待的。企业经营者所希望的是通过增加本企业商品或服务的需求,来提升自身产品的销售价格。关于通货紧缩的原因,占压倒多数的企业经营者都认为是需求不足,借用企业经营者的话来说就是"没事干"。在与企业经营者面对面交流时,了解到针对货币政策,他们的普遍观点是"资金相当充裕,利率也降到如此之低,即使日本银行提供更多的资金,通货紧缩也不可能消除"。在私下交流过程中,关于通货紧缩的原因,听到最多的是"没有淘汰低效率企业而引发的低价竞争",以及日本企业"重视市场份额的经营理念",等等。私下里也有要求采取大胆货币政策的呼声,而代表日本财界的众多制造业经营者认为,相对于摆脱通货紧缩,更重要的是要纠正日元升值态势。不过,在正式场合企业经营者代表行业发声时,又会主张为克服通货紧缩,日本银行应该采取包括购买国债在内的更加积极的货币政策。对此我常想,到底哪个才是真心话呢?

## 通货紧缩和螺旋式通货紧缩的差异

当初,通货紧缩只是出现在日本的特殊现象,而全球金融危机后许多发达国家也与日本一样,出现了物价持续下降现象。在这个过程中,"通货紧缩"的定义再次成为焦点。欧洲央行行长马里奥·德拉吉(Mario Draghi)在2014年2月的记者招待会上,提出了判断通货紧缩的两个标准,一是大范围的商品和服务价格下跌,二是由第一点引发的自我强化式物价下跌。[①] 也就是说,当预期商品和服务的价格全面

---

① 参见2014年2月6日的记者招待会(欧洲央行主页)。

下降时，人们会抑制支出，这将进一步带来物价下跌，这是判断通货紧缩的标准。按照经济学家的话说，就是有没有发生螺旋式通货紧缩。欧洲央行的通货紧缩定义和判断基准是极具常识性的，日本银行也长期使用这个定义。

乍一看，通货紧缩的界定问题好像都是一些微不足道的文字游戏，但用词的选择往往会左右政策走势，① 这就是心理学上所说的框架效应（framing effect）。从这个角度来看，"通货紧缩"一词唤起了人们对20世纪30年代大萧条的痛苦回忆，不管采取什么政策，都要极力规避。同时还形成了一种模糊的认识，即增加货币供给就可以消除通货紧缩。管理学家三品和广说过："关键词具有让人停止思考的力量。从人们接受它的瞬间，就会形成一种不容置疑的氛围。"② "通货紧缩"一词恰恰具有这样的魔力！

在担任行长期间，除了顾及前后文的连贯等不得已的情况，我都在极力地避免使用"通货紧缩"一词，一般更加客观且就事论事地说成是"物价下降"。此外，在说明政策措施时，我也会用心解释是否存在螺旋式通货紧缩。虽然有些经济学家和媒体区分了"良性通货紧缩"和"恶性通货紧缩"，国外也有这种说法，但我还是有意识地尽量不使用这些说法。因为一旦用到这个说法，就可能会给"通货再膨胀派"拥趸留下话柄，指责"日本银行容忍通货紧缩"。就算是在泡沫经济时期，既有低物价上涨率而景气过热的情形，也有物价下降通过自我强化机制导致物价水平进一步下跌的状况。问题的关键是物价下降是在什么状况下出现的，只有基于当时的经济金融状况，才能准

---

① カーネマン、ダニエル（2014）『ファスト&スロー——あなたの意思はどのように決まるか?』上・下、村井章子訳、ハヤカワ文庫、2014年。（*Thinking, Fast and Slow*, Farrar, Straus & Giroux, 2011.）
② 三品和広（2014）「キーワード経営の落とし穴」（経済を見る眼）『週刊東洋経済』2014年8月30日号、9頁。

确做出物价形势判断。

## 日本政府的"通货紧缩宣言"

让我们再次回顾2009年11月20日政府发布的"通货紧缩宣言"。同年10月30日,日本银行定期发布了《展望报告》,对消费者物价上涨率做出的判断是,与上一年相比,下降幅度虽然有所缩小,预测期间物价仍将持续下降(2009年度的预期值为负1.5%,2010年度为负0.8%,2011年度为负0.4%);对经济增长率的判断是,虽然2009年预期值为负3.2%,但此后两年将重回正增长轨道(分别为1.2%和2.1%)。在当时的记者招待会上,我发表了以下讲话,并特别慎重地避开谈论日本是否处于"通货紧缩"状态:

> 在此次《展望报告》中,预测到2011年之前物价下降压力仍将持续下去。是否将这种物价趋势称为"通货紧缩",可谓仁者见仁,智者见智,这里我们不打算讨论这个问题。重要的是要给出一个判断,即从中长期来看,日本经济是否步入物价稳定基础上的可持续增长轨道。

2009年11月20日,政府在月度经济报告中发表"通货紧缩宣言",当天的记者招待会上有这样一个提问:"虽然在持续物价下降这点上日本银行的判断与日本政府的观点是一致的,但持续物价下跌会给经济带来怎样的不良影响?日本政府甚至国外的观点都认为有陷入螺旋式通货紧缩的危险,想听听您的意见。"当时,我按照一贯的主张做出了如下答复:

> 我认为,物价持续下跌的根本原因在于需求不足。由于需求

不足往往表现为"景气恶化",人们自然就会以为物价下跌本身就是不好的现象。我觉得您是想知道,物价下跌本身是否包含了"景气恶化"一词无法涵盖的内容。物价下降本身导致物价进一步下降的途径有很多,其中之一就是预期物价上涨率的降低,除此以外,在金融体系不稳定状况下物价下降可能导致景气恶化。因此,我们要对这两个方面进行深入细致的分析。

上述的解释方式,招致了外界对日本银行的强烈谴责,称"日本银行正在容忍通货紧缩""日本政府和日本银行对通货紧缩的认识存在分歧"。许多公众和企业经营者对通货紧缩的含义并不感兴趣,也不可能要求他们准确区分通货紧缩与螺旋式通货紧缩的差异。在这种情况下,日本银行不得不意识到长期回避使用"通货紧缩"一词的弊端。换句话说,如果国民误以为日本银行并没有认识到当前严峻的经济形势,就会降低国民对中央银行的信任程度,甚至让人担心会动摇经济政策的运作基础。从大局出发,2009年11月30日,我在名古屋的演讲中明确了日本银行"与政府的观点一致",此后,日本银行采纳了"通货紧缩"专指物价下降的含义。[①]

> 日本银行在2009年10月底发布的《展望报告》中明确,物价预期前景依然严峻,虽然下降的幅度在逐步减小,价格下降仍可能会持续到2011年。政府前几天提出,"从价格持续下降含义上看,经济处于温和通货紧缩状态",可见,日本银行在10月底对价格走势的判断与政府的观点是一致的。

---

[①] 白川方明*(2009)「最近の金融経済情勢と金融政策運営」(名古屋・各界代表者との懇談での挨拶)2009年11月30日。

但是，在货币政策运作上实现可持续经济增长的重要目标没有改变。在上述演讲后的 12 月 1 日，日本银行召开了临时决策会议，决定采取强化的宽松货币政策，政策目标表述为，"日本银行认识到，日本经济摆脱通货紧缩、回归物价稳定基础上的经济可持续增长是极其重要的课题"。①

我注意到在说明经济和物价形势时，也不能不讲"摆脱通货紧缩"了。强调"回归物价稳定基础上的经济可持续增长路径"，旨在澄清日本银行的最终目标。这一基本逻辑和表述直到我卸任行长为止都没有改变，包括后文要分析的 2013 年 1 月政府·日本银行的共同声明在内。过去 20 年日本经济及货币政策大讨论经历中形成的信念是，作为负责任的中央银行，如何形成逻辑框架、用什么语言表述政策主张，是极其重要的问题。此番发言也可以说是不得不意识到特立独行的危害性。

## 修订"中长期物价稳定的理解"

在 2009 年 12 月召开的例行货币政策决策会议上，日本银行认为有必要明确做出不容忍通货紧缩的姿态，因此，对 2006 年 3 月解除量化宽松货币政策时发布的"中长期物价稳定的理解"做出如下修订："消费者物价指数同比增长率应控制在2% 以下正的范围，多数委员的观点是 1% 左右。"（下划线标明的是变更之处。）

此次修订没有改变"多数委员"为"1% 左右"的说法，但要点是明确了在 0% 以上的正数范围，据此，日本银行更加明确地表达了不容忍通货紧缩，即物价持续下降。② 在记者招待会上，有记者提问这

---

① 此前（截至 11 月底）我在正式场合的表述为："我的观点是，日本银行将坚持不懈地支持日本经济回归到物价稳定基础上的可持续增长路径。"
② 以前的表述是："消费者物价指数同比增长率应控制在 0%～2% 的范围内，委员们给出的预期值以 1% 左右居多。"

一举措是否具有时间轴效应,对此我的回答是,"这与对未来货币政策基调做出某种承诺意义上的时间轴政策不同",还提到"要进一步渗透日本银行关于物价稳定的含义……并让这一观念影响到利率的形成",在此基础上指出"如果将它称之为广义的时间轴效应,也的确具有这种效果"。

## 日本为什么没有陷入螺旋式通货紧缩

尽管日本银行在努力澄清物价稳定的含义,却一直饱受外界"容忍通货紧缩"的猛烈批判。有关争论的细节将在另一章说明,这里先分析应该如何理解通货紧缩的弊端。

在说明通货紧缩弊端时,最常听到的就是前面提到的螺旋式通货紧缩,即价格下降引起价格进一步下降的预期,延迟支出带来经济景气恶化。关于螺旋式通货紧缩的生成机制,经济学家看法不一,通常存在三种观点。第一种观点认为,由于名义工资具有向下刚性,物价下降时会带来实际工资上升,企业从节约人工成本的角度出发减少雇佣人数,带来失业率上升。第二种观点是美国经济学家欧文·费雪(Irving Fisher)提出的债务通货紧缩(debt deflation)理论,即价格下降通过增加实际债务负担抑制支出从而导致经济恶化的机制。[①] 价格下降当然也会提高债权的实际价值,而由于债务人通常比债权人具有更高的支出倾向,这种机制还是会发挥作用。第三种观点是零利率的约束。认为就算物价出现下降,通常利率也不会降到零以下。由于利率政策无法通过刺激经济而提升物价,因此就会产生螺旋式的通货紧缩。正如第5章所述,早在2001年,就有观点认为"日本已陷入螺旋式通

---

① Fisher, Irving (1933), "The Debt-Deflation Theory of Great Depressions", *Econometrica*, Vol. 1, No. 4, October 1933, pp. 337–357.

货紧缩",但如果客观地分析日本经济的现实,正如美国经济学家马丁·费尔德斯坦(Martin Feldstein)所说的,日本并没有发生螺旋式通货紧缩:①

> 所幸的是,还没有多少案例验证螺旋式通货紧缩理论的有效性。作为通货紧缩的案例,经常提到日本。虽然日本确实经历了低通货膨胀和一段时间的通货紧缩,但并没有出现螺旋式通货紧缩。20世纪80年代日本也有过通货膨胀率将近8%的时期,到1987年降至零,1995年之前通货膨胀率又恢复到零以上,此后到1999年持续维持略高于零的低通货膨胀状态。2000年至2012年间,通货膨胀率维持在-1.7%~0%区间。不管怎么说,低通货膨胀以及通货紧缩并未带来日本实际GDP的下降,事实上,在1999年到2013年期间日本人均实际GDP维持了年率1%的增长速度(这反映了实际GDP的缓慢提升和人口的减少)。

在我任行长期间,国际会议上屡屡提及日本的通货紧缩问题,当时以美联储副主席耶伦为首的海外中央银行首脑经常会问:"日本为什么没有陷入螺旋式通货紧缩?"实际上,2002年1月至2008年2月的第二次世界大战后日本最长经济扩张期是在缓慢的物价下降过程中实现的。虽然日本失业率在1997年以后有所上升,但与其他发达国家相比,增幅较小,而且水平也偏低。也就是说,并没有出现螺旋式通货紧缩。

其理由可归结为以下两点。第一个也是最重要的理由是,日本在最后关头努力维持了金融体系的稳定。螺旋式通货紧缩理论在很大程

---

① 参见2015年2月28日马丁·费尔德斯坦向世界报业辛迪加(Project Syndicate)网站的投稿。(https://www.project-syndicate.org/commentary/inflation-rates-central-bank-by-martin-feldstein-2015-02?barrier=accesspaylog.)

度上受到了费雪债务通货紧缩理论的影响。费雪的理论巧妙地说明了1929年到1933年期间美国的经济金融状况。① 当时美联储作为"最后贷款人"没有采取适当的行动，结果在短短几年时间内，众多金融机构破产，货币供应量减少了30%，物价也下跌了近20%。在这种经济状况下，债务通货紧缩理论具有很强的说服力。从中得到的最大教训是，为避免通货紧缩，重要的是确保金融体系的稳定。在这方面，日本银行在雷曼兄弟破产后的全球金融危机期间，作为最后贷款人提供了流动性，日本政府虽应对有些迟缓，最终还是投入财政资金，从而避免了金融系统崩溃。费雪在债务通货紧缩的论文中提道："只有了解1873年（英国）的经历及之后的种种历史事件，才能理解什么是通货紧缩。"正如费雪所说的，从债务通货紧缩中汲取的教训，才是日本在全球金融危机期间没有陷入螺旋式通货紧缩的最大原因。

第二个理由是日本的名义工资具有弹性，消除了向下刚性现象。从日本人均名义工资变化来看，1997年或1998年开始绝对工资水平出现下降。从宏观层面来说，人均名义工资下降，部分缘于企业雇佣形态转向了工资水平较低的非正式员工，而正式员工的工资水平下调也起到了一定作用。在下调正式员工工资方面，日本与其他发达国家相比，存在明显差异。虽说日本大企业的终身雇佣制日渐式微，但比重仍然较高，对于拥有企业特殊岗位技能的正式员工来说，失去工作的成本会非常高。而对于经营者来说，如果解雇这些具有特殊技能的骨干员工，企业的损失也很大。此外，与其他发达国家相比，现实中日本存在严格的解雇劳动者的法律条款，如果企业贸然解雇员工，不得不考虑该决策所带来的有形或无形的成本。随着劳资双方利害趋于一致，骨干员工愿意以降低工资方式协助企业应对经营困难，而经营者则继续为其保留工作岗位。工会组织接受工资水平下降的补偿，就是

---

① 费雪的论文是1933年公开发表的，但作为论文基础的理论最初发表于1931年。

经营者努力维持就业规模。20世纪90年代后半期，日本陷入了严重的经济萧条，而降低名义工资确保就业规模仍是企业的优先选项。结果，与欧美国家不同，日本避免了失业率的大幅上升。作为代价，就是出现了工资降低引发的物价缓慢下降。也就是说，缓慢的物价下降和低失业率是一个硬币的正面和反面。

前文在分析通货紧缩弊端时经常说到的一个观点，就是物价下降的预期会推迟消费支出及投资支出，由此导致的物价下降又会进一步推迟支出。若从消费税率上调之前的提前消费和环保车减税实施前后的汽车购买量变化来看，这个观点是可以理解的，尽管物价上升和下降的方向不同。假如这一机制在整个通货紧缩期间都发挥作用的话，家庭储蓄率应该持续上升，而实际上日本的家庭储蓄率几乎连年下降。的确，如果预期某种商品的价格将在近期下降，那么推迟购买该商品，选择在实际下跌后再购买才是理性消费。

但是，日本所经历的不是物价的一时下降，而是超过15年的下降。如果今年推迟购买某种商品，通常也会在第二年或第三年购入。但是，如果第二年和第三年都不买入的话，与其说是基于一时性的价格下降预期，不如说是基于未来收入减少的判断，这种解释可能更符合现实。另外，能够作为推迟支出对象的商品本来就非常有限。在某种程度上耐用消费品购买是可以推迟或延缓的，而包括住宅、电力、煤气、医疗、护理等在内的许多服务产品的生产和消费是同时进行的，不可能推迟或延缓支出。此外，生活必需品中食品等日用消费品也是不能推迟购买的。如此看来，至少在日本，从这个角度说明通货紧缩及其弊端是明显站不住脚的。

## 日本物价下降的原因

尽管日本没有发生螺旋式通货紧缩，但长期、缓慢的物价下降却是事实。为什么日本会长期出现物价下降呢？批评日本银行的人认为是"货币宽松的力度不够"，而在全球金融危机之后，尽管其他许多发达国家都积极推出了宽松货币政策，却也都出现了低通胀或物价水平下降现象。关于物价缓慢下降的原因，我们的理解不能说已经充分到位，但至少对于我退任行长之前日本物价的缓慢下降，我认为以下的解释是很自然的。

我最有同感的就是前面提到过的一点，不同于其他国家的日本名义工资的弹性机制。① 事实上，从日美两国的消费者物价上涨率来看，货物方面并没有太大差异，差异最大的是劳动密集型服务产品的价格上涨率。一般认为名义工资具有向下刚性，而实证分析了日本的工资数据，20世纪90年代末以来没有发现任何的刚性现象。② 日本经济衰退时期失业率未上升的原因，正如前面所分析的，在企业经营困难时期骨干员工主动降薪的同时，企业经营者优先确保了就业规模。因此，与欧美各国不同的是，虽然日本避免了失业率的大幅上升，但作为代价，却出现了伴随工资下降的物价缓慢下降。③

有很多人认为日元升值带来了通货紧缩，也有人反过来强调通货紧缩引发了日元升值，二者互为因果关系，这是基于购买力平价的观点。④

---

① 吉川（2013）将这一系列的机制称为"日本式"效率工资模型，关于其与"日本的雇佣"的关系，请参考早川（2016）第4章。吉川洋『デフレーション——"日本の慢性病"の全貌を解明する』日本経済新聞出版社、2013年；早川英男『金融政策の「誤解」——"壮大な実験"の成果と限界』慶應義塾大学出版会、2016年。
② 参考黑田・山本（2006）、Kimura and Ueda（1997）等：黒田祥子・山本勲『デフレ下の賃金変動——名目賃金の下方硬直性と金融政策』東京大学出版会、2006年；Kimura, Takeshi and Kazuo Ueda *（1997），"Downward Nominal Wage Rigidity in Japan: Is Price Stability Costly?"，BOJ Working Paper Series，May 1997.
③ 劳动供给过剩调整是通过这样的工资下降而实现的，但近年来随着劳动年龄人口的减少，曾经劳动市场上的供给过剩也不复存在，现在是人手短缺成了问题。这种局面使得工资上行的压力增加。
④ 该观点认为，从长期来看汇率的变动反映了国内外物价上涨率的差异。

实际上，物价和汇率都是经济的内生变量，在分析长期物价以及汇率变动问题时，将任何一方作为原因都是不妥当的。不过，由于汇率反映的是资产市场的价格，短期内比商品、服务价格的波动更加剧烈，快速升值的日元汇率，无疑会降低国内的物价上涨率。20世纪90年代中期以后，在亚洲金融危机、互联网泡沫崩溃、雷曼兄弟危机、欧洲债务危机等大事件中，日元升值的确都带来了强劲的物价下降压力。但是，1997年、1998年以后的长达15年期间，日元汇率既有升值，也有贬值。无论如何，一方面基于购买力平价理论，认为物价下降导致日元升值，另一方面又用日元升值来解释物价下降，这很难让人信服。

还有观点认为，国内零售业的激烈竞争和进口商品价格下降是国内物价下降的主要原因，但在"通货再膨胀派"经济学家看来，这些都属于"相对价格变动"，并主张相对价格变动与物价上涨率没有关系。的确，例如进口商品价格下降意味着贸易条件改善，即实际购买力增加，随着时间的推移会出现物价回调。因此，不能将进口商品价格下降看作过去15年温和通货紧缩的主要原因。但是要说进口商品价格下降对物价上涨率没有影响，也是有点偏激。无论进口商品价格是上升还是下降，短期内都会对整体物价水平产生影响。国际市场行情上扬后的突然回跌自不必说，急剧的物价上涨告一段落时，与上一年相比都会出现物价上涨率的剧烈波动。截至2009年夏季的日本物价上涨率降幅扩大，就是这个因素发挥作用的结果。日本国内舆论关注的都是与上一年度相比的数字指标，更容易放大通货紧缩问题。

## 通货紧缩是"货币现象"吗

围绕日本通货紧缩的原因，经常听到的命题是"通货紧缩就是货币现象"。的确，弗里德曼于1963年曾提出过重要命题，即"通货膨胀在任何时空条件下都是一种货币现象"。① 将命题中的通货膨胀置换为通货紧缩，"通货紧缩是货币现象"就成为批评日本银行时常用的理论依据。根据这个观点，批评者认为日本银行的货币（基础货币）供给太少是导致通货紧缩的原因。② 经济学入门级教材的解释是，基础货币增加会通过信用乘数效用增加货币供应，从而提高物价水平。但在现实中，并没有发现基础货币与物价变动之间的正相关性。比如，日本物价是在1998年以后开始下降的，如果以1997年3月为基准观察每年3月基础货币与物价的变化态势，可以发现，到2013年3月消费者物价指数下降了2.9%，而同期基础货币余额增幅达到了166%（见图9-5）。

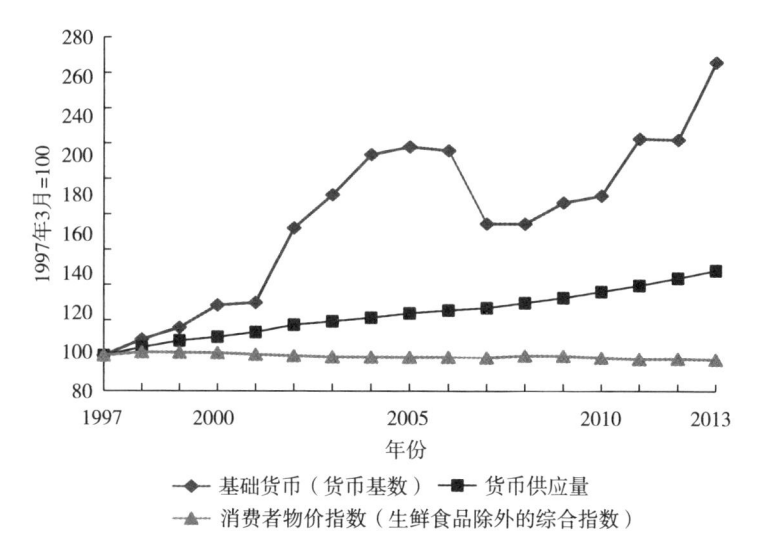

图9-5　基础货币、货币供应量与消费者物价指数的变动趋势
资料来源：日本银行、总务省「消费者物价指数」。

---

① Friedman, Milton (1963), *Inflation: Causes and Consequences*, Asia Publishing House, 1963.
② Shirakawa, Masaaki (2014), "Is Inflation (or Deflation) 'Always and Everywhere' a Monetary Phenomenon?: My Intellectual Journey in Central Banking", BIS Papers, No. 77, March 2014.

图 9-6 基础货币增长的国际比较

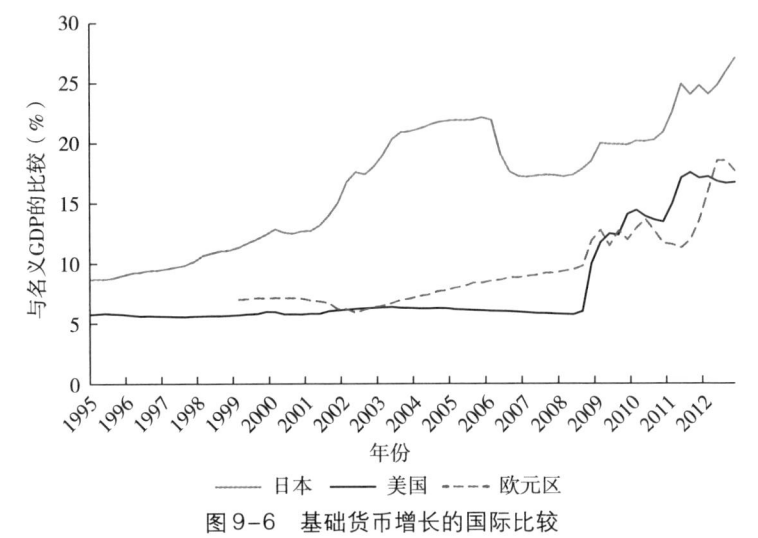

资料来源：日本银行＊「「物価の安定」についての考え方に関する付属資料」2013 年 1 月。图表 16。

在此期间，外界屡屡批评日本银行没有大量增加基础货币，而从国际比较看，日本基础货币与名义 GDP 之比不仅很高，增长速度也并不慢（见图 9-6）。批评日本银行基础货币增速缓慢的专家经常援引全球金融危机爆发时的数据，其实在这个时期，欧美各国均出现了严重的金融体系动荡，为应对流动性需求上升，增加货币供应量是理所当然的，而当时日本国内基本没有出现类似状况，自然也就没有必要大幅度增加货币供应量。

中央银行只要增加货币供给，物价就会上升，这是一个非常容易理解的问题。在正常情况下，如果不考虑逻辑的严谨性，从长远来说这种直观的对应关系是没有错误的。那么，如何解释基础货币大幅增加却对现实的物价没有产生任何影响的现象呢？在雷曼兄弟破产后的金融危机中，金融机构流动性需求显著增加，为此各国中央银行都增加了货币供给。在这种情况下，货币供应的大幅增加正好满足了货币需求。金融危机结束后又是怎样的情形呢？在此种情况下，货币供应大幅增加也是适应了货币需求增加，但此时的货币需求不是缘于金融体系动荡，而是由于零利率约束。金融危机结束后，各国利率几乎都接近于零。即使中央银行大量供应基础货币，由于持有中央银行货币的机会成本近乎为零，所以增加部分原封不动地满足了持有货币需求。换句话说，并没有形成被认为可以引发物价上涨的基础货币超额需求。

通过一系列的讨论，我深刻体会到，人们还没有理解经济处于零利率状态的含义。不过这种误解并不是日本所特有的。在美国，也经常会听到"如果美联储这样增加基础货币，就会引发严重的通货膨胀"的言论。针对这种观点，伯南克在记者招待会等场合也反复强调，基础货币增加不会导致通货膨胀或通货膨胀预期。[①] 我赞同这种观点，和伯南克一样，也对人们不能正确理解基础货币与物价的关系而感到失望。但与此同时我也考虑过，如果日本银行为了增加基础货币而大量购买国债，当陷入"财政支配"状况时，一旦发生某种冲击，或许就会爆发严重的通货膨胀，到那时物价上涨率恐怕难于实现2%的软着陆。

## 预期物价上涨率是由什么因素决定的

那么，物价上涨率水平到底是由什么决定的？如果不能对这个问题给出合理的解释，围绕通货紧缩原因的争论就不会终结。主流经济学观点认为，在物价变动中，趋势性物价变动取决于中长期的物价上涨率预期，围绕中长期趋势的上下波动则是由供求缺口所决定的。著名的菲利普斯曲线是以横轴表示供求缺口（失业率），纵轴表示物价上涨率（工资），两者是向右上方（或右下方）倾斜的关系。过去曾经出现过显示这一关系的菲利普斯曲线，但后来两者的关系逐渐弱化，20世纪90年代以后几乎变成一条平坦的直线。

---

[①] 比如伯南克主席在2012年12月22日的记者招待会上的发言（美联储主页）。

平坦的菲利普斯曲线到底是一种怎样的状况呢？一般有两种观点，第一种强调形成了物价稳定的一致预期。根据这个观点，成功实现物价稳定的结果，预期物价上涨率也保持低位运行，因此，即使原材料成本上升，各企业由于担心市场份额下降也会谨慎选择提价。第二种反映了经济全球化背景下的价格形成机制，即随着经济全球化的进展，企业的产品定价不再由国内供需缺口决定，而是由全球供需缺口决定。这两个观点分别说明了现实社会中的某些侧面，而就前者来说，并没有说明预期物价上涨率是如何决定的，理论上并不完整；后者则必须说明世界范围内物价上涨率的形成机制，而这里最终还是归结为整个世界的供求缺口和预期物价上涨率问题。

简单地说，围绕物价上涨率的讨论最终都会集中在预期物价上涨率问题上。如果预期物价上涨率不提高，实际物价上涨率就不会上升。反过来说，只要现实物价上涨率不上升，也不会推高预期物价上涨率。这是一个单纯的循环论证。

那么，预期物价上涨率是如何形成的呢？要准确把握这一点并不容易。从日本的数据来看，短期的物价上涨预期受现实物价变动的影响非常大，在2009—2010年期间一度出现了负值（见图9-7）。以过去的走势为基础预测将来也会出现相同的趋势，这种预期称为"适应性预期"，进行相对短期的预估时，这样的倾向相当显著，这是很早以前人们就有的广泛共识。[①] 然而，对物价上涨率产生更大影响的中长期物价上涨率预期却没有出现太大变化，经济学家的预期也是如此，我任行长期间基本维持在1%左右。美联储主席耶伦在就任后的演讲中也曾提到，"即使日本经历了长期、持续温和的通货紧缩，长期预期物价上涨率仍稳定保持在正值"，并指出"经济学家对通货膨胀动态变

---

[①] 白川方明＊（2011）「通貨、国債、中央銀行——信認の相互依存性」（日本金融学会2011年度春季大会での特別講演）2011年5月28日、8頁。

化的理解还很不充分"。①

**图9-7　预期物价上涨率变化轨迹**

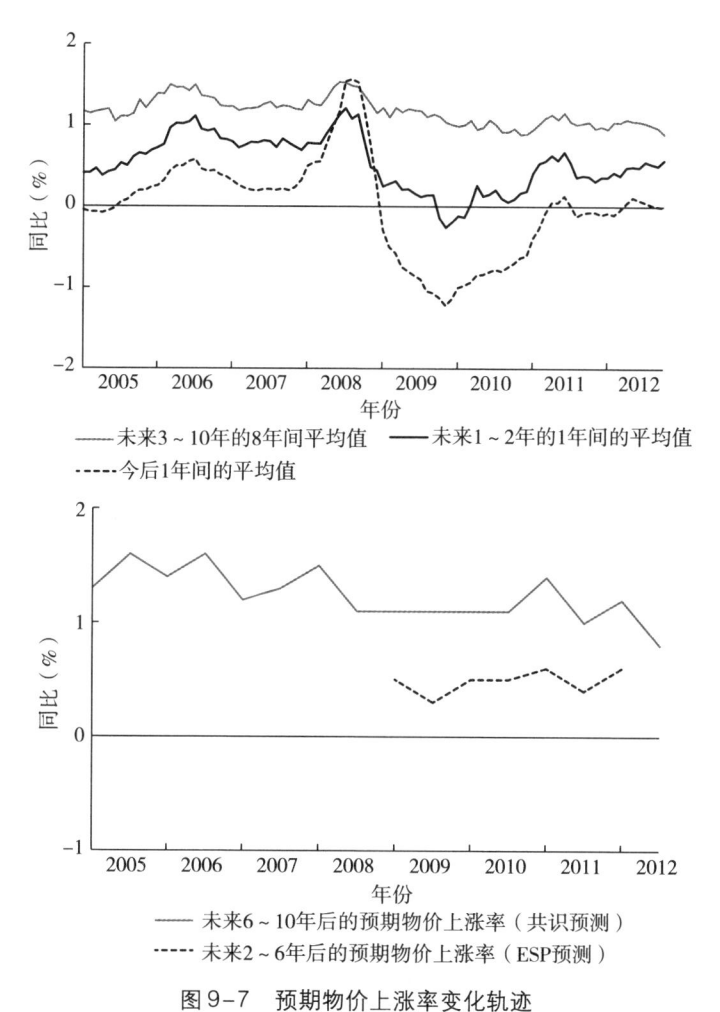

注：上图显示的是市场参与者的预期物价上涨率（QUICK调查），下图为经济学家的预期物价上涨率。

资料来源：日本银行「経済・物価情勢の展望」（2012年10月）图表51。

---

① Yellen, Janet L. (2015) "Inflation Dynamics and Monetary Policy", Speech at the Philip Gamble Memorial Lecture, University of Massachusetts, September 24, 2015. p21. (https://www.federalreserve.gov/newsevents/speech/yellen20150924a.pdf.)

第9章　通货紧缩舆论的高涨　　269

## 中央银行设定的物价上涨率目标能否成为"锚点"

主流宏观经济学家认为,预期物价上涨率就是中央银行设定的物价上涨目标。根据他们的主张,如果中央银行设定了物价上涨率目标并强力承诺实现这一目标,那它就会成为一个"锚点",预期物价上涨率和现实物价上涨率都将收敛于此。[①] 海外中央银行发布的物价上涨率预期也是要在3年或5年期间接近目标物价上涨率,因为这是基于融入这种机制的动态随机一般均衡(DSGE)模型计算得出的。这些理论或计量模型所包含的机制,不是前面讲到的增加基础货币可以直接推高价格的简单逻辑,而是认为如果中央银行"当真"想做的话就可以将物价上涨率预期提升到任何想要的水平。从思维方式上看,这两者是相似的。二者的差异不过是诱导预期物价上涨率提升到任意水平使用的手段是基础货币数量还是利率。对此,也有人认为,决定物价水平的是财政政策,这就是"价格水平的财政理论"。关于这一点,将在第15章"财政的可持续性"中进行分析。

但是,这里有一个很朴素的疑问。为什么中央银行的物价上涨率目标可以被视为"锚点"?不可否认,货币政策会影响预期物价上涨率,最典型的状况是,在高通货膨胀经济环境中,如果中央银行实施严格的紧缩政策,预期物价上涨率很快就会下降。而在经历了严重的金融危机、利率水平也近乎零的低通胀背景下,有些学者依然认为,如果中央银行持续实施强有力的宽松货币政策,也可以在相当短的时间内使预期物价上涨率及现实物价上涨率提升至中央银行设定的物价上涨率目标。我不知道这些经济学家的依据是什么。

---

[①] 伊藤隆敏认为,"通过贯彻实施物价稳定目标政策,可以稳定预期通货膨胀率。……也就是说,因为是中央银行公布的目标,如果民间对中央银行足够信任的话,那么自然认为将来的通货膨胀率会接近那个目标"。伊藤隆敏(2001)『インフレ・ターゲティング——物価安定数値目標政策』日本経済新聞社、2001年、16頁。

事实上，这个理论模型假定的是经济处于均衡状态，中央银行既不会直面零利率制约，又可以自由地调控利率进而引导物价变动。实际上这只是为方便运算而已，如果这个假定成立，那么中央银行的物价上涨率目标可能会成为一个锚点。但实际上，20世纪90年代以来的日本经济并不具备这些假定特征（见第19章"非传统货币政策"）。

## "国民的物价观"

除了上述对预期物价上涨率进行的理论分析，我还有一个未能充分厘清的问题，就是"国民的物价观"。2006年在"中长期物价稳定的理解"中提出的1%目标，就是考虑了"国民的物价观"。"国民的物价观"说到底，就是预期的中长期物价上涨率。在我任职行长期间，由于中央银行试图通过货币政策影响预期物价上涨率，所以我并不愿意提及这个概念，之后也是有意识地避免谈及它。一般来说，如果大多数国民不希望现实中物价上涨过快，那么预期物价上涨率和现实物价上涨率也就不会上升。特别是随着日本人口老龄化的加剧，可以想到的是，依赖金融资产收益和年金收入的人口越多，就越不希望较高的物价上涨率。在这种情况下，中央银行实施"大胆的货币政策"，或许能带来一时的物价上涨，但收入或金融资产价值的变动会给实体经济带来很大影响，甚至有可能导致社会动乱。德国中央银行行长延斯·魏德曼（Jens Weidmann）曾引用欧洲央行首席经济学家奥特玛尔·伊辛（Otmar Issing）理事的话：[1]

---

[1] Weidmann, Jens (2014), "Demographic Challenges in Germany", Speech at the Wirtschaftsgespräche, November 27, 2014. (https://www.bundesbank.de/Redaktion/EN/Reden/2014/2014_11_27_weidmann.html.)

第9章 通货紧缩舆论的高涨

任何社会最后都会实现适合自己的，并且是最终期望的物价上涨率。人口动态变化在其中也发挥着作用。

中长期预期物价上涨率在很大程度上受到中央银行货币政策的影响，但它不是唯一决定因素，经济结构、国民偏好等诸多因素都会影响预期物价上涨率。关于这一点，将在第 18 章 "中央银行的作用"中详细说明。

## 为什么物价上涨率目标是"2%"

抨击日本银行的经济评论家和政治家经常提到的有力证据是 "2%"这一物价上涨率国际标准。在他们看来，2% 就是应该追求的精准目标，并对此深信不疑。作为"2%"的依据，他们通常会列举以下两点。①

第一个是存在"向上偏差"（测量误差），即公布的消费者物价上涨率目标一般比实际物价上涨率要高一些。② 通常所使用的"拉斯贝尔式"消费者物价指数，是在确定标准家庭购买的一篮子商品和服务基础上，将基准年支出金额设定为 100 计算得到的指数，消费者物价上涨率就是这一指数的变化轨迹。就日本而言，一旦确定基准年的一篮子商品和服务，则保持 5 年不变，因此与上一年相比的物价指数会产生一定"向上偏差"，原因可能有两个：一是没有反映出篮子中相对价格下降的商品或服务消费比重增加的倾向（权重效果）；二是价格下降幅度大的耐用消费品，因指数水平随着时间推移会不断降低，

---

① 日本銀行「「物価の安定」についての考え方に関する付属資料」2013 年 1 月。
② 有关消费者物价指数偏差的详细解说，请参考白塚重典「わが国の消費者物価指数の計測誤差——いわゆる上方バイアスの現状」日銀レビュー、No. 2005 - J - 14、2005 年 11 月。

其对消费者物价同比变化的负向影响变小（重置效果）。

偏差还会源于篮子内商品的质量变化。即使商品价格没有变化，如果商品质量有所提高，也会判断为价格下降（品质调整），这是原来计算物价指数的方法。举个例子，即便电脑的价格不变，只要计算能力提高了，就可以理解为价格的相应下降。但是在现实中，要正确地进行品质调整也不是一件容易的事情，因此就会产生偏差。自20世纪90年代起以美国为中心展开了对消费者物价指数偏差问题的研究，占主导地位的看法还是物价上涨存在向上偏差现象。如果这个观点成立的话，若设定的物价上涨率目标为零，那么实际上相当于制定了一个负的物价上涨率目标。

第二个是为避免零利率约束，需要有一个"安全边界"。零利率约束会降低货币政策的有效性，为了避免陷入这种境况，有必要在平时就保持一定的利率下调空间，以预防可能出现的外部冲击，也就是说，物价上涨率以一定程度的正值为目标比较理想。这是为了回避零利率约束，在货币政策运作上附加的一种"保险"理念。

## "2%"是绝对标准吗

上述观点可以理解为是一种思维方式。日本银行的"中长期物价稳定的理解"也基本接受了这种思维公式。即使在这种情况下，我对一味地强调"2%"作为物价上涨率目标也是持反对意见的。为了解释其中的原因，有必要返回上面所说的两点。

就第一点的消费者物价指数偏差来说，本来偏差程度就是难以准确把握的。一般都关注向上偏差，实际上也存在向下偏差。如在日本消费者物价指数中占近20%权重的住房服务价格（自有房屋的折算租金和租房的租金），由于没有像美国那样对年久失修的房子所做的价格调整，就会出现向下偏差。除此之外，还会有各式各样原因可能带来向下偏差①，甚至有一些偏差，我也不能断定到底是向上还是向下的偏差。举一个例子，预计将来消费支出会大幅增加的高端医疗②和老人护理服务，没有人能够准确测度这些服务的"品质"。更重要的问题是，偏差并非是某个固定值，而是不断变化的。不难想象，担心价格上涨会导致市场份额下降的企业，或许不是选择提价而是选择降低质量这一实质提价方式，或者是那些担心下调价格会导致其他企业竞相降价而陷入低价竞争泥潭的企业，可能会通过提高品质来选择实质性降价。如果价格竞争是在标价之外的层面展开，而竞争程度又是依据经济周期而发生变化，那么以固定偏差为前提判断物价形势就是不合理的。③国内外的宏观经济学家都自信满满地认为消费者物价指数存在向上偏差，④但上述的种种现象让我并不那么自信。这或许也是由于受到实际工作的影响，日本银行负责编制企业物价指数，组织内部积累了许多编制过程中的现实难题。

第二点是为避免零利率约束设置"安全边界"的有效性问题。从这个角度来看，在全球金融危机前，2%被认为是合理的，而在金融危机后，很多发达国家短期利率降至零，具有保险功能的"2%"就无法发挥保险的作用。为此，在全球金融危机后，IMF首席经济学家布兰查德提出应该考虑提出更高的物价上涨率目标。⑤但是，制约货币政

---

① 详细的解说参考日本银行「「物価の安定」についての考え方に関する付属資料」2013年1月。
② 未被公共医疗保险制度认可的治疗。——译者注
③ 关于这一点，在2000年日本银行政策委员会公布的物价稳定报告以及白川・門間（2001）中也有提及。白川方明・門間一夫＊（2001）「物価の安定を巡る論点整理」『日本銀行調査月報』2001年11月号。
④ 伊藤阐述道："消费者物价指数存在向上偏差（比实际物价变动显示出更高的数值）已成为学界和专家的定论。"伊藤隆敏（2001）『インフレ・ターゲティング——物価安定数値目標政策』日本経済新聞社、2001年、21頁。
⑤ Blanchard, Olivier, Giovanni Dell'Ariccia and Paolo Mauro（2010），"Rethinking Macroeconomic Policy", IMF Staff Position Note, February 12, 2010.

策的，与其说是源于不能降到零以下的利率，不如说是容忍大规模泡沫那样不可持续的经济扩张程度。很多泡沫都是在低通胀状态下形成的，如果将2%的物价上涨率视为货币政策运作中凌驾于其他所有事务之上的绝对指标，我担心会出现以泡沫为代表的金融失衡，反而会对经济的可持续增长产生负面影响。

作为物价上涨率目标，究竟是2%好，还是比2%低或比2%高好，有关这一问题的激烈争论还在继续，但我认为不管在哪个水平，过度拘泥于某个特定数字都是很危险的。现实中物价上涨率是重要的指标，但更重要的是，对于表示物价稳定的数字目标要达成一定程度的共识，并且是从中长期角度实现可持续的物价稳定。

## 对日本通货紧缩讨论的思考

直到我辞去行长职务为止，围绕通货紧缩问题的讨论仍不断高涨。尤其是21世纪以来激化的通货紧缩问题论争，我认为这对日本经济来说是一种不幸。这是由于其将日本经济所有问题的根源都武断地归结为物价下降，以及认为只要日本银行当真想实现物价预期就可以真正推动物价上涨，这一主张赢得了众多的支持。

正如本章所述，日本银行反驳了那些通货紧缩观点，但并没能有效地说服持这些观点的人。其根本原因在于，如前所述对于通货紧缩的含义有多种理解。作为经济学家和经济评论家，不得不根据经济理论来讨论通货紧缩问题，这也是必需的。但是，多数国民将通货紧缩视为问题，并不是单纯因为物价下降，而是对经济，更进一步讲，是对社会现状的不满。在这种情况下，人们需要的不是在学术层面上对物价上涨率的讨论。更重要的是，有必要通俗地说明日本经济的真正问题到底在哪里，而对自己生活现状不满的人群所希望的又不仅仅是"说明"。结果，日本银行试图说明问题的做法也产生了负面效果。

除此之外，我还切身体会到，只要欧美国家关于物价上涨决定机制的舆论环境不发生变化，围绕日本通货紧缩的争论就不会停止。在理解经济现象这个问题上，"全球标准"的影响力越来越大。要使日本国内有关通货紧缩问题的大讨论更加具有建设性，我认为有必要重新审视包括物价决定理论在内的宏观经济学。与我在大学初次接触经济学时相比，物价上涨率理论已经发生了很大变化。在我还是学生的时候，流行的观点认为物价不是由供求均衡决定的，而是由成本上升压力所决定的，即成本推动论。因此，讨论物价上涨问题更多的是关注劳动者和经营者之间的谈判能力（讨价还价能力）。在这种逻辑下，收入政策的有效性也进入了研究视野。自20世纪70年代中期开始，人们对经济整体的供需均衡以及货币政策作用的认识不断提高。在政策实践上，很多国家也都采用了货币供应量目标制（money supply targeting）。

20世纪90年代以后，基于供求平衡和预期通货膨胀率的讨论成为正统经济学的常规分析方法。而随着菲利普斯曲线趋于平坦，印象中比以前更加强调预期通货膨胀率或中央银行通货膨胀率目标的研究，但并没有明确说明预期通货膨胀率的变动规律。如果要问通过对一系列通货紧缩观点的梳理，我们应该汲取的最大教训是什么，我会毫不犹豫地说是理解经济学的重要性。毕竟，对于物价上涨率变动的原因、机制以及内在含义的理解，我们还缺乏足够的知识，这是实情，并无半点谦虚。我在记者招待会等场合曾多次强调，有必要在宏观经济学教科书中增添若干重要章节讨论这一问题。虽然这项工作并不容易，但我们必须努力解决这个问题，而且相信将来一定会取得进展。

# 第 10 章　日本经济面临的真正问题

随着日本经济复苏，围绕通货紧缩的争论有所平息，但总体上还是呈激化态势。国会中不管在野党还是执政党，要求日本银行实施大胆宽松货币政策的呼声依旧与日俱增，许多经济学家和大众媒体也是如此。正如上一章所述，人们对"通货紧缩"一词心生不满的根源其实并不在于价格下降本身，而是缘于日本经济潜在增长率的缓慢下降。因此日本银行认为，如果不能搞清楚日本经济所面临的真正问题，就很难平息这场要求日本银行实施大胆货币政策来摆脱通货紧缩的无谓争论。基于这个判断，自 2010 年开始，日本银行有意识地强化了少子老龄化、日本企业竞争力低下等问题的研究及相关信息的发布。

## 围绕日本经济的争论

要求日本银行实施大胆宽松货币政策的压力，以国会上自民党议员山本幸三提出的如下主张为代表：

> 我认为，日本经济的最大问题就是通货紧缩。只要存在通货紧缩，无论做什么都做不好。……通货紧缩是造成今天日本经济

恶化的罪魁祸首。

　　一旦发生通货紧缩，企业就不得不裁员，日元就会不断升值，工厂迁至海外，失业猛增，工资下降，借款人的负担将变得异常沉重。我认为它还会成为贫富差距扩大、地方经济衰败的最大原因。要消除通货紧缩，非日本银行不可……

（众议院预算委员会，2010年2月16日）

梳理外界批判日本银行的观点，可概括为以下几点：

　　（1）日本经济问题的根本性原因是价格的持续下降，也就是通货紧缩。

　　（2）通货紧缩是一种"货币现象"。除此之外的因素，如进口商品价格下降、放松规制以及批发零售业竞争加剧导致的销售价格下降，都不过是相对价格的变化。

　　（3）日元过度升值是日本银行消极宽松货币政策所造成的，而导致日本国内制造业空洞化的最大原因就是日元过度升值。

　　（4）日本银行必须实施大胆的宽松货币政策，只有这样，日本经济才能摆脱所谓"失去的10年"。

　　（5）为促使日本银行果断采取大胆的宽松货币政策，必须立即实施通货膨胀目标制。具体来说，就是设定2%的物价上涨率目标，并承诺在一定期限内达成目标。

## "通货再膨胀派"与"预期派"

　　如此批评日本银行的并不仅限于山本议员，多数国会议员都持有类似的主张。不知从何时起，媒体将其中使用过激言辞批评日本银行的人士称为"通货再膨胀派"。他们的最大特征是特别强调以基础货币测度的"数量"增加效果。根据他们的逻辑，物价下降和日元升值都是源于基础货币不足。虽然"通货再膨胀派"的言论在国会、部分媒体和经济学家之间的反响很大，但我并不认为他们所强调的观点得到了普通民众和企业经营者的广泛支持。从学术界看，这种意义上的"通货再膨胀派"学者并不多，更重要的是，海外根本就不存在日本所说的"通货再膨胀派"学说。就像前面所说的，美联储主席伯南克也明确反对将讨论重点聚焦在基础货币数量上。

对我来说，最难应对的是下面的观点，"如果日本银行能采取更加大胆的宽松货币政策，日本经济所面临的诸如通货紧缩及日元升值等问题都可以相应得到解决"。持这种意见的人也主张大幅增加基础货币以及大规模购买国债来增加基础货币，在这点上与"通货再膨胀派"相同，所不同的是，他们并不是仅仅强调货币数量论所主张的数量增加效果，而是要求采取包括前瞻性指引在内的大胆政策措施，并声称"如果日本银行能够更巧妙地与市场参与者和公众进行沟通，并成功影响他们的预期，问题就能够得到解决"。我没有找到更合适的词来概括这些人的观点，姑且将他们称为"推动预期派"，简称为"预期派"。在他们看来，不管是基础货币还是利率，即使是相同的政策变化，也会因"沟通方式"不同而产生不同的效果。在这点上，"预期派"批评我的对外沟通方式过于单调乏味。

这里是为了便于分析才区分出"预期派"与"通货再膨胀派"，实际上"通货再膨胀派"也主张要影响预期。两者之间其实并没有太大差异，非要说差异的话，不过是"通货再膨胀派"要求增加基础货币的呼声更高罢了。因此，我任行长期间，都是将两者统称为"通货再膨胀派"。话虽如此，我之所以在这里区分二者的关系，是由于在过去的几年间，虽然基础货币显著增加，但物价上涨却非常有限，传统"通货再膨胀派"的主张也发生了很大变化。从整体来看，作为大胆宽松货币政策效果的传播路径，"通货再膨胀派"的关注重点已经从货币数量转移到影响预期。当前，"通货再膨胀派"专指到目前为止仍然强调基础货币数量效果的群体，但无论是"通货再膨胀派"还是"预期派"，他们的共同之处都是强调大胆货币政策的重要性。

## 通货紧缩问题的讨论

"通货紧缩是货币现象"，批评日本银行的人常常将此当作一句口头禅。这句话包含的意思是，"如果中央银行认真对待的话，就可以摆脱通货紧缩"。围绕这个观点，争论愈演愈烈。正如前面章节所述，主流宏观经济理论中决定物价上涨率的大前提就是中央银行能够提供预期物价上涨率的锚点。海外学者要求日本银行施行大胆货币政策的依据就在于此。结果海外的这种主张为日本国内"通货再膨胀派"的观点增添了一些权威色彩。

随着经济的长期低迷，企业经营者和普通民众对货币政策的看法也发生了转变。"即使在平常时期并不适宜的货币政策，当经济状况异常严峻而又没有其他更好的对策时，或许也有尝试的价值"，这种言论开始逐渐增多。日本银行的政策委员会成员分头到全国各地走访，与当地的经济界交换意见，在这个过程中，要求日本银行实施大胆宽松货币政策的呼声不断高涨。我每年都会去一次大阪和名古屋，针对摆脱通货紧缩问题，经济团体的高层以及代表性大企业的经营者也屡屡提出一些过分的政策要求，这在以前是难以想象的。

在货币政策决策会议讨论的基础上，我对"通货再膨胀派"以及"预期派"的主张进行了必要的反击，但整体来说是否达到了预期效果却不得而知。这是由于大多数民众或企业经营者本来担心的就不是物价下降本身，而是将来生活不稳定或企业收益上的压力。就像前面章节所说过的，由于在人们的观念中，通货紧缩几乎等同于经济增长低迷，无论日本银行如何从技术或专业上解释货币政策以及价格下降问题，都很难得到理解或支持。不仅如此，这样的反击还可能招致民众和企业经营者的反感，认为"日本银行并不了解他们所面对的严峻现实"。

此外，"通货再膨胀派"和"预期派"提出的"只要实施大胆的宽松货币政策就能摆脱通货紧缩"的主张，由于是一个无法用数据予以反证的命题，因此也很难应对。国会等场合也频繁讨论基础货币显著增加的话题，但当时并没有带来"通货再膨胀派"所预期的结果。即便如此，他们还是常常强调，"增加基础货币的方式不够多""日本银行没有进行有效的信息发布""如果没有增加基础货币数量，情况将更加糟糕"，等等。毕竟，既然是无法反证的命题，再怎么讨论也形不成交集。

我认为在通货紧缩和货币政策争论中最重要的一点是，明确日本经济所面临的问题到底是什么，解决问题的方式和物价下降的真正原因又是什么，以及对于这些问题怎样用通俗易懂的语言解释日本银行的观点。出于这样的问题意识，2009 年 11 月中旬，我委托早川英男理事（原为调查统计局局长）和门间一夫调查统计局局长（后来成为理事）两个人开始调研。他们以现实数据、相关企业的大量微观信息、经济学中的增长理论、创新、企业战略相关的管理学理论为基础，进行了广泛深入的研究。另外，行内的其他经济学家也对老龄化、少子化、财政可持续性、地方金融机构等相关问题进行了研究。行内的一系列研究成果以工作论文等形式公开发表，同时，还通过行长、副行长、审议委员的演讲等方式及时向民众传达日本银行的观点，可以说，进行了声势浩大的对外宣传活动。为了让海外学者以及政策决策者加深对日本人口问题的认识并推动学术研究，2012 年 5 月日本银行金融研究所主办了例行国际会议，围绕"人口的动态变化与宏观经济表现"这一主题展开了全方位讨论。

## 快速少子老龄化的"逆风"

在日本银行的对外宣传活动中，几乎涉及了日本经济所面临的各种中长期问题。其中，最大的课题就是快速老龄化和出生率下降的人口动态变化。[①] 日本总人口在2008年达到1.28亿人的顶峰之后开始缓慢下降，到2016年已降至1.27亿人，2009年以后年均下降0.1%。另一方面，劳动年龄人口即15~64岁的人口总数，由1995年顶峰时期的8 726万人降至2012年的8 017万人，到2016年更是下降为7 656万人，在不到20年的时间里减少了12%。起初劳动年龄人口的下降速度还不快，但后来逐渐呈现出加速态势，尤其是在所谓的"团块世代"迎来65岁退休年龄的2012年以后，每年约减少100万人，年均下降幅度超过1%。

如后面章节还要阐述的，考虑人口动态对经济的影响之际，与人口增长率相比，人口结构的变化影响更大，其中关键变量是劳动年龄人口。因为无论是在生产活动还是在消费活动中，劳动年龄人口都是社会构成中的核心年龄层人口。劳动年龄人口比重增加的时期被称为人口红利期，与之相反的状况则被称为人口负债期。日本的人口红利期早在20世纪90年代初就已经结束。与劳动年龄人口下降相对应的是，65岁以上的老龄人口比重一路攀升，日本高速增长末期的1970年为10.2%，1990年为17.3%，2000年25.5%，2013年40.4%。根据日本国立社会保障与人口问题研究所的预测，到2022年这一数字将上升至49.9%，2048年将达到71.8%。[②] 这种快速老龄化现象在世界经

---

[①] 关于老龄化对日本经济的影响及其应对，参考翁邦雄（2015）『経済の大転換と日本銀行』（シリーズ現代経済の展望）岩波書店、2015年、第4章。
[②] 「日本の将来推計人口」平成29年中位推計（表1-4）。

济发展史上是前所未有的。

快速老龄化的原因主要有两个。第一个原因是长寿化，长寿化是由医疗技术进步、高速增长期收入水平跨越式提高、全民保险制度（1961年）等诸多因素带来的结果。第二个原因是日本出现了其他发达国家从未有过的生育率急剧下降。第二次世界大战后，很多发达国家都出现了婴儿潮现象，但在日本，生育高峰结束后随即进入了出生率下降期。在展望未来几十年经济发展形势时，必须将这种人口的动态变化状况，尤其是劳动年龄人口比重急剧下降作为一个前提条件。

为了获取劳动年龄人口减少对日本经济影响的直观印象，我们尝试比较了2000年至2010年G7各国实际GDP增长率和劳动年龄人口人均实际GDP增长率[①]（见图10-1）。从数据上看，日本实际GDP增长率在G7中处于最低水平。不过，从劳动年龄人口人均实际GDP增长率来看，日本与德国并列最高。就人均实际GDP增长率而言，日本几乎处于平均水平。从较长的时间跨度来看，决定GDP增长率的最大因素是劳动年龄人口数量和劳动生产率的提升。所以，尽管每个劳动者都在努力工作，但由于存在"劳动年龄人口减少"的"逆风"现象，2000年以后日本经济呈现的还是GDP的低速增长。即使物价上涨，名义GDP增长率上升，但实际收入水平、生活水平也不会因此提高。日本经济面临的根本性问题，不是物价的缓慢下降，而是在当前劳动年龄人口减少的过程中，如何实现人均实际GDP的可持续增长。

也就是说，问题的本质是"可持续性"。如果对此不采取措施的话，潜在增长率缓慢下降是不可避免的。关于日本潜在GDP的增长率，虽然2008年4月的《展望报告》指出，"潜在GDP增长率从2003—2004年的1%左右开始缓慢上升，最近在1.5%或更高一点的水平上徘徊"，但这是受到了20世纪初世界性信用泡沫带来的高速增长

---

① 即便是向后延长时间跨度，也不会改变后面的结论。

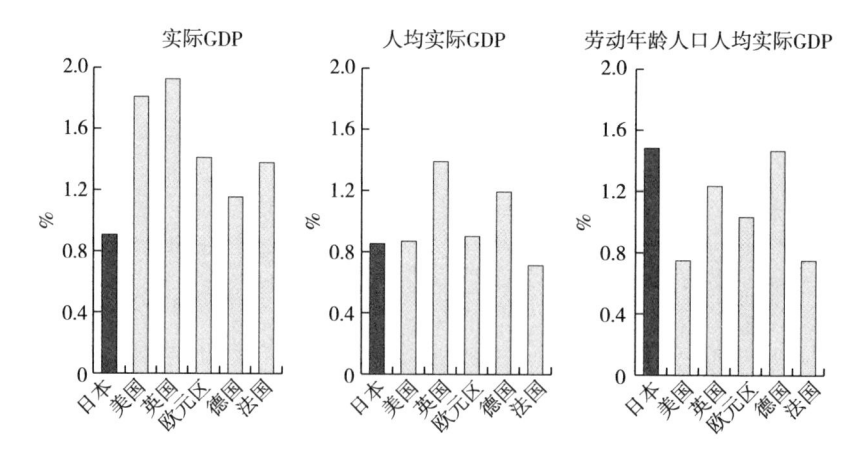

图 10-1　2000—2010 年主要发达国家经济增长率变动轨迹

资料来源：白川方明＊「デレバレッジと経済成長——先進国は日本が過去に歩んだ「長く曲がりくねった道」を辿っていくのか？」（London School of Economics and Political Science での講演）2012 年 1 月 10 日。图表 13。

的影响，预期数字明显高估。2009 年 4 月下调潜在增长率估计值至 1% 左右，2010 年 4 月进一步下调为 0.5%。①

当然，如果劳动年龄人口和生产效率因素都得到改善的话，潜在经济增长率也有上升可能，这需要两个方面共同努力。不过，在短期内这两个方面都不会出现大的变化。因此在制定和运行经济政策过程中，应该对人口减少的冲击保持清醒的认识。为了对这一问题做出大致的判断，我担任行长期间经常提及以不同性别、年龄的劳动参与率不发生变化为前提计算的未来就业增长率，在 2010—2019 年期间为负 0.6%，2020—2029 年为负 0.8%②。这是何等严重的"逆风"！并且，考虑到劳动年龄人口减少速度快于总人口减少，人均 GDP 增长率将

---

① 在写作本书时日本银行的最新《展望报告》（2018 年 4 月公布）的估算值为 0.5% 以上。当前估算值上升也反映了 GDP 统计测度方法的变化。
② 可以参考如白川方明＊（2013）「日本経済の競争力と成長力の強化に向けて」（日本経済団体連合会常任幹事会での講演）2013 年 2 月 28 日。

低于 GDP 增长率。鉴于 2000 年以来日本劳动年龄人口人均劳动生产率增长在发达国家中已经属于最高一档，以后想进一步提升也绝非易事！

## 贸易条件的恶化

日本经济面临的第二个课题是贸易条件恶化，这一点在第 6 章"'大稳健'幻象"中曾有所提及。从 2000 年以后的贸易条件变化轨迹看，日本的贸易条件恶化在 G7 国家中是最严重的，原因之一就是前面提到的资源价格高涨，但与同样作为资源进口国的德国相比，日本贸易条件恶化的程度更为显著（见图 10-2）。

日本贸易条件恶化是由出口价格下降引起的，这是日本的特色。贸易条件是以相同货币表示的出口价格与进口价格之比，从较长的时间跨度来看，不会受到汇率变动的影响。而且，与其他主要国家相比，2000 年以后日元升值程度并不高。这些事实都表明，由于出口产品竞争力下降，日本正逐渐陷入相当尴尬的境地，即不得不通过降价来确保出口份额及生产规模。电子产业就是一个典型的案例，在韩国和中国企业的追赶下，日本企业不得不痛苦地选择降价战略。[①] 而德国企业以高级轿车和资本货物为中心，成功提高了出口价格。尽管瑞士法郎升值远超日元，瑞士企业依然成功实现了精密机械和医药品为中心的价格提升。日本企业在提高物质产品劳动生产率方面绝不逊色于其他国家，而最大的问题在于，日本无法提供有吸引力的商品和服务，导致产品竞争力下降。

---

① 早川英男（2016）『金融政策の「誤解」——"壮大な実験"の成果と限界』慶應義塾大学出版会、2016 年。

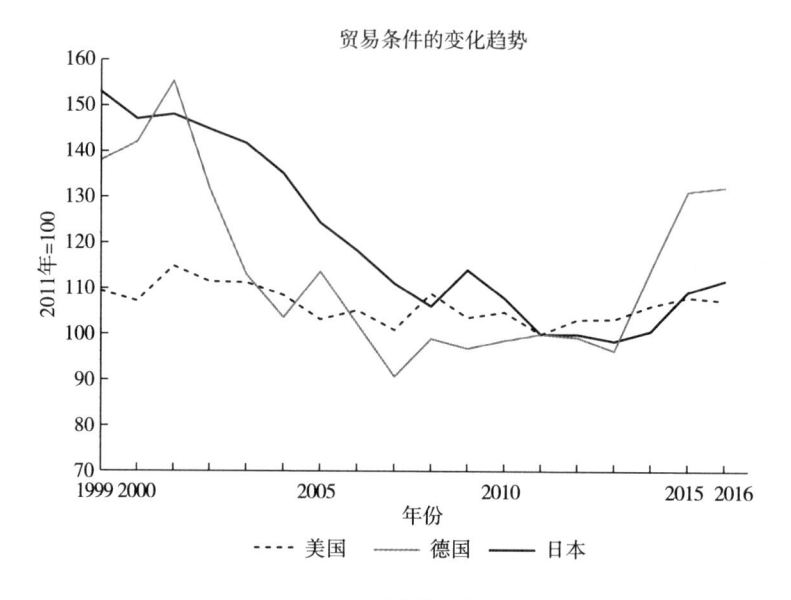

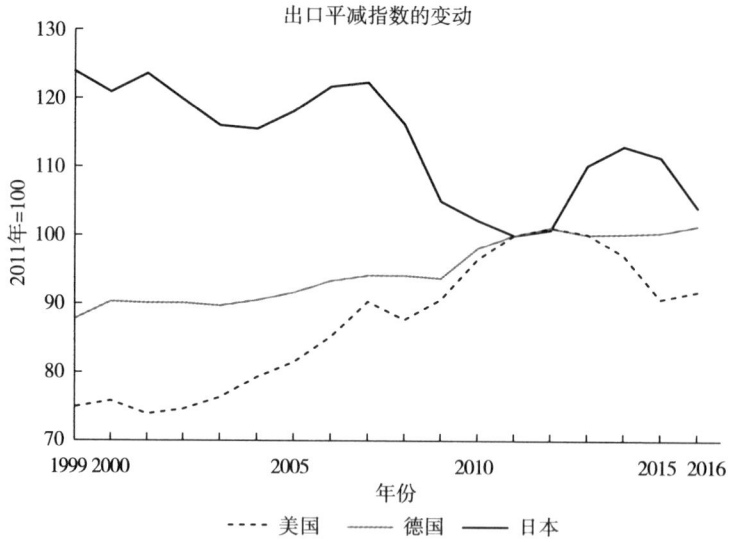

图 10-2　日本与美国、德国贸易条件比较（1999—2016 年）
资料来源：内阁府、彭博资讯。

## 故事的威力

如前所述,遗憾的是人们并没有正确认识到日本经济的真正问题所在。其中,最有影响力的一个说法是,"日本经济面临的最大问题是通货紧缩,摆脱通货紧缩是第一要务"。这种言论经常出现在首相的国会执政演说、商界领袖的官方致辞以及报刊社论中,并逐渐演变成一个"故事"。像这样的"故事"用英语表达为"narrative",即叙事,这种故事或叙事通常发挥着巨大威力。美国经济学家罗伯特·席勒在2017年美国经济学会会长演讲中,以"叙事经济学"(Narrative Economics)为主题发言,强调故事成为引发经济波动的因素之一。[1] 正如他所分析的,在企业和家庭的支出行为中,不能无视故事的影响,而在我看来,故事在制定经济政策时的影响更大。要想使人们接受某个故事,就必须充分诉诸人们的情感。从这点上看,"通货紧缩"这个词倒是足以引发人们的恐惧心理。此外,作为描述现状的故事还必须引起大众的共鸣。从这个角度来说,在糟糕的经济形势(如"就业冰河期"一词所代表的应届毕业生就业难、非正规就业增加和收入差距扩大等)不见好转的情况下,"通货紧缩"(含义严谨与否另当别论)成为人们对现状不满的代名词。而且,故事还需要浅显易懂。在这点上,基于货币数量论的观点就很容易理解,通货紧缩的"元凶"便是对增加货币供给持谨慎态度的日本银行。

在过去20年中,谈论日本经济时最常使用且直到现在仍在流行的"失去的10年(20年)",也是典型的"故事"之一。说它已经成为日本政府、企业经营者、国内外经济学家、媒体的口头禅也不为过!这句话给国民心理和政策制定都带来了很大的负面影响(见第21章

---

[1] Shiller, Robert J. (2017), "Narrative Economics", *American Economic Review*, Vol. 107, No. 4, April 2017, pp. 967–1004.

"'失去的20年'与'日本的教训'")。的确，在泡沫经济崩溃之后的第一个10年里，某种程度上确实存在这种现象。而我认为，如果能尽早解决金融机构的不良债权问题，经济增长率应该会有所提升。而泡沫经济崩溃后增长率下降的另一个原因是，泡沫经济时期的高增长本身就是不可持续的。从本质上说，这并不是一种"失去"，而是从不可持续发展状态重归可持续发展轨道的过程。

对于用"失去的20年"来形容2010年以后日本经济的低速增长态势，我是抱有违和感的，但还与上面所说的"失去的10年"略有不同。正如上文所提及的，根据2000年以后劳动年龄人口人均GDP增长数据（见图10-1），应该说经济增长表现还是相当不错的。当然，实际GDP增长率确实不高，这是因为受到劳动年龄人口数量减少的影响，事实也确实如此，所以说这不能称之为"失去"。而不绝于耳的"失去的20年"一词不仅会引起毫无根据的悲观情绪，还会滋生不知缘由的乐观想象，即大胆的宽松货币政策可以轻松解决问题。

我在担任行长期间，利用国会答辩、记者招待会、演讲等一切机会不断强调，重要的是要正确认识日本经济面临的根本性问题，并在此基础上采取必要的措施。我们应该正确认识劳动年龄人口人均GDP增长率不低这一事实，但同时应从以下两个方面意识到未来的严峻性。

第一，即使目前享受较高的生活水平，其状况也是不可持续的。再次强调的是，由于劳动年龄人口减少速度快于总人口减少速度，人均实际GDP增长率将稳步下降。此外，随着老龄化背景下社会保障支出的增加，财政收支平衡将不断恶化，再加上经济的低速增长，可能会降低人们对国债还本付息的信任。财政的可持续性是支撑货币稳定的最重要前提条件，如果失去对这一前提的信任，最终会导致金融危机，进而严重影响实体经济活动（见第15章"财政的可持续性"）。

第二，日本企业竞争力的下降趋势。当然，若以美元计价的出口价格下降能够确保出口数量不下降的话，GDP可能不会下降，但这意味着贸易条件的继续恶化，日本的实际购买力下降。对企业而言，贸易条件恶化是指出口销售价格相对于进口原材料价格的比率下降，这会压缩企业的利润空间；对于家庭而言，即使收入不发生变化，由于必须消费的汽油价格上涨，也意味着实际收入的下降。

这里需要注意的是，劳动年龄人口减少和贸易条件恶化都是物质方面的因素，无论是增加基础货币或者提高物价，都不能真正解决问题。正如前面所指出的，正确辨识日本经济面临的真正问题才是最重要的。从这个意义上说，现在依然常说"失去的20年"，可能会干扰政策讨论，推迟解决本质性的问题。

## 作为经济政策目标的收入概念

经济政策归根结底是以提高国民的幸福感为目标，而当我们讨论幸福时不可避免地会涉及价值判断，这里我们并不打算讨论这个问题。只是当局限在狭义的经济问题时，有必要明确作为政策目标的收入概念。考虑到老龄化这一人口动态的"逆风"以及贸易条件恶化的现实，我认为重要的指标不是概念上的人均GDP，而应该是人均GNI（国民总收入或者消费）。我想运用"人均"来测度收入的必要性是无须赘述的。而GNI是在GDP基础上进行了两方面调整，一方面是考虑了日本居民自海外获得的收入。展望未来，在日本国内市场萎缩而海外市场不断扩大的过程中，日本从对外直接投资中获得的收入还会不断增加。另一方面是伴随着贸易条件变化带来的实际购买力的增减。当然在短期内人均GDP和人均GNI的变化不会有太大差异，但从中长期角度分析日本经济运行问题时，明确两者之间的差异是非常重要的（见图10-3、图10-4）。

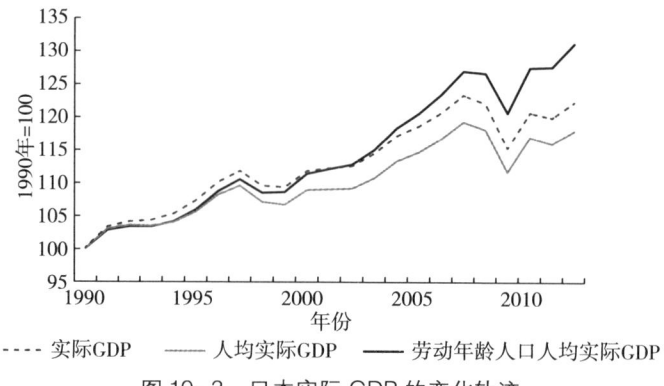

图 10-3 日本实际 GDP 的变化轨迹

注：劳动年龄人口指的是 15~64 岁的总人口。

资料来源：白川方明＊（2013）「日本経済の競争力と成長力の強化に向けて」（日本経済団体連合会常任幹事会での講演）2013 年 2 月 28 日、图表 2。

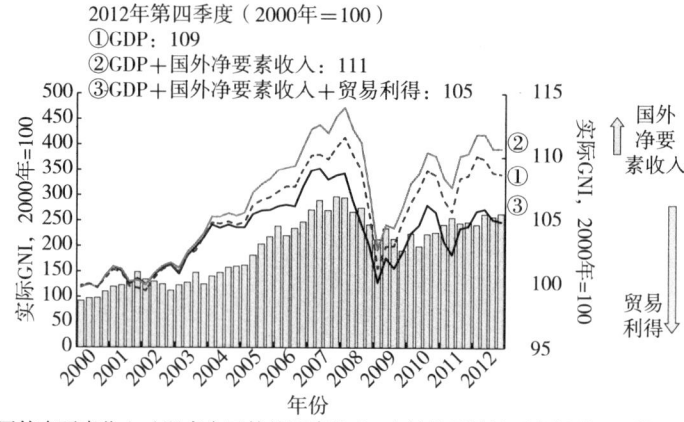

2012年第四季度（2000年=100）
① GDP：109
② GDP+国外净要素收入：111
③ GDP+国外净要素收入+贸易利得：105

国外净要素收入（即来自国外的要素收入－支付给国外的要素报酬，左轴）
---- ① GDP（右轴）
—— ② GDP+来自国外的要素收入－支付给国外的要素报酬（右轴）
—— ③ GDP+来自国外的要素收入－支付给国外的要素报酬+贸易利得（GN，右轴）

图 10-4 实际 GNI 的变动轨迹

注：贸易利得是指"随着贸易条件（出口价格/进口价格）的变化而发生的实际收入（购买力）的变化"。例如，由于资源价格上涨，进口价格相对于出口价格的提高，导致贸易条件恶化，贸易收益减少。具体定义如下："贸易利得＝名义净出口/出口及进口平减指数的加权平均－实际净出口"。

资料来源：白川方明＊「日本経済の競争力と成長力の強化に向けて」（日本経済団体連合会常任幹事会での講演）2013 年 2 月 28 日。图表 6。

## 经济增长预期下降与物价上涨率低下之间的关系

日本银行认为，日本所面临的真正挑战并非物价下降，而是在人口快速老龄化以及企业竞争力下降背景下潜在经济增长率的下降，不过这一主张遭到了外界更猛烈的批判。强调通货紧缩负面影响的人认为通货紧缩是造成经济低速增长的原因，并主张通货紧缩缘于日本银行消极的宽松货币政策造成的基础货币的低速增长。对此，日本银行方面的反驳是通货紧缩并非经济低速增长的原因，而是后果。这里很有意思的一个问题是，从图10-5中可以明确观察到发达国家（人均）潜在经济增长率与预期物价上涨率之间的正向相关关系，[①] 另一方面，我们并没有发现基础货币增长与物价上涨率之间的相关关系。

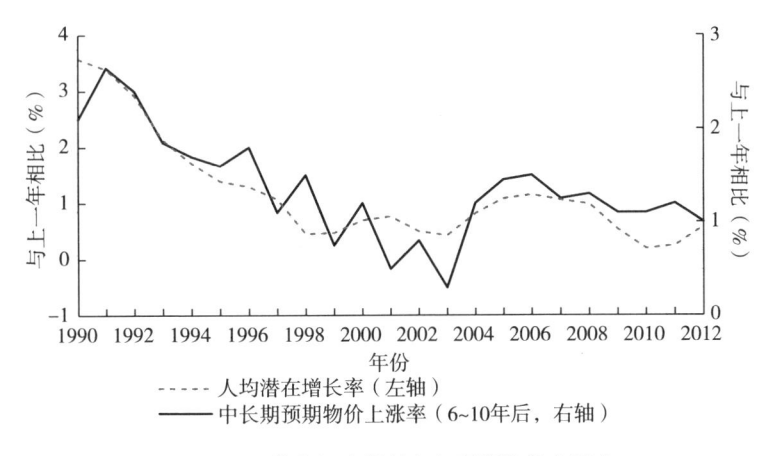

图 10-5　潜在经济增长率与预期物价上涨率

注：预期物价上涨率是以民间调查机构为对象，通过共识预测得到的消费者对物价的预期（每年4月和10月数据的平均值）；潜在增长率是日本银行调查统计局的估算值。

资料来源：日本银行「「物価の安定」についての考え方に関する付属資料」2013年1月。图表13。

---

[①] 木村武・嶋谷毅・桜健一・西田寛彬＊（2010）「マネーと成長期待——物価の変動メカニズムを巡って」日本銀行ワーキングペーパーシリーズ、No. 10-J-14、2010年8月。

当然，存在相关关系并不意味着存在因果关系，但上述关系看起来并不像是伪相关。如果立足于日本经济现实分析这种相关性，必须考虑以下两个影响机制。

首先是人口减少的影响。随着劳动年龄人口的减少，如果预期将来人均收入的增长率也会逐渐下降，就会有意识地控制支出，从而降低物价上涨率。关于这一点，也有人认为存在负相关关系（因果关系），即劳动年龄人口减少致使劳动供给减少，反而导致物价上涨。出现这种认知差异的原因在于二者所关注的人口减少的阶段不同。[①] 在预期将来总人口会减少而现实中劳动年龄人口并未大幅减少的阶段，如果预期未来收入下降，降低总需求的效果更大，物价趋于下降；另一方面，在现实中劳动年龄人口转向大幅减少阶段，总供给能力下降的影响将占上风，物价趋于上涨。事实上，自2012年团块世代退休（65岁）开始，这种影响逐渐开始显现。

其次是日本企业竞争力下降的影响。如前文所述，当出现负向需求冲击时，日本劳动市场倾向于在企业内部维持就业岗位。如果冲击是暂时的，这样做的好处是能使企业留住拥有特定技能的劳动力；而如果冲击是持续的，维持亏损业务的弊端就会显现无遗。在这种经济结构下，随着持续负向冲击导致的增长预期下降，由于亏损部门缺乏价格竞争力，带来工资和商品价格的降低，长期物价上涨率预期也会下降。此外，这里所说的"持续性负向冲击"，不仅指泡沫经济崩溃导致的直接需求减少，还包括上文提到的贸易条件恶化和快速老龄化等现象。

为了说明这些，我经常在演讲等中提到苹果手机的成本分解问题。比如，根据2011年的数据，在1部苹果手机的500美元售价中，零部

---

① Shirakawa, Masaaki (2017), "Comments by Masaaki Shirakawa", BIS Working Papers, No. 656, August 2017.

件成本是173美元，组装成本仅为6.5美元，苹果公司可享有的毛利高达321美元。[1] 这表明，苹果这款产品的基本设计及产品化的附加价值是相当惊人的。日本企业虽然为该手机提供了不少零部件，但在全球竞争日益激烈的过程中不断受到价格的下行压力，最终未能逃脱"廉价商品化"的命运。遭遇非价格竞争力下降的大多数日本企业，在长期雇佣体系下只能通过降低工资水平来削减成本，除此之外别无他法。因此，伴随竞争力下降的经济增长低迷，带来了工资和物价的下降。

劳动生产率并不是一个物理概念，而是指生产中的附加价值总额，也就是利润和工资支付总额除以相应劳动的消耗量。在生产过程中，虽然通过不断改进工序来削减成本可以增加利润，但通过新的创意生产出满足消费者需求的产品所带来的利润会更大。正如苹果手机的成本分解所展示的，20世纪90年代以来，日本企业逐渐丧失了这方面的优势。我在2012年6月的一次演讲中使用了谈论企业经营战略时常用的"红海战略"和"蓝海战略"概念，做了如下说明：[2]

> 具体来说，有必要将企业的基本战略从市场萎缩、价格竞争激烈的"红海"，转移至开拓新市场、实现高附加价值的"蓝海"。不单单是削减成本，如果能以创造附加价值为核心提升收益能力，员工也能获得更高工资。这样一来，消费者就会更加积极地购买附加价值高的商品或服务，从而形成一个良性循环。

日本企业自20世纪90年代以来竞争力下降，其原因是多方面的，正如早川英男所主张的，90年代以后愈演愈烈的信息通信革命与日本

---

[1] 白川方明＊（2011）「高度成長から安定成長へ——日本の経験と新興国経済への含意」（フィンランド中央銀行創立200周年記念会議での発言）2011年5月5日。

[2] 白川方明＊（2012）「最近の金融経済情勢と金融政策運営」（内外情勢調査会での講演）2012年6月4日。

雇佣制度之间出现了严重的"不兼容"。① 过去的半导体、液晶等高新技术产品的技术研发，基本上都是在同一企业内完成的，追求自力更生的日本企业具有很强的优势。而近年来，超越企业或国境的开放式创新逐渐成为主流。日本企业固有的长期雇佣体系导致劳动力市场的流动性不足，也就不能很好地适应开放式创新的环境。

## 强化经济增长根基的融资支持

正如前面提到的，当人们说"希望对通货紧缩做点儿什么"的时候，并不意味着他们就是希望提升物价。通货紧缩心理也并不意味着就是预期物价下降，而是指企业或家庭中出现的慎重思维或行为方式。② "消除通货紧缩心理"，对企业来说，就是期待政府营造一个能够积极思维或行动的环境，对国民而言就是希望提高生活水平。面对国民和企业的这种期望，中央银行又该如何行动呢？

第一选项，因为强化经济增长实力并不在中央银行的职责范畴内，应该尽量谨言慎行。为增强经济增长实力，必须提升年轻人的教育水平、促进技术创新以及提高劳动者技能，而这都不是货币政策所能实现的。第二选项是持续强烈呼吁增强经济实力的必要性。我认为，第一选项与美联储所采取的立场相近，而第二选项更接近欧洲央行的做法。欧洲央行在货币政策理事会结束后召开的例行记者招待会上，每次的开场白都会强调经济结构改革的必要性。第三选项就是在呼吁增强经济实力必要性的同时，中央银行也在可能的范围内采取有效手段促进经济增长。

---

① 参见早川英男在富士通总研网站上连载的《物价为何不上涨》（即「物価はなぜ上がらないのか」，共 3 回）。
② 参见早川英男（2016）『金融政策の「誤解」——"壮大な実験"の成果と限界』慶應義塾大学出版会、2016 年、166 頁。

经过货币政策决策会议的讨论，日本银行决定采纳第三选项。之所以没有采取第一选项，是因为如果既不采取行动也不发声的话，事态无疑得不到改善，其结果不难想象，要求日本银行采取措施解决通货紧缩的政策诉求肯定还会不断增强。而若像第二选项那样单纯"说教"，日本银行的主张也不会得到共鸣。于是，在2010年4月末的决策会议上提出了"强化经济增长根基的融资支持"这一基本构想。在会后的记者招待会上，我就引进该制度的动机做了如下陈述:[1]

> 目前，日本经济正面临着摆脱雷曼兄弟破产后的全球性经济衰退、重返物价稳定下的可持续增长路径的周期性课题。与此同时，我们还面临着人口减少、生产效率低下导致的趋势性增长率降低这一中长期挑战。我们已经认识到，前者在中央银行货币政策的职责范围内，后一个问题即潜在增长率下降和增长预期低下，实际上对通货紧缩问题也有重大影响。基于这种认识，我认为有必要认真研究一下，从目前日本经济所处的实际状况出发，日本银行能否利用自身职能为经济增长做出应有的贡献。届时，我们必须在日本银行的目标及法律所规定的日本银行货币政策手段的基础上，探索具体的实施方式。

2010年6月的货币政策决策会议明确了该制度的细节，并于同年9月开始实施。这是一项以强化日本经济增长基础为目的，对民间金融机构及企业给予资金支持的计划。具体来说，就是各金融机构率先制定强化经济增长实力的行动方案，日本银行针对满足一定条件的融资和投资项目，提供1到4年期间不等的贷款，贷款总额度最初设定为3万亿日元，贷款利率执行政策利率（0.1%）。对于金融机构来说，能以0.1%的低息筹措到长期资金是非常实惠的。运用这样的优惠条件提供贷款的

---

[1] 参见2010年4月30日的记者招待会会议纪要。

做法并不限于日本银行，2012年7月英国财政部和英格兰银行共同推出的融资换贷款计划（Funding for Lending Scheme）也具有这一特征。

此后，这一融资支持制度不仅在规模上大幅扩大，在内容上也不断得以充实，旨在强化经济增长实力的金融机构资金供给以及资产支持贷款（ABL）[①]被纳入新的贷款框架，并开始提供外汇资金贷款等。该制度对金融机构的具体激励力度，也就是"补贴"的规模，并不是很大，这是由于利率可降低空间已经非常有限。尽管如此，它仍然实现了将贷款利率降至极限的效果。但很多金融机构对该项目的反响并不积极，认为这只会加剧贷款竞争，而不会带来贷款规模的扩大。在金融机构看来，贷款需求疲软反映的是经济状况不佳，而不是利率水平的高低问题。日本银行基于这种认知，希望高举"增强经济增长实力"的大旗，实现降低贷款利率的效果，同时使之成为一种催化剂，推动还不十分到位的金融机构体制改革。

## 经济增长力下降信息发布后的社会反响

对于日本银行发出的经济增长力下降信息以及强化增长根基的融资支持计划，外界的反应可谓毁誉参半。虽然也有强烈支持日本银行的言论，认为强化经济增长实力是一个重要的课题，但对日本银行持批评意见的人士还是始终坚持货币宽松不到位才是问题的根源。媒体和经济学家总体来说态度冷淡，表示："认可强化经济增长力的重要

---

[①] 资产支持贷款（Asset-Based Lending，缩写为ABL）是企业以与其经济活动密切相关的资产为担保进行融资的方式，资产包括持有的库存、机械设备、应收债权等。与传统融资相比，其特征是更注重企业经营过程中产生的现金流，还可以持续监控现金流的变化情况。这种借贷方式会使借贷双方都付出相应的成本，但另一方面，因其不过分依赖房地产抵押和个人担保且有利于增强贷款人与借款人之间的关系，所以能有效利用企业现有资产、扩大贷款空间，并能提高金融机构的风险审查能力，有助于实现顺应企业生命周期的弹性资金供给方式。

性,但那不应该是政府的职责吗?"

就人口问题而言,主流经济学家认为即使劳动年龄人口减少,其负面影响借助生产效率的提升也可以得到抵销,我曾经也这么认为。在20世纪80年代后半期的泡沫经济时期,已经有人担心将来日本人口减少可能产生的负面影响。当时我认为,即使人口减少,也可以依靠资本替代劳动或技术创新,提高劳动生产率,没有必要过度担心将来人口减少问题。很久以后我才意识到,依据抽象观念提炼出来的理论框架固然重要,但它只是捕捉到经济和社会的某一个侧面。

我最大的疏忽是对快速老龄化带来的政治和经济动向认识不足。如果选民的平均年龄趋于老龄化,那么财政支出将向有利于老年人的方向倾斜,而不利于处在劳动年龄段的人群。这就是所谓"银色民主主义"带来的问题。这种民主主义所选择的政策更容易优先考虑如何摆脱当前的经济低迷,而不是促进经济的长期增长。而且我也没有充分认识到人口减少在全日本范围的影响是不均衡的,首都地区人口还在增加的过程中,地方经济率先受到了人口减少的影响。政府财政发挥的作用之一就是地区间的转移支付,如果对人口减少地区的财政转移支付过大,从中长期增长的角度来看,对于日本经济整体而言必要的财政支出就会受到抑制。进一步讲,人口动态变化对地价也产生了很大影响。人口与土地价格之间的相关性是毋庸置疑的,这是由于地价反映的是土地所提供的边际价值,并依赖于单位土地上相应的资本和劳动的投入量。实际上,人口红利的峰值与经物价平减指数调整后的实际地价峰值是同时出现的。[①] 如果考虑到房地产是贷款的重要抵押品,人口减少也会通过贷款渠道影响到日本的整个经济发展。

---

[①] Nishimura, Kiyohiko * (2011), "This Time May Truly Be Different: Balance Sheet Adjustment under Population Ageing", Prepared for the Panel 'The Future of Monetary Policy' at the 2011 American Economic Association Annual Meeting, January 7, 2011.

讨论人口减少的影响还必须分阶段进行分析。在所有调整均已完成的所谓"超长期"中，人口变化对人均 GDP 增长率的影响是中性的。但是，我们真正面对的并不是那样超长期，这是由于人口动态变化过程中并不能完全顺利地实现所需要的各种调整。调整涉及多个方面，包括社会保障赤字所呈现的老年人与适龄劳动者之间的收入分配、地区间财政资源分配，以及应对日益增加的医疗与护理服务而暴露出的监管改革滞后等问题。如果上述问题能够伴随人口动态变化而实时得到解决的话，也许就不用那么担心老龄化的负面影响，但考虑到日本现实的政治社会状况，的确不能乐观。人口动态对经济的影响也许像超慢镜头那样，随着时间的推移逐渐呈现出所有的画面。人口动态并不能完全决定经济发展趋势，但如果不重视的话，无疑是很危险的。

遗憾的是，在我任行长期间发布的人口动态方面的信息，并没有影响到现实中日本经济政策的运作，也没有发现学术界以及国外中央银行认真研究过人口动态问题。不过从近年来美联储和 IMF 等国际机构的研究成果看，关于少子老龄化与宏观经济、通货膨胀率、货币政策运作之间关系的研究成果正不断增多。在我退任行长后，得知杰克逊霍尔会议上海外学者发表的论文高度评价了日本银行有关人口问题的研究及讲演的前瞻性，这让我感到当时的努力并非徒劳。[①] 与之相对，还有一种遗憾的感觉，这些问题是日本最先经历的，而目前引领这一研究的并非日本而是海外学术界。

---

[①] 在 2015 年杰克逊霍尔会议上提交的论文，即 Faust and Leeper（2015）中有如下论述："在人口动态变化的调研和政策性讨论方面，日本是先驱者"（pp. 38 - 39），以及"我们非常赞赏引领这些问题（人口动态变化带来的问题）研究的中央银行，并将持续强力推进这方面的研究"（p. 41）。Faust, Jon and Eric M. Leeper（2015），"The Myth of Normal: The Bumpy Story of Inflation and Monetary Policy", Speech at the Federal Reserve Bank of Kansas City's Jackson Hole Symposium, August 18, 2015. （http: //citeseerx. ist. psu. edu/viewdoc/download? doi = 10. 1. 1. 697. 5404&rep = rep1&type = pdf.）

# 第11章　欧洲债务危机

日本国内经济在2009年11月政府发表"通货紧缩宣言"后也缓慢步入复苏状态。主要原因是雷曼兄弟破产引发的国际金融市场动荡逐渐平息，自2009年春季起世界经济开始回暖。但这种情况并没有持续很长时间，欧洲债务危机以一种并不引人注目的形式爆发了，它对日本经济乃至世界经济都产生了重大影响。危机的起因是希腊大选后新政府公开宣布前政府的财政收支统计造假。之后危机呈波浪式不断向周边国家扩散，而且愈演愈烈。金融市场上充斥着"希腊脱欧"（Grexit）的传言，不少学者和经济学家甚至预言，不久的将来会发生欧元解体的极端事态。

## 欧元诞生

1999年1月1日欧元正式启动了。统一货币这一伟大创举发端于创立没有战争的和平欧洲政治项目。当时经常讨论的话题是货币一体化先行还是经济一体化先行问题。根据"最优货币区"（Optimal Currency Areas，缩写为OCA）理论，实现统一货币的重要条件是区域内劳动力自由流动与财政的转移支付。[1] 从这个观点来说，应该先实现经济一体化，而后才是货币一体化。但也有完全相反的观点，即率先实施货币统一来促进经济一体化，进一步推动经济一体化背后的政治一体化进程。最终推动欧洲货币一体化的是1990年民主德国与联邦德国的统一。法国承认了德国期待已久的东西两德统一，而德国同意放弃象征稳定货币的马克，并将货币政策全权委托给将来成立的欧洲央行。经过曲折的谈判过程，1992年各国共同签署了实现欧洲货币联盟的《马斯特里赫特条约》[2]，并明确了参加统一货币的前提条件，即"马斯特里赫特标准"。1999年欧元启动时共有11个成员国，也包括按照当初标准难以满足条件的意大利。在加入标准中，除对财政收支和政府债务余额方面做了一些灵活解释外，像意大利当初被认为难以满足长期利率标准，由于政府表明了加入欧元区的意愿而带来债券市场的"趋同交易"（convergence trade）[3]，使得长期利率也满足了标准。

## 欧洲债务危机的演变

到目前为止，本书各章基本上是按照时间顺序分析日本经济的发展历程，而上文提到，欧洲债务危机呈波浪式蔓延且不断加深，这里简单回顾一下从危机爆发到2012年夏季危机达到顶峰的发展历程。

欧洲债务危机第一阶段开始于2009年10月希腊政府宣布前政府财务数据造假，到2010年5月欧元区政府以及IMF公布援助希腊计划为止。欧洲央行在第一阶段实施了被称为证券市场计划（Securities

---

[1] Mundell, Robert A. (1961) "A Theory of Optimum Currency Areas", *American Economic Review*, Vol. 51, No. 4, September 1961, pp. 657–665.
[2] 即《欧洲联盟条约》，是《欧洲经济与货币联盟条约》和《政治联盟条约》的统称。——译者注
[3] 预测各国长期利率将收敛于同一水平而进行的交易。

Markets Programme，缩写为 SMP）的购买国债措施。第二阶段是从 2011 年下半年开始到 2011 年年底期间，该阶段因欧洲商业银行资本不足导致欧元极度紧张，欧洲央行实施了 3 年期的长期再融资计划（Long-Term Refinancing Operation，缩写为 LTRO）。第三阶段是从 2012 年春季到夏季期间（见图 11-1）。同年 6 月，西班牙政府寻求援助，之后危机也波及意大利。2012 年 10 月成立的欧洲稳定机制（European Stability Mechanism，缩写为 ESM），决定援助西班牙的银行系统。在此期间，欧洲央行以受援国的结构调整为条件，推出了被称作直接货币交易（Outright Monetary Transaction，缩写为 OMT）的国债购买计划[①]。

欧洲各国爆发危机的原因都是债务过剩，但不同国家的债务主体存在差异。就希腊而言，是过高的政府债务。爱尔兰和西班牙则是因为家庭和金融机构等民间部门存在大量债务。两种情况有一个共同特征，就是从某个阶段开始出现了财政收支、金融体系与实体经济之间的负面连锁效应。危机的生成机制虽然比较简单，但威力却十分强大。当银行持有的国债价格下降时，会减少银行的自有资本，银行对增加贷款就变得相当谨慎，于是引起经济下滑；经济下滑带来税收收入下降，财政收支恶化的结果是国债价格的下跌，负面连锁效应进一步增强。就这样，欧元区国家失业率达到 12%，而希腊和西班牙两国的失业率更是超过了 25%。

2010 年以后欧洲经历的严重金融危机与日本在 20 世纪 90 年代后期经历过的危机非常相似，而主要区别在于，欧洲的这场危机在财政体系与金融体系之间出现了严重的负面连锁效应。这种现象过去曾在新兴市场国家以及发展中国家的金融危机中出现过，在发达国家尚属首次。与新兴市场国家的危机相比，由于欧元区国家不能依靠降低汇

---

① 无购买上限的计划。——译者注

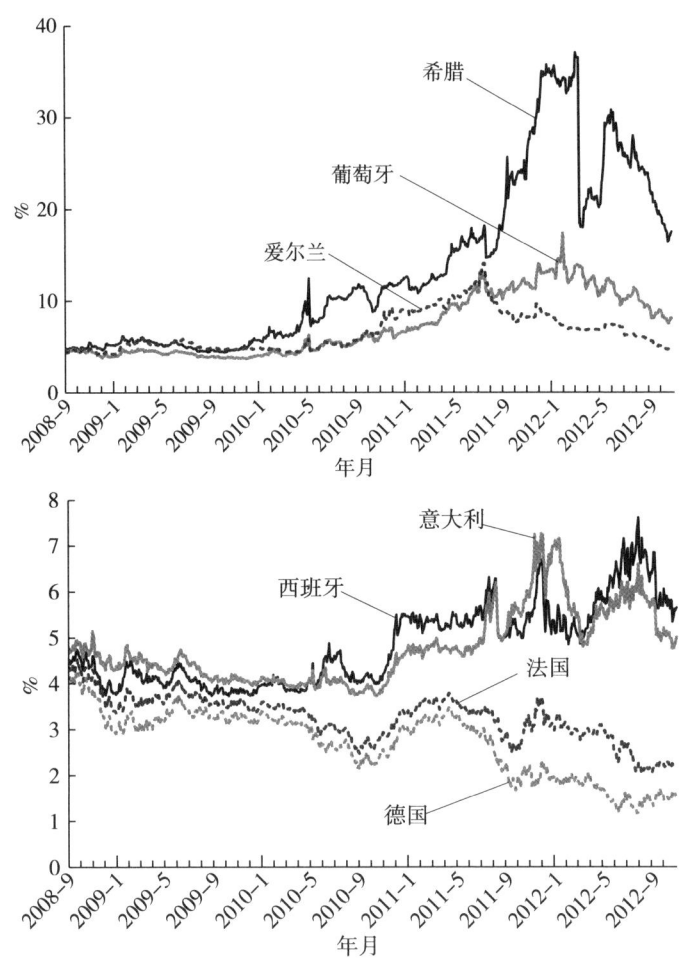

图 11-1　欧元区各国国债利率的变动趋势

资料来源：日本银行「展望レポート」（2012 年 10 月）図表 16。

率提升对外贸易竞争力，只能依靠内部贬值，即通过削减工资、降低物价来提高本国产品的竞争力，这也成为经济恶化的重要原因。欧洲债务危机不仅如实显现了主权国家与金融体系之间负面连锁效应有多强大，而且提醒我们这种情况也会出现在发达国家。同时也表明在没有政治一体化的区域内先行实施货币统一所面临的调控经济和运作货币政策的难度。

## 危机的第一阶段，危机爆发直至第一次援助希腊

当初希腊财政数据造假事件暴露之后，许多欧元区国家官员在发言中都表示"希腊是个特例"。然而，事态的恶化速度却远远超出当事者的预期。第一次在欧元区以外国家参加的国际会议上正式讨论希腊问题，是2010年2月5日在加拿大伊卡卢伊特（接近于北极圈的伊努特人的村镇）召开的G7会议。当着美国、日本、加拿大等非欧元区国家财政部长和央行行长的面，欧元区国家的政策决策者毫无顾忌地激烈争论，看到这个场景，我切实感受到了事态的严重性。一起出席G7会议的菅直人在几周前刚刚就任财务大臣，这是他第一次参加该会议，我想当时他肯定也会有相同感受。菅直人大臣随后在鸠山首相辞职后接任首相，在不久后举行的参议院议员选举过程中突然提出了上调消费税率的议案。[①] 我想当时G7会议的场景也许是促使他决心推动财政改革的一个重要契机。

金融危机通常表现为资金周转问题。在拉美各国金融危机以及东亚金融危机等诸多危机中，IMF都提供了资金援助。希腊危机发生之初，要不要寻求IMF的资金援助是一个争论焦点。在欧洲债务危机的初期阶段，欧元区各国都倾向于依靠区域内自身力量解决问题，不欢迎IMF参与。另一个问题是，要不要采取私人部门参与（Private Sector Involvement，缩写为PSI）的危机处理机制，即为了减轻希腊政府的债

---

① "在2010年内，我们将出台税制改革方案，其中包括应征税率及其累退性调节对策。当前的消费税率可以考虑自民党提出的10%。"清水真人（2015）『財務省と政治——「最強官庁」の虚像と実像』中公新書、2015年、第199页。

第11章 欧洲债务危机

务负担，要求持有希腊国债的民间投资者分担损失。如果要求持有希腊国债的投资者承担损失，会增大持有欧元区外围国家国债的投资者的忧虑，有可能会扩大系统性风险。而考虑到希腊的外债规模，如果没有私人部门参与救助，问题根本无法得到解决。2010年春季以后金融市场状况急剧恶化，希腊向欧盟及IMF申请了资金援助。5月10日，两项稳定金融系统的措施同时出台，一是欧元区政府以及IMF对希腊实施援助，二是创建了5 000亿欧元的欧洲金融稳定机制（European Financial Stability Mechanism，缩写为EFSM）。

在欧元区政府发布救助计划的基础上，欧洲央行决定出台证券市场计划（SMP）。这一系列决策的时机正好与例行召开的BIS行长会议时间重合，在巴塞尔的BIS总部内，我几乎随时都能从欧洲央行和欧洲各国中央银行行长那里及时获取相关事态的进展情况。

## 危机的第二阶段，欧洲的银行自有资本不足

欧元区国家采取的上述稳定金融措施产生了一定效果，金融市场暂时恢复平静，但从2011年下半年开始，金融市场再度动荡。此前国债利率上升的只有希腊、爱尔兰、葡萄牙3个国家，其他欧元区国家还比较稳定，而自下半年开始，西班牙、意大利的利率急速上升（见图11-1）。与此同时，法国等国的一些评级很高的国债利率也开始攀升。这一阶段金融市场动荡主要是由民间投资家对损失分担计划的顾虑以及欧元区经济恶化引发的。

2011年夏天以后的国际会议上，欧洲以外国家要求欧洲国家采取强有力行动的呼声与来自欧洲方面的驳斥声交相呼应，争论不断升级。这场争论开始于2011年8月末由美国堪萨斯城联邦储备银行主办的杰克逊霍尔会议的分组讨论。IMF总裁克里斯蒂娜·拉加德（Christine Lagarde）在小组发言时明确表示，必须迅速对欧洲的银行系统实施注

资，并警告称，不这样做就会出现严重的流动性危机。[①] 之后，在9月至10月期间的国际会议上依然围绕要不要向欧洲银行注资问题展开了激烈争论。[②] 在20世纪90年代末日本泡沫经济崩溃后的金融危机期间，欧美国家曾严厉指责日本应对迟缓，而从2011年秋季开始，欧元区国家的政府官员也像当年日本一样遭到了外界的猛烈抨击。作为亲历者之一，我在深表同情之余，也敦促欧元区国家采取必要的改革措施。

欧元市场极度紧张局面自2011年年底开始趋向缓和，其原因是欧洲央行在12月8日宣布了实施长期再融资计划（LTRO），在当月21日和次年2月29日两次向民间金融机构提供期限长达3年的资金。欧元区的所有金融机构都可以运用该计划全额筹集到所需的长期资金，进而缓解了资金周转的紧张局面。之后金融市场局势逐步得到缓解。2012年2月，在中国香港召开的BIS特别行长会议上，来自中央银行的与会者同私人金融机构的CEO交换了意见。会议期间，众多来自民间机构的CEO盛赞欧洲央行采取的积极行动，并向德拉吉行长表达了谢意。

## 危机的第三阶段，直接货币交易与银行同盟的形成

然而，这种缓和局面并没有持续多久。欧元区外围国家的国债利率从2012年3月下旬开始再度上升，投资者的关注集中在了西班牙。

---

① Lagarde, Christine (2011), "Global Risks Are Rising, But There Is a Path to Recovery", Proceedings – Economic Policy Symposium – Jackson Hole, Federal Reserve Bank of Kansas City, 2011, pp. 421 – 426.
② 华盛顿当地时间2011年9月22日G20发表如下声明："在世界经济面临新课题，特别是主权压力、金融系统脆弱性、市场混乱、经济低迷以及难以接受的高失业率导致的下行风险日益严重的情况下，我们作为G20财政部部长和中央银行行长严正承诺，将精诚合作，共同抵御风险。"参见财务省网站。

随着投资者对西班牙银行系统担忧情绪的上升，对意大利银行系统也出现了相同的联想。这种情绪又扩散到那些拥有巨额西班牙或意大利银行债权的众多欧洲国家的银行。如果这种多米诺效应持续扩散，将会带来严重的经济和金融体系动荡。抑制危机的前提是金融机构必须拥有充足的自有资本，但在财政、金融体系同实体经济之间存在巨大的负面连锁效应的状况下，仅仅根据各个金融机构的财务状况注入所需资本是远远不够的。此外，虽然欧元崩溃可能是个小概率事件，但一旦崩溃，就会产生巨大的经济损失，预想到这些时，投资者也不会响应银行的增资需求。在这种情况下，欧元区国家政府拥有实现金融体系稳定的政治意愿和能力就显得非常必要，而且投资者也得相信存在保障这种意愿和能力落到实处的具体制度安排。

为了消除投资者对银行自有资本不足的顾虑，欧洲当局于2009—2011年连续3年每年实施1次欧盟层面的压力测试。由于这一测试假定的情景是经济摆脱严重衰退后的温和复苏阶段，对消除投资者不安情绪基本没有产生太大效果。要发挥压力测试的效果，就应该像美国2009年那样，基于更加严峻的测试情景计算所需的自有资本额，当无法通过市场筹集资金弥补资本不足时，政府承诺作为后盾直接向金融机构注入财政资金，这种安心感是非常必要的。如果没有这种后盾，仅仅进行压力测试，则无法让投资者安心。事实上，压力测试的结果公布后，事态进一步恶化。人们逐渐意识到，如果不能消除主权（政府）信用与银行系统之间的协同效应或共振现象，欧洲债务危机不可能得到解决。而对政府向金融机构注入财政资金，即使是发生危机国家的国民都是极其反感的，更何况是救济其他国家，反对声浪自然更加高涨。为缓和加盟国的反对情绪、顺利投入财政资金，前提条件是让其他成员国的国民深刻体会到危机国家民众的疾苦，但这一条件一直未能得到满足。德国、荷兰、芬兰等欧元区北部国家与意大利、西班牙、葡萄牙、希腊等南部国家之间本来就存在隔阂，政府债权人和民间债权人之间也存在着对立，很难在损失负担问题上达成共识。最终，西班牙于2012年6月末向欧元区国家寻求了资金援助，7月20日欧盟做出了向西班牙金融机构注资的决定。这个阶段金融市场动荡仍在持续。处于危机顶峰时期的2012年8月11日出版的《经济学人》杂志封面上，刊登了一张德国首相安格拉·默克尔（Angela Merkel）面对着写有"怎样瓦解欧元？"（How to break up the Euro）的文件沉思的图片，这一画面充分反映了当时的情景。

7月26日，时任欧洲央行行长德拉吉在伦敦演讲的答疑环节中表示，"欧洲央行准备在权限允许的范围内采取任何措施保护欧元。请相信我的话，我们一定采取果断的行动"。9月6日，欧洲央行公布了直接货币交易（OMT）[①]计划，同时建立了欧盟层级的财政资金注入机制，这为实施有效的压力测试创造了必要条件。随着OMT计划的公布，金融市场逐渐趋于稳定，欧元汇率也从贬值转为升值。回想起来，欧洲债务危机最严重的时期是在2012年7月，尽管当时并没有意识到这一点。此后，包括日元在内的各国货币汇率基本走势都出现了变化（这一点在第17章"政府·日本银行的共同声明"中有详细描述）。

## 欧元创始人的理念及欧元的现实运作

为什么会发生欧洲债务危机？欧元创始人在设计让各国政府放弃主权货币接受单一货币这一宏伟计划时，应该是考虑了可能发生的危机事态，并为之做了周密准备。众所周知，在欧元诞生之前，以美国学术界为中心的学者曾强烈质疑货币一体化的可行性。[②] 事实上，过去

---

① 这项操作主要聚焦于购买1~3年期的短期国债，且不会先设定购债规模。——译者注
② 例如，请参考 Feldstein, Martin (1997), "The Political Economy of the European Economic and Monetary Union: Political Sources of an Economic Liability", *Journal of Economic Perspective*, Vol. 11, No. 4, Autumn 1997, pp. 23-42.

欧洲内部曾多次尝试钉住汇率，都以失败而告终。所以《马斯特里赫特条约》发布加入欧元的条件后，学术界对那些想加入欧元的国家能否满足这些标准还是充满了怀疑。而1999年欧元启动以后的现实表现，远远超出了怀疑者的预期。从欧元启动后的汇率变动来看，起初也有过贬值，之后表现出持续升值态势。资本市场上还发行了大量面向非居民以欧元计价的证券，欧元在各国外汇储备中的比重也不断提高。欧元良好的发展态势，逐渐消除了人们对欧元的质疑，我自己也并未想到欧元会面临崩溃的事态。

欧元设计的基本支柱可以概括为以下三个方面。一是以物价稳定为目标的货币政策运作，为此，成立了可以与德国中央银行相媲美的具有强大独立性的欧洲央行。二是财政约束机制，欧元区各国政府签署了《稳定与增长公约》（Stability and Growth Pact），希望通过金融市场约束机制实现财政均衡。设定的传导机制是，由于区域内各国消除了汇率风险，并提高了金融市场透明性，没有遵守财政约束的国家将受到国债利率上升的惩罚。三是资金在区域内金融市场之间自由流动。欧元启动后由于消除了汇率风险，可以实现欧元区内的最佳资源配置，结果是域内国家的经常收支赤字或盈余，通过资金从风险调整后的收益率较低国家向收益率较高国家的流动，实现收支平衡。①

现实中上述机制并没有充分发挥作用，其原因可以归纳为以下三个方面。首先，对于带来宏观经济失衡因素的机制认识不充分。在设计欧元体系时，虽然已经意识到应该防范通货膨胀或财政赤字扩大等

---

① 爱尔兰央行行长帕特里克·霍诺汉（Patrick Honohan）围绕欧元危机之前的分析，提出了以下颇有深意的观点："实际上有段时间，部分人将各国的国际收支以及各欧元区成员国的宏观经济数据视为有价值的分析对象，这在政治上是不正确的。"参见Honohan, Patrick (2012), "Household Indebtedness: Context, Consequence and Correction", Address to the University of Limerick Law Society, March 14, 2012. (https://www.centralbank.ie/news/article/address–by–governor–honohan–to–the–university–of–limerick–law–society.)

传统宏观经济失衡，但并没有认识到物价稳定状况下金融失衡因素蓄积也会对宏观经济稳定带来严重影响。在这一点上颇有意思的是欧洲央行的货币分析。与其他中央银行相比，欧洲央行更加注重货币分析，并将其作为著名的"双支柱策略"（two pillar approach）之一。此外，欧洲央行重视货币分析不仅仅是因为这关系到通货膨胀，在某种程度上也是意识到了货币与金融体系之间的关系。尽管如此，它却放任了货币供应量的高速增长。

其次，区域内各国政府没有遵守《稳定与增长公约》。2003年，作为欧元区大国的德国和法国均出现了违反公约事件，历来以重视规则而闻名的德国竟也企望终止制裁程序。结果，2004年欧盟委员会决定暂缓启动制裁措施。

再次，备受期待的金融市场约束机制没有发挥作用。金融市场定价没有真实反映风险与回报状况，在危机爆发之前的将近10年间，希腊、爱尔兰、葡萄牙、西班牙以及意大利等国发行了利率几乎相同的国债。由于这些政府还有民间部门均能以较低利率筹集到大量资金，从而导致政府支出增加，工资与物价上涨。最终欧元区外围国家因支出增加以及对外竞争力下降导致经常收支赤字扩大。以希腊为例，经常收支逆差GDP占比接近16%。尽管欧元区内部经常收支不平衡问题越来越严重，不过由于整个欧元区与欧元区以外国家的经常收支保持着平衡，这个问题并没有得到应有的重视。

## 欧洲债务危机对日本经济的影响

欧洲债务危机通过三个途径对日本经济产生了重大影响。第一个也是最重要的影响途径是日元升值。日元升值的根本原因是在高度不确定背景下，当意识到欧元崩溃风险时，全球投资者强化了风险厌恶情绪，推高了作为避险资产的日元投资需求。在不确定性这个问题上，担忧美国政府债务余额触及上限也是一个重要因素。从这个时期的日元汇率变动看，一旦市场上出现风险增加讯息，日元就会立即升值，相反，只要出现风险缓解迹象，日元就会转为贬值。这就是典型的追逐风险（risk on）和规避风险（risk off）行为。从名义有效汇率来看（见图14-1），日元升值的高点出现在2012年1月，一直持续到同年7月，此后转为贬值，而欧元贬值最严重的时期也是出现在2012年7月，7月26日欧洲央行行长德拉吉在演讲中也提到了这点。

第二是欧洲经济衰退导致的出口减少效应。2011年日本总出口中面向欧元区国家的比重仅为9%，对欧盟出口占比为12%，占比都不是很高，而占日本出口20%的中国对欧洲出口比重很高（对欧元区占比为14%，对欧盟为19%）。因此，加上向中国出口减少的间接影响，日本出口减少的效应非常明显。

第三是企业恐慌心理的影响。日本国内外许多跨国公司都深刻意识到了欧洲经济长期停滞以及欧洲债务问题所带来的严峻局面，即使现实中风险并没有暴露，也会推迟新增投资，结果使高度依赖资本货物出口的日本经济备受打击。

从日银短观的景气判断指数看，大型制造业企业状况改善持续到2010年9月，之后开始恶化，恶化的重要原因就是欧洲债务危机的爆发。另外，2009年3月开始的经济复苏到2012年4月中断，并在11月之前经历了短期衰退，造成此次经济衰退的最大原因也是欧洲债务危机。

## 日本银行的对策

欧洲债务危机对日本银行的货币政策运作也产生了影响。首要工作就是防范美元资金市场危机。由于美元资金市场趋于稳定，雷曼兄弟破产时发挥了重要作用的美元互换协议已经在2010年2月1日终止。在欧洲债务危机不断恶化的背景下，同年 5 月 10 日主要国家的中央银行决定恢复美元互换协议。欧洲债务危机与雷曼兄弟破产引发的危机不同，美元资金紧张主要出现在遭遇危机的欧洲金融机构和主权国家，并没有出现世界范围内的极度资金紧张，因此当初讨论的主基调是面向金融市场高度紧张的有限几个国家。针对这种状况，日本银行主张为避免危机扩散到欧洲以外地区，上次参加美元互换协议的国家应该全部参加，在讨论的最后关头，这一主张获得通过。之后参加协议的各国中央银行紧急完成了相关国内程序。由于我还在巴塞尔直接参与协议的谈判，无法出席在日本召开的决策会议，所以委托在日本国内的山口广秀副行长作为代理主席，紧急召开了临时决策会议，通过了这个协议。

在货币政策方面接下来引入了被称为"全面宽松"的货币政策框架，以应对欧洲债务危机带来的日本景气衰退，并在此基础上强化了具体的政策措施（见第 12 章"'全面宽松货币政策'"）。

在事前防备金融危机问题上，最难办的是万一出现欧元崩溃这一最坏事态，日本银行应该如何应对。在欧洲债务危机爆发初期，并没有意识到欧元存在崩溃的风险，但随着希腊危机的进展，市场上传闻希腊可能会退出欧元区。起初还只是谈论希腊脱欧的可能性，后来逐渐开始讨论现实性。问题不只是希腊一个国家脱欧，还可能殃及其他欧元区外围国家，整个欧元区金融系统都面临崩溃的风险。日本银行内部有针对性地研究了希腊脱欧将对日本金融市场、金融机构可能带来的影响，并探讨了最坏事态发生时的具体行动计划。

## 欧洲债务危机与日本金融危机的比较

随着欧洲债务危机的深化，日本国内围绕应该从欧债危机中汲取哪些教训等问题展开了激烈讨论。由于希腊危机起因于财政危机，作为他山之石，支持财政改革的人士主张日本也必须进行财政改革。也有很多人认为不能将欧洲债务危机与日本金融危机混为一谈，他们主张欧洲债务危机的根本原因不是财政赤字本身，而是由于在没有实现政治一体化背景下推动了货币一体化。这个主张意在强调，如果没有统一货币以及统一的中央银行，出现财政危机时还可以通过降低利率或汇率贬值来实现本国经济的复苏，必要时还可以行使中央银行的"最后贷款人"职能，而在货币统一背景下，这些调控手段完全失效。

我认可日本有必要推进财政改革，但若将它视为从欧洲债务危机或希腊危机中总结出来的教训，我觉得还是有些牵强。当然也并不是完全没有道理，在本质上二者具有共通之处，而在中央银行的作用问题上，我认为可学的东西还是很多。

欧洲债务危机与日本从20世纪90年代到21世纪初的金融危机相同，都出现了金融系统和实体经济之间的负面连锁效应，同时当局均未能迅速地采取有效的行动。对于后者的感受，与我在20世纪90年代后半期参加的一系列国际会议的经历相关。日本金融危机与欧洲债务危机期间有一个相似的场景，就是在国际会议上每次都是受到其他国家的强烈指责或批评，当事国对此不断地进行着辩解或辩护。基于日本金融危机的经历，我曾在G7、G20等国际会议上向欧元区政策当局者强调，有必要采取包括尽早向金融机构注入财政资金在内的稳定金融体系对策。不过与此同时，因为我从日本的经历中切实感受过从根本上解决问题的艰难，也知道仅仅提出建议与那些经济评论家的纸上谈兵没什么两样，因而有些心虚。作为专家来说，判断应该怎么做并不困难，最难的是原来理想的政策在政治上如何推进。与日本金融危机不同的是，欧元区危机还出现了主权国家信用与银行之间的负面连锁以及共振效应，考虑到欧元区国家必须在没有统一政府的情况下解决这些问题，可想而知，决策者所面临的问题比日本要难得多。我还清楚地记得在2011年秋季的一次国际会议上，一位欧元区政府高官曾不满地说到,"我们希望得到的是建设性提案,而不是指责"。

另一方面,我认为欧洲债务危机与日本金融危机相似性最大的一点是,难以在解决问题上达成必要的共识而导致危机的进一步恶化。欧元区的最大障碍是成员国之间的利益关系和基本理念的冲突。而日本只有一种货币,也不存在欧元区面临的那些问题,日本的对立主要表现在老年人与适龄劳动者、大都市圈居民与人口减少地区居民之间等的利益冲突,导致必要的财政、社会保障改革以及各种结构改革的滞后。不管是什么因素导致不能达成共识,最终均会推迟必要的结构改革进程,而为了摆脱当时的混乱局面都增加了对中央银行的政策依赖,在这点上我认为欧元区和日本并没有太大差异。中央银行在面临这种情况时该如何采取行动?带着这样的问题意识,我特别关注了两方面的问题,一是关于中央银行购买国债的逻辑;二是政府承诺经济财政改革的重要性。

## 欧洲央行购买国债

如前文所述,欧洲央行从欧洲债务危机爆发到 2012 年期间,推出了两项国债购买计划。[①] 一个是 2010 年 5 月出台的证券市场计划,另一个是 2012 年 9 月推出的直接货币交易。中央银行在通过国债方式提供资金时通常有两种做法,一种是以国债为抵押提供贷款,另一种是直接购买国债。日本银行同时采取了这两种做法,而购买国债其实是"传统"的货币政策手段之一。与此相对,欧洲央行继承了德国中央银行的传统,只采取了第一种方式而从未运用过第二种方式,这是由于德国历史上曾出现过央行承购国债引发了恶性通货膨胀。欧洲央行

---

① 2015 年 1 月欧洲央行又出台了包括购买国债在内的资产购买措施(Public Sector Purchase Programme,缩写为 PSPP),也就是所谓的量化宽松政策。

一直对购买国债持否定态度，上述的证券市场计划是其首次开展的此项业务。正因为如此，可以想象这对欧洲央行来说是一个相当困难的决断。另外，与美国和日本不同，欧元区并不存在单一的国债，以什么标准购买区域内 17 个国家①的国债，更是一个艰难的抉择。

仔细观察从欧洲央行出台购买国债计划到实际购买期间的舆论动向，发现本质上的问题对于任何中央银行来说都是相同的。中央银行购买国债时最大的担心都是不能成为政府的自动融资渠道。实际上，正是由于这种担心，很多国家都明文禁止中央银行承销、认购国债，也就是购买发行阶段的国债。即使是在流通阶段买入国债，如果中央银行事实上陷入不得不购买的境地，实质上与承购也并没有多大差异。这种情况被称作"令人不快的货币主义算法"②。对于中央银行来说，最难办的就是如何避免陷入此种境地。

从这一观点出发，购买国债的逻辑成为一个极其重要的问题。欧洲央行首次实施的国债购入计划的基本出发点是"应对证券市场失灵，修复适当货币政策的传导机制"。虽然有倾向将这种逻辑揶揄为单纯意识形态或观念上的说辞，而我并不这么认为，一旦脱离了这一逻辑，那么就可能被迫无休止地购买国债，即陷入"财政支配"的风险。

就欧洲央行实施的第二个国债购买计划直接货币交易而言，援助条件是最大的焦点。央行购买国债既可以缓解当下的流动性紧张，又可以通过降低国债利息而获得短暂的喘息。但是，这种国债购买并不能真正解决问题，只是采取必要改革措施之前的"前奏曲"。以欧元区为例，亟须解决的根本性问题是财政赤字国家的财政改革、为提高竞争力的结构改革，以及向自有资本不足的金融机构注入资金问题，

---

① 这是当时的成员国数，写作本书时已增至 19 个。
② 托马斯·萨金特（Thomas Sargent）和尼尔·华莱士（Neil Wallace）提出的财政政策控制货币政策的情景。——译者注

进一步讲，是推进欧元区一体化进程。但这些问题都不在中央银行的权限范围之内。而如果中央银行通过提供流动性缓解了当前危机，往往又会削弱进行根本性改革的动力，容易导致改革停滞不前。因此，在中央银行购买国债时，重要的一点是如何保证政府能够采取必要的政策措施。

从这一观点出发，欧洲央行在2010年5月决定实施证券市场计划时，非常重视政府援助希腊政策与证券市场计划的出台顺序。欧洲央行是在欧盟及IMF宣布对希腊的援助方案后才推出证券市场计划的。虽然欧洲央行已经在政策理事会上通过了这个计划，但由于欧盟的援助方案有些推迟，我与其他欧元区国家的中央银行行长一道在BIS巴塞尔总部会议室等待欧盟发布官方声明直至深夜。

## "面向政府的最后贷款人"概念登场

欧洲央行如此周密设计和实施了国债购买计划，而在最后关头还要做出要不要提供流动性的艰难抉择。对照日本的情况，欧洲债务危机时我最关心的是，在政治体系不能充分发挥作用的背景下，中央银行应该如何做出应对。如果政府不采取行动，中央银行也不提供流动性的话，欧元必然会解体。另一种情况，如果中央银行提供流动性，虽然能暂时防止或延缓欧元崩溃这一最坏事态的发生，但也只不过是延迟"死亡"。在这种状况下欧元区出现了一种舆论，就是欧洲央行应该向政府发挥"最后贷款人"职能。

我已经记不清第一次听到这个观点是在什么时候，但清楚记得刚听到这个概念或言论时的困惑。本来近代意义上的中央银行独立性就是从否定中央银行直接给政府提供信用开始的。而且，中央银行作为"最后贷款人"遵循的原则是，向暂时陷入流动性短缺的银行提供贷款以避免系统性风险。而欧洲债务危机时，政府面临的问题并不是暂时的流动性不足。更重要的是，中央银行之所以能够无限制地提供资金，与其说是由于中央银行本身拥有这样的能力，倒不如说是由于人们相信政府做出的保证未来财政可持续性的承诺。若中央银行持有的国债（计入中央银行资产负债表上的资产一侧）出现违约，很难想象国民能够安心地接受中央银行发行的货币（计入中央银行资产负债表上的负债一侧）。从这个角度来说，货币稳定最终依赖于政府财政的可持续性。

正如前文所提及的，欧洲央行行长德拉吉于欧洲债务危机最为严重的2012年7月26日在伦敦的重要发言。我不知道这个发言背后的政治动向，也不知道政府方面当时是否做出了有效承诺。所幸的是，同年10月份欧洲稳定机制（ESM）正式生效，欧洲央行方面在确认了相关信息后发布了第二个国债购买计划的具体方案。尽管仅靠这些措施还远远不够，但可以肯定这是非常必要的措施。虽然欧洲央行的发声在前，但最终还是等政府方面的政策公布后出台了具体措施，从结果来看这是一个幸运的案例。然而，不能保证将来都会这么幸运，更不能保证适用于任何国家。

## 社会统合的重要性

就在很多人讨论欧元解体的可能性时，我曾向政策决策者直截了当地提出过欧元解体的现实性问题。他们的经典回答是，"由于欧元解体的成本太大，在最后关头总会找到解决问题的办法"。我清晰地记得，作为欧元区的局外人，曾因它们过慢地推出解决方案而焦虑不安，但从欧洲稳定机制和单一监管机制（single supervisory mechanism）等的形成和发展历程来看，在某种程度上具有一定的合理性，正如被誉为"欧洲之父"的法国企业家、政治家让·莫内（Jean Monnet）所展示的愿景，"欧洲是在危机中形成，且在不断积累的危机对策中成长起来的"。既然已做出欧洲统合这一强有力的政治承诺，又推出了欧元这一单一货币，我认为欧洲就应该朝着强化一体化的方向发展，除此之外，别无他途。不过另一方面，在我退任行长后出现的一些事件，如大量难民涌入、激进的伊斯兰居民制造的恐怖事件、民粹主义的抬头等，让我感到与莫内的愿景相比，现实还存在相当大的差距。

经济政策的运营需要政治以及社会的有机协调。在欧元区内，围绕欧洲一体化的理念存在着区域内的对立，同样的问题在日本也存在，如前面提到过的老年人与适龄劳动者之间，或者大城市与偏远地区之间的对立。这些利害关系往往会通过财政赤字的形式暴露出来。正如第15章"财政的可持续性"要详细分析的，如果对财政可持续性出现信任危机，必将损害货币的稳定性。是否存在一个国民在某种程度上认可的社会契约，是货币稳定的关键，从这个意义上说，欧洲债务危机对日本有着重要的启示。

# 第 12 章 "全面宽松货币政策"

全球金融危机导致的世界经济衰退到 2009 年春季基本停止，与泡沫经济崩溃后日本经济恢复缓慢相同，以危机震源地美国为首的发达国家整体经济复苏疲弱无力。这一时期，日本银行最伤脑筋的是如何应对美国宽松货币政策引起的日元升值，以及与之相伴的经济低迷和物价下行，这些状况在 2010 年夏秋之交尤为突出，也就是美联储采取第二轮量化宽松（QE2）政策前后。日本要想通过宽松货币政策刺激经济和提振物价，只能进一步降低整体利率水平。因此，2010 年 10 月日本银行出台了被称为"全面宽松货币政策"（Comprehensive Monetary Easing，缩写为 CME）的加强版货币宽松框架，以降低"稍长期"利率水平为目的，不仅购买长期国债，甚至破例地开始购买交易型开放式指数基金（ETF）等高风险资产。

## 日元升值的进展

2009 年春季以后发达国家经济停止了下滑，不过美国和欧洲的经济复苏却进展缓慢。2010 年也是同样，年初怀着美好的憧憬，而半年过后萧条迹象再次呈现。2010 年 1 月美联储做出的 2011 年失业率预期为 8.2%~8.5%，到 6 月份进行了小幅修订，更改为 8.3%~8.7%。物价预期恶化更为显著。美联储最为重视的指标核心 PCE[①]，向下调整的幅度更大，2010 年 1 月做出的 2010 年预期为 1.1%~1.7%、2011 年为 1.0%~1.7%、2012 年为 1.2%~1.9%，到 6 月份则分别调整为 0.8%~1.0%、0.9%~1.3% 与 1.0%~1.5%。作为欧洲债务危机震源地的欧洲，低速增长态势尤为显著。全球金融危机以后，发达国家也出现了日本泡沫经济崩溃后所经历的"虚幻的黎明"现象，每年重复着相同的范式，年初对经济运行充满希望，到年底均是以失望而告终。在世界范围内物价上涨率普遍低下的背景下，人们开始热议"世界性通货紧缩问题"。

反映这种景气和物价状况的是，美国 10 年期国债利率由 2010 年 4 月的 4.0% 左右急剧下降至 8 月的 2.5%。在此期间，日本的长期利率也从 1.4% 左右开始下降，到 8 月初跌破了 1.0%（见图 12-1）。正如此前的若干章节中提及的，日本的长短期利率在世界范围内均处于最低水平，伴随着世界经济形势的变化，被动缩小了对汇率变动有着重大影响的国内外利率差，结果带来了日元的快速升值。2010 年春季日元对美元的汇率在 1 美元兑换 93~94 日元区间波动，6 月份突破 90 日元，到 8 月初更是升至 85 日元。日元对欧元的汇率升值则更为显著，从 2010 年 4 月初的 1 欧元兑换 127 日元升至 7 月中旬的 111 日元。结果，日元名义有效汇率在 2010 年的 4 月至 8 月期间升值了 10.6%。

## 宽松货币政策的强化

日本银行在 2010 年 8 月 9 日到 10 日召开了货币政策决策会议，为了表明已充分认识日元升值的不利影响，在会后发布的"公告"中加

---

① 美国商务部发布的个人消费支出平减指数（CTPIPCE）。——译者注

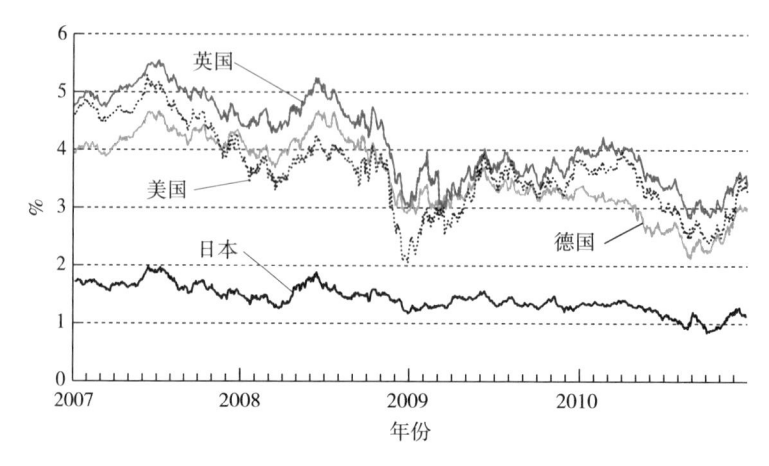

图12-1 主要发达国家10年期国债利率变动轨迹（2007.1—2010.10）
资料来源：彭博资讯。

入了国际金融资本市场变化引发经济下行风险的表述。但是在日本国内，并不是要求采取应对景气倒退的"景气对策"这样的间接宽松货币政策，而是要求采取"日元升值对策"，即以抑制日元升值为目的的直接政策的呼声迅速高涨。在"日元升值对策"中，首先考虑的是干预外汇市场。针对日元升值，虽然财务省口头表示干预，但实际上对干预外汇市场一直持谨慎态度。其实对于以抑制日元升值为目的的外汇市场干预，在不可能得到美国以及欧洲协助的情况下，即使日本单独干预，效果也是有限的，考虑到这些，日本银行完全理解财务省的态度。

而在现实中，随着日元的持续升值，出口相关企业的不满情绪不断高涨。2010年8月12日，日元汇率创下1美元兑换84日元的纪录，日本银行就此发表了"行长讲话"：①

---

① 参见日本银行主页。

从最近的金融资本市场动向看，在美国经济未来走势越发不明朗等背景下，外汇市场和股票市场出现了巨大波动。日本银行将密切关注这些动向及其对国内经济的影响。

这是日本银行进入21世纪继2001年9月美国"9·11"恐怖袭击事件、2003年3月美国对伊拉克开战以及2008年9月雷曼兄弟破产以来发表的又一个有关货币政策的"行长讲话"。当然，祭出行长讲话并不意味着就能够终止日元升值，之后政治家、媒体、经济评论家等各界人士还是纷纷指责政府与日本银行"不作为"。《日本经济新闻》2010年8月13日发表的《日元升值与股市下跌促使政府与日银采取行动》，以及8月17日发表的《对经济减速缺乏危机感的政府与日本银行》等的大幅社论标题可以呈现当时的氛围。但是，包括首相菅直人、财务大臣野田佳彦、财务副大臣峰崎直树在内的日本政府首脑并没有对日元升值过度紧张，起初还对事态进行了比较冷静的分析。多个颇有影响力的经济界团体领袖在与我私下交流过程中，对于过分强调日元升值负面影响的大众媒体以及将日元升值视为业绩恶化借口的经营者，反而提出了批评。但是，随着时间的推移，执政党内部和出口企业要求抑制日元升值的呼声开始高涨，政府渐渐难以抵御这种压力，也向日本银行提出了要求，希望无论如何都要采取一些对策抑制日元升值。

就在日本国内针对日元升值问题喧嚣热议之际，迎来了在美国怀俄明州杰克逊霍尔召开的由堪萨斯城联邦储备银行主办的例行会议。该会议因各国中央银行首脑和权威经济学家齐聚一堂共同讨论时下重要议题而闻名。这次会议也为我在轻松的气氛下与包括美联储主席伯南克和欧洲央行行长特里谢在内的各国央行首脑交换意见提供了良机。我决定出席2010年8月27日开始的会议，并于8月26日从日本出发。2010年的会议主题是"宏观经济的挑战——未来十年"（Macroeconomic Challenges：The Decade Ahead）。27日大会一开场就安排了备受全世界关注的美联储主席的主旨演讲。伯南克主席撇开会议主题，专门论述了他深入研究的货币政策选项中的购买资产和前瞻性指引的政策效果及其成本。正如他在回忆录中所写的，这个演讲是根据美国的经济状况与物价走势，临时改变原来主题而有意做出的。[①] 就市场相关人士关注的货币政策基调，他明确表示"必要的情况下，特别是当预期严重恶化时，公开市场委员会准备通过非传统措施追加实施宽松货币政策"，暗示了未来进一步货币宽松的可能性。[②]

受这一发言的影响，人们非常担心周一开市汇率市场上日元还会进一步升值。留守国内的山口广秀副行长向我汇报了国内的舆论哗然状况和政策委员会成员的反应。听完汇报，我决意在下周一即8月30日召开临时决策会议，并发布货币宽松措施，所以提前一天返回了日本。在临时决策会议上，在原有的3月期固定利率公开市场操作基础上，增加了6月期的操作，并将操作规模提高到10万亿日元（9名委员中8人投了赞成票，只有须田美矢子委员投了反对票）。结果，固定利率公开市场操作余额规模达到了30万亿日元。各大媒体对此的反应正如所预期的那样，第二天晨报出现了诸如《政府与日银应对乏力》《日银失算陷入绝境》的报道。朝野上下的政治家清一色地要求纠正日元升值，超党派国会议员成立了"摆脱通货紧缩议员联盟"，并于第二天召开了学术研讨会，主张修订《日本银行法》和发布通货膨胀目标是政府与日本银行的共同职责。

---

[①] 参考 Bernanke（2015）p. 484. Bernanke, Ben S.（2015）, *The Courage to Act: A Memoir of a Crisis and Its Aftermath*, W. W. Norton & Company, 2015.（『危機と決断——前FRB議長ベン・バーナンキ回顧録』上・下、小此木潔監訳、KADOKAWA、2015年。）

[②] Bernanke, Ben S.（2010）, "The Economic Outlook and Monetary Policy", Speech at the Federal Reserve Bank of Kansas City Economic Symposium, August 27, 2010.（https://www.federalreserve.gov/newsevents/speech/bernanke20100827a.htm.）

## 实施外汇市场干预

经济界，尤其是出口相关企业强烈要求干预外汇市场。出口企业的共同理念是，若说单独干预没有效果，那为什么不努力协调进行联合干预呢？如果无论如何都无法实现联合干预，为何不单独干预？无所事事的政府和日本银行真的很"无能"……出口企业对本国货币的快速升值表示不满的现象并不是日本所特有的，很多国家都有这种状况，所不同的是似乎日本要求干预外汇市场的呼声最为强烈。我不知道为何会出现这种状况，其中一个可能原因是，20世纪80年代后半期"广场协议"和"卢浮宫协议"期间多国联合干预外汇市场给人们留下了深刻印象（见第2章"泡沫经济"）。实际上与那时相比，发达国家干预外汇市场的理念已经发生了很大变化，许多发达国家已经很少再去干预汇率市场，美国最后一次干预是在2000年。1999年欧元启动后，欧洲央行也只在2000年干预过外汇市场。[①] 与此相比，日本干预外汇市场的次数显得格外多，而且占支配地位的都是买入美元卖出日元的操作。

美国负责干预外汇市场的财政部以及欧元区的决策者欧洲央行对日本单独干预外汇市场一直保持着警戒，并分别向日本财务省和日本银行传达了反对意向。发达国家的理念是，要干预外汇市场，就应该各国联合干预。基于这种考虑，海外决策者也曾给我打来电话，表明了他们反对日本单独干预外汇市场的态度。尽管日本单独干预外汇市场的效果非常有限，但如果不做出干预外汇市场阻止日元升值的姿态，毫无疑问就不会改变外界指责政府与日本银行"束手无策"的舆论氛围。于是，财务省在9月15日进行了自2004年3月以来时隔6年半的

---

① 关于主要发达国家的外汇市场干预体制等，参考白川方明（2008）『現代の金融政策——理論と実際』日本経済新聞出版社、2008年、第14章。

又一次外汇市场干预，当时干预规模为2.1万亿日元。日本银行立即就这一措施发表了行长讲话，"期待有助于外汇市场的稳定"，从侧面声援了财务省的行动。

## 推动稍长期的利率水平变化

在此期间，日本银行考虑到未来的发展趋势，认为仅仅靠2010年8月推出的固定利率公开市场操作扩容是不够的，一个逐渐明朗的判断是，有必要构筑一个顺应经济形势变化可以逐步增强宽松程度的"持久体制"。这一判断背后的依据是意识到未来世界经济的发展趋势或许会与日本泡沫经济崩溃后的状况相同，要回归正常增长轨道将需要相当长的时间。只要没有回归到正常轨道，从国内外利率差的角度看，日元升值压力就不可能得到缓解，要求货币宽松的呼声只会进一步高涨而不会减弱。

此时令人苦恼的是，是否存在一个某种程度上能够有效发挥作用的宽松货币政策手段。当然，在"通货再膨胀派"看来，答案好像很简单，只要增加基础货币数量就可以实现经济复苏。"预期派"的观点也是如此，认为中央银行若表现出"认真"的姿态，就会降低预期物价上涨率，最终能达到降低实际利率刺激经济增长的效果。我与政策委员会成员单独交换了意见，没有人认为单纯扩大货币数量就可以达到有效刺激经济或提升物价的效果。所有委员都认为刺激经济效果的出发点是降低利率水平。截至2010年9月末，日本所有的利率都处于历史最低水平，隔夜拆借利率为0.1%、10年期国债利率0.9%左右、银行新增贷款的短期和长期平均约定利率都在1.2%左右（我刚任行长的2008年分别为1.6%和1.7%）。政策委员会成员一致认为，尽管当时的利率水平已经很低，但如果要发挥货币宽松效果，也只能是进一步降低整体利率水平。基于这种认识，2010年10月5日的货币政策决策会议上引入了被称为"全面宽松"的加强版货币宽松措施。这是将2008年9月雷曼兄弟危机以后逐渐加强的宽松货币政策进一步系统化而形成的具有可持续性的货币政策框架，目的是建立一个能够适应经济恶化状况而逐步强化的长期宽松体制。

全面宽松旨在进一步降低整体利率水平，由于短期利率已经为零，降低利率就意味着降低更长期限的利率水平。在决策会议之后的记者招待会上使用了"推动稍长期利率水平变化"的表述。从概念上讲民间部门融资的利率水平可以分解为两部分，一部分是无风险的国债利率，另一部分是在国债利率基础上增加的风险溢价。因此，降低整体利率水平意味着必须在两方面采取措施，即降低"稍长期无风险利率"和缩小各种风险溢价。"稍长期"是一个相对概念，当初采取"全面宽松"政策时设定的是2年期或3年期利率。日本金融机构的贷款期限绝大多数不到3年，而且从日元与美元的汇率走势看，这一期限的利率水平对汇率变动的影响也相对较大。[①]

## 下调稍长期无风险利率措施

首先，为降低无风险利率，日本银行采取了以下两项措施。

一是购买剩余期限为1至2年的国债。买进长期国债经常被归为"非传统的"货币政策，而对日本银行来说，自20世纪60年代开始就一直采取这种方式，本身可以说是"传统的"货币政策。经过雷曼兄弟冲击后2008年12月和2009年3月的两次扩容，日本银行每年购买的国债规模已经由之前的14.4万亿日元提高到21.6万亿日元。2009年3月的扩容是将购买对象扩展到30年期国债，同时新引入了"基于剩余期限的购买方式"，有效控制所购国债的剩余期限。按流量计算的

---

① 参见2010年10月5日的新闻发布会摘要（日本银行主页）。

国债平均剩余期限为 3.9 年（2009 年中期），按存量计算的平均剩余期限为 5.2 年（2009 年年末）[①]。一直以来购买国债是为适应经济景气扩张引发的货币需求增加而进行的流动性供给，因此也被称为"增长性货币"操作。而全面宽松货币政策背景下购买国债就是为了降低利率水平，这点与之前购买国债有很大不同。日本银行也是首次以降低利率水平为目的而购买国债。

二是时间轴政策，明确了事实上零利率水平的持续时间。具体来说，在日本银行对物价稳定做出可预期的判断之前，将持续实施事实上的零利率政策，同时，"可预期的物价稳定"水平就是再次确认"中长期物价稳定的理解"的物价水平。由于众多市场参与者预期将长期维持零利率水平，时间轴政策自身不会独立发挥显著的宽松效果，只有海外经济景气状况改善提升海外利率水平，国内外利率差扩大才会引发日元贬值，从而出现刺激经济增长的效果。也就是说，所谓时间轴政策，是在某种"顺风"背景下采取的顺势而为的政策措施（见第 5 章 "零利率政策与量化宽松政策"）。以前是将 0.1% 的活期存款付息利率认定为事实上的零利率水平，实施这一措施后明确隔夜拆借利率在短时间内可以低于 0.1%，为此，政策利率的诱导目标设定在"0%~0.1% 区间"。

另一方面，作为缩小各种风险溢价的手段，日本银行开始购买民间的金融资产。具体来说，购买的资产包括商业票据（CP）、公司债券、交易型开放式指数基金（ETF）[②] 和不动产投资信托（REITs）。中央银行购买 CP 或公司债券等民间企业债务是全球金融危机期间的做法，危机过后仍将其作为货币政策手段的，发达国家的中央银行中只

---

① 详见「2009 年度の金融市場調節」（2010 年 6 月）27~28 頁（日本銀行主頁）。
② 通常又被称为交易所交易基金（Exchange Traded Fund），是一种在交易所上市交易的、基金份额可变的开放式基金。——译者注

有日本银行。另外，将交易型开放式指数基金和不动产投资信托列为购买资产对象，这在中央银行货币政策操作中实属罕见。①

日本泡沫经济崩溃后在股价大幅下跌过程中，曾数次出现过强大舆论要求政府及日本银行购买股票以稳定股价。日本银行曾在 2002 年果断决定购买金融机构持有的股票，此举是为了维持金融体系稳定，并不是作为货币政策一环在股票市场上从众多不特定投资者手中广泛购买股票的行为。由于交易型开放式指数基金是包含上市公司股票的投资信托，从功能上讲购买这种基金也就等同于从众多不特定投资者手中购买股票的行为，这是以前没有尝试过的。尽管如此，日本银行之所以购买交易型开放式指数基金，是由于考虑到如果这一操作可以降低股票投资的风险溢价，就能降低企业的资金筹措成本。虽然交易型开放式指数基金和不动产投资信托并没有进入《日本银行法》规定的可购买金融资产名录，但法律同时规定，当判断为达成目标所必要时，若得到财务大臣的批准，可以购买规定名录以外的金融资产。日本银行就是根据这一规定，在得到财务省批准之后实施了资产购买计划。

## 设立"资产购买等的基金"

在实施全面宽松政策过程中，作为临时措施，在日本银行资产负债表上增设了一个"资产购买等的基金"科目，其目的在于让市场参与者和国民更容易理解这种特例货币政策的整体运行状况。"基金"中规模最大的是 2009 年 12 月开始实施的固定利率担保资金供给操作

---

① 在亚洲金融危机时，香港金融管理局（Hong Kong Monetary Authority，缩写为 HKMA）曾经购买过股票，不过这是针对金融危机采取的措施，而且并没有列入香港金融管理局的账户。

（Fixed-Rate Funds-Supplying Operation against Pooled Collateral）①。2010年10月刚刚设立时，"资产购买等的基金"余额为35万亿日元，其中固定利率担保资金供给操作规模为30万亿日元，购买资产规模为5万亿日元。购买资产中规模最大的是国债，限额为3.5万亿日元（其中长期国债为1.5万亿日元，短期国库券2.0万亿日元）；其他金融资产购买限额是商业票据、公司债券各为0.5万亿日元、交易型开放式指数基金为4 500亿日元、不动产投资信托为500亿日元。

启动全面宽松政策之际，日本银行因没有预设"退出"策略也受到了指责。一般而言，在出台宽松政策时提前周密设计"退出"方式是非常重要的。比如在金融危机过程中，中央银行作为"最后贷款人"提供信贷时，尽管贷款利率远高于市场利率，陷入流动性危机的金融机构也会有借款动机，同时金融危机结束后，较高的利率会激励金融机构尽快偿还借款。这种状况可以说是自动嵌入了"退出"机制。而非传统货币政策不存在自动"退出"机制，全面宽松政策就是一个例子，只能在比较效果与成本之后才可以判断是否可以"退出"。而判断"效果"又只能依赖于主观感受，若在所有人都能看出宏观经济形势好转之后再退出的话，恐怕为时已晚。同样，测度"成本"也是如此，至关重要的是"成本"应该容易度量。

日本银行起初买入的国债都是剩余期限为1至2年的，不难想象这使剩余期限更长的日本国债面临更大的利率下降压力。特别是与扩大基础货币数量的主张结合在一起，就出现日本银行陷入"财政支配"的担心。若大规模购买交易型开放式指数基金以及不动产投资信托，还有可能扭曲价格形成机制。进一步讲，购买资产将来还可能带来损失，而损失最终都会转嫁给国民。这种伴有国民负担的政策可以

---

① 民间金融机构以国债、公司债以及短期融资券等中央银行适格担保资产为基础，获取日本银行按照无担保隔夜利率提供的期限为一年以内的贷款。——译者注

说是具有准财政性质的货币政策。有观点认为，即使需要这种政策，也不应该作为中央银行的货币政策，而应该作为需要经国会批准的财政政策。在综合考虑政策的副作用以及与民主国家关系的基础上，日本银行应该履行的中央银行职责是"管理因运用基金购买各种金融资产而产生的风险，并通过适当方式做好损失准备金提取及损失核销等工作，确保财务收支的健全"（对外公告的内容），同时，向外界通俗易懂地解释以"基金"科目表示的所有公开市场操作。这就是全面宽松政策的退出方式，除此之外，我认为并不存在真正意义上的"退出策略"。虽然这是一条独木桥，但为了在追求政策效果的同时，履行民主国家中央银行的问责制，我认为这是一种务实的对策。

基于这个思路，日本银行决定实施全面宽松政策时，我联想到了2009年英格兰银行设计并实施的量化宽松政策。当时英格兰银行购买了国债和公司债券，所设计的框架是英格兰银行的全资子公司（APF）作为购买主体，收购资金是来自英格兰银行的借款，损益全部由英国政府承担。日本银行的"基金"并不具备独立的法人资格，基金的损益也完全由日本银行承担，这两点完全不同于英格兰银行的"基金"。不过，作为中央银行实施准财政政策性质的货币政策时，必须公布资金操作的全部内容，在这一点上两者又是相似的。重要的是实施这类货币政策时，在评价政策有效性的同时，必须牢记民主社会中此类政策的定位问题。

## 全面宽松政策的反响

针对应该如何表述当时的宽松货币政策，政策委员之间展开了激烈讨论。这项措施虽然扩大了货币数量，但追求的不是数量扩大的宽松效果，因此没有使用"量化宽松"的概念。前面已经说过，新措施以购买风险资产和稍长期限的国债缩小风险溢价为目的，可以说是"质"的宽松货币政策。我们使用"全面宽松"一词，就是希望在宽松货币政策中渗透这个观点。① 遗憾的是，就像当初伯南克主席试图用"信用宽松"一词替代"量化宽松"并没有被人们所接受那样，日本国内讨论日本银行新政策效果时仍然沿用"量化宽松"的判断标准，更多关注的还是日本银行的资产负债表规模（第17章"政府·日本银行的共同声明"中有详细的叙述）。

"全面宽松"政策引发了种种反响。该政策的出台对市场参与者与经济学家来说无疑是一件惊天大事。在第二天的报纸头条中，充斥着《绞尽脑汁的总动员》（《日本经济新闻》）、《出乎意料！日本银行追加宽松冲击市场》（《朝日新闻》）、《"意外惊喜"市场示好》（《读卖新闻》）等大幅标题，反映出人们是在相当震惊中迎来了全面宽松政策。同时，与这些标题同样醒目的还有"全盘接受政府的要求""未知的领域""风险意识"（《读卖新闻》）等词汇，大多数人都认为这是极其罕见的举措。就连那些一直要求中央银行购买交易型开放式指数基金和不动产投资信托等风险资产的经济学家恐怕也没有想到，日本银行真的会这样做。我自已并不是想制造惊喜，也没有想借此来提升预期物价上涨率的意图。我的想法是，既然出台宽松货币政策，就要设计出可能形成波及效果的具体措施并加以实施。

## 学者与经济学家的反应

日本国内学者与经济学家对全面宽松政策的反应还是一如既往地存在分歧。批评日本银行的人士认为，"应该继续增加国债的购买规模""应该购买剩余期限更长的国债"。在他们看来，基金盘子中3.5万亿日元的国债购买额度实在太低了！但是要知道，日本银行在银行券规则下实施的"增长性货币"供给操作，每年购买长期国债的规模已经达到了

---

① 参见2010年10月5日的记者招待会会议纪要（日本银行主页）。

21.6万亿日元。如果要讨论"数量"规模的话，这部分当然应该计算在内。如果单纯为了反驳"数量"过少的言论，将两者合并反驳的话，肯定会更具说服力，但日本银行没有这样做，最主要的是担心如果国债购买都不受银行券规则约束的话，真可能会陷入无限制购买国债的境地。

评价货币政策效果时，并不是基于具体的政策工具，而应该考量政策工具所实现的利率水平。[①] 当时日本不管是长期国债利率还是公司债券的信用息差，都显著低于同期的美国和欧洲（见图12-2和表12-1）。这也成为批评者的攻击目标，他们认为，扣除预期物价上涨率变动后的日本实际利率水平是非常高的，国会中此类批评声音也不绝于耳。当然，如果中央银行能够在现实物价上涨率很低的情况下提高预期物价上涨率，那么这样的指责是可以理解的，但现实中我们并没有这种魔法般的手段。日本银行判断，要想提升人们的预期物价上涨率，只能通过降低中央银行可以操作的名义利率提升实际物价水平来实现，除此之外别无良策。

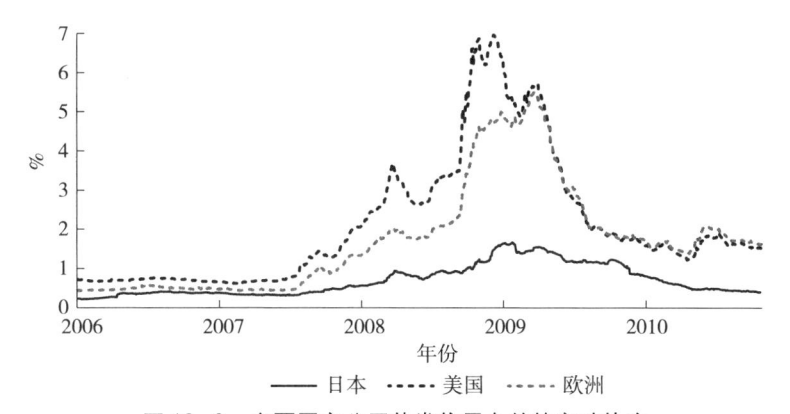

图12-2 主要国家公司债券信用息差的变动轨迹

注：1. 公司债券的信用息差 = 公司债券到期收益率 - 同期限国债到期收益率。
  2. 日本为5年期公司债券，美国与欧洲为3~5年期。
  3. 所有公司债券的评级均为A，日本的评级机构为R&I，美国与欧洲的评级机构为穆迪、标准普尔以及惠誉。

资料来源：日本银行「展望レポート」（2010年10月）图表13。

---

[①] 参见2010年11月5日的记者招待会会议纪要（日本银行主页）。

第12章 "全面宽松货币政策"　　331

表 12-1　日、美、德三国国债利率水平比较　　　　　　　（单位:%）

|  | 5 年期 | 10 年期 |
| --- | --- | --- |
| 日本 | 0.26 | 0.90 |
| 美国 | 1.17 | 2.60 |
| 德国 | 1.71 | 2.52 |

注：2010 年 10 月的月均值。
资料来源：彭博资讯。

针对应该购买剩余期限更长国债的指责，我们回应如下。在美国民间部门资金筹措中，30 年期以上住房抵押贷款的比重很高，在这种经济环境下，降低超长期利率是有价值的。而在日本企业的资金筹措中，银行贷款占压倒性比重，平均期限 3 年左右。[①] 因此，最有效的资产购买就应该集中在 3 年期以内。

## 担心难以"退出"全面宽松的言论

上面分析的是批评日本银行全面宽松政策不到位的观点，与之并存的是来自完全相反方向的批评，指责日本银行实施如此大胆的货币政策本身就存在着很大问题。最常听到的观点是，若以长期利率水平为政策目标，中央银行就可能失去操控利率的能力，从而增大"退出"特例宽松政策时的风险。我认为这种担心本身是可以理解的，但也不能因噎废食，一概放弃尝试大胆的政策！不过在这个过程中，大多数政策委员会成员也都意识到有必要周密设计这种过激政策的刹车机制。一般而言，经济学家或经济评论家的主流观点是，如果中央银行能在需要上调利率时毫不犹豫地上调利率，就可以防止问题的发生。但是，这仿佛在说

---

① 城市银行和地方银行的平均贷款期限约为 40 个月左右。参见『金融システムレポート』（2014 年 4 月）图表Ⅲ-4-29（日本银行主页）。

"如果中央银行能在正确的时机采取正确的行动,就不会出现问题",某种意义上就是一句废话(tautology)!若能做到这一点,中央银行也不至于如此辛苦!现实中存在各种各样棘手的问题,如提高利率或许可以防止物价上涨,但由于财政收支恶化会带来金融机构持有的国债价格下降,进而导致金融体系自身的动荡。虽然物价上涨率很低,若存在泡沫膨胀的可能性时更加难办。在考虑中央银行能否调控未来利率走势时,不能仅仅依据狭义的经济理论,还必须综合分析社会及政治动态变化。我就是在综合考虑了上述所有因素之后,判断有必要实施全面宽松政策,不过,我也非常理解政策委员之间的意见分歧。实际上,在表决全面宽松政策时,须田美矢子委员就购买对象包含国债的议题投了反对票。站在行长的立场,容易形成希望"全票通过"的强烈意识,不过更加重要的是,若在讨论环节提出更多不同意见,会极大提高中央银行决策的正确性。

## 民主社会中的中央银行

经济学家对全面宽松政策的关心容易集中在政策的有效性上,与此相并列的,或者本质上更重要的是,在民主社会中,中央银行能有多大权限实施这样的政策。我想这是一个应该深入探讨的问题,本书第22章"独立性与问责制"将继续就此展开分析。

我认为,在民主社会中,中央银行应履行的责任就是解释政策的效果与成本,并在权衡比较二者的基础上推进相应的政策。中央银行拥有发行任何人都会信任的中央银行货币的特权,因此也可以购买任意数量的资产。中央银行实施准财政性政策时,若能发挥预期效果,则没有任何问题,但如果效果不佳,甚至出现损失时,最终都会增加国民的负担。到了那个时候,可以预料国民的反应——"不记得中央银行有如此大的权限啊!"

与此相关联的是中央银行的损失列支问题。中央银行若是出现巨额损失,陷入资不抵债的可能性有多大?此外,如果出现这种状况,是否会有损中央银行的政策执行能力？一个肯定的回答是，不管是出现损失，还是资不抵债，都不会影响中央银行的政策运作。这是由于运作货币政策的终极目标是实现宏观经济稳定，中央银行的盈亏只是这个过程中出现的"副作用"。然而，若深入思考中央银行与经济、政治和社会之间的关系，这个讨论就不是那么简单了。下面将分别根据中央银行的会计记账方式和政策性论点来说明这个问题。

## 中央银行有陷入资不抵债的可能性吗

中央银行是否会陷入资不抵债，取决于损失规模以及弥补损失的自有资本的缓冲能力，这点与民间企业相同。一方面看日本银行资产负债表负债一侧，传统上占很大比重的是不需要支付利息的银行券。但随着量化宽松政策等各种非传统货币政策的实施，日本银行的活期存款余额显著增加。银行券是无须付息的，活期存款之前也不支付利息，不过自雷曼兄弟危机后引入了活期存款付息制度（0.1%），这一点已经在第8章"雷曼兄弟破产"中谈及。另一方面看资产负债表的资产一侧，占绝对比重的是面向商业银行的贷款以及国债。随着时代变化，两者结构也发生了变化，非传统货币政策的实施导致国债的比重在增加。

从收益的角度看，结构上中央银行资产负债表可以稳保盈利。首先负债方面的利率非常低，因为银行券是无息的，对活期存款也仅支付0.1%的低利息。与之相对的是资产方面利率要稍高一些，不管是面向商业银行的贷款还是国债，都是具有一定期限的资产。只要资产负债表上存留长期资产，就会因以前的高利率而维持收益。也就是说，中央银行的设计架构通常都能确保盈利。[1] 伴随货币发行而产生的收益称为"铸

---

[1] "全面宽松"政策实施前的2010年9月末，日本银行的负债与资产余额为银行券76.9万亿日元、活期存款20.2万亿日元、国债76.7万亿日元、贷款36.1万亿日元。

币税"(seigniorage)。包括日本银行在内的许多中央银行，都是在扣除材料成本和人工成本后将铸币税收益上缴国库，2009年日本银行向国库缴纳了3 487亿日元的收益。虽说"央行的设计架构通常都能确保盈利"，但随着利率水平降低，日本银行的收益也在逐渐减少。最大原因是央行在债务方面几乎没有降息空间，而资产方面的资金运用利率也在不断降低，从而压缩了资金运用与资金筹措的利差。在这种状况下，如果未来利率提高，资产方面可能出现资本损失。其结果是，资产负债表上的当期损益为负，并出现无法向国库上缴利润的状况。此外，如果损失金额显著增加，理论上不排除超过当初自有资本规模而陷入资不抵债的可能性。带来这种事态的利率上升可能是由于经济向好或者物价上涨，也有可能源于对财政可持续性的忧虑。不管怎样，如果中央银行为改善未来的经济状况采取了非常规的货币政策，如果不能排除蒙受损失或导致资不抵债的可能性，我们将如何看待这种非常规的货币政策呢？

## 何谓中央银行的自有资本

许多中央银行都有自有资本。既有像欧洲央行那样自有资本极为雄厚的中央银行，也有像英格兰银行那样自有资本十分薄弱的中央银行。日本银行的自有资本规模处于发达国家中央银行的中间水平。[①] 日本银行拥有明确的自有资本水平目标区间。日本货币政策委员会在《日本银行法》修订后确定，自有资本目标是货币发行余额的"10%，

---

[①] Archer and Mose-Boehm（2013）图6显示了2010年年末各国中央银行自有资本占总资产比重的情况，即自有资本比率。因为数字比较敏感，所以部分国名没有公开，只列出了相应的比率。其中欧洲央行和瑞士中央银行属于高水平集团组，自有资本比率接近20%，而美联储和英格兰银行的比率只有2%左右。该表中虽然没有提到日本银行，但基于2010年3月末的数据进行计算的话，结果为4.0%（5.7万亿日元/142.3万亿日元）。Archer, David and Paul Moser-Boehm（2013），"Central Bank Finances", BIS Papers, No.71, April 2013.

上下浮动控制在2%范围内"。① 从实施全面宽松政策前的2010年3月末日本银行的资产负债表看，纯资产为30 272亿日元，此外，债券交易损失准备金为22 433亿日元，外汇交易等的损失准备金为7 945亿日元，合计有约6万亿日元资金可以用于弥补损失。因此，只要损失不超过6万亿日元，中央银行就不会陷入资不抵债。在普通企业中，为了防备未来可能出现的损失，或者提取准备金，或者通过增资，来增强资本实力，中央银行的情形则有很大差异。日本银行每年有义务将年利润的5%作为法定公积金充实自有资本。此外，当判断有必要时，经财务大臣批准后可以另行增资。不过，这些公积金只能用于弥补损失或用于支付分红。② 日本银行自有资本比率在20世纪90年代后期曾超过9%，现在降至7.5%上下，严格来说已经违背了"10%上下浮动2%"的规则，不过，还是在"大致"可容忍的范围内。

如果全面宽松政策实现了改善经济景气和物价状况的目的，就有必要提高利率，也就是"退出"宽松货币政策。"退出"时会计报表上是否会出现损失或资不抵债状况，也依赖于货币政策运作以及会计记账方式。由于上调利率会引起国债价格下跌，日本银行若卖出国债，账面价值与市场价值的差额就成了日本银行的损失。如果日本银行"退出"时期不卖出国债，而是通过对到期国债不展期的方式压缩资产规模，同时采取提高日本银行活期存款付息利率，将导致兑付国债损失和大量的利息负担。这两方面的成本总额取决于"退出"时日本银行的资产规模，还要受到货币回笼速度的影响。③ 之所以与后者相

---

① 日本银行会计规程第18条。
② 法律规定，出资分红每年不得超过出资额的5%。
③ 关于长期利率上升引起的损失额估计，参考深尾（2016）、Fujiki and Tomura（2017）：深尾光洋「量的緩和、マイナス金利政策の財政コストと処理方法」RIETIディスカッションペーパー シリーズ、No. 16 - J - 032、2016年3月；Fujiki, Hiroshi and Hajime Tomura（2017），"Fiscal Cost to Exit Quantitative Easing: The Case of Japan", *Japan and the World Economy*, Vol. 42, June 2017, pp. 1 - 11.

关，是由于随着利率上升，企业和个人手头持有的现金将转化为民间银行的存款，并最终回流到日本银行。

会计报表上是否出现资不抵债，有时也取决于会计记账方式。根据新《日本银行法》规定，由政策委员会决定日本银行的会计记账方式，虽然没有完全照搬，但基本还是遵循了民间企业的会计原则。对于日本银行从民间金融机构购买的国债，根据持有目的的不同，设计了3种记账方法。第一种是以交易为目的的国债直接使用市场价格，在这种记账方式下，损益和自有资本规模随着市场价格的变化而变化。第二种是对计划满期持有的国债，适用摊余成本法。运用摊余成本法，如果是以超出票面价值购入的国债，则将兑付损失按比例平摊为每一时期的成本。在这种会计记账方式下，即使市场价值下跌，损益的变动也会很小，对自有资本的影响随着时间的推移逐渐显现。第三种是针对出于上述两种以外目的持有的国债（被称为"其他有价证券"），采用所谓的"直接资本化法"。这种会计记账方式是将资本增益或资本损失金额直接记录在资本科目中，而不是计入损益。在这种情况下，损益变动小，但资本科目的变动很大。

由于日本银行并不是出于交易目的持有国债，因此选择的记账方式只可能是摊余成本法或直接资本化法。中央银行持有国债是为了进行金融调节，一般都是满期持有。特别是在为了适应经济增长而增发货币时买入的国债，一般都不会提前出售。实际上，海外中央银行也鲜有出售未到期国债的情况。日本银行持有的国债基本上等同于满期持有。当然，在中央银行大规模购入国债时，虽然不排除将来出售的可能性，但考虑到对市场行情的影响，最经常的做法是通过国债到期不展期的方式逐渐削减国债余额。因此，日本银行在2003年5月的政策委员会上决定采取摊余成本的会计记账方式。①

---

① 日本银行会计规程第13条。

## 财务健全性与中央银行政策执行能力的关系

如果中央银行陷入资不抵债，中央银行的政策执行能力是否会因此受损？对于这个问题也存在不同的观点。

一种观点认为，即使中央银行陷入一时性资不抵债，只要可以无利息地发行货币，就不会影响到中央银行的政策执行能力，因此中央银行进行政策判断时完全不用考虑自有资本问题。按照会计记账方式进行解释的话，由于中央银行可以无利息地发行货币，将来获得发行货币的铸币税是确定无疑的，如果加上这一"无形财产"收益的贴现值，中央银行根本就不会陷入资不抵债。经济学家或经济评论家一般都秉持这个观点。

在正常经济状况下，我完全理解这一逻辑，但考虑到中央银行的作用，尤其是综合考虑历史上中央银行曾面对过的危机以及现实中的政治与社会状况，仅根据"正常经济状况"下推出的经济逻辑就贸然给出结论，还是有些轻率，理由如下：

第一，不可能事前预知当中央银行陷入资不抵债状况时国民会出现什么样的反应。而且，在不希望中央银行出现资不抵债而要求政府注入资金时，会增强中央银行对政府的依赖性，国民就会质疑中央银行基于自身判断做出或执行政策的能力，这些都是无法先验排除的。

第二，即使中央银行没有陷入资不抵债，不同的赤字起因也可能损害中央银行的中立性，降低国民对中央银行的信赖，而这对中央银行的政策执行至关重要。如果中央银行的赤字是由民间企业所发债券的违约造成的，外界可能会指责中央银行不公平地援助了特定企业，中央银行的风险管理机制过于宽松，等等。[1] 还有一种完全不同的情

---

[1] Baxter Jr., Thomas C. (2013), "From Bagehot to Bernanke and Draghi: Emergency Liquidity, Macroprudential Supervision and the Rediscovery of the Lender of Last Resort Function", Remarks at the Committee on International Monetary Law of the International Law Association Meeting, September 19, 2013.

形，中央银行的赤字可能来源于其提高了民间金融机构在中央银行的活期存款利息。虽然这一机制从宏观经济稳定的角度看是非常必要的，不可否认的是，仍被外界批评为对金融机构提供了过多的优惠。这里的担心与其说是出于经济上的考虑，不如说是政治和经济两方面的考量。

第三，人们之所以没有特别重视中央银行会计上的资不抵债，是由于将来会有铸币税这一"无形财产"的注入，而这种财产的规模最终依赖国民对政府的信任。如果失去了国民对政府的信任，那么铸币税收入也将消失。

鉴于此，围绕中央银行的自有资本问题，我认为并没有一个超越国家和时代特征的具有普适性的正确答案。它与未来经济发展趋势的关系自不必说，与经济发展背后的社会、政治动向的关系也很密切。国与国之间的差异，不仅体现为经济发展水平的差异，更表现在对市场经济中中央银行或者政府应有作用的理解差异。如在美国，在野的共和党会强烈反对美联储大量购买金融资产，而在日本几乎听不到朝野党派反对日银购买资产的声音。可以说在应对危机问题上，中央银行灵活制定政策的自由度越高越有效率，但在民主社会中，能够决策事关国民负担政策的自然还是国民选举出的议会，中央银行不可能拥有如此大的权限。尽管如此，一旦中央银行运营出现损失，就会降低民众对中央银行的信赖，中央银行可能难以实施基于独立判断而制定的货币政策。考虑到上述这些因素，全面宽松政策应该说是当时最适宜的货币宽松措施。

### "合体政府"概念

对于上述观点也有不同的意见，认为如果合并政府（财政）与中央银行账户形成"合体政府"的话,①就没有必要担心中央银行的财务状况。举个极端的例子,如果政府大量发行国债,中央银行全额承销,民间就不会存在国债。这种情况下政府也必须向中央银行支付国债利息,而政府支付的利息对中央银行来说就是收益,中央银行收益最终又以国库缴纳金形式回流政府。也就是说,中央银行出现损失或者资不抵债现象,只不过是由于将政府和中央银行看作两个完全独立主体而出现的会计账面上的问题,有必要从合并二者的"合体政府"角度考虑货币政策运作。

我们从"退出"宽松政策的角度讨论这个问题。为了聚焦问题的本质,下面以中央银行资不抵债状况为例,并进一步假定中央银行的"退出"手段不是卖出国债,而是提高活期存款利息。在这种情形下,将有两种状况带来资不抵债:一是中央银行持有政府国债的估值损失;二是由于加息带来的利率倒挂引发的当期损失。首先来看估值损失,随着经济和物价状况改善引起的利率上升,中央银行持有的国债的确会出现估值损失,但作为国债发行主体的政府却会因为负债的市场价格降低而获得估值收益。实际上,政府并不评估债务的市场价格,因此估值收益也不会入账,而从经济职能看,估值损失和估值收益是相等的。

问题不会就此终止。首先,中央银行必须提高活期存款付息利率。这是因为在经济景气好转和物价状况改善背景下,不提高付息利率就会引发通货膨胀。另一方面,如果资产一侧满期持有低利率时期延续下来的较长期限资产,就会出现当期损失。估值损益与当期损益共同构成了中央银行的损益,我们已经说明了中央银行损益与货币政策之间的关系,而"财政"方面也存在问题。从"合体政府"的角度出

---

① 这里并不意味着中央银行和政府之间存在某种特别的关系,仅仅是指民间部门以外的部门。——译者注

发，活期存款是"合体政府"对民间部门的债务，对活期存款付息相当于提高政府债务利息。这里国债不再是本来意义上的国债，只是与中央银行活期存款的称谓不同。在这种状况下才能真正意识到"事实上的国债余额其实更多"。实际上，中央银行大量购买国债，导致公众严重低估了国债余额的真实规模。如果因此放松了财政约束机制，将对物价稳定和金融体系稳定产生负面影响。在第 15 章"财政的可持续性"中将对此进行更详细的论述。

## 日本银行的对策

在综合考虑上述各种因素的基础上，中央银行应该如何应对自身财务的稳健性问题呢？关于这一点，我对日本银行前行长福井俊彦在 2003 年 6 月金融学会上的演讲所表达的观点深有同感：[1]

> 我认为，中央银行之所以特别重视自有资本，并不完全纯粹基于经济理论方面的考虑，而是一种更为广博的政治经济学智慧。说得更通俗一些，就是一旦放松"中央银行应在给定的自有资本范围内承担风险"这一紧箍咒，就会模糊中央银行与政府的职能界限。
>
> 比如，考虑这样一种状况，一国中央银行的自有资本减少，不得不依赖政府的财政援助。这时中央银行就难以根据自身的判断出台适当的政策和执行必要的业务（或者实际上并没有达到那种地步，社会上广泛传播遭遇困难的流言），结果就很有可能难以维持国民对货币的信任。

---

[1] 福井俊彦（2003）*「金融政策運営の課題」（日本金融学会創立 60 周年記念講演）2003 年 6 月 1 日。

基于这一观点,在任行长期间我对日本银行自有资本问题制定了以下方针。第一,根据上述自有资本比率的相关理念,就设置特别公积金和准备金事宜,努力争取拥有许可权的财务省的支持。但在国家财政处于异常严峻形势下,要得到政府的支持并非易事。第二,运用风险价值(Value at Risk,缩写为 VaR)、压力测试等多种手段评估日本银行所持资产的风险程度,并定期向政策委员会汇报。据此,政策委员会可以在准确把握日本银行财务状况的基础上讨论货币政策问题。第三,从民主社会的中央银行的理想状况出发,适时对外发布中央银行财务稳健性的相关信息。不过我认为,即使在中央银行之间,全球金融危机之前日本银行的这种问题意识也没有得到认同,全球金融危机之后情况有了很大转变。2013 年 4 月,BIS 公开发表了题为"中央银行财务"的论文,这是在 BIS 央行成员之间的讨论与合作基础上完成的,时任 BIS 行长海梅·卡鲁阿纳(Jaime Caruana)为该论文撰写了序言。我的想法与序言中的一些观点非常接近:[1]

> 理想状况下的中央银行应具备在金融危机期间也能继续履行社会必要职能所必需的财务基础和机制。为规避这些风险,即使因履行社会必要职责而导致了财务损失,恐怕也需要充足的财务实力或机制保证资本账户余额为正。总之,重要的是中央银行的财务独立性。

英格兰银行理事安德鲁·豪泽(Andrew Heuser)区分了"财务偿付能力约束"(financial solvency constraints)与"政策偿付能力约束"

---

[1] 参见 Archer, David and Paul Moser-Boehm (2013), "Central Bank Finances", BIS Papers, No. 71, April 2013. p. 1.

(policy solvency constraints),这与上述卡鲁阿纳的观点基本一致。[1] 福井行长在上文提到的演讲中还指出:

> 如此想来,有了国民的理解,中央银行就可以承担一定程度的风险并采取灵活的行动,因承担风险导致自有资本下降时也需要得到国民的支持,借以恢复自有资本实力。我认为这样一来,就可以实现民主制度框架与中央银行相机抉择和谐共存的局面。

我完全同意福井老行长的说法。在 2010 年秋季实施全面宽松政策时,我从多个方面分析了中央银行在民主社会中的作用。之后,又经历了东日本大地震以及草拟政府与日本银行的共同声明,每个阶段所遇到的问题都有很多共同之处。

---

[1] Hauser, Andrew (2017), "Watching the Watchers: Forward-Looking Assessment and Challenge of a Central Bank's Own Financial Risks", Speech at the GARP 18th Annual Risk Management Convention, March 7, 2017. (https://www.bis.org/review/r170310h.pdf.)

## 第13章　东日本大地震

　　2011年3月11日下午2点46分，日本发生了本国地震观测史上从未有过的大地震。以三陆海岸为震中的东北地区太平洋海岸地震、其后的海啸以及福岛第一核电站事故是第二次世界大战后日本面临的最大危机。回顾我的行长生涯，东日本大地震是与雷曼兄弟破产、欧洲债务危机并列，给日本经济带来沉重打击的三件大事。刚任行长时，我曾经以为最能体现日本银行作为中央银行真正价值的时机就是在大地震发生之时，因此我主张日本银行在平常时期就必须为可能出现的危机做好周密的准备，而这次地震和海啸规模远远超出了我们的想象，而且发生了核电站事故。日本银行举全行之力实现了最重要的金融市场稳定并维持了金融系统正常运行。

### 东日本大地震爆发

　　2011年3月11日是星期五。地震发生时，我正在行长办公室与工作人员商量周一要召开的决策会议事宜，在经历了从未体验过的被纵向上抛之后，是持续剧烈的横向摇摆，后来才知道是震级9.0[①]、最大

---

[①]　地震刚发生后公布的震级为里氏7.9级，之后经过3次向上调整，最终确定为里氏9.0级。

烈度为 7 级的大地震。地震发生后不久，一场巨大的海啸袭击了以东日本为中心的太平洋沿岸。并且，12 日下午 3 点 36 分福岛第一核电站 1 号机组发生了第一次氢气爆炸。

地震发生时，从位于日本银行总部 8 楼行长室的窗户向大手町方向望去，看到一幢在建大楼楼顶上的塔吊缓慢地左右摇摆，更是激起了强烈的不安。最初的剧烈摇摆结束后，我立即解散会议，指示大家迅速返回各自岗位，全力应对灾情。最先成立了以我为部长、山口广秀副行长为副部长、支付清算中心负责人山本谦三理事为事务局局长的"灾害对策总部"，当时是下午 3 点①。灾害对策总部的首要工作是确认日银网络是否运行正常。不管是金融市场上市场参与者之间的大宗交易，还是企业或个人之间的小额汇款结算，整个日本境内的资金最终都是通过日银网络清算。另外，国债交易也是通过日银网络结算。一旦日银网络停止运行，整个日本境内的资金和国债结算都难以进行，将会对经济活动产生不可估量的影响。幸运的是，很快就确认日银网络运行正常。因此日本银行立即发布了简短声明："包括东北地区各分行及办事处在内，日本银行正常营业，日银网络也运转正常。"发表这个声明时我想到的是大约 10 年前美国"9·11"恐怖事件后美联储发表的声明："联邦储备系统正常开门营业，贷款窗口可以随时满足流动性需求。"声明极其简短，却让人感受到了美联储阻止金融系统崩溃的坚定决心。自那时起我就意识到，当中央银行面对前所未有的危机时，最重要的是运用简短语言发布必要的信息。

11 日下午 3 点 55 分，我与首相官邸的营直人首相通了电话，直接汇报了日银网络正常运转等情况。当天晚上，我与金融担当大臣自见庄三郎联名发布了"金融措施"，明确要求金融机构，即使储户丢失存单或存折，也要确保储户可以提取存款。另外，对于原定在下周一（14 日）

---

① 日本银行官网在当天下午 3 点 21 分发布了成立灾害对策总部的信息。

第 13 章 东日本大地震

举行的例行决策会议，决定将会议开始时间由通常的下午 2 点提前至 1 点，并将 2 天的会议压缩为 1 天，随后立即对外发布了公告。我还以自己的名义给海外中央银行行长发送了电子邮件，通报了震后日本的情况。①

3 月 11 日（星期五），日本东北部发生了史无前例的大地震。东京圈也受到地震影响。所幸日本银行总部和各分支机构的建筑物均未受损，也没有接到职员受灾的报告。当天日本银行正常营业，日银网络运转正常，资金和国债交易顺利清算。日本银行第一时间成立了以我为部长的灾害对策总部。灾害对策总部将密切关注地震对金融市场的影响并全力监控金融机构的业务持续能力。为维持金融体系稳定，日本银行准备采取包括提供充足流动性在内的任何必要措施。同时，将原定于下周一和周二举行的决策会议缩短为 1 天，并从 14 日（周一）下午 1 点开始。

地震当天由于交通瘫痪，日本银行总部的很多职员同其他许多机构职员一样无法回家休息，都是在总部大楼度过了一夜。我由于居住在日本银行总部附近，凌晨 2 点半左右回到了住所。

## 持续提供金融服务

日本银行始终高度关注的问题是，发生大规模自然灾害时中央银行应该做些什么？特别是 1995 年日本阪神淡路大地震后，日本银行制定了详细计划，为构筑业务持续体制投入了相当的经营资源。现在回顾东日本大地震发生后实际发生的状况，由于平时准备充分，有些事

---

① 在邮件发出后，又决定将决策会议的开始时间再度提前 1 个小时，即中午 12 点开始，并予以公布。

情还能比较从容地应对，而很多事情都是完全没有预想到的。福岛第一核电站事故及其带来的种种影响最为典型。

地震发生后，总部设在受灾地区的72家金融机构的约2 700家营业网点中，将近280家网点被迫关闭。日本银行与民间金融机构一样，都面临着职员通勤困难、电力供应中断依靠应急发电、高速公路瘫痪导致应急发电所需的柴油短缺等诸多问题，尽管如此，日本银行仍在竭尽全力维持和恢复金融服务功能。[①] 与其他发达国家相比，日本现金结算比例非常高，确保购买生活必需品所需的现金就成为一个重大课题。因此，像上文提过的，在地震发生当天，我就与金融担当大臣以联名方式要求金融机构确保储户可以提取现金，即使储户丢失存单或者存折。尽管地震发生后的周末并非营业日，为了满足灾区民众的现金需求，日本银行总行、青森分行、仙台分行、福岛分行、盛冈办事处正常营业，努力为受灾地区及时提供充足的现金。实际上，为受灾地区提供的现金规模达到了上一年同期的3倍左右。另外，因地震和海啸而受损的大量纸币及硬币汇集到日本银行，仙台、福岛两分行以及盛冈办事处的兑换工作量不断增大。为迅速完成兑换工作，日本银行在相当长的时期内派遣总行或其他分行职员协助完成此项工作，形成了应急支援体制。[②]

## 货币政策方面的措施

地震发生前，日本银行判断没必要采取强化的货币宽松措施，然

---

[①] 遠藤祐司・小田信之（2015）「決済システムから見た震災直後の金融経済状況」、齊藤誠編『震災と経済』（「大震災に学ぶ社会科学」第4巻）東洋経済新報社、2015年所収。

[②] 就纸币而言，如果残币票面剩余超过2/3，按原面额全额予以兑换；如果剩余在2/5至2/3之间，则按原面额的一半兑换；不足2/5则不可兑换。截至2012年3月，累积处理残币48万张、硬币424万枚，总处理金额合计为38亿日元。

而由于地震的爆发，日本银行不得不采取一些必要措施。而所谓必要的具体措施也随时间推移快速变化着。地震刚发生时，日本银行主要考虑的是明确作为中央银行，已做好提供充足流动性的准备，而改变了我这一想法的是周末，特别是3月13日星期日傍晚福岛第一核电站的突发事故。为了参加原定于周日下午在首相官邸召开的"经济对策会议"，我一边在官邸附近的日本银行冰川分馆待命，一边持续关注电视新闻直播，画面显示了福岛第一核电站因事故而严重受损情况〔那时还没有使用"熔毁"（meltdown）一词，但后来得知已经发生堆芯熔毁〕。当时我最担心的是地震、海啸与核电站事故等一系列事件，将加重企业经营者的恐慌心理和投资者的风险规避意识，从而提高金融市场上的各种风险溢价，给实体经济活动带来严重的负面影响。

考虑到这些情况，日本银行决定双管齐下，同时采取流动性供给和强化的宽松货币政策。完全无法预测地震、海啸及核电站事故负面影响的概率分布，这就是经济学家弗兰克·奈特（Frank Knight）所说的"不确定性"。当突发巨大风险事故、未来不确定性增强时，金融市场上以防万一的流动性需求也会迅速增加。如果日本银行不能及时满足这种流动性需求，就会带来金融市场动荡，进而波及实体经济。为了防患于未然，地震发生后日本银行立即启动大规模的资金供给，通过消除资金筹措方面的紧张情绪确保金融市场稳定。3月13日深夜在首相官邸召开的"经济对策会议"结束后，回答记者的现场采访时，我提前预告"从明天开始向市场供应大量资金"。14日即震后的第一个营业日的资金供给操作招标规模为21.8万亿日元，中标金额达到15.1万亿日元（其中当天投放金额为8.9万亿日元）[1]。这是当时的

---

[1] 遠藤祐司・小田信之（2015）「決済システムから見た震災直後の金融経済状況」、齊藤誠編『震災と経済』（「大震災に学ぶ社会科学」第4巻）東洋経済新報社、2015年所収。

历史最高纪录，比雷曼兄弟事件后日最大资金投放量高出了近3倍。

与提供流动性供给相比，日本银行在强化宽松货币政策上能做的工作其实非常有限。被认为最有效的措施就是在5个月前的2010年10月开始的"全面宽松"政策框架下，增加以风险性资产为主的"资产购买等的基金"额度5万亿日元，使基金总额度达到40万亿日元，以此抑制风险溢价的上升（增额明细：长期国债为5 000亿日元、短期国库券1万亿日元、商业票据与公司债券分别各为1.5万亿日元、交易型开放式指数基金4 500亿日元、房地产投资信托基金500亿日元）。[1]

## 核电站事故后的业务持续问题

3月11日大地震发生后，不仅日本东北地区，以首都圈和东日本为中心的各地区持续发生了强烈余震，整个日本陷入恐慌状态。与地震并列，进一步加重国民恐慌心理的是福岛第一核电站的连续爆炸。[2] 12日下午3时36分，福岛第一核电站1号机组发生爆炸；13日3号机组堆芯熔毁；14日上午11点1分，建筑物爆炸；15日2号机组建筑物冒出白烟，4号机组发生了火灾。日本原子能安全保安院将事故等级定为"7级"，等同于苏联切尔诺贝利核电站的事故等级，达到历史最严重程度。截至2011年8月，根据政府避难指示，需要避难的国民已超过14万人。

日本银行试图通过各种途径收集核事故的相关信息，但是根本得不到真实的讯息。在各类谣言满天飞的阶段，外国使馆官员及家属应本国要求开始撤离日本，包括金融机构在内的外国企业也开始停业，

---

[1] 在2011年4月的决策会议上，为确保受灾地区金融机构的资金筹措能力，决定采取以灾区金融机构为对象的融资制度以及放松担保条件措施。

[2] 以下记叙基于远藤（2103）的内容。遠藤典子『原子力損害賠償制度の研究——東京電力福島原発事故からの考察』岩波書店、2013年。

并从东京撤回职员和家属。日本银行以山口广秀副行长为中心，努力通过首相官邸和经济产业省获取相关信息。当时两个问题最为紧迫。

其一是确保电力供应。日本银行的计算机中心并不在总部，而是建在东京都内的某个地方，那里划入了东京电力公司的计划停电区域。如果这样的话，计划停电期间日本资金和国债清算系统就可能停止运行。当然，计算机中心备有应急发电系统，不过供电能力有限，若是仅停电几天，还能勉强维持，日本国内最为基础的支付清算系统依靠应急发电维持尚无先例。如果国外市场参与者知道了这种状况，其本身就可能成为金融体系动荡的源泉，甚至可能引发二次灾害。山口副行长向首相官邸、经济产业省以及东京电力说明了这一问题的严重性，并请求将日本银行的计算机中心排除在计划停电区域之外。我也在3月11日深夜的首相官邸会议之后，就此事与菅首相进行了沟通，虽然当时已过了午夜零时，还是立即与东京电力公司胜俣恒久董事长通了电话。种种努力的结果，日本银行计算机中心总算避免了停电之虞。

其二是日本银行福岛分行的业务问题。福岛分行距离福岛第一核电站仅60公里。为了避免放射性污染，日本政府指定的避难区域是距核电站半径20公里范围内的地区，但如果放射性污染范围进一步扩大，则福岛分行所在地也可能划入避难指示区，员工必须撤离。日本银行各地分行的重要业务就是向本地区提供现金，如果福岛分行停止业务，则意味着无法再向受灾地区提供现金。因此，针对紧急状况下的现金供给问题，山口副行长牵头组织了行内讨论。

## 金融市场的反应

新一周开始的3月14日和15日，金融市场上国外参与者迅速"看衰"日本，14日日经平均股价下跌633日元，15日更是大幅下跌了1 015日元。

在这种情况下，日本银行能做的工作就是防止金融市场恐慌情绪的进一步扩散。连日来，日本银行持续为金融市场投放大量资金，截至3月24日日本银行活期存款余额已经远远超过法定准备金（7.5万亿日元），达到了创纪录的42.6万亿日元。① 由于投放了大量资金，短期资金市场始终得以保持稳定。地震前国债市场上的10年期国债利率为1.30%，3月中旬的利率基本稳定在1.20%至1.25%的窄幅区间。

在此期间，外汇市场上日元进一步升值。地震之前日元对美元汇率处于82.5～83日元的较高区间，地震发生后市场上出现传言，称日本金融机构被迫抛售外币资产变现日元（repatriation），3月17日日元汇率一度升至79.0～79.5日元区间。受此影响，日本财务省和日本银行分头协调国外相关机构联合干预外汇市场。结果，3月18日，G7实施了自2000年9月22日以来时隔11年的联合干预。过去，美国和欧洲一直反对以阻止日元升值为目的干预外汇市场，更不要说联合干预，而此时它们完全理解日本的困境，联合干预顺利成行。当天早上，我到财务省与野田佳彦财务大臣一起参加了G7国家相关负责人电话会议，之后与野田财务大臣一起召开了记者招待会。此后，外汇市场走势开始逆转，4月份日元汇率回到了85日元左右。我认为这次联合干预外汇市场有效地阻止了外汇市场向日本股票市场为主的其他市场的负面溢出，成效斐然。

## 要求日本银行认购国债的舆论高涨

大地震爆发后有必要立即出台财政方面的措施。2011财年的最初

---

① 在外汇资金周转方面，日本金融机构没有受到地震影响，而地震发生前日本银行就启动了美元资金供给操作，在此前的3个月美元期货报价基础上，作为安全措施又开始提供以周为频次的报价。

预算当然不会包含东日本大地震的救灾预算，此后政府陆续追加了三次预算。① 从 2011 年震灾相关的预算规模看，5 月 2 日内阁会议通过的第一笔追加预算约为 4.0 万亿日元，7 月 25 日通过的第二笔追加预算约为 1.9 万亿日元，11 月 21 日通过的第三笔追加预算为 9.2 万亿日元。此外，在 12 月 24 日内阁批准的 2012 财年预算中，新设立了东日本大地震灾后重建特别科目，预算规模约为 3.8 万亿日元，加上 2011 财年的追加预算，总计规模达到了 18.9 万亿日元。这一金额大致与"东日本大地震灾后重建基本方针"中的数字吻合，该方针是东日本大地震灾后重建对策总部于 2011 年 7 月 29 日制定的，预计到 2015 财年的 5 年密集重建期内，国家和地方实施的项目所需资金达 19 万亿日元（以上数字不包括与核电事故相关的损害赔偿支出）。②

东日本大地震发生后不久，执政党的民主党议员就主张要求日本银行承购国债。3 月 18 日《产经新闻》头版头条刊登了《东日本大地震政府重建方针——紧急发行超 10 万亿日元"复兴国债"，日本银行认购》的报道。政府对日本银行承购国债始终持谨慎态度，但民主党议员与自民党议员在国会上强烈要求日本银行认购国债。超党派议员组成的"增税外复兴财源研究会"发表声明，主张东日本大地震的复兴财源不能依靠增税，而要通过日本银行全额认购复兴国债的方式筹集资金。截至 6 月 16 日，在这个声明上签字的朝野党派国会议员多达 211 人。在前所未有的事态面前，我感到很多议员都失去了冷静！日本共产党的大门实纪史议员是为数不多反对日本银行认购国债的议员

---

① 以下内容参考了齊藤誠・中川雅之・顧濤（2015）「東日本大震災の復興予算はどのように作られたのか？」、齊藤誠編『震災と経済』（「大震災に学ぶ社会科学」第 4 巻）東洋経済新報社、2015 年所収。
② 因重建进展缓慢，加之需要根据灾后的社会经济状况重新讨论重建项目的对象和规模，2012 年 11 月曾一度出现缩小预算规模的舆论，不过，同年 12 月自民党重新执政后又转为扩大预算。

之一。

这个时期要求日本银行认购国债的主张，既有那些先前就要求扩大货币宽松的人利用东日本大地震再次发声的因素，同时更多的还是诉诸情感，针对地震、海啸、核电站事故等可以称之为"国难"的异常状况，认为日本银行有必要出台更加破例的货币政策。如上文所讲，国债利率在震后依然保持低位稳定，说明政府发行国债筹措资金并不困难。而这种诉诸情感的主张不仅获得了一部分政治家的认同，好像也得到了财界人士的支持。实际上，一位在3月末与我交流过的某大报社社长曾表示："要说最近参加恳谈会有什么感受，我觉得八成财界人士认为，在这样的非常时期，让日本银行认购国债也是没有办法的事。"我的感受与这位社长完全相同。而同时，他也提出了自己的想法，"最好不要放弃作为日本银行行长的理念"。

我的观点是，如果日本银行在国债利率稳定且处于低位运行状态下认购国债，会给世界留下日本政策当局已陷入恐慌的错误印象，极有可能破坏当时极力维持的金融市场稳定。因此，我下定决心，准备明确反驳要求日本银行认购国债的主张。

问题是根据什么逻辑反驳这一主张。当时有一种观点相当活跃，就是不能以"意料之外的风险"作为应对严重海啸和核事故准备不足的说辞，而日本银行认购国债的风险是完全可以预料到的，甚至可以说是必须考虑到的风险。因此我决定唤起人们的风险意识，驳斥认购国债的主张，并强调金融和经济运行的重要基础是对货币的信任。此后，以地震灾害为由要求认购国债的主张一度减弱，而后在通货紧缩以及日元升值的背景下，要求日本银行认购国债的呼声再度高涨。

## 收集与发布准确信息

地震发生后，作为中央银行，保障支付清算系统的稳定运行以及向金融市场提供充足的流动性，都是日本银行的分内之事，而在这个过程中最伤脑筋的是如何对外发布信息，日本银行为此付出了很大努力。福岛第一核电站核反应堆建筑物的相继爆炸，加之相关真实信息的匮乏，进一步加剧了人们对未来日本经济和金融的不安心理，尤其是海外投资者的焦虑感显著增强。地震发生后的那个周末，部分外国金融机构之间曾经疯传"东京证券交易所停业"的虚假信息。关于日本银行，也出现了许多毫无根据的传闻，比如"计算机中心已迁至大阪""部分总行职能向外转移"，等等。我甚至还接到了国外一个大型金融机构高管求证传闻真假的电话。这种极端不安心理会以自我繁殖方式引起市场的过度反应。因此，就像前面提到的，在主要国家的中央银行行长参加的紧急电话会议上，我详细说明了日本当时的状况。此外，借参加2011年4月美国召开的IMF与世界银行临时委员会会议之际，为消除不实传闻引发的对日本经济的过度悲观预期，我在纽约的美国对外关系委员会（Council on Foreign Relations，缩写为CFR）紧急做了题为"东日本大地震——社会韧性与重建意愿"的演讲。[①]

从经济活动和金融市场等方面把握日本的整体状况固然重要，而此时了解受灾地区的状况也很重要。地震发生后，由于要应对各种事务，我不能离开东京，于是委托山口副行长视察灾区并了解日本银行分支机构的具体情况。3月31日山口副行长到达灾区后，向我详细汇报了受灾情况以及从分行职员那里获得的相关信息，我也知晓了灾区的具体情况。

宏观经济和金融状况也发生了巨大变化。正由于强烈地震和海啸还有核电站事故都是前所未有的事件，日本未来前景的不确定性极高。因此，我认为最重要的是直接听取民间企业和金融机构负责人的意见，

---

① 白川方明＊（2011）「東日本大震災——社会の頑健性と復興に向けた意思」（Council on Foreign Relations 主催の会合での発言）2011年4月14日。

并决定单独面谈。经营者讲话都很坦率且很有价值。每天傍晚，日本银行内部的相关人员都聚集到行长办公室，及时有效地交流和分享信息。东日本大地震刚发生后的状况与平时不同，很明显难以通过宏观经济统计数据把握经济状况，不单是由于统计工作滞后，而是灾区原本就不能形成统计数据。在这种情况下，从供应链的核心企业以及核心工厂收集准确的信息至关重要，当时所有企业都非常配合此项工作。每天收集到的信息都会在傍晚汇总到行长办公室。令人难以置信的是，尽管当时工矿业生产大幅下滑，但基于这些微观信息，日本银行给出的恢复生产预测的准确率几乎达到100%。在民间经济评论家给出悲观预期的背景下，日本银行之所以能够准确地预报出供应链的恢复时间，就是由于平常时期调查统计局及各分行通过访谈等方式建立起的与企业之间的良好信赖关系。

## 经济增长断崖式下降

这里重新梳理一下东日本大地震对日本经济的影响。从地震前的2010年主要国家经济增长率来看，日本达到4.2%，是G7国家中最高的，[1] 如果不发生大地震的话，2011年一定也会维持稳定的经济增长。而由于大地震的严重影响，2011年日本经济增长率降至负0.2%。根据2018年的统计数据，此次灾害共造成约1.6万人死亡，约2 500人失踪。人员损失主要源于造成受淹面积达561平方公里的海啸。地震导致经济增长断崖式下降。2011年3月工矿业生产指数（季节调整后）与上个月相比下降15.5%，是有统计数据以来的单月最大降幅。按季度核算的实际GDP，在2011年第一季度下降0.7%，第二季度下降0.3%。这样的断崖式经济下跌与雷曼兄弟破产后的状况极为相似，

---

[1] 参见IMF的《世界经济展望》。

而带来冲击的性质却截然不同。雷曼兄弟破产后的冲击是可称为"需求蒸发"的突发性需求冲击，而东日本大地震带来的冲击却是供给制约型的。供给冲击主要表现在以下几个方面。

第一，地震和海啸导致从东北到关东北部的道路及港口等社会资本存量以及工厂和商业设施等民间资本存量严重受损。

第二，发电能力大幅下降。受核电站事故影响，日本相继关闭了占总发电量23%的核电站。地震发生后东京电力公司辖区内的发电能力下降了23%，东北电力公司辖区则下降了33%。核电设施受损，限制了以关东、东北地区为中心的电力供应。[1]

第三，地震的影响通过供应链渠道波及灾区以外地区。也就是说，工厂受灾切断了零部件和原材料的供应链条，不仅受灾地区，还影响到了更大范围的生产经营活动。例如，由于日本、美国和中国之间形成了产业链条上的相互依存关系，美国负责最终消费品的开发研制，日本承担零部件生产，最后由中国进行组装，地震灾害通过供应链波及了整个世界。

经济活动低迷虽然主要是由供给因素带来的，但需求方面追加的下行压力也产生了很大影响。也就是说，核事故和电力短缺造成企业和家庭的恐慌心理，以及外国游客的减少，这些都成了经济活动萎缩的原因。为了节约用电，震后降低了道路和建筑物内的照明用电量，全日本范围内还自律减少了餐饮聚会活动，取消了众多官方和民间会议，抑制了以旅行和饮食等服务为中心的消费活动。这些因素的叠加导致日本经济活动的整体萎缩。受灾四县（岩手、宫城、福岛和茨城县）经济占日本全国GDP的比重为6.2%，面积占11.1%。而日本经济整体的下降幅度之所以远远超出灾区所占的比重，就是由于存在上述错综复杂的依存关系。不过，由于日本经济活动的低迷终归是由供

---

[1] 火力发电占比最高，达到了60%。

给制约带来的，随着供给能力的恢复，经济活动也有望恢复。

## 努力恢复震后生产活动

一线生产企业始终在竭力恢复机器设备的生产能力，尤其关键的是生产控制汽车发动机和变速箱所必不可少的微型计算机企业，具体来讲就是位于茨城县常陆那珂市的瑞萨电子公司（Renesas Electronics）的"常陆那珂工厂"。该工厂停产不仅影响了日本的汽车制造，还给世界汽车制造业带来了不小影响。毫不夸张地说，当时这个工厂的产能恢复吸引了整个日本的关注。由于关联企业的援助，这个企业的生产恢复速度比当初的预期要快得多，与地震刚发生后的悲观预期相比，供应链的恢复工作也提早完成。

从需求对 GDP 的贡献看，2011 年第一季度日本国内民间需求的 GDP 贡献度大幅降至负 0.6%，之后降幅收窄，第二季度为负 0.2%；另一方面，外需对 GDP 的贡献度在第一季度为负 0.2%，第二季度受供应链断裂影响，进一步下滑为负 0.8%；其间，以前文提到的重建预算为背景的公共需求支撑了需求的增长，第一季度对 GDP 的贡献度为 0.1%，第二季度提升到 0.3%。

如上所述，供应链问题虽然在短期内得到了解决，但核电站关停所带来的问题却越发严重。暂且不论核电在日本电力能源系统中的定位这一根本性问题，紧迫的问题是，对火力发电依存度的上升增加了对液化天然气的进口需求。地震发生次月的 2011 年 4 月以后，经季节调整后的日本贸易收支转为赤字（见图 13-1）。地震发生前一年（2010 年）全年的贸易收支盈余为 6 745 亿日元；地震当年（2011 年）的贸易收支赤字（月平均，下同）为 2 038 亿日元、第 2 年为 4 378 亿日元、第 3 年为 8 917 亿日元、2014 年 3 月贸易收支赤字达到顶峰的 15 675 亿日元。

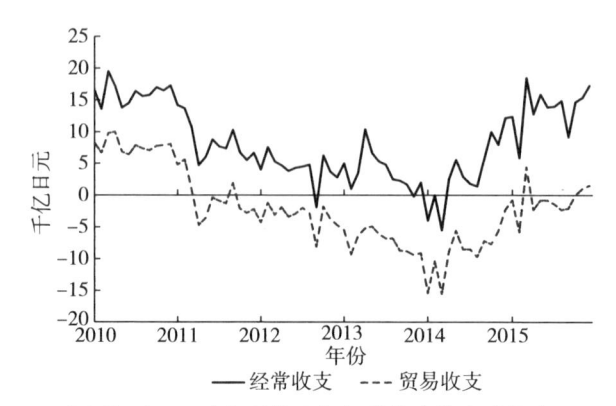

图 13-1　日本贸易收支与经常收支的变动轨迹
资料来源：财务省「国際収支統計」。

## 东电问题与公司债市场

前文已经提及，地震刚发生后的一段时间我与一些企业和金融机构负责人进行了个别沟通，当时很多人都提到了东京电力公司（以下简称东电）问题的严重性。东电是一家超大型企业，从 2010 财年决算报表看，销售额为 50 162 亿日元、当期净利润 1 337 亿日元、总资产 132 039 亿日元、净资产 25 164 亿日元。该公司还是日本国内最大的公司债券发行主体，固定负债中公司债券发行余额为 47 396 亿日元，1 年内到期的固定负债和短期借款总额达到了 11 112 亿日元。事故发生后，很多人想到的是如何解决东电的问题。如果让它承担巨额赔偿，该公司立即就会陷入资不抵债。针对东电的状况，最容易想到的处理方式就是适用《破产法》，但人们马上就会问，是该采取破产处理程序，还是采取其他的处理方式呢？[①] 与这个问题相关联的围绕核电站事

---

① 遠藤典子（2013）『原子力損害賠償制度の研究——東京電力福島原発事故からの考察』岩波書店、2013 年。

故赔偿中国家与东电的责任分担问题，出现了不同的观点，而更重要的问题是，东电的破产是否会带来系统性风险？一种观点认为电力公司破产与金融机构破产不同，不会像存款挤兑那样给同行业其他公司带来连锁性的冲击。另一种观点则认为，适用《破产法》会带来所谓"电力版系统性风险"，应该尽量避免进入破产程序。

最终还是选择了后者。我不知道首相官邸和经济产业省官员基于什么逻辑做出的判断，仅就金融方面来说，我认为他们主要担心以下两个问题。首先是电力债券的巨大规模。截至 2010 年年末，9 家电力公司发行的国内公司债券余额为 13.0 万亿日元，占公司债券市场总额的 20.9%。其次，根据《电力事业法》规定，电力债券持有人拥有优先受偿权。从这个角度来说，电力债券事实上具备准国债的信用等级，在公司债券市场上发挥着确定其他债券收益率的基准作用。不管这种状况从公共政策学的角度看是否合理，投资者绝不会想到电力债券发行人还会有破产的可能性。长期以来这种意识已深入人心，若因适用《破产法》使电力债券失去特殊性，即使存在优先受偿不会带来投资者的损失，也会大大降低包括其他电力公司已发行电子债券的整体信用水平，造成投资者慎购电力债券、电力公司难以筹集资金，结果将导致"电力版系统性风险"。

东日本大地震后，公司债券市场上的整体不确定性持续增加，由于电力债券失去了确定收益率基准的功能，出现了投资者和发行主体之间的"视线"不一致情况，有一段时间停止了公司债券发行。

## 日本银行职员的震后表现

东日本大地震确实是一场人间悲剧，不过我也经历了许多令人感动的事情。其中之一就是日本银行职员对工作的献身精神。虽然很难准确界定受灾地区，但位于受灾严重地区的日本银行营业网点包括青森分行、仙台分行、福岛分行、盛冈办事处和水户办事处。由于仙台分行和福岛分行受灾最为严重，如何确保员工正常通勤上班等诸多问题都需要解决。此外，由于福岛分行距离福岛第一核电站仅有60公里，员工的心理健康管理也是一个重要课题。不过，尽管困难重重，我们还是设法保证了日本银行各分行的正常运转。仙台、福岛分行和盛冈办事处接收了大量海啸造成的残缺纸币和硬币，日本银行的工作就是鉴定这些破损货币的真伪，尽快完成新币兑换。

震后第一次奔赴灾区是在2011年6月初，当我直面被海啸卷走大量建筑物的空旷土地时，心情异常沉重，难以言状。那时正是破损货币兑换的高峰时期，看到仙台分行、福岛分行和盛冈办事处的员工默默投身工作的忙碌身影，不禁热泪盈眶。我想其他组织机构的职员也都同样在尽职工作。当时，我还走访了当地的东邦银行、七十七银行、岩手银行以及信用金库，各机构员工的敬业精神并无二致。当我来到位于宫城县石卷市的石卷信用金库总部时，包括高桥贤志理事长在内的许多员工沉着冷静应对工作的场景，给我留下了深刻印象。

## 来自海外同行的鼓励

除了目睹了员工的奉献精神，还有一个令人难忘的经历，就是收到了很多来自海外中央银行同仁的吊慰与热情鼓励。地震发生一个月后的4月15日，华盛顿举办了G20会议，在联合声明开头明确表示了对日本的声援与支持。[①] 地震发生后没多久，我就陆续收到了来自海外中央银行行长的电子邮件。这些邮件不知给我带来了多大的勇气！此外，泰国中央银行和BIS不仅组织员工捐款，还以组织名义送来了善

---

① "在惨绝人寰的大地震后，我们同日本人民心在一起，愿意提供任何必要的援助，并对日本经济和金融部门的强韧充满信心！"（财务省网站）

款。韩国银行行长金仲秀更是到访日本驻首尔大使馆,对遇难者表示了哀悼。

当时由于担心核辐射风险,访日的外国人数锐减,原定在日本召开的国际会议也相继取消。在这种情况下,令人感动的是纽约联储行长威廉·达德利(William Dudley)如期参加了在东京召开的会议。事前达德利行长曾电话确认过东京的安全状况,我热情邀请他参加会议。当天会议开始前又发生了强烈余震,但看到达德利行长在会场面带笑容的样子,我心中充满了感激。

## 东日本大地震引发的课题

自然灾害是人类有史以来不断抗争却无法回避的风险,世界上所有国家都面临着各式各样来自自然界的威胁。日本国土技术研究中心的数据显示,2000年至2009年间,全世界发生的里氏6.0级及以上的地震中,20.5%发生在日本及其周边地区。① 从发生频次看,台风等灾害的频次要高得多,但像东日本大地震这样地震、海啸与核事故叠加的事件,其影响是无法估量的。东日本大地震引发了许多课题,② 如社会,抑或个别企业以及金融机构,如何应对自然灾害带来的尾部风险。其中最大的课题是核能发电的利弊之争,但由于存在很多不同的观点,而且又不是我所熟悉的专业领域,所以这里只想谈谈与中央银行工作密切相关的两个方面。

一是为规避或减轻自然灾害引发的大规模生产停顿而对企业生产体制提出的挑战。日本制造业已经形成了被称为"准时制"(just-in-

---

① http://www.jice.or.jp/knowledge/japan/commentary09. 2018年4月9日阅读。
② 白川从尾部风险视角分析了自然灾害引发的问题。白川方明*(2011)「我々はテール・リスクにどのように対応すべきか」(オランダ外国銀行協会年次総会での講演)2011年6月27日。

time）的精密生产体制，通过持续不断的压缩中间产品库存提高了产品竞争能力。其突出表现是日本库存水平占 GDP 的比重不断下降。然而，当自然灾害导致部分生产活动中断时，仅维持最低限度中间品库存的弊端就开始显现，企业不得不大幅压缩产能。东日本大地震正是暴露了供应链中断下的零库存风险。更为严重的还暴露了"集中风险"，上文提到的瑞萨电子公司"常陆那珂工厂"的供应链网络就很典型，这是将生产过度集中在特定地区特定企业出现的问题。可无论是增加库存，还是分散采购渠道，都会增加成本。东日本大地震之前日本企业已经加速了产业的海外转移，地震发生后，出于规避风险的考虑，向海外转移的趋势好像更加显著了。[①] 不仅企业层面要重视这种集中风险问题，国家层面也需要重视这个问题。比如，一国经济活动过于集中在某个领域是非常危险的，而在竞争性市场上，过度集中所带来的整个社会负担的成本未必能转化为个别企业的内部成本，结果可能出现严重的尾部风险。

　　二是金融服务方面的业务持续问题。与电力、自来水和道路相同，支付清算或交易等金融服务是支撑经济活动的重要基础设施。业务连续性计划（Business Continuity Plan，缩写为 BCP）就是发生自然灾害等灾难事件时确保业务持续运行的机制。大地震发生后，日本政府以发生南海海沟大地震或首都直下型地震为假定场景，分别制定了防灾对策基本方针，日本银行也比从前更加努力强化了业务持续体制。当然，民间金融机构以及证券交易所也做了很多工作，但是，仅仅依靠单个主体的自发行为，难以形成一套最佳体制。业务持续体制之所以重要，主要是由于私人利益与社会利益的背离。正因为如此，强化业务持续体制就需要一个催化剂。包括日本银行在内许多国家的中央银行都为强化业务持续体制以及改善支付清算系统进行了卓有成效的工

---

① 这就是为什么 2012 年秋季以来日元持续贬值后出口数量仍没有增加的原因之一。

作。这些工作属于中央银行的具体业务，一般并不为人所知，却是中央银行应该承担的重要职责之一。

## 社会防范尾部风险问题

东日本大地震再次将防范尾部风险问题摆在了台面上。当然，虽说都称作尾部风险，但因地震、海啸和核电站事故等灾难的性质不同，应对尾部风险的方式也存在差异。另外，就算是防范自然灾害方面的尾部风险，需要防范的也包括台风、火山活动等多种类型。近年来，人们也逐渐意识到了网络攻击所带来的尾部风险，尾部风险还可能发生在宏观经济运营过程中。正如前文所讲述的，20世纪90年代后半期日本金融危机和2007年以后全球金融危机所引发的经济动荡就是尾部风险的典型事例。虽然金融危机并不经常发生，但现实中确有发生，而且一旦发生，就会造成严重的经济和社会损失。因此，我们需要带着强烈的泡沫或金融危机风险意识，谨慎运作货币政策，但也不可否认，这同时可能会掐断创新和增长的萌芽。从这个意义上说，防范金融危机与防备地震等的尾部风险也存在相同的机理。

不管尾部风险是来自地震、海啸、台风、核电站事故等自然灾害，还是来自宏观经济运行等人为活动，一个社会能在多大程度上容忍尾部风险，归根结底取决于全体社会成员的共同选择，我认为并没有一个先验的标准。而且不同的国家容忍风险的程度也有所不同。国家贫富状态的不同，现实的防范也随之发生变化。关于防范尾部风险问题，我所顾虑的是整个社会是否对各种尾部风险都给予了应有的重视。具体来说，与容易带来物质形态损失的尾部风险相比，对于宏观经济或金融体系方面的尾部风险，是否受到了同等程度的关注或重视？由于自然灾害以及核电事故造成的损失多为实物形态，因此讨论的重点也都集中在具体的物质层面，虽存在着尖锐的意见对立，不过讨论仍在持续。与此相对的是，关于宏观经济运作的尾部风险，很难从具体的物质层面展开讨论，而且，中央银行以外的经济主体也并不关注这类尾部风险。东日本大地震发生后，"不容许意料之外的风险"的说法得到了广泛认同，出现了前文说过的要求日本银行认购国债的强烈呼声，宏观经济运营中的尾部风险就是这类性质的问题。因此，作为专家群体的中央银行，我认为有责任研究尾部风险并向国民做出准确的解释。

# 第14章 "六重苦"与"货币战争"

日元有效汇率于2004年11月转为贬值，这一趋势持续了近三年时间。2007年7月，也就是法国巴黎银行冲击引发全球性金融危机前的一个月，日元贬值达到最低点。此后日元汇率进入持续升值阶段，直至欧洲债务危机最为严重的2012年7月。我担任行长的大部分时间里，日元升值都是重要的政策焦点。正如第9章所分析的，虽然外界要求日本银行采取通货紧缩对策的压力很大，不过要求阻止日元升值的政策压力更大。这是由于"摆脱通货紧缩"几乎等同于"恢复经济景气"，虽然许多企业经营者直观上理解仅凭货币政策不能恢复经济景气，却执着地认为日本银行的大胆货币政策可以影响日元汇率变动。汇率与货币政策的关系问题就像"货币战争"一词所显示的，成为国际经济政策讨论中的一个重要主题。

## 何谓"六重苦"

"六重苦"一词是什么时候出现的？我想大概是在2010年前后，开始用来表示日本企业在国际经济竞争中的一系列不利因素。"六重苦"具体是指日元升值、法人税率高企、电价高昂或电力供应短缺、自由贸易协定进展迟缓、劳工规制严苛以及环境规制强化等六个方面。特别是在2011—2012年期间，受东日本大地震后各地关停核电站而出现的电力供应紧张以及欧洲债务危机后日元不断升值的影响，经常听到汽车行业及电机电器行业经营者提及"六重苦"。这一说法的弦外之音似乎是，"尽管我们这些民间企业都在拼命地努力经营，但由于政府和日本银行的'不作为'，致使日本企业因不可控因素陷入了严重的经营困境"。很显然，"六重苦"一词已成为表现日本企业经营者焦躁和愤怒的代名词。

且不论当时的这种认识是否正确，现在经营者已不再提及"六重苦"了。而与当时的情况相比，"六重苦"中除了日元升值，其他因素并没有出现太大改观，经营者不再提及这个词的事实恰恰说明，当时企业经营者对日元升值的不满情绪有多么严重！

## 2000年之后的日元汇率变动

前面在多个章节曾提过2000年以后的日元升值，本章将系统、全面地分析我担任行长5年间的日元升值状况。

首先分析主要国家的汇率变动情况。外汇市场上每天进行着巨额外汇交易。2016年BIS的调查显示，全球外汇市场上每天交易额可达6.5万亿美元。[①] 与之相对，当年世界名义GDP是75.4万亿美元，日均仅为2 900亿美元，这表明外汇交易中占压倒性的是资本交易。金融机构或个人投资者在选择资产投资时，要比较不同国家货币计价资产的收益率及其风险状况，同时还要考虑包括汇率变动在内的风险暴露后自身的承受能力。在金融市场全球化进程中，汇率不再依赖货物、服务这些经常项目的交易，而是逐渐演变为资产选择的结果。

在货物和服务的进出口方面，日元对欧元、亚洲国家货币等的汇率

---

① 参考了BIS的数据，详见https：//www.bis.org/publ/rpfx16.htm。

变化也有非常重要的影响。有一次在与一家极具实力的日本电机电器制造企业的领导者的私下聊天中，发现最令他焦虑的是日元对韩元的升值。根据贸易金额加权平均得到的名义有效汇率，是综合反映汇率变动的指标。从 BIS 发布的 2000 年以来的月度名义有效汇率看，日元汇率在 2007 年 7 月跌至最低点，与 2000 年的水平相比，贬值幅度达到 22.5%。日元升值的顶峰出现在 2012 年 1 月，到同年 7 月一直持续高位态势。若将 2012 年这两个时点的汇率与 2000 年相比，日元升值了 18%~19%；若与 2007 年日元汇率最低点相比，升值幅度高达 54%（见图 14-1）。这一时期日本国内多以"超级日元升值"表示日元升值状况，实际上，就这一阶段的货币升值而言，最引人注目的应该是瑞士法郎和澳元，与 2000 年 1 月相比，瑞士法郎升值 59%，澳元升值 36%。其理由在于瑞士法郎与日元相同，都是避险货币，而澳元是"资源国货币"，升值反映的是引领这一时期世界经济的中国经济高速增长。欧元也创纪录地升值了 31%。从这些情况看，即使比较 21 世纪以来主要国家货币汇率从最低点到最高点的变动，日元也并不是升值幅度最大的货币。

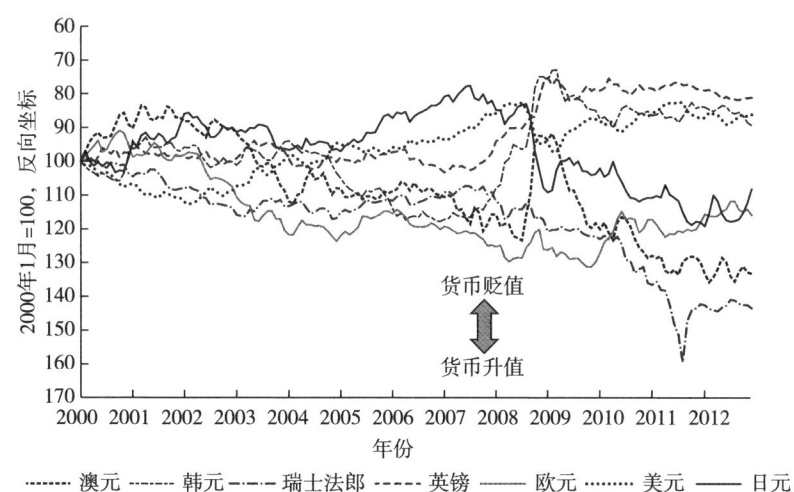

图 14-1 主要货币名义有效汇率的变动轨迹（2000—2012 年）
资料来源：BIS。

2000年1月=100，月平均

| 货币 | 本国货币贬值的最低点 | | 本国货币升值的最高点 | | 波动率（%） |
|---|---|---|---|---|---|
| 日元 | 77.5 | 2007年7月 | 119.1 | 2012年1月 | 53.8 |
| 美元 | 82.3 | 2011年7月 | 112.7 | 2002年2月 | 37.0 |
| 欧元 | 90.9 | 2000年10月 | 131.2 | 2009年11月 | 44.2 |
| 英镑 | 75.1 | 2009年1月 | 103.2 | 2007年1月 | 37.4 |
| 瑞士法郎 | 98.7 | 2000年3月 | 159.4 | 2011年8月 | 61.5 |
| 韩元 | 72.8 | 2009年3月 | 117.7 | 2006年12月 | 61.6 |
| 澳元 | 83.5 | 2001年3月 | 135.7 | 2012年2月 | 62.6 |

资料来源：BIS。

从企业价格竞争力角度来说，重要的不是名义汇率的变动，而是剔除国内外价格水平差异影响后的实际汇率变动。实际有效汇率是运用贸易加权平均计算得到的某一货币对各种货币的实际汇率。相比过去的日元升值阶段，在"六重苦"言论盛行期间，日元的实际有效汇率反而是处于贬值区间（见图14-2）。从国际上看，日元的升值程度也并不是非常显著。不过，由于在担任行长期间，只要一提到日元实际有效汇率，就会招致外界的无谓指责，说日本银行容忍日元升值态势，所以我有意识地闭口不谈这个概念。

在以前的日元升值过程中，能够与2007年7月至2012年7月期间日元升值相比拟的是1990年到1995年长达5年的日元升值。无论是升值的时间跨度，还是升值水平，二者都很相似，只是后者在高点的持续时间比较短。

2007年7月开始持续5年的日元升值主要是源于全球金融危机和欧洲债务危机。全球性金融危机从两个渠道影响日元汇率。一个是不断增强的不确定性抬升了对避险货币的投资需求。日元升值开始于巴黎银行冲击前的2007年7月，终止于欧洲债务危机顶峰的2012年7月，始点和终点这两个时间节点都可以说明这一问题。另一个是国内

图 14-2　日元实际有效汇率变动轨迹

注：BIS 的广义加权平均；1993 年以前是狭义加权平均。
资料来源：日本银行『金融経済統計月報』（2013 年 3 月）图表 8。

外利率差的缩小。

## 作为"避险货币"的日元

日元作为避险货币受到投资者追捧，大多是在对日本经济前景预期普遍悲观的背景下，这种现象一般很难理解。我任行长期间经常被问到一个问题："日本财政状况如此严峻，人口减少也降低了潜在经济增长率，为何日元还能作为避险货币呢？"在外汇交易中，一种货币是否绝对安全并不重要，重要的是市场参与者认定的与其他货币相比的相对安全性。另外，选择避险货币也并不是为了进行长期投资，而是考虑当下挑选哪种货币计价的资产作"逃离准备"最为明智。这是世界上所有投资者和企业家通常都会考虑的问题，世界各国政府以及中央银行投资运作外汇储备时也不例外，尤其是新兴市场国家以及主要产油国的主权财富基金（sovereign wealth fund），更是如此。由于汇率是众多货币之间的兑换比率，对货币安全性的评价差异就表现为汇率的波动。

在国际金融危机中，左右货币安全性的最大因素之一就是一国整体的外汇头寸。在这方面日本是"堡垒"般坚固的国家。更重要的是，长期以来日本经常项目每年都盈余，盈余流量累积形成的日本对外净资产余额在2010年末达到251.5万亿日元（由外币换算而得，占GDP的52.5%），规模居世界第一位。中国的对外净资产规模仅次于日本，位居世界第二位，但由于中国人民币资本项目下不可兑换，不能成为避险货币。德国对外净资产排名世界第三，由于欧元区本身就是危机震源地，欧元也不能作为避险货币。瑞士排名世界第四。投资者选择避险货币的标准包括货币的可自由兑换性、具备一定规模的金融市场、发生纷争时有法可依、国家层面拥有充裕的外汇资金等，瑞士法郎完全符合这些标准，因此与日元一起成为避险货币。我想假如今天还有德国马克的话，金融危机时马克也会吸收部分避险投资，日元升值压力也许会减轻一些。[①] 日元升值降低了其他货币的升值压力，其中也包括人民币。人民币在2005年7月实施一篮子货币体制后，中国政府为抑制人民币升值，持续干预外汇市场。此外，日元被认定为长期与人民币保持某种联动性且可自由兑换的资产，为对冲人民币未来升值的汇率风险，中国在外汇市场上增加了实施所谓的"替代对冲"（proxy hedge）操作，这种交易也带来了日元升值。

---

① 2004年瑞士中央银行行长让-皮埃尔·罗特在演讲中回顾了欧元成立时的情况，指出德国马克曾与瑞士法郎一样是避险货币的备选对象，而由于欧元成立、德国马克不复存在，所以担心金融危机时瑞士法郎会升值，还特别提到担心欧元价值受到质疑时瑞士法郎也会升值。虽然发表这一演讲时，他的担心没有成为现实，但不久后爆发的欧洲债务危机，完全验证了他当时的担忧。参见 Roth, Jean–Pierre (2004), "Switzerland: An Island in Euroland?", Speech at the Bank of Greece, May 21, 2004. (https://www.snb.ch/en/mmr/speeches/id/ref_20040521_jpr/source/ref_20040521_jpr.en.pdf.)

## 国内外利率差

前面章节已经提及，国内外利率差缩小造成了日元升值（见第8章"雷曼兄弟破产"），在此稍做回顾。在全球金融危机和欧洲债务危机爆发导致世界经济衰退的背景下，各国都采取了宽松货币政策，利率水平整体下降。日本也不例外，而显著的差别是日元利率的降幅很小。这是由于危机发生时日元短期利率已经接近零利率，几乎没有下降空间。长期利率虽然高于短期利率，但也处于世界最低水平，下调余地也相当有限。换句话说，日本的尴尬之处在于，不管国内外利率差如何缩小，也无法通过货币政策主动扩大利率差（见图14-3）。自丹麦国家银行和瑞典中央银行引入了负利率政策后，作为诱导日元贬值的措施，日本银行货币政策决策会议从2012年左右起也开始认真讨论活期存款负利率问题。活期存款的负利率政策尽管可以将民间银行的存款利率降至零以下，但降低的幅度也相当有限。这是由于如果存款利率变为负值，则储户很可能提取存款并大量持有现金。因此，在我看来，即使引入负利率，也很难人为扩大国内外利率差。

金融市场的参与者始终关注国内外中央银行货币政策的基调变化。这一政策基调最终体现在作为政策利率短期利率的未来走势上。关于未来的短期利率，日本银行已经明确继续实行零利率政策。其实，即使日本银行不针对未来短期利率实施前瞻性指引，基于当时的国内外经济情况，在一段时期内占支配地位的预期仍是短期利率维持当前的零利率水平。日本长期利率极低的事实，恰恰就是市场参与者对未来利率预期的反映。美联储在实施宽松货币政策时，不管是采取购买长期国债方式，还是运用前瞻性指引方式，都可以沿着降低本国利率的方向改变收益率曲线。其结果是，美联储实施宽松货币政策时能带来美元贬值，而日本银行却没有办法化解美联储宽松货币政策所导致的国内外利率差缩小的影响。日元升值就是这一严酷现实的真实体现。

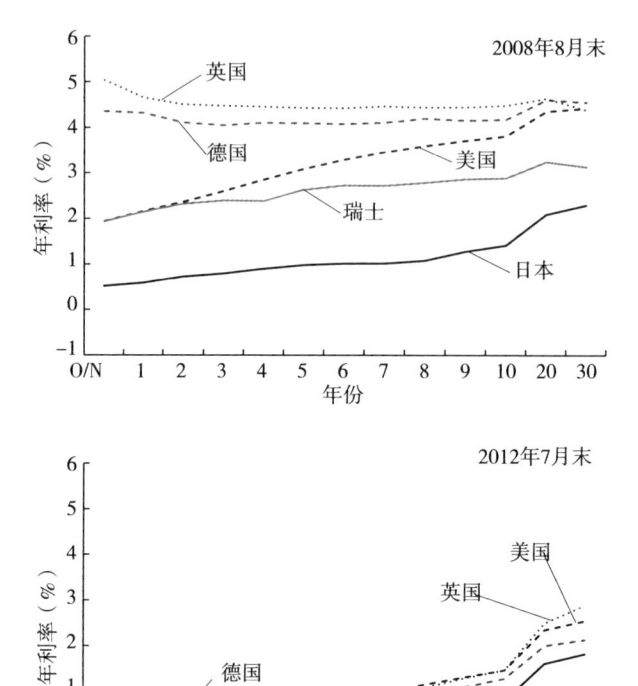

图 14-3　主要国家的收益率曲线

注：隔夜利率标准选取如下，日本·无担保隔夜拆借利率（O/N）、美国·联邦基金利率（FF rate）、德国·欧元隔夜平均利率指数（EONIA）、英国·英镑隔夜银行间平均利率（SONIA）、瑞士·瑞士隔夜平均利率（SARON）；1 年以上为普通国债收益率；没有数据的年份通过 3 次样条插值推算。

资料来源：彭博资讯。

出人意料的是，在讨论汇率变动时，国内外利率差问题并没有得到应有的重视。在这方面，瑞士中央银行与日本银行面临同样的困境，该行行长菲利普·希尔德布兰德（Philipp Hildebrand）与我就共同关心的本国货币升值问题经常交换意见。在零利率约束条件下，本国货币贬值应该成为货币宽松效果传导的重要路径之一，而两国的相同之处在于都没有出现这一效果。正如上文所讲的，日元和瑞士法郎之所以成为避险货币，根本原因是巨额对外净资产规模等，而另一个原因则是两国都面临着零利率约束，整体利率处于最低水平。

在我的印象中，日本国内关于汇率变动问题的讨论缺乏全盘视野，应该在全球经济金融形势下考察各种货币的汇率变动，并将日元汇率变动作为其中之一进行分析。

## "N-1问题"

针对上述日本和瑞士所面临的情况，诺贝尔经济学奖获得者罗伯特·蒙代尔（Robert Mundell）大约在50年前就指出了这是"冗余问题"（redundancy problem）或"N-1问题"。[1] 他认为，如果世界上有N个国家，就会存在N种货币政策，另一方面，由于汇率是货币之间的兑换比率，所以汇率只存在N-1个。因此，如果每个国家都可以通过货币政策追求本国的最佳汇率，那么总会有一个国家无法选择本国货币的汇率水平。蒙代尔提出这个概念是在布雷顿森林体系下，假定第N号国家就是美国，各国在追求自身最佳经济状态的同时，美国作为基轴货币国，以追求世界经济的最佳状态为目标运作自己的货币政策，结果各国经济以及世界经济都可以达到最佳状态，这个观点至少在逻辑上是讲得通的。我第一次接触蒙代尔的这个观点还是学生时代，虽然理解了其中道理，但想象不到现实中是一种什么情况。经历了任职行长期间的日元升值，才算真正理解了蒙代尔这个观点的现实意义。实际上作为第N号国家的并不是美国，而是像日本和瑞士这样的国家。

---

[1] Mundell, Robert A. (1969), "The Problems of International Monetary System", in Mundell, Robert A. and Alexender K. Swoboda, eds., *Monetary Problems of International Economy*, University of Chicago Press, 1969.

具有讽刺意味的是，在这期间的国会答辩中，还有议员基于同样是蒙代尔重大学术成就之一的"蒙代尔－弗莱明模型"（Mundell-Flemming Model），批评日本银行的货币政策。蒙代尔－弗莱明模型分析的是资本自由流动条件下货币政策和财政政策的效果差异。根据该模型，在浮动汇率制度下，宽松货币政策会降低利率，从而引发资本外流，进而带来本币贬值，达到刺激经济增长效果；而实施积极财政政策则会提高利率，随之而来的资本流入将导致该国货币升值，不具有刺激经济增长的效果。因此，这些议员主张日本银行应该积极采取宽松货币政策，为此就需要进一步扩大基础货币规模。我无法接受这种观点。关于财政政策，由于日本银行已经实施零利率政策，原本就不会出现抵销财政刺激政策效果的利率上升。而在货币政策方面，该主张忽视了两个要点：一个是前面提到过的，日本面临零利率约束而无法扩大国内外利率差；另一个是若各国同时实施宽松货币政策对世界经济整体所带来的影响。对于后者，人们常用"货币战争"（currency war）这一极富煽动性的词语展开分析。

## 日元升值和通货紧缩的"两连击"

与上面谈到的货币政策也有关系，作为日元升值原因，经常提到通货紧缩。从长期来看，汇率收敛于购买力平价，也就是消除了两国国内外价格差异影响的水平。从这个角度来说，在其他条件相同的情况下，日元升值与通货紧缩是相互对应关系。但是，许多将日元升值原因归结为通货紧缩的人认为，"日元升值带来的出口竞争力下降导致了经济低迷和价格下降"，也就是主张日元升值和通货紧缩，对日本经济来说相当于"两连击"。然而购买力平价理论的逻辑是，从长期看，汇率是围绕消除物价上涨率差异的水平上下波动，日元升值和通货紧缩并不是"两连击"。我认为"两连击"中使用的通货紧缩的含义，恐怕并不是指字面意义上的物价下降，而是模糊地指经济不景气。

还有很多人认为日本银行过低的物价上涨率目标导致了日元升值，进而带来景气恶化。然而，假定在极端情况下存在瞬间的绝对购买力平价，日元汇率从 1 美元兑换 100 日元，升至 1 美元兑换 99 日元，也很难想象会给日本经济带来多大损害。我担任行长期间汇率升值幅度最大的是瑞士法郎和澳元，而澳大利亚采用的"2%～3%"物价上涨率目标在发达国家中却是最高的。①

## "空洞化"理论

无论怎样去分析日元升值的生成机制，日元急剧升值都会通过降低出口数量、减少日元计价的收益，并通过影响企业的经营心理拖累实体经济。日本银行经常借助总行与分行多个渠道倾听企业界心声，那些可称为对日元升值的哀鸣以及对日本银行政策应对不满的怨声纷至沓来。在我与企业负责人的个别交谈中以及财界团体的例行会议上，也听到了大量对日元升值的抱怨及对日本银行的强烈政策诉求。来自日本出口产业主力的汽车与电机电器行业的批评最为猛烈。国会上朝野政党也一致指责日本银行在日元升值问题上"无所作为"。

我非常理解日本企业对日元升值带来的经营业绩恶化的不满，但是我无法认同"日元升值导致了日本经济的空洞化"这一观点。该观点认为，日元过度升值导致日本企业不得不将国内的生产基地转移到

---

① 众所周知，新西兰是最早引入通货膨胀目标制的国家之一，新西兰储备银行行长格雷姆·惠勒（Graeme Wheeler）在 2014 年表示："我们意识到本国货币的超调（overshoot）压力，但无论是通过货币政策还是调整汇率制度，都不可能大幅度减少实际汇率的高估。"参见 Wheeler, Graeme（2014）, "Reflections on 25 Years of Inflation Targeting", Speech at the Reserve Bank of New Zealand and International Journal of Central Banking Conference, December 1, 2014. ( https：//www.rbnz.govt.nz/-/media/ReserveBank/Files/Publications/Speeches/2014/5948125.pdf.）

海外，结果造成国内就业机会减少，经济出现了"空洞化"。实际上，日本对外直接投资额从2000年4.9万亿日元增加到2008年11.5万亿日元。[1] 日本向海外转移生产的已经不单单是进军海外母公司的一级转包商，还扩展到了二级甚至三级转包的中小企业。从地方银行行长那里经常听到这些中小企业向海外转移生产的案例。

自1971年日元升值以来，在日本国内曾反复提及"空洞化"问题。特别是在"广场协议"后日元升值背景下，围绕"空洞化"的讨论一度升温（见第2章"泡沫经济"）。我不认可空洞化理论是基于以下理由。第一，要理解日本企业为何向海外转移。在经济全球化进程中，企业确定在哪些地区建立生产基地，一般会综合考虑世界各地生产成本及市场规模等因素。因此，日本制造业将劳动密集型的生产工序，转移到工资成本相对低廉的新兴市场国家和发展中国家是难以避免的趋势。另外，考虑到运输成本，在接近最终消费市场的国家或地区建立生产基地也是一个理性选择。对内直接投资则是相反的逻辑。

当然，也不是说汇率与对外直接投资没有任何关系。事实上，在日元快速升值期间，对外直接投资是在增加的。但是，由此得出日元升值是产业海外转移的决定性因素，这一结论是不正确的。日元升值会削弱国内生产的盈利能力，同时也会减少日元计价的投资金额，从而提高海外投资的获利能力，成为促使企业做出进军海外决策的重大契机。换句话说，当企业正在考虑扩大对外直接投资时，日元升值在某种意义上具有助推企业及时做出决策的效应，而日元升值本身并不是决定是否对外直接投资的主要因素。

第二，不能将日本企业转移海外视为空洞化。一般来说，具有比较优势的商品或服务会随着劳动年龄人口与技术的变化而变化。正如日本曾在经济高速增长期从海外企业手中获得了纤维、造船、钢铁、

---

[1] 2017年日本对外直接投资额增至18.9万亿日元。

电机、汽车等产业的市场份额，日本在被新兴市场国家追赶的过程中，具有比较优势的产业和制造业生产工序也发生了变化。特别是在东亚地区全球产业链的形成过程中，日本的比较优势并不在加工组装环节，而是在附加值更高的环节。另一方面，随着老龄化的进展，日本国内对于医疗、护理等劳动密集型服务的需求不断增加。从配置有限的劳动供给角度出发，就业转向服务业部门也是无奈之举。

在这方面日本有过惨痛教训，如第6章"'大稳健'幻象"中所描述的在21世纪初的日元贬值时期，出现的汽车和电气机械产业的国内回流现象。当时由于日本银行持续实施零利率或接近于零的低利率政策，而海外各国均提高了利率，日元大幅度贬值。受此影响国内生产和出口的收益率提升，促使国内进行了大规模设备投资。但是，全球金融危机后，随着海外各国同时大幅下调利率引发的日元升值，国内的收益状况随之迅速恶化。虽然日元贬值曾给这些出口企业增加了短期收益，但不考虑比较优势的演变趋势，逆势推进产业回流的结果，带来的是日元贬值结束后汇率反弹期间更大的调整负担。当然，这种调整负担准确地说并不能完全归咎于汇率波动。在全球的平板电视生产已经转向所谓"无工厂方式"（fabless）的过程中，固守垂直一体化的生产经营战略才是失败的根本原因。[①]

从长远角度看，当时的日元贬值不仅给相关出口企业带来了负面影响，也对宏观经济产生了负面效应。就在我卸任行长后的日元大幅贬值期间，日本电机电器产业的出口竞争力仍未恢复，贸易收支依旧呈现逆差。另外，2013年日元转向贬值，日本对外直接投资仍保持大幅增加态势，而"空洞化"的议论却销声匿迹。综观这些现象，我认为人们已逐渐开始冷静地分析海外生产的必要性及其原因。

---

① 参见野口悠紀雄（2017）『世界史を創ったビジネスモデル』新潮社、2017年、360~370頁。

第14章 "六重苦"与"货币战争"

## 制造业经营者的不满

我完全理解日本出口企业对日元升值的不满和焦虑，也向那些为提高产业竞争力而不懈努力的经营者致以崇高的敬意。但与此同时，从那些使用"六重苦"一词的经营者发言中，我也曾感觉到一丝傲慢。有些情景至今仍无法忘却。记得 2011 年 11 月末访问名古屋，与当地企业负责人共进午餐并交换意见时，当地很有影响力的一家世界级大企业的一位高管曾向我提出："虽然理解这是一项非传统的政策，但为了阻止日元的过度升值，日本银行是时候认购国债了！"我想他的发言是基于当时普遍流行的增加基础货币可以诱导日元贬值的主张。其中也透露出了一种意识，即日元升值是外汇市场上市场参与者投机行为的结果，而踏踏实实从事生产经营活动的企业却成为这种货币游戏的受害者。不仅仅是汇率波动，所有冲击都会有受益主体和受害主体，在运作经济政策的过程中，必须考虑对日本经济整体的综合影响。此外，无论是日元升值还是贬值，不仅要考虑汇率变动对短期需求的影响，还必须考虑对长期供给以及资源分配方面的影响。关于需求方面的影响，不仅要考虑先行显现的对出口企业的负面影响，还必须考虑贸易条件改善带来的实际收入提高这一正面效果（这种效果主要体现在非制造业和家庭部门）。

为什么与海外主要国家相比，日本国内对本国货币升值的批评显得格外猛烈呢？一般来说，无论哪个国家，出口都是集中在相对少数的大型企业，而进口则分散在包括中小企业在内的众多企业，本国货币升值的主要直接受益者是消费者。这种进出口集中度的差异，往往成为欢迎本国货币升值的原因之一，一般认为日本这种倾向也会很显著。但日本在制定宏观经济或汇率政策的过程中，拥有发言权的重要经济团体负责人大多来自传统意义上出口相关制造业，这在其他发达国家是很少见的。除此之外，还源于日本大企业的雇佣惯例。由于一直以来在日本大企业占主导地位的仍是终身雇佣制，作为消费者的企业员工也倾向于将自身利益服从于企业利益，自然也不会发出欢迎日元升值的声音。

## 与日元升值有关的社会"氛围"

不过，要问日元升值期间，"六重苦"和"空洞化"是否代表了所有企业经营者的心声，我觉得并不见得。当时与制造业企业经营者的个别交谈过程中，有不少经营者坦率地表示，真正导致产业竞争力下降的并非日元升值，而是商品自身竞争力的下降。我任行长期间，时任经团联会长御手洗富士夫（当时为佳能公司董事长）和米仓弘昌（当时为住友化学董事长）无论是在私下交谈，还是在公开场合发言中，都冷静地分析了日元升值问题。在与企业经营者的私下交流中，很多人对日本电机电器产业竞争力下降都有清醒的认识。另外，对在海外生产、销售比重较高的跨国企业来说，非常重要的是财务决算合并报表，在媒体报道的"日元升值带来的收益减少"数据中，包含了如"外币折算调整"项那样的海外子公司持有的未形成的汇率损失，有很多并没有引起现金流的减少。[①] 在这种状况下，即使出现账面评估损失，海外账户上外币计价的收益也不会受到影响，自然也不会影响到企业心理。而且，人们已充分认识到，增加对外直接投资是企业基于人口减少而带来的日本国内市场萎缩、海外市场扩大，以及与新兴市场国家人工成本差距等因素做出的理性选择，不应该将此视为"空洞化"。

不过，这些企业经营者在正式场合代表财界领袖或以行业团体名义发言时，大多还是对日元升值表达出强烈的担忧，可能是担心自己

---

① 丰田公司2009年3月末的合并报表显示，当期纯损失为4 612亿日元，而直接反映资本账目中的"外币折算调整"损失就达4 002亿日元。

的言论被误解为纵容日元升值。我本人也会谨慎地选择用词，避免在记者招待会上被贴上容忍日元升值的标签。比如我几乎没有谈论过在日元名义汇率升值过程中实际汇率仍处于贬值区间的事实。财界首脑和行业协会负责人大概与我有着相同的考虑。另一方面，因日元升值而提升收益的进口企业自然会保持沉默，同样保持沉默的还包括拥有非价格竞争力的出口企业。

出口行业对于本币升值怨声载道并不是日本独有的现象，从日元升值中获益的企业保持沉默也并不难理解。当然还存在众多普通消费者和国民因日元升值而受益。尽管如此，本应反映国民普遍心声的媒体舆论也清一色地跟风渲染对日元升值的哀鸣，我认为这才是日本的悲哀所在。

这并不是我第一次感受到真心话与场面话的不同，其实任何情况下都会存在一定程度的差异，但如果差异过大的话，就会对经济政策运作产生不利影响。实际上，自1971年日元升值以来，无论是1973—1974年的"恶性通货膨胀"，还是20世纪80年代后半期的泡沫经济爆发，日本经济的最大失败是将日元升值视为"国难"的舆论氛围。鉴于金融市场全球化背景下资本流动以压倒性规模进行的现状，政策当局无法自由地控制汇率。如果仅以避免汇率变动为目的，那么限制资本自由流动是合乎逻辑的选择，但对于像日本这样在全球经济中求生存和发展的发达国家，这并不是一个明智选择。另一种选择是实施固定汇率制，这意味着要放弃与国内经济及物价形势相适应的货币政策独立性。此种选择既不现实，也不合理。这就是被称为"开放经济悖论"的命题。虽然面临着各式各样的难题，但日本既然已经选择了"全球化"道路，就只能依照全球经济规则行事。

## "货币战争"

就在日本国内热议日元升值和空洞化问题之际，国际会议上频频争论汇率变动问题，就像"货币战争"一词所概括的，虽然这个说法有些不恰当。"货币战争"一词之所以引起了世界的关注，是由于2010年9月27日《金融时报》上刊载的巴西财政部部长吉多·曼特加（Guido Mantega）的发言。曼特加部长用这一极具煽动性的措辞，描述了发达国家通过各种手段促使本国货币贬值的状况。[①] 引发这个话题的契机是美国实施强化的宽松货币政策导致了美元贬值。曼特加部长的发言时机很重要，正好介于美联储主席伯南克在杰克逊霍尔会议上暗示将实施追加宽松货币政策导致了美元开始贬值之后，在2010年10月末美联储引入二次量化宽松之前的中间节点。日本也是在曼特加部长发言前不久的9月，实施了自2004年4月以来时隔6年半的外汇市场干预。

当然，许多发达国家的决策者并不喜欢"货币战争"这个说法。我在国际会议上也经常听到批评反对的声音，认为国际间的贸易和投资不仅有助于本国经济发展，而且会惠及整个世界的经济发展，用"战争"一词来表达这一过程引发的汇率波动显然是不合适的。另外，他们觉得曼特加部长的讲话也是在转移矛盾，试图将批评巴西政策的矛头转向国外，而放任本国经济政策的失败。

关于汇率的讨论，若只停留在对曼特加部长言论的批判，或以新兴市场国家单方指责发达国家而告终，都让我感到难以认同。暂且不论"货币战争"一词是否恰当，都应该深入研究各国货币政策和汇率变动对整个世界经济的影响，尽管这个问题非常必要，而目前对这个问题的认识以及讨论还远远不够。

许多发达国家政策当局者的基本理念是，若每个国家都以实现物价稳定下的可持续经济增长，即国内经济的增长稳定为目标，采取经

---

① 曼特加部长的发言如下："我们正处在追求货币贬值的国际性货币战争当中。这将降低我们的竞争能力并威胁到我们的生存。"

济政策，各国的努力就会实现世界经济的整体稳定。也就是说，发达国家实施的宽松货币政策不是零和游戏，而是正和游戏。这个讨论的要点是，如何理解主要发达国家，特别是美国宽松货币政策的全球波及效应。

围绕这个问题有两种完全对立的观点。一种观点认为宽松货币政策通过各国的竞争性货币贬值形成"以邻为壑"（beggar-thy-neighbor）的效果。另一种观点则主张，如果每个国家都以本国宏观经济稳定为目标运行货币政策，就能够实现世界经济的整体稳定。包括伯南克主席在内的美联储官员反复在国际会议上强调后者，并以此来反驳新兴市场国家的指责。若使用2013年3月伯南克演讲时的表述，各国实施的宽松货币政策就可以达成"与邻共荣"（enrich-thy-neighbor）[①] 的效果。

## 新兴市场国家与发展中国家的不满

相当多的新兴市场国家与发展中国家对美国宽松货币政策导致的大量资本流入表现出了强烈的不满。最大的不满缘于资本流入导致本国货币升值以及由此带来的出口竞争力下降。不仅如此，各国还担忧现在流入的资本未来流出时可能造成本国经济不稳定。如果这些国家为了抑制本国货币升值而干预外汇市场，国内金融状况会更加宽松，刺激经济景气。进一步讲，如果本国货币升值抑制了国内物价上涨，相应还会扩大货币宽松空间。但是，干预外汇市场所积累的外汇储备最终还是用于购买美国国债流向美国，从而降低美国的长期利率，流

---

① Bernanke, Ben S. (2013), "Monetary Policy and the Global Economy", Remarks at the Department of Economics and STICERD (Suntory and Toyota International Centres for Economics and Related Disciplines) Public Discussion in Association with the Bank of England, March 25, 2013. (https：//www.federalreserve.gov/newsevents/speech/bernanke20130325a.htm.)

向新兴市场国家与发展中国家的资本还会进一步增加。发达国家实施积极的宽松货币政策的结果，一旦降低了本国利率水平，就会进一步激励全球投资者的"逐利"（search for yield）投资，套利交易也会更加活跃。

针对新兴市场国家的指责，发达国家反驳道，如果资本流入导致这些国家出现一些不利的状况，这些国家采取一些必要的国内措施就可以解决。其一就是容忍本国货币汇率升值。如果汇率升值到相当高度，预期未来将贬值时资本就会停止流入。其二是加强国内金融机构的监管和监督。在发达国家看来，新兴市场国家与发展中国家不采取有效的政策措施而一味批评发达国家的宽松货币政策是不妥当的。

另外在美国还出现了一种观点，即新兴市场国家的过剩储蓄形成的经常收支盈余导致美国长期利率下降，成为房地产泡沫的原因之一［这就是"全球储蓄过剩论"（global saving glut）］。在担心海外资本流入这个问题上，新兴市场国家、发展中国家同美国并无差异。但双方观念上的鸿沟依然难以逾越，国际会议上经常看到美国和新兴市场国家之间"白刃战"似的交锋。美联储总是非常谨慎地选择措辞，但有时似乎也对新兴市场国家的发言恼怒不已。[1]

这一场景与21世纪初日本实施量化宽松政策时日本银行受到来自亚洲地区其他中央银行的批评，以及日本银行予以反驳的状况非常相似。由于当时我本人也像美联储一样进行了相同的反驳，所以非常能理解美联储的逻辑。不过，经历了全球金融危机，与以前相比，更加能体会到直面热钱流入国家的经济窘况以及运作经济政策的艰难。其实，流入新兴市场国家与发展中国家的资本，自然会被认为是投资方

---

[1] Bernanke, Ben S. (2010), "Rebalancing the Global Recovery", Remarks at the Sixth European Central Bank Central Banking Conference, November 19, 2010. (https://www.federalreserve.gov/newsevents/speech/bernanke20101119a.htm.)

推动因素和受资方拉动因素共同作用的结果。

我担任行长的5年间，国际会议上经常讨论一国货币政策对其他国家产生的影响，而讨论的内容却像巴西财政部部长曼特加的"货币战争"发言中所表述的那样，完全是主要发达国家，尤其是美国的宽松货币政策对新兴市场国家与发展中国家的影响。这个问题虽然很重要，对我来说更关心的却是，其他发达国家的宽松货币政策对日本或瑞士这样拥有避险货币的国家会产生怎样的波及效应。我曾在国际会议上多次提出这一问题，然而遗憾的是，这一问题意识并没有得到广泛认同。

## 发达国家的说辞

针对本国货币升值，新兴市场国家在实施宽松货币政策的同时干预了外汇市场，同样，发达国家也曾干预过外汇市场。发达国家积极干预外汇市场的最后手笔是1985年的"广场协议"和1987年的"卢浮宫协议"。此后，有了1992年英镑危机时英国干预外汇市场以及退出欧洲汇率体系（ERM）的失败经历，自20世纪90年代中期以来发达国家普遍对单独干预持否定态度，基本上不进行外汇市场干预也成为发达国家的惯例。例外的只有日本和瑞士两国（具体将在后文论述）。

基于这一背景，美国和欧洲常常强烈反对日本干预外汇市场（见图14-4）。日本银行并没有干预外汇市场的权限，该事务由日本政府（财务大臣）负责。每次日本进行外汇市场干预时，报纸等媒体都会打出巨幅标题，"政府·日本银行干预外汇市场"，其实确切地说，应该是"政府干预外汇市场"。日本银行只是负责每天监测外汇市场动向，向财务省提供外汇市场干预的建议，是否干预，以及在哪个汇率水平干预，都是由财务大臣决定的。此外，围绕汇率动向，国际上的各种场合及各个层面都在进行着密切的信息沟通与意见交流。我本人也经常就汇率问题与海外中央银行行长进行沟通，尤其重要的是日本、美国以及欧元区之间所谓 G3 层次的会议。我不知道该会议现在存续与否，在我任期的后半段中国作为新成员经常参加会议讨论。

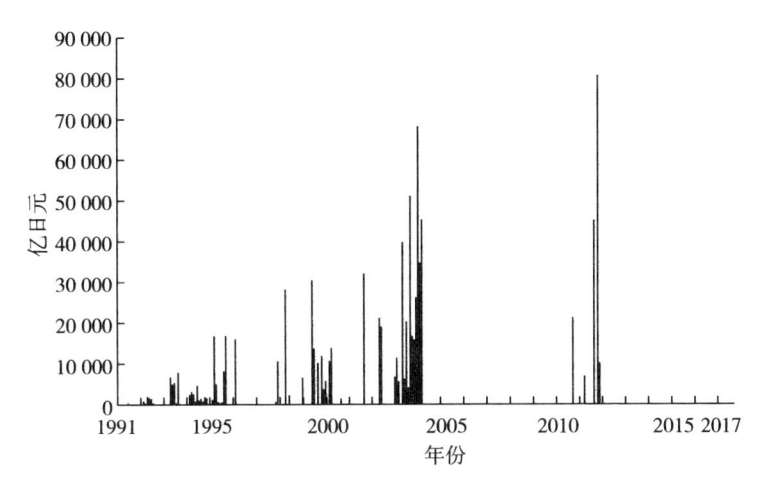

图 14-4　日本的外汇市场干预状况
资料来源：财务省「外国為替平衡操作の実施状況（月次ベース）」。

对于其他发达国家针对外汇市场干预和货币政策的说辞，我总是难以释然。正如前面说过的，其他发达国家对干预外汇市场持否定态度，而日本却频繁干预外汇市场。虽说如此，拥有干预权限的财务省对大规模、持续地单独干预还是十分谨慎的。我任行长的 5 年间，总共进行了 4 次买入外币、卖出日元的干预，分别是在 2010 年 9 月（干预金额 21 249 亿日元）、2011 年 3 月（干预金额 6 925 亿日元）、8 月（干预金额 45 129 亿日元）和 10 月到 11 月（干预金额 90 917 亿日元），干预总规模约为 16.4 万亿日元。其中，只有东日本大地震之后的 2011 年 3 月 18 日的干预是 G7 国家联合进行的，其他都是日本的单独干预。

日本单独干预外汇市场之际，欧洲政策决策者经常在记者招待会等场合表达他们的担忧，强调美国及欧盟国家实施货币宽松的目的是实现物价和经济增长等方面的国内稳定目标，而不是诱导汇率贬值。我认为，欧美强调最终目标是稳定国内经济，从理论上看确实如此，但如果不能抑制本国货币升值或引导其贬值，就不可能实现预期的国内经济稳定。从这个意义上说，欧美国家的表面说辞与真实意图存在明显背离。在我看来，各国虽然都没有提出货币贬值目标，而实际上却都期望货币贬值。换句话说，欧美中央银行一方面反对干预外汇市场，另一方面却通过宽松货币政策追求几乎相同的效果。而且这种货币政策是赋予那些能够降低利率水平、缩小国内外利率差的中央银行的一种特权，日本银行却没有这样的自由。[1]

## 瑞士中央银行的大胆实验

瑞士应对瑞士法郎升值的方式耐人寻味。瑞士与日本的情况类似，拥有瑞士法郎这一避险货币且利率处于最低水平，与日本不同的是，瑞士完全控制住了本国的货币升值。[2] 在2011年夏季进入欧洲债务危机第二阶段后，瑞士法郎升值速度明显加快，曾一度突破1欧元兑换1.2瑞士法郎大关。因此，瑞士中央银行在同年8月进行了大规模的量化宽松，仅在当月，中央银行活期存款余额就扩容了接近瑞士名义GDP的40%，但效果却不尽如人意。这个单月40%名义GDP的数字若放在日本，相当于一个月内增加200万亿日元活期存款规模。[3] 最终

---

[1] 瑞士中央银行前理事让-皮埃尔·丹辛也曾有过完全相同的表述。详见Danthine, Jean-Pierre (2015), "Swiss Monetary Policy Facts... and Fiction", Speech at the Swiss Finance Institute Evening Seminar, May 19, 2015. ( https://www.snb.ch/en/mmr/speeches/id/ref_20150519_jpd/source/ref_20150519_jpd.en.pdf.）
[2] 瑞士与日本的相关比较，参见白川方明*（2012）（在日スイス商工会議所30周年記念会会での挨拶）2012年10月10日。
[3] 翁邦雄（2017）『金利と経済——高まるリスクと残された処方箋』ダイヤモンド社、2017年、107頁。

瑞士中央银行2011年9月6日宣布以1欧元兑换1.2瑞士法郎为上限无限制地干预外汇市场，此举震惊了世界。

日本银行是否可以采取瑞士中央银行那样的方式呢？另外，即使采取相同的方式是否也会同样奏效呢？我对这两点都持怀疑态度。就前者而言，瑞士是个名义GDP仅为0.7万亿美元（2011年）的"开放小国"，而日本的名义GDP接近瑞士的10倍，达6.2万亿美元，在G7与G3中都占有一席之地。特别是在发达国家强烈要求中国增加人民币汇率弹性的背景下，它们绝不可能支持作为发达国家俱乐部成员的日本进行如此大规模的汇率市场干预。

关于干预汇率市场，有观点认为抑制本币贬值与本币升值时的效果是非对称的。为抑制本币贬值而进行市场干预时，只要干预资金仅限于本国的外汇储备，市场参与者是能够摸清当局的防御实力的；而在抑制本币升值时，由于不受本国货币供给能力的制约，只要当局表现出彻底干预市场的坚定态度，就可以阻止货币升值。实际上，瑞士中央银行在实施大胆干预后的数年内，很好地控制了货币升值。不过，在欧洲央行采取量化宽松政策之前的2015年1月15日，瑞士中央银行突然宣布放弃瑞士法郎钉住欧元制度，导致瑞士法郎升值，这是我退任行长后的事情。就放弃钉住汇率的理由，瑞士中央银行发表了以下声明：[①]

> 如果不及时放弃钉住欧元制度，瑞士中央银行可能不得不付出的代价是，干预市场需要数千亿法郎、将来可能达到不止数倍于瑞士GDP规模，乃至失控的中央银行资产负债表扩容。资产负债表膨胀会严重削弱中央银行未来执行货币政策的能力，从长远来看，还会影响瑞士中央银行实现中央银行使命。此外，考虑到

---

① 参见2015年3月瑞士中央银行季度报告第23页（瑞士中央银行网站）。

钉住汇率制度已难以持续，继续干预外汇市场已经没有意义，由此产生的巨额损失也是不正当的。

瑞士的经验表明，只要没有绝对把握，现在升值的货币未来一定会贬值，任何中央银行都难以承受长期干预所带来的汇率损失。这种困难，与其说单纯是中央银行财务上的问题，不如说是政治和社会问题。中央银行出现汇率损失，意味着纳税人利益受损，同时也意味着国内外市场参与者可以通过向中央银行卖出外币而受益。在民主社会中，中央银行难以无限制地进行此类市场操作。如果外汇市场干预主体不是中央银行而是政府的话，汇率损失将由国民税金弥补。这样考虑的话，与抑制货币贬值的干预相比，虽说抑制本币升值的操作比较有效，而这个效果本身也存在着局限性。

## 国际政策协调

问题是，不仅日本和瑞士这些国家的货币政策运作受到了限制，还缺乏一个保证世界经济整体稳定运行的机制。现实中日元以及瑞士法郎就是第 N 号国家的货币，在零利率约束状况下，如果其他国家以降低本国币值为目的采取宽松货币政策，将进一步加剧零和博弈。也就是说，绝不能无视发达国家与新兴市场国家之间，以及发达国家之间宽松货币政策的相互波及效应。如果考虑到本国宽松货币政策会对别国产生影响，同时又会反馈给本国经济，势必会改变单纯追求本国经济稳定的货币政策运作理念。概括地说，将这种负外部性"内部化"的政策才是最佳政策，而实际上期待各国都采取这样的政策又是不现实的。

这个问题一直被称为"国际政策协调"（international policy coordination）。这一观点至少作为说辞曾短暂流行过，就是在 1985 年 9 月

"广场协议"到 1987 年 2 月"卢浮宫协议"期间（见第 2 章"泡沫经济"）。对于这个理念，我在 20 世纪 80 年代后半期就持不同看法，现在依旧如此。当时，美国面临着汽车产业竞争力下降、贸易赤字扩大的局面，强化了国内的贸易保护主义倾向。在这种情况下，美国为了缩小本国贸易赤字，要求纠正美元升值、扩大对美国贸易存在盈余国家的国内需求，促成签订"广场协议"。我认为，"国际政策协调"这个说法实际上就是美国要求其他国家采取美国所希望的政策，并使这一行为获得政治上的合法性。虽然宽松货币政策不是 20 世纪 80 年代后半期日本泡沫经济膨胀的唯一原因，而在国际政策协调下占支配地位的"时代政策理念"导致日本的货币政策不能及时转向却是事实。

过往的经历是我思考国际政策协调问题的出发点。不过，考虑到全球金融危机后的世界经济运行和货币政策运作状况，我可以理解国际政策协调这一理念背后的初衷。这里我所说的"初衷"，是指在意识到上述货币宽松政策波及效果及其反馈效应条件下制定最佳政策的思维模式。从理念上看，国际政策协调确实有改善世界经济整体的效果，但现实的国际政策协调极可能成为保护大国利益的推手。这一点将在第 20 章"国际货币制度"中再次涉及。

## 汇率问题相关信息发布

在此，我想重新梳理和论述一下日本银行应对日元升值的措施。我本人既不是"日元升值支持者"，也不是"日元贬值拥护者"。汇率变动在短期内受各种因素影响，有时还会出现超调，而从长期看，汇率变动反映的是经济基本面的变化。但是这种反映基本面变化的汇率水平是不可能及时获取的。因此，一般来说，我认为中央银行不应该评价当前的汇率水平。但是在汇率剧烈波动过程中，如果中央银行一直不予置评，将会加速日元升值，结果可能对经济和物价造成更严重的负面影响，因此，作为特例措施，会以"行长讲话"形式表明日本银行的担忧。结果，我任行长期间共发布了4次行长讲话，分别在2010年8月12日和9月15日，2011年3月18日和8月4日。

与这个问题相关联的是，在日本并没有明确规定应该由谁作为代表发布汇率问题的相关信息，这是体制方面的一个重大缺陷。显然，财政部拥有汇率问题的相关法律权限，一般来说，发言人应该是财政部部长。而现实中是，在日元升值期间内阁会议结束后的新闻发布会等场合，财务大臣以外的很多大臣都随意发表了日元升值方面的感想。日本政策当局整体对外信息发布系统比较混乱，有时还出现了有损国家利益的情况。我认为，日本也应该像美国财政部以及欧元区的欧洲央行一样，以现行的《日本银行法》为前提，由拥有干预外汇市场相关法律权限的政策当局负责发布相关信息。

## 日本银行的政策应对

日本银行的正统观点认为汇率是影响经济景气和物价走势的重要变量之一，在货币政策运作过程中又是影响这些变量预期的重要因素之一。回顾我担任行长时所采取的货币宽松措施，在大部分时期内，日元升值都对景气或物价变动预期产生了重要影响，因此在制定宽松货币政策时，汇率变动自然也成为重要的判断依据之一。

但是，上文多次提到，日本企业经营者、政府、政治家、媒体要求日本银行直接出台遏制日元升值或者诱导日元贬值为目的的货币政策。要成功实施这样的政策，前提条件是形成未来能够扩大国内外利率差的预期，而在全球金融危机以及欧洲债务危机不断加重的背景下，这种预期是不可能形成的。

至少，我们从未强调过宽松货币政策具有直接抑制日元升值的效果，不过媒体或经济评论家为了宣传宽松政策的直接效果，有时不得已就简单地给出了这样的结论。与其他货币宽松措施相比，尤其是日本银行在2009年12月引入固定利率担保资金供给操作和2010年10月实施"全面宽松"政策之际，汇率作为判断要素或许起了更大作用。

## 多种诱导日元贬值提案

大众媒体、经济评论家以及国会议员提出了多种直接诱导日元贬值的方案。呼声最高的是要求财务省直接干预外汇市场，对日本银行也提出了很多方案。尤其频繁提及通过大规模购买国债，扩大基础货币和资产负债表。但问题是，即使扩大了资产负债表，如果不能扩大关键的国内外利率差，日元也不会贬值。事实上，从日元对美元、日元对欧元及欧元对美元等主要货币汇率看，并没有发现汇率与中央银行资产负债表以及基础货币之间存在任何相关性（见图14-5）。

这些诱导日元升值方案还经常提到时间轴政策和前瞻性指引。然而，当长期利率已经处于极低水平，且全世界都面临相同的负面冲击时，前瞻性指引很难有效扩大国内外利率差。包括前瞻性指引在内的宽松货币政策诱导日元贬值的效果，基本上都是缘于国际金融市场紧张程度缓解以及海外经济好转纠正了日元升值，这是一种"顺风"期待策略，并不是政策本身产生了日元贬值效果。

在各种诱导日元贬值的政策中，2012年以来讨论最多的是建立"外债购买基金"的构想。这一构想自2011年10月民主党政权下的日本经济研究中心岩田一政理事长（日本银行前副行长）在首相官邸的"国家战略会议"上提出以来，引起了广泛的社会关注。[①] 不过，我对

---

① 参见国家战略会议的会议纪要（https：//www. cas. go. jp/jp/seisaku/npu/policy04/pdf/20111104/yousi. pdf.）。该构想是设定购买额度为50万亿日元的外债购买基金，日本银行负责具体运作，但明确了损失由财务省承担。

这个提案有以下疑问。

图 14-5 日美、日欧基础货币相对比率与汇率的关系

注：基础货币（MB）是银行券发行额、货币流通额与中央银行活期账户存款的合计。

资料来源：日本银行「経済・物価情勢の展望」（2012年10月）图表58。

第一，正如上文讲过的，根据法律规定，日本银行只能作为财务省代理人进行以诱导汇率为目的的外汇资产买卖。不同国家有不同的干预外汇市场的相关法律框架，新《日本银行法》第四十条第二款是专门为授权财务省干预外汇市场而制定的，正如第4章"修订《日本银行法》"中所分析的，在修订《日本银行法》的国会审议中，政府代表所列举的理由就是必须实施货币外交的一元化管理。

第二，如果政府想干预外汇市场，可以在自己的权限下进行。在政府管理的"外汇资金"账户中，购买外债的日元资金是通过发行零利率的短期国债筹措的，这与日本银行购买外债没有任何差别。

实际上，"外债购买基金"构想是基于下面的逻辑：如果是日本银行干预外汇市场，会被批评为"人为地诱导日元贬值"，而购买外债则不会受到这样的批评。但从国外来看，二者干预外汇市场的性质不会改变。

日本国会并不关注日本政府当下实施的以影响汇率为目的干预外汇市场的政策手段的正确与否，而仅仅醉心于"外债购买基金"的构想，真是一幅奇妙的景象！更加奇妙的是，一方面要求日本银行购买外国债券，另一方面又以日元升值带来的汇率损失减少了日本银行国库缴纳金为由，在2011年7月的参议院财务金融委员会上提出要求日本银行减少持有外汇资产规模的附带决议。可见，国会议员对日本银行持有外币以及外币买卖相关的政策诉求缺乏一致性。①

---

① 日本银行于2012年5月重新调整了外币资产管理的相关方针。

## 第15章 财政的可持续性

实现物价稳定和金融体系稳定，也就是货币稳定最基本的前提条件是人们不能对财政的可持续性产生怀疑。我刚就任行长时，日本就是发达国家中财政状况最为严峻的国家，之后随着全球金融危机导致的经济活动下滑、老龄化带来的社会保障相关支出增加，以及东日本大地震引发的巨额财政支出等，财政状况进一步恶化，国债占GDP比重持续上升。因此，为了避免陷入"财政支配"状况，日本银行格外注意货币政策的运作逻辑以及相关信息的发布。我在任行长的5年期间，财政运营或者财政政策与货币政策的关系一直是一个重要的焦点。

### 发达国家中最严峻的财政状况

按流量计算的2007年度日本中央政府和地方政府的赤字达6.5万亿日元，占名义GDP的1.2%；在全面遭遇全球金融危机打击的2009年度，上述两项分别达到36.1万亿日元和7.3%；在我担任行长的最后一年，也就是2012年度，财政赤字合计为28.5万亿日元，占名义GDP的5.7%。从存量来看，2007年年末长期债务余额为767万亿日元，达到名义GDP的144%的高水平，财政状况已经相当严峻；到

2012年度情况进一步恶化，上述两个指标分别达到932万亿日元和188%（见图15-1）。在界定"政府"范畴时，如何处理社会保障基金是个很棘手的问题。若纯粹以现收现付方式运作社保基金，理论上不会产生政府负债，但如果不采取这种方式，若出现亏空，需要政府从一般会计账户补充资金，未来可能会增加政府的负债负担。如果在中央政府和地方政府的基础上再加上社会保障基金构成"一般性政府"的话，日本2012年度一般性政府的债务余额为991.6万亿日元，是名义GDP的209.8%。虽然在国际范围内准确比较各国的财政状况并非易事，而从一般性政府总债务余额的GDP占比看，日本超过意大利的123.4%，是发达国家中财务状况最严峻的国家，即使是扣除金融资产后的净债务余额，日本也达到了596.3万亿日元，占GDP的120.5%，基本与意大利持平。

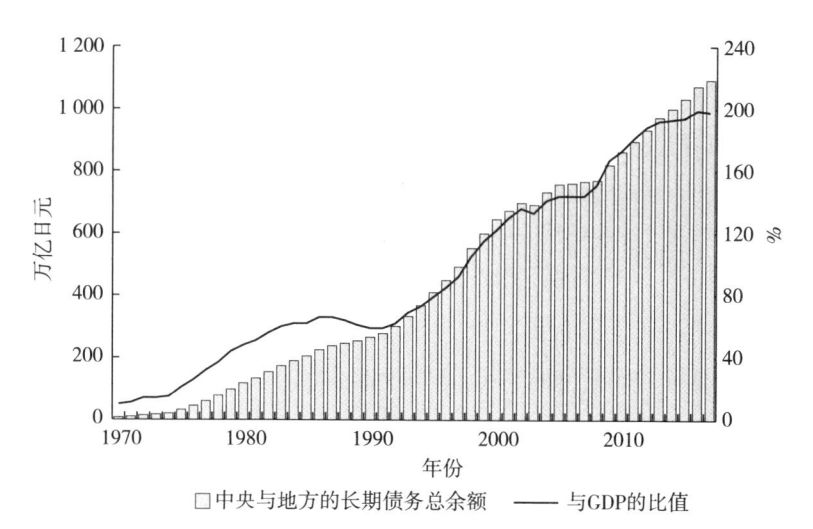

图15-1 日本中央政府与地方政府长期债务总余额及其与GDP的比值
资料来源：财务省主页「財政関係基礎データ」（平成29年4月）。

日本财政赤字的增加缘于财政收入和支出两方面原因。在一般会计支出方面，老龄化带来的养老金、医疗与护理相关的社会保障支出逐年增加，从1990年度的69.3万亿日元增加到2009年度的101万亿日元。作为财政赤字扩大的原因，过去经常列举公共投资的增加，而在过去大概20年间，情况发生了很大变化。1996年公共投资达到峰值的34.5万亿日元，到2011年则降为17.7万亿日元。[①] 在一般会计税收方面，从泡沫经济高峰时的约60万亿日元降低到1999年的47.2万亿日元，2007年曾一度恢复到51万亿日元，之后受全球金融危机影响再次减少，最低的2009年税收收入仅为38.7万亿日元（见图15-2）。税收下降的主要原因是经济低迷带来的所得税与法人税减少，同时20世纪90年代以来的各种减免措施增加了税收减免额，造成了税收收入下降。法人税收入下降的原因在于大幅度的赤字结算增加了结转损失列支，在消除结转损失之前，即使经济状况有所改善，法人税也不会增加。典型的例子是20世纪90年代到21世纪初集中处理不良债权问题期间的金融机构。

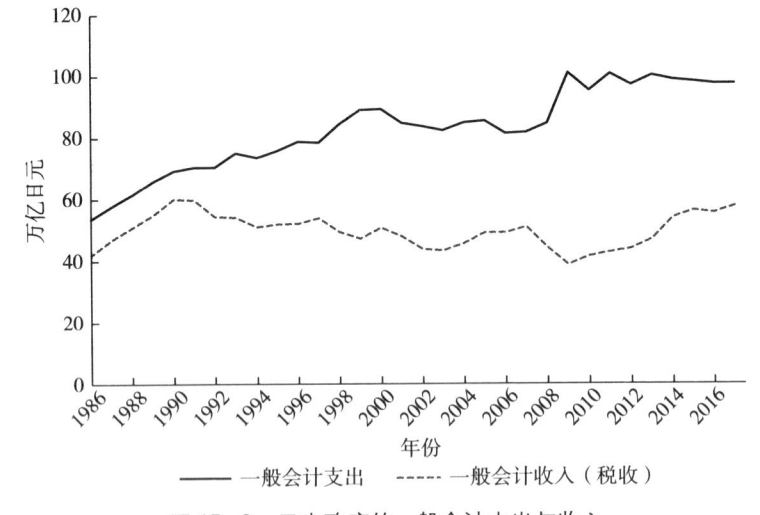

图15-2 日本政府的一般会计支出与收入

资料来源：财务省主页「財政関係基礎データ」（平成29年4月）。

---

① 国民经济核算中的一般政府与资本（实物）账户。

增税在任何时期都不受欢迎。自 1997 年 4 月桥本龙太郎内阁将消费税率由 3% 提高到 5%，5% 的税率持续了 17 年，直到我卸任行长后的 2014 年才由 5% 提高到 8%。消费税率之所以能维持这么长时间，除了人们不喜欢增税这个朴素的理由，还有一个重要原因，就是反对提高消费税的人士强烈主张 1997 年上调消费税率导致了随后的经济衰退。[①] 2001 年 4 月小泉纯一郎内阁执政后采取了重要的增税措施，废除了小渊惠三执政期间作为永久措施实施的定率减税方式，[②] 但上调消费税率并没有被列为政治议题。

1997—1998 年期间的经济衰退主要源于 1997 年 7 月发生的亚洲金融危机以及同年秋季以后不断恶化的日本金融危机。遗憾的是，"消费税原罪论"具有很强的感染力，成为反对提高消费税的有力证据。[③] 即使像小泉纯一郎内阁那样拥有高支持率的内阁，在执政期间也没能将上调消费税率列为政治议题，这个事实表明在日本提高消费税是个多么艰难的政治决策！

## 针对财政政策的观念变化

在过去的 30 年间，日本财政政策基调出现了重大变化。泡沫经济崩溃后的经济衰退期间，日本采取了传统的凯恩斯主义财政政策。除

---

① 经济景气的高点出现在 1997 年 5 月。
② 受东亚金融危机影响，1999 年日本政府推出的减税措施，所得税的 20%（上限 25 万日元）、个人居民税的 15%（上限 4 万日元）可以得到扣除，2006 年扣除比例分别降为 10% 和 7.5%，2007 年废除。——译者注
③ 针对 1997—1998 年经济增长率的下降，定量比较分析各种可能因素对经济衰退影响程度的研究相当少，Bayoumi（2001）是为数不多的成果之一。研究表明，消费税提高的负面影响是有限的，金融中介职能恶化是经济危机的主要原因。Bayoumi, Tamim（2001），"The Morning After: Explaining the Slowdown in Japanese Growth in the 1990s", *Journal of International Economics*, Vol. 53, No. 2, April 2001, pp. 241–259.

了景气刺激措施，为贯彻实施旨在压缩日本经常项目盈余的日美结构协议，1990年6月日本政府决定在未来10年内增加总计430万亿日元的公共投资，这也导致了财政支出的增加。2000年以来，作为景气对策或经济对策，每年追加预算成为例行公事，但并没有实施真正意义上的凯恩斯主义政策。这是由于日本的财政状况已经严峻到无法采取这样政策的地步。

另外，这种状况的出现也与经济学界有关宏观经济政策的理念发生重大变化存在一定关系。就财政政策而言，包括实证研究发现财政政策对GDP的乘数效果比较小，以及对危机期间财政支出带来无效率支出的反省等。与此同样重要的是，受新凯恩斯主义经济学的影响，学者们认为运用货币政策完全可以实现宏观经济的稳定（见第6章"'大稳健'幻象"）。

但是，雷曼兄弟危机的爆发完全改变了这种状况。发达国家和新兴市场国家同时出现了所谓"需求蒸发"局面，各国都采取了积极财政政策，日本也不例外。作为财政方面的景气对策，除了增加政府支出，还通过提供税收优惠刺激消费者购买耐用消费品（汽车和家用电器）或住宅等。① 在雷曼兄弟破产的2008年7月至9月期间，政府支出对季度实际GDP增长率的贡献度为零，此后创下连续5个季度为正值的纪录，分别为0.1%、0.3%、0.7%、0.1%、0.2%，累计达到1.3个百分点②。1994年以后，就未出现过其他连续5个季度政府支出

---

① 2009年政府推出了家电环保积分制度，以及环保汽车减税和补贴等经济对策。不过这些政策本质上只是带来提前消费，若是从更长的时间跨度看，效果令人怀疑。尤其是平板电视，2008年全年销售800万台，2009—2011年年均销售猛增至1 600万台，其实这是由于该期间正是模拟电视向数字电视过渡与新产品普及的重叠期，到2012—2013年销量降为500万台，提高消费税后年销售量跌到400万台。
② 由于四舍五入的缘故，各项加总不等于总数。

贡献度保持在 0.1% 以上的时期。① 此后，2010 年政府支出对 GDP 增长率的贡献度几乎为零，但 2011 年 3 月东日本大地震发生后，这一数值再次提升。全球金融危机之前，作为景气刺激对策，人们对财政政策几乎持全面否定态度，危机之后出现了一些改变，学术界的看法也在一定程度上出现了转变。

## 如何改善财政收支不均衡

我任职行长的 5 年间，同货币政策一样，对日本经济而言，如何运作财政政策也是一个很大的争论焦点。作为发达国家中财政状况最为恶化的日本，在面临经济下滑和物价缓慢下降状况时，究竟是应该优先进行财政改革，还是优先实施经济刺激对策或是"通货紧缩对策"（虽说概念有些模糊），围绕这一核心问题，日本国内一直争论不休。在财政健全化方式上也存在分歧。被称为"涨潮派"的学者认为经济增长具有改善财政收支不均衡的效果，② 与此相对的是，结构改革派专家虽也认同经济增长的必要性，但强调若不增税或削减财政支出，就不可能实现财政收支均衡。

关于财政均衡与经济增长的关系，担任行长前我就对强调经济增长在改善财政不均衡中的必要性没有异议，但我认为这方面的讨论没有很好区分名义增长率和实际增长率的差异。单纯主张提高名义增长率，意味着不管是通过提高实际增长率还是提高物价来实现，都可以期待对财政不均衡产生同样的改善效果。现实情况却是，如果名义增

---

① 紧随其后的是 2012 年第三季度到 2013 年第三季度连续 5 个季度贡献度均为正值，累计达 0.9%；1998 年第三季度到 1999 年第一季度连续 3 个季度均为正值，累积为 1.7%。
② "涨潮派"主张通过减少国家对市场干预实现经济增长，认为经济增长带来的税收增加能在不提高消费税率的情况下实现财政平衡。——译者注

长率的提高源于物价上涨，的确会增加税收，但财政支出也会增加。而且，日本财政支出规模已经接近税收的 2 倍，如果税收增加仅仅来源于反映物价上涨的名义增长率增加，由于财政支出也会随之增加，改善财政不均衡的效果是非常有限的。另一方面，当名义增长率的提高来源于实际增长率上升时，与物价上涨带来的效果相同，税收也会增加，而从过去的日本经济数据看，财政支出增长率明显低于实际经济增长率。[①] 其理由在于，当名义增长率伴随实际增长率上升而提高时，景气刺激政策的必要性降低，可以抑制财政支出增加。由此可知，改善财政不均衡真正需要的名义增长率上升，应该来源于实际增长率提高，而不是物价上涨。

尽管如此，提高名义经济增长率的主张还是具有很强的影响力，之所以如此，我猜测大概是人们过高地估计了通货膨胀所带来的减轻国债实际偿还负担效果的缘故。的确，通货膨胀可以减轻国债的实际偿还负担，不过这仅限于流通中的国债，对于新发国债不会产生这样的效果。此外，即便是能减轻流通中的国债偿还负担，若不是极端的通货膨胀，效果也是非常有限的。[②] 不管怎样，通货膨胀带来的偿债负担减轻是一种无须经过国会表决、渐进式的增税措施。我担任行长之前就认为应该增税，不过增税应该遵循民主国家的规则，应该得到国会的批准。这一想法至今都未曾改变。

## 税收与社会保障改革的必要性

正如上面分析的那样，我认为要实现财政均衡，就有必要提高实

---

[①] 参见白川方明＊（2011）「通貨、国債、中央銀行——信認の相互依存性」（日本金融学会 2011 年度春季大会での特別 講演）2011 年 5 月 28 日。図表 10。
[②] 翁邦雄（2013）『金融政策のフロンティア——国際的潮流と非伝統的政策』日本評論社、2013 年、213～215 頁。

际经济增长率，而让我感到焦虑的是，人们并没有意识到仅凭这些根本无法实现财政健全化。日本的财政状况已经严峻至此！为了实现财政健全性，在努力提高增长率的同时，需要从财政收入和支出两个方面采取对策，收入方面包括提高税率和调整各种税收减免措施，支出方面应抑制社会保障的相关支出。也就是说，有必要实施税收与社会保障的改革。

关于财政健全化措施，前面已经论述过消费税，而社会保障制度的改革同样不可或缺。其中，就公共养老金制度而言，2004年日本政府实施了"百年安心年金"改革计划，当时就导入了所谓的"宏观经济浮动"机制。这种机制是通过下调养老金领取额，减轻老龄化时代带来的年金加入者减少而领取者增多的影响。在老龄化人口比例不断增加的背景下，社会保障制度改革的根本问题是，人数更少的适龄劳动者支撑着老年人的养老金、医疗、护理等社会保障制度。如果所有增加的社会保障支出全部由适龄劳动者承担的话，不仅会影响到他们的生活，而且会影响到未来经济增长所需的资本积累。

从宏观上看，社会保障制度的可持续性是由若干重要变量决定的。就现收现付方式的公共养老金制度而言，这些变量包括养老金保险费率、未来的潜在增长率（指劳动年龄人口增长率和人均劳动生产效率的提高程度）、开始领取公共养老金的年龄，以及开始领取养老金时的给付水平（指养老金给付水平与现役劳动者平均收入之比，即收入替代率）。

正如第10章"日本经济面临的真正问题"中所描述的，至少在2000年以后日本劳动年龄人口人均生产效率在发达国家中处于最高水平。即便如此，劳动年龄人口减少本身还是带来了很大影响。努力提高劳动生产率是必要的，但在高度发达国家劳动生产率的年增长率收敛于1%左右的情况下，乐观假定只有日本能够实现更高的增长速度，并在此基础上设计社会保障制度，也不是一个负责任的态度。现在日本领取养老金的起始年龄正逐步向 65 岁上调，男性预计在 2025 年实现，女性为 2030 年。另外，考虑到日本是发达国家中最早一批将公共养老金领取年龄推迟到 65 岁的国家，进一步推迟领取年龄也值得深入研究。关于收入替代率，核心问题在于，公共养老金的定位是作为适龄劳动者退休后的收入保障，还是作为长寿风险的保险，目标不同，收入代替率也会发生变化。我认为，既然日本已成为如此长寿的国家，就应该将制度重心从前者转向后者。

当然，对于社会保障的想法因人而异。无论如何，在现实政治生活中有必要就这些问题达成共识并付诸实施，这可以说是对社会契约的重新思考，自然也是相当艰难的历程。但改革也不能一拖再拖，正如下文所述，一旦人们对财政可持续性的信任出现坍塌，结果就会影响货币稳定，并对国民生活产生毁灭性冲击。

## 财政可持续性与货币稳定之间的关系

政府偿还国债的资金本质上是来自未来从国民手中征收的税金和社会保险费。在征收的税收和社会保险费总额中，需要扣除养老金、医疗保险等社会保障支出，此外还要扣除政府向公众提供的国防和教育等的公共服务支出，剩余的资金才用于偿还国债。也就是说，如果预期财政盈余折现值超过了当时的国债发行余额，则政府具有偿还能力。如果财政盈余的折现值低于国债发行余额，也就是预期政府没有足够的偿还能力时，理论上有三种可能的解决方案。[①] 第一是不履行债务，即违约。这意味通过国债持有者承担损失的形式，将国债发行余额削减到财政盈余的折现值范围内。但是，由于国债作为高安全性和

---

① 白川方明＊（2011）「我々はテール・リスクにどのように対応すべきか」（オランダ外国銀行協会年次総会での講演）2011 年 6 月 27 日。

高流动性的金融资产，广泛为金融机构所持有，国债违约会侵蚀金融机构的自有资本，进而带来金融体系动荡。金融体系动荡波及实体经济，又会出现金融危机和财政状况恶化的负面连锁效应。

第二是实施通货膨胀政策。运用中央银行大量发行货币所带来的铸币税收入弥补政府偿付缺口，也就是通过中央银行为财政融资的方式解决问题。这种操作既能通过增加铸币税来填补偿还国债的资金缺口，还能运用通货膨胀方式减轻政府的实际债务负担，从而避免债务违约。但是，这种放弃物价稳定目标的方式会破坏经济可持续增长的根基，最终会给国民带来损失。

第三是通过财政健全化改革及增强经济实力来提高财政盈余的折现值。毫无疑问，这是最理想的方案，而在民主社会中，要削减财政支出、提高税率或社会保险费、推进旨在提高经济增长实力的制度改革，需要在整个社会达成共识。

综上所述，当财政可持续性出现问题时，如果不采取必要的财政或经济结构改革，最终要么是金融体系动荡，要么是物价疯涨，陷入二者必择其一的被动局面。中央银行的目标是同时实现物价稳定和金融体系稳定，而人们总是忘记实现这两个目标都需要财政可持续性的支撑。货币稳定目标并不是中央银行通过行使独立性、努力工作就能实现的。即使中央银行努力工作，如果财政可持续性受到挑战，中央银行就必须在物价稳定和金融体系稳定之间做出孰先孰后的艰难抉择，结果都会影响货币稳定。中央银行的独立性固然重要，但是也有必要意识到单纯依靠中央银行的独立性，并不能实现货币价值稳定这一"难以忽视的真相"（*An Inconvenient Truth*）[1]。实现货币稳定需要国民理解财政可持续性的重要性，并支持为实现这一目标而采取的政策措

---

[1] 由美国导演戴维斯·古根海姆执导、美国前副总统戈尔主演的一部有关全球气候变暖现象的环保纪录片。——译者注

施。本章稍后提到的"价格水平的财政理论"将系统分析这个问题。

## 日本国债的低利率

遗憾的是，日本财政问题的严重性并没有得到整个社会的广泛认同。出现这种状况的主要原因在于，尽管财政状况异常严峻，但并未出现财政危机或金融危机，事态依旧"平稳"运行。因此，对财政危机发出警告的人，常常被视为扯谎"狼来了"的孩子。在国债市场上，长期国债利率始终呈下降趋势，我任行长期间10年期国债利率平均为1.17%，30年期国债利率为2.09%（任职最后一年即2012年的数据分别为0.81%和1.90%）。所有海外对冲基金押注日本国债利率上升而抛售国债的行为，全都失败了。运用现在的低利率国债置换过去发行的相对高利率国债，结果尽管国债发行余额增加了，但政府实际支付的国债利息却在递减，从1998财年的10.8万亿日元减少到2006财年的7.0万亿日元。即便在我任行长最后一年的2012年，国债利息支付也只有8.0万亿日元。

尽管日本财政状况严峻，国债利率水平却很低，原因何在？实际上，这也是我任行长期间在海外讲演时常常被问到的问题之一。按照经济学理论考虑的话，答案就在于低增长和低通货膨胀。[①] 在过去10年间，名义经济增长率（实际经济增长率和物价上涨率的合计）与10年期国债利率变化虽有些背离，但总体趋势还是相同的。这是由于许多投资者认为持续了10年的低增长和低通货膨胀还将延续到下一个10年。

但仅仅这么解释，还不能说清这个问题。由于长期利率是在上文提及的预期经济增长率和物价上涨率基础上，追加弥补不确定性的风

---

① 以下解释基于白川方明＊（2011）「通貨、国債、中央銀行——信認の相互依存性」（日本金融学会2011年度春季大会での特別 講演）2011年5月28日。

险溢价而形成的。因此，要说明长期利率水平偏低的原因，还必须解释风险溢价偏低的问题。讨论这个问题有一个前提假定，就是尽管日本财政状况相当严重，最终日本仍具有改善财政不均衡的意愿和能力。并且，还有一个前提假定，就是人们始终相信货币政策运作的目的是在物价稳定基础上实现经济可持续增长目标。如果这些假定条件得到满足，自然不会提升风险溢价，如果出现信任危机，就会提高风险溢价，最终带来国债长期利率的上升。关于长期利率水平低的另一个解释是，由于日本银行大量购买国债，通过调节国债供求压缩了风险溢价。2010年10月出台的全面宽松政策的明确目标就是降低风险溢价。

当国民或市场参与者进行更长时期的市场预测时，可能会出现两种完全相反的倾向。一种倾向是，模糊地认为迄今为止的趋势还会持续下去；另一种倾向是，认为如果出现某种契机引发异动，让人联想到过去曾发生的一些重大事件的后果，可能会引起过激反应。出现这种过激反应，或者是人们以为政府缺乏维持财政健全化的意志和能力，或者是感到日本银行的独立性没有得到尊重最终会引发严重的通货膨胀。而事前很难预知这两种截然相反的倾向在什么时候又是以什么样的方式出现。显而易见的是，预期是非连续性变化的。对于这一点，我经常引用麻省理工学院鲁迪格·多恩布什（Rudiger Dawnbush）教授的一句名言："金融危机的到来总是比人们预期的要晚，但危机一旦爆发，其发展速度却超乎所有人的预期。"

对我来说，任职行长期间就认为，发出财政状况恶化的预警，并不意味着就是那个撒谎孩子在喊"狼来了"，现在仍然秉持相同的观点。

## 货币政策与财政政策的交叉领域

现实中以怎样的速度推进税收与社会保障改革，最终由政府和国会根据民主程序决定。但在改革迟迟不能推进时，中央银行应该采取怎样的行动呢？有一种观点认为，应遵从"中央银行因具有独立性，可以通过适度运作货币政策实现价格稳定"这一教科书式的表述对外发表言论。换句话说，就是对货币政策之外的问题保持沉默。

我认为这不是一个负责任的中央银行应该采取的立场。如果财政的可持续性受损，中央银行就会陷入"财政支配"状态，恐怕也不能实现物价稳定。为避免这种状况发生，日本银行必须努力改善局面，解决问题。这时必须注意的是，既然货币政策是作用于经济活动的政策，自然也会影响到财政均衡。也就是说，暂且不论日本银行推出的具体政策内容，一系列的货币政策都会影响政府及民间经济主体的认知，并据此改变财政收支行为。因此对外发布日本银行货币政策运作所依据的原理和规则，以及与此相关的日本银行的解释，是非常重要的。

日本《财政法》第五条规定，原则上禁止日本银行承购国债，这一条非常重要。有了这条规定，政府就不能随意地依赖日本银行承购国债的方式筹集资金。但《财政法》第五条规定的并非"全面禁止"，而是"原则上禁止"。所谓"原则上禁止"，是指如果"国会批准"，则可以承购。基于这一规定，现在日本银行承购的国债仅限于持有国债的等额到期转换。

《财政法》第五条的规定固然重要，但并不意味着只要遵守这一规定，就完全可以避免中央银行陷入"财政支配"。这主要出于以下3个理由。第一，即使是在二级市场上购买国债，如果购买数量足够大，并且是在发行后立即购买的话，实际上接近于承购新发国债。第二，如果到期国债能够自动转换，所购买的国债就成为事实上的永久国债。[①] 也

---

① 国债的一种，没有规定还本期限，但规定了按时支付利息，政府可以随时从市场上买入而注销。——译者注

就是说，日本银行持有国债到期时也有选择现金偿还的权利，这在灵活调整日本银行资产负债表规模方面是非常重要的。事实上，《日本银行法》修订之前，经常进行到期国债的全额转换，就是事实上的永久国债。新《日本银行法》实施后，中央银行与政府协商的结果改变了这种状况，到期的长期国债先转换为1年期国债，1年期国债到期后可以选择现金偿还。关于日本银行国债到期的处理问题，每到年末财务省制定下一年度国债发行计划时，日本银行都会与财务省事前沟通，而为了使这一新惯例得以长期延续，我任行长期间一直都十分用心。

第三，根据日本银行货币政策逻辑，购买国债有可能演变为事实上的无上限买入。我之所以始终对货币政策运作保持谨慎的态度，就是由于担心被解读为购买国债是与物价上涨率目标挂钩。

## 关于财政问题的信息发布

中央银行就财政问题对外发布信息，这在任何国家都是一个敏感的问题，而各国中央银行的普遍态度是尽量克制评价具体的财政政策。国家有权征税、增加面向特定领域的支出，还可以发行将来用税金偿还的国债，甚至可以在市场上直接干预资源的分配。这些都是财政性（fiscal）行为，也就是国家的财政决策，只有政府和国会拥有这样的权力。既然中央银行的货币政策不是财政性决策，那么是否就没有干预市场资源配置的功能呢？为什么中央银行可以不受政府和国会的直接控制，自主运作货币政策呢？答案是，中央银行所采取的政策基本上以提供流动性为目的，并必须极力避免上述的财政性决策。中央银行的流动性供给可以通过购买国债实现，也可用国债等金融资产作为担保向金融机构提供贷款实现。政府和国会决定如何使用出售国债所筹集的资金（流动性）。即使政府的投资项目失败，那也只是政府和国会在民主程序下做出的决策。中央银行为金融机构提供的贷款也是一样，金融机构可自行支配所获贷款（流动性），当出现财产损失时，首先由该金融机构的股东和无担保债权人承担。无论是哪一种情况，中央银行对资源分配和收入分配都处于中立位置。之所以赋予中央银行独立性，就是由于中央银行政策基本上是中立的，也可以理解为中央银行不会做出财政性决策。

全球金融危机之后，各国的货币政策不再处于上述的理想状态。即便如此，我还是时刻牢记理想状态，用心运作货币政策。在日本银行的货币政策运作过程中，有两种情形非常典型。一是在运用非传统货币政策压缩信用息差之时。为了尽量减少日本银行购买资产的随意性，规定应优先考虑类似资产支持商业票据、交易型开放式指数基金和不动产投资信托等包含各种基础资产的金融资产。二是在日本银行大量购买国债之时。中央银行大量购买国债削弱了政府的财政约束，提高了将来增发国债乃至增税的可能性。日本银行对此没有有效的调控手段，唯一能做的就是发布财政方面的信息。

我担任行长的最初两年，从没有在记者招待会或演讲等场合主动谈及财政政策的运作问题。原因很简单，如果央行行长对财政政策发表言论，必然会引起政府或国会的种种不良反应，结果可能招致更多"干预货币政策"的行为。考虑到这点，就不得不慎重对待财政方面的话题。我的理念是，为了维护中央银行的独立性，尽量不发表与被赋予的独立性领域无关的言论，反过来，也期待政府和国会能同样做到尽量不发表干预日本银行货币政策的言论。然而，现实中这个"期待"并未实现。旧《日本银行法》时代，且不提内阁成员在非正式场合的发言，就算在正式场合，也都是些"变更再贴现率是日本银行的本职工作"之类的客套话。而在《日本银行法》修订后，不要说政府官员或国会议员，就连公务员身份的各省部级官员，也时常一边声称是个人观点，一边公开评论日本银行的货币政策。

从就任行长的第三年起，我开始改变态度，积极对财政问题发声。

这其中有两方面原因。第一，正如第 10 章"日本经济面临的真正问题"中所阐述的，根据日本银行内部展开的日本经济面临问题的研究成果，我更加强烈地意识到潜在增长率下降问题，如果不采取措施，将来恐怕会影响到财政平衡问题。第二，在有关通货紧缩和日元升值的论辩愈演愈烈过程中，我有一种危机感，就是要求日本银行采取购买国债在内的货币宽松压力会越来越沉重。不过，我的发言并未涉及具体的政府支出或税制这些政治敏感话题，目的无非是想让国民正确理解财政可持续性是实现货币稳定的基础，并决定围绕这个话题积极发声。我也曾在记者招待会等场合表达过这种想法。2011 年 5 月，机缘巧合下受邀在日本金融学会春季大会上做特别讲演，题目是"货币、国债与中央银行——信任的相互依存性"[①]。演讲的开头就提到了信任的重要性：

> 在实现经济的可持续增长方面，货币和金融体系不可或缺。而保证货币和金融体系发挥职能的最重要条件，用一个词来概括的话，就是信任。为了维系国民的信任，政府、中央银行以及民间金融机构所有工作的出发点都应该是各自努力维护外界对自己的信任。政府努力维持中长期的财政均衡，中央银行须通过适当地运作货币政策和履行最后贷款人职能实现物价和金融体系的稳定，民间金融机构则要稳妥地从事结算服务和信用中介服务。

信任很重要，这一观点本身也并不算新颖。而在该演讲中我最想强调的是"信任的相互依存关系"。于是，我又做了进一步的解释：

---

[①] 白川方明＊（2011）「通貨、国債、中央銀行——信認の相互依存性」（日本金融学会 2011 年度春季大会での特別 講演）2011 年 5 月 28 日。

不过，仅靠各自的努力并不能实现货币和金融体系的稳定。对民间金融机构的信任也会受到政府公信力的影响。维持政府信任的重要前提条件就是中长期的财政均衡，而中长期财政均衡若是没有民众的支持，也是无法实现的。对中央银行的信任也支撑着对国债的信任。并且，政府和公众是否尊重中央银行的判断，也会严重影响对中央银行的信任。也就是说，对货币或金融体系的信任存在着相互依存的关系。信任是非常微妙的。它就像空气，平时没有人怀疑它的存在，但如果信任受损，它就会发生非连续性变化。而且信任关系一旦破裂，对经济的影响不可估量。

我在演讲中主张，信任不是由谁来维护的问题，如果政府、中央银行、金融机构以及公众不能理解信任的重要性并有意识地努力加以维护，就不可能维系这一相互依存的信用体系。

## "社会保障和税收一体化改革"动向

税收与社会保障改革是一个政治问题，也做了很长时间的改革准备工作。单从我任行长后的改革动向看，2008年秋季雷曼兄弟破产后推出了大型财政刺激政策，之后这个趋势也没有停止。2009年3月出台的2009年《税制修订法案》附则的第104条强调，"政府以2008年在内的3年景气复苏集中行动扭转经济状况为前提，要阶段性且迅速地推进包含消费税在内的根本性税制改革，为此要在2011年前出台必要的措施"。

2009年9月民主党政权成立，与自民党时期相同，在宏观经济政策基调方面并没有形成一致的主张。就货币政策而言，野田佳彦、仙谷由人、枝野幸男、安住淳等政治家非常理解日本银行的政策主张，民主党内部也有很多支持"通货再膨胀派"的议员。财政政策方面的分歧更大，总体来说有很强的"撒钱财政"（fiscal laxity）印象。①

民主党政权下税收与社会保障改革最为显著的动向是2010年2月时任副首相兼财务大臣的菅直人出席G7会议后的发言，这已经在第11章"欧洲债务危机"中谈到。民主党代表鸠山由纪夫辞职，新上任的党代表菅直人出任首相。2010年7月，菅直人首相在参议院选举前突然宣布要将消费税率提高至10%。于是参议院选举中民主党惨败，导致参众两院再次出现"扭曲国会"②现象。在此期间，在野的自民党强烈要求尽快恢复雷曼兄弟危机后即将崩溃的财政，并于2010年10月向国会提交了旨在实现财政健全化目标的《财政健全化责任法案》，要求政府在2015年之前将基础财政收支③赤字从2010年的水平减半，并在2020年实现财政盈余。④

紧接着，围绕税收与社会保障的改革拉开序幕——2011年1月4日菅直人首相在新年致辞中呼吁超党派合作共同推进改革。同月14日，自民党所属的主张过财政约束的与谢野馨议员被任命为民主党政权下的经济财政政策担当大臣，负责税收与社会保障改革。3月东日本大地震发生，可以预见必然出现大规模的震后复兴资金需求，于是如上文讲过的，要求日本银行购买国债的呼声随之高涨（见第13章"东日本大地震"）。税收与社会保障一体化改革因"扭曲国会"和民主党内菅直人首相政治基础的不牢靠而出现了极大混乱，不过，5月份还是完成了包括上调消费税率至10%事项的"官邸方案"。此后，

---

① 2009年众议院总选举时，民主党在《2009宣言》中提出许多与增加财政支出相关的施政措施，如实施儿童补贴、公立高中的实质免费教育、个别农户收入补偿等；在《民主党政策集INDEX 2009》中强调"维持现行5%的消费税率"。
② 执政党和在野党分别控制着参众两院现象。——译者注
③ 表示税收·税外收入和扣除国债费用（偿还国债本金或支付利息的费用）后的年度支出之间的收支。——译者注
④ 清水真人（2015）『財務省と政治——「最強官庁」の虚像と実像』中公新書、2015年、第4章。

第15章 财政的可持续性

在各种政治势力的裹挟下，7月1日"官邸方案"在内阁会议上达成了口头谅解。口头谅解内容包括，到2015年左右阶段性地将消费税率提高到10%，明确2011年内出台必要的法律框架。但随后营直人首相宣布辞职，8月29日举行了有5名候选人参加的民主党党首选举。除了野田佳彦，其他4人发表的货币政策竞选纲领都具有强烈的通货再膨胀色彩，这让我非常担忧。选举投票正好是在我参加完杰克逊霍尔会议后从美国乘机归国途中，到达日本成田机场后才知道选举结果。至今记忆犹新的是，当得知作为财务大臣曾与我一起参加过国际会议、充分理解日本银行货币政策的野田佳彦当选之后，我终于松了口气。

2011年9月2日野田内阁成立，安住淳就任财务大臣。由于"扭曲国会"再加上执政党内部的严重对立，要将前面提到的口头谅解转化为执政党政策极为困难，最终在2012年3月30日野田内阁向国会提交了将消费税率从5%上调到10%的法案。为使法案能够顺利提交，法案附则强调以未来10年间实际增长率2%、名义增长率3%为目标，"为早日实现这种理想的经济增长方式，必须采取综合对策并制定其他必要的政策措施"。①

税收和社会保障问题也是当时日本银行与政府定期交换意见中的一个重要主题。印象尤其深刻的是，增税法案提交不久后的2012年4月6日，在没有秘书陪同的情况下，野田首相与我在东京都内的一家饭店共进早餐并交换了意见。当时，我们就财政运行问题进行了深入探讨。我谈到对财政均衡可持续性的信任是物价稳定和金融体系稳定的基础，还谈到了包括税制在内的财政收入和支出改革的必要性，我表示今后将在发言中强调财政健全化的重要性，还提到基于当时的劳

---

① 附则第18条："由于上调消费税率的前提是经济状况好转，要摆脱物价持续下降并实现经济状况好转，在2011—2020年期间的经济增长率目标是名义经济增长率3%左右、实际经济增长率2%。为了早日实现这种理想的经济增长方式，必须采取综合政策对策并制定其他必要的政策措施。"

动年龄人口及劳动生产率状况,实现"实际增长率2%、名义增长率3%"目标的难度。野田首相表示已充分意识到实现预期增长率目标的艰巨性,并推测国会是为了具体推进税收与社会保障改革才接受了"附则"。

2012年6月15日,经民主党、自民党、公明党朝野三党事务层面负责人的协商,就消费税增税法案达成一致,经过修订后,同月26日该法案获得了众议院全体大会的表决通过。考虑到各党派所面临的复杂党内形势,加之人们普遍不欢迎税收与社会保障改革,能达成事务层面的共识,我认为各党派都是积极负责的。此后几经周折,增税法案最终于8月10日在参议院获得通过。这是由于得到了自民党和公明党等在野党的支持,不然在野党占多数的参议院是很难通过的。这是自1997年消费税率上调到5%以来,时隔15年的税率上调。

## 批评日本银行人士的财政政策观

接下来谈一下那些强烈批评日本银行货币政策的人怎样看待财政政策问题。批评日本银行的人士,特别是"通货再膨胀派"的支持者,普遍轻视甚至无视财政政策对经济景气和物价的影响。我不清楚个中缘由,也许是在讨论作用之前,就已基于原本恶化的财政状况难有运作余地这一现实考虑而做出了判断。当然,这个主张的前提是一定存在有效的货币政策空间,按照这些批判者的理解,该前提条件已经得到了充分满足。[1]

---

[1] 比如,伊藤(2001)阐述道,"在这种情况下,有意见认为'当利率为零时,就不能再期待货币政策有什么效果,应该启动财政政策'。可是财政状况也处在危机之中,负债累累。""从这个意义上来讲,已不可能像三四年前那样,通过巨额的财政支出支撑经济增长。"伊藤隆敏(2001)『インフレ・ターゲティング——物価安定数値目標政策』日本経済新聞社、2001年、86、88頁。

总体来说，我绝不是积极财政政策的支持者，不过我认为，那些主张运用货币政策完全可以抵销财政方面冲击的观念过于偏激。在这一点上，美国的政策决策者以及经济学家的讨论更具常识性。包括伯南克主席在内的美联储官员经常提到"财政悬崖"对经济的影响，"财政悬崖"就是指政府大幅削减开支或增税带来的财政刺激效果的下降。顺便提一下，在我担任行长这5年的20个季度里，政府支出对GDP的平均贡献度为1.6%，其中有5个季度的贡献度为负值，贡献度为正值的有10个季度，剩余5个季度贡献度为零。

财政政策对经济景气的影响是一个重要的课题，而对日本银行来说，更为关切的问题是财政政策对物价的影响。对于那些批评日本银行货币政策的人士来说，弗里德曼的命题，即"通货膨胀在任何时空条件下都是一种货币现象"是其出发点。虽然弗里德曼并没有说过"通货紧缩在任何时空条件下也都是一种货币现象"，但批判者认为前后两个命题同属一个体系，从前者就能推导出后者。在他们看来，既然是货币现象，无论财政方面出现怎样的冲击，包括增税在内，都可以运用货币政策消除其不利影响。只要坚持这个立场，财政政策就不可能成为影响物价变动的因素。

## "价格水平的财政理论"

在我看来，完全否定财政政策对物价影响的主张，与完全否定财政政策对经济影响的主张一样，都是过于偏激的。首先，正如"财政通货膨胀"一词所显示的，财政与通货膨胀的关系历来是人们关注的话题，尽管这个概念有点模糊。正因为如此，我认为包括禁止中央银行承购国债的规定在内，财政和中央银行的关系已成为设计货币制度的核心要素之一。否定财政政策对物价影响的主张显然违背了这一常识。其次，那些认为零利率约束下的货币政策有效性也与正利率条件下完全相同的主张也是不现实的，我认为零利率约束下理应有适度的货币政策与财政政策的协调分工。

我之所以这样思考问题，是因为2001年同属计划室的一位经济学家传授给我一个很有意思的理论，即价格水平的财政理论（fiscal theory of price level，缩写为FTPL）。当时，迈克尔·伍德福德（Michael Woodford）和约翰·科克伦（John Cochran）以及后来的诺贝尔经济学奖获得者克里斯托弗·西姆斯（Christopher Sims）等美国著名经济学家都积极参与了这一问题的讨论。由于它与传统的理论框架有很大差异，要从整体上准确把握该理论有一定难度，但可以直观理解提出这一理论的问题意识。①

"实际财政盈余"概念是掌握这个理论的关键。前面已经提到过"财政盈余"，而考虑财政对价格的影响时，有必要以实际含义来理解"财政盈余"。举例来说，实际财政盈余就是政府作为税收从国民那里征收稻米、作为社会保障又将其中的一部分发放给国民后的剩余。如果本年度财政出现赤字，政府为了从拥有多余稻米的国民那里借款，就会发行国债。在国民看来，国债是用政府将来的财政盈余还本付息的资产。政府为了偿还国债，必须保证未来有财政盈余。换句话说，就是所征税款要超过社会保障支出。另一方面，国民还要有些积蓄，以备将来纳税所需，而承收国民的储蓄就是国债。如果预期未来财政盈余的折现值小于国民持有的国债价值，就会产生财富效应，带来消费增加、物价上涨。② 也就是说，预期财政盈余的折现值影响国民的购买力。即使采取了减税措施，如果国民预期政府最终还会增税的话，

---

① Woodford, Michael (2001), "Fiscal Requirements for Price Stability", NBER Working Paper, No. 8072, January 2001.
② P = B/FS，P是价格，B代表政府债务名义值，包括基础货币和债券，FS代表财政盈余的折现值，意味着价格是由政府债务和财政盈余折现值所决定的，B/P = FS 称为政府的预算约束方程。——译者注

由于财政盈余的折现值没有发生变化，人们也不会增加支出，物价也就不会上涨。

按照这个说法，物价是由政府的财政行为所决定的，也就成了"物价变动是财政现象"。而通常的理论认为物价是由中央银行的货币政策决定的。到底哪一种说法是正确的呢？答案取决于政府和中央银行的行为规则。通常的理论都假定中央银行起主导作用，政府作为追随者。也就是说，假定的情形是在中央银行确定物价水平下，政府为了使财政盈余的折现值与国债价值相等而不断调整财政收支。由于政府承诺自己借的钱一定会自己还，因此中央银行可以控制物价水平。不过，也存在完全相反的情形，即政府率先行动，中央银行会追随政府的行动。典型的例子是美国在第二次世界大战期间为了抑制战争经费而实施的、持续到1951年的国债利率钉住政策。在这种情况下，政府自己借的钱却要求中央银行偿还，可以说中央银行不具备独立性，物价水平也就不会稳定。这就是"令人不快的货币主义算法"[①]。此外，还有中央银行和政府同时起主导作用的情况。在这种情况下，即使中央银行拥有独立性，也无法保证控制物价水平，这是由于政府此时想通过改变民间部门的储蓄支出行为，让民间部门承担政府所欠的债务。与持有国债的价值相比，如果财政盈余的折现值变小，家庭就会增加消费支出，物价就会上涨。上文介绍的案例就属于这种情况。

换句话说，中央银行要想控制物价水平，其前提是政府必须承诺所借的钱一定自己偿还，并且民间经济主体也要相信这个承诺。为了维持这种信任，才有了约束政府财政预算的规则。财政规则有的像《马斯特里赫特条约》中的标准那样有具体的数字指标，而本质上最

---

[①] Sargent, Thomas J. and Neil Wallace (1981), "Some Unpleasant Monetarist Arithmetic", *Quarterly Review*, Federal Reserve Bank of Minneapolis, Vol.5, No3, Fall 1981. (https://www.minneapolisfed.org/research/qr/qr531.pdf.)

重要的是民间经济主体的认知,即相信政府承诺的中长期财政均衡的可持续性。我认为,物价水平的财政理论并不能单纯地理解为"物价变动是财政现象",而应该理解为这样一种主张,即为中央银行营造实现物价稳定的环境也是政府的职责。

## 零利率约束理论与价格水平的财政理论的融合

"价格水平的财政理论"的有趣之处在于,它提供了一个在货币政策面临零利率约束下思考财政政策作用的有益视角。即使在面临零利率约束的情况下,通过采用各种非传统货币政策,也可能在一定程度上产生货币宽松的效果(见第 5 章"零利率政策与量化宽松政策")。但不可否认的是,与利率水平处于显著正值时相比,货币政策的效果受到了限制。要想在这种情况下推高物价水平,有必要采取能够让民间经济主体感到财政盈余折现值已经下降的财政措施。关键是让国民确信,这并不是一时性的减税或增加公共投资,将来也绝不会增税。根据"价格水平的财政理论",如果成功让国民形成这种信心,国民就会有获得感,物价水平也会随之上涨。

2001 年我第一次听到"价格水平的财政理论"时,就认为这个理论为分析货币政策和财政政策的协调分工提供了一个富有启发性的"看问题的视角"。遗憾的是,这个理论在日本几乎不为人知,只有极少数经济评论家、学者提到过这个理论。[①] 因此,我希望更多的经济学家了解这个理论及其政策含义。说是"看问题的视角",实际是希望更多的人认识到,拥有独立性的中央银行只要努力运作货币政策就可以实现物价稳定的看法是很肤浅的,实现财政的可持续性才更为重要。

---

① 为数不多的例外包括渡边努·岩村充(2004)『新しい物価理論——物価水準の財政理論と金融政策の役割』(一橋大学経済研究叢書 52)岩波書店、2004 年。

但是，从另一方面看，如果作为政策选项，特别是基于日本当时的舆论环境考虑时，我觉得这个理论有可能诱导货币政策向着非期望的方向发展。假如政策目标是提高物价水平，那么零利率约束下就需要采取扩张性财政政策。而且，这种财政扩张不单纯是财政赤字的一时扩大，而是经常性的赤字增加。如果将这个理论与当时盛行的2%物价上涨率舆论结合在一起，就意味着在实现2%的物价上涨率目标之前需要一直维持财政赤字。而且要让多数民间经济主体相信，一旦实现了2%这个目标，财政就会回到原来的中立立场。这是以假定财政当局可以有效控制预期为前提的，现实中不具有这种可能性。很多人似乎都模模糊糊地认为，不管日本的财政状况有多糟糕，最终都要回到健全化轨道。如果真想改变这种预期，必须采取极端的做法，而采取这种极端做法的政府最终还会去努力实现财政健全化……有常识的国民能相信这种事情吗？进一步讲，物价稳定是中央银行被赋予的最为重要的目标，而在考虑一国经济的整体稳定时，中央银行是否能将提高物价上涨率作为在任何状况下都优先考虑的事项呢？而且，当时还没有明确认识到，即使政府采取极端做法的结果是带来物价上涨，也只不过是概念上与财政盈余增加相对应的物价水平的一次跳跃，并不会带来恒常式的物价上涨。

我曾犹豫要不要在日本银行推广可谓是启蒙教育的"价格水平的财政理论"学习，最终认为通俗易懂地解说这个理论有助于明确真正的问题所在，期待今后展开更深入的研究。结果，2002年7月《日本银行调查月报》刊登了一篇以经济学家个人名义发表的论文，题目是"关于物价变动机制的两种见解——货币观点（monetary view）与财政观点（fiscal view）"[1]。遗憾的是，这篇论文在当时并没有引起太大关

---

[1] 木村武＊（2002）「物価の変動メカニズムに関する2つの見方——Monetary View と Fiscal View」『日本銀行調査月報』2002年7月号。

注。直到论文发表 15 年后的 2016 年，"价格水平的财政理论"这个除了专家几乎没人知道的术语才频繁出现在媒体上。

## "高桥财政"

"价格水平的财政理论"在理论上取得了重要进展，不过，在财政政策或者财政政策与货币政策的交叉领域，人们经常以 1931 年第四次出任日本大藏大臣的高桥是清于 1932 年实施的日本银行承销国债的做法作为例证。[①] 此外，海外的部分学者也喜欢将"高桥财政"时期日本银行承销国债行为作为积极货币政策的成功范例。[②]

"通货再膨胀派"经常提及高桥大藏大臣时期的财政政策，即"高桥财政"，主张日本银行全额承销政府发行的国债，政府以此为资金来源实施积极的财政政策。但是，2000 年以后日本的金融经济形势和高桥财政时期相比，在以下方面存在很大差异，从某种意义上讲，我认为高桥财政对 20 世纪 90 年代以后的日本经济没有多少参考价值。[③]

第一，财政状况的严峻程度不同。高桥财政开始之前日本国债发行余额对 GNP 的比率为 47.6%，与 2000 年以后 200% 左右的比率相比，是相当健全的财政状况。第二，对资本流动的管制程度不同。高桥大藏大臣开始承销国债时，为了防止资本外逃，加强了对外资本流动管制，与此不同的是，2000 年以后金融市场以及经济全球化发展到相当程度，如果货币政策或财政政策影响了货币信用，长期利率立即

---

① 关于高桥财政，参考镇目雅人『世界恐慌と経済政策——「開放小国」日本の経験と現代』日本経済新聞出版社、2009 年。
② Turner, Adair (2015), Between Debt and the Devil: Money, Credit, and Fixing Global Finance, Princeton University Press, 2015.（『債務、さもなくば悪魔——ヘリコプターマネーは世界を救うか?』高遠裕子訳、日経 BP 社、2016 年。）
③ 以下几点参考了白川方明 * (2011)「通貨、国債、中央銀行——信認の相互依存性」(日本金融学会 2011 年度春季大会での特別 講演) 2011 年 5 月 28 日。

就会出现反弹。第三，当时日本国内的金融市场规模比现在要小，国债市场也不发达。那时承销国债的主要是两类机构，也就是民间金融机构组成的辛迪加和以邮政储蓄等为资金来源的大藏省存款部，还没有快速顺畅地消化大额国债的方式。当时，日本银行买入国债后都会迅速售出，特别是在最初的几年，也就是高桥大藏大臣在世期间，并没有因此大幅度增加日本银行的国债持有额和基础货币。与那时相比，现在已经有了十分发达的国债发行市场，政府消化国债也并不困难。

此外，也有人指出"高桥财政"期间日元汇率处于贬值状态，但那不过是纠正了1931年年末放弃金本位制度时人为制定的偏高固定汇率而已。与此相对，现在是浮动汇率制，与高桥财政期间的汇率状况完全不同。

以上是与高桥财政相关的所谓"进入"政策时的讨论，而在实行非常规的财政政策或货币政策时，都必须考虑"退出"政策。众所周知，高桥在经济复苏阶段曾试图遏制军费预算的过度扩张，却在1936年的"2·26"事件中惨遭杀害，结果政策"退出"时招致了通货膨胀。可以说实施高桥财政的政府与日本银行在"退出"关口失败了。其实我认为，这并不是由于高桥意外地没能控制住军费预算的扩张，而应该理解为不受市场约束的国债承销行为本身必然会导致不能控制的预算扩张。有意思的是，高桥财政期间日本银行起初承销国债事实上只是"权宜之计"，高桥在帝国议会的演讲中声明，中央银行承销国债是暂时性的，而之后的历史却表明并非如此。

日本银行当年承销国债时的实际负责人是深井英五副行长（随后成为行长），他在卸任后的1941年，也就是太平洋战争爆发前出版的《回顾七十年》中，记录了他在日本银行承销国债后出访欧洲时法国银行行长莫雷的反应，下面这段感想非常有趣：[①]

---

[①] 深井英五（1941）『回顧七十年』岩波書店、1941年（オンデマンドブックス、2014年）、312~313頁。

日本银行承销国债的做法，在我出国访问期间引起了各方热议。大多数人都随口称赞方法巧妙，唯独莫雷不置可否，既不指责，也不奉承，只表示目前为止表现良好就足够了。他城府极深，多次以相同的话语敷衍我。

我们无法得知当时莫雷行长的真实意图，也不知道萦绕在卸任行长深井脑海中的具体想法，但是我觉得，他似乎提出了这样一个疑问，为正确地管理货币，是应该相信一小撮精英的理性，还是应该期待约束多数人行为的制度规范呢？他没有给出答案，而我在回顾了一系列历史事件后，认为后者应该作为教训。卸任行长后，我受邀到结城丰太郎纪念馆做演讲（结城丰太郎曾在1937—1944年期间担任日本银行行长，他上任时的1937年距日本银行开始承购国债已经过了5年）。为了准备演讲，我阅读了一些后高桥财政时期金融财政运行的相关资料。了解到在结城任行长期间，日本银行为促进国债的顺利销售采取了多种措施。有意思的是，结城就任行长后，曾试图将当时由日本银行承销国债的方式恢复到民间金融机构辛迪加承销。然而，一旦日本银行开始承销国债，政府和民间金融机构熟悉了这种方式，自然不愿意重新恢复到由辛迪加承销的方式。结果，这种尝试仅一次就没了下文，之后发行的国债仍由日本银行承销。[①] 如果能理性地贯彻实施这一政策，也许就不需要后来的制度禁止中央银行承销国债。但是，考虑到我们对经济金融相关知识的欠缺、决策的滞后，以及影响政治与社会偏好的诸多因素，决不能忽视制度或惯例约束的重要性。尤其是分析中央银行购买或承销国债的相关问题时，更应该如此。

---

① 八木慶和（2007）『日本銀行総裁結城豊太郎——書簡にみるその半生』（齊藤壽彦監修）学術出版会、2007年、358頁。

## 第16章 谋求金融体系的稳定

与稳定物价相并列的，中央银行的另一个重要使命是稳定金融体系，如果不是发生雷曼兄弟破产或东日本大地震那样的事件，这个问题并不会引起太多注意。很多人都是在经历了泡沫经济和泡沫崩溃后的金融危机才意识到金融体系稳定的重要性。为防范金融危机，或者是预防可能导致金融危机的"金融失衡"，加强金融机构的监管和监督以及出台适当的金融政策都是必不可少的。研究解决这些问题是我任行长5年间的重要工作。

### 何谓金融体系稳定

一般很难给"金融体系稳定"做出一个像"物价稳定"那样有真实感的定义，但若是经历过一次金融危机，谁都能体会到个中含义。"金融体系稳定"就是这样一个概念。

一旦发生金融危机，就不能享受正常的金融服务。比如当存款者担心银行不能应对大量取款时，就会抢先提取存款，如果所有人都去提取存款，就形成了挤兑。发生挤兑时，银行也就不能提供贷款服务。如果这一现象连锁性地扩散到众多金融机构，就会对一国经济活动产生重大影响。在同业金融市场上，对交易对手破产风险（counter party risk）的担忧不断扩散时，金融机构就不能在同业市场上正常获取资金，资金也就不能从盈余者手中流转到短缺者手中。如果市场流动性遭到破坏，即使没有出现价格的大幅波动，也难以快速进行大额的交易。在这种情况下，由于难以形成正常的价格，也就无法进行金融衍生品交易。而金融衍生品交易的最大意义就是规避风险，这也意味着金融机构或企业很难规避利率或汇率变动所带来的风险。如此一来，必然对众多经济活动产生严重影响。谋求金融体系稳定的意义就在于此。

"维持金融体系稳定"最直接的含义就是防止金融危机。这种事态虽不会频繁发生，但在国内外漫长历史长河中已经反复出现。在第二次世界大战后相当长的时间内，发达国家都没有出现过大规模金融危机，甚至有人认为金融危机只是新兴市场国家或发展中国家的事情。但在20世纪90年代以后，发达国家逐渐意识到这种想法是错误的。重创发达国家的全球金融危机对于改变这种意识起到了决定性作用。惨痛的事实让人们反思，为维持金融体系稳定，到底应该做些什么。第一是构筑具有高度弹性的金融体系，即使发生外部冲击，也不会轻易受损；第二是为防止引发金融危机事态的发生，需要约束金融机构、民间企业和个人的过度冒险行为。为此，要求金融机构具有充足的应对危机的缓冲能力，除了最低的资本充足率和流动性要求，还需要各种规章制度。与规章制度同等重要的是金融监管当局对于金融机构的监督检查。监督检查不仅要检查金融机构是否遵守了规章制度，还要监控金融机构是否坚持了稳健化经营。由于金融机构的经营和业务模式各异，监督检查的内容也应该根据各个金融机构的特性量身定制。

## 日本银行的作用

日本负责金融机构监管监督的主要是金融厅，日本银行则是通过对在中央银行开设存款账户的金融机构进行现场检查或日常监控，把握各金融机构的运行状况。

为防范金融危机，日本银行建立健全了各种"安全网"。其中之一就是稳健的支付清算体系。稳健的支付清算体系意味着即使金融市场上出现个别机构破产，也可以减轻破产机构通过支付清算体系对其他金融机构的影响。不仅如此，当发生金融危机这种紧急事态时，还可以要求中央银行发挥"最后贷款人"职能提供流动性，甚至在必要时由政府向金融机构注入财政资金。"最后贷款人"或政府注入财政资金，可以说是危机时的"灭火作业"。正如第8章分析的，雷曼兄弟破产时日本金融体系相对稳定，日本银行没必要作为"最后贷款人"向各金融机构提供流动性，不过为了维持金融体系稳定，对整个金融市场提供了充足的流动性。另外，日本银行还破例采取了买进商业票据和公司债券以及金融机构持有的公司股票等方式，维持了金融市场功能和市场流动性。

"灭火作业"的重要性不言而喻，而在日常工作中，更重要的是做好"防火作业"。我任行长第一年的工作基本上是"灭火作业"，从第二年开始重心转向"防火作业"。

## "公共地悲剧"

金融体系稳定就像空气一样看不见、摸不着，平时人们也不会意识到它的存在，因此很多人将它说成是"公共物品"。公共物品是以"非排他性"和"非竞争性"为特征的货物或服务。"非排他性"是指不进行支付也能消费，如清洁的空气和警察提供的安全服务就属于这一类。而"非竞争性"是指所有人可以同时消费全部物品。通常的物品是一旦有人消费，就会减少他人的消费份额，而公共物品不同，就像空气和安全一样，大家可以同时消费任意份额。

金融市场参与者由于不进行支付也能享受金融体系稳定这一服务，从"非排他性"角度，可以将稳定的金融体系说成是公共物品。如果保证了金融体系的稳定，金融机构也许就会积极地筹集资金，并将筹集到的资金投向风险更大的金融资产中。金融机构通过"消费"稳定的金融服务增加自身利益，即使如此，也不会影响到其他金融机构同时享受这一服务。但是如果其他金融机构也同样增加借款和进行高风险的金融投资，作为整个经济来说，将承担过大风险，随时都可能引发金融危机。也就是说，谁如果过度消费这种服务，不久就可能导致谁都不能消费金融体系稳定的局面。因此，金融体系稳定这一服务无法满足公共物品的"非竞争性"特征。

为说明这个问题，经常提到"公共地悲剧"（tragedy of the commons）[1]。"公共地"就是众多人可以共同使用的牧场或者渔场，如牧场草地可供众多牧民同时放牧。如果是自己的牧场，牧民就会通过调整牛群数量保证牧草的正常生长；而若是公共地，每个牧民都会一直增加牛群数量，因为如果自己不增加而别人增加，就会减少自己的收益。结果只要是牧民可以自由使用的公共地，作为资源的牧草一定会消耗殆尽，所有牧民的利益都会受到损害。上面讲过的过度消费金融稳定服务与公共牧场的情形完全相同。

---

[1] Tucker, Paul (2015), "Microprudential versus Macroprudential Supervision: Functions That Make Sense Only as Part of an Overall Regime for Financial Stability", Remarks at the Boston Federal Reserve Bank Conference, October 2, 2015. https://www.bostonfed.org/macroprudential2015/papers/Tucker.pdf.

作为一般公共物品,若使用"入会权"①方式明确限定所有权,就不会出现牧场过度放牧或渔场过度捕捞问题。但是金融体系稳定这一公共物品无法限定所有权。由于不需要进行支付就可以享受稳定金融服务,金融市场参与者都会最大限度地利用安全的金融服务,或者增加借款,或者将短期借入资金投入长期的资金运用,扩大存贷期限差,增加个人的眼前收益。单个参与者的这种行为对整体经济来说或许是微不足道的,但如果许多人都这么做的话,稳定的金融服务就会出现"过度放牧",从而引发公共地悲剧。

要实现金融体系稳定,需要采取各种措施。关于爆发金融危机这一大规模山火后的"灭火作业",前面已经讲过,而日常防火作业中有两个问题最为重要:一个是构筑防火墙,也就是建立一个高效安全的支付清算体系;另一个就是制定适当的防灾标准,并经常检查是否存在火灾隐患,也就是对金融机构的监管与监督。考虑到空气过于干燥时容易引发火灾这一原理,在维持金融体系稳定的过程中,左右宏观经济和金融状况的货币政策运作也是非常重要的。

## 构筑高效安全的支付清算体系

作为维持金融体系稳定的防火作业,构筑高效安全的支付清算体系可以说是最具中央银行特色的举措。日本银行在支付清算服务方面的作用体现在多个方面。有关提供现钞的事情已经在东日本大地震对策中讲过,这里只介绍运用日本银行活期存款进行的单笔较大数额的"大额结算"业务。日本银行运行在线支付清算系统——"日银网

---

① "入会权"是日本民法中规定的以共同收益为目的,一定区域范围内的居民可以进入特定的山林、原野、河川进行采集野果、放牧、捕鱼,甚至采伐树林、挖掘矿产的用益物权。——译者注

络"，维持日本银行与民间金融机构的联系，另外，还为"全银网络"[1]——民间银行处理个人或企业之间的小额汇款业务时利用的清算系统——提供结算服务。中央银行活期存款就是中央银行的负债，由于中央银行不会破产，运用活期存款结算可以确保结算安全。因此，很多国家都是使用中央银行的活期存款进行短期资金市场、外汇市场、债券市场、股票市场等的金融市场资金结算。

正如第1章"日本银行职业生涯的起步"已经说过的，经过日本银行相关部门的长期努力，在提高支付清算体系效率和安全方面进行了多项改革。[2] 支付清算体系的改革从长远来看对经济社会的作用是非常大的，但短期很难显现效果，系统开发还需要投入巨额资金，另外由于涉及的部门众多，仅靠民间部门的努力，并不能顺利推进该项改革。因此，许多国家的中央银行都在支付清算体系建设中发挥了"催化剂"作用，日本银行也不例外。

我年轻时就参与了改善支付清算体系的工作，这项工作还将一代代继续传承下去，看到这个过程，我切实感受到这就是中央银行为社会做出的贡献！通过这个漫长的历程，我同时又感受到完善支付清算体系所伴随的艰辛。我担任行长期间每次强调日本银行"银行业务"的重要性时，都在有意传递一个信息，就是唤起社会对完善支付清算体系的意识。

2008年4月我就任行长后，政策委员会决定开始讨论"日银网络升级"项目，根据讨论结果，2009年10月实际启动了项目开发。这个项目的目的在于利用最新的信息处理技术，灵活适应用户的需求变化，同时提高日银网络的便利性。由于该项目开发规模和预算金额都

---

[1] 全国银行资金结算网络的简称。——译者注
[2] 传统的结算方式参见白川方明＊（2009）「頑健な決済システムの構築に向けて」（金融情報システムセンター25周年記念講演）2009年11月13日。

第16章 谋求金融体系的稳定

非常大，我在任期间就没有更多的预算从事其他支付清算项目的开发。为此，我在任期间还对新日银网络运行后具体的支付清算业务做了充分的演练和准备工作。退任行长之后的2015年新日银网络全面启动。

完善支付清算体系的另一项举措，就是构筑应对突发事件的业务连续性计划。业务连续性计划是日本银行在东日本大地震之前就开始推进的项目，例如发生某种故障时，为了实现业务的连续性，要求相关职员必须迅速赶赴日本银行大楼。我担任日本银行理事时也负责支付清算工作，所以必须居住在能迅速到达银行总部大楼的地方，并与其他责任人隔周轮换值班，以保证系统的稳定运行。东日本大地震发生之后，日本银行进一步强化了业务连续性计划。

## 中央银行为何要参与金融监管

防火作业的重要一环就是日本银行积极参与全球金融危机后金融监管制度改革的讨论。读者也许会问，日本银行为何要参与金融监管，这不是金融厅管辖的事务吗？很多国家的中央银行都承担金融机构的监管和监督工作，不管中央银行是不是一国的金融监管当局，各国中央银行都会作为巴塞尔银行监管委员会成员，参与讨论全球金融危机后金融监管制度改革问题。中央银行之所以参与这些活动，更加现实的理由是金融监管和监督问题与经济的稳定密切相关。正如"公共地悲剧"所显示的，在提供金融体系稳定这一服务过程中，容易滋生不稳定的萌芽，如果这种不稳定萌芽最终导致了金融危机，就会带来宏观经济的动荡。因此，即使中央银行不是一国的金融监管或监督当局，作为巴塞尔委员会成员，积极参与金融监管和监督制度改革活动也是理所当然的。

日本银行参与的金融监管和监督业务，主要是与金融体系稳定相关的工作（比如对金融机构违法行为的处罚也是一个很重要的问题，但这不在日本银行的管辖范畴）。反过来说，如果日本银行不关心金融机构的监管和监督问题，意味着有可能阻碍货币政策目标的顺利实现。

## 制定金融监管制度的国际框架

各国的金融监管制度都是由该国政策当局制定的，而随着金融国际化的进展，金融监管制度改革也出现了全球化趋势。之所以这么说，是因为如果各国各自制定不同的金融监管制度，金融活动可能会从监管严格的国家或地区转移到比较宽松的国家或地区，就无法实现世界范围内的金融体系稳定，最终会影响到各国国内金融体系稳定。因此，在制定监管制度方面逐渐形成了一种共识，即各国监管当局负责人聚在一起深入讨论形成国际性的协议，之后各国当局根据协议内容制定各自的金融监督监管制度。结果形成的就是规定金融机构最低资本充足率的《巴塞尔协议》。1988年最初出台的协议称为《巴塞尔协议Ⅰ》。之后，依据金融机构业务变化，对协议内容进行修订后形成了《巴塞尔协议Ⅱ》，并在全球金融危机爆发时付诸实施，金融危机之后各国又开始讨论《巴塞尔协议Ⅲ》。

就金融监管制度改革达成一个国际性协议，从覆盖范围的广泛性以及问题的复杂性方面来说，都是相当艰难的。单说金融机构的监管当局，很多国家的银行、证券和保险公司都有不同的监管部门，加之会计准则在判断金融机构健全性方面是非常重要的指标，但这并不是金融监管当局制定的，而是存在独立的会计准则制定主体。另外，金融机构破产处理方式是金融体系稳定的重要组成部分，而任何国家的金融监管当局都不负责企业的破产清算工作。

面对这些难题，要在金融监管制度方面形成有价值的协议，这个组织不仅要有专业知识，还要具有政治上的合法性。像联合国那样全员参与的组织无疑是最具合法性的，但由于这项工作性质上与缔结条约相同，达成共识的讨论过程可以说是相当艰难和漫长的。而如果过度缩减参与成员的数量，是会提高讨论的效率，但缺乏合法性，更重要的是如果达成监管协议范围过小的话，也会降低协议的实效性。

《巴塞尔协议Ⅰ》出台时，主导讨论进程的是G10，随着新兴市场国家经济的发展，发达国家意识到应该邀请更多的国家参与规则讨论，因此参与讨论的国家范围不断扩大。目前在金融监管领域中承担重要职责的是金融稳定理事会（Financial Stability Board，缩写为FSB）[1]，它兼具专业性和合法性。现在FSB成员包括25个国家（地区）和10个团体。日本的财务省、金融厅和日本银行参与着FSB的相关事务。我任行长期间FSB主席是欧洲央行行长德拉吉，现在由加拿大央行行长马克·卡尼担任。在每次的G20会议上，FSB主席都要向大会报告监管制度改革讨论的进展情况，G20的决议需要提交G20政治首脑组成的G20峰会审议通过。2009年9月在匹兹堡召开的G20峰会上，将FSB认定为"国际经济合作高级论坛"。

那么，FSB是如何开展监管制度改革讨论的呢？更多时候是由各个负责监管和监督工作的委员会将研究结果汇总形成的协议提交给FSB，当然FSB自身也会开展一些研究工作。如最重要的银行监管制度是由巴塞尔银行监管委员会负责，这个委员会的成员目前包括28个国家（地区），原则上是中央银行和金融监管当局成员参与讨论。日本的参会成员是金融厅和日本银行的专家。巴塞尔银行监管委员会还下设各类专门问题讨论的工作小组。

单从上文描述的金融监管制度讨论或决策过程，就可以想象出此项工作的复杂性，即使最终协议得到了G20峰会的批准，实质上究竟批准哪个专家层面上达成的协议也是个问题。对于那些对中央银行没

---

[1] 这一组织的前身是在亚洲金融危机之后成立的金融稳定论坛（Financial Stability Forum，缩写为FSF），2009年改组为金融稳定理事会。

有监督监管权限的国家来说，以前在 BIS 会议期间 G10 央行行长会议通过的协议，作为治理结构就缺乏合法性。基于这一问题意识，才设立了中央银行行长及监管当局负责人会议（Group of Governors and Heads of Supervision，缩写为 GHOS），并由其负责批准银行监管的相关协议。

## 启动金融监管改革的国际性大讨论

全球金融危机爆发后国际上开始了金融监管制度改革的讨论。在发生巴黎银行冲击的两个月后，即 2007 年 10 月召开的 G7 会议上，各国财政部部长和中央银行行长就要求 FSB 的前身，即金融稳定论坛（FSF）研讨金融危机的起因及今后的对策。在我出任日本银行行长后首次出席的 2008 年 4 月的 G7 会议上，FSF 提交了报告书。此后，以巴塞尔银行监管委员会为主，多个委员会开始了具体细致的研讨工作。改革牵扯面广、头绪繁多，首先是从强化金融机构资本充足率的讨论开始，引入了新的流动性规制，为了规避"太大而不能破产"问题，针对从事国际金融活动的金融机构制定了有效的破产处理机制。由于一直未被列入监管对象的影子银行引发的问题成为引发全球金融危机的重大原因之一，基于对这一问题的反思，也提出了一些改革措施（见第 6 章"'大稳健'幻象"）。

过去关于金融体系重要制度框架及规章制度的根本性改革，几乎都是源于某一次金融危机，全球金融危机后的监管改革也不例外。如在昭和金融危机[①]后引入了日本银行的监督检查职能；日本泡沫经济崩溃和金融危机后，出台了明确日本银行在金融体系中作用的新《日本银行法》，成立了金融厅（最早是金融监督厅），完善了金融机构破产

---

① 1927 年 3 月日本发生的金融危机。——译者注

的体制机制。美国也是在1907年金融危机后创设的美联储，作为大萧条的"产物"成立了联邦存款保险公司（Federal Deposit Insurance Corporation，缩写为FDIC）和证券交易委员会（Securities and Exchange Commission，缩写为SEC）。现在的资本充足率规制是20世纪80年代美国金融机构对拉美国家贷款出现大量呆坏账后，美国国会要求加强监管才出台的。

## 资本充足率规制

金融监管制度就是对各金融机构的经营施加的种种限制或约束，这是不言而喻的。正如后面要分析的，由于金融监管对日本银行实现物价稳定与金融体系稳定的目标具有重大影响，全球金融危机后日本银行积极参与了监管制度改革的讨论。

全球金融危机后发现，危机期间欧美金融机构不具备充分覆盖风险的充足自有资本。因此，危机后从自有资本数量和质量两个方面进行了大幅度改革。在数量方面，大幅提升了金融机构必须达到的最低资本充足率标准；在质量方面，严格自有资本定义，充实了包括普通股和留存收益在内的"核心一级资本"。

讨论最为激烈的是资本充足率的提升幅度及其达标时间问题。美国、英国和瑞士要求大幅提高资本充足率，而日本、德国和法国主张适度提高。主张大幅提高资本充足率的国家一般都是之前全球金融危机中问题较多的国家，日本也认为有必要提高资本充足率，但又担心突然大幅提高会对经济活动产生严重影响。在讨论过程中，巴塞尔委员会深入研究了强化资本充足率对宏观经济的影响。日本银行也根据金融机构与宏观经济相互作用的宏观经济模型进行了模拟实验，基于研究结果而完成的论文成为日本金融当局主张的理论基础。2010年7月，中央银行行长及监管当局负责人会议通过了资本监管的基本框架和后面将要分析的流动性规制,同年9月就最低的资本充足率达成了协议。

## 利率风险监管

资本充足率规制是以信贷风险、市场风险以及操作风险为对象制定的[1],而金融机构所面临的利率风险也是非常重要的。金融机构不管是通过存款还是通过金融市场筹集的资金都是相对短期的,而资金运用不管是贷款还是购买债券都是相对长期的。由于长期利率要高于短期利率,金融机构可以获得正的利差,如果是在金融紧缩状况下,短期利率上升时会缩小长短期利率差,有时甚至还会出现利率倒挂。这种由利率变动引起的收益变动就是利率风险[2]。全球金融危机之前,利率风险不是资本充足率规制的对象,只需充分重视并予以监控。

利率风险在研究货币政策传导机制方面也是非常重要的。短期利率下降是宽松货币政策的出发点,而发挥宽松货币政策效果的一个机制就是实现整体利率水平的下降,促使资金筹措主体增加借款或者增发债券。另一个机制是基于银行短期筹资、长期运用的资产负债结构,短期利率的下降会扩大银行存贷差,促使银行增加贷款和有价证券投资,积极增加信贷供给。

积极增加信贷供给也是发挥宽松货币政策效果过程中的重要波及路径之一,但如果金融机构超过自身风险承受能力过度偏好利率风险的话,当景气恢复或物价上升引起利率上升时,收益就会降低,致使

---

[1] 市场风险是指随着利率、股价或汇率变动出现的有价证券、外汇等资产负债价值变动而引发损失的可能性,操作风险是指因工作失误、违反制度或规则、系统错误或自然灾害等出现的业务中断等而引发损失,降低顾客或市场信心的风险。
[2] 准确地说是银行账面的利率风险。以短期交易为目的的有价证券交易风险被视为市场风险。

金融机构经营陷入困境，最终会给实体经济带来负面影响。因此，如何管理利率风险也是货币政策运行过程中的重要问题。我任行长期间巴塞尔委员会一直都在讨论利率风险监管改革方案，并在我退任后的2016年4月发布了最终报告，主要是强化了监管当局的监督和金融机构信息披露制度。[①]

## 流动性风险监管

全球金融危机不仅暴露了欧美国家金融机构自有资本不足问题，还出现了应对客户取款的流动性不足问题。作为对这些问题的反思，引入了金融机构流动性风险监管，其中之一就是流动性覆盖率（liquidity coverage ratio，缩写为LCR），规定金融机构有义务保有与未来30天预计提取存款等额的优质流动性资产（中央银行活期存款、国债等）。流动性规制的引入对民间银行的经营产生了重大影响，对宏观经济来说也是非常重要的。民间银行的基本职能之一就是提供流动性与期限转换（maturity transformation），如果流动性规制过于严格，银行就难以发挥这些职能。同样，流动性规制对中央银行政策也有影响，之所以这么说，是由于中央银行的政策不管是货币政策还是"最后贷款人"职能，都是调控或配置流动性的。在量化宽松背景下中央银行提供大量活期存款时，流动性规制也许不会起到约束效果，但未来"退出"量化宽松政策过程中则可能产生影响。因此，不管对于金融机构，还是对于宏观经济，流动性规制都是非常重要的课题，如何设计流动性规制，可以说还需要进行深入细致的研究。

---

① 在日本，开展国际业务执行国际标准的金融机构自2018年3月开始实施利率风险监控措施，没有开展国际业务执行国内标准的自2019年3月开始实施。

## 确保均衡的重要性

日本银行金融机构局会定期向政策委员会成员汇报国际金融监管改革的进展情况。由于判断全球金融危机后全球监管制度改革将对日本银行货币政策和宏观经济产生重大影响，正如前文介绍的，除了参与国际会议讨论，我还会拿出大量的时间和精力对外发布相关信息。可能是监管制度改革内容涉及很多专业技术性问题，大众媒体的相关报道非常少，即使有报道，更多的可以说是诸如"日本金融机构对强化监管的不满"之类的内容。

对于强化金融监管的改革，日本金融机构整体上存在很强的受害者意识。的确，日本金融机构并不是引发全球金融危机的"震源"，从这个意义上来说，可以理解它们的不满。但是，世界上不管哪里发生了金融危机，其他地方终究都会受到影响，如何防止世界范围内金融危机再度爆发的立场是极其重要的。为了让更多人关心金融监管监督的应然样态，知晓日本银行在这方面付出的积极努力，我在国内进行了多次以金融体系以及金融监管监督为主旨的演讲。

同时我还注意到，监管过于严格也容易带来一些问题，日本在20世纪90年代后半期的情况就是如此。因此，在国际上讨论金融监管制度改革时，我经常强调在保持多个维度均衡的同时实现金融体系稳定的重要性。[1] 我认为有必要保持四个方面的均衡。

第一，宏观经济，特别是货币政策与金融监管监督的均衡。全球金融危机之前，主流观点认为货币政策目标是物价稳定，而金融监管和监督目标是金融体系稳定，即将二者视为独立的目标，还经常讨论

---

[1] 白川方明＊（2009）「金融規制・監督の改革——国際的な視点とアジアの視点」（マレーシア中央銀行・国際決済銀行共催ハイレベル・セミナーでの講演）2009年12月11日。

物价稳定与金融体系稳定的权衡取舍问题。不过，正如前面所分析的，经济所面临的真正权衡取舍是在现在与将来之间对稳定的权衡取舍。[①] 通过监督和监管来确保每个金融机构的健全经营是非常重要的，而如果长期实施容许过度杠杆化及期限错配的宽松货币政策，就会出现宏观层面的过度风险偏好，从而损害金融体系的稳定性。这就是说，维持金融体系的稳定，不仅需要聚焦单个金融机构健全性的"微观审慎政策"，还需要统揽金融体系风险的"宏观审慎政策"。

第二，保持金融机构外部监管与基于经营者自身判断及自我约束的内部控制之间的均衡。金融市场变化莫测，不仅每个金融机构的经营内容经常变化，而且由于金融机构的经营模式各不相同，仅仅依靠人手有限的外部监管监督当局的努力，难以监控到金融机构经营活动的方方面面，更不可能约束所有的金融行为。次贷危机发生之前，根据当时金融监管的资本充足率定义，显示金融机构的自有资本是相当充足的。这个现象既暴露了当时资本充足率计算公式中风险资产评估方法的不适当问题，同时也反映了金融监管监督当局很难实时适度地掌控风险。因此，最重要的是金融机构经营者自身要适度地评估和管理风险，努力实现金融机构的健全化经营。

第三，规制与监督的平衡。金融机构的经营模式各式各样，不仅各国之间存在差异，即使是一国内部也是各不相同，而且经营模式还会随着经济景气周期或金融形势的变化而改变。因此，现实中既希望有对所有金融机构一视同仁的最低监管标准，还要赋予监管当局一定程度的自由监督检查权限，二者的平衡是非常重要的。

第四，预防危机措施和防止危机扩散措施的均衡。即使前面讲过

---

① 白川方明＊（2009）「危機を未然に防止するためのミクロ・マクロ両レベルでのインセンティブを巡る考察」、（第8回国際決済銀行年次コンファレンスでの講演）2009年6月26日。

的宏观经济政策、监管规章、监督检查、内部控制等种种举措全部落实到位，也不能保证将来金融机构就不会破产。在这种现实条件下，还必须构筑具有极强抗冲击能力的金融基础设施。这里有许多工作要做，其中最重要的还是完善支付清算体系。金融机构破产通常不是直接由资本不足带来的，而往往是由于流动性不足。因此必须规避因流动性危机而引发的危机扩散，在这点上，缔结货币互换协议可以成为流动性监管的有效补充。

## 宏观审慎监管政策

全球金融危机后金融监管监督制度改革的最大特征，就是高度关注了宏观审慎监管政策，并就此进行了多方位讨论。[①] 在金融监管监督改革中强调关注金融体系整体风险的宏观审慎政策的重要性，并不是一个什么新颖的观点，早在1990年日本银行成立信贷机构局时就存在"宏观审慎"这一术语。问题是如何实施这一政策。当然，重视宏观审慎监管政策，并不意味着就可以忽视与之相对应的传统微观审慎监管的重要性。

考虑到二者的关系，必要的监管和监督体制应该包括以下三个方面。

第一，对各个金融机构的监督检查。是否遵守了最低限度的监管标准自然是检查的重要内容，除此之外，还要根据每个金融机构的不同业务内容检查金融机构经营的健全性，也就是进行与宏观审慎监管相对应的微观审慎检查。

第二，"可变的宏观审慎政策手段"。这是依据宏观经济形势变

---

① 白川方明＊（2009）「マクロ・プルーデンスと中央銀行」（日本証券アナリスト協会での講演）2009年12月22日。

化，对金融机构行为施加直接影响的政策。在全球金融危机爆发之前，以新兴市场国家为中心的一部分国家引入了规定不动产融资担保比率上限的贷款价值比（loan-to-value ratio，缩写为 LTV）和债务收入比（debt-to-income ratio，缩写为 DTI）指标，金融危机后发达国家也开始引入这些指标。此外，当金融监管监督当局判断需要制止金融机构过度贷款行为时，可以实施超过最低资本充足率标准的追加资本规制，即引入"逆周期资本缓冲"（counter-cyclical capital buffer）制度，这是在上文提及的 2010 年 7 月中央银行行长及监管当局负责人会议上做出的决定。这个制度还包含着逆向应对的设计，即当金融机构贷款行为过于谨慎时，允许提取资本，渐次释放资本缓冲。对于这种可变宏观审慎政策手段的有效性，既有强烈支持的一方，也有很多人持怀疑态度。这一政策效果因各国金融结构的差异而不同，因此效果大小也不能一概而论。我虽然不太支持这种可变的宏观审慎政策手段，但对于那些非常冷淡地对待尝试这种政策手段的主张也并无好感。

第三，设计一个能够抑制经济景气与金融体系之间"顺周期"效应的监管制度（见第 2 章"泡沫经济"）。资本充足率规制和流动性规制在不同的制度设计下，都可能产生顺周期效应或逆周期效应。从宏观金融体系整体风险最小化的观点出发，重要的是研究什么样的制度设计最合适。根据这一理念制定的监管手段，可以称为"结构性宏观审慎监管政策手段"。

在实施后两项的过程中，存在一个大前提，就是考察是否出现了有损金融体系稳定的动向，我将此称之为"宏观审慎视角"（macro-prudential perspective）。当时在讨论宏观审慎监管过程中，关注点都集中在个别政策手段的优劣或有效性方面，无论是我任行长期间，还是现在，都一样，这是让我最不满的地方。我认为在宏观审慎政策中，相对于调整不动产贷款担保比率等个别政策手段而言，最重要的是着眼于整体金融体系风险的思维模式。假如金融体系中整体风险过度蓄积，当判断若放任不管则可能危及将来金融体系稳定之时，必须及时采取措施加以抑制。这种宏观审慎视角不管是在实施可变宏观审慎政策时，还是在设计金融监管制度时，都是同等重要的。

## 货币政策运作与宏观审慎视角

宏观审慎视角不仅在金融监管和监督领域，在货币政策运作中也是十分重要的。所谓金融危机，归根结底是由于金融机构债务水平远远超过其自身还债能力（自有资本），以及流动性负债超过自身保有的流动性水平（期限错配）造成的。这两个方面都会受到货币政策的影响。对金融机构的监管和监督，看起来是通过微观层面改变金融机构行为来降低风险，而从宏观层面看并不一定能够减少风险，其理由在于，如果整体经济形成了一个债务扩大和期限错配可以获利的环境，任何人都可能会充分利用这一机遇谋取自身的利益。

如果是宽松货币政策创造了有助于债务扩大及期限错配的宏观环境，无论金融机构在微观层面采取多么冷静合理的行动，都极有可能在竞争中败北，进而失去市场份额。还听到过一种观点，就是在担心出现泡沫的经济扩张时期不要采取紧缩性货币政策，应该实施宏观审慎政策，不过正如上面所讲过的，"有助于债务增加和期限错配的环境"基本上都是在宽松货币政策下形成的。这种环境持续存在的话，即使采取宏观审慎政策，也不能抑制泡沫膨胀。我认为可变的宏观审慎方式可以作为货币政策的一种补充，在国际会议中我曾多次提及这一观点。

与这个问题相关联，在全球金融危机之前，我对主流经济学派最大的不满之一，就是其在理论模型或思维逻辑中未考虑金融机构的存在，或即使考虑了金融机构，也是假定金融机构就像机器人那样单纯连接着家庭储蓄和企业投资而已。实际上，没有考虑金融机构的经济模型或货币政策理论，意味着从一开始就排除了引起经济变动的最重要因素。

关于这点，我很关心"资产配置再平衡效果"的评价。支持大胆宽松货币政策的宏观经济学家或经济评论家都强调降低利率水平具有增加风险资产的投资效应，并将这种现象称为资产配置再平衡效果。实际上，金融机构是在评估风险和收益的基础上确定应该持有多少风险资产，如果收益过低，持有风险资产不再有利可图，就不会增加风险资产投资。金融机构会暂且静观其变，期待经济环境好转。另一方面，对于那些不采取行动立即就会陷入经营困境的金融机构来说，没有其他选择，只能是一面祈祷不要刮逆风，一面冒险增加风险资产投资。如果此时刮起逆风，这种金融机构就必死无疑！因此在评价货币政策效果时，不能无视金融机构的存在，否则将是非常危险的。关于这一点，全球金融危机后各国政府在许多方面做出了努力，我希望这些努力能够取得效果，并希望能够影响到实际政策决策者的观念意识。

## 金融厅与日本银行的协作体制

在全球金融危机后，各国中央银行和监管当局都忙于金融监管监督制度的改革。正如前面所讲的，日本的金融监管监督制度改革工作是由拥有制定金融监管法律权限的金融厅与密切关乎金融体系稳定的日本银行通力合作完成的。海外很多国家的中央银行本身也是监管当局，而像日本这样并非监管当局的中央银行参与监管制度改革也是很有价值的。最大的价值在于中央银行是维持整个经济稳定运行的组织，更容易从宏观经济和金融体系整体层面思考问题。金融监管与监督工作，传统上就是监控各个金融机构的行为（微观审慎的监督检查），不过正如引起众多金融危机的泡沫经济所显示的，如果缺乏宏观经济和金融系统的整体视野，则无法对泡沫经济采取有效的对策。此外，还由于中央银行负责宏观经济稳定工作，拥有很强的研究和分析能力。日本银行就是有效利用了这些中央银行优势，开展了大量研究和分析工作，并将研究成果提交给了金融监管相关的各类国际会议。

说到金融监管改革的国际磋商，或许可以用背负着国家利益的"力量与力量的碰撞"来形容，事实上的确如此。但是在众多国家参加的国际会议上，单纯主张本国利益是不能得到其他国家的理解或支持的。要使自己所提出的主张具有说服力，必须对所讨论的问题进行深入的研究和分析。在这个过程中，金融厅和日本银行共同参加了各项监管制度改革的讨论，同时建立了良好的合作与互补关系。

除了上述的组织专长，由于很多海外中央银行也是法定的监管监督当局负责人，日本银行与这些同行密切联系有利于金融监管和监督领域的国际合作。在行长级会议上也会讨论一些金融监管监督领域里尖锐对立的问题。实际上，BIS 行长会议以及财政部部长也会参加的 G7 和 G20，会议的主题现在也发生了很大变化。以前讨论更多的是宏观经济政策和汇率市场问题，自我担任行长开始，金融监管方面的议题每次都占相当大的比重。在 G7 和 G20 国际会议上，由于许多金融议题具有很强的技术性，我经常在会议上代表日本发言。

## 海外监管监督体制的改革动向

全球金融危机后，海外金融监管与监督组织机构改革也取得了一定进展。美国设立了以财政部部长为主席，包括美联储在内的联邦层面监管当局负责人组成的金融稳定监管委员会（Financial Stability Oversight Council），美联储也开始监管被认定为系统重要性机构的投资银行和保险公司。经历欧洲债务危机后，欧洲央行除了获取宏观审慎监管政策权限，还拥有了对一定规模以上金融机构的监管权限。英格兰银行在取得货币政策独立性的同时，重新获得了移交给金融服务管理局的监管监督职能，除此之外，还新获得了宏观审慎监管权限。

与此相反，日本在全球金融危机之后也没有进行特别的监管与监督体制改革。对于这个问题，曾有人让我对比国际改革趋势谈谈自己的感想，从我自身来讲，并不主张中央银行必须掌控监管和监督各类金融机构的权限。由于监管权限关系到微观领域的利害关系，从货币政策运作独立性来说，也许不参与更好，但对金融机构的现场检查和监督却是必不可少的。如果中央银行接触不到金融机构的微观信息，就难以在实现物价稳定和金融体系稳定的目标中坚持宏观审慎视角。理想状态是结合判断货币政策运作所必需的宏观经济判断启动可变宏观审慎监管政策手段。从这个角度来说，有必要建立一个基于日本银行提案实际启动宏观审慎政策的机制。无论如何，作为中央银行，有必要明确在宏观审慎监管方面的政策方针，基于这一考虑，2011年10日本银行发布了《日本银行在宏观审慎监管中的作用》[①]。

## 日本金融体系中的中长期风险

即使从概念上可以理解宏观审慎视角的重要性，恐怕还是难以形成一个具体的印象。因此，我在任行长期间，试图从宏观审慎视角分析日本金融体系，说明日本的问题到底出在哪里。日本金融机构的最大问题是收益率下降，在以劳动年龄人口下降为背景的潜在经济增长率不断降低的过程中，所有金融机构都深受国内贷款机会萎缩之苦。当然，地方银行、第二地方银行和信用金库等地方性金融机构与三大巨型银行等大型金融机构的感受还是存在一定差异。在地方性金融机构中，除了位于首都圈的金融机构，受人口减少的影响很大，贷款机会减少更为显著。为了降低负面影响，地方性金融机构大幅增加了面向首都圈的信贷力度，

---

① 参见日本银行主页（http://www.boj.or.jp/.）。

而激烈的贷款竞争进一步降低了贷款利率。在这种状况下,更令人担忧的是,实力较弱的地方性金融机构为了确保眼前收益,增加了高风险的金融资产投资,出现了承担过大利率风险的倾向。

我是通过金融机构局以及各地区分行来获取地方性金融机构的经营状况信息的,正如后文所讲的,通过与业界的例行意见交换会以及面对面的交流,我有很多机会可以直接听取负责人意见。在参加全体金融机构负责人、日本银行政策委员会成员、相关理事和局长均有出席的会议时,并没有听到来自地方性金融机构负责人对日本银行言辞激烈的批评,不过言语间能感受到他们对日本银行实施的宽松货币政策相当不满。我每次都反复强调,宽松货币政策的目的是扶持实体经济,最终会通过政策效果惠及地方性金融机构。不过,我并不认为仅凭宽松货币政策就能改善实体经济状况,所以在强调政策效果之余,还强调了在实施宽松货币政策的过程中,需要各个经济主体齐心协力,共同提升经济增长实力,并表示充分理解地方性金融机构所处的困境。如果只是一味强调政策效果的话,地方性金融机构负责人的不满情绪也许就会超过临界点。

不仅地方性金融机构,所有金融机构负责人的不满都在于存贷差缩小。对这个问题应该怎么理解呢？存贷差缩小与其说是宽松货币政策的产物,不如说是反映了以人口减少为代表的日本经济实体方面的因素。前面已经说过,日本银行已经就少子老龄化对日本经济的影响进行了广泛研究。作为其中的一环,金融机构局也围绕人口老龄化对金融机构经营的影响问题展开了深入研究,并有意识地将部分研究成果编入每半年发布一期的《金融系统报告》中。当金融机构信贷增长率下降、收益率也降低时,必然伴随利率水平的下降。但要说这是全部原因,恐怕也并非如此,不过绝不能否认宽松货币政策对利率变动的影响。在金融机构负债利率接近零的进程中,直面存贷差缩小的金融机构为了尽可能维持一定收益,通常会增加期限较长的资产(投资期限长期化）以及风险资产投资。结果却是资产利率进一步下降，存贷差变得更小。在这种情况下，金融机构即便为了维持表面的收益率，也往往会投资更高风险的资产。

关于存贷差缩小问题的讨论，也曾听到过一些反驳意见，认为实施负利率或收取一定手续费，问题就可以得到解决。从观念上说，这个主张是可以理解的，但我认为难以付诸实施。对个人存款收取手续费是非常困难的，在海外也是一样。日本金融机构的资金来源中存款比重相当高，很难从这方面降低筹资成本。存款以外的资金来源，即来自同业之间的市场融资，还存在一些降低成本的可能性。另外，与日本的银行不同，海外的银行制定贷款利率时充分考虑了贷款对象企业的信用风险。[①]

我经常提及宽松货币政策对金融机构信用中介行为的影响，不过在我担任行长期间，对这个问题的理解还不充分。目前在世界范围内出现了强化宽松货币政策的趋势，对这个问题的关注度也在切实提高。2017 年 IMF 发布的《国际金融稳定报告书》的第 2 章《低经济增长及低利率下的金融中介》，强调了这个问题的重要性：[②]

> 在全球金融危机后，发达国家出现了长期持续的低利率和低经济增长。而且从长期来看，过去 30 年间实际利率持续走低。最近以美国为中心出现了长期利率回升迹象，而从日本的经历看，仍无法保证近期就能彻底摆脱低利率。这是因为低利率状态很大程度是由人口老龄化等短期无法得到改善的结构性因素决定的。第 2 章主要探讨经济增长率以及名义利率、实际利率长期持续走

---

① 日本銀行金融機構局＊（2017）「金融システムレポート」2017 年 4 月。
② IMF (2017), *Global Financial Stability Report*, *April 2017* : Getting the Policy Mix Right, IMF, 2017.

低对银行、保险、年金的经营模式以及金融市场上提供的金融产品会产生怎样的影响。在低经济增长及低利率水平背景下，收益曲线变得平坦，在压缩银行收益的同时，对于寿险公司以及确定给付型年金产生长期持续的负面影响。这对高度依赖存款、收益来源单一的小型金融机构来说影响更大，若不能设定大幅度的负利率，银行收益还会下降，对小银行的影响更加严重。不管是在国内金融市场还是在海外金融市场上，银行部门追求高收益的行为，都将成为威胁金融稳定性的新风险源。

## 日本银行与金融机构经营者的意见交流

微观金融监管监督主要由日本金融厅负责，而在宏观审慎监管政策方面，日本银行的作用更大。要获取上文提及的"宏观审慎视角"，日本银行就必须准确把握金融机构直面的状况。带着这一问题意识，我不仅要求金融机构局的职员，自己也会有意识地安排一些场合，直接倾听经营者的心声，除了金融机构，还接触了很多事业公司。与事业公司经营者会谈的氛围完全不同于金融机构，事业公司经营者在会谈中总是要求实施大胆的货币政策，而金融机构经营者则正好相反。另一个差异是大众媒体上经常出现前者的声音，却很难听到后者的声音。无论是出口相关企业的日元升值之痛，还是金融机构存贷差缩小之伤，日本银行都表示已经充分意识到它们的不满源泉。如果中央银行不能理解这些经营者所处的状况，就意味着中央银行脱离了社会。为了防止这种事态的发生，与经营者的接触是极其有价值的。

我每年会与三大主要银行及大型证券公司、东京证券交易所负责人沟通两次，与寿险公司和财产保险公司及政策性金融机构负责人沟通一次，每次交流都会尽量安排较长的时间。听取地方性金融机构经营者的意见主要是通过日本银行与业界全体的定期会议或到地方出差的机会。此外，一些金融机构负责人还经常到访行长室，面对面交流的机会也不少。

在与金融机构经营者的个别交谈中，他们总是非常坦率。固定的话题是从金融机构角度如何看待经济景气和具体贷款需求动向，关于这个问题，他们的看法非常有参考价值，不过对我来说，最大的收获是弄清了经营者担心的是什么。经营者最关心的问题有两个，一是外汇资金的筹集问题。大型金融机构并不看好国内经济增长态势，因此积极开展了面向海外的贷款，尤其是面向亚洲国家的贷款增长迅速。正如雷曼兄弟破产时美元资金市场所显示的，危机时最不稳定的因素是美元资金的筹措。关于这点，金融机构经营者自身努力的重要性不言自明，但同时我也切身感受到了发挥美元资金"最后贷款人"职能以及在危机时期也能顺畅运行的支付清算系统的重要性。

另一个是金融机构持有的巨额日本国债问题。长期利率上升会给金融机构带来严重的资产损失。如果利率上升反映的是景气恢复，那么通过增加贷款就可以增加金融机构的收益，而如果是因为对国债信心下降引起的利率上升，那就只会造成资产损失。大型金融机构负责人经常呼吁："为防止国债价格大幅下降事态发生，请采取点措施吧！"

每次与地方性金融机构经营者沟通，我都会询问地方经济的发展态势。经常听到的话题是伴随母公司的海外投资，面向海外发展的企业队伍还在扩大，而最为沉重的话题仍是地方经济持续低迷对存贷差进一步缩小的担忧。从地方性金融机构的经营来看，我认为每个金融机构都还有改善的空间，但微观层面努力的结果并不会带来整体宏观经济状况的改善，二者并不存在"预定和谐"关系。

从大型金融机构或地方性金融机构经营者的发言看，虽然不能说完全没有考虑自身利益的利己因素，不过我认为，大家共同关心的每一个问题，从日本经济整体来说都是需要认真对待的问题。

## 第 17 章　政府·日本银行的共同声明

2012 年 12 月 16 日，日本众议院总选举，安倍晋三率领的自民党取得了压倒性胜利，时隔 3 年 4 个月重新夺回政权。安倍在选举战中提到了修订《日本银行法》，强烈要求政府与日本银行构建协作框架，实施大胆的宽松货币政策。考虑到明确提出这一主张的政党获得了国民绝对支持的事实，以及新《日本银行法》赋予具有独立性的日本银行实现货币稳定的使命，在极度痛苦地权衡后，我判断日本银行不得不与政府联合发表一个共同文件。结果出台了共同声明，即《关于为摆脱通货紧缩和实现经济可持续增长的政府·日本银行的政策协同》。在该声明的起草阶段，日本银行、财政部和内阁府之间展开了种种拉锯战，日本银行为免留后患，尽了最大努力。发表共同声明是我在任 5 年间极为重要的决断。

### 共同声明的起草过程

发表共同声明前的这段时间，是 21 世纪以来日本围绕货币政策和宏观经济政策争论最为激烈的一段时期。这个争论既涉及零利率约束下货币政策效果这一纯粹经济学层面的问题，也包括更本质层面的，就是怎样理解日本经济困境的根本原因，以及如何定位日本银行的独立性等问题。

一系列争论发端于"协议"论,也就是"为摆脱通货紧缩,政府和日本银行必须采取政策协同"这一主张。自 21 世纪初以来这个主张不时抬头,小泉纯一郎执政期间竹中平藏经济财政大臣就是这个主张的代表性人物。① 我任行长的后半期,特别是在 2012 年 1 月之后的一年零几个月,这种议论快速升温。一直赞成"协议"主张对日本银行持批评态度的经济学家自不必说,这一主张还迅速得到了政治家的支持,而且其观点也已经融入各种议员联盟的政策主张当中。大众媒体的舆论也开始转向"协议"论或与之相近的主张。

这一主张快速升温的直接契机是 2012 年 1 月 25 日美联储公布长期通货膨胀目标,并将个人消费支出平减指数目标设定为 2%。② 美联储以前从没有公布过数字化的物价稳定目标或定义,热衷于数字目标的伯南克就任美联储主席之后渐渐改变了传统的货币政策风格,最终在这个时候推出了通货膨胀目标制。美联储的此项决策被批评日本银行货币政策的人士奉为圭臬,日本国内迅速掀起了通货膨胀目标制和"协议"论的舆论高潮。不管是执政党还是在野党,多数国会议员都在质问:"为什么日本银行不采取通货膨胀目标制?""为什么不出台更积极的宽松货币政策?"在激烈抨击日本银行的同时,还要求日本银行与政府之间签订一个政策协议。③ 在这个过程中,甚至反复出现如果

---

① 在 2002 年 3 月 19 日到 20 日召开的决策会议上竹中平藏指出,"我希望政府和日本银行能在共享目标基础上,将形成相互尊重独立性的新'协议'作为长期的方向性课题展开讨论"。参见 2002 年 3 月 20 日的货币政策决策会议纪要。
② 个人消费支出平减指数是将 GDP 统计中的名义消费支出调整为实际消费支出时所用的平减指数。
③ 民主党前原诚司议员在众议院预算委员会上如是说道:"原则上日本银行的独立性是法律赋予的,但如果决意坚持这一点的话,我认为最重要的是政府和日本银行围绕着同一目标达成协议……"第 180 回国会「衆議院予算委員会議録」第 6 号(2012 年 2 月 9 日)6 頁。

日本银行不采取大胆的货币政策,将再次修订《日本银行法》的恐吓言论。① 我作为日本银行代表,参加国会听证会的次数陡然增多,仅 2012 年 2 月就有 9 次。在国会听证会上,我答辩过程中,议员发出的前所未有的倒彩声此起彼伏。

当时向日本银行提出的要求主要有三个:一是制定 2% 的物价上涨率目标;二是为实现这一目标大幅度增加基础货币;三是明确达成目标的时间。此外还有增加就业、纠正日元升值、恢复景气等诸多诉求。结果,日本银行被迫采取了可以说是极其特殊的"日本版通货膨胀目标制",它与海外所采取的通货膨胀目标制存在很大差异。我明确表态,反对这种"日本版通货膨胀目标制"。

海外采取的通货膨胀目标制一般具有以下三个特征:一是发布表示物价稳定的某个具体数字,二是公布未来经济和物价变动预期走势,三是从重视中长期物价以及经济、金融稳定角度出发运作货币政策,而非机械地控制短期物价波动。从这些特征看,日本银行之前的货币政策运作框架与众多海外中央银行并没有太大差异,这种框架可以被称为"弹性通货膨胀目标制",也就是海外所说的"通货膨胀目标制"。

如果要问我是否完全赞成海外中央银行实施的弹性通货膨胀目标制,其实我也并非全面赞成,但总算在可接受的范围之内。主张通货膨胀目标制人士的理由主要有两个:一个是提升中央银行的问责制,另一个是提高货币政策的有效性。然而,在面临零利率约束且不能指望汇率传导机制的背景下,即使采取通货膨胀目标制,我认为也不能恢复货币政策的有效性。主张货币政策有效性的逻辑是,只要发表物价上涨率目标,就会推高预期物价上涨率,而在本来就缺乏有效波及

---

① 以如自民党众议院议员山本幸三的发言,"通货膨胀目标政策是法律,如果没办法的话,只能修改《日本银行法》了"。第 180 回国会「衆議院予算委員会議録」第 4 号(2012 年 2 月 9 日)13 頁。

路径的前提下，我想象不到目标本身怎么能够推动预期。而"通货再膨胀派"人士和政治家还是一如既往地主张，"增加基础货币就会提高通货膨胀预期"。自民党山本幸三议员就其中的代表：

> 当市场参与者看到基础货币增加时，就会形成物价上涨预期。要问日本为什么会一直处于通货紧缩状态，就是因为日本完全没有增加基础货币！……基础货币一旦增加，明显会诱导预期通货膨胀率上升，这是最重要的。
>
> （众议院财务金融委员会，2012 年 2 月 29 日）

我认为并没有多少人能够全盘接受"通货再膨胀派"所强调的增加基础货币的效果，而更让我感到麻烦的是另外一种主张，即日本银行一旦"认真"起来，展现出想实现较高物价上涨率目标的姿态，实际物价上涨率就会上升，我将这种观点称为"预期派"（见第 10 章"日本经济面临的真正问题"）。从主流宏观经济学角度来说，这种观点并非属于异端，反而可以说很正统。根据这种观点，物价上涨率是由供求缺口和预期物价上涨率所决定的，而预期物价上涨率最终取决于中央银行所设定的物价上涨率目标，也就是期待中央银行设定的物价上涨率目标发挥"锚定效应"。如果不考虑对经济景气的短期负面影响，抑制高通货膨胀率是可能的。从这个意义上说，中央银行可以发挥锚定效应。但在 21 世纪以来的日本经济环境中，我认为日本银行的"干劲儿"或"认真程度"无法起到提升物价上涨目标的锚定效应。作为佐证的是，许多国家在金融危机之后都公布了 2% 的通货膨胀目标，也实施了积极的宽松货币政策，可以说是足够"认真"了，但并没有实现预定的物价上涨率目标。2007 年之后，所有国家的经济都出现了复苏，失业率也大幅下降，而物价上涨率依然低于预定目标，由此引发了对传统认知是否正确的强烈质疑。

另一方面，对于以提升中央银行问责制为目的倡导通货膨胀目标制的主张，我也并不积极支持。实际上，在全球金融危机后，人们已不再无条件地相信通货膨胀目标制，而且这一趋势还在不断扩大。在2012年2月的一次新闻发布会上，英格兰银行行长默文·金在回答日本记者提出的通货膨胀目标制有效性问题时，做出了以下答复：①

> 我们认为，通货膨胀目标制在货币政策运作中是一个有效的制度框架，不过，过去4~5年的实践引发了一些疑问，比如能否达成预期通货膨胀目标？这个制度框架是否完善？我们感觉单凭通货膨胀目标制是不行的，通货膨胀目标制不能防范大范围金融失衡因素的蓄积。而且我认为，针对这些问题，我们的金融系统稳定委员会应该讨论是否还有其他更有效的方式，以及在货币政策运作中应不应该考虑这些因素。白川行长对这一点进行了广泛深入的研究，很有启发性。因此，我们需要深入思考的问题还有很多。下一次危机也许不会马上发生，所以我希望有更多时间好好总结过去的教训。目前我们的工作仍在进行当中，现阶段给出明确结论还为时尚早。

正如默文·金行长所说的，"从过去的教训中学习"至关重要。日本银行在2006年3月解除量化宽松政策时推出的"两个支柱"及"中长期物价稳定的理解"，正是在总结过去经验教训的基础上提出的（见第5章"零利率政策与量化宽松政策"）。与传统的通货膨胀目标制相比，当时的改革方向是扩大判断物价稳定的时间跨度，并从金融体系稳定的角度考虑物价的稳定。

遗憾的是，当时这种观念并没有得到正确理解，而在全球金融危

---

① 2012年2月15日记者招待会，参见英格兰银行主页。

机爆发后，各国中央银行开始将金融体系稳定纳入通货膨胀目标制框架内。新西兰和加拿大的中央银行因最早采用通货膨胀目标制而闻名，这两个中央银行的改革动向清楚地表明了这一点。2012年9月20日公布的新西兰储备银行（新西兰的中央银行）与其财政部部长签署的协议，如下文所示：①

> 在政策目标有关协议中，新西兰储备银行要核查包括资产价格相关指标在内的多项指标，执行货币政策时考虑金融体系的健全性和效率性，在此基础上，聚焦金融体系的稳定。

2011年11月9日公布的加拿大银行与财政部的协议文书如下：②

> 在达成通货膨胀目标的截止期限上，某种程度的弹性也许是必要的，这是由于金融体系失衡对经济与物价的影响可能是长期的。这种弹性或许会降低政策期限内达成物价上涨率目标的概率，但从更长远的角度考虑，能带来金融、经济的稳定，并最终实现物价稳定。

日本泡沫经济的原因之一在于长期的宽松货币政策，而当时纠正宽松货币政策的最大阻碍就是超低的物价上涨率水平。我无论如何也不能理解，曾经有过这一痛苦经历的日本，为什么还要倡导全球金融危机之前流行的传统通货膨胀目标制。即使是正在采取通货膨胀目标制的国家，其运作方式也发生了很大变化，而许多声称本国的货币政

---

① 日本銀行＊（2013）「「物価の安定」についての考え方に関する付属資料」2013年1月、図表5。
② 同上。

策就是通货膨胀目标制的国家，也不得不意识到"形式"所带来的巨大影响力。客观地说，反对采取"标签式"的通货膨胀目标制，成为外界认为日本银行不积极实施宽松货币政策的原因之一。这样考虑的话，我也曾想过，是不是果断地宣称"实施通货膨胀目标制"才是日本银行"成熟的判断"？

重要的是"形式"还是"内容"，这是在任何领域进行制度设计时都会面临的共通问题。这里的关键点是，能否正确理解弹性通货膨胀目标制。从那些极力主张或强烈支持通货膨胀目标制的政治家、大众媒体，以及"通货再通胀派"和"预期派"的观点来看，好像并没有准确理解这个问题。在这种状况下，如果宣布实施通货膨胀目标制，日本银行不得不超出自身意愿，无限制地购买国债，也就是陷入"财政支配"状态，这样的话，就会背离物价稳定下经济可持续增长目标。在一国经济发展中发挥着重要作用的金融机构，由于存贷差的不断萎缩而危及生存，这可能会给实体经济带来沉重打击。考虑到人口快速老龄化背景下潜在经济增长率的下降趋势、苦于人口绝对减少的地方经济，以及不断恶化的财政状况等问题，这种担心绝不仅仅是杞人忧天。对于日本银行来说，重要的课题是，一方面，要避免陷入"日本版通货膨胀目标制"的陷阱，另一方面，作为独立的中央银行，在获得国民理解的基础上积极探索提高货币政策问责制的具体方策。

## "协议"论

主张"日本版通货膨胀目标制"的人士大多都要求政府和日本银行采取政策协同行动，对此还出现了多种提法，如"协议""政策协定""政策协同"等。这些说法之间并没有严格的概念界定，本书使用最常说到的"协议"（accord）。

要实现物价稳定下经济可持续增长目标，需要政府与日本银行分别发挥各自作用，这是不言而喻的。此外，为实现这一目标，当然还需要二者之间加强联系、密切沟通。如果用"协同"一词来表现这种常识性观点，我赞同加强政府和中央银行之间的政策协同。

但是，当时日本的"协议"主张完全超出了这个范畴。我不能接受该主张的最大理由是，不管是从法理上，还是在现实中，很难想象谁应该作为缔结有价值"协议"的主体。日本银行的决策是由9名成员组成的政策委员会做出的，每个委员的任期是5年，假如委员会成员是按照相等时间间隔任命的话，某一时点上委员的平均剩余任期只有两年半。现在的政策委员会无法约束现任委员到期后的未来货币政策，这也是不允许的。政府方面也面临同样问题。作为假定的缔约主体，"政府"的含义也是模糊的，常识上指的是内阁，即使如此，现在的内阁与日本银行之间签订的协议，也应该无法约束未来内阁的行为。实际上，在我任行长期间，执政党与在野党政权更迭了两次，首相竟有6位之多。而且，不管是现在，还是将来，内阁方针及经济政策实现所需预算以及税制改革方案都必须得到国会的批准，国会是由众议院和参议院组成的，内阁也不能约束国会的决策。也就是说，即使内阁与日本银行达成某种共识，签订的协议也没有理由限制随后当选议员的行为。最能说明这个问题的，就是2012年6月我还在任时执政党与在野党达成的"社会保障与税收一体化改革"的协议。这个协议确定了消费增税法案，决定阶段性上调消费税，可是时至本书写作时已经两次延期，还未能实现将消费税率从8%上调至10%[①]。在此期间，2012年12月众议院议员选举中执政党与在野党政权更替，尽管作为新政权的执政党是当时协议的一方当事人，依然没有推动下去。对我来讲，"协议"可以说是一个非常随性的主张。

---

① 2019年10月1日，日本将消费税率提高到10%。——译者注

现在唯一作为"协议"而广为人知的，是1951年美国财政部与美联储签署的《美联储-财政部协议》。该协议是为取消第二次世界大战期间实施的国债价格支持政策而签署的，是恢复美联储货币政策独立性的宣言。而日本的"协议"主张却是沿着完全相反的方向，目的是限制日本银行的独立性，强化政府在货币政策运作方面的影响力。

## 日本银行发布"中长期物价稳定目标"

日本银行并没有正面回应"协议"主张，而当美联储公布2%的物价上涨率目标后，在通货膨胀目标制的舆情进一步升级的形势下，如果日本银行不改变先前关于物价上涨率的观念，再次修订《日本银行法》可能就会成为现实。包括我在内所有政策委员会成员都认识到了这一点。因此，在2012年2月14日政策委员会会议，决定并公布了"中长期物价稳定目标"，即"日本银行判断消费者物价指数的同比上涨率在2%以内的正增长区间，当前的物价上涨目标是1%"。为达成这个决议，政策委员之间经过了相当激烈的争论，是我任职行长5年间最难以忘怀的一次。

这个决议的关键点在于运用具体数值表示物价上涨率，"消费者物价指数在2%以内的正增长区间"与原来"中长期物价稳定的理解"的表述是一致的，依旧保留了一定的幅度，在此基础上提出"当前以1%为目标"，表明了日本银行的政策运作姿态。"中长期物价稳定的理解"中的表述是"委员们给出的预期值，以1%左右居多"。与之相比，这里最大的差异是突出了日本银行作为一个组织的明确态度。另外，为实现1%物价上涨率目标，在货币政策运作方面，日本银行明确在达成目标之前，要通过事实上的零利率政策和购买金融资产等措施强力推进货币宽松，旨在追求所谓的"时间轴效应"。与此同时，日本银行将"资产购买等的基金"规模从55万亿日元扩充至65万亿日元，增加了10万亿日元。

对于日本银行的决策，外界评价可谓毁誉参半，当然，持"协议"主张的人士理解还了这个意图。在日本银行发布决策后的记者招待会上，记者问得最多的问题是为何货币政策的运作目标不是2%，而是"当前以1%为目标"。我结合政策委员会的讨论，做出了以下回答：

> 如果脱离国民的物价观，猛然提出一个过去从未有过的数值，家庭或企业反而会面临更大的不确定性，并有可能带来长期利率上升。假如国民相信字面上的2%，长期利率一定会上升。

这个回答其实只说出一半，真正想说的是当时很难想象物价上涨率能达到2%，而没有直接说出的理由是担心会招来批评，被认为是放弃了2%的目标。还有一种观点认为2%是货币政策运作的一个"保险"装置，即创造一个规避物价指数偏差和零利率约束的安全边界。而就像在第9章"通货紧缩舆论的高涨"中所说明的，如果将2%视为绝对目标，反而有损经济的可持续增长。更重要的是，物价上涨率没有达到2%，并非日本经济低速增长的原因。尽管如此，日本国内当时的舆论普遍认为，日本银行不采取2%通货膨胀目标是日本经济出现种种问题的根本原因，"通货再膨胀派"学者批评日本银行的书籍像小山一样堆放在各大书店入口附近。

## "目标"还是"指标"

不单有上述批评，外界还认为2012年2月日本银行的决策中没有明确提出实现物价上涨目标的具体时间是不负责任的，并因此强烈谴责日本银行。众议院议员自民党的山本幸三的发言最为典型：

> 首先是时间，没有明确时间。如果不明确时间，就是不负责任的，这才是问题……通常认为通货膨胀目标都是中期的，大家都有这种常识，大体上也就是一年半到两年吧。政策目标要在这之前实现。
>
> ……你们一直以来都不负责任！如果不明确规定期限，这样一来就无法追究责任。所以，你们只是设定了一个大致目标来应付，并没有明确实现目标的期限，就是为了逃避责任啊！让我不得不这样想。从没见过这么不负责任的。这样谁都不会相信市场了！
>
> （众议院财务金融委员会，2012年2月29日）

这样的言论绝不只是出现在议员中间，大众媒体的腔调也开始变得强势起来，而这些舆论基本上都是缘于没能充分理解弹性通货膨胀目标制的含义，以及对没有使用"指标"一词的批评。其理由是使用"目标"一词，让人感受不到日本银行在摆脱通货紧缩过程中的主观能动性。当然这也是在预料之中，当时在选择用词问题上，政策委员会也进行了激烈争论。最终使用"目标"而非"指标"的原因是，如果要在短期内完成某个具体物价上涨率指标，担心日本银行因此就得机械地运作货币政策。① 实际上，"中长期物价稳定目标"发布后，许多政治家和大众媒体的关注都集中在一点，就是"日本银行是否采取了通货膨胀目标制"。

为了尽早结束这场独具日本特色的毫无意义的争论，在回答记者提问和国会答辩中，我也有意识地强调，可以理解为这就是通货膨胀

---

① 2012年2月14日记者招待会纪要。参见日本银行网页。

目标制（inflation targeting）①。在用语的选择上，"目标"的英文表述也成为争论焦点。日本银行考虑到"指标"（target）一词具有"机械"地达到具体数字的含义，而美联储使用的"目标"（goal）更自然，也接近货币政策的实际运作。这在日本国内却被指责为缺乏诚意。

外界对于这个决定，出现了三种不同的批评意见。第一种意见来自"通货再膨胀派"或"预期派"。这种批评虽令人不快，但由于本质上只是思考方式上的差异，还是像从前一样"领受"了。第二种意见来自完全对立的立场，比如日本银行"屈服政治压力""陷入国债货币化"，甚至还有言辞更为激烈的，说"日本银行渡过了卢比孔河"②。对我来讲，这种指责是很难接受的。如果能够正确认识到日本经济所面临的真正问题，根本就没有必要实施"日本版通货膨胀目标制"。而现实中在人们还没有这样认知的情况下，日本银行不得不在有限的空间内保障国民问责权的同时，努力实现经济的稳定。我认为这种批评严重脱离现实，具有强烈的贵族主义倾向。

第三种意见来自专门关注日本银行相关货币政策的债券分析师。他们的观点借用经济学家的话来说，就是货币政策规则越发让人难以理解了。一般来说，宽松货币政策都是在经济景气预期恶化或者物价预期下行之时出台的，而在2012年2月货币政策决策会议上推出的宽松政策并不是基于这样的判断，反而是在预期经济上行的状况下做出

---

① "伯南克主席在使用'较长时期目标'（longer-run goal）一词后，在回答记者提问中明确表态'不是通货膨胀指标'。尽管伯南克本人不认可，不过若将美联储的这种货币政策框架称为'通货膨胀目标制'的话，日本银行这次的货币政策运作框架与美联储的非常接近"（2012年2月14日答记者问）。另外，安住淳财务大臣在国会上也使用"事实上的通货膨胀目标制"一词来说明日本银行的货币政策。
② 公元前49年，当恺撒统一整个高卢（今天的法国）之后，准备渡过卢比孔河（Rubicon river）进入罗马，当时罗马法律规定，任何指挥官皆不可带军队渡过卢比孔河，否则就是背叛罗马。恺撒在渡河的时候说了一句流传千古的话："骰子已掷出，就这样了！"最后恺撒率军渡过卢比孔河进入罗马，从这里踏上了征服欧洲、缔造罗马帝国的征程。——译者注

的。在这种状况下出台扩大"资产购买等的基金"规模等宽松货币政策，让人摸不清将来的货币宽松又会基于什么样的情景。对于接受这种批评，我认为是理所当然的。实际上，2月份的措施公布后，市场上出现了进一步宽松的预期。① 货币政策是中央银行通过诱导短期利率影响中长期利率水平，进而影响更广泛的金融市场行为以及实体经济来发挥作用的。因此，债券市场参与者在预测未来短期利率走势并将其反映在中长期利率上的作用是非常重要的。从这个角度来说，债券分析师对货币政策规则的质疑是很有分量的。归根结底，这一质疑更为本质性的诘问是，通货膨胀目标制能否真正提升央行的透明度和问责制。

## "情人节礼物"

"中长期物价稳定目标"公布后，反应最为显著的是汇率市场。日元对美元汇率持续贬值，从决策会议的前一天，即2012年2月13日的77.63日元兑换1美元，到3月15日的83.98日元。由于"中长期物价稳定目标"是在2月14日发布的，金融市场参与者认为这是日本银行送上的一份"情人节礼物"。我自始至终都不认同这种将日元贬值看作采用通货膨胀目标制效果的主张。这一时期的日元贬值固然有日本银行宽松货币政策的影响，但更本质的原因是全球金融市场风险规避意识的降低。其契机是欧洲央行发布3年期的长期再融资计划（LTRO）以及对希腊实施的第二次资金援助，这些举措暂时降低了欧元崩溃风险，相应降低了日元作为避险货币的投资需求。2月上旬在中国香港召开了BIS特别行长会议，同时还召开了民间金融机构CEO

---

① 在2012年3月政策委员会会议中，宫尾龙藏审议委员提出再增加5万亿日元"资产购买等的基金"规模提案，被多数票否决。

共同参加的会议，其间听到民间人士盛赞欧洲央行实施的长期再融资计划，我自己对于金融市场上蔓延的乐观情绪深感不安。长期再融资计划本身仅仅是一种流动性供应，以为由此会降低欧元崩溃风险的观点显然过于乐观。实际上后来欧元危机再度升级，国际金融市场上又出现了避险资产的投资偏好，日元随即转为升值，到7月下旬创下78日元区间的纪录。"情人节礼物"所反映的日元转向贬值，实质上只不过是欧元危机从第二阶段向第三阶段过渡的间奏曲而已（见第11章"欧洲债务危机"）。

## 三重野老行长去世

2012年年初开始一直都过得紧张忙乱，而在这期间的4月15日，三重野前行长去世了，享年88岁。最后一次单独同老行长交谈，是在参加巴塞尔会议的前一天即2012年1月6日晚上去医院探视他的时候，当时躺在病床上的他已经非常虚弱，却还是像往常那样说了一些鼓励的话。大概15分钟后，老行长非常关切地说："明天你还要出差参加BIS行长会议，就先回去吧。"三重野行长在任时，我曾担任过信贷机构处处长和计划处处长。我想起在计划处时经常为行长准备发言稿，因这层关系，曾多次造访行长室。我当时还不能准确把握行长应有的立场和苦恼，但就是想努力写好接近行长想法的讲演稿。与现在不同，当时行长的发言不会上传到日本银行主页，每次听闻三重野行长将讲演稿的复印件发送给财界或媒体人士，作为初稿的执笔人，我都会感到非常荣幸。[①] 自我就任行长后，老行长不时寄来写有简短感悟的亲笔信鼓励我。印象特别深的是在日本银行和我自己遭受外界的严

---

① 三重野行长的演讲集详见三重野康（1995）『日本経済と中央銀行——前日銀総裁講演録』東洋経済新報社、1995年。

重误解时，老行长寄来了亲笔写的彩纸信，写有"穷不困忧意不衰"，这是引用了荀子的名句"为穷而不困，忧而意不衰也"①。老行长在自己的书中也明确写着，"面对困难局面时，我总是一边吟咏这句话，一边对自己说，无论面对怎样的困境，都不要逃避，决不能逃避！既要坚持日本银行的标准，同时还要挑战标准中的漏洞"。② 三重野老行长与1991年去世的我父亲同龄，对我来讲，他就像慈父一样。2012年6月11日，召开了三重野老行长的"追思会"，我作为主持人致了悼词。③

## 民主党政权下的"摆脱通货紧缩对策"

在民主党政权的经济官员中，除了一小部分人，强烈支持"通货再膨胀派"的人并不多，特别是就财务大臣而言，当时无论是野田佳彦，还是安住淳，都表示理解日本银行的做法。2012年10月1日，野田内阁改组后，城岛光力就任了财务大臣，前原诚司代替古川元久出任了经济财政担当大臣。前原大臣从原来担任政务调查会会长时期开始，就曾经在国会听证会上对日本银行的货币政策进行过严厉批判，是有名的"协议"主张支持者。正因为如此，我当初对前原担任经济财政大臣做了充分的思想准备。实际上，前原大臣就任后确实也发表了一些"通货再膨胀派"言论，并积极推动政府与日本银行缔结协议。但与此同时，也许是意识到了作为大臣的身份并适当考虑了日本银行的独立性，前原在讲话的语气上听起来多少柔和了一些。

---

① 出自《荀子·宥坐》，全句为："君子之学，非为通也，为穷而不困，忧而意不衰也，知祸福终始而心不惑也。"——译者注
② 详见三重野康（1996）『赤い夕陽のあとに』新潮社、1996年、112頁。
③ 参见白川方明（2014）「弔辞/三重野康へ——中央銀行の物指し」『文藝春秋』2014年12月号。

野田内阁改组后，政府和日本银行决定共同制定一份某种形式的文件向外公布。文件的起草工作由内阁府、财务省和日本银行的相关事务人员负责，起草过程中不断有报告逐级送到我手里。当时印象最深刻的是，与财务省事务人员相比，内阁府方面始终坚持"通货再膨胀派"主张。

共同协商的结果，形成了题为"摆脱通货紧缩对策"的公文，并于2012年10月30日由日本银行行长、前原经济财政大臣和城岛财务大臣三方联合签署后发布。公文首先表明了基本态度，即"对于日本经济，政府和日本银行均认识到尽早摆脱通货紧缩、重新回归物价稳定下可持续经济增长路径是一个极为重要的课题，双方将共同为实现这一目标尽最大努力"。在此基础上，公文中明确写入了日本银行的一贯主张，即这一课题"需要广泛的经济主体努力推进经济增长并辅以金融方面的支援才能实现，强烈期待政府大力推动经济增长"。在货币政策上，继续沿用2月份公布的"中长期物价稳定目标"中的措辞。文件中，政府方面对日本银行提出了期望，"强烈希望日本银行按照既定方针持续实施强有力的宽松货币政策直至消除通货紧缩"，同时日本银行也对政府提出了要求，"政府也应意识到，为摆脱通货紧缩，除了配套实施适当的宏观经济政策，还要改革容易滋生通货紧缩的经济结构，这些都是不可或缺的"。最终，公文内容并没有采取"协议"形式，表述上也可以说是恰到好处。

在此期间，2012年10月末以及12月19日至20日的决策会议，决定推出更强有力的货币宽松措施。最终，将"资产购买等的基金"规模从80万亿日元提升到101万亿日元左右。另外，为鼓励金融机构采取积极行动来刺激企业和家庭扩大资金需求，还决定设立保障贷款增加的资金供给框架。① 就是针对金融机构贷款增加额，日本银行根据

---

① 适用利率是0.1%，即同业市场的诱导目标利率，贷款期限最长为4年。

金融机构的意向为金融机构提供长期、低利率的全额资金供给。采取这些措施后，即使将来不再出台追加性宽松货币政策，在一些假定条件下计算的"资产购买等的基金"和贷款保障基金的总规模，也将从2012年年末的68.5万亿日元大幅提高到2014年年末的120万亿日元。

## 众议院解散和总选举

围绕物价上涨率目标以及"协议"主张的舆论仍在升温，在这一过程中，日本政治局势发生了巨大变化。[①] 当时与宏观经济相关的最重要问题是提高消费税与社会保障制度改革。关于提高消费税，如上文所述，2012年3月30日野田内阁向国会提出了包含将消费税率由5%提高到10%在内的法案。6月15日该法案在民主党、自民党和公明党等朝野三党行政事务人员之间相互交换了协议文本，21日三党干事长签字，26日在众议院表决通过。在此期间，由于执政的民主党政治基础薄弱，在野的自民党要求尽早解散众议院，野田首相却表示，"一旦增税法案通过，近期内将问信于民"，还破例提到了众议院大选。结果，即使是在野党占多数席位的参议院，增税法案由于得到了自民党和公明党的支持，8月10日获得通过。虽然增税法案获得通过，但由于原定在2012年度增发38万亿日元赤字国债的特例国债法案未获通过，政府预算陷入困境，可以说政府面临着日本版的"财政悬崖"。自民党内，9月26日安倍晋三取代谷垣祯一，时隔5年重返总裁宝座，安倍要求野田内阁尽早解散众议院。11月14日，在国会召开的执政党和在野党党首会议上，野田首相明确表示解散众议院，16日众议院正式解散。

---

① 清水真人『財務省と政治——「最強官庁」の虚像と実像』中公新書、2015年、第4章。

2012年12月4日公布举行大选。此时自民党提出的竞选纲领是"明确制定2%的物价上涨率目标，为了达成这个目标，可以考虑重新修订《日本银行法》，制定政府与日本银行之间的强化合作框架，以便实施更大胆的宽松货币政策"。当时作为在野党党首的自民党总裁安倍晋三，在选举中言辞激烈地要求日本银行实施大胆的宽松货币政策，同时还提到了具体的汇率水平，声称应该诱导日元贬值。2012年11月20日的《朝日新闻》报道了安倍11月17日在山口市的演讲，"应全力运转日本银行的印钞机，无限制地印刷钞票"，同一天《每日新闻》也报道了安倍的发言，"实施大胆的宽松货币政策，制定2%~3%的物价上涨率目标，实行无上限的货币宽松"。我不知道当时安倍发言的原话是怎样的，但在我的记忆中，发达国家选举中如此赤裸裸地要求中央银行变更货币政策，实属罕见。不仅没有这样的先例，而且迄今为止都是极力运用各种政治智慧避免"货币政策政治化"。现在完全是无所顾忌了！

在这种状况下，迎来了2012年11月20日的货币政策决策会议。会后的记者招待会上，我预想到会有很多针对自民党竞选纲领中提到的货币政策观点以及中央银行独立性的提问。对我来说，既然选举纲领中提到了日本银行以及货币政策问题，而这又会对国民生活产生重大影响，那么身为中央银行行长，就有责任表明作为货币政策专家的基本观点。我充分采纳了山口广秀副行长的意见，精心做好了准备，并决定慎重避开敏感性字眼，在坚决摒弃官话、套话基础上，以明确的语言表达了日本银行的理念。

在记者招待会上，针对特别重要的中央银行独立性问题，我做了以下发言：[①]

---

[①] 参见2012年11月20日记者招待会纪要（日本银行主页）。

我想说的是，中央银行制度乃至中央银行独立性是基于从国内外漫长的经济和金融发展历史中汲取无数惨痛教训建立起来的。也就是说，为实现较长时期的经济及金融稳定，中央银行这一组织是非常必要的，因此以中央银行独立性的形式设计了制度体系。有位经济学家曾经说过，中央银行在经济中发挥着类似闹钟的作用。换句话说，人们为了早上按时起床设置了闹铃，闹铃响起的瞬间就起床，的确是很痛苦的，而在满足一定条件的情况下，从长远角度考虑经济稳定和人民生活的安定，日本银行发出的警告自然就相当于闹铃。中央银行独立性是从长期的经验教训中发展而来的，特别是在经济全球化时代，各国均尊重中央银行独立性。作为日本银行，不能独善其身，应尽最大努力精准地运作货币政策。同时，也希望中央银行的独立性得到必要的尊重。

危机时期，也正是需要中央银行行长向政府果断发声的时期。我担任行长期间，欧洲债务危机最严重时，欧洲央行行长特里谢或德拉吉的发声也是如此。

## 安倍政权成立

2012年12月16日大选结果出炉，自民党获得了294席，执政的民主党仅获得57个席位，遭遇历史性惨败。我并不认为很多国民是基于竞选时期候选人的货币政策言论投出的选票。实际上，根据日本银行进行的季度问卷调查，每次只有30%多的受访者知道日本银行正实施以物价稳定为目标的货币政策，这种状况至今都没有多大变化。进一步讲，大选并不是围绕日本银行货币政策而进行的，即便如此，对于安倍党首在竞选中如此深度涉及货币政策主题、自民党又取得压倒性胜利的事实，日本银行决不能视若无睹。

新《日本银行法》将"通过实现物价稳定促进国民经济的健康发展"作为货币政策的运作理念，主张货币政策的独立性，强调"必须尊重日本银行的货币及金融调节自主性"。不过同时也规定，"日本银行的货币及金融调节属于政府经济政策的一部分，所以日本银行的政策应该与政府经济政策的基本方针保持一致，并经常与政府保持密切的联系，进行充分的意见交流"。而我被赋予的使命就是根据新《日本银行法》规定，作为经济和货币政策专家，做出最佳判断。在我39年的日本银行职业生涯中，考虑最多的是在如此艰难的政治局面中，如何准确地做出适当判断而不留后患。

在有限的信息中，谁也无法判断怎样运作货币政策才是最正确的。纵观包括日本银行在内的各国中央银行发展史，因中央银行判断失误带来经济混乱的事例并不少见；反过来，政府判断有误，要求中央银行采取错误的货币政策导致经济动荡的事例也有很多。这里虽使用"政府"一词，但更确切地说，压力与其说来自政府，不如说是来自更加宽泛的"社会"团体，也许更为贴切。

由于社会上存在牺牲中长期稳定而优先追求当前经济增长的倾向，中央银行的独立性就是为规避这种倾向而设计的制度框架，使中央银行基于中长期视角运作货币政策成为可能。实际上，回顾过去包括货币政策在内的宏观经济政策失误，不管是在泡沫经济时期，还是在泡沫经济崩溃后的金融危机时期，都不是短期景气预测失误所导致的，而是源于对经济和政策运行基本形势的误判。从这个意义上说，对日本银行而言，最重要的是坚决固守作为中央银行不可让步的货币政策运作逻辑。当然，谁也不能保证日本银行所有的运作逻辑都是正确的，但我决不会将自己认为错误的逻辑作为日本银行的行动准则。假如不按照自己的判断去行动，结果给日本经济带来巨大灾难，所有日本国民都会受到影响，在长期中央银行职业生涯的最后阶段，若自身行为引发了这种灾难，作为专家，是绝对不可容忍的。

令人苦恼的是，当众多国民存在"对某种试验性政策赌一把"的心理倾向时，日本银行应该如何应对。即使在这种状况下，理论上日本银行也是完全可以拒绝政府的所有要求，但在国民看来，日本银行的这种方式是独善其身，也就很难得到国民的支持和理解。如果这样的话，极有可能导致彰显独立性的《日本银行法》遭到恶意修改。事实上，不管是在野党，还是执政党，国会议员中主张修订《日本银行法》的呼声越来越强烈。由执政的民主党国会议员组成的"摆脱通货紧缩议员联盟"，于2010年12月首次发布了《日本银行法》修订大纲草案。同月，日本在野党大家党向国会提出了《日本银行法》修正案，此后又多次提出。2012年4月，自民党也在政务调查会的财务金融小委员会上，就修改《日本银行法》问题展开了"面向摆脱通货紧缩的货币政策讨论"，最终修订虽未成行，但该委员会西村康稔会长还是以提交国会为目的编制了《日本银行法》修正案。

在充分考虑上述各项因素后，我判断不得不发布一个由内阁成员和日本银行行长共同签署的声明。同时，我认为绝对要避免因日本银行与政府之间的不当约定，导致将来日本银行政策委员会不能顺利制定和实施适当的货币政策事态发生。为此，发表共同声明不可或缺的前提条件是，在与政府达成的意向书中写明日本银行不能让步的基本原则。当然，对于怎么解释这个声明，以及如何运作货币政策，我觉得就应该是下届行长、副行长以及审议委员组成的政策委员会考虑的事情了。

2009年8月末在民主党取得压倒性胜利之后，我拜访了民主党总部。这次也同样，自民党大选获得压倒性胜利的两天后，即2012年12月18日我亲赴自民党总部拜访了安倍。会谈过程中，安倍表示"想签署一个2%物价上涨率目标的政策协议，请好好研究一下"。我的回答是，"由于这关系到货币政策运作的核心问题，需要日本银行政策委员会进行充分讨论，在此基础上再与新政府协商"，除此之外，没有涉及更具体的内容。①

在这个时机拜访安倍党首，从日本银行独立性角度来说，可以预料必然会遭到外界的批评，而我和山口副行长都认为应该去拜访。假如此时不会面的话，年内就不会再有与首相见面的机会，首次会面将是在来年初的经济财政咨询会议等官邸会议上，此时参会者众多，如果我直接对已不再是在野党党首的安倍首相提出不同意见是不合适的。对于我来说，在新首相确定后的时点，向首相表明日本银行的基本态度，也是负责任的表现。进一步讲，在明确态度的基础上，最大限度地利用未来一个月左右的时间，引发国民对通货膨胀目标制和"协议"本质问题的深入讨论，我认为除此之外，也没有更好的扭转局面的方式。此外，原本在2012年2月份发布"中长期物价稳定目标"时已经承诺，原则上每年都要进行一次更新。根据这一宗旨，2012年12月20日的记者招待会上，明确了共同声明中需探讨的重要问题，在此基础上，我决定利用媒体采访等的一切机会，比以往更加深入地阐明日本银行的观点。

## 融入"共同声明"的精神

关于共同声明的内容和表达方式，先是日本银行、财务省和内阁府具体行政事务人员共同磋商，之后是山口广秀副行长与财务省和内阁府的事务部门负责人进行交涉。进展情况不断汇报到我这里，我也就重要的问题做了部署。在最后阶段，我与麻生太郎财务大臣、甘利明经济财政大臣有过两次会晤，进行拍板定案前的最终协商。内阁府与2012年10月在民主党政权下签署共同文书时相同，依然保持着较

---

① 对于这个问题，在2012年12月20日的记者招待会中有过说明。参见日本银行主页的记者招待会纪要。

强的"通货再膨胀派"色彩。财务省在 21 世纪最初几年量化宽松货币政策时期,拘泥于要求增购长期国债以增加基础货币投放,但此时将交涉的重心放在达成协议发表声明上了。

在与政府磋商的过程中,我都及时将进展情况传达给审议委员,根据委员的态度和反应对磋商做出下一步安排。经过反复推敲形成的共同声明文案,最终在 2013 年 1 月 22 日政策委员会上以 7 票赞成、2 票反对表决通过。反对票是木内登英和佐藤健裕委员投出的。我认为,不管是反对票,还是赞成票,都是重要的决定。共同声明在政策委员会会议通过后,我和两位大臣一同前往首相官邸向首相汇报,之后由内阁府、财务省和日本银行三方联名发布。

下面是共同声明的全文,由于是重要的文书,虽然内容较多,还是做了全文转载:

## 关于为摆脱通货紧缩和实现经济可持续增长的政府·日本银行的政策协同(共同声明)

1. 为早日摆脱通货紧缩以及在物价稳定条件下实现可持续经济增长,政府及日本银行将强化政策协同,致力于在以下方面采取共同行动。

2. 日本银行将通过实现物价稳定促进国民经济健康发展作为理念运作货币政策,同时还肩负着确保金融体系稳定的责任和义务。届时,鉴于物价在短期内会受到各种因素影响,将实现可持续的物价稳定作为目标。

日本银行认识到,今后随着各个经济主体为强化日本经济竞争能力和增长实力工作的进展,与可持续物价稳定目标相适应的物价上涨率将不断提升。基于这一认识,作为物价稳定目标,日本银行将消费者物价同比上涨率设定为 2%。

日本银行将在上述物价稳定目标下推进宽松货币政策，并争取尽可能早日实现这一目标。在此过程中，考虑到货币政策的效果需要相当长的时间才能显现，日本银行从确保经济可持续增长角度出发，监控金融失衡因素蓄积的风险点，确认是否会发生相关问题。

3. 政府为了实现日本经济的再生，在努力实施灵活机动的宏观经济政策的同时，还将在日本经济再生总部的主导下，实施包括集中投入创新型研究的研发经费、强化创新基础、大胆的规章制度改革、税制改革等的政策总动员，力求推进经济结构改革等措施，制定并大力推进具体的强化日本经济竞争能力和增长实力的对策。

此外，政府在强化与日本银行的政策协同之际，从确保财政运营信心的角度出发，还要切实推进旨在确立可持续性财政结构的工作。

4. 经济财政咨询会议将定期检查包括货币政策在内的宏观经济运行状况、在此宏观环境下与物价稳定目标相对应的物价现状以及未来预期走势，还包括就业状况在内的经济财政运行和经济结构改革工作的进展状况，等等。

第一项阐述的是"政策协同"。声明有意识地避开了诸如"协议"或者"政策协定"等有可能使日本银行未来的政策运作受到政府约束的用词。共同声明是政府和日本银行在明确各自作用基础上主动采取的政策措施，而不是某一方强制另一方的行为结果。

第二项阐明了日本银行的货币政策。明确提出由于物价变动会受到包括进口价格在内的各种因素影响，作为政策目标的物价稳定，并不是实现短期物价稳定，而是具有可持续的物价稳定。虽然确定了2%物价上涨率目标，但拒绝无条件地追求这一数字指标，在声明文本中，置于2%数字之前的表述是"今后随着各个经济主体为强化日本经济竞争能力和增长实力的工作进展，与可持续物价稳定目标相适应的物价上涨率将不断提升"。"各个经济主体的工作进展"，是强调政府推动经济结构改革的必要性，这里融入了日本银行的一贯主张。因此，目标物价上涨率水平也取决于结构改革的进展情况。关于"2%"这一数值，我们也意识到在必要的场合，即如果将来出现通货膨胀压力大幅上升的风险时，还可以作为灵活加息的盾牌。

在声明中分歧最大的是达成目标的期限问题。日本银行主张表述为"中长期物价稳定"，而政府却强烈要求明确设定2年的时间期限。我不清楚政府做出这种要求的具体原因，是不了解海外国家通货膨胀目标制的实际状况，还是认为明确了2年期限就可以增强政策效果，或者认为实施了"大胆的货币政策"就可以轻易地实现物价上涨目标。但是，日本银行的立场是，绝对不能接受2年内实现2%物价上涨率目标的货币政策。经过激烈的意见交锋，最终决定使用"争取尽可能早日实现这一目标"的表述。当然，对于文本解读可能是见仁见智的，所以也不能完全排除这样的风险，即被认为是承诺了在两年甚至更短时间内实现2%物价上涨率目标。正因为如此，绝对不能让人以为是承诺了机械或僵化地动作货币政策，并明确表示货币政策波及效果的时滞性以及需要排查包括金融失衡在内的各项风险因素。虽然政府对于这些提法当时表示了强烈抵制，但这事关日本银行的理念，绝对不能让步。

第三项是关于政府的对策问题，明确提出通过大胆的规章制度改革和税制改革，强化日本经济竞争能力和经济增长实力的同时，为了确保对财政运营的信任，将努力构建可持续的财政结构。第四项明确了共同声明的事后检查监控机制。

## 对共同声明的反应

对于共同声明的内容，可能有不同的解读，这主要取决于是站在政府立场，还是日本银行的立场。其实最重要的不是声明中的文字表述本身，而是之后的实际操作。即便如此，由主要政府部门负责人签署并向社会公开发布的声明，这件事本身的意义就非常重大。由于我的行长任期还有不到3个月，所以我当然不用负责将来的货币政策，但正如前面所说过的，我有义务无论如何都要避免声明中的内容成为障碍，使日本银行政策委员会将来无法实施认为有必要实施的政策措施，这是我必须尽到的责任。从这个意义上说，我付出了最大努力，将应该加入的内容全部融入了声明，而且希望能够引起社会上更加理性的讨论。就我的感受而言，共同声明是在政府要求"2年"2%的巨大压力下，经过深思熟虑后最终完成的，与其说是规定了2%目标的文件，不如说是明确了不能机械地追求2%的声明。从第二天的媒体报道来看，有很多批评性的文章，如《朝日新闻》刊发的"政府主导货币政策""妥协的日本银行"等，而在时事解说和经济评论家的评论中，印象中提到更多的是"日本银行进行了回击"。

在共同声明发表之前的大概3个月时间内，日本出现了在发达国家难以想象的货币政策政治化异常倾向。不过，单纯从避免了僵化的货币政策运作这个意义上说，共同声明也算是防止了最坏事态的发生。之所以能形成这样一个框架，我认为主要有两方面原因：一是自2011年12月以来日本银行有意识地引导公共舆论的结果，增进了国民对许多问题的理解；二是麻生太郎财务大臣的作用。麻生大臣从经验上判断，即便增加再多的基础货币，也不会产生任何政策效果，所以不管是在共同声明磋商的多方会谈上，还是在国会听证会上，都坚持了这个观点。我认为，他对于中央银行独立性的重要性似乎也有一些直观的理解。说句题外话，共同声明发表不久后的一天，我收到了一封毛笔写成的卷纸信，一看是麻生大臣寄来的，他高度评价了我在共同声明起草过程中的用心和劳苦，毛笔字写得非常漂亮。我用钢笔写了回信，感谢麻生大臣的细心和关怀。我认为如果财务大臣不是麻生的话，事态进展可能会艰难许多。

在艰苦的协商过程中，海外中央银行同行的支持也成为我精神上的慰藉。在2012年1月BIS会议上，很多行长都以"休戚与共"（solidarity）一词激励我，至今铭记在心。

## 宽松货币政策措施

2013年1月21日至22日召开的货币政策决策会议，除了共同声明，还决定扩大"资产购买等的基金"规模。以前采取的都是规定基金上限的方式，而新措施是"开放式"的，即不设期限，每月均可购入一定数量的金融资产。采取这种方式，是受到了美联储政策的强烈影响，2012年12月美联储为应对复苏不利的经济和物价形势采取了这项措施。过去美联储购入资产都规定了期限和上限，从这一时期开始，不再设定时间上的期限，承诺在满足"劳动力市场充分改善"这一条件之前持续购入资产。

由于日本银行已经在2012年12月20日的决策会议上出台了大幅度增加资产购买规模的政策，所以"开放式"购买措施计划将于传统购买方式结束之后的2014年年初开始实施，暂定每个月购入13万亿日元左右的金融资产，其中包括2万亿日元长期国债。如果用量的概念表示资金供给余额，未来2年的增加额将高达60万亿日元（见图17-1）。关于持续购入的条件，日本银行表示，"为实现物价稳定目标，在判断为必要的期限内将持续实施事实上的零利率政策和购买金融资产等措施，强力推进宽松货币政策"。这种表述意在避免谈及物价稳定的具体数字目标，根据共同声明第二项的精神，为运作货币政策留有了余地。

按过往的标准看，日本银行提供的资金供给已经是天文数字了。一旦公布了这个巨额数字，若此后出现非货币政策因素带来的经济、金融状况好转，市场参加者也会将其看成货币政策的效果。2012年2

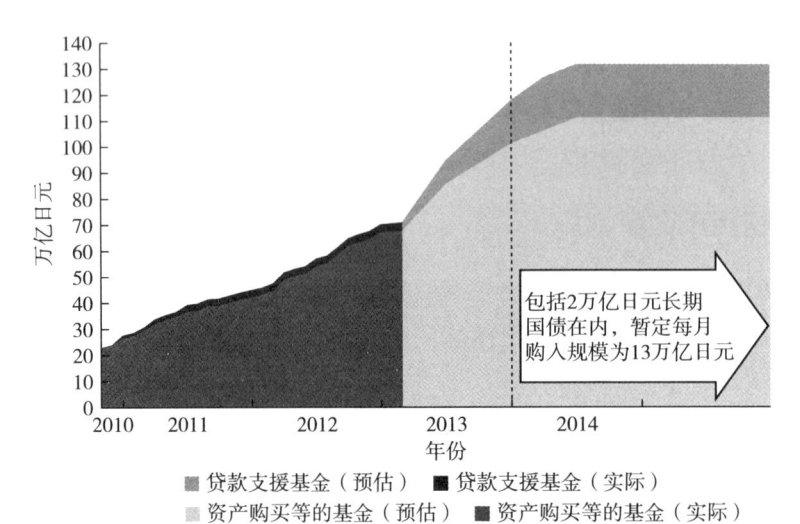

图17-1 日本银行的资金供给规模

资料来源：白川（2013）图表34。

月的"情人节礼物"就是这种状况。其实，如果日本银行想要这种效果的话，也可以宣传为货币政策的效果。而实际上，不进行一系列的经济财政改革，根本无法解决日本经济所面临的问题。如果一定要说扩大活期存款余额规模有什么积极意义的话，其最大的意义就是期待整个社会都知晓"扩大货币数量本身没有任何效果"，这或许是个悖论。关于货币的数量效果，我认为答案是显而易见的，但是这种看法至少在当时的社会上并不占多数。实际上，在大众媒体和实业者之间还广泛传播着"数量增加会很有效果""不知道是否有效果，但还是赌一把试试"，或者"做一些试点看看也好"等观点。我自己认为，即使在不远的将来，人们明白了极端增加货币数量也不会产生任何效果，主张货币数量效果的学者还会提出新的观点，结果仍无法期待讨论的终结。

极端增加货币数量的真正问题在于，它会影响政府和民间经济主体的行为模式，使得经济和社会整体都会面临难以挽回的巨大风险。

小宫隆太郎教授曾经说过，量化宽松政策的效果是"微害微利"，而针对此项政策，重要的是能否在不改变"微利"的状况下保证不要超过"微害"的阈值（见第 5 章"零利率政策与量化宽松政策"）。作为政策决策者，如果这么表述的话，也许会被批评为"不负责任"，相反，也会有人批评说，"由于政策是微利的，才没有效果"。不管货币政策向着哪个方向发展，中央银行在民主社会中都不会是独裁者，也不能成为独裁者，这是我的最终结论。

货币政策运作应该从效果和成本两个方面进行评价，将来要改变政策规则时才有据可依。"共同声明"就是嵌入了这一机制。

## 共同声明发表后的状况

共同声明发表后，记者招待会、经济财政咨询会议①和国会听证会等场合都要求我解释相关内容。在声明发布当天晚上召开的经济财政咨询会议上，麻生大臣、甘利大臣和我分别对共同声明做出了解释，之后进行了讨论。我的发言完整引用了共同声明中的部分内容，"为早日摆脱通货紧缩以及在物价稳定条件下实现可持续经济增长，政府及日本银行将强化政策协同""随着各个经济主体为强化日本经济竞争能力和增长实力工作的进展，与可持续物价稳定目标保持同步的物价上涨率将不断提升"，还提到了"考虑到货币政策的效果需要相当长的时间才能显现，日本银行从确保经济可持续增长角度出发，监控金融失衡因素蓄积的风险点，确认是否会发生相关问题"，一概没有提及"2 年"等具体时间期限。另外还表示，"作为政府，要大胆地推进规章和制度的改革，强化经济增长实力，致力于构筑具有可持续性的财

---

① 经济财政咨询会议在民主党执政时期一度停止了活动，自民党重新执政之后再次启动，并新任命了 4 名民间议员。

政结构，我们对此充满期待"。①

对此，民间议员除了要求尽早实现物价上涨目标，还表明了对施行更加大胆宽松货币政策的期待。如小林喜光议员（三菱化学控股株式会社社长，后成为经济同友会代表干事）表示，"说到尽早实现物价目标，若是都与上一年相比，怎么看也得一年或两年吧"。安倍首相也在自由讨论和总结发言中两次提到，"我希望日本银行积极采取措施，担负起实现物价稳定目标的责任"。我认为，既然已在共同声明上签字，当事各方就要按照共同确定的文本发言，不过，与严谨缜密、反复斟酌用词的共同声明不同，首相的发言还是倾向于支持"日本版通货膨胀目标制"。

2013年1月22日之后的剩余任期内，我认为作为日本银行行长，应履行的主要职责是恰如其分地说明或解释共同声明的内容，并为此开展了一些必要的工作。1月24日再次召开了经济财政咨询会议，会议集中审议了货币政策和物价问题。这次会议的氛围与上次相同，像民间议员佐佐木则夫（当时的东芝社长）针对共同声明中的"监控金融失衡因素"就提出了一些质疑，等等。对于一系列民间议员的发言，我很难相信这是所期待的独立有识之士的观点。这实际并非个人问题，本质上是经济财政咨询会议的机制设计问题，它就是希望通过这个途径对货币政策施加影响，是经济政策运作方面的方法论问题。

国会听证会上也有很多质疑。主要的焦点是由谁负责实现2%物价上涨目标、何时能够达成目标等问题。政府方面经常使用声明中完全没有提及的表述，如"通货紧缩是一种货币现象"②。2月7日，安倍首相在众议院预算委员会上针对民主党前原诚司议员的提问，做出

---

① 2013年日本经济财政咨询会议纪要，参见日本银行主页。
② 在经济财政咨询会议及国会等各种场合，麻生财务大臣都表示仅靠日本银行的资金供给不能解决问题，这与安倍首相的观点有明显不同。

了以下回答：

> 关于物价稳定目标，正如共同声明中所表述的，日本银行承诺，将履行职责尽早实现2%的目标，这是我的理解。

此外，在2月12日众议院预算委员会上，针对民主党后藤祐一议员的提问，安倍首相这样回答：

> 这里我们要果断实施宽松货币政策，日本银行要切实推进货币宽松，实施大胆的宽松政策，由于这就是一种货币现象，为了实现2%的物价稳定目标，作为中央银行，要认真履行应尽的职责，这些就是我要说的。

安倍首相反复重申"达成目标是日本银行的责任"。对此，我在发言中刻意引用了共同声明中的表述，"日本银行与政府联手为早日摆脱通货紧缩以及在物价稳定条件下实现可持续经济增长而共同努力""日本银行认识到，随着各个经济主体为强化日本经济竞争能力和增长实力工作的进展，与可持续物价稳定目标保持同步的物价上涨率将不断提升"，还是只字未提"2年"等具体的达成期限。

## 共同声明发布时的经济和物价预期

如上所述，2012年11月到2013年1月之间，围绕日本银行的政治局势动荡不安，而国际金融市场自2012年秋季开始出现了缓慢变化，最大契机是2012年夏季以后欧洲债务危机开始减缓。汇率市场上投资者规避风险的情绪有所缓和，对避险货币的需求下降，日元升值局面逐步得到改观。到10月为止，日元对美元汇率一直在78~80日元之间徘徊，进入 11 月份突破了 80 日元，11 月下旬到了 82 日元，自 12 月以来进一步贬值，12 月末达到 86 日元，共同声明发布的几天前日元汇率为 90.03 日元。这一时期日元贬值的主要原因是欧洲债务危机的缓解，主要国家货币的实际有效汇率变化也可以印证这一点。以欧洲央行行长德拉吉 7 月 26 日发言时的汇率水平为基准，欧元汇率到 8 月末上升 1.7%，9 月末和 10 月末分别上升 3.0% 和 3.8%；而同期日元汇率分别下降 1.7%、1.9% 和 5.0%（见图 17-2）。这意味着这一阶段国际金融市场进入了风险调整期，欧元升值，日元转向贬值。加之日本在核电站事故之后，随着原油和液化天然气进口增加，国际贸易出现了大幅赤字，外汇需求的增加也推动了日元贬值。自民党总裁安倍在大选中诱导日元贬值以及要求日本银行实施大胆货币政策的竞选发言或许也推动了日元贬值，① 但如果没有 2012 年夏季以来的国际金融市场形势突变，我想也不会产生日元贬值的效果。②

伴随着国际金融市场形势的好转，国内经济景气也出现了变化。受欧洲债务危机影响，2012 年 4 月以来处于小幅调整的国内经济景气，在政权交替前一个月的 11 月筑底回升。日经平均股价在 6 月 4 日达到谷底的 8 295 日元之后，一直在低位徘徊，不过 11 月开始也大幅上升。③ 股

---

① 针对安倍首相一系列诱导日元贬值的发言，海外，尤其是美国政策当局对此表示强烈的反对。2013 年 2 月 15 日到 16 日在莫斯科举办了 G20 会议，在媒体的会前报道中出现了"货币战争"的标题，让人担心日本会遭到批评。不过，G20 声明只表示，"我们要共同防止货币的竞争性贬值"，并没有点名批评日本。这是由于在 G20 之前，财务省和日本银行进行了耐心地解释和说明。另外，一个更现实的理由是 G20 也认为最好避免世界上正在进行货币战争这类信息的扩散，还有一个共识是安倍诱导日元贬值的发言多是在政权交替之前以在野党身份发出的。
② 7 月 26 日，欧洲央行德拉吉行长在伦敦发表了以"保卫欧元，竭尽所能"为题的著名演讲，之后的 9 月 6 日公布了直接货币交易（OMT）的技术细节（见第 11 章"欧洲债务危机"）。
③ 根据景气基准日推算，景气的波峰出现在 2012 年 4 月，谷底在大选开始前 1 个月的 2012 年 11 月。

价上升的最大原因是日元贬值改善了企业预期收益，同时景气好转也有一定助推效果。

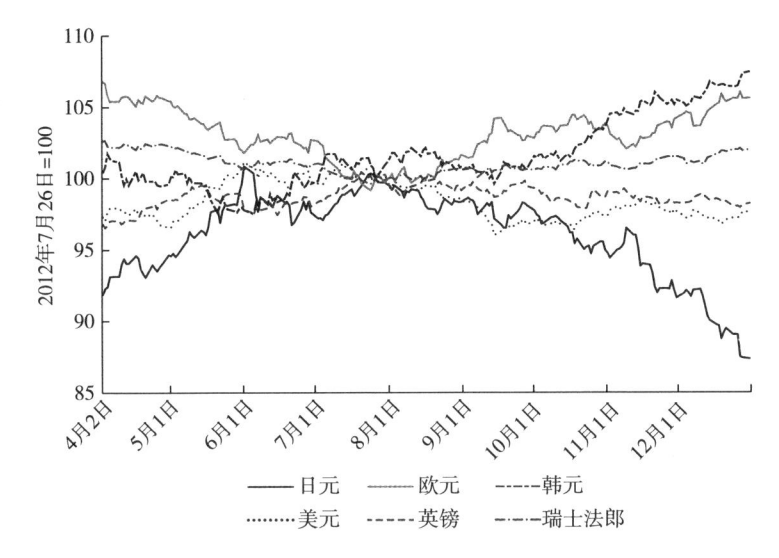

图17-2 欧洲债务危机结束前后主要国家货币名义有效汇率的变化轨迹
资料来源：BIS每日有效汇率（狭义加权平均）。

在2013年1月的货币政策委员会会议上，基于形势变化以及当天推出的货币宽松措施，对2012年10月末日本银行做出的经济、物价预期进行了期间调整。这次调整后的2013年经济增长率预期值（中位数）为2.3%，与三个月之前（1.6%）相比做了大幅上调；2014年预期值修正为0.8%，比三个月前（0.6%）也略有提高。[①] 这里所依据的景气恢复机制，除了海外经济预期好转，以企业收益改善和经济增长预期上升为背景，增强了低利率所带来的景气刺激效果。从实际经济增长率看，2013年是1.7%，而2014年为1.5%，远高于当时的

---

① 2013年度和2014年度预期经济增长率变动是受到了消费税率预期提高而带来的提前消费及其反作用的影响。

第17章　政府·日本银行的共同声明　　479

预期。

消费者物价上涨率预期值（中位数）在2013年为0.4%，2014年为0.9%（调整了消费税上调影响之后，生鲜食品除外）。当时经济学家和市场参与者对中长期物价上涨率的预期大致都在1%，他们所依据的是宏观供求缺口缩小会带来缓慢的物价上涨。其后判明的实际消费者物价上涨率在2013年和2014年均为0.8%，2014年的物价上涨率表现几乎与2013年1月日本银行做出的预期完全一致。①

## 共同声明发表后的货币政策决策会议

2013年2月和3月的决策会议上，宫尾龙藏委员提交了议案，内容是将事实上的零利率政策"持续到可预期实现物价稳定目标为止"，结果这一提案以1票赞成，8票反对未获通过。这是由于1月份决策会议确定的方针就是，"为实现物价稳定目标，在判断为必要的期限内将持续实施事实上的零利率政策和购买金融资产等措施"，该方针以提高宽松货币政策效果为目的明确了持续实施事实上零利率政策的期限，宫尾委员在1月的决策会议上也提出了相同提案。

我反对这个提案理由是已经承诺将在相当长一段时间实施事实上的零利率政策。如前所述，根据2013年1月的消费者物价上涨率预期，2014年的中位数为0.9%。当然，如果海外景气改善显著，或者真正推进经济结构改革且改革成效能在短期内显现的话，也不是完全不能考虑提出2%的预期，而我认为这种可能性很低。尽管如此，如果采纳宫尾委员的提案，就等同于无条件地承诺相当长时期维持事实

---

① 根据内阁府经济企划协会组织的40位民间经济学家给出的ESP预测，2013年度经济增长率为2.01%、2014年度为0.25%，消费者物价上涨率分别为0.17%和0.45%。

上的零利率政策。正如展望报告所显示的，在预期物价上涨率缓慢上升和经济增长率逐渐改善的条件下的最佳利率水平，应该根据共同声明中规定的核查货币政策运作中的各种事项来决定。不然的话，就会扩大金融方面的失衡，并陷入"财政支配"的陷阱。

## 任期内发表辞职声明

完成了日本银行与政府发布联合声明这一重要的工作之后，我下一个必须做出的重要决定就是考虑何时卸任行长最佳的问题。由于5年前的特殊政治背景，我作为行长的5年任期应在2013年4月8日届满，而两位副行长的任期是到3月19日届满。因此，3月20日到4月8日这不到3周的时间将非常尴尬，两位新任副行长就职后我仍然担任着行长职务，并作为决策委员会主席主持工作。自5年前就任行长以来，我时常思考这个问题，随着安倍政权的诞生以及共同声明的发表，我开始更认真地考虑这个问题。我虽不赞成安倍政权关于货币政策的主张，鉴于这是经过民主选举产生的政权，为便于新政权正常开展工作，我认为有必要同时任命日本银行新行长和副行长。因此，我认为在3月19日辞职最为合适。2月5日，我前往首相官邸向首相表达了辞职的意向，并在当天晚上召开的记者招待会上公布。之所以选择在这一天公布，是因为向国内外解释共同声明的工作已告一段落，我判断外界已经形成理解我辞职意向的舆论环境。我在记者招待会上声明，提前辞职就是为了新任行长与副行长能够同时开展工作，在3月19日之前的这段时间，我将继续履行行长职责。记者们提出了"辞职是出于抗议吗""是否有来自政府的压力"等问题，我对此一概予以否认。当天晚上，我通过电话向关系密切的海外中央银行负责人通报了我的离职决定。

## 任期的最后一个月

　　卸任行长之前的最后一个月并没有开展什么新的工作，基本上是处理尚未完成的事务。如果要我说作为日本银行行长，在任期的最后一个月里应该向外界发布什么信息的话，我认为相对于货币政策方面的具体信息，更应该提出一些与日本经济面临的根本性问题有关的观点。诊断一旦出错，就不可能开出正确的处方，也就无法解决问题。在过去的几年里，我一直比较重视发布日本经济根本性问题的相关信息，现在我想进行一个全面系统的信息发布。因此，我决定最大限度地利用经团联早就委托的演讲机会，在2013年2月末做了以"强化日本经济竞争能力与经济增长实力"为主题的演讲。①

　　在演讲过程中，我刻意强化了这个主题与刚发布的共同声明以及2%物价上涨目标之间的关系。2%这一物价目标绝不是凭空而来的神圣数字，也不是一个无条件的目标。按照共同声明的表述，物价目标是与结构改革问题密切相关的。正因为如此，我重申了日本银行对于结构改革的看法，指出现在还不能进行客观冷静的讨论，当将来形成可以冷静思考的环境时再回过头来看，一定还有很大的参考价值。

　　3月10日到11日，我出席了在巴塞尔举行的BIS行长会议，这是行长期间的最后一次国外出差。担任行长的5年间，我到巴塞尔出差了28次，此前也曾多次到巴塞尔参会，但想到这是最后一次作为央行职员参加会议，多少有些伤感。所有的会议日程结束后，在BIS大楼顶层举行了送别会。送别会的最后我做了告别演讲。我根据过去离任行长的致辞，事前准备了发言稿，而当时我特别想说的是，世界范围内中央银行的"唯一玩家"现象。说到中央银行的独立性，主要考虑

---

① 白川方明＊（2013）「日本経済の競争力と成長力の強化に向けて」（日本経済団体連合会常任幹事会での講演）2013年2月28日。

的是独立于政府,而在独立性背后却是要考虑如何避免陷入"财政支配"陷阱。这历来都是一个非常重要的课题,我讲演时的世界局势似乎变得更为复杂。不单是政府要求中央银行实施权宜之计的货币政策,政府自身也受到来自改革利益受损团体或国民的压力,而且中央银行也受到了问责制背景下必须有所作为观念的束缚,准确地说是政府与中央银行都受到了来自整个社会的压力。在这种背景下,中央银行往往会极限追求短期即可见效的政策措施,哪怕只有一点点效果。我将这种状况称之为"社会支配"(social dominance),并表示今后中央银行会越来越多地面对这样的问题。

在媒体相关方面,2013 年 3 月 19 日举行了最后一次记者招待会。[①] 在招待会上,记者们提出了通货紧缩、日元升值、与市场对话、日本银行责任等诸多方面的问题,而我事前准备的发言是有关交流沟通方面的,更确切地说是如何评价"推动预期"政策问题。回顾过去,日本银行一直饱受外界的批评,批评者主张通过"推动预期"就可以消除通货紧缩、纠正日元升值,特别是在我任行长的最后几个月,这种批评声达到了顶峰。针对记者们的提问,我的回答是,"'推动预期'如果是指'中央银行通过语言随意地支配市场',那么这种市场观或政策观是非常危险的"。我并不是说中央银行发出的信息没有意义,信息固然重要,但同时信息必须以具有实际效果的行动来支撑。因此,就像在金融危机期间,日本银行明确表态保证金融体系稳定是极其重要的,而这是以中央银行作为"最后贷款人"无限提供流动性这一"实弹"为基础的。就像我反复强调的,日本经济面临的问题不是货币政策所能够解决的,在这种状况下,中央银行实施以"推动预期"为目的的货币政策会是非常危险的。

记者招待会后,在日本银行总部大会议室内我与中央银行职员进

---

① 2013 年 3 月 19 日记者招待会纪要,参见日本银行主页。

行了话别。除了向职员表达感谢，还强调"银行业务是中央银行向社会提供的最精准可靠的附加价值"，这是我内心的真实想法。日本银行的大部分职员都承担着这样或那样的银行业务。这些银行业务对于社会上的很多人来说，就像空气一样，但为了空气的正常流通，我们不知付出了多少艰辛努力。在与职员话别的过程中，我想到当外界激烈地批评日本银行时，职员曾深陷迷茫，于是结合自身感受谈论了日本银行最为重视的问题。就其中的中央银行独立性这一核心问题讲了下面的这段话：

>与社会上的一般机构相比，中央银行是以更长远的视角谋求经济稳定，而其中承担保障作用的就是中央银行独立性。作为中央银行来说，一方面要具有实现这一使命的强烈责任感，另一方面，中央银行也不能傲慢，更不能忘掉谦虚，要在二者之间找到一个微妙的平衡。

我担任行长期间推出的货币政策正确与否，还需要更长时间才能做出评价，而且评价标准也会随着时代的变化而变化。但不管怎么说，作为中央银行行长，在履行职责之时，必须有一个行为标准。在过去5年中，作为行长，我一直遵从的就是与职员话别时所讲的理念，全身心地投入工作，直到任期结束。

话别结束后，我回到行长室，匆忙整理了一下办公桌上的若干个人物品，乘电梯下楼走出大门，接过跟随我5年的女秘书送上的鲜花坐进汽车，在众多职员的掌声中，离开了工作了39年的日本银行总部大楼。

# 第三部分

# 中央银行的使命

## 第18章 中央银行的作用

本书第一部分和第二部分以日本经济为中心，分析了国内外宏观经济方面的种种经历、中央银行政策的影响及其所发挥的作用。当然，其中有成功，也有失败，这里想重新思考一下中央银行的作用是什么。如果对这个问题不能达成共识，就不能有价值地讨论中央银行政策成功或失败的问题，也就很难探讨未来理想的货币管理体制机制问题。

### 宏观经济运行的成功与失败

在我的记忆中，宏观经济运行能被当时的舆论评价为成功的例子并不是很多，被誉为"大稳健"的21世纪最初几年的美国经济也许是少数的例外。如果要问日本经济信心"爆棚"是在哪个阶段，无疑都会回答是20世纪80年代后半期的泡沫经济时期，这也许与宏观经济运行"成功"多少还是有一定的差异。在此之前的80年代前半期，日本经济成功克服了第二次石油危机的影响，获得了较高的正面评价。至于货币政策运作，如前面所述，弗里德曼高度评价了这一时期日本银行的货币政策。① 而在那之后就出现了泡沫经济、泡沫经济崩溃和金融危机。就宏观经济表现和国民的自信而言，美国"大稳健"时期与日本的经历如出一辙，详细内容不再赘述。

这里稍微扩展解释一下"宏观经济运行"，它不仅包括货币政策和财政政策，还应该包括针对金融机构的监管监督政策、竞争政策、贸易政策、社会保障政策等所有政府及中央银行实施的整体经济政策运行状况。如果从这个角度来说，迄今为止，在日本最值得怀念的宏观经济运行"成功期"是高速增长时期的20世纪60年代②。60年代中期到70年代初正好是我的高中和大学时代，在我的记忆中似乎对当时经济运行进行正面评价的并不占多数。说起来对GDP增长正面评价的就不多见，每天新闻报道的都是大气污染等社会公害问题。内阁府在经济企划厅时代③就开始进行"国民生活舆论调查"，其中的一项是"对当前生活的满意度"。根据可查的1963年以后的数据，即使在高速增长时期，受访者的满意程度也不是很高。而今天客观地回顾这个时期的经济或社会现状，就像"三种神器"（电视机、洗衣机和电冰箱）普及时所显示的那样，是全体国民明显走向富裕的时期，具体表现为生活水平提高、全民保险启动（1961年）、死亡率下降和高等学校入学率上升等方方面面。问卷调查结果可以直白地反映当时对现状不满的国民意识，但正如当时经常使用的"一亿总中产"④一词所象征的，总体来说这个时期国民满足感在不断提升。正因为如此，至今人们都在怀念高速增长时期。从稍长时期来看，宏观经济运行成功的最重要

---

① 参见第2章中的"极端的乐观预期"一节。
② 关于高速增长时期的日本经济，参考香西泰『高度成長の時代——現代日本経済史ノート』日本評論社、1981年；野口悠紀雄『戦後経済史——私たちはどこで間違えたのか』東洋経済新報社、2015年、第2章。
③ 1955—2001年。——译者注
④ 20世纪70年代日本总人口达到1亿人，大多数日本国民认为自己是中产阶级。——译者注

评价标准是人均收入水平的稳步提高，同时，重要的因素之一是在社会全体的收入及财产分配、追求个人成功机会等方面是否感受到存在某种意义上的"公平"。

那么，宏观经济运行"失败"的时期又是哪个阶段呢？如果仅考虑从我入职日本银行的20世纪70年代初到现在接近50年的日本经济发展历程，浮现在我脑海中的是以下三个阶段。第一个阶段是1973—1974年"恶性通货膨胀"时期。由于这个时期我还没有实际参与货币政策的体验，让我评价当时的经济和货币政策状况，也只能是一些空泛的感想。第二个阶段是20世纪80年代后半期的泡沫经济时期，正如第2章分析的，当时出现了前所未有的经济繁荣，而信贷的急剧膨胀成为其后经济长期停滞的最大要因。第三个阶段是泡沫经济崩溃后的金融危机时期。金融危机是在20世纪90年代后半期开始恶化的，相对于这个时期，就像第3章分析的，我更关注的是尚未形成早期处理不良债权及破产金融机构制度框架的90年代前半期。这是我认为的宏观经济运行最为失败的几个阶段，当然也有人认为90年代后半期之后的通货紧缩才是最大的失败，对于这个问题，我将在第21章"'失去的20年'与'日本的教训'"中详细论述。

把目光转向海外，2004—2007年全球性信贷膨胀及作为其后果的全球金融危机，不管怎么说，都是宏观经济运行最为失败的案例。这个阶段世界范围内出现的状况本质上与日本先行经历的90年代前半期完全相同。

## 何谓货币政策的成功或失败

货币政策是宏观经济政策的重要组成部分，若单独分析货币政策，该如何评价它的成功或失败呢？评价的前提是必须有标准。按照字面上的理解，货币政策目标是物价稳定，自然应该用物价上涨率作为评价标准。1955—1970年期间是日本经济高速增长时期，这一时期消费者物价指数上涨了1.9倍，折合为年率是4.3%。与上一年相比，物价上涨率最高的年份是1963年，达到了7.6%，高速增长期间的近3/4个年份，也就是约11年间，消费者物价上涨率都超过3%。如果按照目前许多国家都将"2%"作为物价上涨率目标来说，这个时期的货币政策应该是失败的。而这个时期同时也是享受高速经济增长的时期，恐怕大多数人接受不了这样的结论。

正如第9章"通货紧缩舆论的高涨"所分析的，目前很多国家采取"2%"物价上涨率目标，是为了避免直面零利率约束，据此防范经济活动的萎缩。换句话说，就是在物价上涨率目标下，能否最终实现GDP增长和扩大就业，也成为评价货币政策成功与否的重要标准。事实上将货币政策作为"失去的20年"的原因之一，依据的就是这个时期过低的GDP增长率。但是从10年、20年或更长的时间跨度来看，现实的经济增长是由潜在增长率所决定的，而左右潜在增长率的主要是劳动年龄人口增加、生产效率提高等实体经济因素。如此看来，当在较长的时间跨度下评价货币政策成功或失败时，使用GDP增长率指标就未必合理。

因此，不能单纯使用物价上涨率评价货币政策的成功或失败，也不能仅仅使用GDP增长率做出评价，常识上的做法应该是二者兼用。实际上，宏观经济学家经常使用的判断标准是产出缺口与通胀缺口的最小化，即现实GDP与潜在GDP的差距以及物价上涨率预期与现实物价上涨率背离程度的最小化。按照这一标准，2004—2007年期间发达国家经济表现非常良好，这也是被冠以"大稳健"的原因。但其后却发生了全球金融危机。若从较长时间跨度评价金融危机前后的经济表现，物价状况和经济景气就显得相当糟糕。"大稳健"引发了后来的"大动荡"，所以不能又单纯评价前一个阶段的表现。

## 弗里德曼关于货币政策作用的视角

那么,货币政策的基本作用是什么?我想讨论货币政策成功或失败的评价标准就是在回答这个问题。关于货币政策的基本作用,我至今仍非常赞同1968年弗里德曼作为全美经济学会会长所做的题为"货币政策作用"的演讲中的一段内容:[①]

> 在货币政策作用问题上,历史给我们上的第一课,也是最重要的一课——还是意义最为深远的一课——就是货币政策能够防止货币本身成为经济波动的一个主要因素。……因此,为了降低金融机构陷入功能衰退的可能性,货币当局重要的职责就是积极地行使权限,促进金融机构改善经营、提高效率。……货币政策的第二个作用就是构筑坚实的经济基础。……生产者、消费者、经营者和就业者确信平均物价水平将来处于一个可预期的范围——但愿是极其稳定的,经济运行体系才是最有效率的。

我任行长期间,经常引用这段内容。[②] 弗里德曼所说的"防止货币本身成为经济波动的一个主要因素"是什么意思?我认为他在演讲时是针对20世纪30年代美国那样的经济状况,强调了中央银行"最后贷款人"职能的重要性。中央银行在面对金融危机时,为防止金融系统崩溃,必须竭尽全力发挥"最后贷款人"职能,这是中央银行的第一个作用,对此我也深有同感。他所说的"货币机制"(monetary machine)一词很难找到对应的日语,这里我稍稍展开分析一下他的主

---

[①] Friedman, Milton (1968), "The Role of Monetary Policy", *American Economic Review*, Vol. 58, No. 1, March 1968, pp. 1–17.

[②] 白川方明＊(2008)(日本銀行金融研究所主催2008年国際コンファレンスでの開会挨拶)2008年5月28日。

张。我认为弗里德曼所说的货币政策的第一个作用应该理解为，避免形成一个从金融体系不稳定演变为金融危机，也就是脱离可持续经济发展轨道的金融环境。从货币政策与经济增长的关系看，虽然货币政策不能有效提高潜在经济增长率，但是如果不能维持一个稳定的金融环境，必然会降低经济增长率。从实现中长期经济增长的角度来说，中央银行不会带来正向的经济增长，但如果货币政策失败的话，一定会导致负向经济增长。从这个意义讲，中央银行在实现经济增长方面负有重要责任。

弗里德曼对货币政策第二个作用的解释也颇有深意。他不仅把维持金融体系稳定纳入货币政策职能，而且优先于物价稳定，后者是现代意义上的货币政策目标。他所强调的物价稳定是这样一种状态，即各个经济主体"确信平均物价水平处在未来可预期的范围——但愿是极其稳定的"。这里强调的物价稳定就像第5章分析的，是一种安心感，即当企业对未来进行设备投资或个人购买住宅及养老储蓄时，在所谋划的中长期时间跨度内，确信物价水平不会出现大的波动。这接近于沃尔克和格林斯潘担任美联储主席时期的物价稳定含义。

我的理解是，货币政策（确切地说是"中央银行政策"）的基本作用就是创造上面所讲的金融环境，那么最重要的评价标准自然就是能否成功营造这种金融环境，所以重点应该放在"环境建设"方面。

## 新凯恩斯主义关于货币政策作用的视角

与此相对，20世纪90年代以来成为主流宏观经济学派的新凯恩斯主义提出了完全不同于弗里德曼货币政策作用的视角。弗里德曼分析货币政策作用时，假设条件是一个存在物价弹性的世界。虽说物价具有弹性，不过物价调整并不是瞬间完成的，所以是调整完成后的世界，也就是经济学家所说的"长期"。与之相对，新凯恩斯主义是在价格粘性的世界分析货币政策的作用。所谓价格粘性的世界，是指由于价格变动要伴随各种成本，价格一旦确定，就不会轻易改变的世界。当然，说是粘性，当客观形势发生变化时，物价最后也会得到调整，所以这里讨论的环境可以说是一个"短期"的世界。在价格粘性条件下，如果一般物价变化率（通货膨胀率）偏离零，则各企业产品之间的相对价格变化将依赖于最近一次价格调整的时间，企业产品之间的价格扭曲程度将依时间的长短而发生变化。因此，即使是在拥有相同技术能力的企业之间，也会出现需求增加带来开工率上升，或者需求下降引发开工率不足并存的现象。结果，资本设备和劳动要素就会偏离最佳的配置状态。这里省去详细的说明，此时社会经济福利水平可以近似于通胀缺口与 GDP 缺口的平方和。① 两者之和最小化，经济便达到最佳状态，因此货币政策的作用就是极力抑制景气波动，使现实物价上涨率接近物价上涨率目标。借用经济学家的话说，这就是"最优化策略"，为实现这一目标而进行的政策微调可以被称为"微调策略"（finetuning）。

## "最优化策略"和"最小最大策略"

如果能够实现"最优化策略"或者"微调策略"，是最为理想的。但正如"大稳健"时期所显示的，现实中极难操作。原因之一是我们对于未来景气或物价方面的知识了解得还远远不够。尽管如此，如果过分拘泥于微调，结果可能引发巨大的经济波动。另一个理由是，景气或物价波动变小本身是件好事，但从过去的经历看，只要经济运行状况开始好转，就会产生过度的乐观情绪，从而降低风险感知能力，

---

① 木村武・藤原一平・黒住卓司＊（2005）「社会の経済厚生と貨幣政策の目的」日銀レビュー、No. 2005 - J - 9、2005 年 5 月。

第 18 章 中央银行的作用

有可能带来更大的经济波动风险。鉴于这种倾向，货币政策不应该以"最优化策略"为目标，而应该着眼于建立稳定的金融环境。后者的货币政策的运作理念就是降低最坏事态发生的概率，用博弈论的语言来说就是"最小最大策略"（minmax strategy）[①]。

从长期来看，"最优化策略"和"最小最大策略"，哪个更好一些呢？货币政策运作中应该重视哪个策略，在很大程度上取决于时间视野上的差异。如果在价格具有粘性的短期世界中，应该重视"最优化策略"，但是"短期"的持续就变成了"长期"。假如从长期看："最优化策略"带来了有损经济可持续增长的金融环境，则社会福利就不能近似于前面讲过的物价和景气短期波动的平方和。在任意时点上经济都可能出现非线性波动。考虑到这种状况，为了不招致泡沫经济崩溃或金融危机那样的最坏结果，应该重视"最小最大策略"。

对于这个问题的争论，从很早以前就存在了，一直持续到现在，虽有一些形式上的变化，但一直没能达成共识。我想将来也不一定能形成一致的观点。其理由是，考虑到现实的经济和社会状况，两种说法都提供了重要视角，不能单纯地进行二选一。重视哪个策略，取决于价值观念上是追求短期稳定，还是长期稳定。回顾过去经济学家对于这一问题的探讨过程，也出现了很大的变化。第二次世界大战之后凯恩斯主义经济学逐渐渗透的过程中，曾短时期内指向相机抉择的宏观经济政策。20世纪60年代末期出于反思凯恩斯主义经济政策带来的滞胀，学术界的观点开始呈现一些变化，对相机抉择宏观经济政策的支持度逐渐降低。我在芝加哥大学留学的20世纪70年代中期，正好是改写此前理论的时期。80年代末出现的支持通货膨胀目标制以及中央银行独立性的学术思想，最初也强调"规则"而非"相机抉择"。

---

[①] 也称最小最大化策略，信息不对称条件下基于悲观准则做出的判断，每个人所选择的是使自己能够获得的最小福利最大化的策略。——译者注

然而，这一背景下的货币政策，逐渐转变为旨在实现上述两个缺口或者波动最小化的政策，结果强化了政策上的"自由裁量"色彩。2007年全球金融危机爆发后，围绕货币政策运作的这种争论再次兴起，至今依旧没有结论。

由于"最优化策略"和"最小最大策略"的视角都非常重要，我们应该考虑的不是判定哪一方更适合，而是应该不时停下脚步，习惯性地思考一下货币政策运作是否过于偏向了某一方。在我看来，20世纪90年代以后货币政策运作理念过于偏向了"最优化策略"。我认为制定货币政策时，最重要的是明确考虑两种状况之后再做出决策。2006年日本银行解除量化宽松货币政策时，所采用的"第一支柱"和"第二支柱"就是这一思想的产物（见第5章"零利率政策与量化宽松政策"）。

## 货币政策当局的重大作用

在第6章"'大稳健'幻象"中，介绍了应对泡沫经济的两种方式，即 BIS 观点（事前应对）和美联储观点（事后补救）。采取哪种方式，取决于债务而非资产价格。泡沫经济崩溃后引起资产价格下跌的是泡沫经济时期形成的过剩债务。在讨论支持 BIS 观点还是美联储观点时，需要注意的要点之一，就是评价货币政策的运作是否与过剩债务的形成存在关系。更确切地说，是民间经济主体推测时所指的货币政策运作方式或者机制。"中央银行就是基于这种理念运作货币政策的吧！"[①] 当然，现实中的中央银行并不会完全公开货币政策的运作机

---

① Shirakawa, Masaaki（2015），"Excessive Debt and the Monetary Policy Regime", Remarks at 13th BIS Annual Conference, June 27, 2014, BIS Papers, No.80, January 2015.

制,当然也不会在内部秘密地决定。不过民间经济主体会根据现实中中央银行的行动,推测中央银行的货币政策运作方式。

我之所以认为货币政策与泡沫经济的关系非常重要,是由于20世纪90年代以后出现了三种不断强化的倾向或者特征。一是中央银行在制定货币政策时重视物价上涨率。在这种情况下,即使经济状况良好,只要物价上涨率保持低位,形成的预期就是持续实施低利率政策。二是中央银行不喜欢金融资产价格波动过大。同时,由于资产价格过小波动容易淡化经济主体的风险意识,中央银行也并不偏好,准确地说就是高低都不喜欢,而在实际运作货币政策中,中央银行更倾向于防范高波动性。三是当资产价格下降时,为了阻止价格下跌实施宽松货币政策。就像"格林斯潘看跌期权"(Greenspan Put)那样,可以说是中央银行提供的看跌期权。①

以上3种倾向或特征仅仅是简单观察的结果,并不意味所有中央银行在任何时候都采取这样的行动。但如果这些倾向或特征不断加强的话,民间经济主体就会安心地增加债务,即使利率有所提高,它对债务或资产价格的影响也是相当有限的。左右经济大趋势的并不是利率的边际变化,而是对未来利率走势的预期,即货币政策的运作。且不说民间推测货币政策运作的结果正确与否,只要人们笃信它,中央银行就很难采取与之相悖的行动,这是由于货币政策运作的重大改变会对金融市场产生严重影响。这个观念已经深深融入民间经济主体的行为当中。

## 货币政策运作机制的转型

由于货币政策运作机制的重大变化会引起经济的巨大混乱,通常

---

① 美联储从格林斯潘时代开始,当金融市场发生重大危机时,就会以下调联邦基金利率等货币宽松方式来救市,从而导致投资者风险偏好不断上升。——译者注

情况下中央银行都会极力避免这种行为，但也并非完全没有。过去50年间，货币政策运作中出现的最重大变化就是1979年10月的"沃尔克冲击"，即美联储主席保罗·沃尔克为抑制通货膨胀而采取的极端紧缩货币政策（见第4章"修订《日本银行法》"）。在此之前，阿瑟·伯恩斯（Arthur Burns）主席曾做过一个著名讲演，题目是"中央银行的苦恼"，从以下方面论述了中央银行实施紧缩性货币政策的难度，很有深意：①

> 如果美国或其他工业国家想在与通货膨胀战斗中有所突破的话，那么首先必须彻底打消通货膨胀心理……而这仅靠政府当局的局部调整政策是很难实现的。因此，考虑到目前强势且普遍的通货膨胀预期，要扭转这种心理，就必须采取休克疗法，这是不管情愿与否都要接受的事实。

伯恩斯就货币政策运作机制转型的艰巨性道出了自己的苦恼。他所关注的是当时出现在美国社会的根深蒂固的通货膨胀心理。要抑制通货膨胀，必须采取强有力的紧缩货币政策，但这会遭到企业、工会和政治家的反对。他在做讲演时，大概不会想到后来的美联储主席沃尔克大胆实施了此项政策，就是被称为"沃尔克冲击"的紧缩"疗法"。当然，沃尔克的紧缩货币政策是带来了相当长时期的高失业率，但通过抑制通货膨胀，为之后美国经济发展奠定了坚实基础，这是目前经济学家以及经济评论家的一致评价。

沃尔克冲击的经验表明，不考虑货币政策的运作机制，就无法讨论货币政策抑制通货膨胀的效果。同样，在分析引发泡沫经济膨胀的

---

① Burns, Arthur F. (1979), "The Anguish of Central Banking", The 1979 Per Yacobsson Lecture, September 30, 1979. (http://www.perjacobsson.org/lectures/1979.pdf.)

过剩债务问题时，货币政策运作机制也是绕不过的话题。

## 中央银行承担的基本业务

本章已经分析，中央银行的基本作用就是为经济发展提供必要的稳定金融环境。一般而言，中央银行的目标是实现物价稳定和金融体系稳定，这个目标是通过中央银行业务实现的。各国中央银行都有不同的发展历程，现在所开展的业务也不尽相同，而所有中央银行都开展的核心业务包括以下3个方面。

第一，提供银行券和活期存款这些安全可靠的货币，运行支付清算系统，这也定义了何谓中央银行。前面已经讲过，中央银行最重要的职能是提供稳定的金融环境这一"基础设施"，而支付清算系统就是构成这个基础设施的核心硬件。

第二，直面金融危机时，作为"最后贷款人"提供流动性，坚决防止系统性金融风险暴露而导致的金融系统崩溃。

第三，防止经济脱离可持续增长轨道，即为了预防失衡而调控利率水平，这就是通常意义上的货币政策。过去一说到"失衡"，更多的是指通货膨胀，虽然现在通货膨胀也是失衡的具体形式之一，而回顾过去30年左右的全球经济发展历程，也如我反复强调的，失衡越来越多的表现为"金融失衡"。金融失衡或许是泡沫经济，或许是不可持续的财政状况，甚至是不可持续的跨境资本流动。这些失衡仅靠中央银行的政策是难以纠正的，调控利率只是重要的手段之一。

人们常说中央银行是稳定物价的锚，这是针对第二和第三个业务而讲的。中央银行作为"最后贷款人"采取果断行动，不仅可以防止金融体系崩溃，一旦成功，还可以避免物价大幅下跌事态发生。另一方面，当不管什么原因导致恶性通货膨胀之时，不管货币紧缩多么不受欢迎，只有紧缩政策才能抑制物价上涨。如果能够做好这两件事情，就可以实现弗里德曼所说的"将来平均物价水平在可预期的范围内波动"。也就是说,中央银行可以真正发挥稳定物价的锚定效应。而且只有这样,才是中央银行作为物价稳定的"锚"的真正含义。与此相对,也有观点认为可以让预期物价上涨率朝着自己设定的物价上涨率目标收敛,从这个角度也把中央银行视为物价稳定的"锚",而我对中央银行是否具备这样的能力持怀疑态度。但是我又认为,中央银行可以成为经济发展所必需的物价稳定的"锚",而且必须充分发挥这个作用。

# 第19章　非传统货币政策

围绕货币政策运作的尖锐意见对立不仅仅出现在我任行长期间，而是贯穿于我在中央银行的整个职业生涯中。排在第一位的是，针对理论以及以理论为基础的政策效果评价的意见分歧。为什么会产生理论上的意见分歧，理论在制定货币政策中发挥着怎样的作用，这是实施非传统货币政策时需要深入思考的问题。在制定货币政策过程中有许多值得研究的问题，特别是在民主社会中中央银行应该发挥怎样的作用是一个非常重要的课题，对这个问题的研究还远远不够。

## 为什么会出现意见对立

关于经济政策的意见对立，古而有之，却从来没有出现过像日本过去20年间围绕通货紧缩及非传统货币政策那样激烈的意见冲突。第5章曾介绍过小宫隆太郎教授的著作《货币政策讨论的焦点》，小宫教授在书中阐述了他所观察到的关于货币政策乃至经济政策意见对立的源泉。他列举的源泉主要包括，"一是经济哲学的差异，二是理论、模型或语言的表现差异，三是对相关经济变量的数量、规模以及政策效果大小的认识差异，四是对制约经济政策的法律、制度（包括国际层面的法律和制度）框架的理解差异，五是经济现状的认知、政策目标的优先顺序和视野宽窄的差异"。在此基础上他还提出，"理论在整体中的比重大概占四分之一或三分之一，如果不能从整体上做出一个均衡的综合判断，不要说作为经济政策的实际决策者，就连谈论经济政策的资格都没有"。[①]

我年轻时曾经认为，如果掌握了正确的经济理论，自然就应该知道什么是正确的货币政策。重要的是经济理论，只要理解了经济理论，自然就可以实施正确的货币政策。基于这种认识，如果没能实施正确的货币政策，要么是由于缺乏对经济学的准确理解，要么是包括日本银行在内的政策当局对外界解释政策不够充分，要么是日本银行缺乏执行政策的勇气，三者必有其一。但随着在日本银行工作经验的积累，我的想法开始发生变化。我是在2002年接触到小宫教授的上述观点的，当时我作为负责货币政策的理事，面对国会、媒体和学者解释货币政策的机会增多，此外，参加国际会议的次数也有所增加，在此过程中，我越来越认同小宫教授的说法，在很多方面都产生了共鸣。第一部分和第二部分各章已经提及了我进入日本银行以来的各种事件以及争论，我认为意见对立的根源在很大程度上可以归结为小宫教授所说的以下5个方面。

第一，经济哲学的差异。在泡沫经济崩溃后不良债权增加和金融危机肆虐之际，以道德风险为由反对投入财政资金的观点占据上风。货币政策以及金融监管监督政策能够在多大程度上避免泡沫生成和金融危机爆发，主要取决于如何判断整个社会容忍最坏事态发生以及重视道德风险的程度。

第二，理论的差异。经济失衡是通过通货膨胀形式表现出来的，

---

[①] 小宫隆太郎・日本経済研究センター編（2002）『貨幣政策論議の争点——日銀批判とその反論』日本経済新聞社、2002年、237~238頁。

货币政策就是控制通货膨胀率，这是日本泡沫经济时期占支配地位的理论。围绕货币政策的讨论主要集中在货币供应和物价水平上，对金融机构行为以及信贷走势一概缺乏关注。全球金融危机之前其他发达国家的情况也都如此。

第三，对相关经济变量含义的认识存在差异。经济理论模型使用的是概念，而具体制定货币政策时依据的多是数据。现实的数据并不一定与概念完全一致。在近年来的货币政策问题讨论中，最能反映这一现象的就是物价指数。从概念上讲，物价指数是在质量调整基础上，连续记录同种商品或服务价格变动的统计数据，而现实中，无论是篮子商品的更替，还是品质的调整，都不是一件容易的工作。物价统计只不过是一个简单例子，由于不同观点持有者对于各种统计数据的准确性和可信度存在认识上的差异，也会产生政策主张上的分歧。

第四，对制约经济政策的法律、制度框架的理解差异。关于日本银行购买外债诱导日元贬值的意见对立，既源于对现有《日本银行法》的解释问题，同时也反映了对当前国际货币制度的认识差异。围绕"联合声明"的意见对立，更多的是反映了对财政政策和货币政策决策规则以及一国治理机制的理解差异。

第五，现状认知的差异。全球金融危机之前的经济政策讨论，压倒性地集中在经济增长率、物价、经常收支失衡问题上。虽然也研究过住宅价格高涨问题，但并没有深入研究杠杆率、货币期限错配扩大和影子银行膨胀等现实问题。要认识现状，需要有观察现实的镜头，而应该使用什么样的镜头也是有差异的。在讨论非传统货币政策时的一个重要焦点是，中央银行大量购买国债是否会带来"财政支配"问题，这实际不是一个理论上能够回答的问题，而是与社会变化趋势密切相关的问题。

关于货币政策意见对立的原因，上文有意识地区分了理论与理论以外的因素，实际上这也取决于如何理解"理论"。理论是在分析复杂现实变化过程中，通过聚焦本质，舍去其他非本质因素而形成的。如果考虑所有的因素，就会变得过于复杂而无法得出有价值的结论。但有时被舍去的因素可能也非常重要。之所以存在不同的理论，往往在于人们对什么是最本质问题的判断上存在差异。因此，在进行政策决策时，除了细致观察现实经济状况，选择什么样的理论也是非常重要的。

基于这种认识，下面将详细分析围绕非传统货币政策出现的意见对立。

## 传统货币政策与非传统货币政策

"传统"货币政策与"非传统"货币政策其实并不是截然分开的，而本书是将短期利率降至事实上的零利率之后，以经济增长和物价稳定为目标实施的货币政策措施统称为"非传统货币政策"[1]。"量化宽松货币政策"基本上与"非传统货币政策"的含义相同。

这里在零利率前使用了限定词"事实上"，是由于短期利率下限不一定就是字面上的零。如果存款利率变为负值的话，也就是对储户存款征收手续费，储户就会提取存款。若负利率幅度很小的话，由于保有现金还存在被盗风险，也许不会出现大量提取存款的现象，在这种状况下，存款利率下限不只是字面上的零，还可能是一定的负值。但是，如果负利率幅度进一步增大，就会出现大量存款解约或提现现象，所以短期利率不能低于这个水平。这种临界状态的利率水平就被称为"事实上的零利率"。

短期利率达到事实上的零利率之后，要想发挥宽松货币政策效应，

---

[1] 也称为非常规货币政策。——译者注

能够采取的方式就只有全面降低长期利率水平了。关于宽松货币政策效果的传导机制，已经在第 12 章"全面宽松货币政策"中讲过，这里简单概括一下。长期国债利率，即无风险长期利率水平，是在预期短期利率的平均水平之上附加了伴随不确定性的风险溢价。公司债等民间债券的长期利率水平是在同期国债利率水平基础上附加与信用风险相关的溢价。非传统货币政策中的前瞻性指引，就是旨在通过降低未来预期短期利率，或者通过降低利率预期的不确定性，达到降低长期利率的目的。另外，大规模购入金融资产是通过影响金融市场上的供求均衡，作用于期限溢价或信用溢价，目的也是降低长期利率水平。长期利率低下会通过降低未来收益的贴现值促使股价上扬。当其他条件不变时，长期利率低下还可以通过缩小国内外利率差实现本国货币贬值。

现在"非传统货币政策"一词，并不是专指通常意义上的旨在稳定宏观经济的货币政策，更多是指以确保金融体系稳定为目的的政策措施。雷曼兄弟破产后美联储立即实施的大量购买商业票据和抵押担保证券就属于后者。在发达国家的中央银行中，日本银行更早之前就采取过各种特例措施，如购买了资产支持商业票据、资产担保证券以及金融机构持有的股票。而雷曼兄弟破产之后，日本银行采取了与美联储一样的做法，购买商业票据和公司债券。这些措施本质上都是中央银行为了防止金融体系崩溃，或者说恢复金融市场功能而发挥的"最后贷款人"职能，因此，我不认同将这些措施称为"非传统"政策。这是由于虽然具体形式上存在差异，但作为中央银行货币政策，还是发挥着"传统"的作用，只是不同于通常意义上以经济增长和物价稳定为目的的"货币政策"。从这个意义上来说，如果将这些政策称为"非传统的货币政策"，存在双重含义上的误导。尽管如此，鉴于现实中一般都是将这些称为"非传统货币政策"，本书也就沿用了这种提法。

## 非传统货币政策的日本实践

在讨论非传统货币政策的效果或者边界时，日本的经验或教训是非常宝贵的，理由包括以下三个方面。

第一，日本先于其他发达国家经历了泡沫经济，结果也使日本成为非传统货币政策的先行者，并且已经积累了20多年的实践经验。

第二，日本几乎采取了所有非传统货币政策手段，世界上不存在第二个这样的国家。日本银行所采取的主要政策措施，包括零利率、购买长期国债扩大中央银行资产负债表、追求时间轴效应的政策（前瞻性指引）、购买各种民间风险资产，诸如金融机构持有的国债、资产支持商业票据、资产担保证券、公司债券、交易型开放式指数基金、不动产投资信托等。另外，在我卸任行长之后，日本银行还实施了负利率政策和收益率曲线控制政策（yield curve control）[①]。可以说，日本是非传统货币政策的"实验室"。至今日本还没有尝试的主要货币政策措施只有无限制地干预外汇市场，以及公开宣称财政政策和货币政策的协调分工。前者是瑞士中央银行曾采取过的措施（见第14章"'六重苦'与'货币战争'"），后者在发达国家中尚无先例。

第三，通过日本的经历，可以观察非传统货币政策舆论的演变历程，这也是前两个方面的结果。现介绍其中的一个例子，就是长期担任《金融时报》首席评论员、以猛烈抨击日本银行货币政策而知名的马丁·沃尔夫（Martin Wolf）发表的文章。2001年11月14日，《金融时报》刊登了他的长文，题目是《悬崖边上的日本》（Japan on the Brink）。文中沃尔夫主张通过大规模增加货币供应来制造通货膨胀，

---

[①] 2016年9月21日日本银行宣布实施，全称为"控制收益率曲线的QQE政策"，即在-0.1%隔夜政策目标利率基础上，通过灵活购买不同期限的日本国债，将10年期国债收益率基本维持在零水平附近。——译者注

以此引导实际利率下降、推动日元实际汇率贬值,并指出,"如果传统政策无效的话,正确的应对并不是什么都不做,而是采取非传统的政策",主张有必要实施"能带来成功的货币扩张"。这篇文章发表 16 年后的 2017 年 12 月 13 日,沃尔夫又在《金融时报》上发表了文章,题为《有关日本的主流观点是错误的》(Conventional Wisdom on Japan is Wrong)。这里所说的"主流观点"就是指基于主流宏观经济学理论提出的货币政策建言。在这篇文章中,他谈到了尽管日本银行在货币政策方面付出了所有努力,但通货膨胀率只上升 0.2% 的事实,并指出,"虽说日本企图提升通货膨胀率的尝试都失败了,但实际情况看起来没那么糟糕"。在此基础上他给出的政策建议是,"如果将日本的人口动态和低失业率作为给定条件的话,提高女性和老年人的劳动参与率是非常重要的,而更为关键的是提高生产效率"。回想起过去近 20 年《金融时报》上刊载的关于日本经济和日本银行货币政策的众多报道中形成的"主流观点",使我禁不住慨叹,当初文章主张的"能带来成功的货币扩张"到底是什么呢?

另一个可以揭示日本银行货币政策舆论转变的事例,是纽约大学教授、日本银行经济研究所顾问马克·格特勒(Mark Gertler)在 2017 年日本银行举办的国际会议上发表的基调演讲。[①] 正如第 9 章 "通货紧缩舆论的高涨"中所提及的,主流宏观经济学理论中已成定论的观点是,中央银行公开发布的物价上涨率目标成为公众预期物价上涨率的锚点,据此就能实现预期的物价上涨率。格特勒自己概括的演讲重点如下:

---

① Gertler, Mark * (2017), "Rethinking the Power of Forward Guidance: Lessons from Japan", Keynote Speech, June 2017.(「フォワード・ガイダンスの有効性の再検討——日本からの教訓」日本銀行金融研究所ディスカッションペーパーシリーズ、No. 2017-J-13(『金融研究』第 36 巻第 4 号にも収録)、2017 年 10 月。)

2013年春，日本银行积极启动了包括通货膨胀目标制和前瞻性指引在内的最前沿货币政策。与现有宏观经济理论的预期相反，这些政策在刺激经济方面的效果极其有限。我们认为，日本的实践与现有理论之间的脱节，说明这是与前瞻性指引之谜[①]相同的问题。

格特勒在演讲开头说的话更加直率：

尽管有众多难题，居首位的无疑是日本持续的低通胀与实体经济疲软之间的关系。已经不可能再将货币政策的失败视为经济停滞的主要原因。

## 研究对象的偏颇

近年来，主流经济学论调也出现了一些变化。海外学者和政策决策者鲜有运用严密的实证分析研究日本的非传统货币政策实践，上面说到的格特勒的研究算是个例外。遗憾的是，关于非传统货币政策的研究，都是基于欧美国家，特别是以美国的实践作为研究对象[②]。除了日本的经历，如果将发达国家实施非传统货币政策对新兴市场国家的影响问题也都纳入实证研究对象的话，会进一步提高非传统货币政策的普适性，可以为将来政策决策者提供更加全面的判

---

① 模型估计的政策效果，高于实际上的效果。——译者注
② 尽管日本银行大胆实施了购买金融机构所持股票的极端措施，但在肯尼斯·罗格夫研究中央银行购买股票问题的著作中，只提到了中国香港的案例。Rogoff, Kenneth S. (2016), *The Curse of Cash*, Princeton University Press, 2016.（『現金の呪い——紙幣をいつ廃止するか？』村井章子訳、日経BP社、2017年。）

断依据。①

那么，为什么日本非传统货币政策实践很少能成为实证研究的对象呢？

第一个理由是全面介绍日本具体政策措施的英文文献很少，这是个很现实的问题。第二个理由很少有人意识到，就是在金融危机期间日本银行所采取的政策，大多是以维持金融体系稳定为目的而实施的。新《日本银行法》区分了货币政策和其他金融相关政策，前者由货币政策委员会决策会议决定，后者则由"通常委员会会议"负责。因此，旨在维持金融体系稳定的政策虽然很重要，但由于是"通常委员会会议"来决策，没有归为"货币政策"范畴，自然也就无法进入非传统货币政策的研究领域。与此相对应的是，美国在雷曼兄弟破产之后采取的"第一次量化宽松"（QE1）是由公开市场委员会决定的，因此被归为货币政策。② QE1 是防止金融体系崩溃的措施，本质上是中央银行发挥"最后贷款人"职能的政策。如果将 QE1 定义为货币政策的话，日本银行在 20 世纪 90 年代中期以来采取的许多维持金融体系稳定的政策，都可以说是日本版的 QE1。

第三个理由，由于美国放任雷曼兄弟破产，带来全球金融体系的剧烈动荡，世界经济几乎陷入崩溃边缘。结果却是，美国之后所采取的危机对策都产生了效果，一系列的措施也被评价为"成功"。与此相对应的是，由于日本对山一证券采取了"特融"这一极其大胆的行动，没有像雷曼兄弟破产那样引发全球大范围的金融危机。也正因为如此，日本银行采取的措施并不引人关注，反而是美联储采取的措施更加吸引眼球，并成为诸多学者研究的对象。日本银行所采取的措施

---

① 例如，Subbarao（2016）研究了印度储备银行的货币政策。Subbarao, Duvvuri (2016), *Who Moved My Interest Rate?: Leading the Reserve Bank Through Five Turbulent Years*, Penguin Viking, 2016.

② 严格地说，这是应该由美联储理事会决定的事项。

与伯南克治下美联储的措施一样，都是具有"创新性"的，遗憾的是，至今对这个问题也没有形成共识。且不说在复杂政治困局中竭力寻求危机对策的时任日本银行行长松下康雄，一想起那些在信贷机构局、稽核局和营业局等机构工作的职员的辛苦付出，我就不能不提到这个问题。

第四个理由，当时欧美主流经济学界的观点妨碍了正确评价全球金融危机之前日本银行所采取的政策。尽管金融危机后欧美各国都迅速采取了积极的宽松货币政策，经济复苏却没有取得明显进展，因此，学术界秉持的对非传统货币政策的乐观情绪也在降低。如果在同一时间维度下研究日本与欧美诸国的实践，恐怕会得出截然不同的结论。

## 关于非传统货币政策的评价

关于日本非传统货币政策的有效性，本书很多章节都有涉及，而这里是在考察本章开头提出的意见对立根源的基础上，以包括日本在内发达国家的非传统货币政策为研究对象，对非传统货币政策的有效性进行全面的概括。[①]

(1) 预防金融体系动荡的效果

在金融危机的"急性期"，各国中央银行采取的量化宽松以及美联储与主要国家签订的美元互换协议等多项措施，在防范金融体系崩溃、恢复信用中介和做市商职能方面发挥了极其重要的作用。这些措施属于中央银行传统的"最后贷款人"职能，只是根据当时的经济金

---

① 美国的例子参考 Warsh, Kevin (2018), "The Knowledge Problem", Remarks at the Conference on Lessons Learned from 10 Years of Quantitative Easing, American Enterprise Institute, June 7 2018. https：//www.aei.org/wp-content/uploads/2018/06/QE-AEI-Warsh-20180607.pdf.

融环境进行了一些重要调整而已。历史已经证实"最后贷款人"职能的有效性，只是它并不是一般意义上的货币政策。不管怎么说，包括美联储、欧洲央行及日本银行在内的各国中央银行，尽最大努力防止了金融体系的崩溃或动荡，避免了20世纪30年代大萧条的重演，这一点值得充分的肯定。

### (2) 对金融资产价格的影响

非传统货币政策对金融资产价格的影响程度，因金融市场和政策手段的差异而不同。在非传统货币政策中，前瞻性指引和购买资产都是具有代表性的政策手段。在日本银行实施量化宽松政策时，我认为对金融资产价格影响相对较大的是前瞻性指引。而在全球金融危机之后，我的观点出现了一些变化，转而认为如果拥有购买字面意义上"巨额"资产的意愿及能力，就会对资产价格产生一定的影响。我认识到，只要市场参与者相信中央银行具备这样的意愿或能力，即使实际上并不付诸实施，仅仅表明购买意愿，就可以影响金融资产价格走势。瑞士法郎持续4年钉住欧元也许就是这样一个实例。

但就在瑞士的案例中，中央银行最终也不得不放弃钉住汇率，是个非常沉重的话题。这说明，不管有无意愿，是否具备购买资产的能力，才更为重要。在经济金融形势显著变化的背景下，现实中的中央银行是否具备持续无限制购买资产的能力，我是心存疑虑的。购买资产能力的大小依赖于所购金融资产的种类，比如该金融资产的潜在存货规模就是重要的因素之一。此外，在可能发生重大资产损失的预期下，中央银行的持续购买行为是否具有政治上的合法性，也是决定购买能力的一个重要因素。

### (3) 对实体经济的影响

即使非传统货币政策会对金融资产价格产生一定的影响，它对实体经济又会产生怎样的影响却是另外一回事。分析非传统货币政策对实体经济的影响，通常是先估算长期利率的下降幅度，然后再乘以正常状况下长期利率下降对实体经济的影响系数进行测算。但由于泡沫经济崩溃后正常状况下的货币政策传导机制失灵，可以说这种方法并不适用。

实际上，非传统货币政策对实体经济的影响是相当有限的，至少还没有值得大肆宣扬的效果。最能说明这个问题的事实是，很多国家在全球金融危机后实施非传统货币政策长达10年之久，甚至至今仍在持续。我所说的效果有限的判断是基于以下的统计数据。其一是泡沫经济崩溃后10年期间实际GDP的国际比较（见图19-1）。日本的景气波峰出现在1991年，而美国出现在2007年。日本并没有在泡沫经济崩溃后立即采取非传统货币政策，而美国是在全球金融危机后立即实施了此项政策。从日美GDP的变化轨迹看，并没有发现通常所想象的巨大差异。当然，在可以比较的长达10年期间，还存在着许多货币政策以外的重要因素，仅仅讨论货币政策与GDP的关系也并不妥当。若与其他主要国家（地区）进行对比，日本的经济表现要好于欧元区，与英国的表现也不相上下。

其二是2007年景气波峰之后实际GDP的国际比较（见图19-2）。美国实际GDP增长率要高于其他发达国家，很多人认为其中的一个重要原因是美国更早实施了更大胆的非传统货币政策。美国GDP增长率的确很高，不过，从调整人口动态差异后的人均实际GDP来看，日美两国之间实际上并没有明显的差异（见图19-3）。

在这里还必须要留意的一个观点是，仅用GDP走势，能否评价非传统货币政策效果。泡沫经济崩溃和金融危机后的低速经济增长主要归因于各种"过剩"的调整，如泡沫经济时期积累的债务、就业和设备等。一旦出现了过剩，就要抑制支出、减少就业，除此之外，别无他法。化解过剩是经济重新回归可持续增长的必要条件。但是，如果

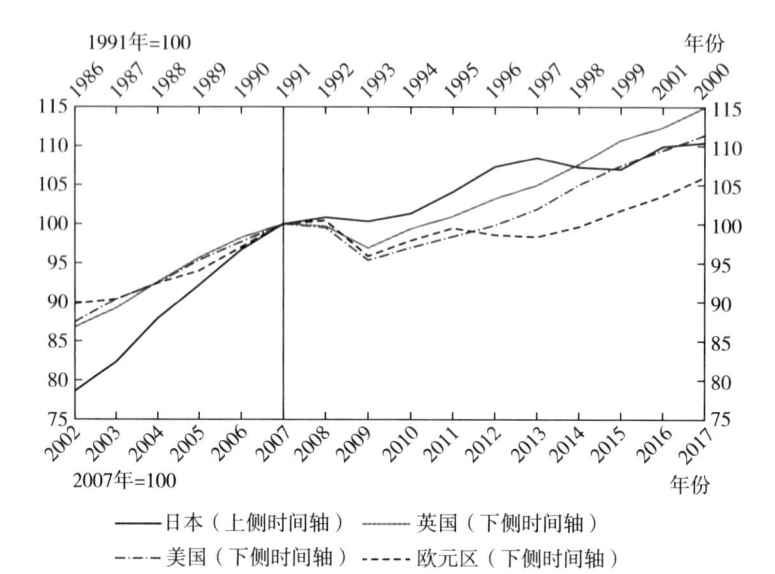

图 19-1 泡沫崩溃后实际 GDP 的国际比较
资料来源：OECD。

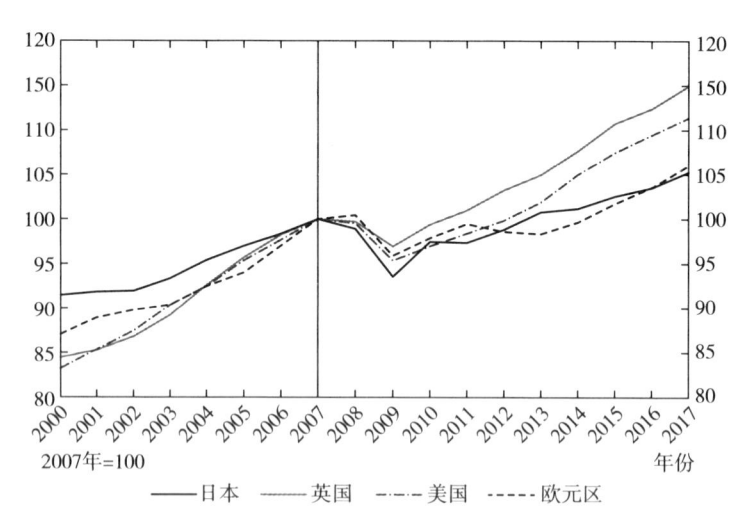

图 19-2 2007 年以后实际 GDP 的国际比较
资料来源：OECD。

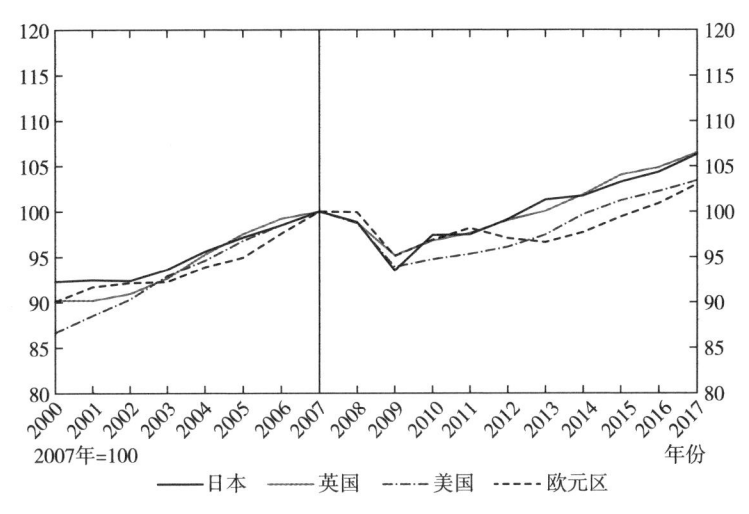

图 19-3 2007 年以后人均实际 GDP 的国际比较
资料来源：OECD。

调整速度过于迅速的话，就会带来巨大的痛苦，这是经济和社会都难以承受的。如大规模的失业增加会带来工人固有技能的消失，降低劳动生产率。另外，失业的增加还会带来社会动荡，不仅如此，社会动荡还会引起政局变动，导致经济进一步恶化。从这个意义上讲，即使在长期内非传统货币政策不会产生太大效果，如果能在短期内具有创造某种需求效果的话，实施这项政策也是有价值的。

### (4) 非传统货币政策的最终净效果

以上三点主要是评价了非传统货币政策的效果，而没有涉及政策成本问题。实际上，政策成本或副作用是伴随时间推移而不断显现的，特别是要评价对金融体系或供给侧方面的影响，往往需要更长的时间。此外，终止非传统货币政策，即"退出"时的影响也是成本之一。即使人为操作金融资产价格对实体经济产生了正面效果，也可以想象到"退出"时产生相反的效果、呈现负面影响。因此，为了评价非传统

第 19 章 非传统货币政策　　513

货币政策的最终净效果，要在终止非传统货币政策之后，也就是"退出"之后，再等待一定的时间。

在以上4个方面的评价中，对于第一和第二个效果，我想现在基本上达成了共识，问题在于第三和第四个效果。在金融体系保持稳定的"平常时期"，非传统货币政策对实体经济会产生多大的刺激效果？这个问题很难回答，原因在于不可能知道如果不采取非传统货币政策，经济会出现怎样的状况。[1] 在我的意识中，非传统货币政策在稳定金融体系方面具有较大效果，不过对实体经济的影响相当有限，我想这个评价还是比较妥当的。

## 影响非传统货币政策有效性的因素

在此简单谈谈货币政策"效果"（或者"有效性"）的定义。这里所说的效果是指货币政策对实体经济和物价产生的净效果。当货币政策对实体经济和物价形成了所期待的作用，即使在当时的时点上效果非常显著，而前面所讲过的成本或副作用随着时间的推移会逐渐显现，最终的净效果也会变小。在评价非传统货币政策有效性时，我们都容易陷入"有效果""没效果"二者择一的思维定式，但随着非传统货币政策实践经验的积累，比起讨论政策有效与否，我认为探讨影响货币政策有效性的因素更具有价值。基于对包括日本在内发达国家的非传统货币政策实践的观察，下面将分析影响货币政策有效性的3个因素。

---

[1] 效果评价需要相当长的时间。Rogoff（2016）提到，"从过去的争论来看，关于实证结果的讨论也许需要几十年时间才能画上句号"。Rogoff, Kenneth S. (2016), *The Curse of Cash*, Princeton University Press, 2016.（『現金の呪い——紙幣をいつ廃止するか?』村井章子訳、日経BP社、2017年。）

（1）外部冲击的性质和持续时间的长短

不管是传统货币政策，还是非传统货币政策，当某种冲击致使经济脱离趋势性增长轨道，景气开始下降时，宽松货币政策生效的根本机制是营造更宽松的金融环境来创造需求。在这点上，传统货币政策和非传统货币政策的预期传导机制都是相同的。

创造需求的一个路径是通过降低利率水平或者财富效应带来消费的前置。当金融环境改善时，那些原本计划在未来某个时点进行设备投资的企业经营者，可能会顺势做出当期投资决策。那些一直想利用住房贷款买房的家庭也许会立即做出购房决定。中央银行就是期待这样的效果，才实施宽松货币政策的。另外一个传导路径是通过本国货币贬值扩大海外需求（增加出口）的方式。

说到消费前置或提前消费，如果是一般性的经济衰退，通过改善金融环境增加需求，就可以达到货币宽松的目的。但是在未来不确定性相当大的情况下，创造需求的效果是非常很有限的（英格兰银行行长默文·金将这种情况称作"极端不确定性"）。当意识到所在的经济或社会环境存在很大不确定性时，比如在雷曼兄弟破产后或者欧洲债务危机期间，即便利率水平下降1%，也很难想象企业会做出即时投资的决策。在这种状况下，与其按照概率分布估算的数学期望值选择行动，还不如原本都不知道什么是概率分布而优先选择守成保业，最重要的是未来拥有更多的财务自由。如果没有这种极端的不确定性，可以期待消费前置，但这也只不过是将预期将来支出的时间提前，如果将明天的消费提前到今天，那么后天的消费必须提前到明天。这种寅吃卯粮的机制，长期而言并不具有可持续性。

这样讨论问题一定会被外界认为是在否认货币政策的意义，其实并不是这样。不管是传统的还是非传统的宽松货币政策，都具有平滑景气波动效果。而说到底，宽松货币政策只是在经济出现一时性需求下降时开出的处方，这个处方有效的前提是经济未来可以回归到正常的增长轨道。在过去近 20 年内，日本经济的确出现过一时性需求下降的冲击，但总体来说，这都并不是本质上的问题。正如第 10 章"日本经济面临的真正问题"所分析的，日本所面临的是伴随快速老龄化劳动年龄人口下降引起的各种制度上的"不相容"，以及日本企业难以适应经济全球化、信息通信技术快速发展等状况。这些都不是一时性的需求冲击，而是经济学家所说的"永久性冲击"。如果让我进行分类的话，这些都该归属于供给冲击，而不是需求冲击。实际上由于潜在生产率预期下降时未来需求也会减少，越是从长期来看，越是难以明确区分需求冲击和供给冲击的边界。

应该怎么考虑另一个传导路径——本国货币贬值呢？日本自 2001 年 11 月到 2007 年 7 月期间经历了持续的日元贬值，这个现象说明，在世界经济出现好转的过程中，某一国家只有在可以单独维持异常低的政策利率时，该国的宽松货币政策才可能成为刺激经济景气的有效战略。这是期待其他国家利率上调的顺风战略。但在世界上所有国家同时面临全球金融危机那样的需求冲击时，不可能指望出现"顺风"环境。尽管如此，利率水平相对较高的国家还可以期待本国货币贬值的一时效果，而对于像日本这样已经耗尽了国内需求前置效果且利率处于世界最低水平的国家来说，就只有本币升值这一负面效果了，这是伴随其他国家宽松货币政策所带来的必然结果。进一步讲，追求本币贬值的国家最终也会受到其他国家经济下滑所带来的负面反响，整个世界都处于一种零和博弈状态。

### （2）基轴货币国家的"法外特权"

实施非传统货币政策的国家是否为基轴货币国家，也是影响政策效果的一个主要原因。对比全球金融危机之后发达国家的经济复苏状况，毫无疑问，美国表现得最为抢眼。至少从 GDP 来看，可以得出这样的结论（人均 GDP 就另当别论了）。那么，与其他国家相比，为什么美国的非传统货币政策效果更显著呢？

一种假说是美国经济体系非常具有韧性，能够很好地适应宽松的金融环境，可以使宽松货币政策顺利起效。不能否认，这个假说具有一定的合理性，而另一个假说是美国的货币作为世界的基轴货币，这一特殊地位可以使美国享受其他国家所没有的宽松效果。这是由于美元是众多企业和金融机构筹集资金所使用的货币，[1] 美国的宽松货币政策可以通过降低美国以外经济主体的美元筹资成本而达到景气刺激效果，这是第一个原因。第二个原因是，美国的对外负债基本都是以美元计价，可以期待本国货币贬值带来资产负债表的调整效果。美元汇率自次贷危机爆发到雷曼兄弟破产为止这段时间，一直呈下降趋势。作为基轴货币国的美国起着向世界提供流动性的作用，这也意味着美国大部分外债都是以美元计价。另一方面，美国的对外资产主要是海外直接投资，并以接受投资国当地的货币计价。全球金融危机刚刚爆发后出现的美元贬值，改善了美国经济主体以美元计价的对外纯资产头寸。换句话说，在调整美国不良债权引发的资产负债表方面，美国具有特殊优势地位，可以让其他国家承担部分调整成本。[2] 这些理由都是源于美国作为基轴货币国所享有的"法外特权"。[3]

### （3）社会控制副作用或成本的能力

以宏观经济稳定为目标的非传统货币政策在不同的国家产生不同的效果，也有大小不等的副作用或者成本。政策效果源于整体利率水

---

[1] BIS（2016），86th Annual Report，1st April 2015 – 31st March, 2016.
[2] 白川方明＊（2009）「バランスシート調整と世界経済」（パリ・ユーロプラス・フィナンシャルフォーラムでの講演）2009 年 11 月 16 日。
[3] 这句话是法国前总统夏尔・戴高乐（Charles de Gaulle）的经济顾问雅克・吕夫（Jacques Rueff）提出的，至今仍广为流传。

平的降低，但如果长期持续地实施极端宽松政策，会给经济的供给侧和金融体系带来负面影响，可能降低长期的经济增长率。这就是非传统货币政策的副作用或成本，具体来说有以下5个方面。

第一，破坏民间经济部门的新陈代谢机制。作为经济整体，通常是在经济衰退期淘汰繁荣期出现的低效率企业，而如果长期持续实施极端宽松政策，降低利率负担的结果会保护低效率企业，可能导致经济整体生产效率的不断下降。[①]

第二，金融市场功能衰退对资源分配产生的不利影响。金融资产价格的形成通常反映市场参与者对将来的预期，但如果中央银行购买金融资产规模过大，中央银行的行动就会对金融资产价格产生严重影响。其结果是，市场参与者不再根据经济状况或未来趋势做出自己的预期，而是根据中央银行的行为本身做出判断，或是从中央银行某个决策者的发言中得到启发而选择行动。用经济学的话来说，就是出现了金融市场的"价格发现"机能低下，从长远来看，这会妨碍资源的有效配置，成为经济效率低下的原因。在大萧条最严重时期，芝加哥大学的经济学教授亨利·赛门斯（Henry Simons）曾指出，"我们必须避免一种情况，就是我们的事业在很大程度上依赖于对未来货币政策的猜测"。让人惊讶的是，这句话就像是对今天发出的警告。[②]

第三，财政约束的松懈。如果整个社会不能正确认识经济中存在的真正问题，从长期来看，会降低潜在经济增长率，加大爆发财政危机的可能性，成为经济可持续增长的阻碍力量。我认为提高利率不会改善财政约束，也不会改善前面说过的资源分配效率，应该明确这就

---

[①] Borio, Claudio (2018), "A Blind Spot in Today's Macroeconomics?", Remarks at the BIS – IMF – OECD Joint Conference on "Weak Productivity: The Role of Financial Factors and Policies", January 10 – 11, 2018. （https://www.bis.org/speeches/sp180110.pdf）

[②] Simons, Henry C. (1936), "Rules versus Authorities in Monetary Policy", *The Journal of Political Economy*, Vol. 44, No. 1, February 1936, pp. 1 – 30.

是强化和持续实施宽松货币政策的成本。

第四,加大金融体系动荡的风险。非传统货币政策很大程度上依赖于需求前置,对于企业来说是增加设备投资,对于家庭来说则是增加消费或住宅投资,这些都意味着债务的增加。而金融机构为了追求当前存贷款的利差,会在资产运用上增加长期资产,在资金筹措上增加短期债务和流动负债,很容易带来更大的期限错配。这些都成为金融体系中潜在的不稳定因素。

第五,对收入分配和资产分配的影响。传统的宽松货币政策也会影响收入和资产分配,不过需要满足的前提是,在景气循环过程中,相对利好时期和不利时期要交替出现。但是,如果宽松货币政策长期化、利率下调至极低水平的话,由于收入的有无以及赚取收入的工作性质的差异、资产持有规模以及资产类型的差异,所受到宽松货币政策的影响也会大不相同。这种影响长期存在,会加剧社会的不公平现象。问题是这种不公平现象超过社会容忍范围后会出现什么样的反响。

以上副作用或成本的大小,并不是在所有的国家中都完全相同,也取决于一国社会中存在怎样的制度或惯例。这些制度或惯例长期来看是不断变化的,而短期来看就是给定的条件,变化的速度也在一定程度上受到经济形势的影响。一般来说,宽松货币政策实施的时间越长,不可避免地政策效果就会减弱,副作用或成本也会相对增大。因此,最重要的是在运作货币政策时,需要综合考虑整体效果以及副作用或成本因素。①

在这点上,美国最重要的是灵活利用了基轴货币国这一优势。考虑到人口动态和经济韧性等因素,美国控制副作用或成本的能力或许

---

① 定量测度副作用或成本是很困难的,不过荷兰银行的两位高级经济师给出了最显著的实证结果,验证了在 G7 国家中日本的持续低利率具有降低潜在经济增长率的影响(对应本章中讲过的第一和第二个副作用或成本)。(https://voxeu.org/article/curse-persistently-lowreal-interest-rates.)

也相对较高。而日本的情况正好相反，由于人口动态变化以及企业经营模式的僵化，在潜在生产率下降和财政状况持续恶化的背景下，非传统货币政策副作用往往会进一步增大。再加上本章反复提到的，日本最先直面零利率，长短利率均处于世界最低水平，所以也就无法利用本国货币贬值这一重要的货币政策传导机制。

在非传统货币政策效果以及副作用评价方面的差异，也与本章开头提到的5个意见对立根源基本一致。

## "唯一玩家"

为了实现经济稳定，中央银行实施了宽松货币政策，并已经进入非传统货币政策阶段。但是，发达国家维持经济发展所必须的结构改革却全面滞后。结果凸显了中央银行"独木撑天"现象。不知从什么时候开始，人们将这种现象称为"唯一玩家"（the only game in town）[1]。如果查词典的话，可知这个词的含义是"唯一的机会、活动或资源"。为什么会产生这种现象呢？

关于结构改革滞后的原因，很多人都认为是国民不欢迎结构改革。在我看来，这种解释似乎并不妥当。今天我们看到的现象还要更复杂。拥有独立性的中央银行意识到与独立性相伴的是问责制，当经济表现难以令人满意或面临低通货膨胀时，就会觉得必须采取一些行动。履行问责制要求具备透明度，货币政策长期成本或副作用难以量化，而短期效果却清晰可见，结果就进一步强化了中央银行的责任感。因此，只要认为整体存在正面效果，即便净效果非常小，也容易促使中央银

---

[1] El-Erian, Mohamed A.（2016）, *The Only Game in Town: Central Banks, Instability, and Avoiding the Next Collapse*, Random House, 2016.（『世界経済 危険な明日』久保恵美子訳、日本経済新聞出版社、2016年。）

行追求宽松货币政策。

另一方面，政府和政治家也欢迎中央银行的短期经济刺激效果，倾向推迟不受欢迎的结构改革。对于国民来讲，非传统货币政策是相当复杂的技术问题，单单在内容理解上都存在很大困难，更不用说判断其政策效果、长期影响以及最终净效果了。对于"唯一玩家"一词所呈现的近年来的现象，我想就是在以上的社会动力学背景下产生的。过去中央银行的独立性是从中央银行与政府、财政当局的关系角度提出的，是为了防止中央银行陷入"财政支配"状态而设计的制度安排。更多人都是如此理解的，现在这种观点依然重要。而目前出现了政府自身被国民或金融市场所绑架的现象，这种倾向在不断强化，因此，使用"社会支配"（social dominance）或"市场支配"（market dominance）的说法或许更加恰当。

## 零利率是"约束"吗

中央银行之所以实施非传统货币政策，是由于现实中正直面零利率约束，或者担心未来受到零利率的约束。零利率约束问题对宏观经济学家以及中央银行等的政策决策者的思维产生了很大影响。20世纪90年代初，还只是一小部分经济学家开始从理论上分析零利率约束的可能性，在日本面对事实上零利率约束的90年代后半期，这个问题已经引起包括克鲁格曼在内许多经济学家的关注,[①] 之后不久，就影响到很多发达国家的中央银行政策运作，结果强化了"货币政策的激进主义"（activism）。由于货币政策的目标是物价稳定，将物价目标用数字表示是很自然的，拥有独立性的中央银行发布数字目标、履行问责制

---

① Krugman, Paul (1998), "It's Baaack: Japan's Slump and the Return of the Liquidity Trap", *Brookings Papers on Economic Activity*, Vol. 29, No. 2, 1998, pp. 137–206.

也无可厚非。而在很多发达国家追求2%的物价上涨率目标的过程中，2%这一数字目标已经凌驾于货币政策运作中应该考虑的所有其他事项之上。

但是，零利率这一下限是否就真正约束了货币政策运作了呢？换句话说，如果中央银行拥有充足的利率下调空间，包括负利率在内，是否就能避免泡沫经济崩溃后的低增长和低通货膨胀现象呢？我的回答是不能，理由如下。

第一，只要不消除泡沫经济时期的"过剩"，就不具备回归可持续增长轨道的条件。包括负利率在内的利率水平降低可能会放慢调整"过剩"的速度，这是有价值的，但同时也会延长调整的时间，并带来更长时期的经济低速增长。

第二，假如泡沫经济崩溃后的经济低速增长是由于潜在生产率低下而引起的，则降低利率水平根本不能解决问题。借用经济学家的话来说，如果自然利息率出现一时的下降，无论是通过提高预期通货膨胀率，还是降低名义利率水平，"正解"都是要将实际利率降至自然利息率以下；而如果自然利息率降低反映的是潜在经济增长率的持续下降，只将实际利率降至自然利息率之下就不再是"正解"。在"将来"某一时点上，会出现对应需求前置部分的需求短缺。最重要的还是努力提高潜在增长率。

在这种情况下，就第一个理由来说，"约束"与其说来自零利率，不如说是经济大幅偏离了可持续增长轨道；就第二个理由来说，"约束"源自潜在经济增长率下降的事实。毫无疑问，零利率约束是考虑货币政策运作过程中的重要视角，但不要忘记这个视角的价值在于应对短期需求冲击。货币政策本质上是"花钱买时间的政策"，而在争取到的时间内，社会必须做好应该做的工作，如果忽视了这一点，其成本就会降临在经济活动中，最终转化为社会负担。

# 第 20 章　国际货币制度

　　国际货币制度是在维护各国主权基础上，为实现世界经济稳定而制定的各类规则和制度的集合。全球金融危机的经历表明，20 世纪 90 年代以来世界许多地区发生的严重经济动荡，几乎都与国际资本流动所引发的问题有关。原因之一是各国中央银行在运作货币政策之际，不能"内部化"这些政策的国际波及和反馈效应的影响。在此过程中，尤其基轴货币国这方面的问题最为严重。考虑到国家的存在，这些问题在某种程度上很难避免，指望在不久的将来成立"世界中央银行"也是不现实的。当前，比起大刀阔斧地改革国际货币制度，更具有现实性和重要意义的是各国中央银行之间加强货币政策相关问题的坦诚意见沟通，强化包括监督监管和支付清算体系在内的银行业务方面的合作。

## 全球经济稳定的重要性

　　自 20 世纪 90 年代以来，世界各地发生的严重经济动荡几乎都与国际资本流动有关。如 1997—1998 年的亚洲金融危机，危机前大量资本涌入亚洲新兴市场国家，危机后巨额资本快速外逃，在此过程中产生了严重的经济动荡。全球金融危机中，危机之前，新兴市场国家以及欧洲的大量资本流入了美国。美国国债、抵押债券、复杂的证券化商品成为这些流入资本的投资对象，欧洲的银行为加强美元计价的资产运用，增加了美元计价的短期资金筹措规模，扩大了杠杆率。危机之后，资本停止流入并出现了回流现象。欧洲债务危机期间，也产生了流入欧元区外围国家的资本突然大量外流问题。危机过程中汇率出现了巨大波动，世界上任何国家都无法摆脱国际经济动荡的影响，这已成为共识。

实现国内经济稳定当然需要各国政府的努力，但同时全球经济的稳定也是不可或缺的。并且，为实现全球经济稳定，针对国际资本流动、汇率波动以及由此引发的种种问题，世界各国共同遵守的某种规则或制度，也就是国际货币制度能否正常发挥作用，才是关键所在。诺贝尔经济学家希克斯在半个世纪之前对中央银行这一"制度"做了如下阐述：[1]

> 各国的中央银行，只有在一个大部分自给自足的国民经济中，才能成为真正的中央银行。随着世界市场，尤其是金融市场的发展，各国中央银行都会后退一步，成为世界体系中唯一的银行集合，不再居于"中央"的位置。因此，各国的中央银行这一组织已经解决或部分解决的问题会再次出现，这些问题（尽管正在努力解决）在世界层面上依然没有得到很好的解决。

可以说，希克斯预言了中央银行在全球化进程下的全新课题。

## 全球经济失衡

国际货币制度是在没有世界政府或世界中央银行的背景下，为消除阻碍世界经济稳定增长的不均衡因素，也就是针对全球经济失衡问

---

[1] Hicks, John R. (1967), *Critical Essays In Monetary Theory*, Clarendon Press, 1967.

题，各国政府或中央银行制定的关于货币和资本流动的各种"规则"和"制度"的总称。如前所述，为实现各国经济的稳定增长，必要条件就是全球经济的稳定增长，为此，需要建立一个具有良好功能的国际货币制度。

国际货币制度由以下三个基本要素组成。一是调整汇率变动和国际收支不均衡的规则。20世纪70年代初布雷顿森林体系崩溃，发达国家转向浮动汇率制度之后，这个问题的重要性进一步凸显。二是对陷入对外支付困难国家的资金融通机制。IMF的融资制度和区域性资金融通机制就属于这一类，如在欧洲债务危机过程中，对希腊提供的IMF贷款以及欧元区内部的资金援助。三是监控各国的经济运行状况。当判断可能威胁世界经济稳定增长时，通过施加某种压力或影响力，要求各国纠正宏观经济政策。前面说过的希腊案例，IMF以及欧盟提供的资金援助，都是以调整宏观经济为前提条件。

以前说到国际货币制度或者国际货币和金融体系，压倒性的主题是围绕国际收支不平衡以及由此引发的汇率调整问题。比如自1944年布雷顿森林会议决定成立IMF以来，反复讨论的主题就是应该由经常收支顺差国还是逆差国承担纠正不平衡的责任问题。从"广场协议"到"卢浮宫协议"期间，调整经常收支不平衡成为宏观经济政策运营中的主要问题。即使是现在，经常收支不平衡调整的重要性也没有降低，不过随着全球资本流动的日趋活跃，资本流动引发的问题重要性在显著提高。

在这方面经常听到的一个议论，就是担忧伴随美国经常收支赤字而出现的对外债务增加会引发美元暴跌。"广场协议"之前也是如此，在全球金融危机前的国际会议上，新兴市场国家的经常项目顺差、相对应的美国经常项目逆差和资本流入成为热门的讨论话题。

与上述讨论同时出现的是时任美联储理事伯南克发起的"全球储蓄过剩"问题的讨论。他指出由于新兴市场国家的过度储蓄，导致美国长期利率降低到难以用美国国内经济因素解释的水平。如果一国储蓄超过投资，会出现经常收支盈余，相应增加对外净资产规模；一部分增加的对外净资产投资美国国债，因此带来美国长期利率下降。按照这种说法，新兴市场国家的过剩储蓄成为导致美国房地产泡沫乃至全球金融危机的原因之一。[①]

## 资本流动的重要性

全球经济失衡问题的讨论，包括前面谈到的美元暴跌以及全球储蓄过剩问题，主要关心的都是经常收支余额。关注经常收支账户余额就等于关注资本项目的净增减额。正如任何一本宏观经济学教科书中都会讲的，货物或服务的进口超过出口形成的经常收支赤字，等于一个国家投资超过储蓄的金额，投资超出储蓄的部分相应增加了对外净负债余额。这种观点的经济学逻辑，就是资本流动是专门为购买货物或服务而融资的经济活动。而现在的资本不仅用于购买货物或服务，还可用于购买金融资产。正如过去几十年所显示的，资本流动的增长速度远远超过货物与服务贸易的增长速度。因此，即使是同等规模的资本项目净额所带来的影响，也是不同的，这取决于它是小额资本流出入，还是大额资本流出入的结果。而在上述专注资本项目净额的讨论中，没有认识到无论是资本流出还是资本流入，不同的资本流动规模或内容对经济和金融市场的影响是有差异的。在分析经济发展趋势时，研究资本项目的净额固然重要，但如果只看到这一点，可能就会遗漏更重要的问题。

我们从全球金融危机中学到了关注资本流动总额的重要性。如在

---

[①] Bernanke, Ben S. (2005), "The Global Saving Glut and the U.S. Current Account Deficit", Remarks at the Sandridge Lecture, Virginia Association of Economists, March 10, 2005. https://www.federalreserve.gov/boarddocs/speeches/2005/200503102/default.htm.

全球金融危机前，欧元区国家的整体经常收支是平衡的。由于当时欧元区国家缺乏有吸引力的投资机会，欧洲的金融机构就加强了对美国复杂证券化商品的投资。另一方面，欧洲金融机构的融资依赖于以商业票据为主的短期筹资工具，而购买的又是美国的货币市场基金。也就是说，欧洲金融机构进行着非本国货币的美元长期投资和短期融资，在汇率变动风险基础上，还要背负着美元的流动性风险。结果在全球金融危机之后，率先暴露了美元流动性风险。虽然欧元区国家整体的净资本流出入是平衡的，而资本流出入的形式可以说是问题的源泉。从资本纯流入国的美国来看，经常收支赤字占 GDP 比重的上升并不显著，但是资本流出入规模与 GDP 之比却增长显著（见图20-1）。可以说，在当今全球经济失衡问题中，与经常收支不均衡相比，国际资本流动引发的失衡更应该引起重视。[①]

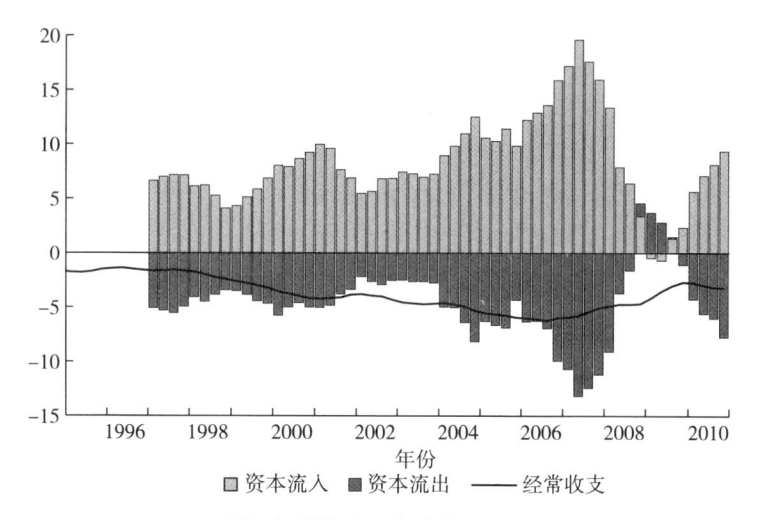

图 20-1　美国经常收支和资本流出入占 GDP 比重

资料来源：Borio, Claudio and Piti Disyatat（2011），"Global Imbalances and the Financial Crisis: Link or No Link?", BIS Working Papers, No. 346, May 2011.

---

① Borio, Claudio（2014），"The International Monetary and Financial System: Its Achilles Heel and What to do about It", BIS Working Papers, No. 456, August 2014.

## 威胁全球金融环境的因素

前面讲过，国际货币制度包括调整汇率波动和国际收支不平衡的规则、对陷入对外支付困难的国家进行融资，以及监视各国的经济运行状况。很多国家都是由政府负责制定与国际货币制度相关的政策，但这并不意味着中央银行在维持国际金融体系稳定方面的作用无足轻重。相反，从下面的分析可以看出，整体来看，每个国家的中央银行都对世界范围的金融环境产生了很大影响。

我担任行长期间，在维持金融体系稳定方面最迫切的问题之一，就是第14章"'六重苦'与'货币战争'"中分析的发达国家宽松货币政策的波及和反馈效应，以及新兴市场国家为抑制本国货币升值而进行的外汇市场干预问题。还有一个问题就是以核心物价指数（不包含能源价格）为目标运作货币政策带来的全球性宽松偏好。对各国中央银行来说，为维持本国物价稳定将能源价格作为外生变量是合理的，但如果所有中央银行都这样考虑、运作货币政策，就会带来资源价格的波动，结果成为世界经济的不稳定因素，并可能反作用于各国国内经济。实际上，直到2008年前后，尽管原油价格暴涨，扣除原油价格波动的核心物价指数变动都是比较稳定的。因此产生的宽松偏好带来世界范围内的总需求增加，进而成为原油需求增加、价格进一步上涨的因素之一。不可否认的是，很多发达国家的中央银行长期持续重视核心物价指数的结果，在一定程度上带来了资源价格的不稳定。从长远来看，金融危机后的资源价格大幅下跌，可以视为21世纪最初几年各国中央银行专注于核心物价指数的副作用在一定时间差后的显现。[①]

---

① 参见白川方明＊（2012）「セントラル・バンキング——危機前、危機の渦中、危機後」（FRBとIJCB共催コンファレンスでの講演）2012年3月24日。我在该演讲中指出，虚拟的"世界中央银行"不能满足泰勒原则（将政策利率提高到物价上涨率以上）。

不管是发达国家的宽松货币政策，还是新兴市场国家的外汇市场干预，单独来看都是基于实现本国经济稳定而推出的最佳政策，但是从全球经济整体来看，未必就是最佳的。之所以会出现这种状况，应该考虑以下四个方面的因素。

第一，无论是发达国家，还是新兴市场国家，对于本国的货币政策或外汇市场干预将怎样影响其他国家，又怎样通过"负外部性"由其他国家反作用于本国的认识，存在很大缺陷。

第二，即使各国意识到世界范围内存在"负外部性"并且理解相互协作的重要性，但如果缺乏博弈论中的"合作解"机制，现实中还是会出现优先考虑本国经济的倾向。

第三，国际收支危机期间难以筹措到外汇资金。不要说经常收支存在逆差的国家，即使是经常收支处于均衡的国家，如果整个资本流动过程中出现严重的期限错配或货币错配，金融经济形势的剧烈变化都可能带来外汇资金的流动性危机。陷入国际收支危机的国家只能从 IMF 等机构贷款，当然要以严格的紧缩政策为代价。实际上，在亚洲金融危机期间，相关国家就有过噩梦般的经历。如果无法预测危机期间筹集外汇资金的难度，就难免会做出过度防御。在这种情况下，世界范围内就会产生紧缩偏好。

第四，美国作为基轴货币国享有"法外特权"，这点在第 19 章已经讲过。即使完全理解世界经济整体的负外部性，美国也可以不受外汇资金周转问题的困扰，一直追求对本国来说最佳的经济政策。当然，曾经的基轴货币英镑被美元替代的历史也表明，美国的地位也并非是永远不变的，但作为基轴货币国的美国，无疑可以在相当长时间内实施本国优先政策。

## 新兴市场国家的国际收支危机

无论是发达国家，还是新兴市场国家，都可能出现外汇资金不足问题，例外的只有美国，美元是国际基轴货币，所以不会出现外汇资金短缺。另外，相比于美国以外的发达国家，新兴市场国家的问题更加严重。新兴市场国家一旦出现危机，会面临更大的资本外逃风险，而这源于过去国际收支危机的表现以及国内制度的不完善等。因此，当美元作为储备货币时，与发达国家相比，新兴市场国家就会"非对称性"地偏好本国货币贬值。新兴市场国家经历过危机时的资本外逃，平常时期就更容易干预外汇市场，即采取外汇市场买入外汇、积累外汇储备的战略。实际上，在亚洲金融危机后，亚洲各国的外汇储备均大幅增加。[①]另外，新兴市场国家干预外汇市场，也不单是为防范危机而增加外汇储备，还有提高出口竞争力的动机。因此，发达国家通常对新兴市场国家积累外汇储备的做法持否定态度，而新兴市场国家更倾向于将此视为防御策略。在它们看来，资本流出或流入的波动幅度非常大，对于大国来说的小额资金流动，也会给经济规模较小的国家带来巨大的冲击。

在这点上，包括我在内，发达国家的中央银行官员也许很难理解新兴市场国家的艰难。日本在雷曼兄弟危机后与纽约联储签署了货币互换协议，可以无限制地筹集美元，但能够利用类似互换协议的只有少数国家。鉴于这一点，印度央行行长杜武里·苏巴拉奥（Duvvuri Subbarao）在回忆录中描述的感受，让人心情沉重：[②]

> 我们请求与美联储签署一个卢比与美元的互换协议，就像美联储同主要发达国家中央银行签订的美元互换框架协议那样，但美联储没有给出正面回应。虽然他们也没有多说什么，但我理解

---

[①] 与危机前的 1996 年年末相比，2016 年年末亚洲各国的外汇储备增加显著，中国（3.1 万亿美元）是原来的 27 倍、韩国（3702 亿美元）9.8 倍、泰国（1718 亿美元）3.4 倍、马来西亚（945 亿美元）2.4 倍、印度尼西亚（1164 亿美元）5.0 倍。
[②] Subbarao, Duvvuri (2016), *Who Moved My Interest Rate?: Leading the Reserve Bank Through Five Turbulent Years*, Penguin Viking, 2016. p. 286.

他们消极的理由，要么是卢比还不是自由兑换货币，要么是在美国看来印度的金融市场并不重要。

一边读着这篇文章，一边想象如果我也是一个新兴市场国家的中央银行行长的话，一定也会有与苏巴拉奥相同的感受。而另一方面，如果我是美联储主席，在那种状况下，我也会像伯南克主席那样做出相同的选择。在全球金融危机期间，美联储为美国国内的金融机构提供资金都遭到了国会的强烈反对，在这种状况下，确定无限制地提供美元资金的海外对象国名录，应该也是一个相当困难的抉择。

陷入国际收支危机的国家需要的是外汇资金，IMF等国际组织在融通外汇资金方面发挥了重要作用。在亚洲金融危机之后，作为东亚区域外汇资金相互融通机制（外汇互换协议），2000年5月达成了由东盟10国和中、日、韩参加的被称为区域性安全网络的"清迈协议"，2010年3月协议得到进一步强化，形成了清迈倡议多边化协议（Chiang Mai Initiative Multilateralization）[1]。

## 国际货币制度改革的方向

鉴于国际货币制度不能正常发挥作用的原因是多方面的，那么应该如何进行改革呢？在2011年法国主办的G20会议上，国际货币制度改革成为议题之一，但正如大家当初预期的，讨论没有取得任何进展。谁都不会否认国际货币制度改革的重要性，但作为这么一个特别宏大的课题，改革起来并不容易。在上述提到的威胁国际金融环境的4个因素中，第一和第二个因素属于博弈论中的"合作失败"（coordination failure）案例。对于这个问题，我认为需要明确货币政策对本国而言

---

[1] 该多边机制参加国包括东盟10国以及中、日、韩，共计13个国家。

真正利益，在当前状况下，只能依赖成员国之间坦诚地交换意见，强化信息沟通和交流。假设能将负外部性完全内部化，可以说"本国优先"政策实际也是伤害本国利益的行为。如果更多国家能够意识到这一点，事态自然就会得到改善。从这个意义上说，努力明确本国货币政策的真正收益，践行托克维尔（Alexis de Tocqueville）所说的"理性利己主义"（enlightened self-interest）是非常重要的。

第三个因素或许不能说成是"合作失败"，而是还有改善的余地。当前最现实的解决方案是改善危机期间外汇资金筹集的制度框架。关于这一点，每次发生金融危机后都会引入一些新制度或者改进原有制度。全球金融危机后也进行了多项改革，IMF正努力创设和完善新的融资制度。另外，也建立了像东亚国家"清迈协议"那样的区域内外汇资金融通机制。

第四个因素是源于基轴货币国法外特权的问题，关于这一点，不存在一个有效机制使得美国以外的国家能够对之施加有意义的影响。美国只要变更货币政策，都会为美国带来收益，这是确定无疑的。

基于上述国际经济相关问题的分析，我认为目前国际货币制度改革只能是实用主义的改良。具体来说包括3个方面。一是为了认识上面分析的"理性利己主义"，各国中央银行之间应该就货币政策展开坦诚的意见交流。关于这点将在后面的"国际会议"一节进行详细说明。二是在金融监管和监督规则方面展开合作。这一点已经在第16章"谋求金融体系的稳定"中做过分析。

三是在中央银行之间加强包括支付清算体系在内的银行业务方面的协作。[①] 与货币政策相比，中央银行之间在银行业务方面的合作进展

---

① Potter（2017）是为数不多涉及海外中央银行账户开设内容的演讲。Potter, Simon M. (2017), "The Federal Reserve and Central Bank Cooperation over the Past 100 Years", Remarks for the Commemoration of the Centennial of the Federal Reserve's US Dollar Account Services to the Global Official Sector, December 20, 2017. https://www.newyorkfed.org/newsevents/speeches/2017/pot171220.

非常迅速。在支付清算体系方面，中央银行之间的合作成果颇丰，最有代表性的是为消除世界各地时差带来的汇率结算风险而成立的持续联系结算（CLS）银行。在包括支付清算体系在内的金融体系稳定方面，目前国际上已经形成了很多"标准"，还开始了由第三方国际评级机构对标准遵从状况进行评估的机制。我在1987年首次参加支付清算体系相关国际会议时讨论的主题，形成了现在的"金融市场基础设施原则"（Principles for Financial Market Infrastructures，缩写为PFMI）标准。这些标准都是在很多国家政府当局和专家的共同参与下逐步形成和完善的。另外，中央银行之间的合作还体现在一些不大引人注目的领域，联合应对伪造纸币就是其中一例。现在的精密彩色复印机相当先进，在这个领域日本企业拥有世界首屈一指的技术能力，主要国家的中央银行正在与世界著名复印机厂商合作，共同谋划纸币防伪对策。

## 货币政策运行中是否存在"海外因素"

上面分析了国际货币制度改革的方向，具体措施中提到的第一点就是关于货币政策方面的坦诚沟通，这里稍做展开分析。

BIS行长会议的亮点是"全球经济会议"，加盟BIS的60个成员国中有30个国家的代表参加。[①] 每次的会议议程因主席国的不同而略有差异，但通常都是美国在国别报告中第一个发言，每次最受关注的自然也是美联储的发言。美联储发言之后大多是按照欧洲央行、日本银行的顺序，新兴市场国家的报告一般是在主要发达国家报告结束后进行，这也成了惯例。

在听取全球经济会议报告时，我一直很感兴趣的一个问题是，包

---

① 此外，还有19个国家的中央银行行长以观察员身份出席。

括日本在内，每个国家在说明经济状况时经常会强调"海外因素"发挥了重要作用。这里所说的"海外因素"包括雷曼兄弟冲击、欧洲债务危机、原油价格等，也就是说，这些因素都是本国经济政策难以控制的外部因素。但若细想一下，就会感觉有些奇怪。小国的中央银行提出"海外因素"是可以理解的，而大国的中央银行也屡屡提到海外因素。美国即是如此，比如在欧洲债务危机最为严重的时期，美联储列举"逆风"因素时总会提到欧洲债务危机。但是，参加全球经济会议国家的GDP总额占世界总体的90%，如果把"全球经济"作为一个整体来看，就不应存在"海外因素"。"海外因素"的变化会受到国际金融环境的影响，而国际金融环境是各国货币政策运作的产物。在欧洲央行行长特里谢之后担任全球经济会议主席的英格兰银行行长默文·金，经常谈到这个问题，他呼吁与会者在讨论问题时要意识到货币政策对世界经济整体产生的影响。

全球化看起来是在推进，但正如全球经济会议的讨论所显示的，与会者的观点真的算不上是全球化。货物与服务的国际贸易、跨境资本与信息流动都在飞速发展，跨境供应链的进展也很迅速，从这些方面看，全球化无疑是在推进。但如果要问世界各国国民是否具备了国际化意识，显然还差得很远。很多人总是对自己居住的国家或地区有着深深的眷恋，用经济学家的话来说就是"本土偏好"。单拿工作来说，更多的人都希望尽可能在长期生活的本国工作，人们价值观的形成也反映了其所在国的历史。以大家熟悉的食品安全标准为例，不同的国家差异相当明显。经济政策方面也是如此，既有高度重视就业的美国，也有强烈警戒通货膨胀的德国。这就是全球化的现状，世界经济依然包括很多可以称之为"国内"的因素。

由于各国的中央银行法是为实现本国经济稳定而制定的，很自然各国的中央银行就是以本国经济稳定为优先目标，不可能指望某个国家为实现世界经济稳定而牺牲国内的短期经济稳定。因此，只要是各国中央银行追求本国最佳政策状态时不能保证自动实现世界经济整体的最佳状态，这一问题就没有令人满意的答案，这令人非常遗憾！20世纪80年代后半期采取的"国际政策协调"非但没有发挥作用，反而还带来了很大弊端。尽管如此，为实现全球经济和金融体系稳定，如果认为各国就无能为力了，也是过于悲观的。正如下文要分析的那样，还有许多可以改进的地方，有的方面已经取得了进展，有的还需要进一步强化。

## 国际会议的作用

大国经济政策波及新兴市场国家，其影响又会反作用于大国经济本身。我想在概念上都能理解波及效应和反馈效果，若进一步问，是否能想象到它们的巨大威力，恐怕还差得很远。如在国际会议中经常提到大国政策对新兴市场国家的波及效应，至少在讨论层面是意识到了这个问题，但是他们几乎没有意识到，已直面零利率约束的发达国家在其他发达国家实施宽松货币政策时，不得不被动接受汇率变动的严峻状况。因此，中央银行之间坦诚地交换意见，知晓"理性利己主义"是极其重要的。[1]

这里要强调的是国际会议的重要性。我担任行长时参加过的会议包括BIS、IMF、G7和G20等，还有区域性国际会议，如东亚及太平洋中央银行行长会议组织（EMEAP）行长会议。

我多次利用出席国际会议的机会，与各国中央银行行长进行单独会面，即使没有单独面谈的安排，也经常在巴塞尔的宾馆餐厅，借早

---

[1] Caruana, Jaime (2016), "Persistent Ultra – Low Interest Rates: The Challenges Ahead", Closing Speech at the Bank of France – BIS Farewell Symposium for Christian Noyer, January 12, 2016. https://www.bis.org/speeches/sp160114.pdf

餐时机攀谈。还有一些相对少数中央银行参加的会议，如日本银行与美联储以及欧洲央行等中央银行在金融监管、支付清算体系和信息技术等领域召开一对一的会议。在金融调节方面，日本银行与纽约联储和欧洲央行有时召开三方会议。自 2009 年以来，每年都会召开一次日本银行与中国人民银行和韩国银行的例行会议。除了国际会议，还经常通过电话进行沟通和交换意见，由于时差，经常都在晚上 10 点以后，有时甚至在深夜参加电话会议。

## BIS

在中央银行之间相互交换意见的众多平台中，最为特殊的是 BIS。BIS 行长会议是在瑞士的巴塞尔召开，原则上每两个月一次。巴塞尔是瑞士的第三大城市，人口约 17 万，位于瑞士、德国和法国三国的交界处。BIS 原本是第一次世界大战后为处理德国战争赔款问题而设立的，之后随着国际经济环境和金融市场的变化，其职能也逐渐发生变化。目前 BIS 的职能是"服务于中央银行追求货币稳定和金融体系稳定目标，促进上述领域的国际合作，作为中央银行的银行开展活动"。

BIS 例行行长会议是中央银行之间最有价值的促进坦诚交流和信息互换的平台。我和前任行长福井俊彦一样，没有缺席过任何一次行长会议。行长会议一般是周日傍晚开始，周一傍晚结束。在此期间会召开一系列的"行长会议"。我经常出席的除了全球经济会议还包括经济咨询委员会、行长扩大会议（All Governors Meeting），以及 BIS 理事会和理事会下辖的基层委员会。每个会议的目的不同，成员也不同。此外，还会召开亚洲顾问委员会（ACC）、中央银行行长及监管当局负责人会议，以及民间金融机构 CEO 参加的会议。BIS 的理事会相当于一般企业的董事会，主要处理管理运营问题。我在 2011 年 1 月至 2013 年 3 月期间担任了 BIS 理事会副主席一职，主席由法国银行行长克里斯蒂安·努瓦耶担任。每年6月还会召开BIS年会。

那么，从实现"理性利己主义"的角度出发，以BIS为中心的中央银行意见沟通在现实中进展到了什么程度，取得了哪些成效？这里举一个例子，美国在2010年11月刚实施第二次量化宽松，就多次遭受来自新兴市场国家乃至其他发达国家相当激烈的批判。我也在全球经济会议等多个场合提出了质疑。但在我的印象中，美国从未接受过来自其他国家关于量化宽松方面的批评。在欧洲债务危机发生后，欧元区以外的国家纷纷指责欧元区国家应对迟缓，美国还是急先锋。批判的矛头与其说是指向欧洲央行，不如说是针对欧元区各国政府，而包括欧洲央行在内的欧元区国家的反应，总体来说也是属于自我辩护性质。

印度央行行长苏巴拉奥在回忆录中提到了全球金融危机以及欧洲债务危机时期对美国和欧洲的批评，描述了两者在国际会议上的表现：[1]

> 一般来说，美国对于除量化宽松外的大部分批评并没有提出异议，相反，它们更为现实，"好吧，放下这点，考虑怎么推进吧"。与之相对，欧洲则倾向于驳斥所有来自外部对欧债危机影响扩散以及应对不利方面的批评，它们全盘拒绝任何旨在改善政策应对的建言，包括可以减轻欧洲以及世界成本损失的观点。

苏巴拉奥的这个评价对于欧洲来说可能有点苛刻，但的确存在这种倾向。看到国际会议上的这种场景，我想的更多的是在20世纪90年代后半期国际社会集中批判日本应对金融体系问题不力之时，日本

---

[1] Subbarao, Duvvuri（2016）, *Who Moved My Interest Rate?: Leading the Reserve Bank Through Five Turbulent Years*, Penguin Viking, 2016. p. 275.

当局的反应究竟在其他国家与会者心目中留下了怎样的印象。恐怕同样会被认为具有强烈的自我辩护色彩。那么，是不是在国际会议上受到来自国外的批评没有任何价值呢？我不这样认为，至少在日本，国际会议上所受到的批评已成为推进国内必要结构改革的原动力。我想欧元区与会者绝不是不想接受批评，而是对于外界不了解该地区内部政治协调的艰难而感到沮丧。恐怕欧洲也同日本一样，这些来自海外的批评已经成为区域内必要结构改革的推动力量。另一方面，我不清楚美联储是否认真接受了海外对量化宽松的批评。不过，如果注意到受批评后美联储首脑的发言，就会发现他们对有关量化宽松波及效果的解释或说明更加有耐心了。从本节可以看出，虽然中央银行之间坦诚对话交流的现状并不十分令人满意，但我认为还是具有相当的价值。

## IMF、G7 和 G20

与 BIS 相比，IMF、G7 和 G20 等国际会议的气氛有一定差异，这些会议的主角不是中央银行行长而是财政部部长，后者通常会将国家利益或政治关切放在首位。BIS 的会议结束后不会发表共同声明，而 IMF 等场合由于要发表共同声明，会议性质也有一定差异。特别是 G7 和 G20，会议期间都有意识地围绕共同声明展开讨论。从这点来看，基于坦诚沟通和专业知识讨论问题的 BIS 行长例会等中央银行之间的会议还是非常充实的。而从政策执行中所必要的政治合法性来说，IMF、G7 和 G20 等会议更胜一筹。总之，为了应对全球经济和金融问题，既需要 BIS 模式，也需要 IMF、G7 和 G20 的方式。[1] 我认为各国

---

[1] Tucker, Paul (2014), "Reforming the International Monetary and Financial System: What Role for National Democracies?", Peterson Institute for International Economics, December 12, 2014. ( https://piie.com/sites/default/files/publications/papers/tucker20141212.pdf. )

政府和中央银行要在充分理解上述机制的基础上采取相应的对策。

## EMEAP

除了上述 BIS 模式与 IMF 模式的区分，国际会议还可以分为以发达国家为中心的会议和以发展中国家为中心的会议。IMF 成员国（地区）达到 189 个，而 BIS 的成员国（地区）只有 60 个。IMF 自成立以来一直都是总裁来自欧洲、副总裁来自美国。BIS 近年来也进行了扩容，许多新兴市场国家已经加入，不过直到最近还是以 G10 这样的发达国家为主导的国际机构。印度央行行长苏巴拉奥在回忆录中，批评性评价了全球金融危机后金融监管会议成员扩容、新兴市场国家的加入问题：[1]

> 在某些方面，发达国家一直掌握着主导权。现在新兴市场国家是加入了国际组织，但并没有真正被接纳。最典型的是发达国家将它们在国际会议前相互协商过的结果作为既定方案提交正式会议，并要求获准通过。换句话说，新兴市场国家拥有投票权，但没有发言权。

我本人并不赞同这种批评，但我认为必须认真对待新兴市场国家出现的这种情绪。在这种状况下，东亚及太平洋中央银行行长会议组织（Executives' Meeting of East Asia and Pacific Central Banks，EMEAP）具有独特的价值。EMEAP 组织是在日本银行推动下于 1991 年创设的。目前，澳大利亚、中国、中国香港、印度尼西亚、日本、韩国、马来

---

[1] Subbarao, Duvvuri (2016), *Who Moved My Interest Rate?: Leading the Reserve Bank Through Five Turbulent Years*, Penguin Viking, 2016. p. 290.

西亚、新西兰、菲律宾、新加坡和泰国等11个国家（地区）的中央银行和货币当局作为成员加入该组织。"EMEAP"一词原本是负责人会议的意思，而现在一般用来专指这11个国家中央银行与货币当局的合作组织。与BIS不同，EMEAP没有常设秘书处，主席国每年轮换一次，并负责该年度的具体事务。由于这是日本银行推动成立的机构，即使在不担任主席国期间，日本银行也在运营管理上投入了一定的精力。EMEAP除了每年召开一次行长会议，还通过副手会以及工作组会议等形式，就区域内宏观经济形势、金融稳定、支付清算体系、银行监管监督制度和方式、金融汇率市场动向、信息技术等方面进行沟通交流。

EMEAP的会议气氛一直很融洽。在以欧美国家为中心的会议上几乎得不到发言机会的一些中央银行行长，也可以在会上畅所欲言。讨论的问题主要是区域内的共同话题。如在亚洲金融危机之后，如何培育区域内的债券市场就是重要的主题之一，以此为目的成立的亚洲债券基金（Asian Bond Fund，缩写为ABF）于2003年开始运行，并且是作为EMEAP项目启动的。会上也能听到对美国量化宽松政策的坦率观点。

当然，EMEAP在运行中也存在固有的困难。EMEAP没有"实弹"，这与东盟各国也参与的"清迈协议"不同。会议气氛融洽，说得稍微尖刻一点的话，也许就是由于这个会议没有实质性的约束力。因此，如果成员国不能有意识地付出努力，EMEAP很可能就成为单纯的和谐之地。

1991年成立EMEAP之时，中国的名义GDP仅为日本的13%，2010年中国超过日本，到2017年中国的GDP已是日本的2.5倍，此期间中国的存在感大大增强。一般来讲，如果某个成员具有压倒性的影响力时，在会议中就很难进行坦诚的交流，但EMEAP总的来说没有受到什么影响。日本作为主席国主办EMEAP是在我任期最后一年的

2012年6月。为响应其他成员国希望在东京以外设置会场的呼声，在北海道的苫鹉（TOMAMU）召开了会议。由于涉及金融监管和监督议题，还邀请了金融厅官员畑中龙太郎出席会议。会议讨论本身是坦诚且富有成效的，会议结束后与会者配偶也参加了社交活动，让我感到了维系和密切中央银行同行之间个人关系的重要性。

## 东京召开的 IMF 与世界银行年会

日本主办的国际会议中最难忘的是2012年10月在东京召开的IMF与世界银行年会。这个会议通常都是在IMF与世界银行总部所在地的华盛顿召开，每三年在华盛顿以外的城市召开一次。日本曾在经济高速增长全盛期的1964年召开过一次年会。再度举办，目的是向世界展示东日本大地震灾后重建的风貌。

包括相关活动在内，这次年会安排了大小200多场会议和活动，仅正式参加者人数就超过1万人。在年会期间，我忙得不可开交，参加了一系列会议和演讲等活动，财务省和日本银行职员更是在忘我地工作。日本银行的年轻职员还担负起了照顾国外中央银行行长的事务性工作，行长们高度评价了年轻职员的做事态度，还对日本高效率的组织和周到细致的安排表示了感谢，我听到这些非常高兴。就像我年轻时参加纽约联储的国际会议时受到很大激励一样，参与了日本举办的包括这次IMF和世界银行年会在内的各式各样的国际会议，我想对于年轻职员来说都是成长过程中的宝贵经历。

## 各国中央银行行长的众生相

最终支撑国际金融体系的还是人。不管是就货币政策进行坦诚的意见交换，还是针对支付清算体系、金融监管监督问题展开专业讨论，都离不开准确把握国内经济状况、以实现全球经济和金融体系稳定为共同目标的众多人才，为此需要的是专业知识和相互信任。

在这一点上，无论是就任行长前，还是在此之后，我一直认为与海外同行之间的交流对我来说是一笔宝贵的财富。在 BIS 行长会议上，针对美国经济或货币政策，不管大家向伯南克主席提出多么尖刻的问题，他总能言简意赅、逻辑清晰地予以回应，不掺杂任何感情色彩。我也总是想起特里谢行长，作为主席，在全球经济会议以及利害关系错综复杂的中央银行行长及监管当局负责人会议期间，彰显纵横捭阖的风采。印象中的默文·金行长总能提出视野开阔、有针对性的问题，同时又从不失英国人的幽默。无法忘记德国中央银行行长延斯·魏德曼，他在我和财务大臣共同参加的一次会议上的发言中，有意支持了日本银行的主张。法国银行的努瓦耶行长不仅精通日本经济，对日本文化也有很高的造诣。2008 年 5 月，在法国银行总部大楼内的"黄金屋"举行了纪念《日法友好通商条约》缔结 150 周年活动，我们一起欣赏了茂山七五三表演的日本古典戏剧狂言。

除了欧美国家的行长，每次与中国人民银行的周小川行长交流，都对他能如此精准地捕捉日本政治和经济发展动向感到难以置信。澳大利亚储备银行行长史蒂文斯总是以简短的语言表达睿智的见解，时不时还带点儿自虐式幽默。我也从印度央行行长苏巴拉奥所说的新兴市场国家视野中学到了很多东西。每次聆听马来西亚中央银行行长阿齐兹的发言，都能感受到一种极力展示亚洲新兴市场国家实况的激情，这是从那些以发达国家为中心的镜头中很难看到的。

我也经常在国际会议上用心演讲和提问，主要是针对各时期世界经济中存在的问题，基于日本的经验教训给出一些有用的启示。不知道是有幸还是不幸，全球金融危机后欧美各国的经历与日本泡沫经济崩溃后的经历有很多共同点，对此将在第 21 章展开分析。

## 支撑全球中央银行合作的人才

中央银行之间人员交流的重要性，不仅限于行长层面，可以说体现在各个层面，而日本的体制也不一定适合全球化时代的要求。要在国际会议中提高存在感，必须经常出席会议，在参会过程中逐渐得到认可，发言才会受到关注与重视。如上所述，为了担任 BIS 主要委员会主席，作为国际金融界成员，必须具备足以证明专业性和权威性的经历与成就，许多委员在就任之前都有长期从事货币政策、金融监管监督或国际金融事务的经历，另外还必须在本国中央银行有较高职务。较高职务通常是指具体负责中央银行货币政策决策或执行的委员会成员。从实际的任命看，担任 BIS 主要委员会主席的都是各国中央银行行长或者副行长，但也有大国是由中央银行行长、副行长以外的理事担任主席。不管是哪种情况，都一定是在中央银行中担任执行工作的理事。当然，能用流利的英语进行交流也是作为主席不可或缺的条件。

从日本银行的情况看，考虑到时差和距离等地理上的障碍以及频繁出席国会听证会等状况，行长出任 BIS 主要委员会主席存在一定的现实困难。两位副行长也是，特别是其中的一位需要负责日本国内中央银行具体业务以及近 5 000 个机构的正常运行，行政负担很重，难以参加会议。因此，现实中更多的是由负责国际关系的理事代替行长参加会议，由于日本银行理事不是政策委员会成员，一般很难担任 BIS 主要委员会主席（只有一个例外，中曾宏原副行长自局长时代就担任 BIS 市场委员会主席）。一些国家的中央银行并不负责金融监管和监督工作，而更多的情况是参与了监管工作。为了提高日本银行在国际事务中的活跃度，我认为包括政策委员会成员任命方式在内，在很多方面还存在改善的余地。

中央银行之间的合作关系不能仅仅停留在行长、理事以及局长层面，还应扩展到具体职员层面，我感到通过日常业务上的接触构建信赖关系以及进行信息交换是非常重要的。这或许也因为中央银行在国内没有同行，只能密切与海外同行的联系。[①]

## 寻求至臻至善的国际货币制度

从一般意义上来说，经济和金融国际化正在不断推进，而有关汇率问题，或者更为广泛的国际货币制度讨论的焦点仍依然停留在个别国家受到"特定冲击"（idiosyncratic shock）后的机制调整上，这是我最不满意的地方。虽然这个问题依然重要，不过近年来重要性越来越凸显的是当世界经济整体面对冲击时该如何应对，以及防范此类冲击的机制建设问题。

无论如何，在目前的情况下，就国际货币制度改革而言，还没有魔杖般的解决方案。中央银行当前能够做的事情还是一如既往地努力，坦诚地交换意见，在中央银行支付清算服务、金融监管和监督方面加强合作。除此之外，我还希望创新全球经济和金融问题所依据的理论模型。在这个意义上说，需要深化各国货币政策经验教训问题的研究，同时更重要的是政策决策者以及学界之间的观点交锋以及信息交流。

---

[①] 纽约联储的波特指出了构筑中央银行职员网络的重要性，"这种知识（中央银行账户交易的相关知识）和人际关系网络，不仅是海外中央银行所采取行动背后的政策内容，而且也许可以用来更好地加深理解全世界中央银行同行所面临的业务环境和制约"。参见 Potter（2017）。根据经验，我很赞同这一认知。Potter, Simon M. (2017), "The Federal Reserve and Central Bank Cooperation over the Past 100 Years", Remarks for the Commemoration of the Centennial of the Federal Reserve's US Dollar Account Services to the Global Official Sector, December 20, 2017. https：//www.newyorkfed.org/newsevents/speeches/2017/pot171220.

# 第21章 "失去的20年"与"日本的教训"

20世纪90年代以后的日本经济时常被说成"失去的20年",而且经常听到的观点是,日本银行没有迅速果断地采取应对措施,是日本经济低速增长和通货紧缩的主要原因,且从中总结出"日本的教训"之一就是泡沫经济崩溃后中央银行应该迅速采取大胆的政策措施,这成为海外经济学家或经济评论家的共识。但是全球金融危机发生后,很多发达国家就是采取了这样的对策,却还是遭遇了与日本完全相同的境况,可见有必要重新审视"日本的教训"。我自身对于"日本的教训"的看法也随着时代的变化而有所改变。

## 泡沫崩溃后欧美国家与日本经济及社会的相似点

在《日本经济新闻》网页检索"失去的10年"或"失去的20年"词条,发现这些词条首次出现是在1998年,2007年之后出现频次迅速增加(见图21-1)。"失去的10年"的报道高峰出现在2010年,"失去的20年"的高峰则是在2013年。

之所以称为"失去的10年(20年)",最主要是因为此期间GDP增长率的低迷。由于用GDP表示的统计数据与表现国民幸福或综合体

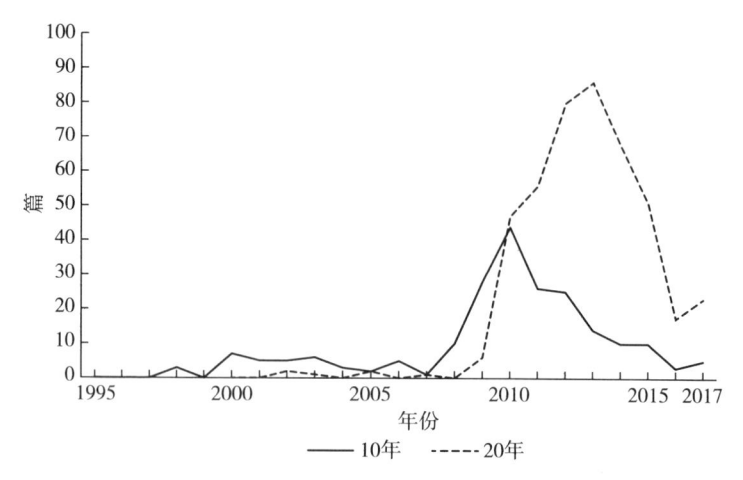

图 21-1 "失去的 10 年（20 年）"的报道频次变化
注：《日本经济新国》晨报与晚报合计。
资料来源：日经 TELECOM 数据库。

现国民福祉的"社会福利"（有的使用"经济福利"）不是一个概念，先前就有过各式各样的质疑，但到目前为止，GDP 统计仍是讨论经济政策的出发点。由于意识到 GDP 和社会福利的差异，本书将不讨论 GDP 本身的问题（后面将讨论社会福利问题）。

不过，以"失去的 10 年（20 年）"表现的日本经济低速增长，其原因不一而足，大致包括三个并非完全独立的主张。一是强调需求不足因素，坚持这一主张的人士批评日本银行宽松货币政策的滞后。二是强调泡沫经济崩溃之后金融体系功能失调的影响，即金融机构自有资本不足引发银行贷款能力的下降。这可以说是关注供给侧的观点，其中特别关注了通过金融部门产生的影响。三是强调潜在经济增长率下降的影响。这与第二个主张相同，也关注了经济的供给侧，但是从更加宽泛的角度把握影响路径。在初期的讨论中，最著名的是林文夫（现在是政策研究大学院大学教授）和爱德华·普雷斯科特（Edward C. Prescot，诺贝尔经济学奖获得者）提出的劳动时间缩短这一劳动投入量减少的影响。① 之后，讨论的方向转向全要素生产率下降，低效率企业没有淘汰，② 以及日本企业的经营模式不能适应世界经济的变化趋势，带来生产效率下降，等等。③

对日本银行来说，感觉切肤之痛的当然是第一个主张。许多欧美宏观经济学家主张，"若日本银行在泡沫经济崩溃后能迅速实施大胆的货币政策，日本就可以避免陷入经济低速增长和通货紧缩"。④ 最具典型性的是学者时代伯南克提出的"自导自演的麻痹"（self-induced paralysis）。他从日本长期经济萧条经历中总结出的教训是"泡沫经济崩溃后有必要立即实施大胆的货币政策"，并且这种观念已经强烈影响了发达国家货币当局的思维模式。

不过尽管如此，全球金融危机之后很多发达国家经历了与日本完全相同的历程，在经济、政治、社会以及中央银行应对方面也出现了许多惊人的相似点。⑤

第一，经济低速增长。比较日美两国经济泡沫巅峰期（日本是1991年，美国是2007年）之后实际 GDP 的变化轨迹，与一般的主流

---

① Hayashi, Fumio and Edward C. Prescott (2002), "The 1990s in Japan: A Lost Decade", *Review of Economic Dynamics*, Vol. 5, No. 1, January 2002, pp. 206 – 235.
② 经常被称为僵尸企业（zombie）。但由于我不喜欢这个词，所以担任行长期间也有意识地回避了这个词。
③ Callen, Tim and Jonathan D. Ostry eds. (2003), *Japan's Lost Decade: Policies for Economic Revival*, IMF, 2003.
④ Blanchard and Summers (2017), 认为"日本'失去的10年'可以解读为一系列政策失败的结果"。Blanchard, Olivier and Lawrence Summers (2017), "Rethinking Stabilization Policy. Back to the Future", Peterson Institute for International Economics, October 8, 2017. https://piie.com/system/files/documents/blanchard-summers20171012paper.pdf.
⑤ 围绕这一主题，我在担任行长期间曾举行过多次演讲。白川方明 *（2010）「特殊性か類似性か？——金融政策研究を巡る日本のバブル崩壊後の経験」（第2回 International Journal of Central Banking 誌秋季コンファレンスでの基調講演）2010年9月16日。白川方明 *（2012）「セントラル・バンキング——危機前、危機の渦中、危機後」（FRB と IJCB 共催コンファレンスでの講演）2012年3月24日。

观点完全相反，并没有发现明显的差异（见图19-1）。即使不是从泡沫峰值期而是从全球金融危机之后的表现看，结果也是一样，如果与欧元区国家进行比较，日本的经济表现还算良好。

第二，低通货膨胀。日本物价下降的幅度要大一些，但下降趋势是相同的。当然这种经济和物价状况也反映在长期利率变化上。日本长期利率首次降至1%以下是在2002年10月31日，当时我完全没有料到欧美国家的长期利率也有降到这个水平的一天。

第三，政策当局或经济评论家当初的乐观情绪。起初日本有很多人都否定泡沫经济崩溃后会出现景气的大幅回落，或者虽然不是否定，但还是低估了问题的严重性。不动产价格进入下降通道后还在期待逆转上扬，即便在下降成为一定程度的常态后，也没有预想到会出现那么严重的下跌。同样，就像2007年美联储官员的一系列发言所显示的那样，当初都在否认出现严重金融危机和宏观经济停滞的可能性。每当摆脱了最严峻的状况呈现一丝曙光时，乐观情绪就会迅速升温，不久之后又以失望而告终，周而复始，循环往复（这就是前面提到过的"虚幻的黎明"）。

第四，政治家和国民的反应。要解决金融机构的不良债权问题，必须对金融机构投入公共财政资金，而政治家和国民却对此极为反感。金融危机刚刚结束时，强烈要求对金融机构加强监管，而一段时间过后，又大力指责金融机构的"惜贷"。在这种状况下，政策当局加大干预力度，促进金融机构增加贷款。

第五，所采取的货币政策措施。日本银行自20世纪90年代之后采取了各种非传统货币政策，包括零利率、承诺持续零利率政策、量化宽松政策以及购买包括金融机构持有股票等风险资产等。次贷危机爆发后，海外中央银行也采取了多种非传统货币政策。零利率政策长期化的结果，中央银行的资产负债表显著膨胀。

第六，一方面是经济结构改革或财政改革的滞后，另一方面是出现过度依赖货币政策的倾向。

由于存在这些相似点，全球金融危机后，随着时间的推移，欧美经济学界以及政府当局对世界经济和日本经济的看法出现了相当大的转变。比如美国经济学家、前财政部部长萨默斯在2013年的著名讲演中，提出了"长期停滞"（secular stagnation）的可能性。[1] 围绕这个观点目前还存在着不同意见，但讨论的出发点是危机之后经济长期低速增长的事实，与日本"失去的10年"讨论如出一辙。中央银行以及经济评论家预期的潜在经济增长率随着时间的推移而不断下调。美联储最初曾否认美国经济存在潜在增长率下降问题，不过根据公开市场委员会成员当初估计的长期经济增长率指标，2011年为2.5%~2.8%，2013年为2.3%~2.5%，2018年做出了相当程度的下调，为1.8%~2.0%。

## 泡沫崩溃后欧美国家与日本经济及社会的相异点

事实上，泡沫经济崩溃后，在经济及社会方面，日本与海外不仅存在很多相似性，也有很多不同点。虽然这么说，但其实我的知识储备并不足以全面论述各国的差异，这里想引用著名经济专栏作家吉莉安·泰德发表在《金融时报》上的文章。她毕业于剑桥大学社会人类学专业，曾在20世纪90年代后半期日本金融危机期间担任《金融时报》的东京特派员。她是在祭奠了破产的日本长期信用银行前行长大野木克信（2017年5月去世）之后，在《金融时报》上发表了下面的文章。大野木曾在日本长期信用银行隐瞒坏账事件中因违反商法，以不当分红等罪名遭到起诉，一、二审均被判有罪，在2008年最高法院

---

[1] Summers, Lawrence (2013), IMF Fourteenth Annual Research Conference in Honor of Stanley Fischer, November 8, 2013. http://larrysummers.com/2013/11/08/imf-fourteenth-annual-research-conference-in-honor-of-stanley-fischer/.

终审中逆转，被判无罪。泰德的文章很有启发性，我想完整地引用其中的一段，虽然篇幅较长：①

> 与日本的银行经营者相比，当出现银行破产时，美国的银行经营者既不会失去年金，也不会"自愿地"退还个人财产，没有一个华尔街上层管理人员因此进了监狱。这些经营者大都拥有巨额个人财产，持续经营银行的目的是守住财富，很多人在银行破产后还找到了新的职位。这对于我的日本银行家朋友来说简直是天方夜谭。在日本长期信用银行（或者其他银行）破产时，他们没有想到这些银行经营者触犯了法律。但是，我的朋友们绝不是推卸他们在金融危机中的责任。他们都是很认真的人，也意识到自己应该承担金融系统失败的部分责任，并为此感到惭愧。因此，他们问我，美国的经营者没有感到羞愧吗？华尔街的大咖们不觉得应该退回自己的部分财产吗？我竟无言以对。和这些日本友人一样，我也对大部分美国的银行家为什么能免于问责而感到困惑。与此同时，日本长期信用银行所发生的隐瞒不良债权、伪造银行账目，在当时的日本是极为普遍的，考虑到这些情况，我感到不解的是日本的体制是否对老实巴交的大野木和他的同事过于苛刻了。日美两国体制存在着方向上的差异，也都存在严重的"不公平"，也不知道哪个更糟糕。

我与泰德的心情同样复杂。至少可以说，各国的社会契约互不相同，随着时代或环境的变化，也应该重新审视某个时期占支配地位的行为模式或价值观念。

---

① 2017年10月6日的报道。题目是"A Japanese Lesson for Wall Street"。

## 各国对日本经济观念的转变

全球金融危机之后，欧美学者对日本经济的看法出现了很大转变。泡沫经济崩溃后，若以劳动年龄人口计算的实际GDP人均增长率来看，日本的表现还是相当良好的，至少海外各国的政策决策者或经济评论家已经能正确认识这个问题。泡沫经济崩溃后世界各国经济呈现出的诸多相似点这一事实，示意我们所谓的"教训"，与其说是"日本的教训"，不如说是一个普遍的教训。

实际上，我对于"失去的20年"以及"日本的教训"的认识也随着时间推移而不断变化。20世纪90年代，我对欧美学者的标准解读并没有太多的不认同，反而还对未能及时投入公共财政资金迅速处理不良债权深感沮丧，正因为如此，当我第一次听到"失去的10年"这个说法时，感觉很契合当时的心情。

但是，一段时间过后，我开始对这种表述产生疑义，并越发感到难以接受。最大的原因是围绕"失去的10年（20年）"的讨论开始变味，将日本经济的所有问题归结为通货紧缩，并将通货紧缩的原因归咎于货币政策。我越是研究日本经济的发展历程，越是不能接受欧美经济学家及经济评论家的观点，他们始终坚持，日本如果采取大胆的宽松货币政策，事态就能得到改善。本书的其他章节已经多次说过，日本经济的真正问题是泡沫经济崩溃所产生的"过剩"，在没有消除过剩之前，不管采取多么大胆的宽松货币政策，经济也不会回归正常轨道，这个观点一直没有得到应有的重视。

全球金融危机发生后，我的观点又发生了些许变化。令人鼓舞的是，欧美经济学家对于货币政策的主张也出现了某些变化，同时也让我意识到，相较于我们已有的认知，我们应该学习的东西要更多，且更重要。下面将说明这个问题。

## "经济模式"及"社会契约"的重要性

要理解泡沫经济后的经济走势并思考最佳的经济政策，就必须理解各国的"经济模式"或"社会契约"所发挥的作用。在泡沫经济崩溃后以及金融危机期间，最令各国政策当局殚精竭虑的是探索如何形成解决问题所必需的社会整体共识。不同国家或地区形成共识的方式也存在差异。

也许并非有意这样的，美国容许雷曼兄弟无秩序破产这一可以被称为"野蛮疗法"的做法，的确是给世界经济和金融体系带来了沉重打击。不过与此同时，这一事件也加速形成了其国内共识，国会通过了问题资产救助计划，使早期投入公共财政资金救助破产机构的计划得以成行。以财政资金为后盾对金融机构实施的压力测试，相对快速地恢复了美国金融体系的稳定。

日本无论如何也不可能实施雷曼兄弟破产那样的"野蛮疗法"，假如真么做的话，经济或社会成本一定会非常巨大。因此，日本只能依靠其他方式形成投入公共资金的社会共识。尽管当初也并不是有意识的，日本最终选择的是以渐进方式达成共识，按照时间顺序来说：①在不触发系统性风险的范畴内允许金融机构破产；②"住专国会"所象征的国民不满情绪集中爆发；③追究金融机构经营者的刑事责任；④对外承诺日本不会引发全球金融危机；⑤1997年秋季爆发严重金融危机。这一系列事件不断积累的结果是，日本逐渐形成了不得不投入公共财政资金的舆论氛围（见第3章"泡沫经济崩溃与金融危机"）。

由于选择了渐进方式，日本在修复金融体系上相应花费了更长的时间。虽然当时日本的就业形势也发生恶化，影响了国民生活的稳定，但与发达国家相比，日本的失业率，尤其是年轻人的失业率并不高。基于这一事实，也许可以正面评价日本的经济政策，因没有允许无秩序破产而避免了更大程度的社会混乱。欧元区从希腊危机爆发到"欧洲稳定机制"的建立也花费了将近3年时间。但是，考虑到欧元区内主权国家数量众多以及各国社会契约的差异，如果不是欧洲债务危机的波浪式扩散，或许更难形成欧洲稳定机制。

要分析各国危机应对方式差异的原因，就需要充分理解各国社会契约或经济运营模式的差异。比如，与其他发达国家相比，即使在受金融危机影响经济景气严重下降时期，日本的失业率也只是缓慢上升，这个事实说明就业优先是日本根深蒂固的社会契约，而同时带来的代价就是经济结构调整的滞后。各国应对经济泡沫风险所采取的措施，或许也反映了社会契约的差异。当经济处于过热状态时，会产生一系列过度激进现象，但如果强行抑制这种激进现象，就不能期望创新所带来的经济活力。如果整个社会都接受这种观点，针对泡沫经济膨胀问题，与事前防范相比，事后补救也许就会成为理性的选择。观察美国的经济运行过程，好像就有这样的感受。

对于欧洲债务危机，我也有同样的感受，每次与欧元区政策决策者交流，都能感受到他们来自美国学者或政策决策者对欧元的理解上的挫败感。我担任行长期间，时任法国银行副行长让－皮埃尔·兰道（Jean-Pierre Landau）作为执笔人之一出版的专著中有一章，题目是《英美经济学和全球化观点》（*Anglo-American Economics and Global Perspective*），其中下面的一节意味深长：[1]

> 两大知识阵营的互不信任感正在扩大。在日益激烈的论争中，欧洲人已经意识到英美学者对于欧洲项目缺乏本质上的理解，并总是基于不同的利害关系提出以自我为中心的政策主张。……对于英美国家主导国际规则舆论主战场，欧洲人感到非常不满。

---

[1] Brunnermeier, Markus K., Harold James and Jean-Pierre Landau (2016), *The Euro and the Battle of Ideas*, Princeton University Press, 2016. p. 249.

应该在多大程度上重视社会"稳定"？对于这个问题，我想并没有一个一成不变的答案。这是社会上所有人的价值判断问题，价值判断也会因经济发展阶段不同而存在差异。任何国家都会在漫长的历史进程中形成隐性的社会契约，并以此为基础制定各式各样的制度。构成经济和社会核心的"制度"，其变化是非常缓慢的。如果是这样，假定政府、中央银行以及经济学家就像社会工程学实验那样可以自由地改变"制度"，并在此背景下讨论宏观经济政策和货币政策运作问题，既不现实，也没有道理。

## 国际标准论

写到这里，我意识到与年轻时比，我的想法已经有了很大变化。在我刚从芝加哥大学留学归国时，特别反感那些强调（或看起来像是强调）日本经济和社会特殊性的经济政策观点。当时我强烈认为，讨论经济政策不要加入"特殊性"因素，应该尽可能使用具有普遍性的理论模型。而越是强调普遍性，就越要舍弃现实经济或社会中的一些重要部分，甚至是相当重要的部分。尽管这种简化在分析经济大趋势时是非常有必要的，但在制定经济政策时，有时就可能舍弃一些很重要的内容。理论模型固然重要，但同时也须留意理论模型是建立在哪些假定条件基础上的，这种态度必不可少。不然的话，只通过现存理论模型看待问题，不可能理解现实的经济状况。

20世纪90年代讨论日本经济政策时，使用最为频繁的一个概念恐怕就是"国际标准"。从某种意义上说，我自身也曾积极主张日本应该采取国际标准。学习海外很多国家的成功经验是很重要的，但是不管国际化进展到什么程度，人们的意识或行为方式没有真正的国际化都是一个严峻的现实。考虑到这一点，我想再次提及一个问题，就是"2%的通货膨胀目标既然是国际标准，日本银行为何不采用呢？"

从对物价上涨率产生重要影响的劳动市场来看，当经济面临严重的需求下降冲击时，日本的劳动分配率上升，而美国的则在下降（见图21-2）。这种现象离开日本就业优先的社会契约是难以理解的。在一个短期就业优先的社会和一个不重视短期就业的社会，工资或物价变动也存在差异。既然就业惯例并不是建立在国际标准之上的，为何单独从经济整体中抽出物价上涨率目标，要求实施国际统一的2%标准呢？这也是缺乏一致性的。如果说到国际标准，那么发达国家采取的浮动汇率制度就是其中之一。主张各国为实现本国经济的稳定，应该采取浮动汇率制度，通过汇率的波动调节各国之间工资和物价上涨率的差异。思考是否存在国际标准、如果有国际标准的话，为什么一些国家不采取国际标准等问题固然重要，但绝不能仅追求"国际标准"而停止对其他问题的思考。

## 潜在经济增长率下降

全球金融危机之后，我强烈意识到必须关注潜在经济增长率有可能缓慢变化的问题。在传统的货币政策分析中，都是假定潜在经济增长率保持不变，认为运用货币政策就可以消除供求缺口波动，实现经济活动的平稳运行。纵观泡沫经济崩溃后最初十几年的日本经济，应对泡沫膨胀以及泡沫崩溃这些巨大冲击的经济政策，的确成为左右日本经济走势的最大因素。当泡沫经济后遗症成为影响经济波动的最主要因素时，只有消除了"过剩"这个后遗症，经济才会回归到正常的增长路径。

但是，从以下两个方面看，这种理解也不一定完全正确。第一，过高地估计了泡沫经济之前的潜在经济增长率。日本经济高速增长在20世纪70年代初期就已经结束，之后逐渐过渡到了稳定增长阶段，很多人已经意识到潜在增长率正在缓慢下降，也认识到泡沫经济时期的

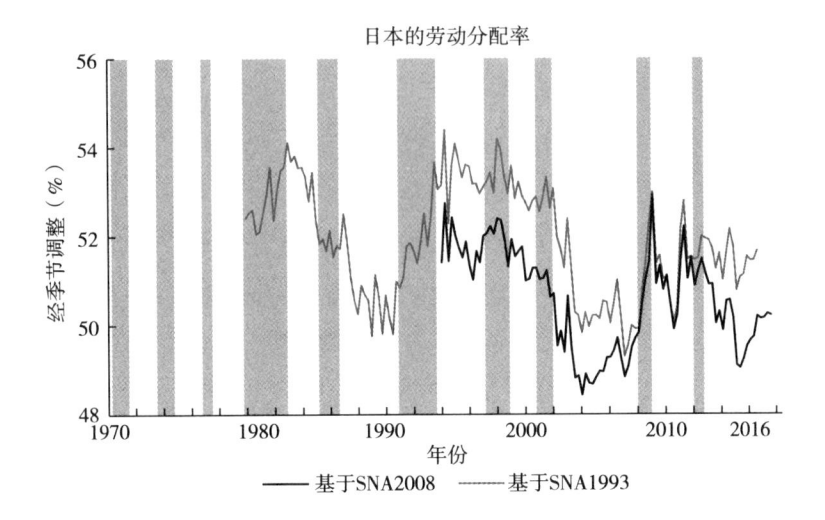

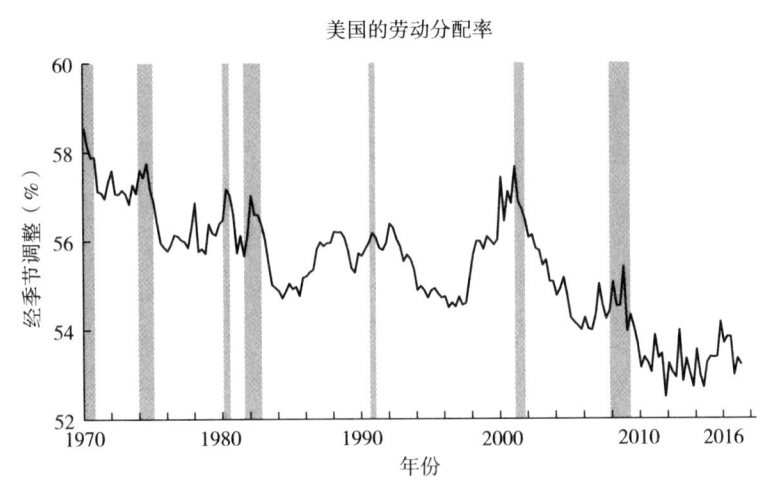

图 21-2　日本同美国劳动分配率的比较

注：劳动分配率＝名义工资总额/名义 GDP×100；阴影部分表示经济衰退阶段。
资料来源：日本的数据来自内阁府；美国的数据来自 BEA 和 NBER。

增长率属于一时的虚高。尽管如此，人们还是过高地预期了"过剩"后遗症消除之后的潜在经济增长率。其实我认为没有意识到潜在增长率下降的问题本身，也是带来泡沫膨胀的因素之一。第一个原因是企业经营者、投资家和普通民众认为潜在经济增长率仍会在高位运行，继续追求高回报的投资，结果就容易导致过剩投资或过剩债务。第二个原因是人口动态变化对潜在增长率和不动产价格都会产生影响。人口动态变化是左右潜在经济增长率的重要因素，而包括日本在内的许多国家，劳动年龄人口比例拐点与住宅价格拐点都出现在同一时期[1]。劳动年龄人口比例由峰值回落带来住宅需求低下的同时，潜在经济增长率也会下降，考虑到这些因素，就不难理解潜在经济增长率下降意识淡薄与泡沫经济膨胀之间的相关性了。

第二，泡沫经济崩溃后出现的全新因素也降低了日本潜在经济增长率，即信息通信技术发展与日本企业擅长的商业模式及背后的雇佣制度之间的"兼容"不佳问题，还有就是日本劳动年龄人口的快速下降。这些都与泡沫经济崩溃无关，却也带来了潜在增长率的下降。我在20世纪90年代对这两方面因素就有一定的认知，而现实状况却远远超出了我的预期。

## GDP 与社会福利

我担任行长期间，海外来访的政策决策者以及经济学家经常在讨论完日本的通货紧缩问题后，跟我聊起他们的感受，"走在东京街头，怎么也想象不到这就是'失去的10年'或者陷入通货紧缩的国度"。这让我意识到GDP和社会福利的差异，虽然过去对这个问题也有一定的认知，而在制定政策时并没有认真考虑过这个问题。

在讨论经济政策时，通常是假定社会福利变化在一定程度上近似

---

[1] Nishimura, Kiyohiko＊（2011），"This Time May Truly Be Different: Balance Sheet Adjustment under Population Ageing", Prepared for the Panel 'The Future of Monetary Policy' at the 2011 American Economic Association Annual Meeting, January 7, 2011.

于 GDP 变化。由于包括中央银行在内的宏观经济政策决策者的主要作用是实现相对短期的经济稳定，这个假定通常没有太大问题。但是要在"失去的20年"这么一个时间跨度内考虑经济政策，完全无视二者的差异就不合适了。作为宏观经济政策的制定者，重要的是，需要不时停下来具体思考一下形成 GDP 和社会福利差异的原因。[①]

形成差异的第一个因素是劳动时间。即使在同一 GDP 水平下，在劳动时间缩短并能享受更多闲暇时，与较长劳动时间相比，社会福利水平也是会提高的。根据 OECD 统计，日本现在的劳动时间仍然比较长，而这还是 20 世纪 90 年代初以来努力缩短劳动时间的结果，日本的人均劳动时间已经减少了 16%，从国际比较看，降低幅度也是比较大的。[②]

第二个因素是平均寿命的差异。最大化从购买的商品与服务中获得满意程度（效用）是标准的经济学理论，在这种情况下，获得满意的时间长短也是一个重要因素。在其他条件不变的情况下，平均寿命越长，意味着一生所获得的满足感也就越多。

第三个因素是收入和资产分配的平等程度。不管是 GDP 总量，还是人均 GDP，其增长率传递的都是"平均"概念，而社会整体的幸福感，也就是经济学家所说的社会福利是无法平均把握的，存在收入分配的问题。怎样分配才能迎合国民的公平公正观念是属于价值判断的问题，而收入或资产的分配差异无疑也是影响社会福利水平的重要因素之一。

---

[①] 下面的讨论得益于 Jones and Klenow (2016) 以及伯南克的微博 (https://www.brookings.edu/blog/ben-bernanke/2016/10/19/are-americans-better-off-than-they-were-a-decade-or-two-ago/.)。Jones, Charles I. and Peter J. Klenow (2016), "Beyond GDP? Welfare across Countries and Time", *American Economic Review*, Vol. 106, No. 9, September 2016, pp. 2426–2457.

[②] 根据 OECD 的调查，从 1990 年到 2016 年间，日本人均劳动时间由 2 031 小时下降到 1 713 个小时。

第四个因素是社会所追求的非经济价值的差异。即使同一种商品，与海外比较，由于日本还可以提供安全、安心、准确、清洁等附加服务的价值，相比以 GDP 为基准的国际比较，日本实际社会福利水平可能更高。

在上述的四个因素中，前两个因素是比较好计算的，纳入了这两个因素测算出的日本社会福利水平，的确可以修正一些基于 GDP 比较的印象。根据中曾宏担任日本银行副行长期间一次演讲中使用的测算（见图 21-3），2014 年日本人均 GDP 相当于美国的 70% 左右，而按照经济福利①测算的话，差距则大大缩小，达到 92% 左右。另外，在 1985—2014 年经济福利增长率中，日本的长寿化和闲暇时间增加带来经济福利的增长超过 4%，在西方 7 国中与德国并列第一。当然，这不是严谨的国际比较，这些数字只是在某种程度上回应了海外来访的决策者以及经济学家对于日本经济的实际感受。

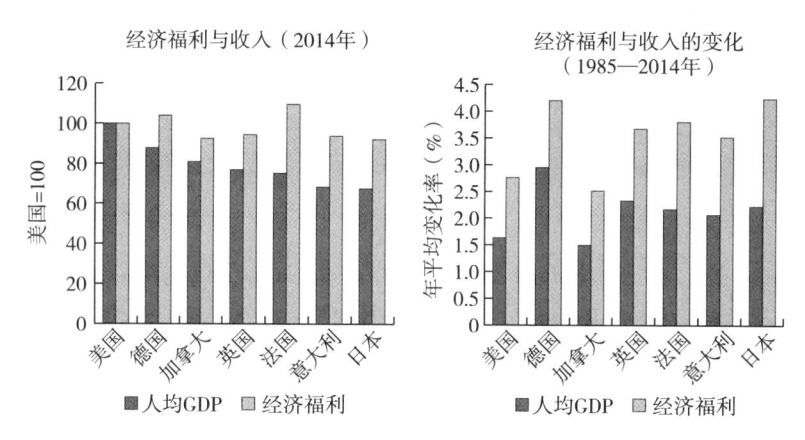

图 21-3 经济福利与收入的国际比较

资料来源：中曽宏＊（2017）「日本経済の底力と構造改革」（ジャパン・ソサエティおよびシティ・オブ・ロンドン・コーポ・レーションの共催講演会での講演）2017 年 10 月 5 日。図表 6。

---

① 作为社会福利的替代使用了经济福利。

## 从"日本的教训"中应该汲取的教训

学术界或政策决策者在讨论中经常提到日本经验,"日本的教训"也广为熟知,尽管如此,欧美诸国的经历却与日本几乎完全相同。海外的经济学家至今仍将日本的经验视为"谜一样的存在"(enigma),而从日本经历中所得到的教训却怎么也装不进他们的经济学工具箱。遗憾的是,对于日本的经验,要么是运用以欧美国家为视角建立的主流经济学理论展开讨论,要么是作为否认普遍性而强调特殊性的"日本模式"来讨论。[①] 在心理学上有一个术语叫"认知失调"(cognitive dissonance),意思是除非证据十足,否则人类往往忽视那些与既有范式不相符的证据。我认为这同样适用于"日本的教训"。这种倾向作为事实本身也是一个教训,应该称之为"'日本的教训'的教训"。

那么,国外从20世纪90年代以后的日本经济发展中汲取的真正教训应该包括哪些内容呢?

第一,应认识到若经济长时间处于"不可持续"增长轨道,势必会触发调整机制,从而导致经济的长期缓慢增长。不过现在这一观点已经不算新颖了。日本经济的不可持续增长表现为不动产泡沫,而调整成本不仅包括经济的低速增长,还包括政治和社会的动荡。基于这种认识,针对经济泡沫就不能仅仅采取事后应对措施,还要在金融监管监督以及货币政策两个方面采取事前预防措施。在货币政策运作方面,不能囿于物价上涨率或景气变动相关的短期表现,而是要充分考虑到威胁可持续发展的金融失衡因素。

第二,关乎经济学方面的最基本理论,也许再次强调会让人感到

---

[①] Koo(2003)是为数不多的例外。资产负债表概念能在国际范围内普及,他居功至伟。Koo, Richard (2003), *Balance Sheet Recession: Japan's Struggle with Uncharted Economics & Its Global Implications*, Wiley, 2003.

奇怪,在10年或20年这样一个"长期"发展历程中,决定增长趋势的不是物价或货币这些名义变量,而是像生产效率、创新以及劳动年龄人口变化等实际变量,货币政策只能起到平抑波动的作用,通过改变支出时机等方式使经济围绕潜在经济增长轨道运行,但不会影响轨道自身的变化趋势。假如低速经济增长长期持续,就必须探究带来经济低速增长的实体层面因素。[①]

第三,必须认识到快速老龄化以及少子化的严重影响。我们缺乏足够的知识和经验说明劳动年龄人口减少意味着什么。对经济的影响不只来源于人口减少本身,还起因于老年人与劳动年龄人口比率的急剧变动这一人口动态状况,以及以社会保障制度为核心的各种制度改革的滞后。在老年人已经占到多数的情况下,这种改革很难推进。日本的经验表明,有必要为将来的人口动态变化提前做好应对方案。

第四,重要的是,认识到自我认知的局限性,即承认我们对经济的理解还远远不够。这既体现在学术观点上的变化,也体现在我自身的思想变化过程中。回顾我对于"失去的20年"或者"日本的教训"观念的转变历程,深刻体会到自己是多么的无知,很多问题当初都没有察觉。我认为这不单是由于我们知识储备的局限性,也是植根于经济和社会体系本身的问题。当出现技术和人口方面的巨大变化时,很多经济主体都会为了适应变化而改变自己的行为。制度和政策也都在发生变化,并且这些又会引发新的变化。从这个意义上讲,经济和社会可以说是复杂的"自适应系统"(adaptive system)或"生态系统"。因此,即使当初理解是正确的,应对各个主体的变化也会引发新的状况,认识永远赶不上变化。对经济机制的理解也有必要经常"更新"。

---

[①] Borio, Claudio (2018), "A Blind Spot in Today's Macroeconomics?", Remarks at the BIS – IMF – OECD Joint Conference on "Weak Productivity: The Role of Financial Factors and Policies", January 10 – 11, 2018. https://www.bis.org/speeches/sp180110.pdf.

## 如何学习他国的经验

最后我想谈谈如何学习和借鉴其他国家的经验。在一国的经济政策运作中，国外的经验有多少值得借鉴？来自他国的各种建议或政策提案在多大程度上是有价值的？全球金融危机后，从危机中汲取教训的研究非常活跃。我退任行长之后，当时IMF首席经济学家奥利维尔·布兰查德总结出了5个教训。① 这里介绍其中的3个：一是"谦虚的重要性"；二是"金融体系非常重要"；三是"相互依存关系很重要"。谦虚的重要性毋庸置疑，对于第二和第三个教训，我虽也有同感，但不同意将这两个问题作为全球金融危机的教训，我认为这不是从全球金融危机中总结出来的教训，而是从日本泡沫经济崩溃后的一系列金融危机中总结出来的。布兰查德和萨默斯在2017年10月召开的金融危机10周年纪念会议上发表了以下观点：②

> 在发达国家中，日本泡沫崩溃后的不佳经济表现是众所周知的事实。但是主流宏观经济学的研究范式完全忽视了爆发金融危机的可能性。在宏观经济模型中，金融体系的作用通常被局限在基于预期假说和固定期限溢价而决定收益曲线这一维度。

正如他们所观察到的，日本政策决策者痛切感受到，至少在全球金融危机之前，其他国家根本没有从日本的经验中学到任何东西。我

---

① 参见IMF的微博。https://blogs.imf.org/2013/04/29/rethinking-macroeconomic-policy//.
② Blanchard, Olivier and Lawrence Summers (2017), "Rethinking Stabilization Policy. Back to the Future", Peterson Institute for International Economics, October 8, 2017. p5. https://piie.com/system/files/documents/blanchard-summers20171012paper.pdf.

强烈地感受到，人类除非真正经历危机，否则很难将来自他人的教训作为前车之鉴。或许也可以说，日本在汲取全球金融危机教训时也是同样。由于日本国内金融体系相对稳定，对全球金融危机后国外的应对有一种"隔岸观火"的心态，必要的改革也没能顺利推进。从这个意义上说，日本也没有充分汲取海外的教训。

回顾我自身的经历，可以说是从国外学到了很多东西。海外中央银行关于金融体系方面的建议及其做法特别有价值，尤其是20世纪90年代初欧美当局提供的关于处理金融机构破产问题的建议（见第3章"泡沫经济崩溃与金融危机"）。80年代后半期逐渐得到完善的支付清算体系，也是受到了美联储诸多经验的启发。90年代后半期，海外政策决策者针对日本处理不良债权问题行动迟缓的猛烈批评也是有价值的。我们自身对这些批评也深有同感，无奈国内政治上的反向掣肘使改革一直无法推进。在打破僵局完善破产处理机制过程中，来自国外的猛烈批评无疑成为有效的起爆器。在货币政策方面也学到了很多东西，包括以控制隔夜利率为出发点的金融调节政策、公布目标利率水平、活期存款付息制度，以及中央银行将国债贷予金融机构，等等。但在另一方面，我对于国外在一般性的货币政策运作方面的很多建议却不敢苟同。我认为这些政策建议的初衷是善意的，而由于所依据的理论中预想不到的机制发挥了作用，或者社会契约差异产生了重要影响，针对这些方面，他们考虑得还很不充分。从中得到的教训是，要向他国提供政策建议，必须有理智谦虚的态度，反省自己有无忽视的因素。

出于这种考虑，我担任行长期间向海外政策决策者讲到"日本的教训"时，总是努力保持坦诚与谦虚并重，极力避免给人一种傲慢的感觉。那么，要说我的言论有什么额外价值的话，就是我从不讲具体的政策建议，而是基于日本经验，提出他们也许还没有认识到的问题。这些问题也是我在国际会议等场合的一贯主张，如维持金融体系稳定的重要性、金融体系与实体经济连锁效应的强大，以及泡沫经济崩溃后景气恢复的迟缓，等等。另外，当意识到自己对他国微妙的社会契约以及经济模式缺乏足够认知时，就不会深入触及个别具体的政策建议。

　　从其他国家还学到了很多包括货币政策在内的经济政策的运作经验。认为自己国家很特殊的想法是危险的，但没有甄别地全盘接受国外的经验教训也是不正确的。在总结教训的过程中，无论是政策当局，还是学者，都需要同时具备好奇心和谦逊的素养。

# 第22章 独立性与问责制

中央银行为保证适度运作货币政策，独立性与问责制构成的公共治理框架尤为重要。这是从过去的痛苦经历中总结得来的，货币政策在受到短期利害关系影响后，可能引发高通货膨胀，进而有损经济效率和社会公平。当时意识到的主要是通货膨胀风险，以及中央银行相对于政府或政治的独立性问题。现在这些问题依然重要，不过近年来，经济不稳定的主要原因不是通货膨胀，而是低通货膨胀下资产价格上升和债务增加。在经济全球化和信息通信技术快速发展的背景下，货币政策时间跨度短期化的压力无处不在，有必要深入思考独立性的真正含义。

## 中央银行与政府及政治家的关系

"中央银行与政府及政治家的关系"是一个老生常谈的话题。更准确地说，在日本这个话题或许比货币政策本身更加引人注目。我担任日本银行理事期间，曾有要好的朋友问我："既然日本银行拥有法律上的独立性，是不是就不用担心政府和政治家的言论了？"在担任行长期间或者退任之后，在私下聊天中也经常被问道："政府和政治家对日本银行施压了吗?"在货币政策决策会议决定宽松货币政策之后的记者招待会上,经常面对的提问是:"货币宽松是政府要求的吗?"

在我职业经历中,开始强烈意识到中央银行与政府及政治家关系重要性的是"广场协议"后货币政策基调的变化,然后就是在信贷机构局期间处理金融机构不良债权问题阶段。在此之前,说到中央银行与政府及政治家的关系,我的印象中主要是指与政府部门同级别职员之间的关系,并没有作为当事人直接与政治家或国会议员进行接触。自2000年开始,经常近距离接触行长或政策委员会成员,从事具体的货币政策工作,与之前相比,不仅了解了日本银行与政府部门之间的关系,还在工作过程中进一步感受到了政治动向。

就任行长后,与首相和财务大臣直接对话的机会增多,在国会接受质询的次数也不断增加,对中央银行与政府及政治家的关系有了全新的认识,也包括许多此前从未看清楚的一些事情。关于这个问题,我不知道我的感受与之前的行长具有多大的相似性。这是由于日本银行与政府的关系也会随着时代的变化而变化,或因首相、财务大臣以及行长个性的不同而存在一定差异。在政治形势方面,在我任行长期间,出现了两次在野党与执政党的政权更替,走马灯似地更换了6位首相以及10位财务大臣。过去也有过政治不稳定时期,而如此频繁地更换大臣,至少在第二次世界大战之后是从未有过的。

与海外中央银行相比,日本银行的独立性大概处于什么样的层次呢?从法律规定的独立性角度来说,日本银行在国际上属于比较低的层次。如政府代表每次都出席货币政策决策会议,并可以就货币政策发表观点或意见,这在发达国家中并不常见。在首相以及经济相关重要内阁成员参加的经济财政咨询会议上讨论货币政策问题,在发达国家中更是没有先例(见第5章"零利率政策与量化宽松政策")。要求行长出席国会听证会的次数也明显高于国外中央银行。

不过,法律规定的独立性只是重要因素之一,单凭法律条文并不能判断中央银行的真实独立性程度，重要的是依循法律精神如何在现实中实现独立性。进一步讲，鉴于中央银行独立性是中长期时间跨度内保证货币政策正常运行的机制之一，讨论这个问题时，若过度聚焦于中央银行相对政府或政治家的独立性上是不合适的。例如，即使中央银行独立于政府，如果中央银行过于重视金融市场的短期波动或市场参与者的反应，就会缩短货币政策运作的时间跨度，中央银行拥有的独立性也就没有意义了。中央银行的独立性问题，需要从更广阔的视野展开分析，不仅应关注中央银行与政府及政治家的关系，还须包括与金融市场和社会等方方面面的关系。

## 中央银行与政府之间的信息交换和意见交流

首先分析中央银行与政府及政治家的关系。政府出台的财政政策会对宏观经济运行产生很大影响，而且作为其根基的政府经济政策运作逻辑是非常重要的。因此，无论哪个国家，都需要政府和中央银行之间进行密切的意见交流和信息沟通，日本银行也不例外。但是，具体的沟通机制在不同国家存在一定的差异。

在日本，财务省、内阁府和中央银行的相关事务部门之间经常就经济形势分析交换信息或意见。在这种信息和意见交换过程中，政府对经济形势的判断以及对货币政策的要求可以传达给日本银行的事务部门。日本银行行长经常参加在首相官邸召开的诸如经济财政咨询委员会或月度经济报告阁僚会议（民主党执政时期还有"国家战略会议"）等官方会议，在会议前后与首相、财务大臣或经济财政政策大臣简短交流的机会也有很多。除了这些机会，必要时还与首相或财务大臣进行面对面沟通。对我来说，是希望如字面上所说的"面对面"交谈，实际上很多场合都是有官厅派来的秘书等作为陪同。官邸召开的正式会议与会人数众多，后排经常坐着相关事务部门的职员，我也总是顾及首相及相关大臣的感受，尽可能详尽地说明日本银行对经济金融形势的判断、货币政策运作内容以及基本理念等问题。

政府代表每次例行出席货币政策决策会议。与会的政府代表大多是财务省、内阁府的副大臣、政务官或事务部门负责人，有时大臣也出席。政府代表除了说明经济形势和政策运营的基本思路以及各种经济对策内容，对货币政策提出要求也成为惯例。政府代表的发言内容每次都以"议事要点"的形式对外发布。如2012年1月决策会议上，内阁府代表的发言内容如下：[①]

> 关于2013年消费者物价与上一年相比的上涨率，政策委员会更新中长期目标预期时，各成员预估值的中位数为正的0.5%，比"中长期物价稳定的理解"的水平还要低。为顺利推进社会保障及税收的一体化改革，政府和中央银行应该抱团取暖，以前所未有的决心和努力坚决摆脱通货紧缩。

政府代表参加中央银行决策会议或者对货币政策提出要求，这在国际上一般是没有先例的。而让大臣、副大臣、政务官这些政治家全程观摩货币政策决策是经深入讨论后做出的这一过程本身或许可以加深他们对日本银行事务的理解，从这个角度来说还是具有一定的价值。

## 政府与中央银行的"一体化"讨论

政府代表出席日本银行的货币政策决策会议是新《日本银行法》规定的，而对日本银行来说，最苦恼的是政府在对外传递的信息中过度强调"与中央银行统一行动"或"协同"姿态。由于政府将"摆脱

---

[①] 2012年1月23日到24日决策会议议事要点。

通货紧缩"以及"纠正日元升值"作为最重要的政策目标，因此在国会执政演说或经济财政咨询委员会报告、首相官邸召开的月度经济报告阁僚会议报告书中，经常强调二者之间的"一体"或"协同"。此外，在记者招待会上，大臣经常就未来货币政策运作发表一些意思很微妙的言论。出现在大众媒体上的相关省厅官员的匿名发言更是屡见不鲜。

可以预想到一定会有人反驳，在经济状况恶化时政府和日本银行统一采取行动或者协同联动不是很自然的事吗？或许，甚至会认为这正是非常必要的。而让我感到苦恼的是，这些观念或发言容易成为未来货币政策运作的桎梏。正如《日本银行法》规定的，在决定货币政策运作基础的宏观经济判断方面，要求日本银行与政府进行"充分的意见沟通"（新《日本银行法》第四条）。但即使努力沟通也不一定能保证观点达成一致。在这种情况下，日本银行应该如何应对呢？

新《日本银行法》第二条规定，"日本银行在调节货币及金融活动时，其理念是通过实现物价稳定促进国民经济的健康发展"。第三条第一款规定，"必须尊重日本银行在货币及金融调节方面的自主性"。很显然，最终负责货币政策运作的是日本银行。在此基础上要求日本银行"必须努力向国民说明货币和金融调控的决策内容及其决策过程"（第三条第二款）。这就是日本银行的独立性，与之相伴的是要求日本银行履行问责制。

如果强调"一体"或"联动"，无论政府与日本银行的观点一致，还是不一致，都会存在问题。如果是前者，日本银行的决策与之前政府评论货币政策的发言完全相同，会被视为"政府主导"货币政策；如果是后者，就成了日本银行否认政府对外发表的言论。不管哪种情况，都会损害政府和日本银行在政策执行方面最重要的公信力，最终会损害"国家利益"。为了避免这种不幸事态发生，允许政府代表在决策会议上表达政府意见，并以"议事要点"形式对外发布，这是新

《日本银行法》规定的保证透明度的程序。遗憾的是，实际上就是在新《日本银行法》实施以后，仍存在大量法律上没有界定的做法。

## 来自政治家的压力

在来自政治家的压力方面，比如国会议员对日本银行直接提出的要求。本书中已经数度提及的政治家在国会委员会上的发言就是典型的例子。此外，还有很多朝野各党派的政党学习会或调查会频繁要求日本银行理事或局长等参加听证会，接受他们的批判。议员不仅在国会上代表自己的政党批评日本银行的观点，还组建各式各样的超党派团体，批评日本银行的货币政策。2010年之后，这些团体的表现相当活跃。

我任行长期间出现的团体包括民主党的"摆脱通货紧缩议员联盟""日银理想模式议员联盟""日元升值及欧洲危机等的对策研究会""日本再生战略会议""不增税实现复兴紧急会议"等；自民党内则出现了"修改《日本银行法》摆脱通货紧缩和日元升值研讨会""切实消除通货紧缩和日元升值会议"等；超党派的组织有"增税外复兴财源研究会""修订《日本银行法》为目标的超党派联络会""实现日本复兴和再生的议员联盟"等。这些团体大多会发表声明或提出建议书，其中的国会议员成员经常基于这些资料在国会委员会上批判日本银行。

在国会听证会上，日本银行受到了支持"通货再膨胀派"或"预期派"议员的激烈批判。不过公平地说，也有来自相反方向的批评，虽然为数不多。印象最为深刻的是共产党的大门实纪史参议院议员。雷曼兄弟破产之后，就在朝野政党的众多议员都惊呼"百年一遇的金融危机"之时，大门议员在2009年4月9日参议院财政金融委员会上，评价了日本银行购入商业票据、公司债券、金融机构持有股票等特例措施，批判日本银行"超越了底线"。① 此外，他也谈到了自己的感受："我想恐怕你们也是受到了必须得有所作为的压力吧？"我虽然也反驳了大门委员的观点，但对他的感受深有同感。

另一个是自民党的加藤纮一议员（已故）。加藤议员在 2010 年 9 月 8 日参议院财政金融委员会上对量化宽松政策提出质疑后，又提出了下面的问题。由于全部内容很长，只介绍直接提问的那一部分：②

> 我觉得你们是想成为背负全部原罪的基督耶稣啊，这行吗？对于那些不能做的、没意义的事情，作为专家，坚决地说"不"，这样做很危险吗？

加藤委员的发言不像提问，更像是独白。反观两年之后的 2012 年秋季的政治局势，我更能体会到加藤委员独白式提问的分量。

我想恐怕不能简单作答。经济状况严峻时中央银行必然受到来自各方的批评，这也是健全的民主社会的标志。如果没有大门或加藤这样的议员，国会上的货币政策讨论就会更加偏激而失去均衡，这也是事实。在美联储伯南克主席的回忆录中，也有不少篇幅谈及国会议员对美联储的批评，以及针对这些批评他不耐烦地做出的解释，不过他所讲的主要都是国会批评美联储的冒进行为，指责美联储"做过了头"。我没有足够的材料去客观评价日美两国国会是否全面准确地理解了货币政策，而两国国会批评中央银行的方向完全相反，这也是很有意思的问题。

---

① 参见第 171 次国会"参议院财政金融委员会纪要"第 15 号，第 15 页。"购买商业票据、公司债券、国债，购入银行持有的股票，承销后偿贷款，尽管日本银行自己知道这些都是特例的措施，怎么说好呢，一次次超越底线吗？……我是担心渐渐就会支撑不下去啊！"
② 参见第 175 次国会"众议院财政金融委员会纪要"，第 3 号，第 6 页。

## 来自社会的压力

　　有观点认为，不管从哪个方向批评中央银行，都不过是政府或政治家单方面对日本银行的货币政策施压，我一直认为这种理解过于肤浅。现实中的问题更加复杂。之所以这么说，也许表述上并不恰当，政府或政治家也是受到了来自社会的种种压力，作为压力的反作用，才对日本银行施加压力的，这无可否认。事实上，与因"通货再膨胀派"主张而闻名的国会议员面对面的交谈过程中，了解到他们不是因为笃信才提出那样的政策主张，关于经济财政问题，他们也不是完全不理解改革的必要性。但由于这些政策短期内会带来阵痛，因此现实中很难让仰仗选民选举上台的政客不顾选民的意愿而去推动经济财政改革。与此相反，对日本银行货币政策施加压力却完全没有这种风险。

　　在欧洲债务危机最严重的时期，欧盟委员会主席让－克洛德·容克（Jean-Claude Juncker）说道："我们都知道该做些什么，只是不知道做了这些事情之后，在选举时能否获得连任。"我想国内外的政治家处境大致相同。特别是，在与相对有影响力的政治家交谈得知他们的真实想法后，就更觉得单纯批判政治家有失公允。

　　政治家要求中央银行实施宽松货币政策，不管对错与否，都是容易理解的行为。施加给日本银行的压力属于"政治方面的压力"，同时也反映了左右政治家行为的国民意识，我认为最终应该理解为"社会层面的压力"。最终，社会的不满情绪以政治压力的形式释放出来，这也是实情。

　　压力的性质也随着时代的变化而变化。中央银行独立性合法化的最传统观点是防范中央银行为财政融资。基于这一观点，禁止中央银行直接向政府提供信用。或是像"政治经济周期"理论所主张的那样，为防止货币政策运作因受到选举影响而专注于短期的景气上扬，才将货币政策的决定权赋予中央银行，并延长包括行长在内的管理层的任职期限。赋予中央银行独立性的依据至今仍然很重要。但是，考虑到中央银行独立性的本来目的是确保在中长期时间跨度内运作货币政策，因此不能将讨论过度聚焦在中央银行与财政或政治的关系问题上。下面要分析的是过去30年间新出现的导致货币政策运作短视化的现象，任何一个现象都使货币政策难以正常运作。

## 金融市场带来的短期偏好

关于导致货币政策运作短视化的影响因素，最值得一提的莫过于伴随经济全球化以及信息通信技术发展而快速发展的金融市场。20世纪90年代前半期曾担任美联储副主席的普林斯顿大学教授艾伦·斯图亚特·布林德（Alan Stuart Blinder）说过的一段话，预言了之后30年间所发生的事件：[1]

> 这是一个具有讽刺性的问题。中央银行之所以从选举产生的政治家那里得到了独立性，恐怕是由于政治程序中天生存在的短视化倾向。就是由于知道这个缺陷，政治家才痛痛快快地将货币政策的日常管理权限下放给中央银行，让中央银行持续不断地监控通货膨胀。但是，如果中央银行过于取悦市场的话，潜移默化中很可能就会采取市场所特有的极端短视的政策。这样，很容易陷入"追着自己尾巴转圈圈的狗"的结局。

---

[1] ブラインダー、アラン（1999）『金融政策の理論と実践』河野龍太郎・前田栄治訳、東洋経済新報社、1999年。（*Central Banking in Theory and Practice*, MIT Press, 1999.）108~109頁。

正如第2章阐述日本的经济泡沫时所讲的，我当时对于将市场形成的价格视为"不合理"现象还是相当犹豫的，或许是无意识地担心如果否定市场行为，会被指责为"保守的中央银行"。但是回过头来看，那样的价格走势实际上就是不合理的。金融市场动向是宝贵的信息来源，但也不能视为绝对，必须经常从可持续发展的角度审视经济动向。这就是我从国内外的各种经验教训中所学到的。

绝对重视金融市场动向的倾向也表现为其他形式。我任行长期间，当海外景气下降，或者全球金融危机以及欧洲债务危机等世界经济不确定性增大时，日元汇率出现升值，每当这时，汇率市场上都会散布一种舆论，下一次的货币政策决策会议日本银行肯定会推出货币宽松措施。政治家针对日元升值和通货紧缩发言表示期望货币宽松，大众媒体也预测决策会议将加强货币宽松。结果在金融市场上就形成了预期出台强化宽松货币政策的行情。这样的话，如果不按照市场预期出台措施，就会担心诱发金融市场上的"失望性抛售"，迫使日本银行不得不在决策会议上追加某些宽松措施。在这种状况下，经济学家或者分析师评价日本银行货币政策时，也常常以能否顺应市场需求或预期作为标准。

很多人都说中央银行应该努力"与市场对话""与市场交流"。当然，中央银行有必要向市场详细说明货币政策运作的思路或逻辑，但是他们在谈论"与市场对话"或"与市场交流"时，实际上并不是寻求中央银行的详细说明，更多的是要求采取金融市场参与者所期望的货币政策。金融市场上的不同观点相互制衡形成了不同时点的价格。换句话说，并不存在单一的"市场呼声"。中央银行详细说明政策意图或判断依据是必不可少的，努力知晓市场参与者对金融形势的判断也非常重要。但是，一听到乍听之下好像很有道理的"与市场对话"，就期待中央银行采取反映特定市场参与者"立场"的政策，无异于要求日本银行放弃应该坚持的判断标准。前面提及的布林德也说过下面

的一段话：①

> 中央银行的职员容易受到"追随市场"的诱惑。……他们归根结底未脱凡尘。无论是谁，评判业绩时都希望得到高分，他们也一样。虽然只有历史的评判才是真正重要的，但等待这一历史评判却需要惊人的毅力。

中央银行如果不具备对未来经济的洞察力，就难免陷入布林德所说的"追着自己尾巴转圈圈的狗"的结局。

## 中央银行的观察者

传统上有关中央银行的公共治理制度设计，是从中央银行与政府及政治家关系的角度加以考虑的。但随着上述"市场化"的进展，我感觉没有充分注意到经济评论家和媒体等观察中央银行行为的立场变化所带来的影响。一直以来存在一个被称为"经济评论家"的专家群体，而现在这一群体的性质发生了变化。简单地说，过去的经济评论家多是学院派，而近年来出现了大批从属于金融机构或其他相关机构的经济评论家或经济分析师。他们讨论的重点不再是经济的中长期增长趋势，而是集中在短期的经济前景或市场行情的变化。对于货币政策，也不是研究理想的政策运作问题，而是将重点放在了预测未来货币政策的走势方面。

媒体的报道或解说都在密切追踪货币政策的动向，也呈现出短视

---

① ブラインダー、アラン（1999）『金融政策の理論と実践』河野龍太郎・前田栄治訳、東洋経済新報社、1999 年。（Central Banking in Theory and Practice，MIT Press，1999.）106 頁。

化倾向。货币政策的内容原本就相当复杂，要理解这些内容必须依靠经济评论家的解说，因此，围绕货币政策的讨论也很难避免经济评论家短视化情绪的影响。另外，为了判断货币政策的正确与否，至少需要经历经济衰退与复苏的一个完整周期或者泡沫经济生成以及之后金融危机的体验，而日本与欧美国家相比，由于媒体记者人事变动频繁，短视化倾向更加严重。

要保证货币政策的适度运作，经济评论家和媒体对中央银行行为的监督也是非常重要的，而现状却是难以发挥这样的作用。

## 主流宏观经济学带来的成见

具有讽刺意味的是，在货币政策短视化过程中，不可否认也受到了曾经为中央银行独立性提供政策依据的主流宏观经济学的（无意识的）影响。经历了痛苦的20世纪六七十年代恶性通货膨胀以及其后的滞胀，支持中央银行独立性的舆论高涨，80年代末开始很多国家开始强化中央银行的独立性，同时实施了通货膨胀目标制。推动这一潮流的理论基础就是主流宏观经济学。

简单地讲，这里使用的经济模型假定经济动向是由趋势性增长和围绕趋势上下波动的随机扰动所决定的，中央银行的作用就是通过货币政策抵消随机扰动的影响。这里扰动也被称为"逆风"或"顺风"，被视为与货币政策无关的外生因素。根据这种理解，最佳货币政策是实际物价上涨率与物价上涨率目标背离程度以及供求缺口最小化的政策（见第18章"中央银行的作用"）。

现实中的确出现过这种经济模型能较好描述经济状况的时期，即使到今天也存在这样贴合模型的经济状况。但是，过去30年间发达国家所经历的却与理论模型所描述的世界渐行渐远。与其说经济是趋势及围绕趋势的随机扰动，不如说是在更长周期内波动。此外，货币政策自身也成为扰动因素，对中期经济增长趋势产生了影响。除非将这些现象纳入分析框架中，否则就无法理解宏观经济的波动，也无法判断哪些是理想的货币政策运作方式。

理论模型很重要，但特定的理论模型一旦确立了主流派的稳固地位，本身就会在学术界和政策决策者之间形成巨大的"信念体系"（belief system），并逐渐排斥其他不同观点。这并不意味着主流宏观经济理论是错误的，而是因为经济就像一个生态系统，随着社会形势变化和技术进步，也在发生着复杂的变化。诸如信息通信技术的发展、快速的老龄化及人口减少、社会阶层分化等现象，不仅给经济，而且给其他很多方面都带来了巨大影响，这些因素还进一步影响着各种经济变量之间的关系，并最终改变各国最佳的货币政策运作方式。①

## 问责制"陷阱"

虽然并非是有意识的，但中央银行问责制这一制度设计本身的确也带来了货币政策运作的短视化。

在民主社会中，中央银行被赋予独立性的同时，必须履行问责制，这是理所当然的。在中央银行未被赋予独立性之前，制定货币政策过程中完全不需要对国民做出任何解释，反而还曾有过"沉默是金"的时代。而这样的货币政策不仅效率低下，放在当代恐怕还会被指责为不负责任。中央银行必须履行问责制！

在现实中，中央银行在获得独立性的同时，也在逐渐完善问责制，

---

① 关于对主流经济学的不满，我与英格兰银行默文·金行长在许多问题上意见相同。这里提到的很多观点也受教于 King, Mervyn（2016），*The End of Alchemy: Money, Banking, and the Future of the Global Economy*, W. W. Norton & Company, 2016.（『錬金術の終わり——貨幣、銀行、世界経済の未来』遠藤真美訳、日本経済新聞出版社、2017 年。）

努力说明货币政策制定过程中的思维逻辑。而且，单纯用语言说明已经远远不够，还要提供决策背后的预期以及数字化目标。这个要求也算合理，而问题是接下来还被要求提供数字化目标背后的理论模型。现实中其实并不存在一个能如实描述货币政策运作的合适的理论模型，在尝试了各种理论模型之后，最终还是凭直觉确定了所谓正确的模型。这种"直觉"是基于长年的经验积累而做出的判断，很难做出说明或解释。而且，在货币政策委员会制度下，本来就不存在一个所有人都认可的理论模型。

问题不仅在于没有一个合适的理论模型，更是由于没能很好地设计出一套与独立性相匹配的问责制体系。获得独立性的中央银行过度在意问责制，就会追求目标的数字化。目标数字化的价值无可厚非，不过也正因为如此，下面的一些因素，一是不能完全融入现有经济学分析框架的因素，二是难以数字化的因素，三是发生概率很小而影响却很大的因素，四是长期来看影响很大而短期影响较小的因素，相对于它们的重要性而言，没有受到足够的重视。若回顾一下主流经济学关于泡沫经济、泡沫经济崩溃后的金融危机、老龄化及人口减少等问题的研究历程，这个想法就更加强烈。

问责制是中央银行为了获得独立制定货币政策的权限而必须履行的。该独立性的目的是确保中央银行在经济可持续增长所需的足够长的时间跨度内制定和运行货币政策，但如果整个社会对数字的"监控"越发严格，那么中央银行就会倾向于用数字说明货币政策。其原因在于，如果不这么做，就会被指责为没有履行说明责任，不久就会影响到中央银行的独立性。另外，市场参与者也看好中央银行的数字导向型货币政策，并将这一预期融入投资活动。这样一来，中央银行考虑到若违背市场预期会给金融市场造成负面影响，也就难以采取不同于国民预期的行动。在这种复杂利害关系的作用下，货币政策短视化成为必然。从这个意义上讲，独立的中央银行对于政府及政治家而言本来是一种良好的制度安排，却无意中强化了货币政策的短视化倾向。

## 社会"阶层分化"现象

最后要列举的使货币政策难以运作的因素是社会"阶层分化"现象带来的影响。虽然不同国家形式有所不同，但在这方面，日本先于其他发达国家遭遇了各式各样的难题。

第一，国民对政策当局或专家的不信任感。经济泡沫、泡沫崩溃以及随后的金融危机导致了社会对于财务省、日本银行等政策当局的信任危机，尤其是 20 世纪 90 年代后半期暴露的政府官员以及日本银行职员的丑闻事件更加剧了这一危机。虽然不能将泡沫经济崩溃后的经济低迷完全归结为财务省和中央银行的政策失败，但只要政府当局出台得当的政策措施，经济状况就会得到改善也是事实。国民对专家的不信任经常导致专家难以根据理论或事实进行客观冷静的分析。

第二，经济收入差距的扩大。20 世纪 90 年代以后的日本经济，不仅受到了泡沫经济崩溃及金融危机的影响，更受到了信息通信技术发展带来的超乎想象的冲击。企业直面如此巨大的环境变化，在抑制过剩的正式员工工资上涨的同时，还要谋求通过增加非正式员工的雇佣数量来削减工资成本。此外，较早遭遇老龄化及人口减少影响的地区，以经济为中心逐渐呈现凋敝景象。结果在各个维度，如正式员工与非正式员工、高技能工人与低技能工人、老年人与年轻人、以首都圈为中心的大城市与大城市之外的偏远地区之间，都呈现出社会阶层分化加剧的趋势。

过去就出现了对这种社会阶层分化现象的警告，不过就我自身来说，在 20 世纪 90 年代，我对这个问题的认识远不如现在清晰。我曾经乐观地认为，泡沫经济调整结束后经济增长率将得到恢复，经济进入上升轨道时社会阶层的分化现象就会得到缓解，我为自己的无知深感惭愧。全球金融危机后我的想法发生了很大转变。最大的契机是海外也开始出现收入和资产差距逐渐扩大的社会阶层分化现象。标志性的事件就是被称为"占领华尔街"的抗议活动。2011年12月因出席国际会议访问纽约并入住华尔街附近的宾馆，在徒步前往纽约联储会场的路上，我目睹了抗议活动余威尚存的公园景象。从5年后的2016年美国总统选举以及其后的动向看，使我强烈意识到世界范围内的社会阶层分化现象正在加剧。

国民感到的不满最终都会反映在政治层面。泡沫经济崩溃后日本经济经历的困难，不是需求的短时下降引发的，而是少子老龄化、僵化的企业经营模式等更为结构性的中长期因素带来的。要真正解决这些结构性问题，必须出台能改变"结构"本身的对策，而改变原有秩序会遭遇很大的阻力。因此，索性就依赖谁都不会有怨言的宽松货币政策的倾向越发明显。

## 中央银行的沟通方式

很多国民并不需要复杂的解释，他们想要的只是通俗易懂的说明，就像第10章"日本经济面临的真正问题"中提到的"故事"。实际上，回顾过去的宏观经济发展历程，让人不得不意识到，在重要的时间节点，这些故事产生了巨大的影响。在20世纪80年代后半期的泡沫经济时期，典型的故事包括"债权大国日本""通过扩大内需压缩经常收支盈余""国际政策协调"等。进入21世纪后，则出现了"日本经济最大的问题是摆脱通货紧缩""通货紧缩就是货币现象"等版本。一旦受故事影响形成了"时代氛围"，就很难实施与之相悖的宏观经济政策。故事在某一时期威力巨大，而一旦收场，人们甚至会不记得它曾经风靡一时。故事还会影响政策的制定。泡沫经济崩溃后日本经济面临许多严重的问题,但这种状况却被描述为"不良债权问题"。而一旦说是"不良债权问题",就会让人们下意识地认为问题出在金融机构,而并不是日本经济整体的问题。[①] 当然,当初提出这个概念的人或许真的没有这方面的意识,否则就不会用这个说法了,如果使用的是"金融危机"或"经济危机"等概念,之后的舆论氛围大概就会有所不同。从这个意义上说,措辞的选择会左右故事的形成,并从正反两个方面对宏观经济政策产生重要影响。

在上述分析的基础上,中央银行应该如何向最终的利益相关者国民以及受货币政策波及影响的金融市场参与者解释自己的政策呢?与金融市场参与者沟通的问题已经讲过了,对一般国民或媒体的解释却是以前没有过的全新课题。

一是随着非传统货币政策复杂化程度的加深,国民越来越难以理解现在货币政策的内容。恐怕即使是金融机构的从业人员,也只有那些在金融市场并且是短期金融市场或债券市场具体从事相关业务、跟踪中央银行政策的人,才能准确理解非传统货币政策的内容。二是意见的尖锐对立。在互联网这一虚拟空间,"通货再膨胀派"和"预期派"对日本银行一直进行着猛烈的批判。以前也有过围绕经济政策或货币政策的意见对立,而随着互联网和社交媒体的普及,持相同观点的人容易形成一个朋友圈,因此更容易出现一些过激的言论。一位与我关系要好的经济学家曾表示,若在互联网上受到过猛烈的攻击,普通人就会对冷静地分析政策心生恐惧。本来互联网和社交媒体的作用之一是将人们"联系"在一起,相反却出现了强化社会阶层分化的效果。

在这样一种沟通环境日渐复杂的背景下,中央银行对外沟通过程中,应该将"易懂性"放在什么地位呢?我极力主张要简单明了地说明问题并身体力行。举一个例子,在雷曼兄弟刚破产后的信息发布上,我就曾尽力

---

① 小宫隆太郎在私下里与我交谈的过程中指出了这点。

用通俗易懂的语言表达了"日本银行将坚守金融体系稳定"的决心。

不过,正如第 8 章讲过的,雷曼兄弟破产之后的政策应对本质上属于"最后贷款人"职能而非货币政策,其目的、手段及效果都可以说明这一点。而另一方面,货币政策并不是那么容易懂的,特别是当直面零利率、中央银行资产负债表大幅膨胀之时更是如此。货币政策的效果与副作用同时并存,实际上并不知道孰大孰小。在这种情况下,上述所讲的"故事"在某种意义上为日本经济提供了极其通俗易懂的解释和条理清晰的货币政策理念。我和之前的行长们一样,常常苦恼于该如何应对这些故事针对日本银行的批评。即使如此,我还是认为在严峻的经济形势下采取非传统货币政策时,重要的是在检验和解释效果及副作用的同时推动政策的实施。否则,中央银行最终将失去国民的信任。说件我退任行长之后的事,新闻节目主持人国谷裕子在著作《我的职业是主播》中引用了电影导演、电视纪录片制片人是枝裕和的一段话:[1]

> 智慧并不在于将难以理解的事物变得容易理解,而是把人们认为容易理解的事物背后潜藏着的难以理解的东西挖掘出来。

货币政策运作虽然与电影文化不同,但考虑到货币政策的巨大影响以及中央银行潜在权限的巨大威力,我对是枝导演的说法深有同感。

## 货币政策目标的设定权限

接下来探讨一下中央银行通过被赋予的独立性应该达成什么样的目标。中央银行的独立性通常被区分为"目标独立性"(goal independ-

---

[1] 国谷裕子(2017)『キャスターという仕事』岩波新書、2017 年、15 頁。

ence）和"运作独立性"（operational independence）或"手段独立性"（instrument independence）。民主国家中央银行的独立性并非"目标独立性"而是"运作独立性"。对中央银行发行货币的信任终究还是依赖国家信用的担保，而支撑国家信用的是国民的看法。因此，在民主社会，不允许中央银行根据自己的判断自由地决定政策目标。实际上，包括日本在内的许多发达国家的中央银行法规定中央银行的货币政策目标都是物价稳定。为达成这一目标的具体货币政策运作则全权委托中央银行，这属于"运作独立性"或"手段独立性"。日本银行被赋予的也是"运作独立性"。

上述是我对中央银行独立性的理解，不过有必要做一个重要的补充说明。之所以这么说，是由于日本银行设定了物价上涨率目标，于是就有观点认为日本银行拥有了"目标独立性"。主张这种观点的人认为，应该由政府制定物价上涨率目标，日本银行须遵从这个目标运作货币政策。但是，这一主张不仅缺乏事实依据，对独立性的理解也是不正确的。[①] 从海外设定物价上涨率目标的方式看，占压倒性多数的有两种情况，一种是像美国和欧洲那样由中央银行设定，另一种是像加拿大那样由中央银行和政府共同设定。[②] 但即便是前者，也不能理解为中央银行具有"目标独立性"。这是因为，具体的物价上涨率目标是法律赋予中央银行在解读物价稳定目的基础上设定的，绝不是为了实现自己的"目标"而设定的。

在赋予中央银行独立性时，最重要的是政策目标的设定。而对于

---

① 竹中（2006）指出，"在日本，依然能听到中央银行具有'决定政策目标的独立性'的混乱说法。必须对政策目标独立性与政策手段独立性加以严格区分"。竹中平藏（2006）『構造改革の真実竹中平蔵大臣日誌』日本経済新聞社、2006 年、331 頁。
② 如果政府拥有设定目标物价上涨率的权限，政府可能会有意识地设定较高的目标，或者根据景气形势的变化而进行变更。这样的话，中央银行即使拥有独立性，也无法实现预期的目标。

最为关键的目标设定方式，至今仍然存在争议。我认为最大的争议点在于如何定位金融体系稳定。在经历了全球金融危机后，人们已经形成共识，即一旦金融体系稳定遭到破坏，则物价稳定也将受到影响。即便如此，对于在中央银行被赋予的权限中金融体系稳定应该占据怎样的地位，还是存在观点上的分歧。大致有两种不同的观点。第一种观点认为货币政策的目标是物价稳定，而金融体系稳定应该是金融监管监督当局的目标。第二种观点认为货币政策目标终究是物价稳定，物价稳定的时间跨度比传统的通货膨胀目标制假定的时间要长得多，作为影响物价稳定的重要因素，应该充分考虑金融体系的稳定问题。

我倾向于第二种观点。不过这种观点也有问题，由于验证金融体系稳定需要更长的时间跨度，距离普通人对"通货膨胀目标制"这一词汇形成的感知还要遥远。虽然实施了这种操作从长期来看物价是稳定的，也可以达成通货膨胀目标制的本来目标，而对那些从较短时间跨度考虑问题的人来说，就会批评中央银行没有践行问责制。

另一方面，在第一种观点中，货币政策问责制方面与原来相比没有什么变化。如果缺乏宏观审慎视角，金融当局只是对单个金融机构实施监管和监督，也是无法实现金融体系稳定的（见第16章"谋求金融体系的稳定"）。在这点上，重要的问题是应该由谁启动宏观审慎政策。启动宏观审慎政策的判断标准应该与融入宏观审慎视角的货币政策判断标准保持一致。如果二者出现背离的话，既无法实现金融体系的稳定，也不能实现长远的物价稳定和宏观经济稳定。如果是这样的话，即使是在监管监督当局拥有启动宏观审慎权限的情况下，也完全可以考虑基于中央银行的提议启动宏观审慎政策的模式。

## 通货紧缩时期中央银行的独立性

关于中央银行的独立性，曾有观点认为在通货膨胀时期和通货紧缩时期应该有所不同。该主张指出，在通货膨胀时期传统的独立性讨论是正确的，而在通货紧缩时期，需要政府与中央银行的通力合作，就不需要独立性，或者应该限制独立性。

这种在通货膨胀和通货紧缩时期独立性存在差异的主张，基本上源于中央银行是"反通胀斗士"的理念，通货紧缩时期自然也就不需要"反通胀斗士"了。也可以说这是一种经济学的价值观，即经济失衡是由通货膨胀或通货紧缩这样的物价波动而表现出来的。

我不赞成这种看法。理由之一是，从日本的现实看缓慢的物价下降并不是日本经济低速增长的原因，更根本的原因是，经济的失衡并非通货膨胀或通货紧缩造成的，而是金融失衡累积的结果，这是我们从过去30年的经历中总结出来的。尽管如此，虽说是缓慢的通货紧缩，如果通货紧缩制约了货币政策的独立性，中央银行就不能根据自己的判断通过货币政策来纠正金融失衡。讨论的重点不应该是中央银行独立性在通货膨胀和通货紧缩阶段有无差异，而应该是中央银行不仅在物价稳定方面，而且在金融体系稳定方面也是否应拥有独立性。

## 金融体系稳定中政府与中央银行的责任分担

最后要分析的问题是，为实现金融体系稳定的目标，中央银行应该获得多大程度上的独立性。很多国家的中央银行既负责宏观审慎政策，也是金融监管监督当局，不过也有像日本、加拿大及澳大利亚等国这样，中央银行并不承担金融监管监督职责。其实，不管有无金融监管监督职能，所有的中央银行都拥有"最后贷款人"职能。

对于各金融机构的监管监督体制，每个国家都有不同的制度设计，而监管监督当局与政府或政治家之间需要一定程度的独立性，这个问题的重要性已经得到了广泛认同。在很多情况下，拥有独立性的中央银行承担监管监督职能，或者独立的监管监督当局无须依赖政府的预算，通过收取银行检查费维持运营，这些都是应该在本章所陈述的内容中加以理解的制度设计。

只是即便这些制度设计在平常时期能够顺利运行，也不能排除金融危机期间投入财政资金的可能性。即使中央银行作为"最后贷款人"可以提供流动性，而在民主社会中，在预期损失概率很大的情况下提供资金是不可取的。这样考虑问题的话，危机期间政府的明确干预就是不可或缺的。那么就可能有人进一步提出主张，如果危机期间政府必须干预，那么为了避免这种事态的发生，也就是说为了维持金融体系稳定，政府在平常时期也应该进行干预。如果接受这种观点的话，可能就又会主张今后的金融监管监督以及宏观审慎政策均应由政府负责，而从中长期经济稳定的角度来说，这个主张的危害更加严重。

最终的常识性结论是，为实现金融体系稳定和宏观经济稳定，政府与中央银行一样作用巨大，但是这个结论却很难转化为具体的制度设计或运营模式。另外，在第 20 章"国际货币制度"中也有提及，没有全球经济稳定就无法实现国内经济稳定，而要实现全球经济稳定，当前阶段只能寄希望于各主权国家的通力合作。

本章围绕中央银行的独立性探讨了各式各样的课题，每一个问题都很棘手，无法简单地找到答案。世界范围内中央银行独立性的提高开始于 20 世纪 80 年代之后，当时最重要的课题是如何取得与通货膨胀战斗的最终胜利。这个问题至今仍很重要，而当前更为紧迫的问题是确保金融体系的稳定。具有讽刺意味的是，出现了中央银行独立性完全被追求短期效果的政治或社会所利用的倾向。我担心的是，当局者对于这种变化或转变缺乏关注，或者是认识到了这个事实而当局者拒绝承认。由于无法立即找到可以替代的方案，所以出于本能回避了这个事实。但是，任何事情的解决都是从深入观察事实开始，答案只能留待后人探索。

# 第23章 中央银行组织

在适当运作货币政策方面,中央银行必须得到社会的信赖,这是必不可少的。信赖有两层含义,一是在实现物价稳定和金融体系稳定的既定目标过程中,整个社会对于中央银行做出的准确政策判断,也就是对作为专家团队的中央银行技术能力的信赖。二是对中央银行诚实地执行适当货币政策方面的信赖。相信中央银行不会因顾及政治因素而影响到货币政策的执行,也可以说是对中央银行组织伦理的信任。从这个意义上讲,如何构建一个值得信任的中央银行,对于实现货币价值稳定,乃至经济稳定都是十分重要的。

## 中央银行家专家群

在第19章"非传统货币政策"中,已经分析了形成意见对立的5个方面,尽管存在这些意见分歧,但是让一群未经选举产生的专家(unelected officials)行使会给国民生活带来重大影响的政策权限,原因何在?[1] 合

---

[1] 塔克(2018)从正面探讨了这一问题。Tucker, Paul (2018), *Unelected Power: The Quest for Legitimacy in Central Banking and the Regulatory State*, Princeton University Press, 2018.

法性的依据又是什么?

形式上的回答是由于中央银行通过民主程序获得了法律上的独立性。但考虑到法律也会不时更改，仅仅这样回答，是无法说明问题的。实际上，我认为下面两点非常重要。一是国民对物价稳定和金融体系稳定重要性的理解和支持。对于这个问题，本书前面的章节已经做了分析。二是国民对中央银行这一组织以及在此供职的所有职员和中央银行家的信任。

说到中央银行及中央银行家（central banker）所做的工作，人们常用其他职业来比喻。虽然只是比喻，但我觉得通过与其他职业的比较，更便于理解中央银行的工作。

比如，格林斯潘担任美联储主席时，有人用"大师"（Maestro，乐队指挥）来形容他。[1] 实际上，中央银行为了适当履行职责，还必须全面动员组织内部蓄积的所有经验和智慧，如果无视这些，仅强调"大师"个人的技能或才能，就与我所理解或感觉的中央银行存在着差异。

也有将经济政策决策者比作飞行员的。[2] 特别是当遇到突发状况时，要求飞行员必须及时做出准确而且果断的决定。对中央银行而言，在因金融危机突然陷入支付瘫痪以及因自然灾害或电脑系统故障等导致金融业务中断时，可以说与飞行员面对突发状况时相同，不过也存在差异。在飞机的驾驶舱内，除了机长和副驾驶，没有其他专家，而中央银

---

[1] Woodward（2000）就是专门描写格林斯潘的，Maestro 是这部著作的书名。详见 Woodward, Bob (2000), Maestro: Greenspan's Fed and the American Boom, Simon & Schuster, 2000.（『グリーンスパン』山岡洋一・高遠裕子訳、日本経済新聞社、2004 年。）

[2] 小宫隆太郎1988 年的著作中，在分析1973—1974 年日本通货膨胀原因的论文最后考察了政府当局失败的原因，使用了大型客机飞行员的比喻。小宫隆太郎（1988）『現代日本経済——マクロの展開と国際経済関係』東京大学出版会、1988 年、60～61 頁。

588　动荡时代

行进行货币政策决策时，具有专业知识的中央银行外部人士也参与其中。因此，在制定具体的货币政策时，在对策或手段的选择方面，专家委员的意见分歧相当严重。换句话说，与遭遇突发状况时乘客将命运全权委托给飞行员不同，国民绝不会无条件地授权给中央银行。

如果非要找个职业类比的话，我想应该是医生。正如医生致力于恢复人类健康，中央银行是为了经济的健康发展，目标是物价稳定和金融体系稳定。二者的最大相似之处在于，如果不能与自己服务的对象保持持续的信赖关系，工作就无法推进。患者到经常就诊的医生那里看病，是因为经过常年交往，认为这个医生值得信赖。做手术的时候，医生会事先向患者说明手术的效果和副作用，而患者之所以同意，是因为相信医生给出的建议都是最佳方案。持续信赖的重要性也同样适用于中央银行实施的货币政策。要实现经济的稳定，需要有专业的知识储备，还需要中长期的视角，因此国民相信中央银行可以执行自身判断为最佳的货币政策，这种信赖关系是非常重要的。但是，患者能从众多医生中选出一个最适合自己的医生，而国民至少在短期内是不能选择别国中央银行的。

曾经担任英格兰银行货币政策委员会委员的美国经济学家亚当·S. 波森（Adam S. Posen）不是用医生，而是用药剂师来说明中央银行家的工作，认为中央银行家的工作与药剂师的工作内容上有一定的相似性。波森是在给美国新闻记者尼尔·欧文（Neil Irwin）出版的、描写全球金融危机时各国中央银行动向的《炼金术士》写书评时，阐述的这一观点：[1]

---

[1] Irwin, Neil (2013), *The Alchemists: Three Central Bankers and a World of Fire*, Penguin Press, 2013. (『マネーの支配者——経済危機に立ち向かう中央銀行総裁たちの闘い』関美和訳、早川書房、2014 年。); Posen, Adam S. (2013), "The Myth of the Omnipotent Central Banker: Monetary Policy and Its Limits", *Foreign Affairs*, Vol. 92, No. 4, July/August, 2013, pp. 166–170.

归根结底，中央银行家的作用与药剂师大同小异。在货架上药品有限且法律又做了用量限定的情况下，中央银行家和药剂师都既需要读懂各类专家龙飞凤舞写就的处方，又要考虑药品的副作用，最终必须为顾客配制成适量的药品。他们无须了解也无法控制患者是否使用着其他药品，他们所期望的充其量是患者能在最小的副作用下随着时间推移慢慢地恢复健康。

## 组织论的视角

与上述职业一样，中央银行或中央银行家需要具备的条件，第一是作为专家，必须拥有足够的专业知识和能力，第二是要赢得客户的信赖。

那么，如何才能造就这样的中央银行或中央银行家呢？作为组织的中央银行必须意识到的问题又该是什么？对我的思考产生重大影响的是政策运作及经济理论也存在流行或过时这一事实。政策决策者和学者一直都在认真思考并采取当时认为最佳的对策，即便如此，如果出现了新的变化，政策就会不适应经济的运行。这不是政策或理论本身的错误（尽管也确实存在这种状况），而是由于以技术为主的经济和社会基础条件发生了变化，各经济主体应对这些变化的结果，造成了最佳政策以及支撑政策的理论体系的变化，我认为应该理解到这一层次。经济是一种复杂的自适应系统，或是应该被称为能生态系统，绝不是一成不变的。

这样考虑问题的话，就不会认为只有现在是特殊时期、是过去一般倾向的例外。还应该考虑到我们以为已经充分理解的经济运行机制也在发生着变化。不过遗憾的是，很难实时捕捉到这种变化并旋即理解变化的政策含义。我认为如果冷静地观察现实，就应该意识到中央银行在经济运行机制和货币政策运作方面探寻"最佳答案"的能力相当有限。当然努力是很重要的，而更重要的是要形成一个有效的组织治理模式或组织文化，在政策运作以及调查研究方面经常持续学习，降低判断失误的可能性。[①] 默文·金在担任英格兰银行行长期间，就中央银行这一组织做了如下论述，他的主张与我的感受极其相似：[②]

> 我们不能指望事前就能灵活运用应该掌握的知识，新的想法也不可能立即被捕捉并被接受，将决策制定与学习过程委托给同一组织的做法才是最明智的。

## 中央银行的业务

近年来，随着人们对中央银行这一组织关注度的提升，提到日本银行的机会也在增多。不过，金融市场参与者以及媒体对日本银行的关注还主要集中在货币政策方面。货币政策当然是很重要，我任行长期间就是在货币政策相关工作方面投入了相当多的精力。但社会上若只对货币政策高度关注而对中央银行开展的许多其他重要业务漠不关心的话，对于曾长期在中央银行工作的人来说是非常遗憾的。中央银行的工作不是只有货币政策，还包括支付清算体系和对金融机构监管

---

[①] 白川（2017）从组织角度论述了中央银行重要性。白川方明（2017）「中央銀行という存在」『學士會會報』第 925 号、2017 年。
[②] King, Mervyn (2004), "Institutions of Monetary Policy: The Ely Lecture", Speech at the American Economic Association Annual Meeting, January 12, 2004. https://www.bankofengland.co.uk/-/media/boe/files/speech/2004/the-institutions-of-monetary-policy.pdf.

监督等多个方面，这些业务对于实现货币价值稳定都是非常重要的。当然，我想人们都或多或少知道中央银行在从事着各种业务，但至少在日本，包括在任命行长或政策委员会委员等场合提到中央银行时，很多人脑海中似乎只想到了货币政策。

仔细想想的话，这种状况有点不可思议。20 世纪 80 年代后半期以来的世界经济动荡并非是由通货膨胀引起的，而是由大规模经济泡沫以及其后的金融危机引发的。雷曼兄弟破产之后日本金融市场虽出现了巨大混乱，却没有完全崩溃，一个重要原因是，中央银行作为"最后贷款人"积极采取了行动，并在平常时期就努力构建了安全的支付清算体系。尽管如此，围绕中央银行的讨论仍旧压倒性地集中在货币政策上，其原因大概是很多人都以为，货币政策以外的业务也许都很重要，但这些都是专业性很强的技术问题，就应该让中央银行内部的实务工作者承担。

39 年的日本银行工作经历，使我不能认可这样的中央银行观。[①] 不过想起年轻的时候，除了宏观经济和货币政策相关工作，对于中央银行的其他相关知识，我也知之甚少，因此可以理解社会上的普遍观点。而我现在不接受货币政策至上主义的中央银行观主要有以下两个方面的原因。首先，对金融机构的监管监督以及支付清算系统的相关业务的确需要专业技术知识，而本质上这与货币政策有着密切关联，不能将二者视为独立的问题。如果不能充分理解对金融机构的监管监督以及支付清算体系，就很难准确理解货币政策。其次，如果组织高层或决策重要事项的成员不关心货币政策以外的业务，将相关业务部门及其职员视为组织的"旁系"，那么会降低这些职员的士气，最终会影响中央银行正常履行其本来的职能。

---

① 以下观点参考了白川方明＊（2011）「公共政策を遂行するという仕事」（京都大学公共政策大学院、法学研究科・法学部での講演）2011 年 7 月 15 日。

## 中央银行的委员会

在考虑中央银行这一组织的应然样态时，有必要首先分析政策的决策机构。当前许多中央银行不是行长决定货币政策，而是由相应委员会负责。9 名委员组成的日本银行"货币政策决策会议"就是这样的委员会，它承担货币政策的最终决策。世界上也有一些国家的中央银行是由行长个人决定货币政策的，我担任行长期间，加拿大、新西兰、印度的中央银行就是采取这种方式。虽说是行长个人决策，也绝非独断专行，是由行内管理人员及行外专家组成的委员会向行长提出建议或建言，在此基础上制定货币政策，具体程序也对外公开发布，成为透明度很高的制度设计，只是最终是由行长负责拍板定案。

两种方式各有短长，但世界范围的主流趋势是委员会方式。这里主要有两方面原因。一方面是委员会方式更容易反映出各方意见，从长远来看会提高做出正确决策的概率。这种方式重视"熟议"，也就是仔细、反复讨论的价值。另一方面，作为独立的中央银行做出的决策，委员会方式更具合法性。这两个理由是同等重要的。由于货币政策关乎所有国民的生活，将决策权交由独立的中央银行，不管特定的个人能力多么超群，将决策权委托给某个人的做法大概都会让许多国民感到不安。在决定由谁进行货币政策决策时，委托给那些具备专业知识、并能从多个方面观察实际经济运行状况的人"熟议"，这样的想法也是很自然的。当然，即使由行长个人决策，也有可能设立咨询委员会、邀请各方面的专家，并听取多方意见，现实中也是如此。委员会方式的真正价值在于持不同意见的人能够进行投票参与决策。就合法性而言，多样性不仅表现在实质层面，形式层面也很重要。

## 集体思维的弊端

委员会方式在合法性方面具有优势，而实际上做出正确决策的前提条件是"熟议"。从形式上看，委员会是一个可以仔细反复"讨论"的平台，但如果委员会陷入了"集体思维"（groupthink）模式，就有可能成为"熟人"讨论问题的场所。"集体思维"是指组织成员为了避免组织内部的意见分歧而优先选择和谐共处，结果压制了不同观点，陷入不合理乃至功能不健全的决策状态。如果委员会成员的这种倾向过于显著，那么就无法期待委员会本应具备的观点多样性优势。形成集体思维的原因是多方面的。如果聚集在一起的人具有相同的知识背景，就容易出现相似观点。如果中央银行职员提供给委员会的资料是基于相同的分析方法和理论模型，最后形成相同结论的可能性也会很高。任何人都会非常慎重地提出标新立异的观点，这是人的天性，结果使得人们只愿意表达相似的观点。如果自己的发言被记录在案且立即公布于众，就会出现这种倾向。若考虑到对金融市场的影响，这一倾向就更加显著。或者，本来在一个组织中发表少数人观点就需要相当的勇气，任何组织都存在的从众压力也可能导致集体思维。

当然，意见多样也并不意味着万事大吉。举例来说，如果有成员将中央银行委员会委员这一职位当作自己将来升迁的跳板，从而把"标新立异"放在第一位的话，即使委员会表面上呈现出多样性，也难以期待多样性的本来优势。归根结底，委员会制度的优势在于，以达成最佳货币政策为共同目标，成员之间和衷共济，共享真知灼见。

委员会方式一旦陷入集体思维，反而会形成一种无责任体制。这时委员会制度本应具备的合法性优势也可能转化为弊端。不管是委员会决策还是行长个人决策，关键也许都在于"谁对决策负责"。

## 委员会成员应具备的条件

发挥委员会制度潜在优势，最重要的一点是委员的任命。任命委员最为看重的是，履行中央银行使命的强烈责任感以及能够基于自身专业知识独立做出判断的能力。这方面经常讨论的问题是，有没有必要一定是经济学家或者经济评论家。的确，我认为系统学习经济学并拥有充足的知识储备很重要，如果可能的话，希望大部分的成员都具备这样的素质。只是我也认为具有博士学位的经济学家不应成为增补委员的必要条件。如果政策委员会成员都笃信相同的经济理论模型，最终委员会将陷入集体思维，并不能实现预期的多样性。

考虑到我们的知识水平有限，我认为更应该意识到具有不同背景的成员共同参与货币政策制定的重要性。比如让具有丰富的金融市场或金融机构从业经验的人，或在实体公司实际负责过管理工作的人参与到委员会中，就是期待发挥这样的效果。货币政策的失败或者来自对重大形势的误判，或者是占主导地位的经济理论过时，鉴于这些事实，作为委员，最重要的不是目前掌握了多少宏观经济学及金融市场相关专业技术知识，或者拥有多么丰富的商业经验，而是拥有努力达成中央银行使命的责任感、积极听取各方意见或看法的谦虚态度以及好奇心。

委员会制度的设计以及委员会的任命方式也与委员会的法定权限相关。就日本银行而言，法律规定政策委员会不仅要制定货币政策，还须负责对包括金融机构监督检查、支付清算体系运作、以预算为核心的中央银行自身组织治理在内的所有重要事项做出决策。与此相对，英格兰银行存在四个专门委员会，分别负责货币政策、宏观审慎政策、金融机构的监管监督以及中央银行治理。因此，对各个委员会委员所要求的条件自然也有所不同。擅长宏观经济分析或货币政策运作的经济评论家，未必就对中央银行的组织治理也有见地。像日本银行这样政策委员会负责所有重要事项的情况下，有的委员擅长货币政策，有的委员在组织运作方面具有相对优势，委员会成员在构成上覆盖中央银行的全部业务范围，这才是最为重要的。

## 政策委员会成员的任命

包括行长在内的政策委员会成员的任命如果违背了中央银行的独立性原则，就无法保证实质上的独立性。假如任命的标准局限在是否支持本届政府的经济政策或者中央银行的货币政策，那么即使中央银行保持了形式上的独立性，也不会发挥原本期望的独立性优势，甚至还会出现相反的效果。

每个国家的委员任命方式不尽相同。鲜为人知的是，海外发达国家为防止政府或政治的过度干预，均精心地设计了一整套完整的任命机制。比如美国公开市场委员会的12名成员中，7名是政治任命（经参议院批准后由总统任命），剩下的5名并非政治任命，而是在美联储主席批准的基础上，由各联邦储备银行董事会任命。欧洲央行在任命行长以及常务理事时，欧洲央行理事会的推荐也是作为必要的条件。

而根据相关法律规定，在体制上日本银行自身完全不参与委员会成员的任命。据说也有内阁成员事前非正式听取现任行长意见的情况，而这取决于当时日本银行与内阁的关系。我担任行长期间，自民党执政时期，福田康夫内阁、麻生太郎内阁还是充分听取了日本银行的意见。后来民主党执政时期也是这样。当然，实际任命在很大程度上也取决于国会的党派形势。福田康夫内阁提名的庆应义塾大学教授池尾和人，以及野田佳彦内阁提名的经济学家河野龙太郎，都曾作为审议委员的候选人被正式提交给国会，但最终都没有获得批准。中央银行既然拥有独立性，通过民主程序选任委员也是很自然的，而非常重要的课题是建立一个尊重中央银行独立性这一本来宗旨的任命机制。

## 主席提案

货币政策政策委员会如何发挥作用，依赖于作为主席的行长的运作理念以及委员的个性。无论是担任行长期间，还是作为审议负责人或理事参加货币政策决策会议的过程中，都切实感受到，委员会成员在制定货币政策过程中均发挥了重要的作用。回想当时的很多决策，到现在我仍然清晰地记得，"这部分是采纳了哪个审议委员热心提出的观点"。

但是在社会上存在着一个根深蒂固的观念，即"虽说货币政策是由委员会决定的，实际上还不是行长一个人说了算"。这个观点反复出现的原因在于，货币政策决策会议上作为主席的行长的提案总是能得到大多数人的赞同。实际上，主席提案之所以能够通过，只是由于主席提交的提案是判断可以获得多数赞成的议案，并非因为是主席提案就自动获得通过。这是我担任行长期间的实际感受，现实也应该是这样。

每个委员都希望将自己的观点反映到政策当中。如果每个委员因此都坚持自己的观点，那么任何议案都会因多数人的反对而遭到否决。对于行长来说，也是这样。作为主席的行长，如果对自己的想法过于执着，那么中央银行将无法做出货币政策决策，导致不负责任事态发生。每个委员都深谙这一点。通过决策会议的反复充分讨论，能够相当准确地把握包括主席在内所有政策委员的意见或主张，因此决策会议的讨论可以说是在成员之间达成最低限度必要共识的一个程序。

凭借每次会议讨论，主席也能在一定程度上事先预想到一些在委员内部存在意见尖锐对立的议案。因此，我担任行长期间，针对"全面宽松货币政策""中长期物价稳定目标""政府与日本银行发表联合声明"等重要的议题，我都会事前在行长室与委员单独沟通，并解释要提出的主席议案草案，寻求共识，努力争取获得政策委员会全体成员的赞同。既然是由合议制决定的政策，就无法保证所有成员对于决策内容的所有细节都没有异议，这一点对于既是主席又是行长的我来说也不例外。但重要的是让多数委员会成员获得"这个政策是我们做出的成就感"。是否真的形成了这种感觉，我自己是不能做出评价的，至少我任职期间有意识地这样运作。

## 副行长的作用

还听到过一种说法，在日本银行的货币政策决策会议上，执行部门经常有3票，分属于行长和2名副行长。当然，根据新《日本银行法》规定，所有决策会议成员必须是作为独立委员参与货币政策决策。在实际投票过程中，行长与副行长意见相左的情况比较少见，[①] 不过也并不是完全没有。事实上，在我担任行长期间，西村清彦副行长在2011年4月的决策会议上就独自提交了议案。但是，在讨论货币政策制定过程中副行长发挥作用的问题时，不能从是否投反对票这个明显的事例来衡量。与其他的决策会议成员一样，通过副行长每次在决策会议上发表的意见以及日常的交流，我对他们的主张也有了相当程度的了解。因此，在制定主席议案草案时，我都会顾及副行长的意见。但是，当无论如何也不能同意我提出的议案草案时，西村副行长事先就告诉了我他的想法。山口广秀副行长则没有提出过反对票，他经常从更开阔的视野提出见解，令我受益匪浅。话虽如此，由于行长负责执行决策会议制定的政策，而副行长负责辅佐行长，在这种情况下，我想作为副行长，或许在如何投票方面也有过迷茫。

两位副行长秉持的态度对我的决策也产生了相应的重要影响。之

---

[①] 在美国联邦公开市场委员会会议上，近年来完全没有出现过作为委员会主席的美联储主席同作为委员会副主席的纽约联储行长以及美联储副主席之间投票不一致的情况。

所以这么说，是由于副行长终究拥有投票权，他们也不只是在执行部门内单纯表达意见。试想如果副行长没有投票权，将货币政策相关部署有效传达到执行部门的只有行长一个人，结果有可能阻碍将各种不同的见解完全传达给执行部门。因此，副行长拥有投票权具有积极的意义。

## 委员会制度中行长的作用

说明了由委员会决定货币政策的意义以及委员会主席的作用后，可能有人会提出疑问，即行长在这里发挥怎样的作用。法律规定行长在委员会中只有1票的表决权，但很少有人认为行长只不过是委员会成员之一。当提到货币政策失败时，多数情况下首先想到的都是时任行长，而不是决定了货币政策的委员会或者其中的某个成员。从这个含义上完全可以说，行长在制定货币政策过程中发挥着重要作用。

任行长期间，我是以怎样的心情，又是基于什么样的行为准则制定的那些货币政策，至今已经无法准确回忆起当时的所思所想，但始终清楚自己要对失败的货币政策负责并会成为众矢之的。我也明白，不管是全票通过的政策，还是为达成多数票通过自身做了一定程度让步的政策，当出现政策失败时，委员会成员不会受到批评，批评的矛头都会指向行长。正因为如此，听起来可能有点夸张，若作为给后世留下决策污点的行长而"名垂青史"的话，实在是让人难以接受。我想很多委员会成员也都理解行长的这种处境，也许这也是委员会成员将行长意见作为重要提案而接受的原因！

委员会的每个成员都有表达自己意见的自由，即使这些意见只是少数派观点。要说到行长是否也会成为少数派，迄今为止除了在英国，几乎没有先例。我任行长期间，英格兰银行货币政策委员会中就曾出现过默文·金行长成为少数派的情况，这是极其罕见的。在这种状况下，默文·金行长还是将自己并不支持的货币政策向国民以及金融市场参与者做了说明。我想若是在日本，投票时行长成为少数派，将意味着对行长的不信任增强。在美国恐怕也是如此。曾于1996—2002年间担任过美联储理事的劳伦斯·梅耶（Laurence Meyer）在著作中提到，反对票达到3张就可能"被视为公然反对主席领导力的信号"。[①]

作为委员会主席的行长，我认为最大的作用就是在委员会发挥领导能力的同时，最终促成委员会成员之间的共识。要促成共识，就意味着也必须尊重与自身观点相左的意见。当然不会有一个普遍适用的做法，可以实现领导力与促成共识之间的平衡。在与海外中央银行行长的交谈中也经常谈到委员会的运作问题，常常感慨不管哪个国家（或地区）面临的问题，好像都很相似。

## 中央银行职员所发挥的作用

在货币政策决策过程中，中央银行职员也发挥着重要作用。委员会成员要想做出正确决策，就需要中央银行职员准备充足的判断材料。关于经济形势的展望、各种货币政策措施选项、政策执行过程中必要的实际业务开展等，无论哪个方面，单靠政策委员会成员都是无法完成的。一般需要中央银行职员基于专业化知识提供货币政策决策过程中必要的佐证资料。

除此之外，中央银行职员发挥的另一个重要作用是"组织记忆"的传承。货币政策委员会成员决策货币政策的权力期限比中央银行职员的任职时间要短得多。日本的货币政策委员会成员任期只有5年，假如等间隔任命委员的话，某个时点在任委员的剩余任期就只有两年

---

① Meyer, Laurence H. (2004), *A Term at the FED: An Insider's View*, Harper Business, 2004. p53.

半。另一方面，要恰当判断货币政策，还必须有一定程度的经验积累。比如要进行经济景气判断，作为决策制定者，实际经历一个完整的景气扩张和收缩周期是必不可少的。正如泡沫经济时期所显示的，要理解货币政策的效果和影响，没有 5 年、10 年的时间跨度，是很难获得实际感受的。

本书已经提到了泡沫经济及其崩溃、金融危机等过去的重大事件，却很难传达当时的"时代氛围"。另外，即使能够再现，也很难再将这些大事件理解为"潮流"。在"时代氛围"中，某种特定的政策理论具有很强的影响力，大到中央银行难以抵抗的程度，而随着时间的推移，这些曾经盛极一时的政策理论本身也会被遗忘。说到与政策的关系，旁观者与当事人的看法往往大相径庭。如果作为中央银行政策的亲历者，目睹了宏观经济变化和舆论的变迁，都会形式个人记忆或者作为组织记忆传承下来。关于经济理论或政策观念，一旦体验了一次完整的"流行"和"过时"历程，就会形成理性的质疑能力。任何国家的中央银行都在积累着这样的经验智慧，而传承这些记忆的就是中央银行职员。

在日本银行，许多货币政策决策会议成员在做出最终独立判断之前都会认真听取中央银行职员的意见。我还是职员的时候（也包括担任理事时期），也经常受邀到审议委员的办公室接受咨询。这时最重要的是相互间的信赖和尊重。在研讨理想货币政策应有的运作模式过程中，不应有上下级之分。在提供材料的中央银行职员与使用材料的委员之间，有必要形成相互理解和相互尊重的和谐关系。

**条块分割文化的弊端**

中央银行职员在制定货币政策中发挥着重要作用，而中央银行职员要充分履行职责必须满足以下几个条件。

第一,做出多种不同的经济形势预测。在决定货币政策过程中,经济预测是关键。职员最重要的工作就是提供多种经济预测方案[①]。如果只有一种经济预测,就只能制定一套与这一预测相对应的经济政策。不仅如此,还有可能存在为迎合政策而做出预测的风险。当然,如果只运用一种方法或理论模型,是不可能做出多种经济预测的,重要的是视角、方法以及所依据的理论模型本身的多样化。在预测经济前景时,既需要加总各需求因素进行自下而上的预测,也需要运用宏观经济计量模型做出的预测。此外,从金融市场上价格形成中反映出的信息,以及从企业经营者和金融机构经营者获取的信息也是十分重要的,虽然这些信息不能形成综合的预测。另外,从历史发展中总结出的经验或教训也很重要。

以什么方式将这些信息送达政策委员会最为有效呢?如果原封不动地将众多信息提交给委员会,委员会成员会要求职员对这些信息加以"整理"。但是如果让某个特定职员"整理"这些资料,那么这个职员的思维或整理方式可能会左右整个组织的选择。在很多中央银行内部都存在一个具体负责此项"整理"工作的部门,日本银行是计划局,美联储是金融政策局。但是,如何在保持多样性的同时能够提高工作效率,这对任何中央银行来说都是一个挑战。

第二,构筑货币政策部门与金融体系部门之间的协作关系。传统来说,货币政策的相关部门包括计划局、调查统计局、金融市场局和国际局,这些部门均参加货币政策决策会议。而负责金融体系稳定的部门,如金融机构局和支付清算局等部门通常不参加决策会议。正如第16章"谋求金融体系的稳定"所分析的,物价稳定与金融体系稳定

---

① Tarullo(2017)研究了美联储职员预测的作用。Tarullo, Daniel K. (2017), "Monetary Policy Without a Working Theory of Inflation", Hutchins Center Working Paper, No. 33, October 2017. https://www.brookings.edu/wp-content/uploads/2017/10/es_wp33_tarullo.pdf.

之间的关系类似于硬币的正反两个方面。通常，前者的时间跨度是2~3年，而后者的时间跨度更长，至少在5年以上。虽然时间跨度不同，不管是物价稳定，还是金融体系稳定，哪一个受到冲击，都无法实现经济的可持续增长。

　　我在这里想说的不是金融体系相关部门职员要不要出席决策会议的问题。我认为重要的是金融体系相关部门职员应该向决策会议提供一些材料，从他们完成的有关金融体系稳定的各种研究结果中，系统梳理一些与货币政策相关的内容，以便于理解的形式提供给政策委员会成员。一般而言，没人会否认打破货币政策与金融体系部门之间条块分割状态的必要性，但实际操作却未必容易。[1] 理由之一是，学界也形成了条块分割倾向，即便是经历了全球金融危机后的今天，区别对待物价稳定与金融体系稳定的思维依然根深蒂固。就中央银行这一组织来说，除了这种学术界的普遍倾向，在获取金融机构个别信息上也存在局限性。如果突然要求负责现场监督检查的部门开展经济分析工作，那么检查和分析两项工作的效率都会大打折扣。目前日本银行正逐步推进的工作是，在负责金融体系稳定的金融机构局设置研究部门，并调配擅长宏观经济分析的经济学家从事此项工作。在不同部门工作的经济学家，如果没有跨部门的人事调动，就很难了解外面不同的世界，视野也会因此受到限制。

　　第三，中央银行职员要有研究的自由。如果中央银行职员的定位只是为委员会提供政策佐证材料的话，那么就很难发挥原本期待的多样性优势。另外，如果以行长为首的政策委员会成员不能接受与自己意见相左的观点，也会压制中央银行职员的研究自由，最终可能导致

---

[1] Tett，Gillian（2015），*The Silo Effect：The Peril of Expertise and the Promise of Breaking Down Barriers*，Simon & Schuster，2015.（『サイロ・エフェクト——高度専門化社会の罠』土方奈美訳、文藝春秋、2016年。）

错误的政策。不过，上面的这些话说起来容易，对任何中央银行来说，如何付诸实践都不是一件容易的事。要想使之成为可能，上文提及的委员任命的多样性以及中央银行职员的恪尽职守都是非常重要的因素。

## 提出疑问的重要性

当现有的经济理论不能很好地解释经济现象时，必须先接受这一事实，然后在此基础上探索能够说明这种现象的新理论，为此需要动员所有的知识及经验并提出假设。但是，由于人们普遍存在的惯性思维，许多尝试都是在现有理论的延长线上寻求答案，所有的组织也都是如此。如果笃信现有理论而不能自拔，那就意味着我们只能通过该理论的取景器观察现实。以学术界为例，要在一流专业杂志上发表论文，必须经过同行匿名专家的严格审查，如果存在根据论文发表数量决定职位或待遇的制度安排，就很难出现挑战现有理论的论文。受经济学家这样的专业劳动力市场流动性提高的影响，中央银行的经济学家也不能独善其身。

总之，需要有人提出疑问。深入地研究所提出的问题，就能发现新的领域。周密细致地探究理论时，会在过去同样问题的讨论中发现新的思路。历史也会留给我们启示。完全不同领域的研究方法也有参考的价值。中央银行政策委员会成员的主要职责之一就是提出疑问，特别是作为主席的行长，更要在这方面加以引导。另外，提出疑问的对象不仅限于中央银行内部，还包括学术界。中央银行与大学联合举办学术性研讨会的价值就在于此。

## 中央银行的基层部门

中央银行为了切实履行使命，实际上还存在很多部门。由于行长主要负责货币政策以及金融体系稳定这些广义上的"政策"工作,所以日常工作中多与政策相关部门职员打交道,而与其他部门职员接触的机会相对较少。但这并不意味着我会轻视"政策"以外部门的工作,所以不管是在总行还是分行调研时,都会有意识地安排走访其他部门的机会。在总行,我曾走访过很多一线部门,如计算机中心和负责银行券的保管与运输、破损银行券以及硬币的兑换、对战争遗族的国债证券付息、统计、档案管理等部门,以及总部大楼的警卫室和厨房等,目的只有一个,就是"广开言路"。我想人们对于"广开言路"这个词并不熟悉,这里指听取日本银行基层普通职员的不同声音。外界对日本银行的工作多有质疑,批评货币政策的内容占压倒性多数。日本银行每天都会接收很多批评,包括来自老年人对利率过低的批评、日元升值导致业绩恶化的企业经营者的愤怒等,这些来自国民的声音每个月汇总后都会提交给行长。很多时候人们是通过电话表达不满的,有时职员甚至会遭到谩骂。看着那些长期耐心接听这类指责电话的职员,感激之余也切实感受到正是这些一线职员撑起了日本银行的货币政策工作。

## 对组织使命的忠诚与组织文化

本章开篇提出的对中央银行的两个信赖之一就是"对中央银行诚实地执行适当货币政策方面的信赖",最后简单说明一下对"组织使命"的忠诚以及组织文化的重要性。[①] 新《日本银行法》规定日本银

---

① 有关诚实(probity)的界定请参考下面两份文献。Williamson, Oliver E. (1999), "Public and Private Bureaucracies: A Transaction Cost Economics Perspective", *Journal of Law, Economics, and Organization*, Vol. 15, No. 1, April, 1999, pp. 306-342;折谷吉治(2013)『中央銀行制度の経済学——新制度経済学からのアプローチ』学術出版会、2013年。

行的使命是"物价稳定"和"金融体系稳定"。组织被赋予了使命，就有责任完成使命，而责任意识正是制定适当政策的最重要的根基。例如，即使在当时看来物价形势比较稳定，若在中长期出现了通货膨胀或经济泡沫，中央银行最终还是会受到批判。中央银行的职员作为专家，当然会尽最大努力避免这种事态的发生，这种激励机制是自然而然形成的。拥有专业知识的政策决策者必须认真核验政策的中长期效果，并追求真正的公共利益，同时简单通俗地向国民解释面临的问题，为获得国民的理解和支持而努力进取。如果中央银行被认为没有诚实地履行问责制，此后中央银行的发声就会失去国民的信任，从而降低政策的有效性。从这个意义上讲，对组织使命的忠诚是中央银行运作适当政策的关键所在。

对组织使命的忠诚自然会形成为达成这一使命所必需的特有文化。日本银行也存在特有的组织文化，其特征是实现经济和金融稳定这一公共利益后的喜悦和自豪。我对此深有感触的事件之一是第13章描述的东日本大地震之后的经历。过去，日本银行不管是在关东大地震还是在阪神淡路大地震期间，震灾当天所有营业网点都保持了正常营业。东日本大地震发生后，包括仙台分行、福岛分行以及盛冈办事处在内的全部网点也都照常营业，不仅保证了受灾地区的现金供给，还开展了数额巨大的残损货币兑换业务。此外，支付清算系统运行正常。提供现金的支付清算系统未出现大的问题，这在平常时期是"理所当然"的，人们几乎意识不到支付清算系统的存在。但是，为了实现这种"理所当然"，并不是出现紧急状况后才采取应对措施，而是在日常就为各种可能发生的风险做好了准备，储备食品和水、确保应急电源就不用说了，为防备紧急状况应该做的工作还有很多，如电脑系统停止运行后的业务流程、通信中断时与金融机构的联络方法以及实际演练等。正因为大量员工对此类工作毫不松懈的努力，才实现了灾害期间的正常营业。

另外一个特征是银行业务与调查研究并重的文化。调查研究并不意味着单纯的宏观理论分析,而是指运用所有的宏观微观数据、理论框架及历史经验等,分析现状并预测未来的经济活动。我认为这种组织文化形成了"对中央银行诚实地执行适当货币政策方面的信赖"。对组织的信赖不是一朝一夕建立起来的,而是需要日复一日的努力。

## 中央银行职员的积极主动性

组织终究还是由人构成的,如上所述,银行职员发挥了巨大作用。不管是私人企业还是政府组织,组织中供职人员的积极主动性都是非常重要的。货币性薪酬是影响积极主动性的要素之一,而与民间大企业相比,包括日本银行在内的公共部门职员的工资水平普遍偏低,越是上层职员,薪资的差距越大。尽管薪酬水平不是提高积极主动性的全部因素,但随着全球化的进展,专家的流动性日趋增强,薪酬无疑也成为吸引高层次专业性人才的重要因素。

与货币性薪酬相并列,公共部门职员的主动性还源自自己为社会做出贡献的成就感、满足感,以及社会上对于这一工作价值的认知。就这方面而言,自20世纪90年代后半期以来,日本"政治主导"下的政策形成机制已经发生了很大变化,在提供专业知识的公共部门职员和担任重大决策的政治家之间,如何构筑一个健全均衡的分工关系,对日本来说是一个非常重要的课题。

# 最终章　永不终结的挑战

由于本书并不是关于日本经济或世界经济的实时热点评论，所以这里也不想谈及退任行长后 5 年间的经济状况。① 但是，针对日本经济、宏观经济政策乃至货币政策的舆论出现的巨大变化，让我心生许多感慨。第一，人们逐渐认识到，为解决日本经济所面临的真正问题，努力推动各种结构性课题改革是至关重要的。特别令人鼓舞的是，人们越来越意识到提升生产效率的重要性。与此同时，我认为还有一种倾向也逐渐明朗起来，就是解决"结构性课题"与我们希望建设什么样的社会这一问题密切联系在了一起，对于这个问题，能够形成国民的共识，是关键所在。第二，在我任行长期间，特别是最后一年经常听到的"通货紧缩是一种货币现象"的说法已经完全听不到了，对基础货币"数量"的关心程度下降得令人吃惊。人们基本理解了物价上涨率决定机制的复

---

① 关于这一时期的日本经济或货币政策，请参考以下文献。池尾和人（2013）『連続講義・デフレと経済政策——アベノミクスの経済分析』日経 BP 社、2013 年；早川英男（2016）『金融政策の「誤解」——"壮大な実験"の成果と限界』慶應義塾大学出版会、2016 年；翁邦雄（2017）『金利と経済——高まるリスクと残された処方箋』ダイヤモンド社、2017 年；岩村充（2018）『金融政策に未来はあるか』岩波新書、2018 年。

杂性，货币政策在短期内难以改变"预期"的现实也得到了广泛的认同。第三，在学术界，尤其是在海外国家，相比以前，越来越多的学者认识到现有的宏观经济理论还不够充分，这不仅是由于全球金融危机的影响，也是受到了日本一系列事件的影响。特别是，关于物价上涨决定因素以及货币政策应有作用问题，正逐渐成为讨论或研究的热点。

这些巨大的变化，不能不说是进步，也都是过去我所期待的。与以前不同的是，现在更多人也许都切实感受到了这些问题。无论如何，重要的是实践，就是面向未来应该怎么做的问题。从探索理想的货币管理机制这一本书的主题来看，并没有找到让更多人信服的答案。

## 货币管理机制的探索

货币价值的稳定对于经济可持续增长，以及终极的社会稳定来说，都是不可缺少的条件。正因为如此，为实现货币价值稳定而思考货币管理的机制设计及其运作方式，对于整个社会来讲都是非常重要的问题。

货币管理机制随着时代的变化而变化。近代意义上的中央银行诞生于19世纪初。欧洲各国在19世纪末确立了金本位制度。第一次世界大战期间金本位制度一度中断，虽然之后得以恢复，但受到20世纪30年代大危机的影响，脱离金本位的国家不断增加，最后各国都转向了有管理的货币制度。1944年，为实现第二次世界大战后的世界经济复苏，启动了新的国际货币制度，也就是布雷顿森林体系。在这个体系下，由于美国对各国持有的美元负有兑换黄金的义务，所以并没有完全切断货币与黄金的联系。1971年布雷顿森林体系崩溃，世界上出现了字面意义上的管理货币制度，也就是人为管理货币的制度。

我入职日本银行的1972年，正是刚刚开始实施这种新货币制度的时期。从那时起到现在已经过了快50年，在此期间货币制度的管理观念和机制也逐渐发生了一些变化。从发达国家看，最初是深受恶性通货膨胀和滞胀之苦，而后是货币供应量目标制风靡一时。不久后发达国家逐渐成功摆脱了通货膨胀，20世纪90年代后期宏观经济总体表现良好，迎来了后来被称为"大稳健"的时期。此期间占统治地位的观念是，具有独立性的中央银行运作以物价稳定为目标的货币政策可以实现宏观经济的稳定。通货膨胀目标制正是这种观念制度化的产物，政策当局和学术界也对宏观经济运作变得更加自信。这种观念达到顶峰时期，欧美各国的经济泡沫开始膨胀，2007年以后泡沫经济崩溃，此后的全球金融危机带来了世界经济的大幅衰退。其实，自20世纪80年代后半期开始，日本就先于其他发达国家进入了这条通道。尽管布雷顿森林体系崩溃已经过去了近50年，在各国之间关于什么是最佳货币管理机制依旧未能达成共识，至今还在摸索当中。

## 引发变化的推动力

我们什么时候才能确立最佳的货币管理机制？遗憾的是，我认为这一天不会到来。最大的理由绝不是我们的知识没有进步，而是因为经济和社会是一个复杂的"系统"，一个变化会不断引起新的变化，最佳的货币管理机制自身也在缓慢地发生着变化，这是复杂的动力系统持续发挥作用的结果。过去包括金本位制度在内的各种货币管理机制，均具有符合当时时代特征的合理性。同样，未来也是如此。我的看法是，即使仅考虑当前不断取得进展的各种科技进步对经济、金融乃至社会的影响，对于最佳货币管理机制的探索也不会就此停止。[1]

说到影响最佳货币管理机制的因素，在过去的近50年间，科技发

---

[1] 白川方明（2015）「中央銀行とは何か——教科書、実際、挑戦」、早稲田大学産業経営研究所『産研アカデミック・フォーラム報告書』第23号（「21世紀の中央銀行」）2015年。

展，尤其是信息与通信技术的发展最为重要。科技发展引发了金融服务业剧变，也迫使现有金融监管制度的改革。就整个经济活动来说，交易成本已经大幅下降，具体的表现就是经济全球化。科学技术进步与经济全球化相辅相成，是带来各国国内收入和资产分配差距拉大的重要原因。结果国民之间政治和社会的阶层分化现象越加严重。而且，随着互联网和社交媒体的爆发性普及，货币政策或者整个经济政策的舆论形成机制也发生了重大变化。

**科学技术发展的影响**

我无法预知未来货币管理方面还会出现哪些变化，但可以确定的是，技术发展作为起爆器对经济社会的动态影响，今后也不会停止。这也意味着中央银行将面临更大的挑战。

最重要的是如何正确认识科技进步带来的经济和金融方面的变化，这是一个具有研究价值的课题。例如，对于经济学家来说，区分价格与数量、名义与实际的概念是最自然不过的，但"免费"服务的出现、定制化产品的增加、共享经济的增长等变化，都会极大增加价格测算的难度，带来分析物价方式的变化，这是不难想象的。近年来，很多国家都出现了物价对供求变化反应迟缓的现象。随着经济全球化进程的加快，传统的以国内供求均衡决定价格的观点已明显脱离实际。虽说如此，那种认为物价将由世界的整体供求决定的主张，在目前阶段还是有些极端。但是展望未来，随着各国之间经济的进一步融合，好像也正在形成后者所想象的世界。金融环境也是如此。影响经济主体决策的金融环境，与其说是源于各国中央银行的政策，不如说是由全世界的中央银行共同创造出来的。并且，这种影响不仅会给物价等宏观经济变量带来直接影响，看起来还会通过金融体系带来更大的影响，而现实是对物价稳定与金融体系稳定之间的关系还没有充分厘清。

此外，如果数字革命在将来得到进一步的发展，我们能否还像过去一样假定 GDP 走势与经济福利变化之间存在一定的联动性呢？

上述的这些研究性课题都无法轻易找到答案，但也没必要因此悲观。目前，我们正在享受经济全球化带来的好处，同时也感到伴随全球化而来的困难就在眼前，但要知道 1882 年日本银行成立之时尚且不存在所谓的"国内"金融市场，各个地区的金融市场也没有完全统一。经济一体化也不例外。在测度物价方面，当时还没有今天意义上的物价指数。尽管如此，仍然进行了货币管理。我认为每个时代都会有挑战，只能立足于所处的时代环境，以更好的货币管理机制为目标，不断寻求现实的解决路径。

## 中央银行独立性的合法性

另一个课题是关于独立的中央银行的组织制度设计问题。支撑当前货币政策运作的中央银行治理基本理念是独立性与问责制，这个理念的合法性必须在某种程度上满足一个假定条件，就是如果实现了物价稳定，也就可以实现宏观经济的稳定。要求这个独立组织履行的问责制，是比照相对容易理解的物价上涨率指标，通过提高货币政策透明度来实现的。但是经历了泡沫经济以及随后的全球金融危机之后，这种"预定和谐"的制度设计以及建立在这个假定基础上的货币政策运作机制是否合理，这些问题正在受到质疑。

展望未来的经济环境，当前的制度设计和实际运作状况与现实经济和社会的不协调现象是否正在进一步扩大呢？本书各章其实都论述过这个问题，我认为进一步扩大的理由主要体现在以下几个方面。[①]

---

① Shirakawa, Masaaki (2018), "Challenges Facing Central Banks: My Personal Recollections and Reflections", Speech at Bank of Korea International Conference, June 4, 2018. https://www.bok.or.kr/conference/pdf/2018/0.Opening%20Session/S0_KS2_Masaaki_Shirakawa.pdf.

第一，不能像过去那样继续将物价稳定与金融体系稳定截然分开，区别对待，这是很显然的。如果还是那样的话，仅仅依靠建立在物价稳定目标下的独立性与问责制的货币政策运作机制就不能保证宏观经济的稳定。要解决这个问题，有必要从更长的时间跨度考虑货币政策运作问题，而这又很容易招致外界指责是透明度或问责制的后退。

第二，各国宏观经济稳定越来越受到世界经济稳定的影响。可以预想的是，各国的金融环境也逐渐朝着世界范围内所有中央银行共同决定的方向发展。如此一来，仅靠各国中央银行的最优化努力来实现国内经济稳定，难度会越来越大，而现行的央行治理机制还只是为促进本国为核心的局部最优化而设计的。假如想正面解决这个问题，理论上要求中央银行之间必须进行密切的政策协调，但我认为在不远的将来是很难实现的。

第三，为了稳定货币价值，维持财政可持续性的信任是必不可少的，但考虑到潜在经济增长率的下降、少子老龄化趋势加剧以及社会阶层分化严重等环境变化，又很难形成实现财政均衡的必要共识。如果对财政可持续性的信心下降，最终会破坏货币的价值稳定。而能否维持国民对财政可持续性的信心，直接取决于政府和国会的意愿。如果在这点上不积极采取对策，基于独立性与问责制设计的货币政策运作理念，很容易出现政府过于依赖中央银行的现象。

今后，中央银行越来越需要专业知识。而在上述的环境变化下，要实现货币价值稳定，未经选举产生的专家做出的对国民生活有着重大影响的决策的合法性会受到诘问。在管理通货方面，哪些工作应该交给国民选举产生的政治家决策，而哪些应该委托给技术官员和专家群体组成的中央银行，如何进行职能分工也是一个全新的课题。最终为独立性赋予合法性的最牢固根基还是国民的支持，这也是一个难题。[1]

## 中央银行永不终结的挑战

对中央银行政策的过度期待和悲观都是不正确的。可以肯定的是，中央银行的政策非常重要，而探索理想货币管理制度的挑战却永无止境。谁的答案都未必是标准答案，我们只能朝着目标不断前行。实现货币价值的稳定，或者说是物价稳定和金融体系稳定，最重要的莫过于在维持货币价值稳定方面得到国民的广泛支持和理解。从这个角度来说，货币管理不是技术问题，而是政治或社会的意愿问题。但与此同时，为了便于政治家和国民选择理想的货币管理制度，必须给出具体的提示或选项，从这个意义上说，专家的作用还是非常重要的。

为了推进富有建设性的讨论，共享知识与问题意识是必不可少的，比如将出现怎样的状况，真正的挑战是什么，等等。本书中提出的诸多观点，是希望能对解决中央银行的现实问题贡献绵薄之力，就此搁笔。

---

[1] Tucker, Paul (2018), *Unelected Power: The Quest for Legitimacy in Central Banking and the Regulatory State*, Princeton University Press, 2018.

# 后 记

中央银行是一个不可思议的存在。国内外很多人为揭开这层神秘面纱出版了许多相关书籍。作者类型不一而足,不仅有中央银行从业者和经济学家,还有新闻记者、历史学家,甚至政治学家。全球金融危机之后更是有很多著作相继问世。我决定以日本银行工作经历为素材开始写作本书是在2014年。写完书稿后,有一种真正意义上从日本银行这个政府机构正式"毕业"的感觉。

本书的结构和内容与当初设想阶段相比有了很大变化。在写作过程中,经常出现从一个问题联想到另外的问题,结果就成了现在这样的大部头。由于我知道自己有这个毛病,写作过程中经常对自己说要写得紧凑一点,但同时考虑到泡沫经济、金融危机以及围绕通货紧缩等种种问题的复杂性,又不可能描述得过于简单,如果是寥寥几笔带过,反而会带来一定的弊端。每一个事件都不是独立的,而是相互交织在一起的。几乎相同的事件在许多国家发生过,既有共性因素,也存在着微妙的差异。而且,必须从理论视角去理解各个事件的内在机制。不过在讨论政策问题时,仅有这些还是不够的,还必须厘清包括国际环境在内的时代政治与社会脉络。此外,如果只是沿着某一个观点过度深入的话,往往会遗漏许多重要的"细节",也就无法正确理解那个时代。而且，最终执行政策的是组织，是组织中的人，考虑到这一点，也应该涵盖与此相关的内容。就是这种贪欲带来了现在的"长篇大论"。有些内容在若干章节均有提及，也许会给人架屋叠床的感觉，但希望读者能念及上述我的想法，宽容地看待这一点。

在日本银行工作的39年异常充实。担任日本银行行长在动荡的5年间所做的工作更是意义非凡。能以这样的感受回顾自己的职业生涯，我觉得作为一个普通人真的是无比幸运。本书所写的内容，自然很大程度上是受到了本人在日本银行的从业经历以及所见所学的影响。在职场上，能与诸多优秀的上司、同辈和后辈共事也是荣幸之至。新《日本银行法》实施后，与政策委员会审议委员讨论的机会大大增加，一个强烈的信念是与委员会成员通力协作、共渡难关，圆满完成日本银行的使命。海外央行的很多朋友和熟人也不断向我传授中央银行的理念。我虽然并没有提及所有人的名字，但我会想起从入行起到退任行长期间曾给予我帮助的每个人的面孔，想到与他们讨论问题的场景。在这里致以最诚挚的谢意！

正如第1章所述，选择入职日本银行完全是一个偶然，然而，如果没有在东京大学经济学部遇到的优秀教师、没有通过课堂和研讨班学习产生的对经济问题的兴趣、没有想通过灵活运用经济学知识做些事情的初心，这个偶然也无法转变为必然。曾经指导过我的老师中许多已经作古，但是我仍要感谢他们多年的谆谆教诲。还要感谢我曾经执教的京都大学公共政策研究生院和现在执教的青山学院大学国际政治经济学部。通过在这两个大学执教的经历，我再次感悟到教学相长的真谛。京都大学的授课成果就是之前出版的《现代货币政策：理论与实践》一书。在青山学院大学的研究生院和学部的研讨班中，讲授了很多本书书稿的内容，基于许多在职学生和留学生在内的学生提问和建议，我对本书进行了诸多修改和完善工作。离开日本银行后，直到现在也总会受邀到海外中央银行或国际组织主办的国际会议演讲以及赴国内外大学参加研讨，通过与海外中央银行曾经的同事讨论问题，经常能感受到知识火花的碰撞。从日本银行职员时代开始，与那些我经常求教的学者的交流，还有与新闻记者、企业经营者的讨论，对我来讲都是不可多得的财富。关于这些人，我就不一一列举他们的名字了，在此一并表示感谢！

在本书的后记中，只列举在写作过程中给予过我直接帮助的人的名字，请允许我在此表达感谢之意。按50音图顺序，通读本书全稿并做出宝贵评论的有青木浩介（东京大学研究生院教授）、翁邦雄（前京都大学公共政策研究生院教授，原日本银行金融研究所所长）、木村武（日本银行）、藤原一平（庆应义塾大学教授）、山口广秀（日兴研究中心理事长，原日本银行副行长）。山本谦三（前NTT数据经营研究所董事长，原日本银行理事）通读了第13章和第16章。以上6位先生从不同角度提出了许多有价值的见解，衷心表示感谢！在绘制图表方面，一桥大学经济研究所北村研究室的川崎裕子女士给予了很大帮助。此外，还要向东洋经济新报社的岛村裕子编辑表示感谢。

最后，我要感谢我的妻子美惠子、长女纱耶香（さやか）和次女萌木（もえぎ）。无论是充实的职业人生还是本书的撰写，都离不开家人的支持与鼓励。我是带着对孙辈们未来成为社会中坚力量时日本经济及世界经济的憧憬，更是融入了对现在以及将来日本银行家的期待，殷切地期望整个社会对中央银行的应然样态进行更加深入的探讨。

白川方明
2018年8月